böhlau

Rolf Graber

Wege zur direkten Demokratie in der Schweiz

Eine kommentierte Quellenauswahl von der Frühneuzeit bis 1874

2013

BÖHLAU VERLAG WIEN KÖLN WEIMAR

Gedruckt mit freundlicher Unterstützung durch:

Schweizerischer Nationalfonds zur Förderung der wissenschaftlichen Forschung – SNF

Robert J. F. Schwarzenbach-Fonds der Universität Zürich

Universität Innsbruck

Umschlagabbildung:
Volksversammlung in Flawil am 7. August 1836, Lith. v. J. Wener in Herisau
Zentralbibliothek Zürich, Graphische Sammlung und Fotoarchiv: Geschichte 1836, FLawil II, 1

© 2013 by Böhlau Verlag Ges. m. b. H & Co. KG, Wien Köln Weimar
Wiesingerstraße 1, A-1010 Wien, www.boehlau-verlag.com

Umschlaggestaltung: Michael Haderer
Korrektorat: Brigitte Abram und Josef Majcen
Herstellung und Satz: Carolin Noack
Druck und Bindung: GENERAL DRUCKEREI GmbH
Gedruckt auf chlor- und säurefreiem Papier
Printed in Hungary

ISBN 978-3-205-78901-7

Inhaltsverzeichnis

Vorwort

Die vorliegende Quellenauswahl ist Teil eines von Professor Dr. Helmut Reinalter (Universität Innsbruck) initiierten und koordinierten Projekts, das die Erforschung der demokratischen Bewegung in Mitteleuropa 1770–1850 zum Ziel hatte. Zu diesem Projekt gehörte auch die Herausgabe einer kommentierten Quellenauswahl zur demokratischen Bewegung in Österreich, Deutschland und der Schweiz. Die Bände für Österreich und Deutschland sind bereits im Peter Lang Verlag erschienen. Die Erforschung der Demokratieentwicklung in der wichtigen Übergangsphase vom 18. zum 19. Jahrhundert, die auch als „Sattelzeit" bezeichnet wird, soll vergleichende Studien ermöglichen. Der gewählte Zeitraum (1750–1850) ist allerdings für die Schweiz problematisch. Dies aus zwei Gründen: Einerseits sind für die schweizerische Demokratieentwicklung die vormodernen Demokratieformen von grosser Bedeutung. Deshalb konnte die Quellenauswahl nicht mit der Spätaufklärung beginnen, sondern musste auch vormoderne Modelle kurz vorstellen. Andererseits beinhaltet die schweizerische Demokratiegeschichte zwei parallel laufende Entwicklungslinien. Im 19. Jahrhundert haben sich in der Schweiz sowohl die moderne repräsentative als auch die „halbdirekte Demokratie" herausgebildet. Der Begriff „halbdirekte Demokratie" oder, in etwas unpräziserer Terminologie, „direkte Demokratie"[1] weist auf die Verankerung plebiszitärer Elemente wie Gesetzesreferendum und Gesetzesinitiative in den Verfassungen hin. Sie werden in der Schweiz auch als Volksrechte bezeichnet. Die Entstehung der beiden Demokratieformen kann allerdings nicht als lineare Fortentwicklung gesehen werden, vielmehr ist die dialektische Verschränkung der beiden Entwicklungsstränge von grosser Bedeutung. Der Weg zur „halbdirekten Demokratie" in der Schweiz ist mit der Bundesstaatsgründung 1848 keineswegs abgeschlossen, sondern erreicht erst mit der Totalrevision der Bundesverfassung von 1874 und der Einführung des fakultativen Gesetzesreferendums auf Bundesebene einen ersten wichtigen Meilenstein. Voraussetzung dafür ist die Einführung dieses Instruments auf Kantonsebene. Sie erfolgt massenhaft in den 1860er-Jahren, deshalb wird in der schweizerischen Geschichtsschreibung diese Phase als „Demokratische Bewegung" bezeichnet. Damit wird ersichtlich, dass keine starren Datierungsgrenzen gesetzt werden können und auswärtige Periodisierungsmuster nicht einfach auf die Schweiz übertragen werden können.

Wie im Untertitel erwähnt, handelt es sich um eine Quellenauswahl, die keinen Anspruch auf Vollständigkeit erhebt. Der Herausgeber versucht anhand von ausgewählten Quellen die Wege zur „halbdirekten Demokratie" darzustellen. Diese sind wiederum nur verständlich, wenn sie in Auseinandersetzung mit Formen und Ausprägungen der repräsentativen Demokratie gesehen werden. Zudem soll die Demokratieentwicklung nicht nur aus einer verfassungsgeschichtlichen Optik aufgezeigt werden, sondern es wurde auch eine sozial- und mentalitätsgeschichtliche Perspektive angestrebt. Ziel war es, die Orientierungshorizonte, kollektiven Erfahrungen, Denkmuster und Demokratievorstellungen der historischen Akteure aus verschiedenen sozialen Schichten sichtbar werden zu lassen und die politischen

---

[1] Der Begriff „direkte Demokratie" wird zum Teil auch nur für die Versammlungsdemokratie oder „unmittelbare Demokratie", wie zum Beispiel die Landsgemeinde, reserviert.

Kämpfe bei der Durchsetzung der „halbdirekten Demokratie" nachzuzeichnen. Das vorliegende Werk erhebt auch nicht den Anspruch, eine Edition bisher ungedruckter Quellen zu sein, obwohl einige Quellenstücke erstmals in gedruckter Form publiziert werden. Daneben sind Quellen zu finden, die in älteren Quellenwerken oder in historischen Studien bereits publiziert wurden, aber teilweise schwer zugänglich sind.

Wer sich die Aufgabe stellt, einen Überblick der schweizerischen Demokratieentwicklung zu entwerfen, steht vor dem Problem, einen äusserst komplexen Prozess auf eine bestimmte Entwicklungslinie hin zu fokussieren. Dies ist problematisch, weil dadurch alternative Entwicklungen leicht aus dem Blickfeld geraten können. Mit dem Titel „Wege zur direkten Demokratie"[2] soll angedeutet werden, dass es sich hier nicht um eine organische oder teleologische Entwicklung handelt, die zwangsläufig zum Ziel geführt hat, eine Vorstellung, die in populären Deutungsmustern sowie in der älteren Forschung anzutreffen ist. Durch das Sichtbarmachen von Kontinuitäten und Brüchen sollen eindimensionale Deutungsmuster dekonstruiert werden. Diese Dekonstruktion erweist sich zugleich als Spurensuche. Erfolge bei dieser Spurensuche waren vom Forschungsstand abhängig. Bei der Zusammenstellung wurden die Resultate der neuesten Demokratiegeschichtsforschung in der Schweiz berücksichtigt. Diese hat in letzter Zeit grosse Fortschritte gemacht, sodass weitere interessante Erkenntnisse zu erwarten sind, die bestehende Forschungslücken ausfüllen können und damit zur Korrektur des hier vermittelten Bildes beitragen werden.

Das vorliegende Werk besteht aus den folgenden Teilen:
1) einem Einleitungstext: Die Quellen werden in den Kontext der Demokratiegeschichte in der Schweiz eingeordnet;
2) dem Quellenkorpus: Jedem Quellenstück werden ein Kommentar und ein Quellennachweis beigefügt. Die Kommentare sollen ein vertiefendes Hintergrundwissen vermitteln. Bei ungedruckten oder nur in wenigen Exemplaren vorhandenen Archivquellen wird der Standort angegeben. Die zeitgenössische Interpunktion und Orthografie wurden möglichst belassen, nur wenn es zum Verständnis des Textes nötig war, etwas modernisiert. Die Anmerkungen zu den Quellentexten wurden aus den Quelleneditionen im Wortlaut übernommen;
3) einer nach Sachgebieten geordneten Auswahlbibliografie und einer Übersicht der verwendeten Quellenwerke;
4) einem Quellenverzeichnis.

Der Herausgeber schuldet verschiedenen Personen und Institutionen grossen Dank. In erster Linie Herrn Professor Dr. Helmut Reinalter, der das Projekt angeregt und mit viel Geduld und Verständnis begleitet hat. Zudem war er um die Finanzierung bemüht. Es ist nicht selbstverständlich, dass ein Projekt zur schweizerischen Demokratieentwicklung durch eine österreichische Forschungsinstitution gefördert wird. Ein besonderer Dank gilt deshalb

---

2   Die Titelgebung geht auf ein unpubliziertes Referat zurück, das am 24. Mai 2007 am Institut für Geschichte und Ethnologie an der Universität Innsbruck gehalten worden ist: Vgl. Rolf Graber, Wege zur direkten Demokratie in der Schweiz: Eine Spurensuche, MS. 2007.

dem Österreichischen Wissenschaftsfonds (FWF), der das Projekt finanziell unterstützt hat. Wertvolle Anregungen brachte auch ein vom Herausgeber in Zürich veranstaltetes Forschungskolloquium zum Thema „Demokratisierungsprozesse in der Schweiz im späten 18. und 19. Jahrhundert", dessen Ergebnisse 2008 in der Schriftenreihe der „Internationalen Forschungsstelle ‚Demokratische Bewegungen in Mitteleuropa 1770–1850'" veröffentlicht wurden. Für wertvolle Quellenhinweise und Anregungen danke ich Professor Dr. Andreas Suter, Dr. Benjamin Adler, Dr. Fabian Brändle, Dr. René Roca, Dr. Bruno Wickli und Lic. phil. Marco Arni. Interessante Anregungen vermittelten auch die Diskussionen mit den Studierenden in den vom Herausgeber am Historischen Seminar der Universität Zürich durchgeführten Lehrveranstaltungen zur Demokratiegeschichte der Schweiz. Ein Dank geht an die Projektassistentin, Frau Dr. Doris Dialer, die einen grossen Teil der Quellen ins Reine getippt und die Korrespondenz erledigt hat, sowie an Frau Mag. Brigitte Abram, die das Manuskript korrigiert hat.

Die Drucklegung des Buches wurde in dankenswerter Weise von folgenden Institutionen unterstützt: Dem Schweizerischen Nationalfonds zur Förderung der wissenschaftlichen Forschung, dem Robert J. F. Schwarzenbach-Fonds der Universität Zürich und den Fördermitteln des Vizerektorats der Leopold-Franzens-Universität Innsbruck.

Juli 2012   Rolf Graber

I. Einleitungstext

1 Partizipationsmodelle der vormodernen Demokratie: Gemeinde, Landsgemeinde und städtische Republik

Die „vormodernen Demokratien" sind, gemessen an den in der Frühneuzeit vorherrschenden Verfassungen, eine seltene Erscheinung, die auf das Gebiet der Eidgenossenschaft beschränkt bleibt. Dazu gehören die „reinen Demokratien" wie Uri, Schwyz, Obwalden, Nidwalden, Glarus, Zug und beide Appenzell sowie die aus landständisch verfassten geistlichen Reichsfürstentümern entstandenen Republiken wie Graubünden und Wallis. Es handelt sich um alpine oder voralpine Gebiete, in denen schon früh genossenschaftlich organisierte Nutzungsgemeinden entstehen. Sie bieten ideale Voraussetzungen für die Weiterentwicklung dörflich-kommunaler Institutionen zu grossräumigeren, demokratisch verfassten Staaten. Im Unterschied zu den Getreideanbauregionen des Mittellandes eignen sie sich schlecht für die Erhebung lagerfähiger Abgaben und sind deshalb schwach feudalisiert. Dadurch ist der Ausbau einer kommunalen Selbstverwaltung begünstigt.[3] Eine frühe Wahrnehmung und zugleich Fremdeinschätzung dieser selbstverwalteten Gebiete als Demokratien ist in Jean Bodins Werk „De republica libri six" von 1586 zu finden. (Q 1)

Die vormodernen Demokratien sind durch eine spezifische Freiheitskonzeption, eine spezielle historische Herleitung der Freiheit sowie durch einen hohen Partizipationsgrad der männlichen Bevölkerung an politischen Entscheidungen gekennzeichnet. Ihre besondere Stellung, die sie von der feudalen Umwelt abhebt, sehen die freien Landleute als Geschenk Gottes, als Honorierung für besondere Taten und ausserordentliche Tugendhaftigkeit der Vorfahren.[4] Diese Freiheitskonzeption unterscheidet sich grundsätzlich von der modernen, indem Freiheit nicht als Grundrecht angesehen wird, das allen Menschen zusteht, sondern als Privileg. Dieses Privileg hätten sich die Vorfahren erworben oder erkämpft und es sei immer auf die nächste Generation weitervererbt worden. Neben dem Argument, dass die Väter diese Rechte vor langer Zeit durch Schenkung oder Kauf legal von den adligen Herren erlangt hätten, spielen Befreiungsmythen eine wichtige Rolle bei der Legitimation der Freiheit. Durch den Befreiungskampf der Väter gegen den tyrannischen Adel sei der gemeine Mann selbst zu dessen Rechtsnachfolger, also zum Landesherrn, geworden. Durch die Anhäufung einer Maximalsumme von Freiheiten wird das Volk selbst zum Inhaber der landesherrlichen Gewalt.[5]

---

3   Vgl. Andreas Suter, Art. Demokratie, in: Historisches Lexikon der Schweiz, Bd. 3, S. 632–634, bes. S. 633.

4   Ebd.; ferner Benjamin Adler, Die Entstehung der direkten Demokratie. Das Beispiel der Landsgemeinde Schwyz 1789–1866, Zürich 2006, S. 40 f.

5   Peter Bierbrauer, Freiheit und Gemeinde im Berner Oberland 1300–1700, Bern 1991 (Archiv des historischen Vereins des Kantons Bern 74), S. 29 f.

In Landsgemeindeverfassungen werden die freien Landleute als „Landesfürst" bezeichnet, sie sind die Träger der feudalen Herrschaft. Diese Freiheitskonzeption ist kompatibel mit der ständischen Auffassung von Freiheit, indem die Freiheit nur einer bestimmten Gruppe von Leuten zusteht. Freiheit wird also nicht im universalistischen Sinn verstanden. Es ist deshalb kein Widerspruch, wenn die Landsgemeindeorte selbst Untertanengebiete besitzen, denen diese Freiheiten vorenthalten werden. Ein weiteres wichtiges Kennzeichen der vormodernen Demokratien ist der hohe Partizipationsgrad der männlichen Bevölkerung. Die Landleute sehen die Landsgemeinde als „gottgewollte Demokratie". Als Souverän ist sie Träger der staatlichen Gewalt und verfügt deshalb über Wahl- und Gesetzgebungsrechte.[6] Alle anderen staatlichen Organe werden durch sie gewählt und mit Kompetenzen versehen. Zudem können die freien Landleute über Sachfragen abstimmen.[7] Die Landsgemeinde ist zugleich Inszenierung der Herrschaft und Ort der Auseinandersetzung. Einerseits ist der Ablauf stark religiös geprägt und besteht aus einem festen Kernbestand von Ritualen, andererseits entsteht während dem Wahlakt immer ein Machtvakuum, das die Möglichkeit zum Widerstand bietet. Ein Beispiel für diesen Aushandlungsprozess von oben und unten sind etwa die zwischen 1701 und 1733 entstandenen Landespunkte von Schwyz, eine Art Verfassung[8], die bis 1833 das grundlegende Orientierungsmuster des Schwyzer Staatswesens bildet. (Q 2) Anstoss für die Niederschrift dieser Artikel ist der Stadlerhandel, eine populare Oppositionsbewegung unter der Führung von Joseph Anton Stadler, die zu einer durchgehenden und systematischen Reform der bestehenden Ordnung führt.[9] An den Landespunkten lässt sich zeigen, dass die Souveränität bei der Landsgemeinde liegt, die als höchste Gewalt respektive als Landesfürst begriffen wird. Wie wichtig die Funktionsfähigkeit dieser Versammlungsdemokratie ist, belegt auch die Tatsache, dass Bestimmungen gegen das Praktizieren, das heisst gegen Wahlmanipulationen, in die Landsgemeindeordnung eingebaut sind. Die Landsgemeinden gewähren den Landleuten, trotz Aristokratisierungstendenzen, immer noch Einwirkungsmöglichkeiten, wie etwa das Antragsrecht aus der Landsgemeindeordnung von Appenzell-Ausserrhoden illustriert. (Q 3) Solche Bestimmungen sind als Reaktionen auf die Gefährdung der Souveränität der Landsgemeinde zu sehen. Auch die zahlreichen Konflikte in den Landsgemeindeorten

---

6   Zur religiösen Funktion und den Ritualen der Landsgemeinde vgl. Fabian Brändle, Die gottgewollte Demokratie: Sakrale Politik in den katholischen Landsgemeindeorten 1500–1798, in: Schweizerische Zeitschrift für Religions- und Kulturgeschichte, 105. Jhrg. (2011), S. 435–472, bes. S. 437–447. Zur Verfassungs- und Rechtsgeschichte der Landsgemeinde vgl. immer noch die beiden älteren Arbeiten: Johann Jakob Blumer, Staats- und Rechtsgeschichte der schweizerischen Demokratien oder Kantone Uri, Schwyz, Unterwalden, Glarus, Zug und Appenzell, 2 Bde., St. Gallen 1850 bis 1859; Heinrich Ryffel, Die schweizerischen Landsgemeinden, Zürich 1903.

7   Jean Bodin spricht von „Demokratie", wenn eine Mehrheit der dem Gemeinwesen zugehörigen männlichen Bevölkerung über Fragen der Souveränität in Versammlungen abstimmen kann, in denen das Mehrheitsprinzip gilt. Vgl. Andreas Suter, Direkte Demokratie – historische Reflexionen zur aktuellen Debatte, Nachwort, in: Adler, Entstehung, S. 219–278, bes. S. 221 u. 273.

8   Vgl. Josef Wiget, Zwei Beiträge zur Landsgemeinde in der Schweiz, in: Forschungen zur Rechtsarchäologie und Rechtlichen Volkskunde, hg. v. Louis Carlen, Bd. 21 (2004), S. 9–39, bes. S. 22.

9   Vgl. die profunde Analyse von Fabian Brändle, Demokratie und Charisma. Fünf Landsgemeindekonflikte im 18. Jahrhundert, Zürich 2005, S. 135 ff.; ferner ders., Der demokratische Bodin. Joseph Anton Stadler: Wirt, Demokrat, Hexenjäger, in: Schweizerische Zeitschrift für Geschichte, 58 (2008), S. 127–146, bes. S. 136 f.

zeigen, dass es den charismatischen Anführern einer popularen Opposition immer wieder gelingt, die Geschlechterherrschaft infrage zu stellen. Die Konflikte sind deshalb nicht nur als Klientelkämpfe um Pensionengelder und Landesämter zu deuten, sondern sie richten sich gegen Oligarchisierungstendenzen und intendieren eine Revitalisierung der Landsgemeinde.[10]

Neben den „reinen Demokratien", wie etwa Schwyz, sind auch in geistlichen Reichsfürstentümern kommunalistische Modelle entstanden, die von unten nach oben organisiert sind. Dies geschieht durch eine Fortentwicklung der landständischen Institutionen, die zunehmend von den Vertretern der städtischen und ländlichen Gemeinden dominiert werden, was dazu führt, dass der geistliche Reichsfürst auf seine weltlichen Herrschaftsrechte verzichtet.[11] Dadurch entwickelt sich ein republikanisches Selbstverständnis, wie etwa bei den Wallisern, die sich „als ein fry volk (...) in einer fryen Republic" betrachten.[12] Auch in Graubünden ist eine ähnliche Entwicklung festzustellen. Hier bilden sich ebenfalls ein freistaatliches Bewusstsein und Formen kommunaler Herrschaft heraus, die eine Partizipation des gemeinen Mannes ermöglichen und ihre Entscheide nach dem Mehrheitsprinzip fällen.[13] In einer Phase, die durch verstärkten Einfluss der ausländischen Mächte und durch eine Verschärfung der innenpolitischen und konfessionellen Machtkämpfe im Freistaat gekennzeichnet ist, bilden sich Ansätze einer neuartigen Beschreibung vom Wesen des Freistaates heraus. Ein Beispiel dafür vermitteln die „Thusner Artikel", die 1618 nach einem Strafgericht entstanden sind und versuchen, die Urteile dieses Gerichts zu legitimieren. (Q 4) Dazu wird der Bundesbrief vom 23. September 1524 in Erinnerung gerufen. Er soll jedes Jahr neu beschworen werden, um in Zeiten höchster Gefahr die Kräfte des Landes symbolisch zu vereinen. Die zu Aufsehern des Gerichts ernannten reformierten Geistlichen stellen die Strafaktion als Verteidigung des „Freistaats" dar und werfen ihren Gegnern vor, wider den Bundesbrief von 1524 gehandelt zu haben. Besonders deutlich kommt diese Argumentation in einer Flugschrift zum Ausdruck, die im Jahr 1618 vom evangelischen Pfarrer Johann à Porta und von Peter Guler, dem Sohn eines Davoser Magistraten, verfasst wurde. (Q 5) Sie charakterisiert die politische Ordnung Graubündens als „demokratisch" und ist mit ihrer radikal-populistischen Rhetorik äusserst ungewöhnlich für das Europa des 17. Jahrhunderts.[14] Allerdings enthält sie kein systematisches politisches Programm und ist auch nicht als Beschreibung der realen politischen Zustände im Freistaat anzusehen. Für die reformierten Geistlichen stellt die Favorisierung der Demokratie ein ideales Mittel dar, bei den vorhandenen Mehrheitsverhältnissen die Vorherrschaft der Reformierten zu sichern. Aus der gleichen Quelle wird ersichtlich, dass die Verfasser der Flugschrift von einer ähnlichen Freiheitskonzeption wie die „reinen Landsge-

---

10 Vgl. Brändle, Demokratie und Charisma, S 34 ff.

11 Zu diesem Prozess vgl. Peter Blickle, Kommunalismus, Parlamentarismus, Republikanismus, in: Historische Zeitschrift, Bd. 232 (1986), S. 528–556, bes. 546 ff.

12 W. Liebeskind, Das Referendum der Landschaft Wallis (Leipziger rechtswissenschaftliche Studien, 33), Leipzig 1928, zit. nach Blickle, Kommunalismus, Parlamentarismus, S. 548.

13 Zu Graubünden vgl. Peter Blickle, Kommunalismus und Republikanismus in Oberdeutschland, in: Helmut Koenigsberger (Hg.), Republiken und Republikanismus im Europa der Frühen Neuzeit, München 1988 (Schriften des Historischen Kollegs, Kolloquien 11), S. 57–75, bes. S. 66 ff.

14 Randolph C. Head, Demokratie im frühneuzeitlichen Graubünden. Gesellschaftsordnung und politische Sprache in einem alpinen Staatswesen, 1470–1620, Zürich 2001, S. 287 ff.

meinden" ausgehen. Freiheit wird als Ausfluss göttlichen Segens und als Auszeichnung für besondere Taten der Vorfahren, also als Privileg, gesehen. Das Bild der rätischen Bünde als freie Demokratien wird auch im späten 17. und frühen 18. Jahrhundert tradiert. 1704 gibt der reformierte Pfarrer von Filisur, Johannes Leonhardi, in London eine kurzgefasste Beschreibung der „demokratischen, freien und einzig von Gott abhängigen rätischen Republik" heraus, mit der propagandistischen Absicht, diese bekannt zu machen. (Q 6) Er betont, dass jedermann das Recht hätte, seine Meinung frei zu äussern und an politischen Entscheidungen teilzunehmen, wobei die Mitbestimmung nicht an Geld und Vermögen gebunden sei.[15] Zudem verweist er, unter dem Einfluss Bodins, auf die absolute Souveränität. Diese kommt nach Leonhardi in dreifacher Weise zum Ausdruck: in der Behauptung gegenüber ausländischen Mächten, im Innern, gegenüber der konkurrierenden geistlichen Gewalt und indem die Gemeinden ihre Basis bilden. Als eigentlichen Träger dieser Souveränität sieht er allerdings den Gesamtstaat.[16] Der Einfluss der Schrift Leonhardis auf das Fremdbild der Drei Bünde lässt sich am Beispiel des britischen Geistlichen und Schriftstellers William Coxe aufzeigen, der im späten 18. Jahrhundert auf seinen Reisen durch die Schweiz auch Graubünden näher kennengelernt hat.[17] Lobend erwähnt er den Distrikt von Davos als vollständig demokratisches Gemeinwesen und betont, dass die höchste Gewalt direkt beim Volk liege und nicht bei dessen Repräsentanten. (Q 7)

Im Unterschied zu den Länderorten wird die Souveränität in den Städteorten nicht durch eine Bürgerversammlung, sondern durch einen Kleinen und Grossen Rat ausgeübt. Nur eine Minderheit der Bürger sitzt in diesen Räten und ist somit direkt an den politischen Entscheidungen beteiligt. Der Kleine Rat besteht aus den Häuptern, wie etwa Bürgermeister oder Seckelmeister, die wichtige Führungsfunktionen besitzen, während der Grosse Rat die Gesamtbürgerschaft repräsentiert. Innerhalb des Kleinen Rates bildet sich ein engeres Führungsgremium heraus, das aus den Häuptern und wichtigen Kleinräten besteht und als „Geheimer Rat" bezeichnet wird. Die Räte werden in einem komplizierten Verfahren gewählt, in dem die Kooptation (Selbstergänzung) eine wichtige Rolle spielt. In Städten mit ausgeprägter Zunftverfassung werden die Zunftmeister direkt durch die Zünfte gewählt.[18] Durch das an die Zunftmitgliedschaft gekoppelte Wahlrecht enthalten die Verfassungen der Zunftstädte immerhin noch ein partizipatives Element, das einen gewissen Einfluss der Bürger garantiert. Ein Beispiel ist etwa die Zunftverfassung der Stadt Zürich. (Q 8) Im 17. und 18. Jahrhundert macht sich allerdings auch in diesen Zunftstädten eine starke Abschliessungs- und Aristokratisierungstendenz bemerkbar, die zu einer Unterteilung in regierende und regimentsfähige

---

15 Martin Bundi, Der Freistaat der Drei Bünde im Urteil von in- und ausländischen Kommentatoren, in: Ders. u. Christian Rathgeb (Hg.), Die Staatsverfassung Graubündens. Zur Entwicklung der Verfassung im Freistaat der Drei Bünde und im Kanton Graubünden, Zürich 2003, S. 35–71, bes. S. 53.

16 Thomas Maissen, Die Erneuerung der politischen Sprache in Graubünden um 1700, in: Jahrbuch der Historischen Gesellschaft von Graubünden 2001, S. 37–84, bes. S. 57 ff.

17 Vgl. Bundi, Der Freistaat, S. 56 f.

18 Vgl. Hans Conrad Peyer, Verfassungsgeschichte der alten Schweiz, Zürich 1978, S. 107 ff., speziell für Zürich vgl. Felix Richner, Der politische Zustand des Zürcher Stadtstaates am Vorabend des Stäfner Handels, in: Christoph Mörgeli (Hg.), Memorial und Stäfner Handel 1794/1795, Stäfa 1995, S. 37–54, bes. S. 40 ff.

I. Einleitungstext

Familien und den sowieso vom Bürgerrecht ausgeschlossenen Hintersässen führt. Die eigentliche Macht konzentriert sich auf eine Aristokratie, bestehend aus reichen Grosskaufleuten, Textilverlegern und Rentnern. Überhaupt nicht an der Regierung beteiligt sind die Bewohner der ländlichen Untertanengebiete, obwohl ihnen lokale Selbstverwaltungsrechte zugestanden werden. Die Behauptung dieser Lokalautonomie ist auch das Resultat des Schweizerischen Bauernkrieges von 1653, während dem sich die städtischen Obrigkeiten der militärischen Schwäche und der strukturellen Prekarität des Herrschaftsverhältnisses bewusst werden. Sie sind gezwungen, sich in irgendeiner Form mit den Untertanen zu arrangieren, um offene Konflikte möglichst zu vermeiden.[19] Weil in der Eidgenossenschaft wesentliche Elemente der absolutistischen Herrschaftsausübung, wie ein stehendes Heer, ein zentralisiertes Verwaltungssystem und ein staatsunmittelbarer Verwaltungsapparat fehlen, bildet sich ein paternalistisches Herrschaftsmodell heraus. Durch die vermehrte Orientierung der Herrschaftsträger schweizerischer Städteorte am Regierungsstil der ausländischen Fürstenhöfe und der grossen Monarchien nimmt dieses Herrschaftsmodell allerdings zunehmend semiabsolutistische Züge an.[20] Die selbstherrliche Machtausübung und die Abschliessung der regierenden Familien gegenüber der Bürgerschaft führen denn auch immer wieder zu Konflikten in den Städteorten und zu innerstädtischen Oppositionsbewegungen gegen die selbstherrliche Regierungsweise der Ratsoligarchien.[21] Um die Kritik an diesen Ratsoligarchien zu rechtfertigen, greifen die Träger der Oppositionsbewegungen auf ein republikanisches Selbstverständnis und einen Republikdiskurs zurück, der im Folgenden genauer vorgestellt werden soll.

1.1 Republikanismus als innerstädtische Oppositionsbewegung: Konfrontation des altständischen mit dem individualrechtlichen Republikanismus

Schon im frühen 16. Jahrhundert sind in der alten Eidgenossenschaft Hinweise auf ein republikanisches Selbstverständnis zu finden. Beispielhaft ist etwa Josias Simlers Werk „De Republica Helveticorum". Er charakterisiert die eidgenössischen Orte als „freye Regimenter und Staaten", die keinem Herrn unterworfen seien, und setzt sie mit Venedig gleich. (Q 9) Wenn auch in der ersten deutschen Übersetzung auf den Begriff „Republik" verzichtet wird, so enthalten seine Beschreibungen des Charakters der Eidgenossen bereits Elemente jener Tugendrhetorik, die für den frühneuzeitlichen Republikanismus konstitutiv ist. (Q 10) In Analogie zu Beispielen aus dem antiken Griechenland und Rom warnt der Autor immer wie-

---

19 Andreas Suter, Der Schweizerische Bauernkrieg von 1653. Politische Sozialgeschichte – Sozialgeschichte eines politischen Ereignisses, Tübingen 1997 (Frühneuzeit-Forschungen, Bd. 3), S. 580.

20 Rolf Graber, Gab es Ansätze zu einem aufgeklärt-absolutistischen Regierungsstil in den Schweizer Städtorten?, in: Helmut Reinalter, Harm Klueting (Hg.), Der aufgeklärte Absolutismus im europäischen Vergleich, Wien, Köln, Weimar 2002, S. 55–68, bes. S. 66 ff.

21 Einen Überblick dieser Konflikte gibt Pierre Felder, Ansätze zu einer Typologie der politischen Unruhen im schweizerischen Ancien Régime 1712–1789, in: Schweizerische Zeitschrift für Geschichte, Nr. 26 (1976), S. 324–389, bes. S. 347 ff.

der vor dem Verfall und plädiert für die Wiederherstellung der Sitten der Vorväter.[22] Zudem betont er die Freiheit des Landes und damit die besondere Stellung der Eidgenossenschaft.

Im 17. Jahrhundert führt die aussenpolitische Bedrohung durch das absolutistische Frankreich zu einer Neusituierung der Schweiz im europäischen Staatensystem und zu einer stärkeren Anlehnung an Republiken wie Venedig und die Niederlande. Vor allem die Kontakte mit den Niederlanden tragen zusätzlich zu Konturierung eines republikanischen Selbstbildes bei. Eine wichtige Rolle bei der Entstehung dieses Selbstbildes spielt der niederländische Gesandte Petrus Valkenier, der in seinen Schriften die Gemeinsamkeiten zwischen den beiden Republiken hervorhebt. (Q 11) Durch Übernahme dieser Fremdeinschätzung, aber auch durch Rekurs auf autochthone Situierungsversuche, entwickelt sich bei den politischen Eliten der Städteorte ein spezifisches „republikanisches Selbstbewusstsein", das in Abgrenzung zur monarchischen Staatenwelt als „städtischer Republikanismus" umschrieben werden kann.[23] Auch die realpolitischen Entwicklungen, nämlich das im 16. Jahrhundert de facto erfolgte und mit dem Westfälischen Frieden von 1648 de jure abgesicherte Ausscheiden aus dem Reichssystem, eröffnet den Schweizer Städteorten neue Entwicklungsmöglichkeiten und Perspektiven.[24] Sie sind im Gegensatz zu den deutschen Städten weder an die Reichsverfassung noch an eine landesherrliche Kontrolle gebunden. Die Schweizer Städteorte mit ihren Zunftverfassungen können deshalb als Prototypen jenes Modells einer Bürgergesellschaft gelten, das John G. A. Pocock ausgehend von den Republiken der italienischen Renaissance und in Rekurs auf antike Vorbilder beschrieben hat.[25] Garant für Freiheit und politische Stabilität ist eine aktiv verstandene Bürgertugend, die eine Unterordnung der (Privat-)Interessen unter das Wohl des Ganzen verlangt. Allerdings ist dieser Idealzustand immer gefährdet durch den Verfall der

---

22 Noch dezidierter als Thomas Maissen weist Daniel Tröhler auf die Bedeutung von Simlers Werk für die Herausbildung eines republikanischen Selbstverständnisses schon im 16. und 17. Jahrhundert hin. Vgl. Daniel Tröhler, Republikanismus und Pädagogik. Pestalozzi im historischen Kontext, Bad Heilbrunn 2006, S. 20 ff.; zur Entstehung eines „republikanischen Habitus" in der frühneuzeitlichen Eidgenossenschaft vgl. André Holenstein, Republikanismus in der alten Eidgenossenschaft, in: Peter Blickle (Hg.), Traditionen der Republik – Wege zur Demokratie, Bern 1999, S. 103–142.

23 Thomas Maissen, Petrus Valkeniers republikanische Sendung. Die niederländische Prägung des neuzeitlichen schweizerischen Staatsverständnisses, in: Schweizerische Zeitschrift für Geschichte, Nr. 48 (1998), S. 149–176, bes. S. 156 ff.; ders., Eine „Absolute, Independente, Souveraine und zugleich auch Neutrale Republic". Die Genese eines republikanischen Selbstverständnisses in der Schweiz des 17. Jahrhunderts, in: Michael Böhler, Etienne Hofmann, Peter H. Reill, Simone Zurbuchen (Hg.), Republikanische Tugend. Ausbildung eines Schweizer Nationalbewusstseins und Erziehung eines neuen Bürgers, Contribution à une nouvelle approche des Lumières helvétiques, 16. Kolloquium der Schweizerischen Akademie der Geistes- und Sozialwissenschaften, Genève 2000 (Travaux sur la Suisse des Lumières, 2), S. 129–150, bes. S. 142 ff.; ders., Die Geburt der Republic. Staatsverständnis und Repräsentation in der frühneuzeitlichen Eidgenossenschaft, Göttingen 2006 (Historische Semantik, Bd. 4), S. 77 ff.

24 Heinz Schilling, Gab es im späten Mittelalter und zu Beginn der Neuzeit in Deutschland einen städtischen „Republikanismus"? Zur politischen Kultur des alteuropäischen Stadtbürgertums, in: Helmut Koenigsberger (Hg.), Republiken und Republikanismus im Europa der Frühen Neuzeit, München 1988 (Schriften den Historischen Kollegs, Kolloquien 11) S. 101–143, bes. S. 138 ff.

25 John G. A. Pocock, The Machiavellian Moment. Florentine Political Thought and the Atlantic Republican Tradition, Princeton 1975; ders., Die andere Bürgergesellschaft. Zur Dialektik von Tugend und Korruption, hg. v. Walter Sewing, Frankfurt a. M. 1993.

Tugend: Eigennutz, Korruption und moralische Dekadenz stellen ein immanentes Gefahren-potenzial für die Republik dar. Die Ideale der Bürgertugend stehen deshalb in Widerspruch zu der im 18. Jahrhundert sich immer stärker durchsetzenden Kommerzgesellschaft.[26] Diese hinterlässt auch in einigen eidgenössischen Stadtstaaten ihre Spuren. Die durch Expansion der Fabriques[27] angehäuften Reichtümer führen zur Dominanz von Privatinteressen über das Gemeinwohl und zu ungezügeltem Egoismus.

Produktion und Handel mit Textilien und Soldunternehmungen sind für den beachtlichen Reichtum weniger Familien verantwortlich, diese Geschlechter heben sich durch besondere Distinktionsmerkmale immer mehr von der übrigen Bürgerschaft ab und prägen das politische Leben der Städte. Rentner, Kaufleute und Soldunternehmer dominieren die Räte, in vielen Städteorten machen sich eine Abschliessung des Regiments und eine Aristokratisierungstendenz bemerkbar. Die Macht verlagert sich immer mehr auf den Kleinen Rat und die Standeshäupter, die Kompetenzen des Grossen Rats und die Rechte der durch die volljährige männliche Bürgerschaft repräsentierten Gemeinde werden limitiert. Die Orientierung an ausländischen Fürstenhöfen führt zur selektiven Übernahme absolutistischer Regierungspraktiken.[28] Dadurch zeichnen sich verschiedene Konfliktlinien ab. Die Geschlechterherrschaft, der selbstherrlich-autoritäre Regierungsstil und die Einschränkung der Souveränitätsrechte der Bürgerschaft sind wichtige Kritikpunkte der oppositionellen Kräfte. Durch den Hang zum Luxus und ihren spätbarocken Lebensstil stehen die herrschenden Familien in Widerspruch zum republikanischen Tugendideal. Der Tugendbegriff wird damit zum politischen Kampfbegriff, er gewinnt eine neue Dynamik, indem altrepublikanische Vorstellungen mit Ideen der Aufklärung, vor allem mit den Theorien Rousseaus, amalgamieren. Der dadurch entstehende Patriotismus erhält zugleich eine historisch-politische, eine antikisierend-altrepublikanische und eine gemeinnützig eudämonistische Stossrichtung.[29] Besonders gefährlich ist die historisch-politische Variante, die im Gegensatz zum gemässigt reformerischen ökonomischen Patriotismus ein beachtliches Kritik- und Demokratisierungspotenzial enthält. Indem die Gegenwartsgesellschaft und das herrschende Patriziat mit den idealisierten Gründervätern der Eidgenossenschaft sowie mit dem Heldenideal der Spartaner und den Verteidigern der römischen Republik konfrontiert werden, lässt sich der Verfall der politischen Tugend aufzeigen. Der moralische Verfall und der luxuriöse Lebensstil des städtischen Patriziats werden durch eine in die Vergangenheit zurückprojizierte Sittenreinheit der Vorfahren konterkariert. Gleichzeitig zeigt sich eine verstärkte Sensibilisierung der

---

26 Daniel Tröhler, Die Vereinigten Niederlande und die Alte Eidgenossenschaft im 18. Jahrhundert. Der republikanische Tugenddiskurs der Schweiz vor dem Hintergrund einer „commercial republic", in: Max Mangold, Jürgen Oelkers (Hg.), Demokratie, Bildung und Markt, Bern 2003, S. 175–205; ders., Republikanismus und Pädagogik. Pestalozzi im historischen Kontext, Bad Heilbrunn 2006, S. 68 ff.

27 Für Zürich vgl. Ulrich Pfister, Die Zürcher Fabriques. Protoindustrielles Wachstum vom 16. zu 18. Jahrhundert, Zürich 1992, S. 139 ff.

28 Rolf Graber, Gab es Ansätze zu einem aufgeklärt-absolutistischen Regierungsstil in Schweizer Städteorten? in: Helmut Reinalter, Harm Klueting (Hg.), Der aufgeklärte Absolutismus im europäischen Vergleich, Wien, Köln, Weimar 2002, S. 55–68, bes. S. 58 ff.

29 Bettina Volz-Tobler, Rebellion im Namen der Tugend. „Der Erinnerer" – eine Moralische Wochenschrift, Zürich 1965–1767, Zürich 1997, S. 46 f.

Kritiker im Hinblick auf soziale Ungleichheit und die Armutsproblematik, sie streben eine Besserstellung der breiten Bevölkerung an. In Zürich manifestiert sich zum Beispiel das Konfliktpotenzial des „politischen Patriotismus" oder „radikalen Republikanismus" in zwei innerstädtischen Oppositionsbewegungen: einer politischen Jugendbewegung (1762–1768) und einer Revolte der Zünfte gegen das Regiment im Jahr 1777.[30] Die politische Jugendbewegung formiert sich in verschiedenen Sozietäten, das Spektrum reicht von öffentlichen, als Selbstbildungs- und Lesegesellschaften konzipierten Assoziationen bis zu radikalen Geheimzirkeln, die politische Bildung im Untergrund betreiben. Diese nimmt sogar konspirative Formen an, indem Pläne für einen politischen Umsturz entwickelt werden.[31] (Q 12) Beispielhaft für die Diskussionen in diesen Gesellschaften ist ein Abschiedsvortrag Johann Heinrich Füsslis in der „Historisch-politischen Gesellschaft". (Q 13) Die Ausführungen bewegen sich auf der Ebene des zeitgenössischen Moraldiskurses, Republik und Tugend werden im Sinne Montesquieus zusammen gesehen, der Verfall der Tugend ist für den Niedergang der Republik verantwortlich. Eine ähnliche Argumentationslinie wird im Aufsatz von Hans Rudolf Kramer verfolgt, der in einer Sozietät gehalten wird, die sich besonders mit vaterländischer Geschichte befasst. Auch hier wird ein Zusammenhang zwischen Absenz von politischer Tugend und Degeneration der Staaten hergestellt und am Beispiel der Landsgemeindeorte aufgezeigt. (Q 14) Solche Kritik führt längerfristig zum Konflikt mit der Obrigkeit. Im „Müller-Handel" geht es um die Frage, ob Zürcher Truppen nach Genf entsandt werden sollen, um die Mediation durchzusetzen, das heisst die Bürgeropposition zum Schweigen zu bringen. Christoph Heinrich Müller, ein Theologiestudent, hat 1766 ein fiktives Gespräch zwischen einem Bauern, einem Herrn und einem Untervogt verfasst, das sich kritisch mit dem Eingreifen von Zürcher Truppen in Genf auseinandersetzt. Allerdings sind es im Gegensatz zu den zeitgenössischen Lehrdiskursen nicht die Herrschaftsvertreter, die aufklärerisch auf die Bauern einwirken, sondern der Bauer wird selbst zum Aufklärer. (Q 15) Diese Instrumentalisierung des Bauerngesprächs für oppositionelle Zwecke provoziert die Regierung. Der Autor kann sich nur noch durch Flucht einer drohenden Verhaftung entziehen. Als ein anderer Patriot die harte Reaktion der Regierung im Erinnerer, einer moralischen Wochenschrift, in karikierender Weise kritisiert, wird diese Zeitschrift verboten. (Q 16) Durch Verhaftungen, Zensurmassnahmen und Einschüchterung gelingt es, die Jugendbewegung im Keim zu ersticken. Kritik wird nur noch im privaten Kreis und in geheimen Zirkeln geübt. Ein Brief Johann Jakob Bodmers, der durch seine Lehrtätigkeit am Carolinum wesentlich zur Kritikfähigkeit der Jugend beigetragen hat[32], zeigt das repressive Klima in der Stadt. (Q 17)

---

30 Rolf Graber, Bürgerliche Öffentlichkeit und spätabsolutistischer Staat, Sozietätenbewegung und Konfliktkonjunktur in Zürich 1746–1780, Zürich 1993, S. 81 ff.; ders., Spätabsolutismus und Geheimgesellschaften in Zürich 1760–1780, in: Helmut Reinalter (Hg.), Die demokratische Bewegung in Mitteleuropa von der Spätaufklärung bis zur Revolution 1848/49. Ein Tagungsbericht, Innsbruck 1988 (Vergleichende Gesellschaftsgeschichte und politische Ideengeschichte der Neuzeit, Bd. 6), S. 85–95, bes. S. 87 ff.

31 Graber, Öffentlichkeit, S. 76 ff.; Daniel Tröhler, Politische Bildung im Untergrund Zürichs 1762–1767, in: Jörg-W. Link, Frank Tosch (Hg.), Bildungsgeschichte(n) in Quellen, Hanno Schmitt zum 65. Geburtstag, Bad Heilbrunn, S. 2007, S. 97–109.

32 Zu Bodmers Wirken vgl. Rolf Graber, „Aber sie sagten, dass sie keine Lumières haben wollten." Bodmers Position im Zürcher Aufklärungsdiskurs am Beispiel des „Genfer Geschäfts" und des „Waser Handels",

I. Einleitungstext

Eine andere Dimension hat der Konflikt zwischen Zünften und Regiment im Jahr 1777. Es geht um die Erneuerung eines Bündnisses mit Frankreich, das diesem gestattet hätte, Söldner im Zürcher Hoheitsgebiet anzuwerben. Den Zünften, die aufgrund eines Verfassungszusatzes von 1712 ein politisches Mitspracherecht in aussenpolitischen Angelegenheiten geltend machen, ist dieses Bündnisprojekt erst kurz vor dem Abschluss vorgelegt worden. In den Zunftversammlungen kommt es zu heftiger Opposition gegen das eigenmächtige Vorgehen der Regierung. Die Reden von Johann Heinrich Füssli und Johannes Bürkli dokumentieren diese Kritik, beide betonen das Mitspracherecht der Gemeinde. (Q 18 / 19) Im Zentrum der Auseinandersetzung stehen verschiedene Souveränitätskonzepte, eine durch aufklärerisch-naturrechtliche Elemente angereicherte republikanisch-kommunalistische Auffassung, die in der Bürgerschaft die oberste Gewalt sieht, trifft hier auf das oligarchische Herrschaftsverständnis der Regenten. Durch geschicktes Taktieren gelingt es der Regierung, die Protestbewegung zu spalten und die Opposition zum Schweigen zu bringen. Kritiker müssen mit verstärkter Repression rechnen. Ein wichtiges Merkmal des Zunftkonflikts ist die Herstellung einer politischen Öffentlichkeit. Die Opponenten beharren auf dem Recht, Staatsangelegenheiten öffentlich zu diskutieren, und stellen gleichzeitig die Forderung nach Transparenz politischer Entscheidungen, die gegen die Arkanpolitik der Regierung gerichtet ist.[33] Dieser kritische Diskurs soll durch Repression und Zensur wieder eingedämmt werden. Dagegen richtet sich ein Artikel in Johann Kaspar Zieglers „Monatlichen Nachrichten einicher Merkwürdigkeiten", der in satirischem Ton die Beschneidung der Meinungsäusserungsfreiheit anprangert.[34] Als Vorsichtsmassnahme wird die Kritik verfremdet und in den Orient verpflanzt. Hier könnten Voltaires „Zadig" oder Montesquieus „Lettres persannes" inspirierend gewirkt haben. Der Text, der die Mündigkeit der Bürger propagiert, kann als frühe Forderung nach Pressefreiheit interpretiert werden. (Q 20) Das Manifest steht deshalb für eine ideologische Aufladung des Pressefreiheitsbegriffs, der zum Synonym für geistige Emanzipation wird. Eine freie Presse wird als Grundvoraussetzung eines demokratischen Staatswesens angesehen.

Die Quellen vermögen die Radikalisierung des klassischen Republikanismus, seine Umformung zu einem politischen Kampfinstrument und damit sein inhärentes Demokratisierungspotenzial aufzuzeigen. Diese neue Qualität kann der städtische Republikanismus oder politische Patriotismus allerdings nur gewinnen, indem er mit naturrechtlichen Ideen aufgeladen wird. Radikaler Republikanismus und Patriotismus werden dadurch zu ideellen Wegbereitern der Demokratisierung, indem sie auch den politischen Diskurs auf der Landschaft prägen.

---

in: Anett Lütteken, Barbara Mahlmann-Bauer (Hg.), Johann Jakob Bodmer und Johann Jakob Breitinger im Netzwerk der europäischen Aufklärung, Göttingen 2009 (Das achtzehnte Jahrhundert, Supplementa, Bd. 16), S. 365–385.

33 Andreas Würgler, Unruhen und Öffentlichkeit. Städtische und ländliche Protestbewegungen im 18. Jahrhundert, Tübingen 1995 (Frühneuzeit-Forschungen, Bd. 1), S. 116 ff.

34 Adolf Jacob, Zur Geschichte der Zensur im alten Zürich, in: Zürcher Taschenbuch 1907, S. 229–242, bes. S. 239 f.; Christoph Guggenbühl, Zensur und Pressefreiheit. Kommunikationskontrolle in Zürich an der Wende zum 19. Jahrhundert, Zürich 1996, S. 73 ff.

1.2 Dynamisierung des städtischen Republikanismus: Ländlicher politischer Patriotismus, Diskurs um alte oder neue Freiheit, Jakobinismus

Die alte Eidgenossenschaft umfasst Gebiete mit unterschiedlichem rechtlichem Status. Die Städte- und Länderorte herrschen über untertänige Landschaften, und die Orte sind in Besitz von Gemeinen Herrschaften, das sind Gebiete, die früher erobert worden sind und gemeinsam verwaltet werden. Die Bevölkerung dieser Landschaften ist in vielerlei Hinsicht benachteiligt. Sie besitzt keinen Zugang zu hohen politischen und militärischen Ämtern und hat deshalb keinen Einfluss auf wichtige aussen- wie innenpolitische Entscheidungen.[35] Ihre wirtschaftlichen Aufstiegschancen sind durch die Gewerbeverfassungen beschränkt, und häufig ist der Zugang zu höherer Bildung versperrt. Trotzdem bewirken wirtschaftliche Entwicklungen eine soziale Differenzierung der Bevölkerung dieser Gebiete. Protoindustrialisierung, Agrarmodernisierung und der Ausbau des Dienstleistungssektors, vor allem des Gesundheitswesens, führen zur Entstehung einer ländlichen Elite. Sie besteht aus Zwischenträgern der städtischen Verlagsindustrie, Landärzten, Wirten und Müllern, die durch ihre Unternehmungen zu Reichtum gekommen sind. Diese Schicht gleicht sich dem städtischen Kulturideal immer mehr an. Kleidermode, Essgewohnheiten und kulturelle Bedürfnisse verändern sich, es entstehen verschiedene Zirkel, die kulturelle Aktivitäten wie Theater- und Konzertaufführungen entfalten.

Die Erfahrung des neuen sozialen Status und der kulturellen Schaffenskraft führt zur Wahrnehmung von Benachteiligungen und von blockierten Aufstiegschancen.[36] Durch die Entstehung von Musikgesellschaften, Unternehmerzirkeln und Berufsorganisationen der Landärzte verändern sich auch die Kommunikationsverhältnisse auf dem Land. In Nachahmung der städtischen Sozietäten entstehen ländliche Lesegesellschaften, die vielfach vernetzt sind.[37] Die Verbreitung von Nachrichten über die Französische Revolution, sei es durch Zeitungsmeldungen oder durch Augenzeugenberichte, trägt zur Politisierung der Landbevölkerung bei. Dadurch entsteht eine politische Öffentlichkeit, an der anfänglich vor allem die ländliche Oberschicht partizipiert. Über verschiedene Kommunikationskanäle erreichen diese Informationen über die epochalen Ereignisse auch die Unterschichten. Distributionsnetze der Protoindustrie und das Vertriebssystem einer protoagrarkapitalistischen Landwirtschaft spielen bei der Verbreitung revolutionären Gedankengutes eine markante Rolle. Parallel zur ländlichen bürgerlichen Öffentlichkeit entsteht eine plebejische Öffentlichkeit mit

---

35 Ulrich Im Hof, Ancien Régime, in: Handbuch der Schweizer Geschichte, Bd. 2, Zürich 1980 (2), S. 675–784, bes. S. 758 f.

36 Rudolf Braun, Das ausgehende Ancien Régime in der Schweiz. Aufriss einer Sozial- und Wirtschaftsgeschichte des 18. Jahrhunderts, Göttingen, Zürich 1984, S. 303 ff.

37 Martin Bachmann, Lektüre, Politik und Bildung. Die schweizerischen Lesegesellschaften des 19. Jahrhunderts unter besonderer Berücksichtigung des Kantons Zürich, Bern, Berlin, Frankfurt a. M. u. a. 1992, S. 197 ff; einen gesamtschweizerischen Überblick der Aufklärungssozietäten gibt Emil Erne, Die schweizerischen Sozietäten. Lexikalische Darstellung der Reformgesellschaften des 18. Jahrhunderts in der Schweiz, Zürich 1988.

besonderen Kommunikations- und Interaktionsformen.[38] Dadurch nimmt das Aufbegehren der Landbevölkerung konkretere Gestalt an. In den Untertanengebieten kommt es nach 1789 zu verschiedenen soziopolitischen Konflikten, bei denen neue Rechtfertigungs- und Argumentationsmuster der Konfliktträger zum Vorschein kommen. Neben dem Rückgriff auf alte Freiheiten und Rechte, der für alle frühneuzeitlichen Protestbewegungen typisch ist, wird vermehrt auf die neue Freiheit rekurriert. An Dokumenten zu einigen ausgewählten Konfliktfällen wie den Hallauer Unruhen, der Oppositionsbewegung der Zürcher See-gemeinde Stäfa, den Protesten in den Untertanengebieten des Fürstabtes von St. Gallen sowie in den grenznahen Untertanengebieten Veltlin und Waadtland sollen verschiedene Argumentationsmuster gezeigt werden. Sie vermögen zu illustrieren, wie neben dem Rekurs auf Republikanismus und altschweizerische Freiheitstradition naturrechtliche Überlegungen und der Verweis auf die Ereignisse in Frankreich Bedeutung erlangen. Sowohl Praxisformen der Vormoderne als auch Ideen der Französischen Revolution prägen die politischen Ausei-nandersetzungen dieser Zeit und sind für die dadurch ausgelösten kurz- und langfristigen Demokratisierungsprozesse von Relevanz.

Die Bürger der Gemeinde Hallau, die 1792 dem Landvogt aus Schaffhausen den Huldi-gungseid verweigern, verlangen, dass sie als freie Eidgenossen behandelt werden und berufen sich auf die „Katholischen und die in Bündten", das heisst auf die Landsgemeindeorte. Ermu-tigt zu diesem Schritt werden sie allerdings durch die politischen Ereignisse in Frankreich, die in diesem grenznahen Gebiet durch Zeitungen und Flugschriften bekannt geworden sind. (Q 21) Auch die Bürger der Zürcher Seegemeinde Stäfa richten 1794 eine Bittschrift[39] an die Stadtzürcher Obrigkeit.[40] Diskutiert und formuliert wird dieses Dokument in einer der ländlichen Sozietäten, der Lesegesellschaft am See. Im Stäfner Memorial, wie die Denk-schrift auch genannt wird, kommt die doppelte Orientierung an der alten und neuen Freiheit besonders deutlich zum Ausdruck, indem sich die altständische Denktradition kommunaler Autonomie mit naturrechtlichen Elementen verbindet.[41] (Q 22) Neben dem Rückgriff auf den städtischen Republikanismus – dokumentiert in der Forderung, die städtische Verfas-sung auf das ganze Staatsgebiet auszudehnen – werden auch Begriffe wie Menschenrecht explizit erwähnt. Garant der alten Schweizerfreiheit ist jedoch eine neue Republik, das re-

---

38 Rolf Graber, Zeit des Teilens. Volksbewegungen und Volksunruhen auf der Zürcher Landschaft 1794–1804, Zürich 2003, S. 118 ff.

39 Bitten und Begehren sind in der Frühneuzeit wesentliche Mittel der Interessenartikulation der Unter-tanen. Zur Bedeutung der Suppliken und Gravamina vgl. Andreas Würgler, Bitten und Begehren in der deutschsprachigen Frühneuzeitforschung, in: Cecilia Nubola, Andreas Würgler (Hg.), Bittschriften und Gravamina. Politik, Verwaltung und Justiz in Europa (14. – 18. Jahrhundert) Berlin 2005 (Schriften des Italienisch-Deutschen Historischen Instituts in Trient, Bd. 19), S. 17–52.

40 Zum Stäfner Handel vgl. Christoph Mörgeli (Hg.), Memorial und Stäfner Handel 1794/1795, Stäfa 1995; Wolfgang von Wartburg, Zürich und die französische Revolution. Die Auseinandersetzung einer patriarchalischen Gesellschaft mit den ideellen und politischen Einwirkungen der französischen Revolu-tion, Basel 1956 (Basler Beiträge zur Geschichtswissenschaft, Bd. 60), S. 207 ff.

41 Barbara Weinmann, Eine andere Bürgergesellschaft. Klassischer Republikanismus und Kommunalismus im Kanton Zürich im späten 18. und 19. Jahrhundert, Göttingen 2002 (Kritische Studien zur Geschichts-wissenschaft, Bd. 153), S. 117 ff.

volutionäre Frankreich.[42] Die schroffe Ablehnung der gemässigten Bittschrift und das repressive Vorgehen der Regierung führen dazu, dass die Bewegung weiter eskaliert und die Mittel- und Unterschichten der Gemeinde ins Geschehen involviert werden. In einer ersten Gemeindeversammlung wird die Einsicht in die alten Urkunden verlangt. Als dies die städtische Obrigkeit verweigert, wird beschlossen, selbst aktiv zu werden und in den Besitz einer in Küsnacht gefundenen Abschrift der Urkunden zu gelangen. Dazu wird eine Delegation gewählt und beschlossen, entgegen der Verfügung des städtischen Obervogts, den Inhalt der Urkunden vorzulesen. Durch ihr kollektives Auftreten und die eidlich verbürgte Solidarität zwischen den Gemeindegliedern sichert sich die Hofgemeinde gegen erwartete obrigkeitliche Sanktionsmassnahmen ab. (Q 23) Die Repressionspolitik der Regierung wird mit einer ländlich-gemeindlichen Autonomietradition konfrontiert, die eine bemerkenswerte Eigendynamik entwickelt. Die Urkunden lösen – obwohl aus ihnen kaum faktische Freiheitsrechte abgeleitet werden können – in breiten Volksschichten diffuse Hoffnungen aus und die Bewegung wird von einem eigentlichen „Urkundenfieber" erfasst, indem sich die Forderung nach Wiederherstellung der alten Freiheiten mit revolutionären Erwartungen und Ambitionen auf materielle Besserstellung verbinden.[43] Die Regierung begegnet diesem explosiven Protestpotenzial mit äusserster Repression, eine Scheinhinrichtung, langjährige Zuchthausstrafen und Verbannungen sollen für Ruhe und Restabilisierung sorgen. Die Befriedung gelingt aber nur teilweise, die Agitation geht weiter. In Gedichten und Spottliedern wird das repressive Verhalten der Zürcher Regierung gebrandmarkt. Dabei wird explizit auf die Französische Revolution verwiesen. Die Ereignisse in Paris von 1789 bis 1794 erweisen sich als Druckmittel und Hoffnungspol. (Q 24 / 25) Es sind jedoch auch die Verbannten, die weiterhin für Unruhe sorgen, indem sie sich mit Druckschriften bemerkbar machen. Eine davon ist die Antwort auf ein politisches Handbuch des Zürcher Magistraten David von Wyss, einer Apologie der Verfassungszustände des alten Zürich, die der Indoktrination dient und gegen die politische Mündigkeit und die freiheitlichen Ambitionen der ländlichen Untertanen gerichtet ist. 1797 erscheint unter dem Titel „Materialien zur Geschichte des Standes Zürich" eine Rezension, die sich mit den im Handbuch geäusserten politischen Vorstellungen auseinandersetzt. Im Gegensatz zum Stäfner Memorial spielt der Rekurs auf den alten städtischen Republikanismus und auf die alten Urkunden keine Rolle mehr, im Mittelpunkt der Argumentation steht das aufgeklärte Naturrecht. (Q 26) Damit hat sich ein Bewusstseinswandel von einer altrechtlichen zu einer naturrechtlichen Argumentation vollzogen, im Zentrum stehen nicht mehr die alten Freiheiten, sondern die an der Französischen Revolution orientierte neue Freiheit. Zudem fragen die Autoren nach den konstitutionellen Grenzen von Herrscherwillkür und Machtmissbrauch und kommen zum Schluss, dass nur eine Gewaltenkontrolle in einem

---

42   Rolf Graber, Kollektive Lernprozesse: Zur Bedeutung republikanischer Vorstellungen in Stadt und Landschaft Zürich im ausgehenden 18. Jahrhundert, in: Michael Böhler, Etienne Hofmann, Peter H. Reill, Simone Zurbuchen (Hg.), Republikanische Tugend: Ausbildung eines Schweizer Nationalbewusstseins und Erziehung eines neuen Bürgers. 16. Kolloquium der Schweizerischen Akademie der Geistes- und Sozialwissenschaften, Genève 2000 (Travaux sur la Suisse des Lumières, 2), S. 205–221, bes. S. 215 f.

43   Rolf Graber, Vom Memorialhandel zu den Stäfner Volksunruhen. Landbürgertum und plebejische Bewegung, in: Helmut Holzhey, Simone Zurbuchen (Hg.), Alte Löcher – neue Blicke. Zürich im 18. Jahrhundert: Aussen- und Innenperspektiven, Zürich 1997, 83–99, bes. S. 90 ff.

System verteilter Macht und die „Gleichheit der Rechte aller Staatsbürger" einen Damm gegen herrschaftliche Machtausweitung bilden können. Nur durch diese Gewaltenkontrolle in einem System verteilter Macht können die Degeneration der Republik zur Aristokratie verhindert und die Demokratie gesichert werden.[44] Weil Druckschriften wie die „Materialien" in grosser Zahl auf der Zürcher Landschaft kursieren, tragen sie zu einem Bewusstseinswandel und zur Verbreitung neuer Argumentationsmuster in der Bevölkerung bei.

Im Gegensatz zu Zürich und zu anderen Gebieten der Alten Eidgenossenschaft, in denen den Forderungen der Untertanen mit Repression begegnet wird, ist die Befreiungsbewegung der Untertanen der Fürstabtes von St. Gallen von Erfolg gekrönt, weil die Obrigkeit zum Nachgeben und zu Konzessionen bereit ist.[45] Zwischen den Anführern der Unruhen und Fürstabt Beda Angehrn kommt es – gegen den Willen des konservativ gesinnten Konvents des Klosters – zu einem „Gütlichen Vertrag", der den Untertanen erhebliche Zugeständnisse macht. (Q 27) Sie können nach Belieben Versammlungen abhalten und Gemeindebeamte wählen, also kommunale Selbstverwaltungsrechte ohne obrigkeitliche Eingriffe wahrnehmen. Das Ereignis zeigt, dass eine friedliche Konfliktlösung auch zu diesem Zeitpunkt noch möglich gewesen wäre. Der Anführer der Bewegung, der aus einfachen Verhältnisse stammende, als Bote tätige Johannes Künzle[46] (Q 28), aber auch der konzessionsbereite Abt werden zu Volkshelden und in Gedichten, die als Flugschriften kursieren, entsprechend gefeiert.[47] (Q 29) Der Kult um den popularen Anführer Künzle illustriert, dass auch Unterprivilegierte eine Erinnerungskultur auslösen können, die im kollektiven Gedächtnis haften bleibt und für spätere Protestbewegungen von Bedeutung ist.[48] Dies besonders, weil die Schriften in angrenzenden Gebieten verbreitet werden. Sie zeigen der Bevölkerung, dass Befreiungsbewegungen zum Erfolg führen können, und demonstrieren den intransigenten Obrigkeiten, dass andere als repressive Konfliktlösungen möglich sind. Nach dem Tod Bedas am 19. Mai 1796 versucht dessen Nachfolger Pankraz Vorster, den „Gütlichen Vertrag" wieder rückgängig zu machen. Deshalb kommt es zu weiteren Unruhen, bei denen Künzle mässigend eingreifen muss. Die Interventionen der Abordnungen der Gemeinden, der Ausschüsse (Februar bis Juli 1797)

---

44 Vgl. Graber, Kollektive Lernprozesse, S. 218 f.

45 Heinz Gabathuler, „Glückseligkeit der Bürger – Stärke der Staaten". Bemerkungen zu Karl Müller-Friedberg (1755–1836), Staatsdiener und Staatsphilosoph, in: Christian Simon (Hg.), Blicke auf die Helvetik, Basel 2000 (Dossier Helvetik V / VI), S. 129–138, bes. S. 130; Urs Josef Cavelti, „Die Aufstandsbewegung hatte damit den Bodensee berührt", Die Landsgemeinde im Umfeld der revolutionären Schweiz, in: Oberberger Blätter 1994 / 1995, Gossau 1995, S. 97–105.

46 Zur Person vgl. Franz Xaver Bischof, „An dem Landesherrn wollte ich niemals untreu werden, aber ebensowenig am Vaterland", der Gossauer Volksführer Johannes Künzle (1749–1820), in: Oberberger Blätter 1994 / 1995, Gossau 1995, S. 47–59; ferner Johannes Dierauer, Müller-Friedberg, Lebensbild eines schweizerischen Staatsmanns (1755–1836), St. Gallen 1884, S. 62.

47 Vgl. Wolfgang Göldi, „Erfreue dich St. Gallisch Land, Fürst Beda siegt, der Konvent erliegt…", in: Oberberger Blätter 1994 / 1995, Gossau 1995, S. 83–95.

48 Als eindrückliches Beispiel vgl. Fabian Brändle, Der Sutter-Handel in Appenzell Innerrhoden. Kontinuitäten vom Ancien Régime in die 1830er Jahre, in: Rolf Graber (Hg.), Demokratisierungsprozesse in der Schweiz im späten 18. und 19. Jahrhundert, Frankfurt a. M., Berlin, Bern, Bruxelles, New York, Oxford, Wien 2008 (Schriftenreihe der Internationalen Forschungsstelle ‚Demokratische Bewegungen in Mitteleuropa 1770–1850', Bd. 40), S. 21–33, bes. S. 33.

werden von spontanen Volksaufbrüchen mit massiven Drohgebärden begleitet. Die mit Landsturmwaffen ausgerüsteten Aufständischen drohen sogar, das Kloster zu stürmen. Interessant ist die Beteiligung der Frauen, der Chronist stellt sogar Bezüge zur Französischen Revolution her und vergleicht das Ereignis mit dem Zug der Marktweiber nach Versailles.[49] (Q 30)

Als schliesslich die militärische Situation der Alten Eidgenossenschaft bedrohlicher wird, nimmt der Druck auf die alten Regierungen immer mehr zu. Dies macht sich zuerst in den südlichen Grenzgebieten bemerkbar, nämlich im Veltlin, das damals ein Untertanengebiet der Rätischen Bünde ist. Als in Oberitalien die Ligurische und die Cisalpinische Republik entstehen, richten die Veltliner im Sommer 1797 ihre Forderungen an die Rätischen Bünde.[50] Obwohl die Bündner Patrioten 1790 eine Glückwunschadresse an die französische Nationalversammlung gerichtet und die Revolution begrüsst haben (Q 31), können sie sich nur mit Mühe zur Akzeptanz der Freiheitsrechte der Untertanengebiete durchringen. Bei den aristokratischen Häuptern finden die Anliegen der Veltliner sowieso kein Gehör. Deshalb trennt sich das Veltlin von Graubünden und schliesst sich der Cisalpinischen Republik an. Durch die unnachgiebige Haltung der Bündner Regierung geht dieses Gebiet endgültig für die Schweiz verloren. Interessant ist die im Dekret des Veltliner Komitees sichtbare Argumentation der Opponenten, sie erinnern die Bündner an ihr demokratisches Selbstverständnis und an ihre eigenen Freiheitsrechte, die sie allerdings den Untertanen vorenthalten, und leiten aus dem despotischen Verhalten, das dem Naturrecht widerspricht, das Recht ab, sich unwiderruflich von der alten Obrigkeit loszusagen und sich einer freiheitlicheren Republik anzuschliessen. (Q 32)

Auch während der im Januar 1798 erfolgten Revolution im Waadtland wird die Abtrennung von der Schweiz und der Anschluss an Frankreich als Drohung eingesetzt. Ihr Vordenker, Frédéric César de Laharpe, hat in seinen schon Ende 1797 weit verbreiteten Schriften die Konstituierung einer unabhängigen Republik gefordert. In den im Januar des folgenden Jahres formulierten Petitionen geht es um die politische Neuorganisation. Sie zielen auf eine Reaktivierung der traditionellen Ständeversammlungen, also auf die Wiederbelebung einer altständischen Einrichtung, deren soziale Zusammensetzung allerdings neu definiert wird, indem statt den Seigneurs und dem Klerus die Städte und Gemeinden zum dominierenden Element werden. (Q 33 / 34) Die soziale Transformation dieser Versammlungen ebnet den Weg zu einer Demokratisierung und ist zugleich an die altständischen Institutionen anschlussfähig.[51] Dadurch ist eine wichtige Kontinuitätsbrücke vorhanden. Bedeutsam ist allerdings, dass kommunal organisierte Körperschaften eine zentrale Rolle spielen.

---

49 Vgl. auch die Hinweise bei Georg Thürer, St. Galler Geschichte. Bd. 2: Aufklärung bis Gegenwart, Erster Halbband, St. Gallen 1972, S. 100, und Otto Henne-Amrhyn, Geschichte des Kantons St. Gallen von seiner Entstehung bis zur Gegenwart, St. Gallen 1863, S. 56.

50 Holger Böning, Der Traum von Freiheit und Gleichheit. Helvetische Revolution und Republik (1798–1803) – Die Schweiz auf dem Weg zur bürgerlichen Demokratie, Zürich 1998, S. 148 f.; zum Kontext vgl. auch Martin Leonhard, Die Helvetik, in: Handbuch der Bündner Geschichte, Bd. 3, 19. und 20. Jahrhundert, Chur 2000, S. 251–257.

51 Andreas Würgler, Abwesender Revolutionär – moderate Revolution: Frédéric-Cesar Laharpe und die Waadt 1789–1798, in: Christian Simon (Hg.), Blicke auf die Helvetik, Basel 2000 (Dossier Helvetik V / VI), S. 139–159, bes. S. 147 ff.; ferner A. Verdeil, Histoire du Canton de Vaud, Tome III, Lausanne 1854, S. 212 ff.

2 Befreiungsbewegungen, Helvetische Revolution, Konfrontation der Helvetischen Verfassung mit vormodernen Demokratiemodellen und materiellen Erwartungen

2.1 Befreiungsbewegungen: Legitimationsdiskurs und politische Erwartungen

Die Veränderung der aussenpolitischen Lage, der Vormarsch der französischen Armeen bis zur Schweizergrenze, aber auch die Agitation der schweizerischen Emigrantenkolonie in Paris tragen dazu bei, dass die künstlich installierte Friedhofsruhe spätabsolutistischer Machtpolitik rasch aufbricht. Wieder sind es die Gemeinen Herrschaften und die städtischen Untertanengebiete, in denen sich die Unruhe zuerst bemerkbar macht. Während die Tagsatzungsgesandten der Alten Eidgenossenschaft am 25. Januar 1798 nochmals in Aarau zusammengerufen werden, um die alten Bünde zu beschwören – ein eher tragikomischer Akt –, berichtet der Landvogt der bernischen Untertanengebiete im Aargau über die erregte Stimmung im Volk. (Q 35) Der Bericht illustriert, dass sich in breiten Bevölkerungsschichten eine revolutionäre Stimmung bemerkbar macht. Als Unruheherde werden Zentren der ländlichen Kommunikation wie Wirtshäuser und Bäckereien bezeichnet. Besonders Frauen profilieren sich als überzeugte Befürworterinnen revolutionärer Umwälzungen. Die veränderte politische Konstellation führt dazu, dass die untertänigen Gebiete mit eigenständigen Forderungskatalogen an die alten Obrigkeiten herantreten. Angeregt werden diese Postulate von einer in vieler Hinsicht benachteiligten ländlichen Elite, allerdings finden sie die Zustimmung einer breiten Bevölkerung. Mitunter kann die Initiative sogar von einem Exponenten der alten lokalen Führungsschicht ausgehen. Im Thurgau wird eine anonyme Flugschrift sogar einem Junker und Gerichtsherrn zugeschrieben, er macht Vorschläge zur Erlangung der bürgerlichen Freiheit und Gleichheit.[52] (Q 36) Allgemein ist die ländliche Oberschicht an einem friedlichen Übergang interessiert, um ihre eigene wirtschaftliche und politische Position nicht zu gefährden, sie intendiert die Wiederherstellung von Ruhe und Ordnung und die Sicherung des Eigentums gegen revolutionäre Übergriffe. Eine soziale Revolution steht für diese Schicht nicht zur Debatte. Besonders eindrücklich sind die im Februar 1798 an die herrschenden eidgenössischen Stände eingereichten Petitionen aus den Gemeinen Herrschaften wie dem Thurgau und dem Rheintal. (Q 37 / 38) Interessant ist ihre Argumentationslinie, sie enthält bereits das Programm der Helvetischen Revolution.[53] Die Eingaben werden durch das Verlangen der eidgenössischen Regierung ermutigt, Truppen zur Verteidigung gegen die anrückenden fran-

---

52 Thomas Holenstein, Paul Reinhart (1798–1824), Thurgauer Beiträge zur Geschichte, 135 (1998), S. 63 f.; zum Kontext vgl. auch Fritz Brüllmann, Die Befreiung des Thurgaus 1798, hg. anlässlich der 150-Jahrfeier zur Befreiung des Thurgaus von der Munizipal- und Bürgergemeinde Weinfelden, Weinfelden 1948; Helene Hasenfratz, Die Befreiung des Thurgaus 1798, in: Thurgauische Beiträge zur vaterländischen Geschichte, Bd. 48 (1908), S. 65–89.

53 Böning, Der Traum von Freiheit und Gleichheit, S. 142.

zösischen Heere zu stellen. Die Adressaten dieser Forderung nützen die Bedrohungssituation geschickt aus und argumentieren, die Pflicht, das Vaterland zu verteidigen, könne nicht von Untertanen, sondern nur von freien Schweizern verlangt werden. Freiheitslieder sorgen dafür, dass das Gedankengut der Französischen Revolution auch die breite Bevölkerung erreicht und sich die Befreiungsbewegungen zu Massenbewegungen entwickeln. (Q 39)

2.2 Konstituierung der Helvetischen Republik und pädagogische Anstrengungen der helvetischen Regierung zur Schaffung eines Nationalbewusstseins

Am 12. April 1798 wird in Aarau die „Eine und Untheilbare Helvetische Republik" ausgerufen. Geistiger Urheber des Verfassungstextes ist der Basler Oberstzunftmeister Peter Ochs, der im Auftrag und unter Druck des französischen Direktoriums den Entwurf ausgearbeitet hat, der später zur Grundlage der ersten Helvetischen Verfassung wird. Für Ochs hat das ausgearbeitete Verfassungsprojekt allerdings nur vorläufigen Charakter, es geht für ihn vor allem darum, die unterschiedlichen Rechtsverhältnisse einzuebnen, die Aristokratie zu beseitigen, den Grundrechten zum Durchbruch zu verhelfen und ein repräsentatives Regierungssystem einzurichten. Die Schaffung eines Einheitsstaates mit starker Zentralgewalt muss auch unter diesem Aspekt gesehen werden. Dadurch werden die Voraussetzungen für die Herstellung der Rechtsgleichheit geschaffen. Die Verfassung geht vom Prinzip der Gewaltentrennung aus, und erstmals sind wichtige Grundrechte wie Pressefreiheit und Gewissensfreiheit verankert.[54] In den Urwählerversammlungen, zu denen alle männlichen Bürger zugelassen sind, können demokratische Spielregeln eingeübt und praktiziert werden, die dadurch ausgelösten Lernprozesse befördern deshalb die Entwicklung der Demokratie. (Q 40) Allerdings ist in der Verfassung eine repräsentative Demokratie vorgesehen, einzig bei einer vom Senat vorgeschlagenen Verfassungsänderung müssen die Urwählerversammlungen konsultiert werden.[55] In einem Artikel im Helvetischen Volksblatt wird schon 1799 an diese Option erinnert. Die Staatsgründer stehen nämlich vor dem Problem, die heterogenen Landesteile zu einem Gesamtstaat zusammenzufassen, ein Nationalgefühl zu schaffen und die verschiedenen Bevölkerungsschichten und -gruppen in den neuen Staat zu integrieren. Aufklärungspädagogische Deklarationen in der Verfassung sollen zur Realisierung der „Tugendrepublik" beitragen und dieser ein ersatzreligiöses Fundament letztverbindlicher moralischer Normen verleihen.[56] Dazu wird bewusst auf Traditionsbestände und Geschichtsmythen[57] zurückgegriffen, wie

---

54 Alfred Rufer, Helvetische Republik (1798–1803), in: Historisch-biographisches Lexikon der Schweiz, Bd. 4, Neuenburg 1927, S. 142–178.

55 Vgl. Markus Kutter, Doch dann regiert das Volk. Ein Schweizer Beitrag zur Theorie der direkten Demokratie, Zürich 1996, S. 59.

56 Christoph Guggenbühl, Die Schweiz um 1800, in: Peter Brandt, Martin Kirsch, Arthur Schlegelmilch (Hg.), Handbuch der europäischen Verfassungsgeschichte im 19. Jahrhundert. Institutionen und Rechtspraxis im gesellschaftlichen Wandel, Bd. 1: Um 1800, Bonn 2006, S. 473–454. bes. S. 488 f.

57 Allgemein zur Entstehung dieser Mythen vgl. Guy P. Marchal, Schweizer, Gebrauchsgeschichte. Geschichtsbilder, Mythenbildung und nationale Identität, Basel 2007 (2), Speziell zur Helvetik ebd., S. 84 ff.

eine Rede Paul Usteris anlässlich der Eröffnung des helvetischen Senats eindrücklich zeigt. (Q 41) Alte ständische und neue naturrechtlich definierte Freiheitsvorstellungen werden zum Bestandteil der offiziellen Ideologie. Die Verbindung von Traditionsbeständen mit der neuen Freiheitskonzeption erweist sich als geschickter propagandistischer Kunstgriff, zumal diese Betrachtungsweise stark im zeitgenössischen Denken verankert ist.[58] Nicht umsonst wird Wilhelm Tell zum nationalen Symbol erhoben und erscheint als Staatssiegel auf allen Dokumenten des neuen Staatswesens. (B 1) Die Entstehung der Helvetischen Republik kann gleichsam als Wiedergeburt der Alten Eidgenossenschaft interpretiert und mit einer Revitalisierung der Tugenden der Alten Schweizer verbunden werden.[59] Um die Bevölkerung für die neue Republik zu gewinnen und eine Identifikation mit dem neuen Staat zu erreichen, werden in pädagogischer Absicht grosse publizistische Anstrengungen unternommen. Ein Beispiel dafür ist der „Aufrichtige und wohlerfahrene Schweizer-Bote", eine Zeitung, die mit gouvernementaler Förderung von Heinrich Zschokke herausgegeben wird.[60] In einem fiktiven Gespräch zwischen Wilhelm Tell und einem Bauern, der die Helvetische Revolution noch miterlebt hat und ins Reich der Toten eintritt, wird die historische Figur für die helvetische Propaganda instrumentalisiert. Gegenüber den kritischen Einwänden seines Gesprächspartners nimmt Tell eindeutig für die Franzosen und die neue Republik Partei, er versucht den noch zweifelnden Bauern für die Verteidigung der Republik und deren Errungenschaften zu gewinnen. (Q 42) Eine ähnliche didaktische Absicht steht hinter dem Lied vom wahren Schweizer, das ebenfalls an die Freiheit der „Väter" anknüpft. Das Vaterland soll zum mentalen Bezugspunkt des wahren Schweizers werden. Dadurch enthält das Gedicht bereits wichtige Elemente der Rhetorik und des Vaterlandsdiskurses, der sich im frühen 19. Jahrhundert als Träger der Bürgerlichkeitsideologie herausgebildet hat.[61] Freiheit von Sklaverei, Streben nach Eintracht, Einsatz für das Gemeinwohl werden zu wesentlichen Elementen dieser Ideologie. (Q 43) Der gemeinsinnige Patriotismus des 18. Jahrhunderts wird emotional aufgeladen und erfährt eine Erweiterung. Auch die Fabel „Das Vögelein" folgt einer ähnlichen Argumentationslinie. Der Sklaverei einer patriarchalisch-fürsorglichen Obrigkeit entflogen und damit der Unbill der Witterung ausgesetzt, will es trotzdem die neu gewonnene Freiheit nicht wieder gegen die vorhergehende Sklaverei eintauschen. Der Bevölkerung der Helvetischen Republik soll gezeigt werden, dass trotz wirtschaftlicher Probleme sowie Kriegs- und

---

58 Daniel Frei, Die Förderung des schweizerischen Nationalbewusstseins nach dem Zusammenbruch der Alten Eidgenossenschaft 1798, Zürich 1964, S. 43 f.

59 Rolf Graber, Die Einführung der Verfassung der Helvetischen Republik: Republikanismus der Eliten – Republikanismus des Volkes, in: Helmut Reinalter (Hg.), Republikbegriff und Republiken seit dem 18. Jahrhundert im europäischen Vergleich. Internationales Symposium zum österreichischen Millennium, Frankfurt a. M., Berlin, Bern, New York, Paris, Wien 1999 (Schriftenreihe der Internationalen Forschungsstelle „Demokratische Bewegungen in Mitteleuropa 1770–1850", Bd. 28), S. 101–119, bes. S. 110 f.

60 Vgl. dazu Guggenbühl, Zensur, S. 115 f.; Sebastian Brändli, Baumschulen des kommenden Blätterwaldes. Zur Popularisierung der Presse und Politisierung in der Helvetik, in: Holger Böning (Hg.), Französische Revolution und deutsche Öffentlichkeit. Wandlungen in Presse und Alltagskultur am Ende des 18. Jahrhunderts, München, New York, Paris 1992, Deutsche Presseforschung, Bd. 28), S. 297–308, bes. S. 304 f.

61 Vgl. Ursula Meyerhofer, Von Vaterland, Bürgerrepublik und Nation. Nationale Integration in der Schweiz 1815–1848, Zürich 2000, S. 52 ff.

Bürgerkriegswirren eine Rückkehr zu vorrevolutionären Zuständen nicht erstrebenswert ist. (Q 44) Wie bereits erwähnt, steht die neue Regierung vor der Aufgabe, den neuen Staat und eine entsprechendes gesamtschweizerisches Nationalbewusstsein im Volk zu verankern und die heterogenen Landesteile zusammenzuschweissen.[62] Eine eigens dafür geschaffene Festkultur und eine spezielle nationale Symbolik sollen die Identifikation mit dem Einheitsstaat fördern. Auch dabei zeigt sich die Tendenz, an traditionelle Figuren wie Wilhelm Tell anzuknüpfen. (B 2) Selbst die helvetischen Farben gelb-rot-grün werden auf die Leibfarben Tells zurückgeführt, die angeblich in Vergessenheit geraten seien. (Q 45) Diese pädagogischen Anstrengungen der helvetischen Regierung tragen zu Lernprozessen in der breiten Bevölkerung bei und sorgen dafür, dass sich nicht nur ein neues Staats-, sondern auch ein neues Freiheitsverständnis durchsetzt, das wiederum eine wichtige Voraussetzung für weitere Demokratisierungsprozesse darstellt.

2.3 Konfrontation der Helvetischen Republik mit dem Landsgemeindemodell

Die Einführung der repräsentativ-demokratischen helvetischen Einheitsverfassung provoziert allerdings auch Widerstand. Als der französische General Brune am 22. März 1798 die Landsgemeindeorte ultimativ auffordert, die vom Basler Oberstzunftmeister ausgearbeitete Verfassung einzuführen, versammeln sich die Vertreter von fünf Landsgemeindekantonen in Schwyz, um gegen diese Verordnung zu protestieren. Sie senden eine Note an das französische Direktorium, in der sie darauf hinweisen, dass sie schon über demokratische Verfassungen verfügten, die dem Bürger weitgehende Mitsprache garantierten. Kühn behaupten sie sogar, als Urdemokratien das Vorbild des revolutionären Frankreich gewesen zu sein.[63] (Q 46) Auch die gemeinen Herrschaften, die sich selbst befreit und landsgemeindeähnliche Strukturen gegeben haben, senden Deputierte zu dieser Konferenz, werden dort aber eher herablassend empfangen und müssen froh sein, dass ihnen gestattet wird, eine eigene Denkschrift an das französische Direktorium zu richten.[64] Allein auf dem Gebiet des heutigen Kantons St. Gallen sind nämlich acht Republiken entstanden. Vorbild für die Neuorganisation dieser Staatswesen sind die benachbarten Landsgemeindeorte Appenzell-Innerrhoden, Appenzell-Ausserrhoden und Glarus.[65] Allerdings gehen diese neuen Republiken bereits von einer anderen Freiheitskonzeption aus, Freiheit wird nicht als Privileg, sondern als allgemei-

---

62 Vgl. Christoph Guggenbühl, Biedermänner und Musterbürger im „Mutterland der Weltfreyheit", Konzepte der Nation in der helvetischen Republik, in: Urs Altermatt, Catherine Bosshart-Pfluger, Albert Tanner (Hg.), Die Konstruktion einer Nation. Nation und Nationalisierung in der Schweiz, 18.–20. Jahrhundert, Zürich 1998 (Die Schweiz 1798–1898: Staat – Gesellschaft – Politik), S. 33–47, bes. S. 37 ff.

63 Zur Note vgl. auch Adler, Entstehung, S. 32 f.

64 Vgl. Johannes Dierauer, Die Befreiung des Rheintals 1798. Eine Denkschrift. Mit Illustrationen und Federzeichnungen von Karl Mooser, Berneck 1898, S. 33.

65 Holger Böning, Revolution in der Schweiz. Das Ende der Alten Eidgenossenschaft. Die Helvetische Republik 1798–1803, Frankfurt a. M., Bern, New York 1985, S. 86 ff.; ders., Der Traum von Freiheit und Gleichheit, S. 138 ff.

nes Recht empfunden. Die „reine Demokratie", wie die Landsgemeinde im zeitgenössischen Jargon auch genannt wird, garantiert eine direkte politische Mitsprache aller männlichen Bürger. Als diesen Gebieten dann das Repräsentativsystem der Helvetischen Verfassung aufgezwungen wird, bedeutet dies einen Verlust an politischer Partizipation. Es ist deshalb nicht verwunderlich, dass sie im Verein mit den alten Landsgemeindeorten ihr neues Verfassungsmodell zu behaupten versuchen. Dadurch ergibt sich eine Interessenskongruenz zwischen den befreiten Gebieten und denjenigen Ständen, dessen Untertanengebiet sie vor kurzer Zeit noch gewesen sind. (Q 47) Durch den politischen Gleichstellungsprozess sehen sie sich als gleichberechtigte Bündnispartner der Alten Orte und verteidigen nun ihre neue Freiheit gegenüber den helvetischen und französischen Militärbehörden. Allerdings haben die Helvetische Revolution und der Druck Frankreichs erst dazu beigetragen, dass dieser Gleichstellungsprozess überhaupt erfolgt ist. Zudem stützt sich ihre Forderung nach Gleichstellung auf die neue, naturrechtliche Freiheitskonzeption.[66] Die Bürger dieser Gebiete betonen die Komplexität des neuen Systems und die hohen Kosten, zudem wollen sie sich das Recht der Selbstregierung nicht wieder nehmen lassen, wie ein Brief des neu gewählten Landespräsidenten des obern Rheintals, Karl Heinrich Gschwend[67], an den Schöpfer der Helvetischen Verfassung, Peter Ochs, eindrücklich illustriert. (Q 48) Die Protestbewegungen gegen die oktroyierte Verfassung in den ehemaligen fürstäbtischen Gebieten, im Rheintal und im Thurgau bergen deshalb ein Entwicklungspotenzial, das mit seinem fundamentaldemokratischen Charakter weit über die Helvetische Verfassung hinausweist. Allerdings gelangt diese Strömung – trotz massiver Proteste – nicht zum Durchbruch, die Einführung der Helvetischen Verfassung ist nicht zu verhindern. Erst mit den Volksbewegungen von 1814 / 15 und in der Regenerationszeit werden direktdemokratische Ansätze wieder aufgenommen.

Nicht nur die befreiten Gebiete, sondern auch die alten Landsgemeindeorte verteidigen ihr traditionelles Regierungssystem gegen die Helvetische Verfassung. Allerdings sehen sie ihre Freiheiten als Privileg, in das sie die untertänigen Gebiete nur widerwillig und unter Anpassungsdruck einbezogen haben.[68] So hat etwa der Landsgemeindeort Schwyz den Bewohnern der abhängigen Landschaften die Gleichheit mit den „altgefryten Landleuten" nur zögernd gewährt. Trotz anderer Freiheitskonzeption sehen sich die Repräsentanten der Landsgemeindeorte anfänglich im Einklang mit dem revolutionären Frankreich. So sind etwa die Nidwaldner der Ansicht, dass ihr Regierungssystem den Prinzipien der französischen Revolutionsverfassung durchaus entspreche.[69] Für die politischen Eliten hat die konstruierte Kongruenz zwischen altständischer und moderner Freiheit eher taktische Funktion, sie dient dazu, eine ideologische Abwehrposition gegen Frankreich aufzubauen, dem Widerstand gegen die erwartete Invasion französischer Truppen Legitimität zu verleihen und

---

66 Andreas Suter, Vormoderne und moderne Demokratie in der Schweiz, in: Zeitschrift für Historische Forschung, Bd. 31, Heft 2 (2004), S. 231–254, S. 252 ff.

67 Zu Gschwend vgl. Jakob Boesch, Carl Heinrich Gschwend 1736–1809 (88. Neujahrsblatt, hg. v. Historischen Verein des Kantons St. Gallen 1948).

68 Benjamin Adler, Republikanismus unter Anpassungsdruck. Das politische Selbstverständnis in Schwyz zwischen Französischer und Helvetischer Revolution. Auszug aus einer unveröffentlichten Lizentiatsarbeit an der Universität Bern, 1998, S. 11 ff.

69 Frei, Nationalbewusstsein, S. 44.

die vorrevolutionäre Ordnung mit der durch politischen Klientelismus abgesicherten Geschlechterherrschaft zu konservieren.[70] (Q 49) In der Spätphase der Helvetik, der Zeit der Staatsstreiche, spielt der Rekurs auf das Landsgemeindemodell nochmals eine Rolle. Während es den föderalistisch-restaurativen Kräften dazu dient, eine Rückkehr zur alten Ordnung durchzusetzen, berufen sich die befreiten Gebiete nochmals auf dieses Modell, um sich gegen die Restaurationsversuche der immer konservativer werdenden Regierungen zu wehren. Diese erkennen denn auch, dass im „Landsgemeindefieber" ihrer Untertanen ein Emanzipationspotenzial liegt, das auch für sie gefährlich werden könnte.[71] (Q 50 / 51)

2.4 Soziales Forderungspotenzial als Schrittmacher demokratischer Bewegungen

Für die unteren Bevölkerungsschichten sind die Leitbegriffe „Freiheit und Gleichheit" immer auch an soziale Erwartungen gekoppelt. In erster Linie erwarten sie die Abschaffung der drückenden Feudallasten. Die Helvetische Verfassung postuliert in Artikel 13 die Loskäuflichkeit der Feudallasten. Zudem werden alle „Personal-Feudal-Rechte" entschädigungslos aufgehoben. Dieser unklare Begriff weckt weiterreichende Hoffnungen und Erwartungen auf entschädigungslose Abschaffung aller Feudallasten. Diese werden jedoch bald einmal enttäuscht. Anstelle der Gefälle, die in den reformierten Kantonen einen wesentlichen Teil der Staatseinnahmen ausmachen, muss eine neue Form der Staatsfinanzierung gefunden werden. Da jedoch die Einführung eines funktionierenden Steuersystems nicht gelingt, muss der durch Revolution und Kriegsereignisse des Jahres 1799 ausgepowerte Staat auf die alten Einnahmequellen zurückgreifen. Dies führt zu heftiger Opposition und um 1800 zu Unruhen auf der Basler Landschaft und 1801 / 02 im Distrikt Winterthur und im Zürcher Oberland. Vor allem die arme Bevölkerung, die Heimarbeiter, Tauner und Kleinhandwerker, wehrten sich gegen den Einzug der Bodenzinsen.[72] Die helvetischen Behörden sind deshalb mit massivem Widerstand von Bevölkerungsgruppen konfrontiert, die eigentlich der Helvetischen Republik positiv gegenübergestanden sind und diese immer noch an ihren ursprünglichen Zielen und Versprechungen messen. (Q 52) Ihr politisches Engagement für

---

70 Rolf Graber, Die Protestbewegungen zur Zeit der Helvetik und das Projekt der Moderne: zur ambivalenten Bedeutung der Helvetik für die Entstehung der modernen Schweiz, in: Helmut Reinalter, Anton Pelinka (Hg.), Die Französische Revolution und das Projekt der Moderne, Wien 2002 (Vergleichende Gesellschaftsgeschichte und politische Ideengeschichte der Neuzeit, Bd. 14), S. 73–88, bes. S. 77 ff.

71 Oliver Zimmer, A Contested Nation. History, Memory and Nationalism in Switzerland, 1761–1891, Cambridge University Press 2003 (Past and Present Publications), S. 116 f.

72 Zu den Unruhen auf der Basler Landschaft vgl. Hans Buser, Der Bodenzinssturm in der Landschaft Basel (Oktober 1800), in: Basler Jahrbuch (1901), S. 165–201; Matthias Manz, Die Basler Landschaft in der Helvetik (1798–1803). Über materielle Ursachen von Revolution und Konterrevolution, Liestal 1991 (Quellen und Forschungen zur Geschichte und Landeskunde des Kantons Basel-Landschaft, Bd. 34), S. 356 ff.; für die Zürcher Landschaft vgl. Rolf Graber, Pro-helvetische Widerstände gegen restaurative Tendenzen in der Spätphase der Helvetik: Die Zehntunruhen im Distrikt Fehraltorf als Fallbeispiel, in: Christian Simon (Hg.), Widerstand und Proteste zur Zeit der Helvetik, Basel 1998 (Dossier Helvetik IV), S. 249–266.

die neue Republik verknüpfen sie mit konkreten materiellen Erwartungen, die noch über die Abschaffung der Feudallasten hinausgehen und den Charakter von Umverteilungsambitionen annehmen. Gleichheit heisst für sie auch soziale Gleichheit. Die Helvetik wird für sie zur Zeit des Teilens.[73] Da der Wiedereinzug der Zehnten und Grundzinsen zugleich in die Zeit der helvetischen Staatsstreiche und der Installation immer konservativerer Regierungen fällt, wird von den Protestierenden die Legitimität dieser Regierungen angezweifelt. Dabei berufen sie sich auf das Recht, Gemeindeversammlungen abzuhalten. Die kommunale Organisation, die allerdings egalitärer geworden ist, spielt bei den Widerständen immer noch eine wichtige Rolle. Hier können die Protestträger an kommunalistische Traditionen anknüpfen, an eine schon vor 1798 vorhandene Autonomie der Gemeinde.[74] Die Freiheit von Abgaben wird zugleich mit der Utopie einer selbstverwalteten, freien Gemeinde verknüpft.[75] In der Spätphase der Helvetik erfahren diese volkstümlichen Vorstellungen von Gemeindefreiheit noch eine Intensivierung. Der ideale Zustand wäre die Freiheit der Gemeinde von jeglicher staatlicher Kontrolle und von Abgaben. Dabei wird auf die reine Demokratie der Innerschweizer verwiesen, weil diese ebenfalls keine Abgaben kennen. Die aus materieller Not entstandenen Bewegungen enthalten ein fundamentaldemokratisches Potenzial. (Q 53) Neben dem Rekurs auf die historisch legitimierte Gemeindefreiheit wird auf die erste Helvetische Verfassung zurückgegriffen. Die mit der Einführung dieser Verfassung in Umlauf gesetzten Diskurselemente haben sich im Bewusstsein der kleinen Leute niedergeschlagen und wenden sich nun gegen die Verfassungsänderungen und gegen die verschärfte Zehntgesetzgebung. Damit wird auf einen früheren Rechtszustand rekurriert, um gegen die erneuten Belastungen und die restaurative Politik anzukämpfen.[76] Besonders deutlich zeigt sich dies im bedeutendsten nachhelvetischen Volksaufstand, dem sogenannten Bockenkrieg von 1804 auf der Zürcher Landschaft.[77] Ein wichtiger konfliktauslösender Faktor ist die von Napoleon oktroyierte, am 10. März 1803 ohne Volksabstimmung in Kraft gesetzte Mediationsverfassung.[78] Den Hintergrund für deren Einführung bilden die Auseinandersetzungen zwischen Befürwortern und Gegnern des helvetischen Einheitsstaates, die in bürgerkriegsähnliche Zustände ausarten. Obwohl das Vermittlungswerk eigentlich einen Ausgleich zwischen Unitariern und Föde-

---

73 Graber, Zeit des Teilens, S. 405 ff.

74 Zum Begriff Kommunalismus vgl. Peter Blickle, Kommunalismus, Parlamentarismus, Republikanismus, in: Historische Zeitschrift 242 (1986), S. 529–556; ders., Kommunalismus. Begriffsbildung in heuristischer Absicht, in: Ders. (Hg.), Landgemeinde und Stadtgemeinde in Mitteleuropa, München 1991 (Historische Zeitschrift, Beiheft 13, Neue Folge), S. 5–38, und die neuste Synthese ders., Kommunalismus. Skizzen einer gesellschaftlichen Organisationsform, Bd. 1: Oberdeutschland, Bd. 2: Europa, München 2000.

75 Zur Explikation dieser Vorstellung an einem frühneuzeitlichen Fallbeispiel vgl. Andreas Suter, Troublen im Fürstbistum Basel (1716–1740). Eine Fallstudie zum bäuerlichen Widerstand im 18. Jahrhundert, Göttingen 1985 (Veröffentlichungen des Max-Planck-Instituts für Geschichte, 79), S. 373 ff.

76 Graber, Pro-helvetische Widerstände, S. 265.

77 Zur Charakteristik des Aufstandes vgl. Rolf Graber, „Jezt seye es einmal Zeit, die Freyheit und Gleichheit zu erfechten und den lezten Blutstropfen für dieselbe sprüzen zu lassen". Zur „sozialen Logik" des Volksaufstandes von 1804 auf der Zürcher Landschaft, in: Schweizerische Zeitschrift für Geschichte, Vol. 54 (2004), S. 1–19, bes. 5 ff.; ders., Zeit des Teilens, S. 301 ff.

78 Guggenbühl, Die Schweiz um 1800, S. 498 ff.; Daniel Frei, Mediation, in: Handbuch der Schweizer Geschichte, Bd. 2, Zürich 1977, S. 841–869, bes. S. 857.

ralisten verspricht, begünstigt es faktisch die konservativ-aristokratischen Kräfte. Weil der Verfassungstext nur die wichtigsten Leitlinien enthält, können die städtischen Aristokraten ihre Anliegen auf dem Gesetzgebungsweg durchsetzen. Der restaurativen Politik und der restriktiveren Gesetzgebung der Mediationsregierung wird die Freiheit der Tellen und Winkelriede, aber auch die Freiheit und Gleichheit von 1798 gegenübergestellt.[79] Vorstellungen von Republik und Volkssouveränität werden zu plebejischen Bewusstseinselementen, wie ein Verhör mit dem aus einfachen Verhältnissen stammenden Anführer des Volksaufstandes deutlich zeigt. Mit dem Hinweis auf die „freien Schweizer" knüpft Willi zwar noch an die alte republikanische Freiheitstradition an, indem er diese Freiheit jedoch für alle Schweizer einklagt, beruft er sich zugleich auf den modernen naturrechtlich abgeleiteten Freiheitsbegriff, der für die Verfassung der Helvetischen Republik konstitutiv ist.[80] (Q 54 / 55) Das für diesen Volksaufstand charakteristische materielle Forderungspotenzial und der Kampf gegen eine Restauration der vorhelvetischen Gesellschafts- und Sozialordnung sind zugleich an politische Lernprozesse gekoppelt. Die während der Helvetischen Revolution aufbrechenden politischen und sozialen Konflikte führen nämlich zu einer intensiven Erfahrung politischen Wandels. Dadurch wird der gemeinsame Erfahrungsraum perspektivisch aufgebrochen, die Gleichzeitigkeit des Ungleichzeitigen wird für den Einzelnen konkret fassbar. Durch das epochale Ereignis der Französischen Revolution hat sich die Asymmetrie zwischen Erfahrungsraum und Erwartungshorizont immer mehr vergrössert, ein utopisches Überschusspotenzial stellt sich ein.[81] In den nachhelvetischen Protestbewegungen kommt dieses Potenzial zum Ausdruck. Aufstände wie der Bockenkrieg werden jedoch brutal unterdrückt; die Aktionen der Obrigkeiten dienen nicht nur einer Restauration der vorhelvetischen Ordnung, sondern nehmen mitunter den Charakter eines Präventivkrieges gegen die materiellen Ambitionen der ärmeren Bevölkerung an. Erst in den späten 20er-Jahren des 19. Jahrhunderts macht sich mit dem Erstarken der liberalen Bewegung und unter dem Einfluss der Französischen Julirevolution wieder öffentlicher Protest bemerkbar. Martin Schaffner hat in Anlehnung an das Konzept des französischen Historikers Pierre Rosanvallon vorgeschlagen, jene Phasen, in denen sich neue politische und soziale Rationalitäten herausbildeten, als historische Knoten zu bezeichnen. Besonders einschneidend sind jene Zeitabschnitte, in denen sich nationalgeschichtlich bedeutsame Vorgänge mit dem Strang der französischen und damit der europäischen Geschichte überschneiden. In der Helvetik und in der Zeit der Regeneration von 1830 kreuzen sich mikrohistorisch-lokale Perspektiven und makrohistorische Entwicklungen.

---

79 Vgl. Rolf Graber, „Das Evangelium – Tell und Winkelried – Die Constitution von 1798". Politisches Bewusstsein der Zürcher Landbevölkerung zu Beginn der Mediationszeit, in: Jahrbuch für Kommunikationsgeschichte, Bd. 8 (2006), S. 30–48, bes. S. 31 ff.

80 Die Charakterisierung des Aufstandes mit dem Attribut „republikanisch" ist deshalb durchaus zutreffend. Vgl. Hellmut G. Haasis, Republikanischer Bauernaufstand am Zürichsee (1804), in: Ders., Spuren der Besiegten. Von den Erhebungen gegen den Absolutismus bis zu den republikanischen Freischärlern 1848 / 49, S. 653–664.

81 Zu den Kategorien Erfahrungsraum und Erwartungshorizont vgl. Reinhart Koselleck, Vergangene Zukunft. Zur Semantik geschichtlicher Zeiten. Frankfurt a. M. 2000 (4) (Suhrkamp-Taschenbuch Wissenschaft, 757) S. 349–375, bes. S. 359 f.

3 Regenerationsbewegung von 1830 und Gegenbewegungen

3.1 Verfassungsentwürfe, Verfassungsdiskussion, Herausbildung der repräsentativen Demokratie, Ansätze zur direkten Demokratie

Die Bewegung, die in elf Schweizer Mittellandkantonen zu liberalen Verfassungen führt, wird nicht als Revolution, sondern als Regeneration bezeichnet, mit einem Begriff, der seinen Ursprung in der Medizin hat und einen organischen Übergang betonen will. Bei der Formulierung ihres politischen Programms reaktivieren die Liberalen ältere Traditionen und Geschichtsmythen, es geht um eine Wiederherstellung der alten Eidgenossenschaft.[82] Wie bei Reformern und Patrioten des späten 18. Jahrhunderts und den Schöpfern der Helvetischen Republik wird die eidgenössische Befreiungstradition bemüht, um eine Umgestaltung zu legitimieren. Die Erfindung von Tradition wird in der Schweiz zur Tradition von Erfindung, in Umbruchphasen spielen die Konstrukte der Vergangenheit eine herausragende Rolle.[83]

Den Auftakt zur Regenerationsbewegung bilden die Ereignisse im Thurgau.

1827 hält Thomas Bornhauser, der evangelische Pfarrer von Matzingen, vor der Pastoralgesellschaft des Kapitels Frauenfeld eine Rede, in der er die Thurgauische Restaurationsverfassung einer harten Kritik unterzieht. Bemängelt werden die Wahlart der Grossräte und die Abhängigkeit der Legislative von der Exekutive, zugleich warnt der Referent vor den drohenden Gefahren einer neuen Aristokratie. (Q 56) 1830 wird dieser Vortrag in der Appenzeller Zeitung abgedruckt, sie ist neben dem Schweizerischen Beobachter, der Schweizerischen Monats-Chronik und dem Schweizer-Boten eines der wichtigsten Organe der Opposition.[84] Mit diesen Zeitungen entsteht eine politische Öffentlichkeit, sie schaffen ein geeignetes Forum für die Verbreitung der liberalen und radikalen Ideen. Durch die Julirevolution in Frankreich werden die Bürger ermutigt, ihre Anliegen an die Öffentlichkeit zu tragen. Bornhausers Ausspruch „Der Hahn hat gekräht, die Morgenröte bricht an, Thurgauer wacht auf und verbessert eure Verfassung" vermag zu illustrieren, wie die Verfassungsrevisionsbewegung durch den Umsturz in Frankreich Auftrieb erhält und propagandistisch ausgenützt wird. Allerdings ist zu beachten, dass diese Bewegung autochthone Wurzeln hat und die Revolutionsereignisse in Frankreich nur beschleunigend wirken. Als Bornhausers Aufsatz in der konservativen Thurgauer Zeitung heftig getadelt wird, erhält er Unterstützung von Joachim Leonz Eder, einem 1814 wegen seiner liberalen Haltung von der Solothurner Regierung ausgewiesenen

---

82 Tobias Kästli, Die Schweiz – eine Republik in Europa. Geschichte des Nationalstaates seit 1798, Zürich 1998, S. 284 ff.

83 Andreas Suter, Nationalstaat und die ‚Tradition von Erfindung' – Vergleichende Überlegungen, in: Geschichte und Gesellschaft, Zeitschrift für historische Sozialwissenschaft. 25. Jhrg., Heft 3 (1999), S. 480–503.

84 Rolf Soland, Joachim Leonz Eder und die Regeneration im Thurgau 1830–1831. Ein Kapitel aus der thurgauischen Verfassungsgeschichte, Weinfelden 1980, S. 33 ff.

politischen Flüchtling, der im Thurgau Zuflucht gefunden hat.[85] Eder verteidigt Bornhausers Schrift und bezweifelt die Zuständigkeit des Grossen Rates für die Verfassungsrevision. Er fordert die Wahl eines Verfassungsrates durch die Bürger der Kreise; eine Wahl des Gremiums durch eine Landsgemeinde, welche auch zur Diskussion steht, lehnt er aus organisatorischen Gründen ab. (Q 57) Eders Gedanken sind nicht originell, Forderungen nach Volkssouveränität, Gewaltentrennung und Rechtsgleichheit finden sich auch in anderen Flugschriften. Im Kanton Zürich taucht im Herbst 1830 eine ganze Reihe solcher Propagandaschriften auf. Sie kritisieren die Machtfülle des Grossen Rates gegenüber der kleinen Kammer sowie dessen judikative Funktionen, die zur Gewaltentrennung in Widerspruch stehen. Ein für die Zürcher Verhältnisse besonders wichtiger Kritikpunkt ist die Dominanz der Stadt gegenüber dem Land. Diese Ungleichheit wird denn auch in Flugschriften immer wieder aufgegriffen.

Ein erstes Dokument dieser Art ist das vom Fabrikanten Jakob Braendlin verfasste, in 6 000 Exemplaren gestreute Gespräch zwischen zwei Landbürgern (Jakob und Konrad). (Q 58) Es knüpft an die ältere Tradition des Bauerngesprächs an, eine Art Lehrgespräch, das schon in den 60er-Jahren des 18. Jahrhunderts in Zürich als Mittel der volksaufklärerischen Propaganda eingesetzt wurde. Die Dialogpartner, ein vermögender und eine ärmerer Landmann, stehen für eine wichtiges Ziel der Propagandaschrift, nämlich die Kluft zwischen reicheren und ärmeren Landbürgern zu überwinden und eine schichtenübergreifende Solidarität der Landbevölkerung herzustellen. Zugleich ist eine Abgrenzung von der gemässigt liberalen Strömung in der Stadt intendiert. Der in den liberalen Bittschriften vorherrschende abstrakt-philosophische Ton wird durch eine volkstümliche Sprache abgelöst, dem Landmann aus einfachen Verhältnissen sollen die sozioökonomischen Benachteiligungen aufgezeigt werden. Thematisiert werden die ungerechte fiskalische Mehrbelastung des ländlichen Bauern- und Gewerbestandes, die ruinösen Auflagen des städtischen Zunftsystems und die städtischen Ämtermonopole. Um die Verfassung in diesem Sinne zu ändern, wird eine Zweidrittel-Mehrheit im Grossen Rat anvisiert.[86] In eine ähnliche Richtung zielt ein zweites fingiertes Bauerngespräch zwischen „Jonathan und David" (Q 59), zwei einfachen Landleuten. Es dient vor allem der Massenmobilisierung für die geplante Volksversammlung in Uster. Bemerkenswert ist der Hinweis auf Vorgänge in anderen Kantonen. Für die ländliche Elite geht es darum, die Dynamik der Bewegung auszunützen und Spaltungsversuchen der ländlichen Opposition durch staatliche Beamte und städtische Herrschaftsträger zuvorzukommen. Zur Legitimation der Forderungen wird vor allem auf altes Recht rekurriert, allerdings finden sich auch Anspielungen auf das moderne Naturrecht. Eine Verdichtung der Legitimationsfiguren findet im Topos des „freien Schweizerbürgers" statt, er steht gleichsam für eine Synthese des liberalen Prinzips der Volkssouveränität und der volkstümlichen Forderung nach Versammlungsdemokratie.[87] Ein drittes, besonders ausgefeiltes Beispiel ländlich-liberaler Propaganda ist das Gespräch des „Dr. Freimann von Bürgerhain". (Q 60) Ein Arzt trifft bei einem Krankenbesuch

---

85 Soland, S. 40 ff.

86 Vgl. dazu die dichte Analyse der drei Gespräche bei Barbara Weinmann, Eine andere Bürgergesellschaft. Klassischer Republikanismus und Kommunalismus im Kanton Zürich im späten 18. und 19. Jahrhundert, Göttingen 2002 (Kritische Studien zur Geschichtswissenschaft, Bd. 153), S. 169 ff.

87 Weinmann, S. 172.

auf mehrere Weber, Bauern, Professionisten und Krämer, die über die Verständnisschwierig-
keiten bei der Lektüre liberaler Pamphlete klagen. Doktor Freimann zeigt Verständnis für
ihre Probleme und kann sich durch seine Lesehilfen als Anwalt der ärmeren ländlichen Bevölkerung präsentieren. Er versucht seinen Zuhörern aufzuzeigen, dass eine bessere Repräsentation der Landschaft durch eine ländliche Elite auch zur Erleichterung der Beschwerden
führen würde. Dadurch werden allerdings bei der ärmeren Bevölkerung Erwartungen geweckt, die kaum eingelöst werden können.[88] Im Übrigen enthält das Dokument einen detail-
lierten Katalog ländlicher Revisionsbegehren und Veränderungswünsche, die das Militär, die
Polizei, den Staatsaufbau, das Rechtswesen und das Schulwesen betreffen. Auch die Pressefreiheit und das Petitionsrecht werden eingeklagt. Am Schluss steht die Forderung nach einem
Verfassungsreferendum, die geänderte Verfassung soll dem Volk vorgelegt werden. Anhand
dieser politischen Pamphlete lässt sich der Diskurs auf dem Land rekonstruieren. Die Argu-
mentationsführung bewegt sich auf zwei Ebenen. Einerseits wird die Forderung nach Gleichberechtigung demografisch legitimiert mit der höheren Bevölkerungszahl der Landschaft,
andererseits werden historische Argumente angeführt und wird auf die Mediationsakte verwiesen, die einen Ausgleich von Stadt und Land in Aussicht gestellt haben. Die erneute Unterwerfung der Landschaft und die weitgehende Restauration von 1814 werden in eine Daten-
reihe unterdrückter ländlicher Aufstandsbewegungen hineingestellt, wie dem
Waldmann-Handel (1489), dem Wädenswiler Aufstand (1646) und dem Stäfner-Handel
(1794 / 95). Die dem Prinzip der Rechtsgleichheit widersprechende politische Benachteiligung
der Landbevölkerung wird denn auch zu einem wichtigen Auslöser der ländlichen Protestbewegung und schlägt sich entsprechend im Forderungskatalog der Protestversammlung von
Uster nieder. Eine wichtige Grundlage für diesen Forderungskatalog bildet eine Druckschrift,
die unter dem Titel „Ansichten und Vorschläge in Betreff der Verfassung und ihrer Veränderung" ebenfalls im Herbst 1830 beim Verlag Gessner in Zürich erschienen ist und nach dem
Entstehungsort als „Küsnachter Memorial" bezeichnet wird. (Q 61) Der Titelzusatz „Von
mehreren Kantonsbürgern" verschleiert allerdings die eigentliche Autorschaft. Verfasser dieser
Schrift ist der 1785 in Nassau geborene deutsche Emigrant Ludwig Snell. Dieser hatte sich in
der deutschen Einheits- und Freiheitsbewegung engagiert und war 1827 als Opfer der Dem-
agogenverfolgung in die Schweiz geflohen, wo sein Bruder Wilhelm an der Universität Basel
den Lehrstuhl für Rechtswissenschaft bekleidete.[89] Schon seine Schrift „Beherzigungen bei
der Einführung der Pressefreiheit in der Schweiz", die nicht nur die zeitgenössische Presse-
freiheitsdogmatik zusammenfasst, sondern sich auch um deren presserechtliche Umsetzung
bemüht, trägt wesentlich zur Lockerung der Pressezensur um 1829 bei.[90] Der wichtigste Ver-
dienst Snells besteht allerdings darin, dass es ihm gelungen ist, die vernunftrechtliche Theorie
des politischen Liberalismus mit tradierten Vorstellungen kommunaler Autonomie zu verbinden.[91] Grundlage für diese Synthese ist das Studium verschiedenartiger Literatur und Quellen.

---

88 Ähnliche Tendenzen können auch im Thurgau beobachtet werden, vgl. Soland, S. 36.
89 Zur Biografie Snells vgl. Stefan G. Schmid, Ein zweites Vaterland. Wie Ludwig Snell Schweizer wurde,
    in: Isabelle Höner (Hg.), Nachdenken über den Staat und seine Geschichte. Beiträge für Alfred Kölz,
    Zürich, Basel, Genf 2003, S. 263–281, bes. S. 264 f.
90 Guggenbühl, Zensur, S. 359.
91 Weinmann, S. 178.

Einerseits hat Snell den Contrat social Rousseaus, die Schriften Benjamin Constants, die Menschenrechtserklärung und die Montagnard-Verfassung der Französischen Revolution sowie die Helvetische Verfassung genau studiert, andererseits hat er sich auch gründlich mit den Landsgemeindedemokratien und der Autonomietradition der Zürcher Landschaft beschäftigt. Dem Küsnachter Memorial kommt vor allem politische Bedeutung zu, indem es Eingang in die politischen Beratungen der ländlichen Liberalen findet und als Vorlage für das auf der Volksversammlung von Uster am 22. November sanktionierte „Ustermemorial" dient[92], das die bereits im letzten der drei Flugblätter formulierten ländlich-liberalen Reformanliegen in gemässigter Form nochmals zusammenfasst. (Q 62) Am wichtigsten ist jedoch Snells „Entwurf einer Verfassung nach dem reinen und ächten Repräsentativsystem, das keine Vorrechte noch Exemptionen kennt, sondern auf Demokratie beruht." (Q 63) Alfred Kölz hat die eminente verfassungsrechtliche Bedeutung des 1831 bei Orell Füssli publizierten Verfassungsentwurfs betont. Weil die Schrift im Januar 1831 allen Abonnenten des Schweizerischen Republikaners zugestellt wird, ist sie auch den liberalen politischen Eliten ausserhalb des Kantons bekannt und wird zum staatsrechtlichen Reformprogramm, das in die in der Folge erarbeiteten kantonalen Verfassungen eingeht.[93] Der nicht in Artikeln, sondern als zusammenhängender Text formulierte Entwurf enthält detaillierte Vorschläge für die Reform der Verwaltung, der Justiz und des Erziehungswesens. Als Folge seiner Lehrtätigkeit an deutschen Gymnasien erkennt Snell die Bedeutung der Volksbildung. Deshalb nimmt er in der Frage der Repräsentation der Landschaft eine gemässigte Position ein, was den Vorschlag auch für die städtischen Liberalen akzeptabel macht. Als Übergangslösung soll der Anteil der Vertreter der Landschaft im Grossen Rat schrittweise erhöht werden. Voraussetzung für eine der Bevölkerungszahl der Landschaft angemessene Repräsentation sind Lernprozesse, die durch den Ausbau des Schulwesens, die Entwicklung einer politischen Öffentlichkeit und den Ausbau der kommunalen Selbstverwaltung erreicht werden. Diese kommunale Praxis kann wiederum an eine ältere Autonomietradition anknüpfen. Barbara Weinmann betont, dass diese historisch gewachsenen altdemokratischen Strukturen aus ihrem korporativen Zusammenhang gelöst und mit der individualistischen Naturrechtslehre verbunden werden.[94] Obwohl – wie schon der Titel des Entwurfs suggeriert – das liberale Repräsentationsprinzip als Leitbild dient, wird durch das Postulat der „Selbstgesetzgebung" des Volkes eine Entwicklungsperspektive zur „halbdirekten Demokratie" eröffnet, das heisst der Einbindung direktdemokratischer Volksrechte in das Gehäuse der repräsentativen Demokratie.[95] So wird der Gemeinde-

---

92 Zu Ustertag und „Uster-Memorial" vgl. Karl Dändliker, Geschichte der Stadt und des Kantons Zürich, Bd. III, Zürich 1912, S. 254 f.; Stefan G. Schmid, Die Zürcher Kantonsregierung seit 1803, Diss. Zürich, Zürich 2003, S. 83 ff.; Walter Wettstein, Die Regeneration des Kantons Zürich, Zürich 1907, S. 1 ff.; jetzt auch Andreas Kley, Das Uster-Memorial und der Ustertag. Zu dieser (Wieder-)Publikation, in: Commentationes Historiae ivris Helveticae, Bd. I, curantibus Felix Hafner, Andreas Kley, Victor Monnier, Bern 2006, S. 67–75.

93 Alfred Kölz, Der Verfassungsentwurf von Ludwig Snell als Quelle der Regenerationsverfassungen, in: Ders., Der Weg der Schweiz zum modernen Bundesstaat. Historische Abhandlungen, Zürich 1998, S. 171–197, bes. S. 174.

94 Weinmann, S. 177.

95 Ebd. S. 189.

versammlung als Ausdruck der Gemeindefreiheit grosse Bedeutung zugemessen und ihre erzieherische Funktion betont.[96] Über die Frage, inwiefern neben den traditionellen kommunalen Strukturen auch französische und amerikanische Einflüsse auf die Entwicklung direktdemokratischer Konzepte eine Rolle gespielt haben, gehen die Meinungen auseinander[97], entscheidend bleibt jedoch, dass diese um 1830 nicht zum Durchbruch gelangen. Die im Verfassungsentwurf von Snell anvisierten Gesetzgebungsrechte des Volkes widersprechen nämlich der frühliberalen Programmatik und der klassischen Theorie der Repräsentation. Nach dieser vermag der Repräsentant den wahren Volkswillen durchaus zu erkennen und bedarf keiner zusätzlichen Kontrolle von aussen. Zudem besteht nach der liberalen Verfassungstheorie für das Volk die Möglichkeit, die Repräsentanten abzuwählen.[98] Das Auseinanderdriften zwischen Volk und liberalen Führern zeigt sich schon bei der Versammlung von Uster. Die grösste Akzeptanz finden nicht diejenigen Redner, die dem Volk die Verfassungsprinzipien in abstrakten Begriffen erläutern, sondern ein Johann Jakob Steffan aus Wädenswil, der die Anliegen des Volkes ernst nimmt und auf die sozialen und materiellen Probleme eingeht. Die Stimmung eskaliert derart, dass ein anonymer bürgerlicher Beobachter feststellt: „… das Volk ist nun dahin geleitet worden, von wo es unbefriedigt nicht wieder zurückkehrt, es ist hingeführt worden über die Grenze des gesetzlichen Gehorsams, es bedarf nur noch einen einzigen, nur Einen Schritt – so ist der Tiger der Anarchie entfesselt."[99] Diese Äusserungen reflektieren ein soziales Unrastpotenzial und eine zunehmende Polarisierung in der Bevölkerung. Weil die Protesthaltung der Reformverlierer mit sozialrevolutionären Visionen verbunden ist, wirkt sie auf bürgerliche Beobachter besonders irritierend.

Die Massenbasis dieser landsgemeindeähnlich organisierten und durchgeführten Volksversammlungen schafft zwar die Voraussetzung zur Umgestaltung des politischen Systems im liberalen Sinne, gleichzeitig zeigen sie aber auch, dass die Interessendivergenz zwischen liberalen Eliten und den Volksmassen besteht.[100] Wie wenig die liberale Elite von einer vermehrten Partizipation der unteren Bevölkerungsschichten am politischen Entscheidungsprozess hält, zeigen die „Voten Dr. Kellers in der Zürcher Verfassungsdebatte von 1838". (Q 64) Der Votant

---

96 Auf diesen Umstand hat schon Karl Dändliker hingewiesen. Vgl. Dändliker, Geschichte der Stadt und des Kantons Zürich, Bd. III, S. 264.

97 Vgl. etwa Alfred Kölz, Die Wurzeln der direkten Demokratie in der französischen und amerikanischen Revolution, in: Ders., Der Weg der Schweiz zum modernen Bundesstaat. Historische Abhandlungen, Zürich 1998, S. 37–46; ders., Die Bedeutung der Französischen Revolution, in: Andreas Auer (Hg.), Les origines de la démocratie directe en Suisse / Die Ursprünge der schweizerischen direkten Demokratie, Basel, Frankfurt a. M. 1996, S. 105–116.

98 Vgl. Dian Schefold, Volkssouveränität und repräsentative Demokratie in der schweizerischen Regeneration 1830–1848, Diss. Basel, Basel u. Stuttgart 1966 (Basler Studien zur Rechtswissenschaft, Heft 76), S. 277.

99 Der Ustertag vom 22.1.1830. Brief als Kopie aus dem Nachlass von Johann Caspar Bluntschli, hg. v. Wilhelm Oechsli, in: Anzeiger für Schweizer Geschichte 44 (Neue Folge 12) 1914, S. 218 f.; vgl. auch Albert Tanner, „Alles für das Volk". Die liberalen Bewegungen von 1830/31, in: Thomas Hildbrand, Albert Tanner (Hg.), Im Zeichen der Revolution. Der Weg zum schweizerischen Bundesstaat 1798–1848. Eine Publikation der Volkshochschule des Kantons Zürich, Zürich 1997, S. 51–74, bes. S. 52.

100 Dölf Wild, Die ersten Jahre der liberalen Demokratie in Zürich oder: Probleme mit dem Volk 1830–1848, in: Silvia Ferrari (Hg.), Auf wen schoss Wilhelm Tell? Beiträge zu einer Ideologiegeschichte der Schweiz, Zürich 1991, S. 103–120, bes. 111 f.

äussert explizite Bedenken über die Ausweitung der Demokratie; der Politisierung der Landbevölkerung und der „unmittelbaren Demokratie" steht er aus Furcht vor einem „Bauernregiment" ablehnend gegenüber.[101] Sechs Jahre nach dem Ustertag erklärt Friedrich Ludwig Keller, der prominenteste Abgeordnete der Liberalradikalen im Grossen Rat: „Vor sechs Jahren haben wir den Kampf gegen die Aristokratie und Privilegien gekämpft, die nächsten sechs Jahre werden wir den Kampf gegen Roheit und Pöbelherrschaft zu kämpfen haben (…) Dass die Masse zwar die Notwendigkeit nicht fühlt ist leicht zu begreifen: aber wer die Masse das Volk nennt, der ist unwiederbringlich verloren."[102] Trotz Beschwörung des Prinzips der Volkssouveränität ist die Beteiligung der ganzen (männlichen) Bevölkerung am staatlichen Leben unerwünscht. Das Volk wird zwar für mündig erklärt, aber seine politische Mitwirkung von bestimmten ökonomischen und sozialen Kriterien abhängig gemacht. Anstelle der Geburts- und Standeskriterien als Voraussetzung für politische Partizipation treten Besitz und Bildung.[103] Erfolgreicher im Hinblick auf die Einwirkungsmöglichkeiten des Volkes ist die Bewegung im Kanton St. Gallen. Auch dort formiert sich eine breite Reformbewegung gegen das bereits vor 1830 delegitimierte und schwache Restaurationsregime.[104] Im Oktober 1830 publiziert Staatsschreiber Gallus Jakob Baumgartner, der schon 1828 eine Veröffentlichung der Staatsrechnung gefordert hat, eine Flugschrift mit dem Titel: „Wünsche und Anträge eines St. Gallischen Bürgers für Verbesserung der Staatseinrichtungen dieses Kantons", die das Programm der Reformkräfte enthält. (Q 65) Beabsichtigt ist eine Neuorganisation des Staates, die sich an Prinzipien wie Volkssouveränität und Gewaltentrennung orientiert. Die Schrift stösst auf grosse Resonanz und löst eine breite Diskussion aus. (Q 66) Unter dem Druck der sich entfaltenden politischen Öffentlichkeit muss der Grosse Rat am 8. November einer Verfassungsrevision zustimmen. Diese soll einer aus Honoratioren bestehenden 19-köpfigen Revisionskommission übertragen werden. Obwohl sich der Grosse Rat zur Volkssouveränität bekennt, bleiben die Partizipationsrechte des Volkes eingeschränkt. Gegen dieses Repräsentationsprinzip formiert sich eine breite Volksbewegung, die teilweise die Forderungen der gescheiterten Oppositionsbewegung gegen das Restaurationsregime von 1814 / 1815 wieder aufnimmt. Sie orientiert sich am Landsgemeindemodell der Nachbarkantone, der „reinen Demokratie", und fordert eine Ausweitung der Partizipationsrechte und einen „schlanken", kostengünstigen Staat. Ein wichtiges Zentrum der Bewegung ist das Rheintal, wo gegen den Willen des Kreisammanns am 5. Dezember 1830 eine Gemeindeversammlung erzwungen wird. Dabei werden auch Er-

---

101 So wird schon der Ustertag bis weit in die liberalen Kreise hinein, die eine Pöbelherrschaft befürchteten, missbilligt. Vgl. Schmid, Zürcher Kantonsregierung, S. 83. Die Aussage stützt sich auf Bruno Schmid, Ustertag, S. 9. Auch Paul Usteri erlebt die „lentes et paisibles discussions" der Verfassungskommission als qualvoll und fürchtet sich vor zu weit gehenden demokratischen Forderungen. Vgl. Schmid, Zürcher Kantonsregierung, S. 84, Anm. 21.

102 Zit. nach Wild, S. 112.

103 Tanner, „Alles für das Volk", S. 71 f.

104 Zusammenfassend zu dieser Bewegung vgl. Bruno Wickli, Politische Kultur, politische Erfahrungen und der Durchbruch der modernen direkten Demokratie im Kanton St. Gallen (1831), in: Rolf Graber (Hg.), Demokratisierungsprozesse in der Schweiz im späten 18. und 19. Jahrhundert, Frankfurt a. M., Berlin, Bern, Bruxelles, New York, Oxford, Wien 2008 (Schriftenreihe der Internationalen Forschungsstelle „Demokratische Bewegungen in Mitteleuropa 1770–1850", Bd. 40), S. 35–65, bes. S. 42 ff.

I. Einleitungstext

innerungen an den Widerstand von 1798 gegen die Helvetische Verfassung reaktiviert, dies zeigt sich etwa, wenn in Altstätten nach 32 Jahren die Bühne wieder aufgebaut und der Stuhl des damals demokratisch gewählten Landammanns hervorgeholt wird. Die Versammlung im Rheintal wird zum Vorbild für weitere improvisierte Landsgemeinden in verschiedenen Teilen des Kantons. Unter dem Druck der Volksbewegung setzt sich die Forderung durch, die durch den Grossen Rat bestimmte Revisionskommission aufzulösen und in einem demokratischen Wahlverfahren ohne Zensuswahlrecht einen Verfassungsrat zu wählen, der seine Sitzungen in St. Gallen abhält.[105] Diese sind öffentlich, und das Volk kann Ansichten, Wünsche und Entwürfe schriftlich einreichen (Q 67). An der Frage der Ausgestaltung des politischen Systems bricht die Reformkoalition von Liberalen und ländlichen Demokraten rasch auseinander. Die Exponenten der liberalen Bildungselite entwickeln andere Partizipationsvorstellungen als die Vertreter der ländlichen Gebiete im Verfassungsrat. Letztere drohen, das Gremium zu verlassen, wenn eine Repräsentativverfassung eingeführt würde.

Einer der Anführer dieser ländlichen Demokraten ist Joseph Eichmüller aus Altstätten im Rheintal, auch „Naglers Sepp" genannt, weil sein Vater mit Eisen und Nägeln handelte. Eichmüller, der in Altstätten als Pintenwirt tätig ist, verfügt über ausgezeichnete Kontakte zur ländlichen Bevölkerung. Neue Forschungsarbeiten haben unter Anwendung des Charisma-Konzepts die Persönlichkeitsmerkmale dieser Volksmänner herausgearbeitet. Sie treten als Vermittler zwischen Elitekultur und Volkskultur auf und sind in beiden Kulturen beheimatet.[106] Personen wie Eichmüller sind deshalb besonders prädestiniert, die Anliegen, Wünsche und Hoffnungen der kleinen Leute, die „hidden transcripts"[107], öffentlich zu machen und in die Debatten im St. Galler Verfassungsrat einzubringen. (Q 68) Anlässlich der Diskussionen über die Volkssouveränität fordert er die Verwirklichung der „reinen Demokratie". Wie an der Volksversammlung in Altstätten soll das Volk, das heisst die Gesamtheit der Mitbürger, in den politischen Entscheidungsprozess einbezogen werden. Der abstrakte Begriff der Volkssouveränität erhält für ihn erst einen Sinn, wenn er konkret fassbar wird, im Rahmen einer symbolisch vermittelten politischen Praxis. Unterstützung für seine Anliegen erhält Eichmüller von einem anderen eloquenten und einflussreichen Wortführer der Demokraten, von Felix Diogg aus Rapperswil. Im Unterschied zu Eichmüller lassen seine Voten im Verfassungsrat – vielleicht auch durch französische Einflüsse – ein philosophisch und staatsrechtlich fundiertes Verständnis von Volkssouveränität erkennen. Er verwendet ein systematisiertes Ensemble von Begriffen, die auch untereinander argumentativ verknüpft sind.[108] Zur

---

105 Zu den Debatten im Verfassungsrat vgl. Johann Duft, Die politischen Volksrechte in der st. gallischen Demokratie, ihre Entwicklung seit der Entstehung des Kantons, Diss. jur. Zürich, Winterthur 1910, S. 41 ff.

106 Zur theoretischen Konzeptualisierung von Charisma vgl. Brändle, Demokratie und Charisma, S. 21 ff.; zur Anwendung des Konzepts auch Wickli, Politische Kultur und „reine Demokratie", S. 91 f.

107 Vgl. James C. Scott, Domination and the Arts of Resistance. Hidden Transcripts, Yale University Press, New Haven and London 1990, S. 45 ff. Scott unterscheidet zwischen dem „public transcript", dem öffentlichen Diskurs zwischen Herrschenden und Beherrschten, und dem „hidden transcript", einem heimlichen Diskurs unter den Beherrschten, der sich der Kontrolle durch die Herrschenden entzieht.

108 Vgl. Martin Schaffner, Direkte Demokratie. „Alles für das Volk – alles durch das Volk", in: Manfred Hettling, Mario König, Martin Schaffner, Andreas Suter, Jakob Tanner, Eine kleine Geschichte der Schweiz. Der Bundesstaat und seine Traditionen, Frankfurt a. M. 1998, S. 189–226, bes. S. 199 f.

Legitimation seiner Forderung nach einer extensiven Auslegung von Volkssouveränität greift er jedoch auch auf traditionelle Argumentationsmuster zurück: „Wir sind ein Grenzkanton in der Nähe des Feindes, der Oesterreicher. Rheintal ist ein Grenzbezirk und muss ein Bollwerk bleiben für den Freistaat. (…) Muth ist der Nerv der Republik; Demokratie allein giebt Muth. Sollte eine repräsentative Verfassung geschmiedet werden, und wird die Akte in der Kirche verlesen, so trete ich zum Altare, reisse sie dem Kreisamman aus den Händen, und trete sie mit Füssen. Nur das demokratische Prinzip hat Winkelriede gezeugt; alles Andere ist ein Schritt zur Monarchie, dann mögen die Berge über uns zusammenfallen."[109] Wieder wird – wie 1798 – auf die alteidgenössischen Befreiungsmythen rekurriert und auf die republikanische Tradition verwiesen, allerdings findet nun der antifeudale Befreiungskampf der alten Schweizer seine Fortsetzung in der Selbstbehauptung gegen das metternichsche System im 19. Jahrhundert. In der Frage der Realisierung der Volkssouveränität gibt sich Diogg kompromisslos, nur die Verwirklichung der reinen Demokratie garantiert für ihn einen erfolgreichen Kampf des Freistaates gegen das monarchische Ausland. Angesichts des Drucks von unten wird in der St. Galler Verfassung erstmals ein Einspracherecht der Bürger gegen Gesetze verankert, das sogenannte „Veto" (Q 69). Damit weicht eine Regenerationsverfassung vom reinen Repräsentationsprinzip ab und gesteht dem Volk ein direktes Mitspracherecht bei der Ausarbeitung von Gesetzen zu. Die Einführung dieses Volksvetos findet jedoch vor dem Hintergrund einer massiven Drohkulisse statt. Während der entscheidenden Sitzung des Verfassungsrates, am Donnerstag, dem 13. Januar 1831, versammeln sich 600 Kleinbauern und Gewerbetreibende aus dem Rheintal mit Stöcken bewaffnet vor dem im Klosterbezirk liegenden Sitzungssaal. Deshalb ist dieser Tag als „Stecklidonstig" in die Geschichte eingegangen. Trotz des martialischen Auftritts verläuft die Aktion völlig unblutig, die Bedeutung der Aktion liegt im Symbolgehalt und nicht in der realen Gewaltanwendung. Als am 1. März 1831 die neue Verfassung angenommen wird und damit ein erster Schritt zur halbdirekten Demokratie vollzogen ist, empfinden dies die ländlichen Demokraten keineswegs als Sieg, weil sie von weitergehenden Partizipationsvorstellungen ausgehen, die sich an versammlungsdemokratischen Vorbildern orientieren. Trotzdem kann die Einführung des Vetos als Resultat eines Aushandlungsprozesses und als innovative Leistung angesehen werden. Das neue direktdemokratische Instrument ist das Resultat kollektiver Erfahrungen, die durch Auseinandersetzung mit dem oktroyierten Repräsentativsystem der Helvetik und den Widerstand gegen die Restaurationsverfassung 1814 / 15 wesentlich geprägt werden. In diesen Bewegungen kommen Wertvorstellungen einer ländlichen politischen Kultur zum Ausdruck, in der sich das Konzept der reinen Demokratie mit naturrechtlichen Postulaten wie Freiheit, Gleichheit und Menschenrechte verbindet. In die neue Verfassung fliessen ein spezifisch schweizerisches Geschichtsbild, aber auch politische Forderungen nach Transparenz und Partizipation als konkrete Rahmenbedingungen mit ein.[110]

---

109 Joseph Anton Henne (Hg.), Verhandlungen des Verfassungsrathes vom Schweizerkanton St. Gallen, St. Gallen 1831.

110 Zur Analyse dieser Volksbewegung vgl. die ausgezeichnete Studie von Bruno Wickli, Politische Kultur und die „reine Demokratie". Verfassungskämpfe und ländliche Volksbewegungen im Kanton St. Gallen 1814 / 15 und 1830 / 31, St. Gallen 2006 (St. Galler Kultur und Geschichte, 35), bes. S. 195 ff.

Als Prototyp einer direktdemokratischen Institution erhält das St. Galler Veto Vorbildcharakter. Dies zeigt sich anlässlich der Trennungswirren in Basel, die zur Gründung des Halbkantons Baselland geführt haben. Auch hier spielen kollektive Erfahrungen und Erinnerungen an frühere Aufstandsbewegungen eine wichtige Rolle. Einerseits wird auf die Freiheitsurkunde von 1798 rekurriert und die Symbolik der Helvetik wieder aufgegriffen, andererseits werden Landsgemeinden – teilweise gegen den Willen der liberalen Führer – zu einem wichtigen Instrument der politischen Agitation. Deshalb taucht in den Petitionen an den Verfassungsrat die Forderung nach institutionalisierten Landsgemeinden auf.[III] Ebenfalls wird in den Petitionen ein Veto nach St. Galler Muster gefordert. (Q 70) Entgegen dem liberalen Programm und dem Prinzip der klassischen Repräsentation führt der Verfassungsrat ein Veto ein, das eine Teilnahme des Volkes an der Gesetzgebung ermöglicht. (Q 71) Die Einführung dieses Instruments ist also auf Volksbewegungen zurückzuführen, die aufgrund kollektiver Erfahrungen, aber auch durch Rezeption einer naturrechtlich legitimierten Freiheitskonzeption den liberalen Eliten eine Erweiterung der politischen Partizipationsmöglichkeiten abtrotzen. Diese Volksbewegungen, die teilweise quer zum bürgerlichen Revolutionszyklus stehen, stellen einen wichtigen geschichtlichen Grundstrom dar, der für die Herausbildung der direkten Demokratie in der Schweiz von grosser Bedeutung ist. Ihre Kontinuitätslinie reicht von den vorrevolutionären Protestbewegungen im Vorfeld der Helvetik bis zur „Demokratischen Bewegung" der 60er-Jahre.[112]

3.2 Bewegungen gegen die Regenerationsregierungen und Forderungen nach dem Ausbau der Volksrechte

Die Bewegungen in St. Gallen und Basel zeigen, dass eine Kluft zwischen Liberalen und Volk besteht. Mit den Repräsentativverfassungen sind Besitz und Bildung anstelle der überkommenen Geburts- und Standeskriterien getreten. Die in Gedichten sich äussernde Fortschrittseuphorie der Liberalen muss deshalb kritisch hinterfragt werden. (Q 72) Trotz neuen Freiheitsrechten fühlen sich grosse Teile der Bevölkerung übergangen, auch die neue Zeit hat die Dichotomie von Herr und Knecht nicht überwunden. (Q 73 / 74) Einerseits sind die Regenerationsregierungen wenig sensibilisiert für die sozialen Nöte der breiten Bevölkerung, andererseits fordert der Modernisierungsprozess auch seine Opfer. Im Kanton Zürich kommt das Unbehagen der Betroffenen schon 1837 / 38 anlässlich der Debatten um die Änderung der Kantonsverfassung zum Ausdruck. Nach Ablauf der in einer Rigiditätsklausel festgelegten Frist, während der die Verfassung nicht geändert werden darf, werden Petitionen zur Verfassungsänderung eingereicht. Da die repräsentativ-demokratische Kan-

---

III Roger Blum, Die politische Beteiligung des Volkes im jungen Kanton Baselland (1832–1875), Liestal 1977 (Quellen und Forschungen zur Geschichte und Landeskunde des Kantons Baselland, Bd. 16), S. 70 ff.

112 Zur Relevanz dieser Volksbewegungen vgl. Rolf Graber, Zur Bedeutung der Revolutionen von 1798 (Helvetische Revolution) und 1847 / 48 (Bundesstaatsgründung) für die Ausgestaltung des politischen Systems der modernen Schweiz, in: Heiner Timmermann (Hg.), 1848 – Revolution in Europa. Verlauf, politische Programme, Folgen und Wirkungen, Berlin 1999 (Dokumente und Schriften der Europäischen Akademie Otzenhausen, Bd. 87) S. 391–414, bes. S. 394.

tonsverfassung den Bürgern keine direkte Mitbestimmung gewährt, hat das Petitionsrecht eine wichtige Ventilfunktion. Neben wirtschaftlich-sozialen Anliegen enthalten die Eingaben auch die Forderung nach einem Veto nach St. Galler Muster. (Q 75) Legitimiert wird diese Forderung mit dem verfassungsrechtlich verankerten Kampfbegriff der Volkssouveränität, den die liberal-radikalen Verfassungsväter selbst in Umlauf gesetzt haben. Bereits auf Gemeindeebene existierende versammlungsdemokratische Ansätze schaffen günstige Rezeptionsvoraussetzungen, argumentativ ist allerdings die ländliche Autonomietradition in den Petitionen nicht präsent.[113] Weitere Forderungen wie diejenigen nach Abschaffung der indirekten Wahlen und nach Verschlankung des Staatsorganismus zeigen die basisdemokratische Ausrichtung der Eingaben.[114] In der Folgezeit erfährt die Bewegung der Verlierer eine weitere Eskalation. Gegen diese Zwangsmodernisierung von oben und die liberale Domestizierungspolitik, die kaum Rücksicht auf die Stimmungslage der weitgehend noch korporativ organisierten und traditionell orientierten Bevölkerungsmehrheit nimmt, formiert sich heftiger Widerstand.[115] Dieser Widerstand entlädt sich zwischen 1839 und 1841 in lokal oder regional begrenzten Revolten. Gegen das Reformprogramm von oben und das auf abstrakte Prinzipien abgestützte Regierungssystem fordern die Akteure dieses Widerstandes in Massenpetitionen, Volksversammlungen und bewaffneten Aktionen konkrete Mitbestimmungsrechte und entwickeln ihre eigenen Vorstellungen von Volksfreiheit.[116] Auftakt bildet der Kanton Zürich, wo sich gegen die Berufung des Tübinger Theologen David Friedrich Strauss an die Universität Zürich, die zugleich eine liberale Kirchenreform einleiten soll, ein Glaubenskomitee bildet, das in kürzester Zeit eine Petition mit 40 000 Unterschriften gegen die Anstellung dieses Vertreters einer historisch-kritischen Richtung der Theologie einreicht. Die grosse Resonanz ist damit zu erklären, dass die Petition vor allem bei der ärmeren Bevölkerung Anklang findet, weil diese die bibelkritische Theologie als Bedrohung wahrnimmt, als Verlust religiös bestimmter handlungsleitender Wert- und Verhaltensmuster, die im harten Dasein auch Sinngebung und Trost vermitteln.[117] Obwohl sich die liberale Regierung gezwungen sieht, die Berufung des kritischen Theologen rückgängig zu machen, ist der Konflikt noch nicht beigelegt. Das sozio-ökonomische Spannungspotenzial trägt zu einer weiteren Eskalation bei. Aus den Heimindustriegebieten des Zürcher Oberlandes formiert sich unter Führung von Pfarrer Bernhard Hirzel ein Volkszug gegen die Stadt, der zu blutigen Auseinandersetzungen führt und unter dem Namen „Züriputsch" in

---

113   Stefan G. Schmid, Die Zürcher Vetopetitionen von 1837 bis 1842. Eine Quellenstudie zur Entwicklung der direktdemokratischen Staatsidee, in: Zürcher Taschenbuch, Neue Folge, Nr. 130 (2010), S. 143–225, bes. S. 204.

114   Weinmann, S. 275.

115   Graber, Zur Bedeutung der Revolutionen, S. 402 ff.

116   Martin Schaffner, Direkte Demokratie, S. 209; ferner ders., „Direkte" oder „indirekte" Demokratie? Konflikte und Auseinandersetzungen, 1830–1848, in: Andreas Ernst, Albert Tanner, Matthias Weishaupt (Hg.), Revolution und Innovation. Die konfliktreiche Entstehung des schweizerischen Bundesstaates von 1848, Zürich 1998 (Die Schweiz: Staat – Gesellschaft – Politik 1798–1998), S. 271–277, bes. S. 275 ff.

117   Bruno Fritzsche, Max Lemmenmeier, Die revolutionäre Umgestaltung von Wirtschaft, Gesellschaft und Staat 1780–1870, in: Niklaus Flüeler, Marianne Flüeler Grauwiler (Hg.), Geschichte des Kantons Zürich, Bd. 3, 19. und 20. Jahrhundert, Zürich 1994, S. 20–157, bes. S. 138 f.

die Geschichte eingegangen ist.[118] Die im Anschluss an die Ereignisse durchgeführten Wahlen enden mit einem Sieg der Konservativen und führen zu einer Ablösung der Liberalen. Ein wichtiges Anliegen der Aufständischen, die Forderung nach einem Veto, findet allerdings keine Mehrheit im neu gewählten, von den Konservativen dominierten Grossen Rat. Die Ereignisse im Kanton Zürich haben jedoch Signalwirkung. Auch in den Kantonen Aargau, Solothurn und Luzern bilden sich konservative Bewegungen gegen die liberalen Regenerationsregimes. Alle diese Bewegungen weisen trotz unterschiedlicher Voraussetzungen eine Gemeinsamkeit auf. Das in den Regenerationsverfassungen verankerte Repräsentationsprinzip wird zunehmend als Herrschaftsinstrument zur Befestigung der liberalen Machtpositionen empfunden. Deshalb wird ein Ausbau der Mitbestimmungsrechte des Volkes gefordert. Das von den Liberalen postulierte Prinzip der Volkssouveränität wird anders definiert. Vor allem in katholischen Gebieten können klerikal-konservative Kreise diesen Widerstand für sich ausnützen, mit dem Ziel, die liberale Gesetzesmaschinerie zu bremsen, um damit wieder mehr Einfluss zu gewinnen. Deshalb soll ein Instrument in die Verfassungen eingebaut werden, das den Einspruch gegen Gesetze ermöglicht, das Vetorecht. Die Vetobewegungen wurden deshalb lange Zeit nur unter diesem Aspekt gesehen und ihre Anhänger als Manipulationsobjekte konservativ-reaktionärer Kreise wahrgenommen. Die neuere Forschung hat dieses Bild gründlich revidiert. Sie hat auf die Longue durée einer ländlichen politischen Kultur und einer gemeindlich-genossenschaftlichen Autonomietradition hingewiesen, die dem liberalen Repräsentationsprinzip ein Gegenmodell der direkten Partizipation an der staatlichen Macht gegenüberstellt. Dieses Modell einer korporativen Bürgergesellschaft basiert auf dem republikanischen Prinzip einer Identität von Regierenden und Regierten.[119] Deshalb entwickeln die Bewegungen auch immer eine Eigendynamik, die über die Intentionen der konservativen Führer hinausreicht und von diesen gleichsam wieder gebremst werden muss. Dies zeigt die Bewegung im Kanton Luzern, die als einzige erfolgreich ist, indem in der Luzerner Verfassung ebenfalls ein Veto eingeführt wird, das stark an das St. Galler Muster erinnert. Die Initiative zu einer Verfassungsrevision geht von der anonym redigierten, radikalen Zeitung Lueg is Land aus, die sich durch ihre volkstümliche Sprache zu einem wichtigen Medium der Verfassungsrevisionsbewegung entwickelt. Sie präsentiert einen konkreten Forderungskatalog wie direkte Wahlen, Bildung der Jugend, freie Meinungsäusserung, Petitionsrecht, freie Volkswahl der Behörden und Beam-

---

118 Zum Züriputsch vgl. Züriputsch, 6. September 1839. Sieg einer gerechten Sache oder Septemberschande? Eine Publikation der Antiquarischen Gesellschaft Pfäffikon und der Paul Kläui Bibliothek Uster, Wetzikon 1989; Walter Zimmermann, Geschichte des Kantons Zürich vom 6. September 1839 bis 3. April 1845, Zürich 1916 (Schweizer Studien zur Geschichtswissenschaft, Bd. 8). Zu Hirzel vgl. Peter Aerne, Nicht nur „Blutpfaff". Aspekte aus Bernhard Hirzels (1807–1847) Wirksamkeit, in: Zürcher Taschenbuch, Neue Folge, Nr. 113 (1993), S. 229–263; Marc H. Lerner, A Laboratory of Liberty: The Transformation of Political Culture in Republican Switzerland 1750–1848, Leiden 2012 (Studies in Central European histories, 54), S. 221 ff.

119 Dies führt auch zu einer anderen Definition der Staatsbürgerschaft; vgl. Regula Argast, Staatsbürgerschaft und Nation. Ausschliessung und Integration in der Schweiz 1848–1933, Göttingen 2007 (Kritische Studien zur Geschichtswissenschaft, Bd. 174), S. 58 f.

ten.[120] Zudem müsste die bestehende Möglichkeit der Verfassungsinitiative (Totalrevision) durch das Gesetzesveto ergänzt werden.[121] Schliesslich bringt die Zeitung auch noch die Idee eines dem Amt des Volkstribuns in Rom nachempfundenen Volksanwaltes in die Diskussion, der eine Art Gesetzesinitiative ausüben sollte.[122] Damit wird das von den Liberalen vertretene Repräsentationsprinzip infrage gestellt und ein anderes Verständnis von Volkssouveränität entwickelt. Diese ideellen Anstösse werden vom konservativen Ratsvertreter Joseph Leu von Ebersoll in einer Rede im Grossen Rat aufgenommen, die als politischer Auftakt zur Verfassungsrevisionsbewegung im Kanton Luzern gesehen werden kann. Als die Anträge des populären Bauernführers abgelehnt werden, kommt es zu einer breiten Kampagne. Träger dieser Kampagne ist die ausserparlamentarische Opposition der Gebetsvereine. Diese verfügen über ein leistungsfähiges Kommunikationsnetz, das zu Mobilisierung und Politisierung der Mitglieder beiträgt[123] Es ist wohl auf diese kommunikative Infrastruktur zurückzuführen, dass die im Februar 1840 gestartete Unterschriftensammlung innert weniger Wochen 12 000 Unterschriften zusammenbringt. Das unter dem Namen „Hornerpetition" in die Geschichte eingegangene Schriftstück verlangt eine Verfassungsrevision und die Einführung des Vetos. (Q 76) Unterstützung finden diese Forderungen auch durch ganze Gemeinden, wie ein Beschluss des Gemeinderates von Hohenrain zeigt. Die Initiative zu dieser Eingabe ist vom dortigen Gemeindepräsidenten Leu von Ebersoll ausgegangen. Veto und direkte Wahlen werden als wahre Grundpfeiler einer „volkshümlichen Verfassung" bezeichnet. (Q 77) Ein Dokument mit ähnlicher Stossrichtung wie die „Hornerpetition" ist das „Ruswiler Memorial", das aus einer Versammlung oppositioneller Delegierter im Wirtshaus Rössli in Ruswil hervorgegangen ist. (Q 78) Diese Ruswiler Versammlung bildet den Höhepunkt des Revisionskampfes im Kanton Luzern. Interessant ist ein Vergleich mit der „Hornerpetition". Im „Ruswiler Memorial" erhält die Religion das Primat gegenüber den Volksrechten, was sich sowohl in der Reihenfolge der Forderungen als auch in der Definition der Volkssouveränität ausdrückt.[124] Am 31. Januar 1841 stimmt das Luzerner Volk dem Verfassungsrevisionsbegehren zu, und im neuen Verfassungsrat haben die Konservativen eine erdrückende Mehrheit. Diese versteht es denn auch, der neuen Verfassung ihren Stempel aufzudrücken. Sie stellt eine Verbindung von Katholizismus und Demokratie dar: Katholizismus, indem die Religion den Vorrang gegenüber den Volksrech-

---

120 René Roca, Die Entwicklung direktdemokratischer Strukturen am Beispiel des Kantons Luzern (1830–1848), in: Rolf Graber (Hg.), Demokratisierungsprozesse in der Schweiz im späten 18. und 19. Jahrhundert, Frankfurt a. M., Berlin, Bern, Bruxelles, New York, Oxford, Wien 2008 (Schriftenreihe der Internationalen Forschungsstelle „Demokratische Bewegungen in Mitteleuropa 1770–1850", Bd. 40), S. 77–84, bes. S. 79.

121 Roca, Die Entwicklung direktdemokratischer Strukturen, S. 79.

122 Hinweise bei Kurt Sidler, Geschichte der Volksrechte im Kanton Luzern, Diss. Bern, Bern 1934, S. 32 f.; Kurt Büchi, Die Krise der Luzerner Regeneration 1839–1841, Diss. Zürich, Zürich 1967, S. 38.

123 Schaffner, Direkte Demokratie, S. 205; René Roca, „Wahre Volkssouveränität" oder „Ochlokratie"? Die Debatte um die direkte Demokratie im Kanton Luzern während der Regeneration, in: Der Geschichtsfreund, Bd. 156 (2003), S. 115–146, bes. S. 135.

124 Für eine differenzierte Analyse dieser beiden Dokumente vgl. Jeannette Bär, Die Ruswiler Versammlung von 1840 und ihre Bedeutung für die katholische Landbevölkerung Luzerns, Seminararbeit WS 2007 / 2008, Historisches Seminar der Universität Zürich.

I. Einleitungstext

ten erhält und die „römisch-katholische Religion" als die Religion des gesamten Luzerner-volks bezeichnet wird; Demokratie, indem das Vetorecht als direktdemokratisches Instrument eingeführt wird, das noch griffiger ausgestaltet ist als in den Verfassungen von St. Gallen und Baselland. Allerdings ist es so konzipiert, dass der Grosse Rat im Grunde der Gesetzgeber bleibt und die Bürger zur Kontrollinstanz werden. Bemerkenswert ist aber, dass die Souveränität nicht nur durch die gewählten Stellvertreter, sondern auch direkt durch das Volk ausgeübt wird. (Q 79) Dabei kommt den Gemeinden eine besondere Funktion zu, indem zur Handhabung des Vetorechts eine Gemeindeversammlung einberufen werden muss. Die konservativen Führer der Bewegung sehen allerdings die Ausweitung der Volksrechte nur in Kombination mit einer durch Rekatholisierung des Bildungswesens geförderten Disziplinierung der Bevölkerung[125], wie etwa Constantin Siegwart Müller, der es als notwendig erachtet, dass „der durch die demokratischen Einrichtungen entbundene Geist des Volkes durch eine ächtkatholische Gesinnung in den Schranken der Ordnung gehalten würde".[126] Die konsequente Rückbindung der Volkssouveränität an „Religion und Gerechtigkeit" wird als Korrektiv gegenüber weitertreibenden, basisdemokratischen Elementen gesehen. Die Umsetzung dieses Modells einer katholischen Demokratie in die Verfassungsrealität ist allerdings nur möglich, weil sich die konservativen Führer auf das Netzwerk einer breiten Volksbewegung abstützen können.[127] Der volkstümliche Widerstand und die Protestkultur sind wiederum durch kollektive Erfahrungen und Bewusstseinselemente der Luzerner Landbevölkerung geprägt, die für das Verständnis dieser Kombination von Religion und Demokratie von zentraler Bedeutung sind. Diese lassen sich nämlich im Bewusstsein dieser Menschen nicht trennen, sondern stellen ein Konglomerat dar. Verantwortlich sind vier Gründe. Erstens ist die Religion ein zentrales Medium der Lebensdeutung und Lebensbewältigung. Überlieferte Rituale, Wallfahrten, Prozessionen, Bittgänge und die Spende von Sakramenten spielen bei der Alltagsbewältigung eine wichtige Rolle. Die staatskirchlichen Massnahmen der liberalen Regierung, die durchaus in Kontinuität[128] zu aufklärerisch-staatskirchlichen Tendenzen im späten 18. Jahrhundert stehen, werden von grossen Teilen der Bevölkerung als Bedrohung der Volksfrömmigkeit und als Eingriff in die tradierte Lebenswelt empfunden. Die Säkularisierungstendenzen lösen Verunsicherung aus, zumal die praktizierte Volksfrömmigkeit auch Sinnstiftung und Trost im harten Überlebenskampf vermittelt. Dies führt zweitens dazu, dass mit der Verteidigung der althergebrachten Religion auch eine Verteidigung der politischen Autonomie verbunden ist. In den katholischen Gebieten hat die Verteidigung der Gemeindeautonomie eine lange Tradition, indem den Kirchgemeinden zentrale Rechte wie die Wahl der Pfarrer zustehen. Drittens sind in der

---

125 Graber, Zur Bedeutung der Revolutionen, S. 408.

126 Constantin Siegwart Müller, Ratsherr Joseph Leu von Ebersoll. Der Kampf zwischen Recht und Gewalt in der Schweizerischen Eidgenossenschaft, Altdorf 1863, S. 508, zit. nach Eugen Kopp, Die konservative Partei des Kantons Luzern von 1831–1948, Luzern 1950, S. 48.

127 Schaffner, Direkte Demokratie, S. 208.

128 Zur Kontinuität dieser Konfliktlinie zwischen Staat und Kirche in der neueren Luzerner Geschichte vgl. Heidi Borner, Kontinuität im Wandel. Zur Luzerner Politik des 19. Jahrhunderts, in: Aufbruch in die Gegenwart. Wirtschaftliche und gesellschaftliche Entwicklung im Kanton Luzern, 1798–1914, bearb. von Hans Rudolf Wiedmer, Luzern 1986, S. 115 f.

Luzerner Landbevölkerung immer noch kollektive Erinnerungen an die ländlichen Widerstandsbewegungen gegen die städtische Vorherrschaft und die absolutistische Ausdehnung der obrigkeitlichen Hoheitsrechte wach, deshalb wird die Landsgemeinde der benachbarten Orte zu einem wichtigen Orientierungsmuster. In den Debatten der späten 30er-Jahre kommt auch die Forderung nach einer Landsgemeindedemokratie auf, sie kann sich aber aus praktischen Gründen nicht durchsetzen. Viertens verbinden sich mit den religiös-direktdemokratischen Forderungen[129] auch materielle Anliegen wie die Forderung nach einem einfachen, sparsamen Staatshaushalt, um die Bürger vor finanziellen Belastungen zu schützen.[130] Aus diesem Grund ist nicht nur die katholische Ausrichtung der Bewegungen wichtig, denn indem die ländlichen Massen die konservativ-religiösen Führer auf eine konkrete Ausgestaltung und eine verfassungsmässige Verankerung der Volksrechte verpflichten, enthalten die Widerstände trotz religiöser Überlagerung ein fundamentaldemokratisches Emanzipationspotenzial. Im Unterschied zu den Liberalen, die in den volkstümlichen Forderungen nur die Gefahr von „Ochlokratie" und Ultrademokratismus sehen, nehmen Volksmänner wie Joseph Leu diese Postulate in ihr politisches Programm auf und verhelfen ihnen zum Durchbruch. Unter ähnlichen Vorzeichen verläuft die Bewegung im Kanton Solothurn. Die Diskussion wird durch die konservative Zeitung „Schildwache am Jura" mit einer Artikelserie über die Verfassungszustände in verschiedenen Kantonen eröffnet. Herausgeber und Redaktor ist der ultrakonservative Jurist Theodor Scherer. Am 15. Oktober 1840 beschliesst der Grosse Rat, eine neue Verfassung ausarbeiten zu lassen, zugleich geht die Aufforderung an das Volk, seine Wünsche in Form von Petitionen geltend zu machen. Kurz darauf veröffentlicht die konservative Schildwache am Jura eine Petition, welche zwölf Forderungen enthält. (Q 80) Neben der Forderung nach weitgehender Autonomie der Gemeinden wird auch das Veto erwähnt. An verschiedenen Orten des Kantons finden schliesslich konservative Volksversammlungen statt. Allerdings gelingt es den Konservativen nicht immer, diese Versammlungen zu dominieren, zumal auch die radikal-liberalen Gegner ihre Anhänger mobilisieren. So kommt es zu heftigen Auseinandersetzungen um die Hegemonie und politische Deutungshoheit, die mitunter auch mit Niederlagen der Konservativen enden, wie etwa das Beispiel von Selzach zeigt.[131] Aus liberaler Sicht wird deshalb das Volk als manipulierbare Masse dargestellt und das Veto einzig als machtpolitisches Instrument der Konservativen gesehen. (Q 81) Trotzdem vermag die Forderung nach mehr politischer Mitbestimmung eine grosse Anzahl von Menschen zu mobilisieren. In Dornach wird die Petition von etwa 300 Anwesenden gutgeheissen, und in Egerkingen sind sogar 2000–3000 Menschen anwesend, darunter auch Frauen, die in die politischen Auseinandersetzungen

---

129 Im Unterschied zu Zürich und Solothurn dominieren in Luzern in den Petitionen eher kirchenpolitische und demokratische gegenüber den materiellen Postulaten. Vgl. Alfred Kölz, Neuere schweizerische Verfassungsgeschichte. Ihre Grundlinien vom Ende der Alten Eidgenossenschaft bis 1848, Bern 1992, S. 416–441, bes. S. 421.

130 Ebd., S. 206; die Forderung nach einem wohlfeilen Staat ist auch für die St. Galler Bewegung wichtig. Vgl. dazu ausführlich Wickli, Politische Kultur und „reine Demokratie", S. 306 ff.

131 Vgl. Tino Kaiser, Die Solothurner Verfassungsrevision von 1840 / 47, in: Zeitschrift für Schweizerische Geschichte, 20. Jg., Heft 1 (1940), S. 392–474, bes. S. 429 f.

I. Einleitungstext

eingreifen.[132] Nachdem der Grosse Rat praktisch nicht auf die Forderungen der Volksbewegung eingeht, eskaliert die Situation. In den Volksversammlungen von Mümliswil und Mariastein ist sogar von einem Sturm auf die Hauptstadt die Rede. Um weiteren Unruhen zuvorzukommen, lässt die liberale Regierung die konservativen Anführer verhaften und die Unruhegebiete militärisch besetzen.[133]

Mit einer militärischen Intervention enden auch die Auseinandersetzungen im Kanton Aargau. Dort bildet sich in den katholischen Regionen, im Freiamt und im Fricktal, eine Oppositionsbewegung gegen die kulturpolitisch doktrinäre liberale Regierung.[134] Die Bevölkerung dieser Regionen hat zwar 1830 der liberalen Bewegung zum Durchbruch verholfen, den demokratischen und kirchlichen Anliegen wird aber in der Verfassung von 1831 kaum Rechnung getragen. Am 2. November 1839 versammeln sich, veranlasst durch die Missstimmung, 41 angesehene Männer aus dem katholischen Freiamt im Wirtshaus Rössli in Bünzen, um ihre Wünsche und Begehren für die bevorstehende Verfassungsrevision zu formulieren. Sie fordern Garantien für die Kirche, eine mildere Klosterpolitik, eine Gewährleistung des Petitionsrechts und eine Verkleinerung des Grossen Rats. Das nach dieser Versammlung benannte „Bünzer Komitee" wird schon bald zu einem effizienten Netzwerk und zu einem wichtigen Kristallisationskern der Bewegung. Die in Bremgarten erscheinende Zeitung „Der Freiämter" entwickelt sich zum Sprachrohr der Opposition. Sie veröffentlicht Forderungen, die an einer durch das Bünzer Komitee durchgeführten Volksversammlung in Mellingen erhoben werden. (Q 82) Die in den „Mellinger Wünschen" als „Veto" bezeichnete Forderung geht über das Vetoprinzip hinaus, sie entspricht sogar einem obligatorischen Gesetzesreferendum.[135] Bemerkenswert ist auch die Einschätzung der Rolle der Gemeinden. Diese werden als Staatsglieder mit eigenem Leben gesehen, und es wird betont, dass die Gemeinden „nicht des Staates willen, sondern vielmehr dieser um der Gemeinden willen" da sei.[136] Wie die Artikel aus dem „Freiämter" illustrieren, geht es auch um die Sicherung der Rechte und Freiheiten der Gemeinden. (Q 83) Nachdem die zentralen Anliegen der Opposition in der neuen Verfassung kaum berücksichtigt werden, spitzt sich der Konflikt weiter zu. Nach der Verhaftung der Mitglieder des Bünzer Komitees kommt es zum bewaffneten Aufstand. Dieser wird von Regierungstruppen niedergeschlagen und das Freiamt besetzt. Folgenreich für die weitere Auseinandersetzung zwischen Konservativen und Liberalen ist die Aufhebung der katholischen Klöster. Die Auseinandersetzungen zwischen Konservativen und Liberalen, aber auch zwischen Liberalen und Demokraten zeigen, wie konfliktiv der Weg ist, der schliesslich zur Bundesstaatsgründung führt.

---

132 Hinweise in: Martin Disteli, Schweizerischer Bilderkalender für das Jahr 1841 und 1842, S. 26 (Kommentar), „Mehr als gewöhnlichen Antheil an dieser Abstimmung nahmen die Egerkinger Weibsleute. Fast drollig war es zu sehen wie eine handfeste Jungfer einem Reichen unter die Nase stand und in des Vetter Hammers beliebten Worten sprach:‚Es muess do dure.'"

133 Kaiser, Die Solothurner Verfassungsrevision von 1840 / 47, S. 455 ff.

134 Zur Bewegung im Aargau vgl. Marco Arni, Die katholische Opposition im aargauischen Verfassungsstreit 1839 bis 1841, Lizentiatsarbeit am Historischen Seminar der Universität Zürich (2002); Hans Ulrich Ziswiler, Die Demokratisierung des Kantons Aargau zwischen 1830–1885, Diss. Zürich, Entlebuch 1992; Eduard Vischer, Aargauische Frühzeit 1803–1852, Aarau 1976 (Aargovia 88), bes. S. 31–173.

135 Vgl. Arni, S. 32

136 Ebd., S. 30.

Als Sonderfall in der Entwicklung der direkten Demokratie sind noch der Kanton Schwyz und das Wallis zu erwähnen. In Schwyz hat sich der alte Freiheitsbegriff, der Freiheit als ein auf Leistung beruhendes Privileg begreift, besonders lange gehalten. Für die Landleute des alten Landesteils hat er vor allem defensive Funktion, er dient ihnen dazu, die Ansprüche der Bewohner von Ausserschwyz auf rechtliche Gleichstellung abzuwehren. Deshalb kann die Menschenrechtsidee keine allgemeine Wirkungskraft entfalten. Erst ab 1830 setzt sich ein auf dem Naturrecht fussender Freiheitsbegriff allmählich durch und beginnt die altrechtlichen Vorstellungen zu verdrängen. Dies drückt sich in der Verfassung von 1833 aus, indem die Rechtsgleichheit zum Grundprinzip erklärt wird.[137] Die Besonderheit liegt allerdings darin, dass das Partizipationsmodell der Versammlungsdemokratie mit der modernen Naturrechtsidee verschmolzen wird. Die Souveränität liegt bei der Kantonslandsgemeinde, die für alle Kantonsbürger zugänglich ist und über Gesetze und Staatsverträge entscheiden kann. (Q 84) Damit wird ein Gesetzesreferendum auf versammlungsdemokratischer Grundlage eingeführt. Trotz dieser neuen Legitimationsgrundlage der Verfassung gehen die Auseinandersetzungen zwischen den Bewohnern der äusseren Bezirke und den konservativen Kräften des alten Kantonsteils weiter, und es dauert noch längere Zeit, bis die allgemeine Rechtsgleichheit hergestellt ist. Die Vorbildwirkung dieser Verfassung bleibt deshalb gering, sie kann nicht als Modell zur umfassenden Erklärung der Entwicklung der direkten Demokratie in der Schweiz betrachtet werden.[138]

Auch im Wallis entstehen schon früh freie Gemeinwesen, die sogenannten Zehnen. Vor 1798 bildet die freie Republik Wallis einen Staatenbund von souveränen Zehnen. Bei bestimmten Sachfragen führen die Zehnen Abstimmungen über Vorlagen des Landtages durch, wobei die Abstimmungen gemeindeweise erfolgen. Im Verlaufe der Zeit büsst das stimmberechtigte Volk seine Mitwirkungsrechte zugunsten der Zehnenräte ein, das Gemeinde-Volksreferendum wird sukzessive in ein „Zehnen-Behördenreferendum" umgewandelt.[139] Das Fortbestehen dieser Einrichtung in der Zeit der Restauration begünstigt die kleinen konservativen Zehnen des Oberwallis. Dies wollen die Vertreter des französischsprachigen Unterwallis, die sich 1939 in einem Verfassungsrat konstituieren, verhindern. In der liberalen Verfassung vom Januar 1839 wird das föderative Behördenreferendum durch ein fakultatives Veto ersetzt. (Q 85) Innerhalb von 30 Tagen können die Aktivbürger gegen ein Gesetz Einspruch erheben. Durch die individuelle Zählweise wird die korporative Selbstständigkeit der 13 alten Zehnen beseitigt.[140] Ferner werden Freiheitsrechte eingeführt und die Gewaltenteilung verankert. Die Januarverfassung erlangt allerdings keine kantonale Gültigkeit, da sie von den Konservativen nicht akzeptiert wird. Die ebenfalls von den Liberalen ausgearbeitete Verfassung vom 3. August 1839 enthält sogar das obligatorische Veto. (Q 86) Mit der Durchsetzung der individualistischen Zählweise haben die Liberalen zwar einen Durchbruch erzielt,

---

137 Adler, Entstehung, S. 164 f.

138 Dies suggeriert der Titel von Benjamin Adlers Arbeit: „Die Entstehung der direkten Demokratie".

139 Adrian Vatter, Kantonale Demokratien im Vergleich. Entstehungsgründe, Interaktionen und Wirkungen politischer Institutionen in den Schweizer Kantonen. Mit einem Vorwort von Arend Lijphart, Opladen 2002 (Forschung Politikwissenschaft, Bd. 159), S. 231.

140 Alfred Kölz, Neuere Schweizerische Verfassungsgeschichte, Bd. 2: Ihre Grundlinien in Bund und Kantonen seit 1848, Bern 2004, S. 404 f.

I. Einleitungstext

allerdings weichen sie mit dem Einbau des obligatorischen Vetos, das in der Literatur auch als „Veto-Referendum" bezeichnet wird, vom Repräsentativprinzip ab. Das Instrument kann von den Konservativen gegen die Liberalen eingesetzt werden. Als im Mai 1844 das liberale Régime abgelöst wird, wagen die Konservativen allerdings nicht, das föderative Zehnen-Prinzip zu restaurieren, sondern führen das obligatorische Referendum für Gesetze, Militärkapitulationen sowie Finanz- und Einbürgerungsdekrete ein. (Q 87) Durch die Ausweitung des von den Liberalen eingeführten obligatorischen Vetos zum obligatorischen Referendum haben die Konservativen das erste Gesetzesreferendum im modernen Sinne geschaffen, das allerdings 1848 wieder beseitigt wird.[141]

Das erste Referendum, das Bestand hat, wird mit der Verfassung des Kantons Waadt vom 10.8.1845 realisiert. Die „General-Gemeindsversammlungen" können über jeden Vorschlag, welcher durch den Grossen Rath von sich aus oder auf Verlangen von achttausend Aktivbürgern vorgelegt wird, abstimmen. Die von der Mehrheit der Aktivbürger des ganzen Kantons, welche ihre Stimme in den Generalversammlungen der Gemeinden abgegeben haben, gefassten Beschlüsse sind für alle verbindlich. Im stark von der Helvetik und von der französischen Verfassungsdiskussion geprägten Kanton Waadt führt also ein direkter Weg zum Gesetzesreferendum. Ein durch das vormoderne Landsgemeindemodell mitgeprägtes Veto spielt in dieser Entwicklung keine Rolle. Wichtig ist allerdings die Rolle der Gemeinden. Dies zeigt sich schon beim Transformationsprozess von 1798, als die Gemeinden den Platz von Seigneurs und Klerus in den reaktivierten traditionellen Ständeversammlungen übernehmen.

---

141 Zu den einzelnen Verfassungen vgl. Schefold, S. 291 ff.

4 Entstehung der Bundesverfassung von 1848 und ihre Defizite hinsichtlich der Entwicklung der direkten Demokratie

Die Bundesstaatsgründung ist der Höhe- und Endpunkt bürgerkriegsähnlicher Auseinandersetzungen um Einfluss der Religion, unterschiedliche Staatskonzeptionen und divergierende materielle Interessen. Auf katholischer Seite geht dieser Auseinandersetzung ein Prozess der Fundamentalisierung und Ultramontanisierung voraus, der zu einer Revitalisierung der Volksreligiosität führt.[142] Der Sonderbund wird von einer Massenbewegung getragen, die für sich in Anspruch nimmt, gleichzeitig Volksreligion und Volkssouveränität zu verteidigen. Durch den Sieg der Liberalen über den katholisch-konservativen Sonderbund ist der Weg zur Gründung des Bundesstaats frei.[143] Der Sonderbundskrieg ist gleichsam eine Flucht nach vorn, auch die gemässigten Liberalen und Radikalen geben schliesslich einer gewaltsamen Durchsetzung der Bundesrevision, also einer Revision von oben, den Vorzug, um eine erneute Eskalation der Revolution von unten, wie sie in den Freischarenzügen von 1844 / 45 sichtbar geworden ist, zu verhindern.[144] Durch den Wegfall der aussen- und innenpolitischen Hindernisse mutiert die bürgerlich-liberale Revolution von der kantonalen zur nationalen Bewegung. Im günstigen politischen Klima des Jahres 1848, abgeschirmt von ausländischen Einflüssen – die benachbarten Regierungen sind durch revolutionäre Bewegungen im eigenen Land absorbiert –, kann das Verfassungsprojekt rasch durchgezogen werden.[145] Wichtig für die Bewusstseinsbildung ist die Schrift des Luzerners Ignaz Paul Vital Troxler. Zum einen verknüpft er die Geschichte des Ursprungs der Eidgenossenschaft mit der Forderung nach einem modernen schweizerischen Bundesstaat. Die Konstruktion der Staatsidee geht von der Annahme aus, dass die Schweiz von Natur aus zur Eidgenossenschaft wird, sobald die Staatsbürger sich der Eigenart des Staatswesens bewusst sind.[146] Diese Eigenart, die zur Staatsidee mutiert, besteht aus der gemeinsamen republikanischen Freiheit, die das Bindeglied zwischen den sprachlich und konfessionell verschiedenen Landesteilen bildet. Damit konstituiert sich die Schweiz als Willensnation.[147] Zum anderen wird analog zur Verfassung der Vereinigten Staaten das Zweikammersystem als Muster

---

142 Vgl. Carlo Moos, Dimensionen eines Bürgerkrieges. Für eine Neubewertung des Geschehens um den Sonderbund, in: Brigitte Studer (Hg.), Etappen des Bundesstaats. Staats- und Nationsbildung in der Schweiz 1848–1998, Zürich 1998, S. 21–44, bes. S. 33 f.

143 Zum Kriegsverlauf vgl. Erwin Bucher, Die Geschichte des Sonderbundeskrieges, Zürich 1966.

144 Albert Tanner, Im Zeichen der Revolution. Die Schweiz auf dem Weg zum Bundesstaat, in: Thomas Hildbrand, Albert Tanner (Hg.), Im Zeichen der Revolution. Der Weg zum schweizerischen Bundesstaat 1798–1848 (eine Publikation der Volkshochschule des Kantons Zürich), Zürich 1997, S. 7–10, bes. S. 10.

145 Zum aussenpolitischen Realismus der Bundesstaatsgründer und zur machtbewussten Absicherung des Sieges im Sonderbundskrieg vgl. auch Josef Mooser, Eine neue Ordnung für die Schweiz: Die Bundesverfassung von 1848, in: Studer (Hg.), Etappen des Bundesstaats, S. 45–61, bes. S. 47 f.

146 Kästli, Die Schweiz – eine Republik in Europa, S. 304.

147 Guido Hunziker, Die Schweiz und das Nationalitätsprinzip im 19. Jahrhundert. Die Einstellung der eidgenössischen Öffentlichkeit zum Gedanken des Nationalstaats, Basel, Stuttgart 1970 (Basler Beiträge zur Geschichtswissenschaft, Bd. 120), S. 19 f.

I. Einleitungstext

für eine schweizerische Bundesreform präsentiert.[148] (Q 88) Allerdings ist das in der Bundesverfassung realisierte Zweikammersystem, mit National- und Ständerat, nicht nur eine Nachahmung des nordamerikanischen Vorbildes, sondern stellt auch einen in langwierigen Verhandlungen erzielten Ausgleich zwischen dem Vertretungsanspruch der Kantone und dem repräsentativdemokratischen Konzept dar.[149] Während auf kantonaler Ebene durch die Anerkennung der Kantonsverfassungen unterschiedliche Partizipationsmodelle sanktioniert werden, ist auf Bundesebene die Theorie der parlamentarischen Repräsentation massgebend, das heisst, die Bürger delegieren durch den Wahlakt ihre Souveränitätsrechte für eine bestimmte Zeit an die Repräsentanten. Durchbrochen wird dieses Repräsentationsprinzip einzig durch die Revisionsbestimmungen. (Q 89) Vorgesehen ist ein Verfassungsrevisionsbegehren mit der relativ niedrig angesetzten Zahl von 50 000 Unterschriften, doch verhindert der äusserst komplizierte Verfahrensweg die direkte Anwendung dieses plebiszitären Instruments. Andere direktdemokratisch-plebiszitäre Bestimmungen, wie sie in einzelnen Kantonsverfassungen in Form von Veto und Referendum Eingang gefunden haben, sind in der Bundesverfassung nicht zu finden. „Im Jahre 1848 hat der repräsentative Staat einen Sieg erlebt; die Volksrechte sind zu kurz gekommen", lautet der treffende Kommentar Theodor Curtis zur Bundesstaatsgründung.[150] Der Begriff Volkssouveränität erscheint nicht einmal mehr im Verfassungstext. Die Grenzen der Bundesverfassung zeigen sich aber auch bei der geschlechts-, kultur- und sozialspezifischen Definition der Rechtsgleichheit. Die Nation wird als eine „Familie von Brüdern" verstanden, die „Schwestern" bleiben ausgeschlossen. Die Gleichberechtigung der Geschlechter liegt nicht im Denkhorizont der Liberalen und Radikalen, Johann Jakob Leuthy und Beat von Lerber sind hier die einzigen Ausnahmen.[151] (Q 90) Auch der jüdischen Bevölkerung wird die politische Gleichberechtigung verweigert, denn in den Kantonen gilt die Niederlassungsfreiheit als Voraussetzung für die Ausübung politischer Rechte nur für „Schweizer christlicher Konfession". Für die mobilen Unterschichten ist die Niederlassungsfreiheit an restriktive Bedingungen gebunden. Obwohl den vagierenden Heimatlosen das Bürgerrecht versprochen wird, kann die Erteilung der Niederlassung an Bedingungen wie sittliche Lebensführung oder die Fähigkeit, die Familie zu ernähren, geknüpft werden. Darin zeigt sich ein Misstrauen der Bundesstaatsgründer gegenüber der wachsenden gewerblichen und industriellen Arbeiterschaft.[152] Diese Ausgren-

---

148 Vgl. Erwin Bucher, Die Bundesverfassung von 1848, in: Handbuch der Schweizer Geschichte, Bd. 2, Zürich 1977, S. 989–1015, bes. S. 1010; in seiner Schrift: Die Verfassung der Vereinigten Staaten Nordamerika's als Musterbild der schweizerischen Bundesreform, Schaffhausen 1848, nennt Troxler die amerikanische Verfassung als Vorbild.

149 Roland Ruffieux, Die Schweiz des Freisinns, in: Geschichte der Schweiz und der Schweizer, Bd. 3, Frankfurt a. M. 1983, S. 9–100, bes. S. 15.

150 Theodor Curti, Die Schweizerischen Volksrechte 1848–1900, Bern 1900, S. 26.

151 Vgl. Elisabeth Joris, Mündigkeit und Geschlecht. Die Liberalen und das „Recht der Weiber", in: Hildbrand, Tanner (Hg.), Im Zeichen der Revolution, S. 75–90, bes. S. 75 f.; Beatrix Mesmer, Ausgeklammert – Eingeklammert. Frauen und Frauenorganisationen in der Schweiz des 19. Jahrhunderts, Basel 1988, S. 4 f.

152 Vgl. Mooser, S. 50 ff.; speziell zur Ausgrenzung der Juden vgl. Aram Mattioli, „Vaterland der Christen" oder „bürgerlicher Staat"? Die Schweiz und die jüdische Emanzipation, 1848–1874, in: Altermatt, Bosshart-Pfluger, Tanner (Hg.), Die Konstruktion einer Nation, S. 217–235, bes. S. 221 ff.

zung von bestimmten Gruppen führt zur jener Dialektik von Inklusion und Exklusion, die als weiter treibendes Element der Demokratieentwicklung von grosser Bedeutung ist.[153]

---

153 Rolf Graber, Kämpfe um Anerkennung. Bemerkungen zur neueren Demokratieforschung in der Schweiz, in: Ders. (Hg.), Demokratisierungsprozesse in der Schweiz im späten 18. und 19. Jahrhundert, Frankfurt a. M., Berlin, Bern, Bruxelles, New York, Oxford, Wien 2008 (Schriftenreihe der Internationalen Forschungsstelle „Demokratische Bewegungen in Mitteleuropa 1770–1850", Bd. 40), S. 9–20, bes. S. 12.

5 Demokratische Bewegung in den 60er-Jahren und die Herausbildung der direkten Demokratie in den Kantonen

Obwohl in den 50er-Jahren in einzelnen Kantonsverfassungen die Volksrechte weiter ausgebaut werden, erfolgt der eigentliche Durchbruch erst in den 60er-Jahren. Ab 1860 taucht die Forderung nach dem Ausbau der Volksrechte erneut auf. Die Zeitspanne zwischen 1861 und 1869, die unter dem Begriff „Demokratische Bewegung" in die Geschichte eingegangen ist, kann als weiterer historischer Knoten gesehen werden, der für die Entwicklung der halbdirekten Demokratie von zentraler Bedeutung ist. Der Begriff „Demokratische Bewegung" wird für Verfassungsrevisionsbewegungen und teilweise revolutionsähnliche Umwälzungen in den Kantonen Baselland, Aargau, Bern, Genf, Zürich und Thurgau verwendet.[154] Sie weisen Gemeinsamkeiten hinsichtlich der Manifestationsformen und der Zielsetzungen der Trägerschaft auf. Eine wichtige Artikulationsmöglichkeit sind die den Landsgemeinden nachempfundenen Volksversammlungen. Martin Schaffner sieht sie als Resultat einer doppelten Lernerfahrung: einer traditionalen, in Form der historisch entstandenen Gemeindeversammlung und einer modernen, im Rahmen der sich neu herausbildenden Vereinskultur.[155] In den in jener Zeit entstandenen Gesangs- und Turnvereinen werden partizipative Verhaltensweisen vermittelt und eingeübt, die bei den Massenkundgebungen ihre Spuren hinterlassen.[156] Deshalb folgen die Kundgebungen einem festen Ablaufsritual, und die Teilnehmer orientieren sich an bestimmten Verhaltensregeln.[157] Im Gegensatz zu den Protesten der späten 30er-Jahre ist die Bewegung fast völlig gewaltfrei.[158] Eine Gemeinsamkeit beider Bewegungen ist allerdings, dass die direktdemokratischen Anliegen mit sozialen Forderungen gekoppelt sind.[159] Die „Demokratische Bewegung" der 60er-Jahre fällt mit einem markanten Konjunktureinbruch in der Textilindustrie und einer Krise im Bankenwesen zusammen. Besonders betroffen sind gewerblich-kleinbürgerliche Kreise, die eine wichtige Trägergrup-

---

154 Vgl. Martin Schaffner, Die demokratische Bewegung der 1860er Jahre. Beschreibung und Erklärung der Zürcher Volksbewegung 1867, Basel, Frankfurt a. M. 1982 (Basler Beiträge zur Geschichtswissenschaft, Bd. 146), S. 23 f.

155 Martin Schaffner, „Volk" gegen „Herren". Konfliktverhalten und kollektives Bewusstsein in der Demokratischen Bewegung, in: François de Capitani, Georg Germann (Hg.), Auf dem Weg zu einer schweizerischen Identität 1848–1914. Probleme – Errungenschaften – Misserfolge, Freiburg 1987 (8. Kolloquium der Schweizerischen Akademie der Geisteswissenschaften), S. 39–52, bes. S. 44 ff.

156 Zum Vereinswesen vgl. Hans Ulrich Jost zur Geschichte des Vereinswesens in der Schweiz, in: Handbuch der Schweizerischen Volkskultur, Bd. 1, hgg. v. Paul Hugger, Basel 1992, S. 467–484; allgemein auch Helmut Reinalter (Hg.), Politische Vereine, Gesellschaften und Parteien in Zentraleuropa 1815–1848 / 49, Frankfurt a. M. 2005.

157 Vgl. Martin Schaffner, Vereinskultur und Volksbewegung. Die Rolle der Vereine in der Zürcher Demokratischen Bewegung, in: Nicolai Bernard, Quirinus Reichen (Hg.), Gesellschaft und Gesellschaften. Festschrift zum 65. Geburtstag von Ulrich Im Hof, Bern 1982, S. 420–436.

158 Schaffner, Die demokratische Bewegung der 1860er Jahre, S. 154.

159 Zur Bedeutung der sozialen Anliegen in den Bewegungen der 60er-Jahre vgl. Peter Gilg, Die Entstehung der demokratischen Bewegung und die soziale Frage. Die sozialen Ideen und Postulate der deutschschweizerischen Demokraten in den frühen 60er Jahren des 19. Jahrhunderts, Diss. Bern, Affoltern a. A. 1951.

pe der Bewegung bilden.[160] Weil das Geld in lukrativere Anlagebereiche abfliesst, wird das der Landwirtschaft zufliessende Investitionskapital knapp und die Zinsen steigen. Diese Verteuerung der Hypothekarkredite und der Preisverfall des Getreides treffen die hoch verschuldeten Kleinbauern besonders hart.[161] Zudem schliessen sich Arbeiter der Bewegung an, denn durch Entlassungen und Kurzarbeit sowie durch steigende Nahrungsmittelpreise sind sie besonders vom Konjunktureinbruch betroffen. In dichotomischer Absetzung vom politischen Gegner, den Herren, oder der „Geldaristokratie" formiert sich ein ideologischer Konsens, der zugleich dafür sorgt, dass die Gegensätze innerhalb der Volksbewegung und die sozialen Antagonismen im Interesse der Durchsetzung gemeinsamer Anliegen ausgeblendet werden.[162] In Zürich sind es vor allem die Flugschriften des zurückgesetzten Einzelgängers Friedrich Locher, die diesen ideologischen Konsens befördern. (Q 91) Eine wesentliche Rolle bei der politischen Bewusstseinsbildung spielt auch die Opposition der gemässigten Redaktoren des Winterthurer Landboten, Salomon Bleuler und Friedrich Albert Lange. (Q 92)

Sie lösen eine breite Protestbewegung aus, die bis in die Arbeiterschaft und ins Landproletariat hineinreicht. So setzen sich Pioniere der Arbeiterbewegung in der Schweiz für den Ausbau der Volksrechte ein, wie etwa der von den Lehren Charles Fouriers beeinflusste Karl Bürkli, der zu den Mitbegründern des Konsumvereins in Zürich gehört. Sein Engagement für die direkte Demokratie ist nicht schweizerischen, sondern französischen Einflüssen zu verdanken. Er knüpft vor allem an Moritz Rittinghausen und Viktor Considérant an, die mit ihren Rekursen auf die Volkssouveränität implizit Konzepte der Französischen Revolution aufnehmen. Auf die schweizerische Entwicklung, die Vetobewegungen der 1830er-Jahre, verweist Bürkli unter dem Einfluss der Geschichtsschreibung Theodor Curtis erst in der Retrospektive.[163] In diesem Fall bedarf es also nochmals französischer Anstösse, damit bei den Theoretikern der Bewegung die autochthone Vetotradition wieder in Erinnerung gerufen wird. Allerdings finden diese Theorien nur deshalb einen breiten Widerhall, weil im Volk immer noch kollektive Erinnerungsbestände an frühere Bewegungen vorhanden sind. In einem Wahlmanifest Bürklis werden seine Vorstellungen einer direkten Demokratie fassbar. (Q 93) Er entwirft hier eine Technikutopie der direkten oder, wie er sich ausdrückt, der reinen Demokratie. Durch den Ausbau der Kommunikation und durch die neuen Verkehrsmittel wird ein wesentliches Hindernis vormoderner Versammlungsdemokratie überwunden: die grossen Distanzen. Erst durch Kommunikationsverdichtung wird die reine Demokratie möglich.[164] Bürklis Vorstellungen reichen aber noch weiter: Weil die Verfechter des Volksstaates vor allem den arbeitenden Schichten angehören, glaubt er, dass durch die Realisierung der integralen Volksherrschaft auch die Klassenherrschaft besei-

---

160 Zur sozialen Zusammensetzung des neuen Verfassungsrates in Zürich vgl. Hans Conrad Peyer, Die Verfassungsrevision von 1869 und ihre Geschichte, in: Zürcher Taschenbuch, Neue Folge, Nr. 90 (1970), S. 48–64, bes. S. 53 f.

161 Weinmann, S. 290 f.

162 Graber, Zur Bedeutung der Revolutionen, S. 410.

163 Hans Ulrich Schiedt, Die Welt neu erfinden. Karl Bürkli (1823–1901) und seine Schriften, Zürich 2002, S. 242 ff.; ferner Gilg, Die Entstehung der demokratischen Bewegung, S. 24; Alfred Kölz, Die Wurzeln der schweizerischen direkten Demokratie in der französischen und amerikanischen Revolution, S. 43.

164 Schiedt, Die Welt neu erfinden, S. 246.

tigt werden könne. Indem das Volk als Einheit gedacht und die realen Interessenkonflikte ausgeblendet werden, ist der alte Staat zum Aussterben verurteilt. An seine Stelle tritt die Arbeiterassoziation, eine Art klassenlose Gesellschaft.[165] Dieser Aspekt von Bürklis Utopie hat sich nicht erfüllt, aber dank der breiten Abstützung in der Bevölkerung und der kommunikativen Vernetzung können sich die Reformkräfte durchsetzen.[166] Als im November 1867 das Zentralkomitee der Demokraten unter der Leitung Bleulers zu Volksversammlungen in Zürich, Uster, Winterthur und Bülach aufruft, kommen 26 000 Unterschriften für eine Verfassungsrevision zusammen. Zugleich legt das Komitee ein Reformprogramm vor. Parlament, Regierung und Verwaltung sollen einer plebiszitären Kontrolle unterworfen werden. Gesetzesinitiative und Gesetzesreferendum sind wichtige Instrumente dieses Programms. (Q 94) Einen Eindruck von den als Landsgemeinden deklarierten Volksversammlungen vermitteln die überlieferten Reden. (Q 95) Durch die Massenmobilisierung ist der Durchbruch der Bewegung erreicht. Mit überwältigendem Mehr beschliesst das Zürchervolk die Verfassungsrevision durch einen Verfassungsrat. (Q 96) Auskunft über den Widerhall des Reformprogramms in der Bevölkerung geben die an den neu gewählten Verfassungsrat eingereichten Petitionen. Zwischen Mai und September werden rund 160 Eingaben gemacht, im Frühjahr 1869 nochmals 240. (Q 97) Obwohl die Petitionen die Heterogenität der Bewegung widerspiegeln und die Interessen spezifischer Gruppen zum Vorschein kommen, gibt es Forderungen, die in vielen Eingaben auftauchen. Martin Schaffner unterscheidet Postulate staatsrechtlicher Art (Referendum, Initiative, Abberufungsrecht), fiskalpolitische Begehren (Neuordnung des Steuerwesens), neue Aufgaben für den Staat (Wunsch nach Staats- oder Kantonalbank) und konkursrechtliche Forderungen (Neuordnung des Betreibungs- und Konkursverfahrens).[167] In den Petitionen zeigen sich eine gewisse Abwehrhaltung gegenüber dem Staat und ein Misstrauen gegenüber seinen Repräsentanten. Deshalb soll deren Macht beschnitten werden. Bemerkenswert ist auch, dass sich Frauen zu Wort melden. Sie fordern politische Mitbestimmung, also „Wahlberechtigung und Wahlfähigkeit für das weibliche Geschlecht in allen sozialen und politischen Angelegenheiten". (Q 98) Eine weitere von Frauen verfasste Eingabe fordert die Gleichberechtigung in Erbangelegenheiten. Diese ist nicht gewährleistet, weil das vom liberal-konservativen Juristen Johann Caspar Bluntschli verfasste, 1856 in Kraft getretene Privatgesetzbuch die Unmündigkeit der Frau im ehelichen Güterrecht festschreibt. Sowohl Liberale und konservative Politiker sind nicht bereit, den liberalen Gleichheits- und Freiheitsprinzipien im Privatbereich zum Durchbruch zu verhelfen. Besonders erwerbstätige Frauen wie Bäuerinnen, Gewerbetreibende und Heimarbeiterinnen pochen auf vermehrte wirtschaftliche Eigenständigkeit und wehren sich gegen die Geschlechtsvormundschaft.[168] (Q 99) Die Anliegen der Frauen finden allerdings

---

165 Ebd., S. 247 u. 252.
166 Zur Deutung der Verfassungsdebatten und der Bewegung als kommunikativer Prozess vgl. Daniela Decurtins, Auf der „Bahn der Freiheit, des Fortschritts und der Volkssouveränität". Zur Einführung der direkten Demokratie in Zürich um 1869, in: Andreas Ernst, Albert Tanner, Matthias Weishaupt (Hg.), Revolution und Innovation. Die konfliktreiche Entstehung des schweizerischen Bundesstaates von 1848, Zürich 1998 (1798–1998: Die Schweiz: Staat – Gesellschaft – Politik, Bd. 1), S. 293–305, bes. S. 295.
167 Schaffner, Die demokratische Bewegung der 1860er Jahre, S. 56.
168 Vgl. Joris, Mündigkeit und Geschlecht, S. 85 ff.

beim Verfassungsrat kein Gehör. Am 18. April wird die neue Verfassung des Kantons Zürich mit einer Stimmenmehrheit im Verhältnis von fünf zu drei angenommen.[169] Die Gesetzesinitiative und das obligatorische Finanz- und Gesetzesreferendum sind darin verankert. Auch in anderen Kantonen kommt es unter dem massiven Druck der Volksbewegungen zum Ausbau der Volksrechte. Besonders hervorzuheben sind die Kantone Thurgau und Baselland. In beiden wird wie im Kanton Zürich eine neue Verfassung ausgearbeitet und die Regierungspartei abgelöst.[170] Wie in Zürich hat sich in diesen beiden Kantonen der Liberalismus vollständig durchgesetzt, die konservativen Kräfte sind bedeutungslos. Dies ist der Grund, dass sich die demokratische Opposition mit aller Schärfe und Kompromisslosigkeit gegen die liberale Regierung richtet. Im Unterschied zu St. Gallen, Luzern, Aargau und Bern sind die Radikaldemokraten nicht auf die Unterstützung der Konservativen angewiesen, um ihre Anliegen durchzubringen.[171]

Im Kanton Thurgau, wo nach der Verfassungsrevision von 1849 ein Veto existiert, sind ab 1864 demokratische Tendenzen festzustellen. Sie äussern sich in der Gründung eines Volksvereins, der mit einer Petition die Verbesserung des Vetos anstrebt. Neben diesem Volksverein von Donzhausen ist die 1864 in Romanshorn gegründete Schweizerische Bodenseezeitung ein wichtiges Medium der demokratischen Bewegung. Ihr Redaktor, Heinrich Erzinger, publiziert einen Forderungskatalog, in dem von „Selbstregierung des Volkes" die Rede ist.[172] 1868 formiert sich unter dem Eindruck der Vorgänge im Kanton Zürich ein Revisionskomitee. Es entwirft ein Programm, das neben fiskal-, sozial- und wirtschaftspolitischen Forderungen auch staatsrechtliche Postulate wie Gesetzesinitiative, Abberufungsrecht gegenüber dem Grossen Rat und ein obligatorisches Gesetzesreferendum enthält. An einer Versammlung in Frauenfeld wird dieses Programm genehmigt, deshalb ist es auch als Frauenfelder Programm in die Geschichte eingegangen. (Q 100) Für eine weitere Protestversammlung gelingt es den Regierungsgegnern, 300 Männer zu mobilisieren.[173] In den Versammlungen können Änderungswünsche und Ergänzungen zum Frauenfelder Programm angebracht werden. Eine Zusammenkunft der Delegierten der lokalen Komitees in Kreuzlingen fordert sogar eine Erweiterung des Abberufungsrechts auf den Regierungsrat. (Q 101) Die Bewegung im Thurgau richtet sich nämlich auch gegen die selbstherrliche Regierung, ähnlich wie in Zürich vom „System Escher" wird von einem „System Häberlin" gesprochen.[174]

---

169 Robert Dünki, Verfassungsgeschichte und politische Entwicklung Zürichs 1814–1893 (Ein Beitrag des Stadtarchivs Zürich zum Gottfried-Keller-Jahr 1990), Zürich 1990, S. 24.

170 Schaffner, Die demokratische Bewegung der 1860er Jahre, S. 153.

171 Vgl. Peter Gilg, Die demokratische Bewegung im Kanton Bern, in: Archiv des Historischen Vereins des Kantons Bern, XLII. Band, Heft 1 (1953), S. 353–401, bes. S. 385 f., auch im Kanton Waadt sind die Radikaldemokraten nicht auf die Konservativen angewiesen, vgl. Lerner, A Laboratory, S. 265 ff.

172 Gilg, Die Entstehung der demokratischen Bewegung und die soziale Frage, S. 88 ff.

173 Zu den Versammlungen vgl. Margarethe Burkhart, Die Entstehung der thurgauischen Verfassung 1869, Diss. iur. Zürich, 1958, Teildruck 1963, S. 22 ff.

174 Ebd., S. 13; zu Häberlin vgl. Marcel Mebold, Eduard Häberlin 1820–1884, Diss. Zürich, in: Thurgauische Beiträge zur vaterländischen Geschichte, Heft 109, Frauenfeld 1971; zum „System Häberlin", Gilg, Die Entstehung der demokratischen Bewegung und die soziale Frage, S. 88.

6 Einführung des fakultativen Gesetzesreferendums in der revidierten Bundesverfassung von 1874

Allgemein führen die demokratischen Bewegungen zu einem Ausbau der Volksrechte. Der Souverän hat Vorrang bei der Gesetzgebung, bei der Wahl der Behörden und der Kontrolle der Verwaltung. Deshalb werden direkte Wahlen für die Behörden und sogar für Verwaltungsbeamte eingeführt. Zum Durchbruch gelangen auch soziale Anliegen wie die Demokratisierung des Kredits, die unentgeltliche Schule, der Schutz der Lohnempfänger und direkte Steuern mit starker Progression.[175] Die revidierten Kantonsverfassungen sind schliesslich Vorbild für den Ausbau der Volksrechte bei der Totalrevision der Bundesverfassung.[176] 1874 wird gemäss demokratischem Programm das fakultative Referendum auch auf Bundesebene eingeführt. (Q 102) Ein erster Meilenstein der Entwicklung zur schweizerischen Referendumsdemokratie ist damit erreicht. Die in die Verfassungen eingebauten plebiszitären Instrumente werden zu einem festen Bestandteil der schweizerischen politischen Kultur und zu einem wirksamen Mittel der Konfliktbewältigung. Sie tragen in den anschliessenden Jahrzehnten zu einer verstärkten Integration der Bauern und teilweise auch der Arbeiterschaft in den bürgerlichen Staat bei. Allerdings haben sie auch eine sozialdisziplinierende Wirkung und sichern den liberal-radikalen Eliten weiterhin die Vorherrschaft im Staat.[177] Der mit der demokratischen Bewegung hergestellte Konsens erweist sich als wirksames Mittel zur Stabilisierung der bestehenden Ordnung, zumal die Anwendung der neuen politischen Instrumente nur einen geringen Einfluss auf die weitere Ausgestaltung des Wirtschafts- und Gesellschaftssystems hat.[178]

Abschliessend sollen die zentralen Aspekte der Entwicklung in acht Punkten zusammengefasst werden:

1) Das Modell der halbdirekten Demokratie, das sich in der Schweiz herausgebildet hat, lässt sich weder nur auf französische Einflüsse noch auf autochthone Entwicklungsstränge zurückführen. Es führt kein direkter Weg von der vormodernen zur modernen Demokratie. Andreas Suter spricht deshalb zu Recht von Kontinuitäten und Brüchen. Kontinuität besteht in der Verteidigung der Versammlungsdemokratie, im Anspruch auf direkte Partizipation gegenüber den Repräsentativverfassungen. Darin zeigt sich, dass die Erfahrung einer vormodernen Widerstandtradition und einer ländlichen Konflikt- und Autonomiekultur auch im 19. Jahrhundert lebendig geblieben ist. Eine Diskontinuität besteht allerdings in der Freiheitskonzeption. Erst ein an der Französischen Revolution orientierter Freiheitsbegriff, der Freiheit als allgemeines Menschen-

---

175 Vgl. Ruffieux, Die Schweiz des Freisinns, S. 38.

176 Zur Einführung von Referendum und Initiative vgl. Alfred Kölz, Neuere Schweizerische Verfassungsgeschichte, Bd. 2, S. 614 ff; Andreas Kley, Artikel Bundesverfassung (BV), in: Historisches Lexikon der Schweiz, Bd. 3, S. 27–35; bes. S. 32; zur Verfassungsentwicklung vgl. auch William E. Rappard, Die Bundesverfassung der Schweizerischen Eidgenossenschaft 1848–1948; Vorgeschichte Ausarbeitung, Weiterentwicklung, Zürich 1948.

177 Fritzsche, Lemmenmeier, Die revolutionäre Umgestaltung von Wirtschaft, Gesellschaft und Staat, S. 149.

178 Vgl. Graber, Zur Bedeutung, S. 413.

recht begreift, schafft die Möglichkeit, dass sich ehemalige Untertanengebiete wie etwa das Rheintal auf dieses Recht berufen können.

2) Voraussetzung dafür, dass sich dieser Freiheitsbegriff durchsetzt, sind kollektive Lernprozesse in der breiten Bevölkerung. Sie werden ermöglicht durch die sich nach 1789 entfaltende politische Öffentlichkeit, die sich zuerst in ländlichen Lesegesellschaften formiert. Die Eliten auf der Landschaft orientieren sich am politischen Patriotismus, radikalen Republikalismus und am Tugenddiskurs der städtischen Oppositionsbewegungen der 1760er-Jahre. Dadurch wird der städtische Republikanismus dynamisiert und individualrechtlich aufgeladen. Nachrichten über die Ereignisse in Frankreich verstärken diese Tendenz und tragen zur Radikalisierung der Landopposition bei. Von grosser Bedeutung bei diesem Prozess ist neben der bürgerlichen Öffentlichkeit die sich herausbildende plebejische Öffentlichkeit mit ihren spezifischen Kommunikations- und Interaktionsformen. Durch die Aneignung von Kulturtechniken wie Lesen und Schreiben sind auch die unteren Gesellschaftsschichten vermehrt in die politischen Diskussionen involviert. Nebst literaten Formen der politischen Auseinandersetzung spielen allerdings die symbolischen Formen der Interaktion immer noch eine wesentliche Rolle. Wünsche und Hoffnungen der kleinen Leute finden in vielfältigen Inszenierungen einen adäquaten Ausdruck. Bei diesen Inszenierungen greifen sie auf einen historischen Mythenbestand zurück, der im kollektiven Bewusstsein verankert und abrufbar ist.

3) Schon während der Zeit der Helvetik zeigt sich, dass bei den plebejischen Schichten Forderungen nach politischer Partizipation mit materiellen Erwartungen eine enge Synthese eingehen. Freiheit und Gleichheit sind für die kleinen Leute nicht abstrakte juristische Begriffe, sie werden immer mit Hoffnungen auf Verbesserung der materiellen Situation verknüpft. Die unteren Bevölkerungsschichten verstehen die Helvetik als „Zeit des Teilens". Die Forderung nach materieller Umverteilung zeigt sich etwa beispielhaft an einem Ereignis im Revolutionsjahr 1798. Mit pikenähnlichen Prügeln bewaffnet, ziehen plebejische Volkshaufen, in alte Schweizertrachten gekleidet und mit dreifarbigen Bändern geschmückt, vor die Stadt Zürich. Sie werden von einem Wilhelm Tell mit seinem Knaben begleitet, der einen Apfel auf dem Kopf trägt. Den Schluss des Zuges bilden Frauen und Kinder, die einen leeren Sack auf dem Rücken tragen, in der Hoffnung, bei der Verteilung des städtischen Reichtums auch etwas abzubekommen. Die in den Quellen verächtlich als „Sackpatrioten" bezeichneten Akteure der historischen Maskerade zeigen in einzigartiger Weise die Gemengelage alter und neuer Symbolik, mit deren Hilfe die Gleichheitshoffnungen der kleinen Leute ausgedrückt werden. Solche Auftritte führen zu einer antagonistischen politischen Profilierung der Landbevölkerung. Die sozialen Ambitionen der Unterschichten werden von der Gegenseite als „Schwindelgeist" oder als „verruchter Sansculottismus" wahrgenommen. Auch in den Protestbewegungen gegen die Regenerationsregierungen und in der Demokratischen Bewegung der 1860er-Jahre spielen soziale Forderungen eine wesentliche Rolle.

4) Das Postulat nach mehr Mitbestimmung der unteren Volksschichten stösst bei den liberalen Eliten auf erbitterte Ablehnung, zumal mit dieser Forderung auch soziale Ambitionen verbunden sind. In den eindringlichen Warnungen vor „Ochlokratie" und „Pöbelherrschaft" kommen die bürgerlichen Ängste zum Ausdruck. Nur eine

Minderheit der liberalen Theoretiker verknüpft eine verstärkte politische Partizipation mit der Erweiterung der Volksbildung. Dies zeigt, dass die Volksrechte gegen die liberalen Eliten durchgesetzt werden müssen. Entgegen der liberalen „Meistererzählung" führt keine direkte Kontinuitätslinie von den liberalen Repräsentativverfassungen zur „Demokratischen Bewegung" der 1860er-Jahre. Erst die Dekonstruktion dieses Geschichtsbildes eröffnet den Blick auf die sozialen Kämpfe um die Fundamentaldemokratisierung.

5)   Die bereits erwähnte Kombination von materiellen und partizipatorischen Forderungen verleiht den Volksbewegungen eine rebellische Dynamik, sie sind zugleich soziale und politische Kämpfe. Die Durchsetzung der direkten Demokratie in der Schweiz ist deshalb ein konfliktiver, mitunter sogar gewaltsamer Prozess, die Volksrechte sind hart erkämpfte Rechte. Nicht umsonst wird in der älteren Literatur von „Vetostürmen" gesprochen. Demokratiegeschichte ist deshalb immer auch als Protestgeschichte zu lesen. Die Realisierung des ersten Volksvetos im Kanton St. Gallen kommt vor dem Hintergrund einer massiven Drohkulisse zustande. Die Forderung nach einem Veto wird dann von den Protestbewegungen gegen die liberalen Regenerationsverfassungen in Basel, Luzern, Zürich, Solothurn und Aargau mit unterschiedlichen Erfolg wieder aufgegriffen. Den für die sozialen Nöte und Anliegen wenig sensibilisierten Regenerationsregierungen respektive deren Domestizierungspolitik und Zwangsmodernisierung von oben setzen die Protestierenden ein anderes Ordnungs- und Demokratiemodell entgegen. Die Orientierung an der Landsgemeinde und die Forderung nach einem kostengünstigen, schlanken Staat sind zentrale Elemente dieser Staatsvorstellung.

6)   Die hier betonte grosse Bedeutung der vormodernen Demokratiemodelle, wie etwa der Landsgemeinde, bei der Durchsetzung der Volksrechte in der Schweiz ist jedoch auch für ein gravierendes Defizit verantwortlich. Weil die Landsgemeinde ursprünglich eine Versammlung der wehrhaften Männer war, wurde die politische Mitbestimmung immer auch an Wehrfähigkeit gekoppelt. Ausgeschlossen blieben deshalb die Frauen. Während also die historische Erfahrung der Versammlungsdemokratie wesentliche Bedeutung für die frühe Verankerung der Volksrechte in der Schweiz besitzt, ist sie gleichzeitig für die späte Einführung des Frauenstimm- und Wahlrechts in diesem Land mitverantwortlich. Die Frauen mussten bis 1971 warten, bis ihnen dieses Recht gewährt wurde; die Schweiz war neben Liechtenstein eines der letzten europäischen Länder, welches seiner weiblichen Bevölkerung die vollen Rechte als Bürgerinnen zugestand. Im Landsgemeindekanton Appenzell mussten die Frauen noch länger Geduld haben. Erst durch ein Bundesgerichtsurteil vom 27. November 1990 wurden die Männer des Kantons Appenzell-Innerrhoden gezwungen, ihren Frauen das Stimm- und Wahlrecht zu gewähren. Es bedurfte also weiterer Kämpfe im 20. Jahrhundert, bis die Frauen als vollwertige Bürgerinnen akzeptiert wurden. Neben den Frauen wurden auch ethnische Minderheiten wie die Juden lange von den demokratischen Rechten ausgeschlossen. Eine stark religiöse Orientierung der Vetobewegungen in den katholischen Gebieten und Kantonen war verantwortlich für den Ausschluss von ethnischen

und religiösen Minderheiten.[179] Sie führte zu einer spezifischen Ausgrenzunglogik. Auch soziale Aspekte bildeten lange Zeit noch einen Grund für Ausgrenzung, weil das Stimmrecht an Besitz gekoppelt war oder Armengenössigkeit einen Verlust der politischen Rechte zur Folge hatte. Die Geschichte der direkten Demokratie ist zugleich eine Geschichte von Inklusion und Exklusion.

7) Vom Volksveto in den katholischen und gemischtkonfessionellen Gebieten führt kein direkter Weg zum obligatorischen Gesetzesreferendum. Der erste Kanton, der dieses Instrument einführt, ist der Kanton Waadt. Das Landsgemeindemodell hat hier keinen Vorbildcharakter. Im stark von den Liberalen und der französischen Verfassungsdiskussion geprägten Kanton gibt es einen direkten Weg zum Referendum. Auffällig ist, dass das moderne Gesetzesreferendum in denjenigen Kantonen zuerst realisiert wurde, die sich mit der Helvetischen Revolution von ihrem Untertanenstatus befreien konnten und die mit der von Napoleon oktroyierten Mediationsverfassung die politische Unabhängigkeit erlangt hatten. Auch für die Demokratische Bewegung der 1860er-Jahre ist die französische Verfassungsdiskussion erneut von Bedeutung. Im Kanton Zürich rekurriert etwa Karl Bürkli argumentativ nicht auf das Landsgemeindemodell, sondern auf französische Theoretiker wie Moritz Rittinghausen und Victor Considérant. Die schweizerische Entwicklung und die Vetobewegungen werden unter dem Einfluss der Geschichtsschreibung Theodor Curtis erst in der Retrospektive erwähnt. Es führt also kein direkter Weg vom Volksveto der 1830er-Jahre zum Gesetzesreferendum der 1860er-Jahre. Zwar werden die Volksversammlungen zur Durchsetzung dieses Instruments als „Landsgemeinden" bezeichnet, die in den Reden vorgetragenen Argumente entstammen jedoch vorwiegend der zeitgenössischen Verfassungsdiskussion. Auch hier sind wieder Kontinuitäten und Brüche festzustellen. Diese Beobachtung sollte dazu führen, die exogenen Einflüsse in dieser Phase neu zu überdenken und diese auf der Diskurs- und Handlungsebene entsprechend zu gewichten.

8) Demokratiegeschichte sollte nicht nur als Siegergeschichte geschrieben werden, sie liess auch Verlierer zurück, indem die mit den partizipatorischen Forderungen einhergehenden materiellen Erwartungen nicht erfüllt wurden. Diejenigen, die für eine Erweiterung der politischen Partizipation kämpften, konnten nur begrenzt davon profitieren. Die sozialrevolutionären Visionen der Reform- und Modernisierungsverlierer blieben auf der Strecke. Demokratieforschung sollte sich deshalb nicht nur mit dem Weg in eine „andere Bürgergesellschaft"[180] befassen, sondern müsste die Vision einer anderen Gesellschaft mit einbeziehen. Die Geschichte der direkten Demokratie ist deshalb erst aus den Spuren der Besiegten erschliessbar. Das Bewusstsein von sozialer und politischer

---

179 Zur spezifischen Ausgrenzungslogik dieses Modells vgl. Josef Lang, Die beiden Katholizismen und die Krux der Schweizer Demokratie, in: Gérald Arlettaz (Hg.), Die Erfindung der Demokratie in der Schweiz, Zürich 2004 (Studien und Quellen der Schweizerischen Bundesarchivs, 30), S. 45–73, bes. S. 64 ff.; zu den religiös begründeten Ausgrenzungsmechanismen vgl. ders., Das Paradox der (Deutsch-) Schweizer Demokratie, in: René Roca, Andreas Auer (Hrsg.), Wege zur direkten Demokratie in den schweizerischen Kantonen, Zürich, Basel, Genf 2011 (Schriften zur Demokratieforschung, 3), S. 193–201, bes. S. 198 f.

180 Zum Begriff vgl. Barbara Weinmann.

I. Einleitungstext

Ausgrenzung erzeugt eine weitertreibende Dynamik, einen Kampf um Anerkennung.[181] Die eigentümliche Mischung von politischer Enttäuschung, materiellen Erwartungen und der Erschütterung traditional verfasster Bindungen und Beziehungsgeflechte enthält ein gesellschaftliches Emanzipationspotenzial, das über die bürgerliche Gesellschaft hinausweist.[182] Darin liegt die Dynamik der politischen *und* sozialen Kämpfe. Im Begriff der „Menschenwürde" kann dieses Potenzial gefasst werden und erhält zugleich eine Dimension, die über nationalstaatlich realisierte Bürgerrechte hinausweist. „Mit der ersten Menschenrechtserklärung ist ein Standard gesetzt worden, der die Flüchtlinge, die ins Elend Gestürzten, die Ausgeschlossenen, Beleidigten und Erniedrigten inspirieren und ihnen das Bewusstsein geben soll, dass ihr Leiden nicht den Charakter eines Naturschicksals hat. Mit der Positivierung des ersten Menschenrechts ist eine *Rechtspflicht* zur Realisierung überschiessender moralischer Gehalte erzeugt worden, die sich in das Gedächtnis der Menschheit eingegraben hat", stellt Jürgen Habermas fest und benennt damit den universalistischen Geltungsanspruch auf die Würde des Menschen als realistische Utopie einer gerechten Gesellschaft.[183] Direkte Demokratie ist deshalb auf nationalstaatlicher Ebene immer ein unvollendetes Projekt, das stets durch die Orientierung an universaler Gerechtigkeit weiterentwickelt werden muss.

---

181 Rolf Graber, „Kämpfe um Anerkennung". Bemerkungen zur neueren Demokratieforschung in der Schweiz, S. 19 f.; zum fundamentaldemokratischen Emanzipationspotenzial der plebejischen Protestbewegungen vgl. ders., „Ächte Sinnbilder von Berg-Wilden oder eigentlichste Schweizer Sansculottes". Protestbewegungen in napoleonischer Zeit als Wegbereiter einer anderen Moderne? in: Geschichte und Region / Storia e regione, 16. Jhrg., Heft 2: 1809 europäisch (2007), S. 15–32, bes. S. 30 f.; ders., „Der verruchte, alles ekelhaftmachende Sansculottismus." Plebejische Protestbewegungen als Wegbereiter einer Fundamentaldemokratisierung, in: René Roca, Andreas Auer (Hrsg.), Wege zur direkten Demokratie in den schweizerischen Kantonen, Zürich, Basel, Genf 2011 (Schriften zur Demokratieforschung, 3), S. 247–263, bes. S. 262 f.
182 Zur Deutung dieses Kampfs um Anerkennung als moralischer Bildungsprozess der Menschheit vgl. Axel Honneth, Kampf um Anerkennung. Zur moralischen Grammatik sozialer Konflikte. Mit einem neuen Nachwort, erweiterte Ausgabe, Frankfurt a. M. 2003 (2)
183 Zur spezifischen Herleitung des Begriffs „Menschenwürde" vgl. Jürgen Habermas. Das Konzept der Menschenwürde und die realistische Utopie der Menschenrechte, in: Ders., Zur Verfassung Europas. Ein Essay, Berlin 2011 (Sonderdruck Edition Suhrkamp), S. 13–38, bes. S. 18 ff., Zitat S. 33; Habermas verweist auch auf das Werk von Ernst Bloch, Naturrecht und menschliche Würde, Frankfurt a. M. 1975 (2) (Suhrkamp Taschenbuch 49).

II. Quellenkorpus

7 Partizipationsmodelle der vormodernen Demokratie: Gemeinde, Landsgemeinde und städtische Republik

Titel: Jean Bodin, Sechs Bücher über den Staat, 1586

Text 1:

Während die Regierungsform eines Staates mehr oder minder demokratisch, aristokratisch oder monarchisch ausgeprägt sein kann, ist die Staatsform als solche einer graduellen Abstufung nicht zugänglich. Denn entsprechend den von uns definierten drei (möglichen) Staatsformen steht die Souveränität, weil unteilbar und unübertragbar, immer entweder einem allein oder aber einer Minderheit oder der Mehrheit zu. Was meine Bemerkung angeht, dass die Regierungsform mehr oder minder stark demokratisch ausgeprägt sein kann, lässt sich am Beispiel der Schweizerischen Gemeinwesen verdeutlichen. Die Kantone Uri, Schwyz, Unterwalden, Zug, Glarus und Appenzell werden von den Gemeinden regiert, bei denen auch die Souveränität liegt, und von den fünf Orten ist Zug der einzige mit Festungsmauern. Die anderen neuen Orte und Genf regieren sich durch einen aus mehreren Herren bestehenden sogenannten Rat (…).

In den Orten Uri, Schwyz, Unterwalden, Zug, Glarus und Appenzell, die alle reine Demokratien und, da ihre Bevölkerung aus Gebirgsbewohnern besteht, in besonderem Mass auf die Selbstbestimmung des Volkes bedacht sind, findet sogar zusätzlich zu den ausserordentlichen Ständetagen alljährlich eine öffentliche Versammlung statt, an der fast die gesamte Bevölkerung ab 14 Jahren teilnimmt. Dort werden der Senat, der Ammann und andere Magistrate gewählt. Die Abstimmung erfolgt nach dem Muster der Chirotonie der antiken Demokratien durch Handzeichen. Mitunter kommt es auch schon wie in der Antike vor, dass einer seinen Nachbarn mit Faustkniffen dazu auffordert, auch die Hand zu heben. In besonderem Mass trifft das Gesagte auf die Graubündner Orte zu, die nach Verfassung und Regierung so rein demokratisch wie sonst kein Staat sind. Genauso laufen auch die Versammlungen der Gemeinden ab, auf denen der Ammann, der oberste Magistrat in den kleinen Orten, gewählt wird. Bei dieser Versammlung erhebt sich der Ammann der letzten drei Jahre, entschuldigt sich beim Volk, bittet um Vergebung für etwa begangene Fehler und benennt schliesslich drei Bürger, von denen das Volk einen (zu seinem Nachfolger) wählt. Anschliessend werden sein Stellvertreter, der mit einem Kanzler zu vergleichen ist, und dreizehn weitere Räte gewählt, von denen vier den für Staatsangelegenheiten zuständigen geheimen Rat bilden. Zum Schluss wird der Kämmerer oder Schatzmeister gewählt. Die

Unterschiede im Regierungssystem der Graubündner und der übrigen Orte der Schweiz sind beträchtlich. Denn wer in den aristokratisch regierten Orten der Schweiz zwei oder drei der wichtigsten Beamten für sich gewonnen hat, kann sicher sein, den ganzen Kanton in der Hand zu haben. Die Graubündner hingegen dulden keinerlei Unterwerfung und beugen sich keinem Beamten, es sei denn, man brächte die Gemeiden in seine Hand, wie ich Briefen des Bischofs von Bayonne, des Gesandten Frankreichs, entnommen habe.

Quelle:

Jean Bodin, Sechs Bücher über den Staat, Buch I–III. Übersetzt und mit Anmerkungen versehen von Bernd Wimmer. Eingeleitet und herausgegeben von P. C. Meyer-Tasch, München 1981, S. 398 f. und 395 f.

Kommentar:

Jean Bodin (1529–1596) unterscheidet drei grundlegende Verfassungstypen der Vormoderne: Demokratie, Aristokratie und Monarchie. In der Monarchie wird die Souveränität von einer Person allein ausgeübt. Wenn hingegen eine Minderheit Entscheide trifft, die für eine Mehrheit massgebend sind, spricht er von Aristokratie. In der Demokratie werden Entscheide über Fragen von Souveränität in Versammlungen gefällt, zu denen eine Mehrheit der dem Gemeinwesen zugehörigen männlichen Bevölkerung Zutritt hat. Als Beispiele nennt Bodin die Landsgemeindeorte. Eine besonders ausgeprägte Form der Demokratie sieht Bodin in den Drei Bünden, die allerdings durch ihre Bereitschaft zum Widerstand eine Tendenz zur Anarchie aufweisen.

Titel: Die 26 Landespunkte von Schwyz, 1701–1733

Text 2:

1. Sollen alle guten Satz- und Ordnungen und verschriebene Landrechte gehalten und auf selbige bey unsern Eiden gerichtet werden.
2. Solle die Richtung des Defensionals wiederum bestätet seyn, laut Aufsatzes, und solle solches jährlich vor der Mayen-Landsgemeind, Sonntag zuvor, öffentlich in den Kirchen zu jedermanns Verhalt verlesen werden.
3. Wir bestäten auch die allgemeine Kastenordnung, welche gleichfalls auf obigen Tag soll verlesen werden.
4. Zugleich ist auch bewilligt das Kasten- und Landleutengeld der Aemter wegen, wie auch das Angstergeld.
5. Dass die Landesämter der Ordnung nach besetzt, die erledigten Richterstellen des neunten und siebenten Gerichts wiederum von den gemeinen Landleuten, dass derer keiner dem andern in selbigen Gericht mit nacher Verwandtschaft zugethan, als kein Vater und Sohn, nicht zwey Brüder, nicht zwey Geschwisterte, Kinder oder leibliche Schwäger sollen ergänzet werden.

6. Dass kein kleinerer Gewalt dem grössern eingreifen solle, nämlich: kein Wochenrath dem Samstagrath, kein Samstagrath dem gesessenen Rat, kein gesessener Rath dem zweyfachen, kein zweyfacher dem dreyfachen, kein dreyfacher der Nachgemeinde, keine Nachgemeinde der jährlichen Landsgemeinde, wenn solche nicht in Kraft einer Mayen-Landsgemeinde gestellt ist.

7. Dass ein jeder Landmann, welcher Recht darschlägt, ungebunden an das Recht gelassen, und nichts darüber erkennt werden solle.

8. Es solle vor Rath keine Erkanntnuss ausgefällt werden, es seyen dann beyde Parteyen gegenwärtig, oder dass jeder seine Partey nach Form Rechtens citirt habe.

9. Wenn einer dem andern Recht darschlagt, solle indessen keine Gewalt gebraucht und bis an das Recht nicht vorgefahren werden.

10. Es solle keine Allmeind als von einer Mayen-Landsgemeind weggegeben werden.

11. Wenn einer um Civil- oder Criminalsachen verklagt wurde, solle man den Beklagten zuvor, ehe man Kundschaft aufnimmt, vor Rath citiren und der Kläger dem Beklagten an die Seite gestellt werden, und solle man ihne befragen, ob er des Fehlers Anred seye. Ist er dessen Anred und bekannt, so kann eine Obrigkeit die Gebühr hierin erkennen; ist er aber nicht Anred, so solle alsdann nach Form Rechtens Kundschaft aufgenommen, gleichwohl dem Beklagten es angezeiget werden, damit er an die Kundschaften seine Ansinnung thun möge.

12. Dass ein jeder Landmann mit dem Seinigen, was ihm selber wachset und nicht auf Fürkauf geschieht, gewirben und gewerben möge; ja wenn er rechts Gewicht und Mass giebt.

13. Wenn Schreiben von verbündeten und unverbündeten Fürsten und Herren oder andern verbündeten Ständen oder verlandrechteten Theilen obhanden, sollen selbige abgehört werden.

14. Die Geschlechter-Ordnung von wegen den Landsämtern, Rathsplätzen und Richterstellen solle laut darum aufgesetzten Landrechtens durchaus gehalten und derselben fleissig nachgelebt werden.

15. Dass die Landsgemeinde um 4 Uhr beendigt und danach nichts mehr vorgenommen werden solle.

16. Das 7. und 9. Gericht und Malefizgericht als die grössten Kleinod unsers lieben Vaterlands sollen keine Appellationen haben, und sollen solche mit Leib, Gut und Blut geschirmt werden. Nunc inapplicabile.

17. Dass ein jeder, so um ein Vogt und Beystand vor Rath, Gericht und Chorgericht zu seyn angesprochen wird, der solle es zu thun schuldig seyn bey 50 Gulden Busse; dem dann wegen seiner Mühe laut gesessener Rathserkanntniss von dem Handel, wenn er unter 30 Gulden ist, ein Thaler, und über 30 Gulden eine Ducaten richtig und bar bezahlt werden solle.

18. Die Praktizirordnung solle auch laut Aufsatz fleissig gehalten werden.

19. Wenn einer an der Landsgemeinde etwas rathete nach seinem Verstand und Gutdunken, und er sich etwann in Worten verfehlte und in etwas unbedachte Reden ausbräche, dass solcher an solchem Orte, wo er verfehlt, sich verantworten möge. Wenn aber einer den andern an Ehren berührte oder sonst malefizisch handeln würde, solle solcher an sein gehöriges Gericht und Gewalt verwiesen werden.

20. Wenn einer zu seiner Defension aussert Lands nach Form Rechtens Kundschaft aufzunehmen vonnöthen hätte, dass er solches laut eidsgenössischen Bräuchen wohl thun
möge; jedoch die Gegenpart dazu citiren solle.

21. Dass die Mayen-Landsgemeind der grösste Gewalt und Landesfürst seyn solle und ohne
Condition setzen und entsetzen möge. Und wer dawider rathete und dawider wäre, dass
die Landsgemeinde nicht die grösste Gewalt und Landesfürst seye, und nicht setzen und
entsetzen möge, ohne Condition, der solle dem Vogel im Luft erlaubt und 100 Ducaten
auf sein Kopf geschlagen seyn; der Obrigkeit, Malefizgericht und andern Gerichten aber
solle das Recht, was jedem gehört, auch gelassen seyn, und solle man den Landleuten
auch lassen, was ihnen gehört.

22. Welcher in das künftige mehr ein Rathschlag zu einem Kriege thäte und ein Krieg rathete, es sey dann an einer öffentlichen Landsgemeinde, ein solcher als Meyneid tractirt
und dem Vogel im Luft erlaubt seyn solle.

23. Wenn sieben ehrliche Männer von sieben ehrlichen Geschlechtern bey dem Herrn
Landammann sich anmeldeten und eine Landsgemeinde begehrten, solle man für-
dersamst um eine Landsgemeinde zu halten schuldig seyn. Und im Falle der Amtsmann solches abschlagen thäte und dem nicht nachgehen wollte, er des Amts entsetzt
seyn solle. Jedoch soll man die Ursache, warum eine Landsgemeinde begehrt werde,
anzeigen, in den Zetteln ausgeschrieben und verkündt werden.

24. Welcher an einer Landsgemeinde dem andern, so von dem Herrn Amtsmann angefra-
get worden, in sein Rathschlag unangefragt einbrechen und auf Abmahnen nicht ab-
stehen würde, ein solcher soll öffentlich Gott und Obrigkeit um Verzeihung bitten. Es
sollen auch Rathschläge so viel möglich abgekürzt und nicht mehr wiederholt werden.

25. Dass wir unsere Freyheit, wie unsere in Gott ruhenden lieben Altvordern und alle
Aemter unseres Landes mit freyer ungebundener Hand und Wahl besetzen und wider
das Tröhlen und Practiciren eine rechte Practicirordnung aufsetzen und derselben steif
und fest obhalten wollen. Hingegen solle das Loos für ein und allemal aberkennt seyn
und weder an Landsgemeinden noch an andern Orten nicht mehr angezogen werden.
Und welcher das Loos mehr anzuge oder rathete, demselben sollen 100 Ducaten auf
seinen Kopf gesetzt und ein solcher gleichwie in dem Defensional dem Vogel im Luft
erlaubt seyn.

26. Damit dann auch diese 25 Punkten der Landsgemeind als grössten Gewaltserkannt-
nussen jederzeit fleissig und wohl beobachtet und gehalten werden, soll ein jeweiliger
Amtsmann, wenn jemand dawider rathen oder handeln wollte, bey 100 Dublonen Buss
selbige zu warnen und diesen Punkten obzuhalten verpflichtet und schuldig seyn.

Quelle:

Hans Nabholz, Paul Kläui (Hg.), Quellenbuch zur Verfassungsgeschichte der Schweizerischen Eidgenossenschaft und der Kantone von den Anfängen bis zur Gegenwart, Aarau
1940, S. 158–161.

II. Quellenkorpus

Kommentar:

Die Landespunkte sind eine Art Verfassung der Landsgemeinde. Beispielhaft für die Landsgemeindeordnungen der Innerschweizer Orte stehen hier die Landespunkte von Schwyz von 1701. Der Anstoss zu ihrer Niederschrift erfolgt während des Stadlerhandels, einer politischen Widerstandsbewegung gegen die herrschenden Familien und die Tendenz zum Abbau der Volksrechte, die nach ihrem Anführer, Joseph Anton Stadler (1661–1708) benannt ist. Die Landespunkte sind Ausdruck einer durchgehenden und systematischen Reformbewegung, die zu einer Aufwertung der Landsgemeinde führt. Die Landsgemeinde begreift sich als höchste Gewalt, als „Landesfürst". Die Souveränität liegt also beim ganzen Volk. Die Freiheit der beteiligten Landleute wird als ein von den Vorfahren erworbenes Recht betrachtet, als Privileg. Die Landespunkte benennen auch Missbräuche wie Stimmenkauf und Bestechung (Tröhlen und Praktizieren) und versuchen diese zu unterbinden.

Titel: *Antragsrecht der Landsgemeinde von Appenzell-A. Rh.* *Landsgemeindebeschluss vom 26. April 1747*

Text 3:

Wie einer etwas an einer landsgemeid anziehen möge
    Wann ein landmann währe, der etwas begehrte an einer landsgemeind anzuziehen, dass ihn billich und recht und dem vatterland erspriesslich bedunckte, so soll er schuldig seyn solches einem grossen rath für zu tragen, welcher selbige sach erdauren und darüber rathschlagen wird, befindt nun ein grosser landrath, dass die sach dem vatterland nuzlich und gut, so soll er ihm willfahren. Wann er aber es vor schädlich und nicht für thunlich achtet, und der landmann sich auf vorthane vorstellung hin sich nicht wolte abweisen lassen, so mag er solches wohl für ein landsgemeind bringen lassen. Er soll aber selbsten auf den stuhl hinauf gehen, und die sach mit rechter bescheidenheit vortragen.

Quellennachweis:

Alfred Kölz (Hg.), Quellenbuch zur neueren schweizerischen Verfassungsgeschichte. Vom Ende der Alten Eidgenossenschaft bis 1848, Bern 1992, S. 5; vgl. auch Hans Nabholz, Paul Kläui (Hg.), Quellenbuch zur Verfassungsgeschichte der Schweizerischen Eidgenossenschaft und der Kantone von den Anfängen bis zur Gegenwart, Aarau 1940, S. 167 f.

Kommentar:

Die Quelle illustriert die Interventionsmöglichkeiten der Landleute. Auch wenn der Grosse Rat einen Antrag ablehnt, besteht immer noch die Möglichkeit, ihn vor die Landsgemeinde zu bringen. Dies zeigt, dass die Landleute trotz Oligarchisierungstendenzen noch ins politische Geschehen eingreifen können.

Titel: „Thusner Artikel" von 1618

Text 4:

„Zum ersten so lasst man den Pundtsbrief in allen synen Puncten und Artiklen ohne alle Verenderung in synen Krefften und Würde verblyben, und soll derselbige alle Jar in einer jeden Kilchhöre durch den Kilchenhern uff den 1. Sontag im September der Gemeindt fürgelesen werden, sampt übrigen hierin vergriffnen landsartiklen, und sol durch fürgebung des Amptmans *den Pundtsbrieff menigklich schweren"*…

„Der Religion halben ist das Mehr worden daz *die zwo Religionen, Evangelisch und Römisch Catholisch* in unsern gefryten und underthonen Landen *gefryt* sin solle, aber alle secten verbotten; diese beide mögen geüebt werden nach iedes punts und Gerichts fryheiten und breuchen, und ieder sonderbarer Gmeindt verkommnussen, und so sich ieren etwas Zwytracht erhuebe, sol sölche anderst nit als mit Gricht und recht erörtert werden. Auch hat man den Evangelischen im Veltlin alle ire rechtmessige Abscheiden füruss den lesten uff Davos im 1618 Jar gegeben, bestetet."

Quellennachweis:

Constanz Jecklin, Urkunden zur Verfassungsgeschichte Graubündens. Von den Ratsboten erlassene „Thusner Artikel" 1618, in: Jahresbericht der Historisch-antiquarischen Gesellschaft von Graubünden 1886, S. 129 / 130; vgl. Bundi / Rathgeb, S. 84.

Kommentar:

Die Thusner Artikel sind während der Parteikämpfe und der Verstrickung Graubündens in die aussenpolitischen Auseinandersetzungen entstanden. Im Juli 1618 versammelten sich die Fähnlein (Abordnungen der Gemeinden) auf Geheiss der reformierten Geistlichkeit des Freistaates in Thusis, um ein Erstarken der spanischen, katholischen Partei zu verhindern. Im „Fähnlilupfen" und in den Strafgerichten gegen die Magnaten geht es auch um die zentrale Frage, wer für den öffentlichen Frieden und die lokale Selbstverwaltung zuständig sein sollte: die bäuerliche Gemeinde oder die lokalen Magnaten. Als Reaktion auf die aussenpolitische Bedrohung durch Spanien und Mailand, aber auch auf innere Rivalitäten rekurrieren die geistlichen Anführer des Strafgerichts von Thusis auf die Bundesartikel von 1524 und betonen die alten Freiheiten. Durch die jährliche Beschwörung soll in einer Zeit aussenpolitischer Gefahr die innere Einigkeit hergestellt werden. Zugleich dient das Argument der Abwehr der Bedrohung von aussen der Rechtfertigung des Strafgerichts. Diese Legitimation hat ihre Wurzeln in der kommunalen Erfahrung und ist Ausdruck einer kommunalen Praxis.

Titel: „Grawpündtnerische Handlungen", 1618

Text 5:

„Die form unsers Regiments ist Democratisch: und stehet die erwellung und entsetzung der Oberkeiten, allerley Amptleüten, Richtern und Befelchshabern, so wol in unsern befreyten und herrschenden Landen, als auch uber die, so uns underthenig sind, bey unserem gemeinen man: welcher macht hat, dem mehren nach, Landsatzungen zu machen, und wider abzuthun, Pündtnussen mit frömbden Fürsten und Stenden aufzurichten, uber Krieg und Frid zu disponieren, und alle andere der hohen und minder Oberkeit gebürende sachen zuverhandlen."

„Dieweil dann wir die eynwoner alten hoher Rhetien, dieser zeit die drey Grawe Pündt genant, durch den sägen Gottes und die krafft seiner stercke, so sich in der redlichen dapfferkeit unserer frommen Altforderen erscheint, dise beyderley freyheit erlanget, durch lange succession loblich besessen, und erhalten, auch ihrer lieblichen nutzbarkeit wol genossen."

Quellennachweis:

„Grawpündtnerische Handlung dess M.DC.XVIII jahrs"… Druckschrift eines anonymen Verfassers, herausgegeben im Anschluss und zur Rechtfertigung des Strafgerichts von Thusis vom gleichen Jahr. Drei separate Drucke verschiedener Länge in der Kantonsbibliothek Graubünden. Der vorliegende Textauszug entstammt der 52-seitigen Ausgabe, Blatt A II v., zitiert nach Martin Bundi, Christian Rathgeb (Hg.), Die Staatsverfassung Graubündens. Zur Entwicklung der Verfassung im Freistaat der Drei Bünde im Kanton Graubünden, Zürich 2003, S. 84, und Randolph C. Head, Demokratie im frühneuzeitlichen Graubünden. Gesellschaftsordnung und politische Sprache in einem alpinen Staatswesen, 1740–1620, Zürich 2001, S. 292.

Kommentar:

Die vom reformierten Pfarrer Johann à Porta und vom Davoser Magistraten Johann Peter Guler (1594–1656) verfassten, wiederholt gedruckten und in mehrere Sprachen übersetzten „Grawpündtnerischen Handlungen" zeichnen sich durch ihre für diese Zeit ungewohnten Formulierungen und durch ihre radikale politische Rhetorik aus. Das Regiment in Graubünden wird als „demokratisch" bezeichnet, weil die Souveränität beim „gemeinen Mann" liegt, das heisst, dass dieser über alle Wahl- und Gesetzgebungsrechte verfügt. Bemerkenswert ist auch die Herleitung der Freiheit. Sie geht nicht von Feudalherren aus und wird auch nicht unmittelbar aus der Geschichte begründet, sondern aus Gottes Segen, der sich in der Befreiung der Ahnen ausdrückt. Das demokratische Regiment und die unmittelbar auf Gott zurückgehende Freiheit bilden den Kern der politischen Identität der Bündner. Die Betonung dieser Identität ist in einer Zeit der politischen Krise, während der diese Schrift entstanden ist, besonders wichtig.

Titel: Johannes Leonhardi 1704 / 1711: Die Drei Bünde – eine freie Demokratie

Text 6:

a) „Brevis Descriptio Democratici Liberae & a solo Deo dependentis Rhaetiae Reipublicae seu, Celsorum Trium Rhaetiae Foederum Regiminis."
„Communitatum ad Comitia, & ad Congressus Legati, nihil aliud ordinari possunt, quam id quod instructiones Communitatum, juxta votorum pluralitatem agere jubent. Nam Foederum Praesides, ad Comitia Ordinaria, & ad Congressus Extraordinarios Delegatos ex Communitatibus convocaturi, Communitatibus causas ac fines Convocationis; & Communitatum Magistratus Delegatos ordinaturi, Votumq; vel mentem suam ad Comitia perscripturi; Populo, & ex eo minimo etiam, id indigitare, & vota cujuscunq; Cleri & Laici, honesti Patriae Filii, ad convocatam Communitatem venientis, colligere tenentur: *Nam Rhaeti sunt omnes Domini, quoad libertatem & independentiam,* etsi non sint tales quoad Divitias & pecunias, ut Angli & Belgici; attamen Milites fidos, laboriosos, ac animosos, vel Cohortes bonas aliis Potentis dando, vel transitum concedendo, aut earum inimicis intercludendo & impediendo; non minora certo, sed majora illis praestant Officia & beneficia, quam pecunias suppeditando alicui Statui vel Rei publicae praestari possent; etsi pecuniis ob defectum occasionum & commoditatum Mercaturam & negotia excercendi non abundent ut alii; sed eas, si abundanter habere velint, extra Patriam, honestis mediis, aut mercatura, aut ense, aut manum laboribus, quaerere soleant."

Quellennachweis:

Brevis Descriptio Democratici Liberae & a solo Deo dependentis Rhaetiae Reipublicae seu, Celsorum Trium Rhaetiae Foederum Regiminis, London 1704 bei Samuel Buckley, S. 4: zitiert nach Martin Bundi, Christian Rathgeb (Hg.), Die Staatsverfassung Graubündens. Zur Entwicklung der Verfassung im Freistaat der Drei Bünde im Kanton Graubünden, Zürich 2003, S. 85.

Kommentar:

Johannes Leonhardi (1651–1725), auch Jan Christian Linard genannt, aus Filisur ist reformierter Pfarrer an verschiedenen Bündner Gemeinden. Er ist ein ausgezeichneter Kenner der religiösen und politischen Zustände Graubündens, verfügt über mannigfaltige Sprachkenntnisse und unternimmt ausgedehnte Reisen. Eine Sondermission im Auftrage der Synode, die ihn 1704 nach London führt, trägt zur Sympathie der Engländer für den Dreibündestaat bei. Die 1704 in lateinischer Sprache erschienene Beschreibung der „demokratischen, freien und einzig von Gott abhängigen rätischen Republik", die 1711 in erweiterter englischer Fassung erscheint, charakterisiert die Drei Bünde als eine freie Demokratie. Er betont, dass jedermann, ob Arm oder Reich, an seinem Wohnort, in der Gerichtsgemeinde oder als Bote in den Versammlungen der Drei Bünde seine Meinung frei vortragen und abstimmen könne.

Titel: William Coxe 1779 / 1786: Switzerland and the Country of the Grisons

Text 7:

"Union of the Three Leagues". – "The respective communities of these three leagues have their peculiar constitution, enjoy their municipal laws and customs, and *are independent commonwealths* in all concerns, which do not interfere with the general policy of the whole republic, or the articles of the particular league of which they form a part."

… "the deputies either bring positive instructions from their constituents, or refer those points, concerning which they have no instructions, to the decision of the several communities; so that *in effect the supreme power constitutionally resides in the body of the people*, and not in their representatives at the diet."

"It is worthy of remark, that although each deputy has the power of bringing in any bill, or proposing any question; yet he can only communicate it to the assembly through the medium of the president."

"The form of government established in this *district of Davos* is similar to that of the small cantons of Switzerland, and is *entirely democratical*. The people must be assembled upon all extraordinary occasions, such as enacting new laws, deciding upon appeals from the general diet, and raising money. Every male at the age of fourteen has a vote."

"Those theorists, who are so anxious to reform the *English House of Commons* by transferring to the people at large the election of their representatives in parliament, might, on examining with attention the features of the Grison diet, sondly imagine, that an annual assembly, in the choice of whose members every male of the state should have a vote, and which, in all material occurrences should be liable to be directed by its constituents, must necessarily be *the purest sanctuary of general freedom*."

"If therefore *corruption and aristocratical influence* alone diminish factions and prevent anarchy in so poor a country as that of the Grisons, and in a republic scarcely known among the nations of Europe; to what a dreadful excess must the same evils prevail, if the same mode of electing, and giving instructions to, members of parliament, subsisted in a kingdom like England."

Quellennachweis:

Travels in Switzerland and the Country of the Grisons, Basel 1802, Vol. III, S. 236, 246, 248, 250, 252; zitiert nach: Martin Bundi, Christian Rathgeb (Hg.), Die Staatsverfassung Graubündens. Zur Entwicklung der Verfassung im Freistaat der Drei Bünde im Kanton Graubünden, Zürich 2003, S. 91.

Kommentar:

William Coxe (1747–1828), englischer Geistlicher und Schriftsteller, bereist die Schweiz und Graubünden zwischen 1776 und 1786 mehrmals. Seine Eindrücke von Staat, Land und Volk vermittelt er zuerst in seinen „Sketches of the natural, civil and political state of Switzerland", gedruckt in London 1779. Coxe arbeitet seine „Sketches" in der Folge leicht um und lässt sie unter dem Titel „Travels in Switzerland and the Country of the Grisons" im Druck erscheinen. Besonders eindrücklich ist seine Beschreibung der mit eigener Verfassung, eigenen Gesetzen und Gebräuchen ausgestatteten Gerichtsgemeinden der Drei Bünde. Er stellt fest, dass deren Vertreter an den gemeinen Bundestagen nach Instruktionen stimmten, aber auch Initiativen einbringen könnten. Damit liege die höchste Gewalt beim Volk. Als vollkommenes Beispiel einer Demokratie erwähnt er den „district of Davos" und setzt diesen den kleinen Kantonen der Eidgenossenschaft gleich. Negativ an den Drei Bünden wertet er allerdings die Vorliebe des Volkes für anarchische Strafgerichte, die Anfälligkeit der Amtsträger für Korruption und den Einfluss der Aristokratie auf Parteienbildungen.

Titel: Der Geschworene Brief von Zürich. Fassung vom 16. Dezember 1713

Text 8:

In dem Namen der Allerheiligsten Hochgelobten Dreyeinigkeit, Gottes des Vaters, des Sohns und des heiligen Geistes. Amen!
Wir, der Burgermeister, der Raht, die Zunftmeister, der Grosse Raht, und die ganze Gemeind der Stadt Zürich, thun kund allermänniglich und bekennen offentlich mit dieserem Brief, nachdeme Wir von Gottes Gnaden Loblich gefreyet sind, Unserer Stadt Ordnung und Regiment, wie es Uns je zu Zeiten nutzlich und nohtdürftig seyn bedunket, zu ordnen und zu setzen, dass Wir aus Kraft dessen, zu Nutz und Nohtdurft, auch um Friden, Schirms, Ruh und Wohlstands willen, Reicher und Armer, wie Uns Gott zusamen geordnet hat, Unserer Stadt Gewalt, Burgermeister, Räht und Zunftmeister zu setzen, zu erkiesen und zu erwehlen, auch Unsere ganze Gemeind zu versorgen und zu regieren, solche Satz- und Ordnungen (selbige fürbashin zu halten) gemachet haben, wie hiernach in dieserm Brief von einem Stuck zu dem anderen klar und eigentlich geschrieben stehet.
Vor das Erste, dass alle Burgere und die ganze Gemeind Unserer Stadt Zürich einhelliglich übereingekommen und offentliche gelehrte Eyd zu Gott geschworen haben, was vor Sachen der Burgermeister, die Räht, die Zunftmeister und der Grosse Raht zu Zürich gemeinlich oder der mehrer Theil unter Ihnen füerohin immer richten, ordnen oder setzen, oder in welchen Sachen Sie also mit einanderen übereinkommen, dass dieselben Sachen oder Ihre Urtheil, welche Sie darüber jeweilen sprechend, oder wie sie von Ihnen geordnet, gesetzet, gerichtet und gesprochen werden, gänzlich wahr und steth ohn alle Änderungen verbleiben sollen, und darwider niemand reden, noch thun, oder verschaffen und verhängen dass es gethan werde, auf keine Weise noch mit einichen Aufsätzen.
Wann aber sich jemand, wer der wäre, darwider setzete, und diese Sachen nicht halten wolte, oder wann jemand desswegen einige Gesellschaft oder Versammlung suchete oder machete, wie er oder die so ihme oder ihnen hulfen, wider des Burgermeisters, der Rähten, der Zunftmeisteren und des Grossen Rahts Erkantnuss, Gericht, Gesatz, oder Ordnung thun woltend oder thäten, diese Widerspännige und Ungehorsame und ihre Helffere, sollen alle Meineyd und Ehrlos, auch ihre Leiber und Güter Unserer Stadt Zürich verfallen seyn;

welche aber nicht ergriffen, noch an Leib und Gut gestraft wurden, die sollen auf allezeit von Unserer Stadt Zürich verwisen seyn; wurde aber einer oder mehrere ob der That oder danach in Unserer Stadt, oder in Unseren Gerichten und Gebieten betretten, so solle man alsobald über ihn oder sie richten als über Meineyde und Ubelthätige Leuthe.

Es sollen auch alle Unsere Burgere und die ganze Gemeind zu Zürich, bey Ihren Eyden, die Sie geschworen haben, dem Burgermeister, denen Rähten, den Zunftmeisteren und dem Grossen Raht beholfen und berathen seyn, dass Sie diese vor und nachgeschriebene in diesem Brief begriffene Stuck behaupten und vollführen, und Uns auch sich selber, darbey schützen, schirmen und handhaben mögen, getreulich ohne alle Arglist und ohne Gefahr. Diesem nach ist wegen der Rähten, der Zünften und der Gerichten Unsere Ordnung, wie Wir sie gesetzt haben, und fürohin halten wollen: Namlich, dass

I. Ritter, Edelleuth und Burger die in Unser Stadt Zürich wohn- und sesshaft sind und sonsten keine Zunft haben, auch keinen Gewerb und Handwerk treiben und brauchen, so in eine der Zünften dienete oder gehörete, forthin Constaffel heissen und seyn sollen.

Aber Kauffleuth, item die mit Tuch handlen, Goldschmied, Glaser, Färber, Buchdrucker, Buchbinder, die so Eysen feil haben, Pasteten-Beck, und die Ihres Thuns, Gewerbs und Handwerk halben, an keine gewüsse Zunft gebunden sind, die mögen in der Constaffel seyn oder auf welcher Zunft sie wollen, also dass ihre Handthierung desswegen frey seyn solle.

II. Apotheker, Krämer, und benanntlich, Seckler, Gurtler, Nestler, Stehlmacher, Nadler, Pasamenter, Huthstaffierer, und Federen-Schmucker, Bürsten-Binder, Hosen-Stricker, Knöpfmacher und Zucker-Beck sollen eine Zunft haben.

III. Wirth, Sattler und Mahler sollen eine Zunft haben.

IV. Schmied, Kupferschmied, Degen- und Messer-Schmied, Büchsenschmied, Nagelschmied, Zeugschmied, Schlosser, Uhrenmacher, Roth- und Kannen-Giesser, Sporzer, Spengeler, Feylenhauer, Schleiffer, Schärer und Bader sollen eine Zunft haben.

V. Pfister und Müller sollen eine Zunft haben.

VI. Weiss und Roth-Gerwer, und Pergamenter sollen eine Zunft haben.

VII. Metzger und die Rinder und ander Vieh auf dem Land einkauffen und zu der Metzg treiben, sollen eine Zunft haben.

VIII. Schuhmacher sollen eine Zunft haben.

IX. Zimmerleuth, Fassbinder, Schreiner, Trechsler, Maurer, Steinmetz, Haffner, Wagner, Holz-Käuffer und Räbleuth sollen eine Zunft haben.

X. Tuchschärer, Schneider und Kürsner sollen eine Zunft haben.

XI. Fischer, Schiffleuth, und Seiler sollen eine Zunft haben.

XII. Öler, Grempler, Habermähler, Wein-Fuhrmann, Wein-Zieher, Salz-Knecht und Gärtner solllen eine Zunft haben.

XIII. Wullen- und Lein-Wäber, Hutmacher und Bleicker sollen eine Zunft haben.

Welche Handwerker also zusamen in eine Zunft gebunden und geordnet sind, da solle man bey selbiger Zunft zu jedem halben Jahr einen Zunftmeister nehmen, je nachdeme es unter allen Zünften ermehret oder einhellig wird; wurden aber die Zünfter bey einer Zunftmeister Wahl in ungleiche Meinungen und gleich viele Stimmen sich zertheilen, so sollen sie dann vor einen Burgermeister, die Räht und Zunftmeinster, auch den Grossen Raht mit ihren Mehren kommen, Welche dann Gewalt haben sollen, den Stich zu entscheiden, und Ihnen einen Zunftmeister zu geben, der Ihnen und gemeiner Stadt der allerkommlichste und nutzlichste ist ohne Gefahr.

Die von der Constaffel sollen achtzehn Männer in dem Grossen Raht haben, und wann unter diesen achtzehn Männeren hinfüro immer einiche mit Tod abgiengen oder sonsten abgeändert oder untüchtig wurden, so sollen die übrigen für des Kleinen und Grossen Rahts in der Constaffel sind, an statt der Abgegangener andere erwehlen, bey Ihren Eyden, welche Sie bedunken, gemeiner Stadt die nutzlichste und beste seyn.

Dessgleichen solle jede Zunft zwölf Männer in dem Grossen Raht haben, und so einer absturbe oder abgeänderet wurde, oder sonsten untüchtig worden wäre, so sollen die Zunftmeister und Räht derselben Zunft, in welcher der Fahl sich zutragt, und die übrige Zwölfer an des Abgegangenen statt einen anderen, der Sie bedunkt gemeiner Stadt der nutzlichste und beste zu seyn, bey Ihren Eyden erwehlen.

Und wann also ein Constaffelherr oder Zunftmeister von seiner Constaffel oder Zunft oder einer des Grossen Rahts, es seye von der Constaffel oder Zünften, erwehlt wird, solle die Wahl vor dem Burgermeister, denen Rähten, und denen Grossen Rähten eröffnet werden, und wann der Erwehlte, von dem Burgermeister, denn Rähten, und dem Grossen Raht bestätiget und angenohmen wird, so solle er bey der auf Ihne gekommenen Wahl verbleiben und selbiger Zeit bestätiget seyn.

Ein jeder Constaffelherr oder Zunftmeister, und der so des Kleinen und Grossen Rahts ist, solle ein ehrbarer hernach erläutertermassen eingesessener Burger seyn, der Gotteforcht, Ehr und Gut, Witz, Vernunft und Bescheidenheit habe.

Ein Constaffelherr oder Zunftmeister solle von dem Mehreren Theil seiner Constaffel oder Zunft, und ein Grosser Raht, von dem Mehreren Theil der Constaffelherren oder Zunftmeisteren, Klein und Grossen Rahten seiner Constaffel oder Zunft, wie es dann geordnet ist, bey dem Eyd erwehlet und keiner darzu genohmen werden, der neulich in die Stadt gekommen, und nicht zuvor zehen Jahr lang ein eingesessener Burger zu Zürich gewesen, ein neuangenohmener Burger aber solle vor seine Person nicht in das Regiment kommen mögen, wohl aber seine Kinder.

Damit Unsere gemeine Stadt Zürich bey gutem Raht, guten Gerichten, guten Gewohnheiten, und bey gutem Schirm und Fried verbleiben möge, solle man einen Burgermeister und Raht haben, von Ritteren, Edelleuthen, Burgeren, der Gemeind und denen Handwerken, folglich von der Constaffel denen Zünften und Handwerken, ehrbare Leuth in den Raht setzen, wie hernach folget, und namlich so sollend gewohnlich die Räht, die Zunftmeister und der Gross Raht zu jedem halben Jahr, vor St. Johann im Sommer, und St. Johann im Winter, zu jeder Zeit, da man gewohnlich einen Raht besetzet, einen Burgermeister erwehlen, der Sie die Räht, die Zunftmeister und den Grossen Raht der nutzlichste und beste seyn bedunket, der Stadt und dem Land, niemand zu lieb noch zu leyd, und darum keinen Mieth nehmen, bey Ihren Eyden, und doch solle keiner zu einem Burgermeister erwehlet und genohmen werden, Er seye dann ein gebohrner Burger der Stadt Zürich; wird Er genohmen von der Constaffel, so solle Er bey der Constaffel bleiben, wird er aber von einer Zunft genohmen, so solle er bey seiner Zunft verbleiben, und solle auch ein jeder Burgermeister der also erwehlet wird, einen gelehrten Eyd zu Gott schweeren, Ritter, Edelleuth, Burger, die Zünfte, Arme und Reiche zu Zürich zu behüten und zu besorgen, an Leiberen und Güteren, in allen Sachen, und darinne das beste zu thun, so viel Er immer kan und mag, und gleich zu richten dem Armen als dem Reichen, und dem Reichen als dem Armen, ohn alle Gefahr.

Und damit Ritter, Edelleuth, Burger, die Zünft, Arme und Reiche von Zürich desto besser vor Gewalt beschirmet, und mit Treuen verhütet und vergaumet werden, solle eine jede Zunft zwey Zunftmeistere haben, wie von Altem her, zugleich einen Rahtsherren, und solle ein Burgermeister, der Raht, die Zunftmeister und der Grosse Raht einer jeden Zunft Ihren Rahtsherren zu erwehlen und zu geben haben, von und aus denen zwölfen derselben Zunft, und dargegen sollen die von der Constaffel vier Constaffelherren von und aus ihnen zu erwehlen haben, (gleichwie jede Zunft zwey Zunftmeister hat) die Sie bey Ihren Eyden der Stadt die nutzlichste und beste seyn bedunken.

Dazu sollen dann ein Burgermeister, die Räht, die Zunftmeister, und der Grosse Raht aus denen Achtzehen, so Sie von der Constaffel in dem Grossen Raht sitzen haben, auch zwey in den Kleinen Raht erwehlen, die Sie bey Ihren Eyden der Stadt die nutzlichste und beste seyn bedunken; also dass die von der Constaffel, sechs in beyde Rähte, den abgehenden und den angehenden sitzen haben sollen.

Wann auf diese Weis die Rähte von der Constaffel und denen Zünften, wie vorstehet, genohmen sind, manglen denen beyden Rähten, dem abgehenden und dem angehenden, annoch Sechs, welche Sechs ein Burgermeister, die Rähte und Zunftmeister, auch der Grosse Raht, mit Freyer Wahl erwehlen und erkiesen sollen, von und aus denen, welche in dem Grossen Raht sitzen, es seye von der Constaffel oder denen Zünften, welche Sie dann bey Ihren Eyden befinden, dass Sie der Stadt die nutzlichste und beste seyen.

Der Raht solle also zweymahl des Jahrs besetzt werden, namlich vor St. Johann im Sommer, und vor St. Johann im Winter, 14 Tag mehr oder minder, auf beyde Zeiten ohngefahrlich, als man es gemeinlich befindet: jedoch sollen zu jedem halben Jahr von diesen allen mehr nicht als zwölf in den Raht erwehlet und gnohmen werden; worzu die zwölf Zünft so Wir zu Zürich haben, jede Zunft auch einen Zunftmeister, wie vorstehet erwehlen sollen, und gehen die zwölf Zunftmeister auch in den Raht, also dass jährlich zweymahl in dem Jahr, je 24 dem Raht schweeren sollen, als es dann gewohnlich, und von Altem hargekommen ist.

Wann aber zu denen Zeiten, da man einen Raht erwehlen soll, der Burgermeister nicht in der Stadt, oder wann zu solcher Zeit kein Burgermeister wäre, oder wann ein Burgermeister zu der Wehlung nicht helffen noch darbey erscheinen wolte, so sollen und mögen doch die Rähte, die Zunftmeister und der Grosse Raht Gewalt haben, einen Neuen Raht zu setzen und zu erwehlen, in aller Weise, Form und Maas, als wann ein Burgermeister bey Ihnen wäre, wie vorgeschrieben ist, ohn alle Gefahr.

Eines jeden abgehenden Burgermeisters und Rahts Amts-Zeit solle ausgehen an St. Johanns-Tag, es seye in dem Sommer oder in dem Winter zu Mitternacht, wann die Glogg zwölf Uhren schlagt, und zu derselben Zeit solle des angehenden Burgermeisters und Rahts Gewalt anheben, damit man wüssen möge, wann einige Sachen sich zutrugen, in Unserer Stadt, wo man sich anzumelden, und wer zu richten habe.

Auf diese Weise solle man gemeinlich und gewohnlich zweymahl in dem Jahr, den Burgermeister, die Räht und die Zunftmeister ändern, und welcher ein halb Jahr Burgermeister, Rahts-Constaffelherr, oder Zunftmeistere gewesen, der mag dann in dem anderen halben Jahr nächst darnach nicht wieder erwehlet werden, in dem darauf folgenden halben Jahr aber kann einer wohl wieder Burgermeister, Rahts-Constaffelherr oder Zunftmeister werden, wann er darzu erwehlet wird, wie obgeschrieben stehet.

Jedoch und damit der Raht desto stattlicher besetzet, und täglich vorfallende Sachen desto fleissiger ausgerichtet werden, mögen Neu und Alte Räht wohl bey Einanderen sitzen, das Malefiz aber solle allein dem Neuen Raht zustehen, jedoch derselbe den Alten Raht wohl auch zu Sich ziehen mögen, wann es den Neuen Raht nothwendig bedunkt.

Damit hinfüro Unsere Stadt Zürich und alle Ihre Burgere, auch die Zünft gemeinlich, und die so in selbige gehören, bey gutem Fried und Schirm, auch die Zünft bey Ihrem Wesen, wie Sie angesehen und harkommen sind, verbleiben und gehandhabet werden mögen, haben Wir gesetzet und geordnet, dass aus deren zwölf Zünften und von denen vier und zwanzig Zunftmeisteren, die jährlich zu denen beyden Zihlen, wie obstehet, genohmen und erwehlet werden, drey derselben zu Obrist-Zunftmeisteren von Burgermeister, denen Rähten, denen Zunftmeisteren, und denen Zweyhunderten als dem Grossen Raht, die Sie an Witz, Vernunft, Ehr und Gut, die geschickteste und taugenlichste bedunken, von Freyer Wahl erkohren und erwehlet werden und dieselbe Macht und Gewalt haben sollen, die andere Zunftmeister gemeinlich um nachgeschriebene Sachen allein, so oft es erforderlich und nohtdürftig ist, zusamen zu berufen und zu versamlen, benanntlichen was vor Streitigkeiten, Spänn, Irrungen, und Zweytracht denen Zünften begegnen, es seye einer Zunft gegen der anderen, oder von besonderen Persohnen, Heimbschen oder Frömden, wer die immer seyen, um solche Sachen, die Ihre Gewerb und Handwerk antreffen, vor sich zu nehmen, und die Patheyen die es antrifft, vor Ihnen gegen einanderen zu verhören, und selbige dann allein nach Ihren Eyden förderlich und unverzögenlich zu entscheiden, ohne dass Ihre ausfällende Urtheil appelliert werden, und ein Burgermeister und die Räht Sie daran nicht hinderen oder irren, noch in Beutheilung der Sachen bey Ihnen sitzen sollen, und wann die Zunftmeister solche Sachen also behandlen und beurtheilen wollen, sollen Sie alle gemeinlich oder der mehrere Theil von Ihnen darbey versamlet seyn und sitzen.

Und was vor Sachen die Zunftmeister also gemeinlich oder der mehrere Teil unter Ihnen, die Ihre Gewerb und Handwerk betreffen, richten und erkennen, oder ansehen, solle ein solches steth, vest und unverbrochen gehalten werden, und der Burgermeister, die Raht, auch die Zweyhundert als der Gross Raht, und Unsere ganze Gemeind Sie darbey schirmen und handhaben, doch mit der Erläuterung, wann einiche Zunft, eine oder mehrere einige Beschwerden oder Sachen, die Unsere Stadt und Ihre Burger gemeinlich berühren und beschwehren möchten, vornehmen und behandlen wollten, dass dann die obgemeldte Zunftmeister, ein solches allein nicht vor sich nehmen oder ausrichten, noch einigen Gewalt darin haben, sondern solche Sachen, für den Burgermeister, die Räht, die Zunftmeister, und die Zweyhundert als den Grossen Raht gemeinlich gebracht, und von denselben beurtheilet und entscheiden werden.

Fehrner so sollen besagte drey Oberste Zunftmeister so jetz erwehlet sind, oder hinfüro erwehlet werden, Sich insonderheit befleissen in den Raht zu kommen und zu verhelffen, dass Unserer gemeiner Stadt Sachen und Nohtdurft vorgenohmen, auch jedermann Reich und Arm verhört werde und gemein-gleiches Recht erlangen möge: Auch Unsere Gemeine Stadt und Land, nach Ihrem besten Wüssen und Verstand, zu verhüten und zu vergaumen, damit niemand kein Gewalt oder unbillige Beschwerd zugefüget werde. Und wann Sie in diesen Sachen einige Saumnuss oder Irrung erfinden oder wann in einem Raht durch jemand Zweytracht, Unfug oder Gefahr unterstanden, oder gebraucht wurde, ein solches förderlich abzustellen, besonders was Ihnen also in- und aussert dem Raht vorkomt, darvon Schaden oder Geprästen erwachsen möchte, Sie werden desswegen von jemand ermahnet, oder dass es Sie selbsten bedunkte, es anzubringen oder einen Burgermeister heissen anzubringen, es seye vor dem Kleinen Täglichen Raht oder denen Zweyhunderten dem Grossen Raht, je nach Beschaffenheit der Sachen und Erheuschung der Nohtdurft, doch mit diesem Beding, dass allezeit die, die es berühren möchte, dargegen mit ihrer Antwort verhört und niemand hinterrucks oder unverhörter Dingen verfället oder beschweret werden solle.

Wann auch Unsere Burgermeistere so je zun Zeiten sind, nicht in der Stadt oder dem Raht wären, solle dann unter den drey Obersten Zunftmeistere je der Vorderste, so zu erst erwehlet ist, und wann Derselbe nicht zugegen, der ander, oder endlich der dritte Statthalter des Burgermeisterthums seyn, und solches Amt versehen, desgleichen solche Ordnung in dem, so Ihnen wie obstehet, zu beobachten und auszurichten anbefohlen ist, auch also unter Ihnen gehalten werden.

Wann jährlich auf die Zeit vor Wienachten ein Burgermeister und Raht erwehlet wird, sollen die drey Oberste Zunftmeister, wie obstehet, auch von Freyer Wahl erwehlet und genohmen werden, und doch zum wenigsten einer unter denen Dreyen und namlich der erst oder vorderste jährlich abgeänderet, und ein anderer zu denen Zweyen erwehlet werden, damit daselben allezeit Drey seyind, wie vor stehet, jedoch dass so einer Zunft nicht zwey genohmen werden, sonder die drey Oberste Meister allezeit in dreyen Zünften seyen: Auch sollen nicht zwey Brüdere zu gleicher Zeit zu Oberst Zunftmeisteren mögen erwehlet werden: Und sollen auch Dieselben schweeren, der Stadt und des Landes Nutz und Ehr zu befördern, die Zünft gemeinlich und jede besonders bey Ihren Rechten, guten Gewohnheiten und altem Herkommen zu schirmen und zu handhaben, auch alle Sachen, so Ihre Handwerk und Gewerb antreffen, mit denen Zunftmeisteren, wie obstehet, auszurichten, die gemeine Stadt und das Land und jedermänniglichen vor Gewalt und Beschwerd zu verhüten und zu vergaumen, und was dieser Sachen wegen an Sie gebracht wird, Sie werden von jemandem ermahnet oder es bedunkte Sie selbsten nothwendig es anzubringen oder zu verschaffen, dass es angebracht werde, und darbey Ihr Wegst und Bestes zu thun, alles getreulich und ohngefährlich.

Es solle niemand von keiner Wahl, so wohl des Burgermeisters, der Rähten, der Zunftmeisteren, und des Grossen Rahts, einigen Mieth nehmen, und fahls dessen jemand mit ehrbaren Leuthen also überzeuget wurde, dass der Burgermeister die Räht und die Zunftmeister befunden, dass es genugsam erwisen wäre, der solle Meineyd des Rahts entsetzet, und von Stadt und Land verwisen werden, also dass er zuruck in die Stadt nimmermehr kommen möge.

Wir haben auch gesetzt und geordnet, dass wann in denen vor die Räht und Zunftmeister kommenden Geschäften man in Beurtheilung derselbigen nicht einer einhelligen Meynung werden möchte, einjeder der Rähten und Zunftmeisteren solche Geschäft und Sachen wohl ziehen mögen sollen vor den Grossen Raht, so oft und viel dieses sich zutraget, wann es einer bey seinem Eyd befindet, dass es nohtwendig seye, jedoch solle er zu dem wenigsten unter denen Rähten und Zunftmeisteren zwey haben, die seiner Meynung und Urtheil gefolget, worbey ausgedungen sind, diejenige Urtheile, welche von dem Gericht vor Raht gezogen oder gewisen werden; Uber diese solle der Raht sprechen, und den Streit entscheiden nach bisheriger Ubung, ohne dass ein Zug beschehen möge; ohne Gefahr.

Und darauf solle die ganze Gemeind zu Zürich, wann ein neuer Raht angehet, schweeren, dem Burgermeister, dem Raht, denen Zunftmeisteren und dem Grossen Raht gewärtig und gehorsam zu seyn, und Ihnen die Gericht zu Zürich, und alle Stuck so in diesem Brief geschrieben stehen, zu helffen, schirmen und behaupten, und auch einem Burgermeister und Raht wegen der Bussen, so Sie sprechen und erkennen, wann der Burgermeister, die Räht, und die Zunftmeister nicht in dem Stand seyn möchten, und namlich wider alle die und gegen allen denen, die sich wider Sie und Ihre Urtheil oder Gericht oder einig Stuck so in diesem Brief geschrieben stehen, stelleten oder widerstehen wollten, mit Leib und Gut beholffen und berathen zu seyn, und solle keine Buss nachgelassen werden, ohne des Mehreren Theils der Rähten und Zunftmeisteren, als welche die Urtheil und Buss gesprochen, Wüssen und Willen.

Sie sollen auch schweeren diesen gegenwärtigen Brief mit allen Stucken und Articlen so darinnen enthalten sind, wahr und steth zu halten mit guten Treuen, und darwider nichts zu thun, oder zu verschaffen, oder zu verhängen, dass es gethan werde.

Wann auch ein Knab, er seye von Ritteren, Edelleuthen, Burgeren, Handwerken oder Zünften, die zwanzig Jahr seines Alters erreichet, solle ein solcher schweeren, dieseren Brief und alle Stuck so darin begriffen zu halten, und darwider nimmermehr etwas zu unterfangen oder zu thun, bey guten Treuen; Ohn alle Gefahr.

Diesere vorgeschriebene Stuck, Articul und Gesetze, haben Wir der Burgermeister, die Rähte, die Zunftmeistere, der Gross Raht, und die ganze Gemeind der Stadt Zürich um guten Gerichts und Rechtens willen, zu der Ehre Gottes, Frieden und Schirm Unserer Leiberen und Güteren auch zu gemeinem Nutzen und Nohtdurft Unserer Stadt und Unser aller gesetzet und geordnet, darbey vest und steth zu bleiben, und darob aufrichtiglich zuhalten.

Fügete es sich aber, dass jemand wider diesen Brief oder einige Ding so hierinnen geschrieben stehen, thäte oder verschaffete, dass darwider gethan wurde, durch sich selbst oder andere, heimlich oder offentlich, und ein solches denen Rähten und Zunftmeisteren bekannt gemachet wurde, ein solcher solle Meineyd und Ehrlos seyn, auch sein Burger-Recht verlohren haben, und nimmermehr in die Stadt Zürich kommen, und darzu alle die Bussen leiden und ausstehen, so hieroben in diesem Brief ausgedruckt sind, ohne alle Gefahr.

Und dessen zu wahr- und vestem Urkund haben Wir Unserer gemeinen Stadt Zürich Secret-Insigel offentlich an diesen Brief henken lassen, der geben ist, den Sechszehenden Christmonat nach Jesu Christi Unsers Einigen Erlösers und Heilandes Heilwerther Gebuhrt gezehlet Eintausend Siebenhundert und Dreyzehen Jahre.

Quellennachweis:

Alfred Kölz (Hg.), Quellenbuch zur neueren schweizerischen Verfassungsgeschichte. Vom Ende der Alten Eidgenossenschaft bis 1848, Bern 1992, S. 5–12.

Kommentar:

Die höchste Gewalt im Zürcher Regiment ist der Grosse Rat. Er repräsentiert die Gemeine Bürgerschaft, das heisst die Gesamtheit der regimentsfähigen Bürger, die über Zünfte als Wahlorgane die Zunftmeister bzw. Constaffelherren wählt und formell über Bündnisse, Krieg und Frieden abstimmen kann, ein Recht, für das sich die Bürgerschaft allerdings zunehmend wehren muss. Zudem ist zu beachten, dass nur 28 Mitglieder (13 %) des Grossen Rats von den Zünften direkt gewählt werden, da sich dieser weitgehend selbst ergänzt (Kooptation). Immerhin besteht an den sogenannten Meistertagen (24. Juni / 27. Dezember) die Möglichkeit zur Abwahl von Regierungsmitgliedern und Ratsherren, ein Recht, von dem allerdings kaum Gebrauch gemacht wird. Der Grosse Rat besteht aus 212 Mitgliedern, je 12 Vertreter der 12 Zünfte (Zwölfer) und 18 Vertreter der Konstaffel (Achtzehner). Dazu kommen die 50 Mitglieder des Kleinen Rats. Dieser ist für die laufenden Geschäfte zuständig und besteht aus 2 Bürgermeistern, 24 Constaffelherren, 14 Zunftratsherren und 6 Ratsherren freier Wahl. Der Geschworene Brief ordnet auch die verschiedenen Handwerke und Berufe den Zünften bzw. der Constaffel zu. Einige Berufe besitzen freie Zunftwahl, vor allem die Kaufleute. Die Kaufmannsgeschlechter können deshalb ihre Angehörigen auf verschiedene Zünfte verteilen und haben so bessere Chancen, in die Räte zu gelangen. Dies führt dazu, dass sich eine Oligarchie von Rentnern und Kaufleuten herausbildet und die Spitzenämter besetzt.

7.1 Republikanismus als innerstädtische Oppositionsbewegung: Konfrontation des altständischen mit dem individualrechtlichen Republikanismus

Titel: *Josias Simler, Von dem Regiment der Lobl. Eydgenossschaft. Zwei Bücher (Ausschnitt I), 1576*

Text 9:

Unter den freyen Regimenten oder Staaten, die keinem Fürsten und Herren unterworfen sind, wird gemeinlich eine Lobliche Eydgenossschaft nach Venedig für das fürnehmste geachtet. Es fragen auch die Frömden oft und vil: Was für ein Regierungsform in der Eydgenossschaft seye? Dann es sie wunder nihmt, dass so vil Städte und Länder in wenig Jahren sich zusamen verbunden, und gleich als ein Staat worden sind, und jez so vil Jahr standhaft und einmüthig bey einanderen verharrt haben. (...)

Aber in der Eydgenossschaft, obwohl vil Völcker und Städte sind, so ist es doch gleichsam, als wann es nur ein Staat und ein Regierung wäre. Wiewol etliche dises in Zweifel setzen, und sprechen: Es seye bey uns nicht ein Staat oder eine Regierung, darum, dass kein Orth schuldig seye, deme, so von anderen erkennt und beschlossen wird, zugehorsamen, es thue es dann gutwilliglich: aber in einer Commun ist jedermann schuldig zugehorsamen deme welchem das Mehr wird. Wider diese Meynung wollen wir nicht disputiren, dann wir selbst bekennen, dass ihme, also seye, wann man eingentlich und grundlich alles erörtheret.

Weilen aber in gemeiner Eidgenossschaft vil durch die Tagleistungen, oder den Raht gemeiner Eydgenossen von den Orthen verhandlet, auch sie mit einanderen ins gemein vil Land regieren, in Sachen, die Fride und Einigkeit, oder Kriege des Lands antreffen, samentlich rathen und handlen, auch vil Satzungen, Mandat, Rechte und alte Gewohnheiten und Gebräuch bey ihnen gemein sind, und darzu mit stethem, vestem, ewigem Bund sich zusamen verbunden haben, ob gleich das accurateste zureden, nicht ein Staat ist, so mag doch ein gemeine Lobliche Eydgenossschaft für ein Staat, Republic und Regierung gehalten und genennet werden, und hat dieser Staat nun bey zweyhundert Jahren gewährt, auch seine Freyheit in grosser Einigkeit mit einanderen erhalten: Damit ob schon zun Zeiten, wie in allen grossen Regimenten beschihet, etliche burgerliche Krieg unter ihnen entstanden sind, so haben sie doch allezeit solche bald beylegen lassen, und sind widrum mit einanderen von Hertzen einig worden, und haben die gemeine Freyheit des Vaterlands einanderen gehulffen treulich handhaben. Es sind aber etliche Missgönstige der Eydgenossschaft, welche auss grossem Neid und Hass, so sie zu ihnen tragen, unverschamter Weise fürgeben dörffen, es seye kein Regiment und ordenliche Policey bey ihnen, dann ihre Vorderen haben den Adel erschlagen und untergetruckt, und sich also wider Billich und Recht frey gesezt. Andere bekennen wol, dass durch des Adels grossen Muthwillen und Unbill, so den unseren zugefügt worden, sie genöthiget gewesen, zu den Waaffen zugreiffen: jedoch wie gemeinlich beschihet, wann die Gemüther gegen einanderen verbitteret sind, haben sie zuvil an die Sach gethan, und die Mass einer billichen Raach überschritten. Derhalben, damit ich unseren Gönneren diente, und sie auss dem Wunder brächte, darinn sie aus Unwissenheit unserer Sachen stecken, und auch der Missgönstigen Schmähen ablähnete, hat mich für gut angesehen, der Eydgenossschaft Regiment vom Ursprung her zu beschreiben.

Quellennachweis:

Von dem Regiment der Lobl. Eydgenossschaft. Zwey Bücher. Von Josia Simler. Nun aber mit erforderlichen Anmerkungen erläuteret, und bis auf disere Zeiten fortgesetzt. Von Hans Jacob Leu, Zürich. Getruckt bey David Gessner 1722, S. 1–6.

Standort:

Staatsarchiv Zürich Be 22

1576 publiziert Josias Simler (1530–1576), ein Professor am Zürcher Carolinum, die lateinische Schrift „De respublica Helvetiorum", die noch im gleichen Jahr in deutscher Übersetzung herausgegeben wird. Dieser Auszug für ein geplantes umfassenderes Geschichtswerk erscheint in 30 weiteren Auflagen und Übersetzungen. Die bedeutendste ist die von Johann Jacob Leu kommentierte deutsche Übersetzung mit dem Titel „Von dem Regiment der Lobl. Eydgenossschaft". Simler zählt die Eidgenossenschaft zu den „freyen Regimenten und Staaten", die keinem Herrn unterworfen seien, und vergleicht sie mit Venedig. In der ersten deutschen Übersetzung von 1576 wird der Begriff Republik allerdings noch vermieden, er taucht erst in späteren Übersetzungen wie etwa in Leus Ausgabe auf. Simler tritt auch der verbreiteten Auffassung entgegen, dass die Eidgenossenschaft ein Produkt von Aufruhr sei. Indem er die tyrannische und willkürliche Herrschaft des Adels hervorhebt, versucht er dem Widerstand der Eidgenossen legitimen Charakter zu verleihen. In seiner weiteren Darstellung der Ursprünge des Regiments betont er, dass die Eidgenossen nur ihre ursprünglichen Freiheiten und Privilegien verteidigt hätten und sich dieser Widerstand nicht primär gegen den Kaiser, sondern gegen den tyrannischen Adel gerichtet hätte. Damit kann die Mischverfassung der Eidgenossenschaft im Rahmen der klassischen Staatstheorie definiert und in ein Konzept der Universalmonarchie integriert werden.

Titel: *Josias Simler, Von dem Regiment der Lobl. Eydgenossschaft. Zwey Bücher (Ausschnitt II), 1576*

Text 10:

Bey den Lacedaemoniern ist ein Sazung gewesen, dass die Alten und Räth bey solchen Mahlzeiten zugegen waren, damit sie mit Zucht und Mässigkeit begangen wurden. Bey uns geschihet solches nach altem Gebrauch, dass mehrtheil alle Zünfter in einer Stuben essen, und die Räth und Zunftmeister oben an sitzen. Die Music wird selten gebraucht, in disen Mahlzeiten, sonder sie vertreiben die Zeit mit allerlei Gesprächen von Privat- und gemeinen Sachen, und insonders hört man gern alte Leuthe fürtreffliche Geschichten erzehlen, bey denen sie selbst gewesen, oder solche von ihren Vorfahren gehört haben. Bisweilen singen die, so gute Stimmen haben schöne Lieder, und insonderheit von den alten Schlachten. Es haben auch unsere Altvordern sich daheim und füraus in disen gemeinen Mahlzeiten aller Zucht und Mässigkeit beflissen, dann Trunckenheit und Füllerey bey ihnen für ein schmählich Ding geachtet wurde. Aber jez, muss ich es leyder bekennen, wann man schon villeicht nicht so vil trinckt als an mehrtheils Orthen Teutschlands, so ist doch die Trunckenheit nicht mehr bey ihnen ein Greuel, und wird auch nicht mehr wie vor alten Zeiten, für eine Schmach gehalten. Ich muss hier erzehlen, was Xenophon von den Lacedaemoniern, deren Republic er gerühmt hatte, meldet, und aber beyfüget, Er dörffe nicht versprechen, dass bey seinen Lebzeiten die Sazungen Lycurgi noch vest bleiben werden; Dann zuvor seyen die Lacaedaemonier Liebhaber der Mässigkeit gewesen, und haben lieber daheim gelebt, dann andere Städte geregieret, seyen auch ab dem Argwohn, als ob sie Gold und Geld hätten, erschrocken; Jetz aber seye es darzugekommen, dass die Fürnehmsten sich befleissen, Vögte in den Städten zuwerden, damit sie nicht daheim bleiben müssen und rühmen sich noch offentlich wegen ihres Gewünns. Und da sich ihre Vorderen sonderbar beflissen haben, dass sie geschickt und würdig wären, andere zuregieren, so befleissen sie sich jez mehr nur allein dessen, dass sie herrschen. Darum haben die Griechen vor deme die Lacedemonier gebätten, dass sie ihre Herren und Oberste wärent ietz aber bätten und ermahnen die Griechen einanderen, dass sie helfen und wehren, damit sie nicht mehr ihre Herren werden.

Ein gleiches bedunkt mich, möge man von den Eydgenossen sagen, dann man kann nicht läugnen, dass die Mässigkeit der Altvordern im Essen, Trincken, Kleidung, Haus-Rath, und ganzem Leben vast zu Grund gegangen seye; Man lasst sich nicht mehr mit wenigem vergnügen, und ist nicht also eingezogen, als vor Zeiten, da man keine Pensionen und Fürsten und Herren hatte, sonder einjeder mit seiner Arbeit sich ernehren müsste. Deshalben ich übel besorge, wir kommen um die Ding, die wir noch überig haben, namlich um das alte Lob der Dapferkeit in den Kriegen, Freundlichkeit und Güte in allen Leben, auch Liebe zur Gerechtigkeit und Billichkeit, und so das geschehe, wurde darauf folgen, dass diejenigen, welche zuvor heftig nach der Eydgenossen Freundschaft und Bündnuss gestellet haben, ihr Gemüth enderen, und nach nichts mehr trachten, dann wie sie uns untertrucken mögen. Ich bitte aber Gott, dass er nach seiner unaussprechlichen Güte dises abwenden, und unser liebes Vaterland gnädiglich erhalten wolle. Wil auch darbey alle, welchen es angelegen seyn sol, gebätten und ermahnet haben, dass sie die alten Sitten unserer Vorfahren fürderen und verschaffen helffen, dass wir Eydgenössisch, schl(i)cht, einfältig, mässig und freundlich leben, alle Treue, Gerechtigkeit, Billichkeit, Freundlichkeit und Standhafte gegen einanderen erzeigen.

Anmerkung Johann Jacob Leus:

Hier wird nicht unnöthig erachtet anzufügen, dass sinth des Authoris und bisherigen in der Eydgnossschaft sich ergebnen fridlichen Zeitläuffen auch in verschidenen Eydgenossis. Städten die Handelschaften, Fabriquen und Manufacturen mercklich geäuffnet worden, und vil Eydgnossen, welche vor disem ihr Glük in den Kriegs-Diensten gesucht und gefunden, nun ein gleiches im Commercio gethan: Und obgleich in dem Land selbsten nicht gar vil Waaren wachsen, und sich befinden, welche in frömde Oerther gebracht werden, aussert was an Pferd und Viehe auch Butter, Käsen und dergleichen etwan aussert das Land kommet, so ist doch die Situation der Eydgenossschaft so zwüschen Teutschland, Frankreich und Italien, beschaffen, dass selbige zu Auswechslung der von eint solcher Ländern in das andre nöthigen Waaren grosse Facilitet und Komlichkeit mitbringet, auch geben die aus der Eydgenossschaft in eint und andere solche Landschaften abfliessende grosse Schiff tragende Flüsse zugleich hierzu alle Gelegenheit; worzu noch kommet, dass in einigen Städten und Orthen so verschiedne Fabriques und Manufacturen von Gold, Seiden, Wollen, Baum-Wollen und andern Waaren angelegt und unterhalten werden, dass nicht nur dardurch eine merckliche Anzahl Einwohner ernehret, sondern auch alljährlich darvon eine grosse Menge in frömde Lande abgeführet und daselbst verkauft wird, zu welcher Aufnahm die Einwohner in einigen Orthen nicht nur eine besondere Begierd, sondern auch eine nicht geringe Tüchtigkeit bezeigen.

Quellennachweis:

Von dem Regiment der Lobl. Eydgenossschaft. Zwey Bücher. Von Josia Simler. Nun aber mit erforderlichen Anmerkungen erläuteret, und bis auf disere Zeiten fortgesetzet. Von Hans Jacob Leu, Zürich. Getruckt bey David Gessner 1722, S. 426–428.

Standort:

Staatsarchiv Zürich

Kommentar:

Im Rückgriff auf Beispiele aus dem antiken Griechenland warnt Josias Simler (1530–1576) vor Uneinigkeit und Sittenzerfall. Anknüpfend an die griechischen Poleis, besonders an Sparta, kann er seine Luxuskritik an der Eidgnossenschaft entfalten. Er zeigt, wie die ursprünglichen Sitten wie Mässigkeit, Tapferkeit, Freundlichkeit, Liebe zur Gerechtigkeit und Billigkeit durch Solddienste, Pensionenwesen und Beziehungen zu ausländischen Höfen in Vergessenheit geraten sind. Indem er für die Wiederherstellung der alten Sitten plädiert, wird Simlers Werk zum Ausgangspunkt einer Tugendkritik, die sich besonders im 18. Jahrhundert intensiviert. Dies ist auch ein Grund für die Rezeption seines Werkes und die Neuausgaben im späten 17. und frühen 18. Jahrhundert, wie etwa diejenige Johann Jakob Leus (1689–1768).

Titel: Petrus Valkenier 1677 / 1693: die verfassungsmässigen Gemeinsamkeiten der beiden Republiken rufen nach einem gemeinsamen Bündnis

Text 11:

a) „Die Schweitzerischen Cantonen und die Vereinigte Niederländer, weil sie *beyderseits eine Republick Regierung* haben, welche von allen Potentaten gehasset und gedräuet wird, müsten sich genau an einander verbinden und eine die ander in ihrer Freyheit, welche sie lieber haben sollten als ihr Leben, beschützen. Hierzu sind die Schweitzer desto mehr verpflichtet, weil sie den Anfang ihres freyen Staats einem holländischen Graven zu dancken haben, nemlich Ludwig von Bäyern, der zugleich Keyser war und die Schweitzerischen Freyheit in ihrem ersten Anfang wieder den Gewalt des Hauses Oestreich mit offendlichen Urkunden hat befestiget. Diese beyde Republiken sind gleichsam die beyde Arme des Teutschen Reichs, welche sehr starck und erschrecklich sind, so woll wegen der Tapfferkeit der Inwohner als auch wegen ihrer Wollgelegenheit. Die erste ist gnugsam gestärcket durch ihre hohe Berge und enge Wege; die andere mit Wasser und Morasten. Jene herschet über die Berge; diese über das Meer. Die Natur dieser beyden Völcker kömt mit der Beschaffenheit ihrer beyden Länder so woll über ein, dass die Schweitzer umb der Berge willen und die Berge umb der Schweitzer willen, das Meer umb der Niederländer willen und die Niederländer umb des Meeres willen scheinen gebohren und entstanden zu seyn."

b) … „Die Herren Generalstaaten der vereinigten Niederlanden, meine gnädigste Herrschaft, (haben) zum besseren verstandt der allgemeinen, fürnemblich aber der *Repu-
bliquen freyheit*, gegen die wellt berüwendt Tiraney und Übermacht eines Ambitiosen
Königs sich dahin entschlossen, dass sie unter anderen auch ein Regimenth *der dapferen
und freyheit liebenden Grauwpündtnerischen Nationen aufrichten wollten"* … und entbieten
den „häuptern der Graw Pündterischen lobl. Republik aller erwünschter fründschafft
und gedeilichste willfarung" …

c) „Wie dann unsere *Niderländische, so wol alss hiesigen Lobl. Republicy* vormahls alles auf-
gesetzet, auch zuo erstaunung der gantzen Welt, dass äusserste gewaget, und sich dar
durch *zu freyn völcker gemacht.* Wir allesampt alss Nachkommen unserer heldenmuthi-
gen und glorwürdigen Vorfahren, sind unseren Nachkommen, so wohl als uns selbsten
eine gleiche Threue und Dapferkeit schuldig."

Quellennachweis:

a) „Das verwirrte Europa", Amsterdam 1677, S. 56.
b) StAGR, Landesakten A II LA, 1693, März 28. Brief Valkeniers an die Drei Bünde zur
Errichtung eines Bündner Söldnerregiments in holländischen Diensten.
c) „Porpositio Valkeniers" 1693 vor der Tagsatzung in Baden, S. 42.
   Zitate nach Martin Bundi, Christian Rathgeb (Hg.), Die Staatsverfassung Graubündens.
   Zur Entwicklung der Verfassung im Freistaat der Drei Bünde im Kanton Graubünden,
   Zürich 2003, S. 87; Thomas Maissen, Die Geburt der Republic. Staatsverständnis und
   Repräsentation in der frühneuzeitlichen Eidgenossenschaft, Göttingen 2006 (Histori-
   sche Semantik, Bd. 4), S. 358.

Kommentar:

Petrus Valkenier (1641–1712) studiert seit 1665 in Leiden Rechtswissenschaft und betätigt sich
darauf in Amsterdam als Advokat. Seit 1675 fördert er in mehreren Publikationen die Annäherung zwischen den niederländischen Generalstaaten und den schweizerischen Republiken.
Sein Werk „Het Verwerd Europa", das 1675 in Amsterdam erscheint und 1677 ins Deutsche
übersetzt wird, enthält grundsätzliche Überlegungen zu den Gemeinsamkeiten beider Staaten in geografischer und mentalitätsmässiger Hinsicht. Neben dem Band gleicher Freiheit
und Religion weist er in den weiteren Traktaten auf die defensive, nicht expansionistische
Aussenpolitik der beiden Staaten, die Gerechtigkeitsliebe und die wirtschaftlichen Überein-
stimmungen (Commerzen, Fabriquen) hin. Als Redner und Publizist wirbt er für ein gemeinsames Soldbündnis der beiden Republiken und macht die Eidgenossen darauf aufmerksam,
dass sie als Republik ein vollberechtigtes Mitglied der Staatenwelt seien und dank dieser
Souveränität auch Bündnisse mit allen Mächten schliessen könnten. Valkenier erachtet es als
besonders wichtig, dass sich die beiden Republiken verbünden, um sich in einem monarchischen Umfeld, vor allem gegenüber Frankreich behaupten zu können. Mit seiner konsequent
republikanischen und antimonarchischen Rhetorik prägt Valkenier auch das republikanische
Selbstbewusstsein in der Eidgenossenschaft.

Titel: Betr. Aufhebung unserer historisch-politischen Gesellschaft auf dem Bach, 1765

Text 12:

Der Endzweck unsrer Gesellschaft soll seyn, aus äussersten Kräften der Verderbnis, die sich immer weiter in unserm Vaterland ausbreitet, entgegen zu arbeiten – und alles was Wir vermögen, anzustrengen, den Staat wieder auf seine ursprüngliche Einfachheit zurückzuführen. Zu dem Ende müssen sich alle Glieder aufs engste zusammen verbinden, sich als brüder, und die vertrautesten Freunde ansehen: die uneingeschränkteste Freyheit soll herrschen in unsern urtheilen, und unsern Reden, aber nur ein Willen soll Uns beherrschen: So bald etwa beschlossen ist, soll sich jeder bestreben, das beschlossene auszuführen, wenn es gleich von seiner besondern Meinung mehr, oder weniger abweichen würde. Ein engerer Ausschuss von sechs Gliedern, und einem vorsteher, hat den Vorrathschlag über die wichtigsten Unternehmungen, so wie auch über die Gesetze, und Anstalten zur aufrechterhaltung der Gesellschaft. Aber die Bestätigung der Gesetze selbst, so wie jedes wichtigen vorschlages, gehört vor die ganze versammlung. Es ist unumgänglich nothwendig, dass Unsre Hauptabsicht verborgen bleibe; wir müssen von Zeit zu Zeit andre Gesellschaften besuchen, nicht um zu beobachten, sondern um selbst desto weniger beobachtet zu werden, und die Augen von Uns abzuziehen: – Je genauer Wir zusammenhängen, desto weniger muss man von unsrer Verbindung wissen.

Unsre gewöhnliche Beschäftigungen sind im litterarischen Fach, lesen in Rousseaus Contrat Sozial, und in Gordons, Cato oder Briefen über die Freyheit – so oft wir einen Moralischen, oder Politschen Saz, erörtert, und wahr befunden haben – schreiben Wir denselben, in ein eignes dazu verfertiget Buch, als Norm, und Leiter unsers denkens, und handelns, wovon uns nichts mehr abziehen solle: dies buch ist unser Rathgeb bey allen wichtigen Unternehmungen.

Alle 14 tage hält einer von Uns eine patriotische Rede auch dem Gedächtnis – diese Reden sollen Haubtsächlich die thaten der alten Römer und Griechen, und unsrer Vor Eltern, zum Gegenstand haben. Metaphysik und alle eitele Speculationen sind aus unserm Cirkel verbannt – ein glükliches sitliches Gefühl durch die herrliche Schriften der Plato, Plutarch, Montesquieu, Rousseau und Gordon gestärkt, und geläutert soll unser Leitstern seyn. Wenn Wir die geschichte unsers Vaterlandes lesen, so soll es vornehmlich auch in der Hinsicht geschehen, um uns je länger, je mehr, zu überzeugen, das es demselben von seiner Entstehung an, bis auf jetzt an Staats-Gesezen gefehlt, und dass hiemit besonders bey dem immer mehr überhand nehmenden verfall der Sitten, welche sonst noch den Plaz der Geseze ausfüllen konnten, eine Haubt Revolution vonnöthen seye, um gutes zu wirken, dass langsames wirken, und verbessern Zu gar nichts führe.

Wenn Wir eine mehr, oder wenige wichtige Unternehmung unter Uns beschlossen haben, so soll die Ausführung Haubtsächlich einem, oder höchstens Zweyen, die sich wenn nöthig, im Publico zeigen, aufgetragen werden: die übrigen Mitglieder sollen verbergen, dass sie wissenschaft, oder theil davon, und daran haben – es liegt alles daran, dass unsre Association geheim bleibe.

Noch ein wort von der äusseren form – diese muss so einfach seyn, wie möglich – Wir bedürfen keiner Bibliothek, keines Fonds an Geld – alles was wir haben, und vermögen muss auf jeden fall in Bereitschaft seyn – neue Mitglieder soll man nur zu viertel Jahren annehmen, und auf ein mal nicht mehr als ein einziges: alle halbe Jahr soll die strengste, und genaueste Musterung, über das gehandelte, und abgehandelte, und die schärftste Zensur über die Mitglieder gehalten werden!

Quellennachweis:

Zentralbibliothek Zürich, Ms. Bodmer 37.3 Umschlag 24, zit. nach Daniel Tröhler, Politische Bildung im Untergrund Zürichs 1762–1767, in: Jörg-W. Link, Frank Tosch (Hg.), Bildungsgeschichte(n) in Quellen. Hanno Schmitt zum 65. Geburtstag, Bad Heilbrunn 2007, S. 95–109, bes. S. 101 f.; Ausschnitte auch bei Rolf Graber, Bürgerliche Öffentlichkeit und spätabsolutistischer Staat. Sozietätenbewegung und Konfliktkonjunktur in Zürich 1746–1780, Zürich 1993, S. 76–79.

Standort:

Zentralbibliothek Zürich

Kommentar:

Ein wichtiges Kommunikationszentrum der „politischen Jugendbewegung" der 1760er-Jahre in Zürich ist die „Historisch-politische Gesellschaft auf der Schuhmachern" oder die „Gesellschaft am Bach". Sie wird so benannt, weil ihre Zusammenkünfte im Zunfthaus der Schuhmacher am Wolfbach stattfinden. Unter den Mitgliedern kommt es allerdings zu Spannungen, die am 19. Dezember 1764, nach zweieinhalbjähriger Aktivität, zur Auflösung führen. Grund dafür ist der Gegensatz zwischen gemässigten und radikalrepublikanischen respektive radikalpatriotischen Mitgliedern. Letztere formieren sich zu einer Geheimgesellschaft, wie ein sehr wahrscheinlich von Kaspar Escher im Luchs (1744–1829) stammendes Schriftstück zeigt. Es gibt Einblick in die Ziele und Strategien der Sozietät. Totale Abschottung gegen aussen und völlige Freiheit im Inneren sind die wichtigsten Wesensmerkmale. Um das Ziel, den „Staat auf seine ursprüngliche Einfachheit zurückzuführen", zu erreichen, werden sogar Umsturzpläne, „eine Haupt-Revolution", in Erwägung gezogen.

Text 13:

Liebe die Wahrheit wie Gott und lass dein Herz nie zu klein seyn, sie mit der zunge zu lehren und ihr mit dem Herzen zu folgen. Bis sie dich selber geheiliget, zu ihrem unsterblichen Quell führt.

Wenn ich ein monarchischer Unterthan wäre, und vor einem Könige zu reden hätte, so würde ich mich aller blumen der Beredsamkeit bedienen ihm zu schmeicheln; aber ich habe vor jungen Republicanischen Bürgern zu reden, die meine Freunde sind, die sich mit mir zu einem gleich edlen Endzweck verbunden haben. Erwartet also keine gekünstelte Worte sonder ungeschminkte Wahrheiten.

Ihr wisst den Endzweck unsrer Gesellschaft. Unsere Mittburger wissen ihn und loben unsren Eifer. Diese soll eine Pflanzschule wahrer Patrioten und Staatsleuten seyn. Welches Unternehmen? Denn glauben sie nicht M. H., dass die Staats-Kunst ein Handwerk seye – Ein allgemeiner Irrthum! Der Vornehme Pöbel hält Ämter in der Republik, welche man nur den Verdientesten geben sollte für Famillien güter, welche vom Vater auf Sohn in gerader linie fortgehen. Man bestimmt heut zu tag leute von Extraction, wie man sie zu nennen beliebt, von der wiege an zu Staats-leuten, man sieht an ihrer Mine, welche Ehrenstelle sie könftig bekleiden werden. Man scheut sich nicht, jungen leuten unter augen zu sagen: Ihr werdet des Raths seyn. Diese lekerbissen schluken unsre jungen Herrchen nur gar zu gerne ein. Sie glauben der Müssiggang sey ein Privilegium des Vornehmen Standes. Da man ihnen beibringt, dass sie ohne weitere Kenntnis zur Regierung gelangen können so schleppen sie sich nicht mit dergleichen Pedantischen Kleinigkeiten. Niemand studirt die Meisterstücke der Alten, als wer sich der Canzel widmen soll, gleichfalls wenn ein Lehrer der Christen eher wüste, wie Demostenes seine Athener beschämte, oder wie Cicero mit dem vollthönenden Mund, Catilina von Rom verscheuchte, als ob er ein Staats Mann. Es ist eine gemeine frage: Lernt Ihr Sohn Griechisch? – Nein er mus Politicus werden. Welche Barbarey in einem erleuchteten Jahrhundert! Was ein Erleuchtetes Jahrhundert, wo Tanz Meister über Patrioten, und Spiele mit Karten und Würflen über körperliche übungen gehen, wo unsre Knie zu schmeichlerischen beugungen – vor den Grossen dieser Erde gewöhnt, aber unsre (Körper) nicht zu kriegerischer Arbeit abgehärtet werden, wo Anacreons den Sieg über Tyrtarn davontragen und Romanschreiber über Weltweise; wo Voltaire, tugend und Religion hinwegpassen, und ein wiziges Liedchen einen Grossen Mann verläumden kann. Wo eine natürliche Höflichkeit durch eine mit 1000 Nichtswürdigkeiten verbrämte Etiquette verdrängt wird. Was müssen unsre jungen Herren im Zeitalter werden? – dass sie sich um das Studiren wenig bekümmern, wissen wir nur wohl. Aber sie werden zum wenigsten Republikanische Sitten haben: die Politische Tugend wird für Sie keine Chimere seyn: Sie werden wie unsre Altfordern die Verschwendung verdammen. Keineswegs: Sie sind auf Reisen gegangen, das flittergold der Höfe hat sie geblendet. Sie kommen zurück, aber nicht mit Schätzen der Weisheit beladen sonder aufgeblasen von einem unerträglichen Stolz tretten sie auf Gassen und Brüken in lächerlich besetzten Kleidern wie Affen auf den Bühnen daher.

Ihre Muttersprache ist Ihnen zu rauh zum reden, wie ihr Estrich zum gehen. – Aber alles dieses sind Kleinigkeiten?

Ja M. F. Kleinigkeiten, aber Profeten von wichtigeren Dingen! – Was sind nun Ihre Beschäftigungen? Der Morgen wird angewandt, Partheyen anzuschlagen, und der Abend sie auszuführen. Bald sind Pocale und Würfel, die um die Wette sich bemühen den Körper sich, und die Seele stumpf machen, bald Bälle wo Schaarm vertrieben, und Bekantschaften zum untergang eines dritten gemachet werden. Bald Gesellschaften, wo man sich wechselseitige Bubenstüke mit der süssen Zufriedenheit erzählt, womit andere untadelhaffte Handlungen bei sich selbs überlegen. Dort tritt einer auf und sagt: „Gestern hab ich beim Schwert den dummen Cajno im spiel betrogen." Ein anderer: „gestern hab ich die tochter eines ehrbahren bürgers geschwächt." Jeder wird mit neuen Bubenstücken auftretten, und man wird dem ärgsten Bösewicht klatschen, wie einem Sänger in der Opera.

Man wir durch Spiele, Weiber und Wein sein Väterliches Erbgut verschwenden, seine gewerbe verabsäumen, seiner familie den Weg zum Untergang bahnen und sich selbs sein ganzes könftiges leben verbittern. Man wird bei einem banquete so viel verschwenden, als ein einziger Bürger in einer Woche verdienen kann. Ich sehe sie lächeln M. H. vielleicht verachten sie diese Gemeine Örter, das sind Dinge, die wir alle schon wissen, was wilst du dich gegen das Genie eines ganzen Jahrhunderts empören? Was das Genie eines ganzen Jahrhunderts? Tugend und Religion haben alle Saec. hindurch noch das gleiche Genie, und sie können durch keine geseze der Mode eingeschränkt werden! – Ich höre sie sagen, aber leute, welche so viel verschwenden haben auch mehrere renten, als ihre ärmeren Mitbürger. Ich will euch die Vernunft entgegenstellen; hört diese an; sie wird eüch sagen: „Ja ein grösseres Vermögen gestattet auch grösseren aufwand;" aber diese Sterbliche! „dürft ihr nicht ohne mich bestimmen, wann ihr nicht zu Verbrechren werden wolt." „Euer gut ist ein geschenk des Himmels, das nicht will, dass ihr es gebraucht euren Körper und eure Seele zu verderben, Neid unter eure Mittbürger auszustreuen und euch jener hohen bestimmung je länger je untüchtiger zu machen, die ihr nun bald erfüllen müst, zu Regieren." Wie werdet ihr da bestehen, wenn ihr eher die Kunst, Hunde abzurichten, als die Politik kennt: Wenn ihr die besten eurer Jahren in debauchen zugebracht, wenn euch nicht der Wille, sonder nur das Vermögen fehlt, weiter zu rasen? – dann werdet ihr Väter unsers landes! Seyt mir verflucht in eurer würde ich ehre euch nicht! denn ich ehre die tugend. Ich büke mich vor keinem rok, ich büke mich vor verdiensten – Und nur wird meine edle Verachtung Unehrerbietigkeit; meine freimüthigen reden Meuterische Verläumdung und ich selbs ein Rebell seye! Ja ein Rebell, aber nicht gegen Gott, Tugend und Vaterland, sonder gegen leute, welche sich selbs wider alles empören, was einem Redlichen Mann heilig und theuer seyn muss!

Sehet M. H. das ist ein schrekliches Gemälde, welches wie ich hofte euer könftiges leben profetisch vorstellt. Es steht bei euch Meine theuren! Ich darf euch mit dem Gesandten Gottes zuruffen: Wählet euch Segen oder fluch! Erlaubt mir iz noch einige Erinnerungen. Erinnerungen welche ein abscheidender Freund euch und sich selbs alle tage giebt. Wir sind für den Staat gebohren; das ist der Grosse Grundsaz woraus wir alle unsere pflichten als Mensch und Bürger herzuleiten imstande sind. Bürger dieses Staats haben uns erzeugt; Sie sind rechenschaft für uns schuldig; indem uns unsre Mütter gebohren, haben sie dem Staat eine neue last aufgelegt, welche er nicht ertragen würde, wenn wir nicht durch unsre Arbeit die last der andren Mittglieder erleichtren würden, wir sind also verbunden unsrem Vaterland zu nüzen. Gut M.H. aber glaubt darum nicht, dass eure Mittbürger uns alle zu den höchsten Stuffen der Ehre erheben werden, Alle Posten, worauf uns die Vorsehung sezet, sind des Menschen, sind unser würdig, wenn wir am ersten unsrer Bestimmung entsprechen. Einige unter uns werden gute Regenten, andre gute Unterthanen, alle gute, und vertrauliche Bürger seyn. Einige werden mit klugen Verordnungen und aufrecht Haltung der Wankenden Gesezen ein ganzes Volk glüklich machen. Sie haben ein schwehres feld zu bearbeiten

Des Schweisses der Edlen werth

Andre sind bestimmt etliche ellende in bessere umstände zu versezen, damit Sie nicht durch die unbarmherzigkeit ihrer Mittbürger nothgedrungen, die Menschliche Natur entadeln müssen, Witwen und Waisen aufzuhelfen. Ihr ruhm wird weniger bekannt, und ihr name eher vergessen seyn, aussert in den Seelen derjennigen, welche Verdienste kennen, auch wenn sie nicht glänzend hervorschimmern.

Damit ihr aber dieser Bestimmung entsprechen könnt, o. was muss ich euch wünschen theuerste, beste Freunde! Ein redliches, Menschenliebendes Herz, die quelle aller guten Handlungen. Verläugnet nie euer Natürliches Gefühl, unterdrükt keine warnende Stimme euers Gewissens, ich ermahne euch mit dem Philosofischen Bauer: „Geht den geraden weg. Diesen allein hat euch die Natur vorgezeichnet, jeder andre führt zum Verderben. Dieser gerade weg wird euch zwahr nie zu geadelten Bösewichtern führen, um durch Schmeichelei euch ihre gewalt zu erwerben, niemahls wird er auch zu Ehrenstellen führen, welche ein anderer besser bekleiden werde als Ihr. Niemals wird er euch den namen eines eifrigen Orthodoxen erwerben, aber er wird euch zu dem Tempel der wahren Religion führen, und zu den Altären, welches die hütten eurer verarmten Mittbürger sind. Er wird euch zeigen, wie ihr euer Gut mit Ehren äufnen müst, nämlich durch Sparsamkeit, und Verachtung alles eitlen Pomps. In Summa, dieser gerade Weg wird euch nicht weiter führen, als bis auf die Stelle, den die Vorsehung euch in der reihe der Dinge geordnet hat – Ich schweige von jenen unzählbaren Posten, welche Sterbliche bekleiden müssen, nur den Staats Mann bemerke ich. Die meisten unter euch widmen sich dem Staate, oder der Kirche, welche eine Schwester des Staats ist. Diese werden studieren. Was studieren? – Die Alten! O dass ich nicht eine eitle Echo aller Vernünftigen Männer aller Jahrhunderten werden müste. Glauben Sie nicht, dass ich ein eitler Verehrer der Alten sey, ich eile in die Arme der Wahrheit, wo ich sie finde; es seye nun in den lustgefilden der alten T(...), oder zu Rom; oder in dem freien Brittannien, oder bei dem angenehmen Franz(ösischen) Man. Aber wo findet ihr das erhabene der Gesinnungen in dem höchsten möglichen grade, als eben bei den Alten. Da werdet ihr aus Socrates Gesprächen, welche uns seine würdigen Schüler lieferten, nicht nur die gefährliche Kunst zu überreden lernen, eine Kunst die noch dem der sie besizt schädlich oder nüzlich seyn kann, sonder auch eine hohe Denkungsart euch angewöhnen, und wahre Moralische und Politische Maximen euch gemein machen. Ihre Biographien werden euch zur Nachahmung der beschriebenen Tugenden reizen. Ihre Verfasser wehlten wahre Helden zum Gegenstande das war keine flitterhandlung, kein blos wiziger einfall, den man verewigte, und wenn die Geschichtsschreiber abscheuliche Caractere schilderten, so müste man nicht wie bei einigen neuern zweifeln, ob sie dieselben haben liebenswürdig vorstellen wollen. Tacitus wird euch lehren, die Menschliche Caraktere ohngeachtet ihrer Schminke zu kennen und sie zu bestimmen, ohngeachtet der fast unmerkbaren Nuancen, die ihren unterschied ausmachen. Indem er den Ursachen von Veränderungen in entfernte Zeiten nachspüret, wird er euch lehren, dass der Same von Begebenheiten oft in lang verflossenen Jahrhunderten lige. Sallust wird begeistert ihnen aus Natürlichen Grundsäzen den fall einer Republik verkündigen, und untrügliche Kennzeichen an die Hand geben, woran Ihr ihren nahen untergang erkennen sollet! Und sein Catilina wird ein beweis seyn, um wie viel gefährlicher ein Mann sey, der eine Schwarze Seele unter liebenswürdigen und ausserordentlichen Eigenschaften verbirgt.

Cicero wird euch lehren vor den Grossen dieser Erde, und mehr vor einem erlauchten Senate, Demosthenes aber vor einem ganzen versammelten Volke zu reden."

Quellennachweis:

Zentralbibliothek Zürich Ms. Bodmer 37.3, Umschlag 4

Standort:

Zentralbibliothek Zürich, Handschriftenabteilung

Kommentar:

Die auf Anregung Johann Jakob Bodmers (1698–1783) im Jahr 1762 gegründete Historisch-politische Gesellschaft auf der Schuhmachern ist ein wichtiges Zentrum des politischen Patriotismus, einer oppositionellen Strömung im Zürich des Ancien régime. In dieser Sozietät versuchen junge Zürcher, vorwiegend aus der Oberschicht stammend, die von Bodmer vermittelten Idealvorstellungen in die politische Praxis umzusetzen. Einer der wichtigsten Wortführer des politischen Patriotismus oder radikalen Republikanismus ist Johann Heinrich Füssli (1745–1832), der spätere Professor für vaterländische Geschichte am Carolinum. Füssli kritisiert in seiner Rede die Geschlechterherrschaft und den Luxus der regierenden Familien und konfrontiert diese mit dem republikanischen Askese- und Tugendideal. Er plädiert dafür, dass in einer Republik die politischen Ämter nur den Fähigsten zustehen sollten. Zugleich enthält Füsslis Anrede eine Warnung an diejenigen Gesellschaftsmitglieder, die dem von den Patrioten propagierten Askese-Ideal nicht entsprechen und zu einer epikuräischen Lebensweise neigen. Die Sitten der Vorväter sowie Exempel aus den griechischen Poleis und der römischen Republik sollen den Weg zu einer einfachen Lebensweise aufzeigen. Gemäss dem Bildungskonzept Bodmers soll die Gesellschaft Helden zur Rettung des Vaterlandes hervorbringen.

Titel: Hans Rudolf Cramer: Geschichte der Revolutionen in der Regierungsform der Länder vom 17. Jahr Hundert bis auf jez, 1768

Text 14:

Ich übernahme es, ihnen Meine Herren, eine pragmatische erzelung von den Revolutionen, die sich in der Regierungs-Form der Länder vom 17. Jahrhundert bis auf jez zugetragen, vorzulegen, ehe ich einmahl wusste ob ich stoffe genug fände, hierüber gründlich zuarbieten. Und wirklich musste ich eben das erfahren, was ich mir in der überraschung nicht vorstellen konnte, in dem dasjenige was nur einige wenige Geschichtsschreiber in dieser absicht sagen, theils ganz einseitig, theils so arm und Lükenhafft ist, dass es nothwendig durch nähere, umständliche und gründ(liche) Nachrichten ergänzt werden solte, da mir aber die Haubt Quellen ganz verschlossen waren, so musste ich mit dem zufrieden seyn, was ich kaum aus getrukten Schrifften und Mündlichen Berichten gefälliger Freunden zusammengelesen hatte.

Erlauben sie mir indessen, dass ich einige Betrachtungen über die Natur der Democratischen Regierungsform voraus schike, die zugleich über den wahren ursprung der in denselben entstandenen Revolutionen einiges Licht verbreiten können. Da in der Democratischen Regierungs-Form der höchste Gewalt bey dem ganzen Volk stehet, so ist es der Gesäzgeber, welcher die allgemeinen Reglen vorschreibt, nach denen der Staat regiert werden soll – Damit aber diese Geseze ihren Heilsamen Einfluss über den ganzen Staats Cörper äussere, so erwelt er gewisse Persohnen aus seiner Mitte, die über die Handhabe der Gesäze wachen, und dieselben in gegebnen Fählen ausüben müssen. Sollen nun die Geseze gut und heilsam seyn – Sollen sie gerecht, klug und sorgfältig verwaltet werden, so muss auch das ganze Volk gut und tugendhafft seyn, welches auch der erste grundsatz und die vornehmste Stüze eines freyen Democratischen Staats ist. Seine Tugend aber bestehet darin, dass er die Gemeine Wohlfahrt, seine erste Herzens angelegenheit seyn lasse, dass er niemahls aus niederträchtigem Eigennuz, oder dummem eigensinn handle, seine Freyheit nicht zum wahnsinnigen wünschen und lermen suche, sondern bloss in errichtung solcher anstalten, die die gemeine sicherheit die Ruhe, den Wohlstand des Vatterlands erhalten und befördern können. Und so lang diese Tugend in mehrerem oder minderem Grad vorhanden ist, so lang ist auch diese Regierungs arth die beste und glüklichste, und für freye und vernünfftige Menschen die angemessenste, weil alle andere Regierungsarthen mehr eine schande als zierde der menschheit sind, in dem sie oft blinden machinen mässigen gehorsam fordern, der sich eher für unvernünfftige Thiere, als vernünfftige Menschen schiket. Diese Tugend ist es dann, welche das nöthige gleichgewicht zwischen den Obern und dem Volk erhalten, in dem jene nothwendig auch gut und Tugendhafft seyn müssen, wann das Volk gut ist und sich so lang in Besiz ihrer würden sicher denken dörffen als sie mit unpartheyischer Gerechtigkeit die Geseze des landes handhaben und die Wohlfahrt des ganzen befördern. – Dieses aber in den Beyspiel seiner Vorsteher den stärksten Reiz und die mächtigste Aufmunterung zur Tugend findet.

Sobald aber diese Tugend verschwindet, so bald bemächtiget sich der Ehrgeiz empfindlicher Herzen, und ansteckender Geltgeiz schleicht sich in die Mitte des Volkes ein. Die Gegenstände, die man vorher liebte, liebet man nicht mehr. Man ware frey mit den Gesezen, jez will man es gegen ihre Stimmen seyn, jeder Bürger einem Sclaven gleich, der der Hande seiner Herren entronnen, was ehemal grundsaz ware, heisst man strenge, was ehemal Regul hiesse, nennt man schreckweg, was vormahlen aufmerksamkeit ware, benennt man mit Sclavischem Nammen Furcht, Sparsamkeit ist der Geiz, nicht begierde etwas zuhaben. Ehedem machten die privat Güter den öffentlichen Schatz aus. Aber dann wird der öffentliche Schatz zum privat gut jeder particularen gemacht, die Republic gleichet einem Raubnest und ihre Stärke bestehet in dem Gewalt einiger Bürger und in der ausgelassenheit aller.

So mahlet Montequieu einen Democratischen Staat wo wenig, oder keine Tugend zufinden ist, und beweiset sein Gemäld mit den schicksaalen der Griechischen Freystaaten. Wir können gar leicht mit den Helvetischen Freystaaten beweisen, und die Revolutionen, die sich von zeit zu zeit in denselben erhoben, gar leicht aus dem Mangel dieser Grundsäzen hinschreiben. Ich werde dessnahen einen Canton nach dem anderen wie sie in dem helvetischen Corpus rangiert sind, vor mich nemmen und die Revolution, die sich von zeit zu zeit in demselben geäussert samt den Quellen aus denen sie hergeflossen und den wirkungen die sie gehabt bestmöglich beschreiben und fange bey dem Canton Uri an.

Uri ist der Erste von den Frey Staaten Helvetiens die sich durch Muth, Unerschrokenheit, Klugheit und Einigkeit von dem Trukenden Joch der Tyrannen Loos geschwungen und also in dem Edlen Stand der Freyheit und unabhängigkeit versezt haben, ist seit dem ersten Helvetischen Bund ein Democratischer Canton, der von wenig inneren Unruhen bis auf unsere Zeiten geplaget worden, in dem es die so genanten Herren daselbst durch allerhand Politische Kunstgriffe noch so weit gebracht, dass das Volk aus forcht und Blödsinn bis dahin immer nach ihrem gutdunken gehandelt und dermahlen noch handlet und ob es gleich die Landsgemeine einmahl wagte zuerkennen, dass alle schulden des Landes getilget seyn sollen, so brachten es die Herren durch ihre Politic bald wiederum dahin, dass diese Erkantnuss wieder zerrissen wurde. Dies zeigt uns ziemlich deutlich, dass der Landmann daselbst in einer solchen Abhängigkeit von dem Magistrat, dass so lang dieser unter sich selbst einig ist, wenig unruhen in diesem Canton zubeförchten sind. In dessen wird es auch die kugste Politic, in einem Democratischen Staat niemals so weit bringen, dass man bey usurpirter Gewalt gänzlich sicher keine Aufstände zubesorgen haben sollte. Der Pöbel kan freylich nach und nach in Sclavische unthätigkeit eingewieget werden und durch Despotische Gewalt in beständiger furcht erhalten werden, aber dann darf auch nur ein gemeiner Mann, der seine Freyheit besser kennt und Hertz und Muth genug hat, dieselbe öffentlich behaupten unter dem volk aufstehen, so wird der ganze Staat in die Grässlichsten Unordnungen, und fürchterlichsten Unruhen verwikelet, die ihne eintweder wiederum in seine vorige Rechte einsezen, oder in gänzliche Sclaverey hintrüken. Ob wir gleich an dem Canton Uri selbst hiervon keine Beyspiel haben, so haben wir doch eine zimlich deutliche an ihren Unterthanen den Livinern.

Quellennachweis:

Rudolf Cramer, Geschichte der Revolutionen in der Regierungsform der Länder vom 17.ten Jahr Hundert bis auf jez (1768), ZB Ms. G 219.7, S. 3

Kommentar:

Die Helvetisch-vaterländische Gesellschaft auf der Gerwi, in der Johann Rudolf Kramer (1743–1794) diesen Vortrag hält, ist 1762 von Johann Jakob Bodner als Konkurrenzunternehmen zur Helvetischen Gesellschaft in Schinznach gegründet worden. Der Schwerpunkt liegt in der Geschichtsforschung, dazu soll die Schweizergeschichte systematisch aufgearbeitet werden. Die historische Erkenntnis ist allerdings nicht Selbstzweck, sondern der Vergleich zwischen der Vergangenheit und den gegenwärtigen Verhältnissen dient als Massstab der Kritik. Ein besonderes Interesse gilt den Revolutionen und Rechtsverletzungen in den Länderorten. Rekurrierend auf Montesquieu macht der Referent die Absenz der politischen Tugend für den politischen Verfall verantwortlich und versucht aufzuzeigen, wie die mangelnde Verkettung von Republik und Tugend im Niedergang des Staatswesens endet. Wenn allerdings diese Tugend bei Volk und Regierung vorhanden ist, hält er die demokratische Regierungsform (Landsgemeindedemokratie) für die beste und für freie Menschen die angemessenste. Überdies betont er, dass in den demokratischen Länderorten immer auch Widerstand Einzelner gegen die Usurpation der Macht möglich sei, deshalb sind die Landsgemeindedemokratien für Unruhen besonders anfällig. Allerdings könnten diese „Revolutionen" zu Unordnung und Chaos führen.

Titel: *„Gespräch zwischen einem Baur, einem Undervogt und einem Herren, als es schien, es müsse Volk gen Genff ziehen, um die Mediation vom 15. Dezember 1766 zu belieben."*

Text 15:

Baur, Undervogt, Herr.

Baur. Mediation, was ist das?
Undervogt. Sieh, das ist grad so – wann zwei Mannen miteinander streiten, so kommt ein Dritter darzu, oder sie rufen ihm gar wohl selber, und bitten ihn: Er soll ihren Streit anhören und ihnen Rath geben, wie sie des einig werden könnten.
Baur. Ein Rath – Rath! – Nun, wann dann Mediation ein Rath ist, warum sollen wir denn gen Genf zeühen?
Undervogt. Weil die Genfer den Rath der Mediation nicht annehmen wollen.
Baur. Ein schöner Rath, wenn man zwungen ist, ihm z'folgen. – Wann ich ein Genfer wäre, ich sagte: Packt euch flux aus unserer Stadt; ihr seid ein fauler Rathgeber! Und denn? Sind nicht die Genfer ein freies Volk? Und ich, der ich auch ein gefreiter Mann, soll gahn, einen andern in die Sklaverei bringen? Da sei Gott vor!

Undervogt. Nachbar, es ist da nicht um Freiheit zu thun.

Baur. Warum um Freiheit nicht zu thun? – Wann mir einer seinen Rath auftringet, so muß ich ja seines Willens g'loben, – und wann ich seines Willens g'loben muß, so bin ich nicht frei! – Ich bin kein Narr, Undervogt! Wenns aber den Weg gilt und der Stärkere Meister wird, so wollen wir auch für uns sehen. Man könnte uns eben auch so unsere Rechte und Freiheiten wegnehmen, und uns unter dem Titel Kopfsteuern und Auflagen auflegen. – Ich merke schon, wo der Haas liegt. Sag mir kein Wort mehr. Ich gehe keinen Schritt außert das Land! – Aber, Nachbar Undervogt! Du weißt gewiß selber nicht, worum wir gen Genf zühen sollen. – Wir wollen da den Herren fragen. Aber, mit Erlaubniß, Herr, was gibt es auch zu Genf? Man sagt, wir müssen bald dahin aus-zühen. Was haben die Bürger untereinander?

Herr. Du verstehst dergleichen Sachen nicht, Baur!

Baur. Ha, Herr, wann ich nicht verstoh, so gangen die in Krieg, wo es verstönd. Ich mein aber doch, Herr, wann ich schon nicht alles verstoh, so begreif ich doch auch etwas wenig markigs.

Herr. So hör denn! – Die einen Bürger zu Genf wollen: ihr Regiment sei nicht recht einge-richtet, und sie wollen ein besseres haben. Die Oberkeit habe sie im alten Regiment gedruckt, und geträngt, und sie wollen es nicht mehr dulden. – Die andern sagen: das sei alles nichts und man solle es beim alten bleiben lassen. Verstehest du das, Baur?

Baur. Ja, ja, Herr! Aber das wird gleich am Bord sein. Wie viel (sind) für die erste Meinung?

Herr. 1095.

Baur. Und für die zweite?

Herr. 500.

Baur. Ha! Wann in unserer Gemeind nur ein oder zwei Stimmen mehr auf der eint als der andern Parthei sind, so hands die mehreren g'wunnen. Hand dann 1095 nicht flux g'wunnen?

Herr. Du wirst es jetzt hören: Die 25 Kleine = Rathsherren, die von der kleinen Partei waren, baten Frankreich, Zürich und Bern, daß sie Gesandte zu ihnen senden möchten und ihnen helfen, sie mit den übrigen Bürgern zu vergleichen.

Baur. Haben der größer Theil auch um Hülf gebätten?

Herr. Es steht nichts davon in der Mediation, so sie erst gemacht haben.

Baur. Das g'fallt mir sehr nüd – das ist nicht lauter – man hätte nicht sollen einschicken, bis beide Theil mit einander eins worden: sie wollen Frömde um Rath ansprechen. – Und bis beide Theil mit einander g'schrieben hätten. Hat der eine Theil den andern bei ei-nem Frömden verklagt, so hat der ander sich nothwendig verantworten müssen. Hat der ein um Rath und Hülf g'schrauwen, so hat der ander sich nothwendig verantworten müssen oder er hätte fürchen müssen: er miech sich den Fremden zum Find (Feind). Hä, ich hab auch ein klein wenig merks g'essen?

Herr. Aber, Baur, anno 1738 waren Gesandte von den gleichen Ständen in gleichen Geschäf-ten zu Genf und haben das Regiment den Burgern eingerichtet: eben das Regiment, so sie jetzt aufheben wollen. Die Ständ haben auch auf die Bitt des Raths die Einrichtung mit aller ihrer Macht wider jeden, wer der auch sein möchte, der sie umstürzen wolle, zu beschützen versprochen.

Baur. Wann ich den Herren verstanden, so dürfen die Genfer selber ihr Regiment nimmermehr abändern; sie müßtens für immer und ewig haben: Sie sind also nicht freie Leut. Die Ständ sind ihre Oberkeit, Herr!

Undervogt. Ich bin auch seiner Meinung, Herr. Denn ich habe einsten im Züricher gschwornen Brief im Anfang gelesen, da es ausdrucklich staht: Darin bestand die Freiheit, daß ein Volk ein Regiment setzen könne, wie es wolle. Wann nun darin die Freiheit bestaht, so können die Genfer, wie die Züricher Anno 1712, ihr Regiment anordnen wie sie wollen.

Baur. Und dann? Es reucht mir eins ums ander auf, Herr, hand ja die, wo jetzt leben, einmal die meisten, Anno 38 darzu nichts z'reden gha. Ihre Väter hand um das bätten, und jetzt sind die Kinder witziger, und sehen – und sehen, daß die Alten um etwas bätten hand, das sie selbst nit verstanden. – Dazu hätten dieselben Herren Anno 38, so drinnen g'syn, solch unbilligs Ding nicht verheißen sollen. Ich bin nur ein schlechter armer Baur; aber wann mir ein Witziger käm gen sagen: da hastu einen Degen, hauw mer de Kopf ab! Meinet ihr wol, ich würde es thun? – Und einem die Freiheit nehmen, ist noch weit ärger als eim das Leben nehmen.

Undervogt. Man hat mir auch gesagt, es stand auch in der neuen Mittlung, der neuen Schrift: die Herren legen sie den Genfern vor, daß sie sie nach ihrem Belieben annehmen können oder nicht; sie sollen drum mehren, das staht ausdrucklich.

Baur. Jetzt sollen wir hingehen, sie mit Gewalt darzu zwingen? Das wäre ja ein hölzis Schür = Eisen, eine Schölmerei wärs – ein Schand für Gott und der Ehrbarkeit, da dörfte man der Oberkeit selber nicht mehr glauben. Was wurd auch mein alter guter Groß-Ätti sagen, wenn er noch lebte? Wanns so ist, so soll man mich eher zu Riemli zerhacken, ehe ich gen Genf ein Fuß lupfe. Bei Gott! Ich geh nicht, und das ist gnug!

Quellennachweis:

Heinrich Morf, Vor hundert Jahren, in: Neujahrs-Blatt der Hülfsgesellschaft von Winterthur, V (1867), S. 50 f.

Kommentar:

Das 1767 verbreitete Bauerngespräch ist ein Schlüsseldokument des politischen Patriotismus der 1760er-Jahre in Zürich. Verfasser ist der aus einfachen Verhältnissen stammende Theologiestudent Christoph Heinrich Müller (1740–1807). Thematisiert wird ein allfälliger Einsatz von Zürcher Truppen in Genf zur Durchsetzung der einseitig ausgefallenen Mediation. Gegenüber dem städtischen Herrn und dem ländlichen Herrschaftsvertreter, dem Untervogt, nimmt der Bauer Partei für die politisch benachteiligten Bürger in Genf. Brisant ist auch, dass ein zur Indoktrination der bäuerlichen Bevölkerung verwendeter Lehrdiskurs einen anderen Charakter gewinnt, indem am Schluss nicht die Meinung des Vertreters der Obrigkeit, sondern diejenige des ländlichen Untertanen die Oberhand gewinnt.

Titel: Aufsatz Johann Heinrich Füsslis im Erinnerer vom 29. Jänner 1767:
Von einem jungen Patrioten

Text 16:

„Ich bin ein junger Patriot, und schlage doch das einzige mögliche Mittel vor, mich und meine Brüder mit Stumpf und Stiel auszureuten, und zwar alles dieses ohne Schwefel und Pech und andere dergleichen geldfressende Materialien. Ich fürchte nur, mein Mittel werde den Charlatanen in der Politik auch gar zu simpel dünken, und doch versichre ich sie, alle ihre heftige, abtreibende Mittel sind umsonst. Man schimpft immer auf den politischen Fanaticismus, welcher unter unserer Jugend herrscht; man wüthet dagegen; seine Anhänger werden verfolgt; – durch die Verfolgung stolz, hartnäckig; Märtyrer, es sey nun für Wahrheit oder für Irrthum. Die Geschichte beweist, daß Intoleranz und blutige Gesetze gegen die Irrthümer den letztern einen neuen Schwung geben und der Wahrheit mehr Nachfolger entziehen, als die ungebundenste Freiheit nicht thun kann. Lächerlichmachen, tödtende Gleichgültigkeit, kaltsinnige Verachtung, das sind die Waffen, welcher sich die Eroberer im Reich der Wahrheit und der gesunden Vernunft jederzeit mit gutem Erfolg bedient haben. Warum will man denn diesen Fanaticismus unter uns mit andern Waffen bestreiten als seine Brüder? Man schlage also einen dem gewöhnlichen entgegengesetzten Weg ein. Man mache die Zunft der jungen, heftigen Patrioten lächerlich; man lasse ihre unmannbare Vernunft gegen unheilbare Missbräuche kämpfen, – und erliegen, so wie man die Hände eines Kindes ohne Gefahr gegen eine Bildsäule von Marmor wüthen sieht; man lasse sie ihre eigene Schwäche fühlen; man vergesse sie, oder scheine sie doch zu vergessen; besonders hüte man sich, sie mit dem Ehrennahmen von Patrioten zu belegen. Entweder werden in zwei oder drei Jahren wenige mehr übrig sein, oder wenn sie diese Gleichgültigkeit und dieses Lächerlichmachen aushalten können; – jä, so muß ich bekennen, – jä, so sind das bessere Leute, als man insgemein vorgibt."

Quellennachweis:

Der Erinnerer, III. Band (1767), 4. Stück, S. 31, zit. nach Heinrich Morf, Vor hundert Jahren, in: Neujahrs-Blatt der Hülfsgesellschaft von Winterthur, V (1867), S. 64.

Kommentar:

Die Konfiskation des Bauerngesprächs, seine öffentliche Verbrennung durch den Scharfrichter und die Verbannung des Autors, Christoph Heinrich Müller, lösen bei den jungen Patrioten heftige Kritik aus. In einem Artikel im „Erinnerer", einer moralischen Wochenschrift, kritisiert Johann Heinrich Füssli (1745–1832) (Historiker) in satirischer Weise das Vorgehen der Obrigkeit. Er versucht die Wirkungslosigkeit des repressiven Vorgehens aufzuzeigen und stellt fest, dass der Enthusiasmus der Patrioten auch nicht gebrochen werden kann, wenn er der Lächerlichkeit preisgegeben wird. Dies führt schliesslich dazu, dass diese Zeitschrift im Februar 1767 ebenfalls verboten wird und nicht mehr erscheint.

Titel: *Brief Johann Jakob Bodmers an Johann Georg Sulzer, Zürich, 6. März 1767*

Text 17:

Liebster Freund!

Ihre Begriffe von griechischen Tugenden sind so gar nicht in unserer Denkungsart, daß ich selbst sie nur leise denken darf. O Künzli, daß ich doch in Deiner Stube mit Dir und Waser noch frei denken und reden dürfte! Aber der theure Freund ist nicht mehr, und Sulzer ist durch Provinzen von mir getrennt! Hören Sie, mein Liebster, wie Waser nach Künzli seufzt.

Wenn dergleichen Zufälle, wie die mit Müller sind, kommen, so bin ich je länger je mehr meinen eigenen Gedanken und Sorgen überlassen, und fühle den Verlust unsers Künzli. Er kannte den Menschen und seinen Charakter bestimmt. Was hätte er doch, von Mitleiden gerührt, wohl nicht – geredet und gethan! Was hätte er nicht alles bedauert, sich und andere gestählert, und unsere schwarzen Sorgen mit uns getheilt, daß wir das Gift derselben nicht in seiner ganzen Stärke empfunden hätten. O, daß es nur nicht eine Vorbereitung zu königlichem Schutz und Schirme sei! Daß es Vertrauen und Eintracht pflanze, wenn es möglich ist! Daß es von Weisheit und republikanischer Milde zeuge! Daß es Glück und Segen über unsere Kinder und uns bringe! So hätt' er gewünscht, wie wohl kaum gehofft, und wir hätten seinen frommen Wünschen beigestimmt.

Indessen irrt Müller ohne Geld, ohne Empfehlung im Exil herum; sein Aeußerliches verspricht nichts von dem innerlichen Schönen. Man darf ohne Verdacht nicht sein Freund sein. Das Leben eines Menschen kann also das Opfer eines Augenblicks der Unklugheit werden. Die gute Absicht kann die traurigsten Folgen haben. Die Moral der Welt hat also Recht, zu sagen: Seid feig und klug, und ihr werdet über den Gesetzen sein, und euern Launen und euern Leidenschaften leben können. Ich hatte kaum das Herz, diese Empfindungen dem Papier anzuvertrauen. Auch der Erinnerer ist proscribirt; nämlich diese Wochenfrist ist aufgehoben, und wer künftig ein moralisches Blatt schreiben will, muß die Erlaubniß bei dem Kleinen Rathe erhalten. Er hatte moralische Charactere geschildert, die zu applicabel waren. Ich habe vor etlichen Jahren ein politisches Drama geschrieben, die gerechte Zusammenverschwörung; man murmelte, dass ich die Empörung gebilligt hätte; es war aber die Empörung von Uri, Schwyz und Unterwalden. Jetzt darf ich mich nicht unterstehen, meinen Marcus Brutus einem Verleger zu geben. Was für vortreffliche Arzneimittel für Sie, mein liebster Sulzer, für mich, für Waser wären mündliche Unterredungen, persönliche Gegenwart. Jetzt müssen wir selbst uns in dem Schatten des Kabinets aufmuntern; wir müssen den Geist durch die Früchte des Geistes selbst erheitern. Es kommt uns wohl, wenn wir die Gaben dazu haben. Ob einer gleich mit Empfindung, Tugend und Wahrheit schreibt, so darf er doch auf Beifall und gute Wirkung wenig Rechnung machen; nur gleich gestimmte Saiten empfinden mit; aber die meisten sind verstimmt und empfinden nicht. Wer wollte es ihnen auch zumuthen? Wenn sie auch sagten, sie empfänden, und sie empfänden doch nicht, wer wollte auch so schwach sein, sich damit zu kützeln? Es ist geredet worden, dass man die helvetische Gesellschaft, die sich auf der Gerbern versammelt, aufheben wolle. Man hat doch Bedenken gehabt. Sie besteht aus dreißig und mehr Mitgliedern!

Quellennachweis:

Brief Johann Jakob Bodmers an Sulzer vom 6. März 1767, zit. nach Heinrich Morf, Vor hundert Jahren, in: Neujahrs-Blatt der Hülfsgesellschaft von Winterthur, V (1867), S. 72.

Kommentar:

Der Brief Johann Jakob Bodmers (1698–1783) an seinen Freund Sulzer gibt einen Einblick in das politische Klima in Zürich nach der Verbannung Christoph Heinrich Müllers und dem Verbot des Erinnerers. Bodmer, der durch seine Lehrtätigkeit und durch seine Lesedramen den radikalen Republikanismus und politischen Patriotismus unter den jungen Zürchern wesentlich gefördert hat, bleibt einzig durch sein Alter und seinen internationalen Ruf als Gelehrter von der Repression verschont. Ins Visier der obrigkeitlichen Repressionsstrategie geraten auch die Sozietäten wie zum Beispiel die „Helvetisch-vaterländische Gesellschaft auf der Gerwi" als Zentren der Kommunikation.

Titel: Hrn. Alt Rahtschreiber Füesslins Zunft Rede, 1777

Text 18:

Meines Bedünkens hätten die Mißverständnisse und Streitigkeiten, über den Isten Artick. des Libells, von Anfang sehr leicht vermieden werden können. Da aber die Sachen leider diesen Schwung bekommen; da jeder nach seinen Begriffen, die er selbst oder nach Eingebung anderer davon hatte, sich ausdrückt und an den Tag legt: so wünsche und hoffe ich, es werde jeder redliche Bürger, dem die Ruhe und Liebe des Vaterlands am Herzen liegt, es mit Gelassenheit, mit Unparteilichkeit, und nach der waren eigensten Ueberzeugung seines Herzens, tun.

Bei dieser Lage der Sachen, glaube ich das gleiche Recht zu haben: als Mensch, als Bürger meines Vaterlands, darf und soll ich frei denken; das will sagen, nach eigener Einsicht von der Beschaffenheit der Sache urteilen, ohne auf Ansehen oder Partei zu sehen, oder durch Zwang andrer Menschen mich schrecken, oder zu einer Wal, die mein Herz nicht billiget, mich hinreißen zu lassen. Und in dieser Gesinnung will ich den Erfolg meines eigenen Nachdenkens über diesen Artickel, nachdem ich denselben, nach der Absicht des Gesetzes und des Gesetzgebers, sorgfältig abgewogen, nachdem ich denselben auf allen Seiten betrachtet, und wie er verstanden dem Wunsche eines jeden unbefangenen Bürgers ein Genüge leistet, Euch H. H. mit diesem kürzlich vorlegen.

Wenn es um Bündnisse machen zu tun ist: so soll gleich anfangs der erste Entwurf des zu errichtenden Bündnisses, nebst dem vor R. und B. reiflich Beratschlagten, noch vor angehender Unterhandlung mit dem anderen Bündnisschließenden Teile, 8 Tage lang zuvor auf die Zunfthäuser und in die Kanzlei gelegt werden, dann die Zunft versammelt, und Mann für Mann darüber angefragt werden, erstlich, ob man überhaupt das zu errichtende Bündnis verlange? Demnach, unter was für Bedingnissen, ob man unter den im Projekt enthaltenen, oder andern Bedingnissen, in ein solches einwilligen wolle? Die Gesinnungen der Zünfter sollen denn in das ZunftProtokoll, das jedem Zünfter offen stehen soll, eingetragen, und aus demselben UGn. Hrn. R. und B. hinterbracht werden. Wann dieses vorgegangen: so werden Hochdieselben die Unterhandlung vornemen, und damit fortfaren, und solches Geschäfte nicht mer an die Zünfte bringen, (ausgenommen es seien in dem ersten Entwurfe wesentliche Abänderungen gemacht worden, oder es haben einige vorgeschlagne Artickel in der Unterhandlung nicht erhalten werden können), bis zur Beendigung der Negotiation. Alsdenn soll das Resultat derselben, oder das Ultimatum, nebst dem vor Räht und Bürger reiflich Beratschlagten, wieder vor die Zünfte gebracht werden, und nachdem man die Gesinnungen der Bürger wieder vernommen, von dem großen Raht, nach teuren zu des Vaterlands Wolstand habenden Pflichten, darüber abgeschlossen werden.

So verstehe ich den Sinn des Libells: jeder rechtschaffne Bürger muß wünschen, einen bestimmten Begriff davon zu haben; und so bestimmt scheinen die Zweideutigkeiten gehoben zu seyn. Allein wie kann diese Bestimmung gesetzmäßig werden? Wie kann man hoffen, daß bei einem zukünftigen Bündnisse, man auf diese Weise zu Werke gehen, daß die Rechte der Bürger hierin so verstanden, so ausgeübt werden? Auf keine andre unsrer Verfassung gemäße Weise, als wenn ein solcher Entwurf näherer Bestimmung des Gesetzes löbl. Constaffel und Zünften vorgetragen, durch Merheit der Stimmen oder einhellig dem Libell beigefügt, und nachher darauf, wie auf die übrigen FundamentalSatzungen, geschworen wird.

Sollte aber Constaffel und Zünft, oder der größte Teil derselben, finden, daß man den ersten Artickeln des Libells, so wie er izt abgefasst ist, ohne denselben näher zu bestimmen oder zu erläutern, beibehalten solle: so unterziehe ich mich willig diesem Ausspruche der ganzen Gemeine, als dem Willen unsers eigentlichen Gesetzgebers und Oberherrn, und beruhige mich gänzlich.

Der Herr der Welt, der zugleich der Gott der Liebe und des Friedens ist, walte ferner über unser Vaterland. Er lasse durch unsere Regenten den Wolstand desselben kräftig befördert werden, und jeden Bürger mit redlichem Eifer und erleuchtetem Patriotismus daran arbeiten. Er segne zu dem Ende diese Beratschlagungen, und lasse Ruhe und Zufriedenheit die Früchte davon seyn: damit unsre spätsten Enkel noch, voll Ehrfurcht für die Weisheit und Mäßigung ihrer Väter, diesen Zeitpunkt segnen!

Quellennachweis:

Dispüten in Zürich über das Stats Recht dieses Cantons, bei Gelegenheit der französischen Allianz, hgg. v. Joh. Hch. Waser, in Schlözers Briefwechsel VI, Heft XXXIII, S. 174–176.

Standort:

Staatsarchiv Zürich

Kommentar:

Weil ein Bündnisprojekt mit Frankreich den Zünften erst kurz vor dem Abschluss vorgelegt wird, kommt es 1777 zu heftigen Protesten. Das Vorgehen des Kleinen Rats widerspricht nämlich einer Regierungserklärung von 1713, die den Zünften ein Mitspracherecht bei Beschlüssen über Krieg und Frieden zusichert. Der Redner, Ratsschreiber Füssli, legt Wert auf die Feststellung, dass die Gemeinde letztlich der Souverän ist, und kritisiert damit das selbstherrliche Vorgehen der Regierung und die zunehmende Oligarchisierungstendenz.

Titel: *HHerrn Stehtrichter Bürklins zwote Rede, über die Erläuterung des Libells, 1777*

Text 19:

Mit der Aufmerksamkeit, welche eine wichtige Angelegenheit erheischt, mit der Ehrerbietung, welche ich meinen besten LandesVätern schuldig bin, und mit dem aufrichtigen sehnlichen Verlangen, unsere bisherigen Zwistigkeiten gehoben zu sehen, habe auch ich die beiden HochObrigk. Aeußerungen vom 27. Sept. und 22. Novemb. Gelesen. Gerne hätte ich meine Gesinnungen darüber, der Natur der Sache und unsrer Constitution gemäß, in einer eignen deswegen verlangten allgemeinen ZunftVersammlung eröffnet. Da aber solches nicht hat geschehen können: so neme ich die Freiheit, gegenwärtig über die Schritte, welche sowol UGnHerrn, als merere Herrn und Bürger, zu friedlicher Beilegung obwaltenden Missverständnisses getan haben, in aller Ehrerbietigkeit mein Herz auszuschütten.

Die Frage, die gesetzmäßig auf dem Rathause und auf den Zünften geschehen, ist diese: ob der Iste Artickel des Libells unbestimmt, wie er jetzt ist, bleiben, oder ob er soll bestimmt werden?

In der Obrigk. Declaration vom 22. Nov. 1777 eröffnen UGnHerrn Dero Gesinnungen in folgenden Ausdrücken, daß das *Libell* ein allzuheiliges Grundgesetz sei, als dass Hochdieselben zugeben könnten, dass es, durch einige zugesetzte Erläuterungen, an seinem blossen und klaren Buchstaben in dem mindesten gekränkt werde. – UGnHerrn sag ich für Dero gewissenhafte Bewachung unsrer Grundgesetze den tieffsten Dank. Indessen sei es mir erlaubt, einige Misverständnisse aufzudecken, welche vielleicht unsre bürgerliche Absichten in einem falschen Lichte gezeigt haben.

Unbegreiflich war es mir in dem Laufe dieser Zwistigkeiten immer, warum diejenigen unter UGnHerrn und unsern Mitbürgern, welche sich, dem frühern Anbringen der Statsgeschäfte vor die Zünfte, aus der Ueberzeugung widersetzten, daß es Pflicht sei, die Gefaren abzuwenden, welche dadurch von Seite des Volkes, dessen größter Teil unerleuchtet ist, entstehen könnten, nicht auch die Gefaren in Erwägung zogen, welche durch einen zu späten Vortrag von Seite R. und B. auf unser liebes Vaterland kommen könnten.

Freilich mag das frühere Anbringen der Statsgeschäfte für die Zünfte, im Ganzen genommen, seine Schwierigkeiten haben. Allein es wird auch bei weitem so gefärlich nicht seyn, als man zu glauben scheint, wenn man die Warscheinlichkeiten dafür mit kaltem Beobachtungs-

Geist abwiegt. Erlauben Sie mir, H. H., für einmal nach der Analogie zu schließen. Ist es nicht auch wahr, daß die verschiedenen Mitglieder des großen Raths, in Absicht auf StatsUnterhandlungen, ungleiche Kenntnis und Erfarung besitzen? Ohne der Ehrfurcht, die ich für sie eben so wilig als schuldig näre, zu nahe zu treten, glaube ich, dieses behaupten zu dürfen. Dankten wir ja Gott so eben vor wenig Augenblicken, daß wir selbst aus uns selbst Regenten setzen können, die unsers Landes, Herkommens, Geblüts, und mit uns einerlei Glaubens, sind. Gleichwol hat diese hohe Versammlung bis dahin die wichtigsten Statsgeschäfte nicht nur beraten, sondern entschieden, ohne daß das geringste Uebel daraus entstanden wäre. Warum? weil diejenigen Mitglieder derselben, welche es nicht wagen wollten, in Geschäften von dieser Wichtigkeit ein eignes Urteil zu fällen, der Meinung und Rat derjenigen beipflicheten, welchen sie die erforderlichen Kenntnisse zutrauten. Braucht es doch, wenn die Gemüter kalt sind, mer nicht als geraden Menschenverstand, um zu urteilen, ob jemand mit oder ohne Einsicht über eine Angelegenheit redet. Ist es darum nicht höchst warscheinlich, nicht durch alle bisherige Fälle erwiesen, daß E. löbl. Burgerschaft, wenn ihr Statsgeschäfte vorgelegt werden sollten, nach eben diesem Grundsatz sich betragen würde? Und wenn dieses auch etwa nicht geschähe; wenn ParteiGeist, politischer Fanatismus, und Vorurteile, die Stimme lenken würden: ist denn auch warscheinlich, daß dieses auf allen Zünften, daß dieses nur auf dem mereren Teil derselben, geschehen könne? Welch ein Unglaube an die Kraft der Warheit und der Vernunft! wie wenig übereinstimmend mit der bei allen Gelegenheiten, und insbesondere auch bei letzter BundsVerhandlung, bescheinten Folgsamkeit der Burgerschaft für den Willen und die Meinung ihrer Obrigkeit!

Ist es also nicht vorzüglich *Routine*, Uebung, und Bekanntschaft mit den Geschäften des Rahtes, die die Glieder der hohen Regierung fähiger machen, über einen BundesEntwurf zu ratschlagen, als uns: aus was für Gründen will man uns denn die Mittel entreissen, wodurch auch wir zu änlicher Fähigkeit gelangen könnten? Wozu doch das öftere Stillschweigen, das im Rahte wegen der Verhandlungen empfolen worden, da doch auf unsrer Seite weniger nicht als XVIII contrahirende Teile waren, deren jeglichem StatsRaht alles offenbar seyn mußte? Warum das leztemal nur den engen ZeitRaum von 2 ½ Tagen, warum in Zukunft nur von 8 Tagen, um den BundesEntwurf und die dazu dienenden Schriften zu untersuchen? Doch ich will nicht klagen.

Indessen glauben Sie uns, glauben Sie es wenigstens mir, Hochgeehrte Großgünstige Herren! aus Ueberzeugung meiner Seele sag ich es: wenn wir, wenn unsre Söhne und Enkel, immer die Regenten hätten, die uns izt beherrschen; immer würde jeder von uns unter seinem Weinstocke und Feigenbaum ruhig fortgeschlummert haben, – solche Regenten, die es zum höchsten Gegenstand ihrer Ehrgeizes machen, eher Väter des Vaterlandes, vertrauliche Ratgeber ihrer Mitbürger, als ihre Regenten, zu seyn! Regenten, in deren Mitte wir viele zälen können, die jeden Tag ihres teuern Lebens für verloren schätzen, der ihnen verfloß, ohne daß sie einen ihrer Mitbürger mit klugem Rate erbaut, mit mildem Troste erquickt, mit einem Liebesdienste beglückt haben. Gern hätten wir dann eine nähere Bestimmung des offtgenannten Artickels entbert. Aber, ach! werden unsre huldreichen edelmütigen patriotischen Regenten, die jetzt das SteuerRuder unsers Stats füren, ewig es füren? Macht sie ihre Tugend unsterblich? Schon ist, – lange, lange noch werden warme Zären der Wehmut seine einsame Gruft befeuchten –, das edelste Muster künftiger Regenten, der großmütigste nicht blos Bürgers, nein auch Menschenfreund, der, den jede Waise, jeder Dürftige, mit dem schönsten aller RegentenNamen, mit dem VaterNamen krönte, unsrer Erde entrissen, und in eine bessere, seiner Verdienste würdigere Welt, verpflanzt worden, da wir lange, lange noch, ihn zu besitzen uns schmeichelten. Ueber alles, was ihn umgab, verbreitete er seine Menschenliebe, wie die Sonne ihre woltätige Stralen. Für den Kummer auch des Niedrigsten seiner Brüder gefülvoll, glühte er von Sehnsucht, allen wolzutun. Genug war es, ein Mensch und unglücklich zu seyn, um seine Hilfe sich versprechen zu dürfen. Immer schnell war er zum Verzeihen, und strenge nur dem Verbrechen. Und doch ist er dahin, auf ewig dahin: und was sind nun Denkmäler, Lobreden, Ehrengedichte, für einen solchen Mann? Nur Kronen des Himmels, nur Unsterblichkeit, können solche Tugend lonen.

Und selbst dem Vater des Vaterlands, der Zierde Helvetiens, nicht unsers FreiStats allein, wie offt hat ihm nicht schon der Tod mit seiner alles verherenden Sense gedrohet?

Allein saget es auch, redliche und erleuchtete Regenten unsrer Vaterstadt! sag es, einsichtsvoller wolgesinnter Bürger! ändern sich nicht mit den Zeiten oft auch die Sitten? können wir nicht einmal in ein eisernes Zeitalter versinken, in Tage, die uns die Klage erpressen, sie gefallen uns nicht? wo unsre Kinder zum Himmel flehen werden: schenk uns Regenten wieder, wie unsre Väter hatten? Ist es in der Natur der Dinge, im Laufe der Welt, unmöglich, gibt unsre eigne und die Geschichte andrer Länder keine Beispiele, keine Warscheinlichkeiten dafür, daß es früh oder spät einmal in unserm R. und B. einen Mann geben könne, der aus PrivatInteresse, aus Ehrgeiz, Selbstheit, alles in unserm FreiState allein zu manchen, allein zu bewirken, sich an ein BundesGeschäft wagen, und es entweder durch seinen eignen, oder durch seinen FamilienCredit, durchsetzen kann, dem er nicht gewachsen, oder welches dem Vaterland gefährlich werden mag? Ist es nicht möglich, daß er entweder durch starke, erschütternde, warme Beredsamkeit, oder durch blendende sanft sich einschleichende Sophismen, durch Kenntnis der Schwäche seiner MitRegenten, oder durch Uebergewicht von Würde und Ansehen, von dem Tumulte seiner Leidenschaften betäubt, der Weisheit leisen und bescheidenen Warnungen hohnsprechen, und den ganzen R. und B. mit sich fortreissen werden, wie ein brausender Waldstrom in seinem Laufe auch FelsenStücke mit sich wegrollt? Und wo bleibt denn das Gegengewicht gegen die Macht und den Einfluß eines solchen Manns, wenn die Stimme des redlichen Patrioten nicht zur echten Zeit, und wo man ohne Gefar zurück gehen kann, von dem Volke unterstützt wird? wenn ihm nur zu der Zeit zu reden vergönnt ist, wo er mer nicht als fruchtlose Klagen, in den Wind zerflatternde Wünsche, halb erdrückte Seufzer, in den Schos seiner Mitbürger ausschütten kann? Muß nicht die Politik des erstern notwendig seyn, uns tief zu verwickeln, ehe das Geschäft für die Zünfte gebracht wird; und was kann denn das Volk tun? entweder eine dem Vaterland gefärliche Machenschaft billigen; oder sich demselbigen mit einer Mäßigung und Entschlossenheit widersetzen, die man von einem Volk weder fordern noch erwarten darf, das man für zu roh und unerleuchtet hält, um ihm zu gestatten, sich öffentlich und wechselseitig über seine Constitution zu beraten; oder endlich die Namenlosen Gräuel einer Empörung wagen.

Darum, H. Grossg. H., diesen Folgen in Zukunft vorzubiegen, darum allein wünschen wir eine Erläuterung dieses FundamentalGesetzes. Und dieses war doch, wie ich hoffte, kein trocknes politische Problem, keine blos speculative RechtsUntersuchung, kein blos romantischer Einfall, keine sophistische RednerChicane, wie man es in offentlich herumgebottenen

Schriften zu nennen beliebt hatte. Nein, eine unsrer wesentlichsten Freiheiten, eine Freiheit, in welcher Gut und Blut, und Gut und Blut unserer Kinder, verfaßt ist, gründet sich auf dieses Gesetz. Denn ist nicht im Bündnis machen, Krieg und Frieden schließen, Gut und Blut enthalten, dabei nicht das teuerste, edelste, so wir haben, interessirt? ist nicht oft ein blutiger Krieg, ein gefärlicher Zuzug, die unausbleibliche Folge eines blosen DefensivBündnisses gewesen? Dieses Recht des Bürgers um für jezt und für immer sicher zu stellen, und aus allem DoppelSinn heraus zu heben: dies war unser Bemühen. Wars jezt ein blosser Schatten, eine Kleinigkeit, für die wir fochten? Ein unnützer FederKrieg; den wir fürten? War unser Begeren unvernünftig, aufrürisch, unbillig?

Feierlich erklär ich mich indessen, daß mir eben so wol als UGnHerrn jedes Grundgesetz heilig ist; daß auch ich niemals zugeben werde, daß eins derselben gekränkt werde. Allein, MH.Herrn, wenn ich mit so vielen andern meiner Mitbürger eine Auslegung des Libells gewünscht habe: wie ist es wol möglich, daß wir den bloßen und *klaren* Buchstaben desselben darum zu kränken gesinnet gewesen? Freudig behielten wir denselben bei, und nur den *nicht klaren* wollten wir erläutert wissen. Und wer kränkt wol, sei es ein Gesetz oder eine Schrift-Stelle, wer *kränkt* mer, derjenige, welcher alles in Dunkel eingehüllt seyn läßt, oder derjenige, der aus fester Zuversicht, Sinn und Krafft in dem Gesetze oder in dem Texte zu finden, diesen Sinn und diese Krafft zu jedermanns Gebrauch ans Licht hervorzieht? Eine hinzugesetzte Erläuterung, in so fern sie dem Geist sowol als dem Buchstaben eines Gesetzes gemäß ist, *kränkt* das Gesetz so wenig, daß wir sie vielmer als Brustwehr desselben betrachten; Brustwehr gegen alle willkürliche Anwendung oder Eingriffe. Nur in solchen Staten, wo politischer so wol als religieuser Aberglaube das Aug des Volks umnebelt, keineswegs in der freien und aufgeklärten Zürich, keineswegs unter dem Zepter unsrer weisen und väterlichen Regenten, voll alter helvetischer treu und Redlichkeit, droht Gefahr bei Beleuchtung der Gesetze.

Bei alle dem, H. Großg. H., finde ich nicht nötig, hierüber in weitläuftigere Untersuchung einzutreten. Ich habe Erläuterung und Bestimmung, nicht Abänderung, nicht Kränkung des Gesetzes, gewünscht. Oder kann eine Schrift, ein Gesetz, denn nicht erläutert, nicht bestimmt werden, ohne daß es um dessentwillen wesentlich verändert werde? Ist nicht bei dem lezten französischen Bündnis ein eigener Artickel eingerückt worden, wie und nach welchen Formen unbestimmte Artickel sollen bestimmt und erläutert werden? Wenn es aber auch zehnmal erläutert würde, bleibt es darum nicht eins und eben dasselbe? So weit entfernt war ich, eine Veränderung zu verlangen, daß ich, eben durch Erläuterung und Bestimmung des Gesetzes, aller Veränderung desselben, allen Unruhen, allem Misstrauen und Zwietracht, in Zukunft aufs kräftigste hätte vorbiegen mögen. Denn man spüre in der Geschichte aller Zeiten und Völker, in unsrer vaterländischen Geschichte selber, nach: man werfe einen aufmerksamen Blick auf unsre heutige Lage: wenn entstanden Unruhen, wenn brachen sie aus, wenn keimte der giftige ZwietrachtsSamen in verderbende Früchte? Etwa bei lichtvollen, einfältigen, für alles Recht der Ausübung sicher bestimmten FundamentalGesetzen? Gewiß nicht, sondern immer bei unbestimmten und schwankenden, die der ausübenden Macht eine allzuwillkürliche Gewalt gaben. (...)

Quellennachweis:

Schlözers Briefwechsel VI, Heft XXXIII:
    Dispüten in Zürich über das Stats Recht dieses Cantons, bei Gelegenheit der französischen Allianz, hg. v. Joh. Hch. Waser, in: Schlözers Briefwechsel VI, Heft XXXIII, S. 178–185.

Standort:

Staatsarchiv Zürich

Kommentar:

Auch in dieser Rede geht es um das verbriefte Mitspracherecht der Zünfte in aussenpoliti-schen Angelegenheiten, das durch deren späte Konsultation missachtet worden ist. Der Red-ner, Stadtrichter Johannes Bürkli (1745–1804), betont die Mündigkeit und Urteilsfähigkeit der Bürger und verwahrt sich gegen den Vorwurf mangelnder Sachkompetenz. Taktisch geschickt appelliert er an das patriotische Selbstverständnis und die Aufgeklärtheit der Regenten. Die postulierten patriotischen Ideale werden dadurch mit der politischen Realität konfrontiert.

Titel: *Manifest der Hohen Pforte gegen die Freyheit der Presse, 1777*

Text 20:

Wir, Jiussuf, Cherebi; von Gottes Gnade Mufti des H. Ottomanischen Reiches, Licht der Lichter, Auserkohrner unter den Auserkohrnen, allen Muselmännern, die gegenwärtiges zu Gesichte bekommen, Dummheit und Segen!

    Da es sich also befinde, daß Said Effendi, weiland Botschafter der hohen Pforte dem einen kleinen Staate, Namens Deutschland, zwischen Italien und Frankreich, die höchverderbliche Zunft der Buchdrukerey nach Stambul zu bringen gewagt hat, so hat es nach reifer Erdau-rung der Sache und sorgfältiger Berathschlagung mit unsern ehrwürdigen Brüdern, den Kadis und Imans dieser Kaiserlichen Hauptstadt, insonderheit auch mit den Fakirs, deren loblicher Eifer gegen alles, was Wiz heißt, bekannt ist, wie gesagt, so hat es uns und Mahomet zuträglich geschienen, diese höllische Erfindung der Buchdruckerkunst zu verdammen, in die Acht und in den Bann zu erklären, und zwar aus nachfolgenden Ursachen:

1.   Dienet diese erleichterte Mittheilung der Gedanken augenscheinlich zur Vertreibung der Unwissenheit, dieser vornehmsten Wache und Schuzwehr aller woleingerichteten Staaten.

2.   Auch ist zu befürchten, es möchten sich unter denen Büchern, die aus den Abendlän-dern hergebracht werden, einige über den Akerbau und die Landwirthschaft, oder über die Verbesserung der Gewerbe und Künste einschleichen; und wie leicht könnten nicht in die Länge dergleichen Werke (welches Mahomet in Gnaden vergaume,) das Genie unserer Feld- und Manufaktur-Arbeiter aufweken, ihre Industrie ermuntern, ihren

Reichthum vermehren; und ihnen solcher gestalt mit der Zeit eine gewisse Erhebung des Gemüthes, einige Liebe zum gemeinen Besten und andre solche Gesinungen einflössen, welche schnurstraks der gesunden Lehre zuwider sind?

3. Endlich könnte es so weit kommen, daß man uns Geschichtbücher ohne Fabeln und Wunder aufdringen würde, da doch diese leztern die Nation in einer glüklichen Denklosigkeit erhalten; vielleicht würde man die Unverschamtheit gar so weit treiben, den guten und bösen Handlungen Recht wiederfahren zu lassen, und Gerechtigkeit und Liebe zum Vaterland zu empfehlen, welches abermals den Rechten und Freyheiten unserer Würde augenscheinlich zuwider seyn würde.

4. In der Folge der Zeiten könnten armselige Philosophen auftretten, unter dem scheinbaren, aber höchsträflichen Vorwand, die Menschen aufzuklären, und gesitteter zu machen, und dieselbe gefährliche Tugenden zu lehren, die dem Volke niemals sollten bekannt werden.

Aus diesen und anderen Ursachen verbiethen wir, um der Erbauung der Gläubigen und um ihrer Seelen Heil willen, bey Strafe der ewigen Verdammnis, irgend ein Buch zu lesen. Auch befehlen wir, bey gleicher Strafe, damit man aller teuflischen Versuchung sich unterrichten zu lassen, gleich Anfangs begegne, daß die Kinder weder lesen und schreiben, noch viel weniger denken, nebst der heitern Befugniß, daß unserm h. Officium jedermann gebührend angezeigt werde, der sich erfrechen würde, zween oder drey Säze zusammen zu hängen, woraus man irgend einen klaren Verstand heraus zu ziehen vermögend seyn könnte. Mit dem ernstlichen Anhang, daß man sich im täglichen Umgang oder in Gesellschaft keiner Wörter oder Ausdrüke bediene, die das geringste bedeuten, alle nach altem Gebrauch und Herkommen der Hohen Pforte.

Und damit nicht etwann ein Gedanke oder vernünftige Idee sich in die geheiligte Residenz als Kontrebande einschleiche, so geben wir mit gegenwärtigem dem Kaiserlichen Censor Befehl und Vollmacht, jeden Gedanken, der sich entweder schriftlich oder mündlich bey den Stadtthoren wurde bliken lassen, gebunden und gefangen zur gehörigen Strafe vor Uns zu bringen.

Gegeben in Unserm Palast der Dummheit, den 7. des Möndes Muharem, im J. 1143. der Egira.

Quellennachweis:

Manifest der Hohen Pforte gegen die Freyheit der Presse, in: „Monatliche Nachrichten einicher Merkwürdigkeiten in Zürich", Zürich 1778, Neudruck 1980.

Kommentar:

Dieses Manifest kann von der Zensur unbemerkt und anonym in Johann Kaspar Zieglers (1730–1802) „Monatlichen Nachrichten", eine Zürcher Zeitschrift, erscheinen und ist ein eindrückliches Beispiel für die Forderung nach Pressefreiheit als Voraussetzung für geistige und politische Emanzipation. Die Verfremdung und die Situierung der Kritik im orientalischen

Kontext verweisen darauf, dass sich die Opposition in Zürich nach der Unterdrückung der politischen Jugendbewegung der 1760er-Jahre und der Zunftopposition der 1770er-Jahre nur noch in subversiv-satirischen Aktionen äussern kann.

7.2 Dynamisierung des städtischen Republikanismus: Ländlicher politischer Patriotismus, Diskurs um alte oder neue Freiheit, Jakobinismus

Titel: *Forderungen der Hallauer, 1790*

Brief von Johann Georg Müller an seinen Bruder Johannes von Müller, Schaffhausen, den 2. Mai 1790

Text 21:

Auf die am 26. Merz 90 von der Gemeine Unterhallau eingegebnen Gravamina wurde am 14. April folgende Antwort von beiden Räthen, nach vorhergegangner Deliberation des geheimen Ausschusses, resolvirt:

1) Verlangt die Gemeine, daß der Landvogt künfftig, wie ehmals auch zu Unterhallau soll aufgeführt werden. Dies verlangt sie: absolut. Resp. Für dies mahl soll die Aufführung völlig eingestellt seyn, und erst dann das Begehren bewilligt werden, wenn alle 6 Gemeinden, die an den Unkosten participiren, sich vor Rath deswegen melden. 2) Soll der Fruchtschlag, der Mutt¹ Korn, von 10 fl., in Grundzinsen berechnet, heruntergesezt werden, wie man gegen Fremde gethan. Resp. Abgeschlagen. Er wurde so hoch gesezt, damit die Früchten in Natura an die Aemter geliefert werden. Nur einem Bezirk aus dem Fürstenbergischen, der alles durch den Hagel verlohren, wurde auf bittliches Anhalten blos um 6 fl. angelangt. Hallau hatte keinen Hagel. 3) Klagt die Gemeine über gesezwidrige überspannte Foderungen des Herrn Landvogts (nun Zunftmeisters) Meisters bei Erb = und andern Fällen, und verlangt fürs künfftige eine bestimmte Taxe. Resp. Beklagter und Kläger sind constituirt, und soll dieser Artikel in allen Vogteyen berichtigt werden. Dieser Meister ist im Grunde blos ein dummer Mann, und ohne ihn hätte es Unruhen gegeben, aber er beschleunigte sie. Schon sind 23 Kläger gegen ihn aufgestanden und Morgen geht das Verhör an. 4) Die Faßnachthüner, eine uralte Abgabe an den Landvogt, die in natura oder mit 20 Kreuzer bezahlt werden, soll man künfftig von den Armen nicht mehr fordern. Resp. Das steht beym jeweiligen Landvogt, wem ers schenken will? 5) Den ganz unlimitirten Weinhandel zu gestatten. Resp. Das eigne Gewächs kann der Hallauer einlegen oder verkaufen wie er will, auch von andern im Bezirk des Dorfes einkaufen, jedoch mit einer nach Verhältnis des Herbstes jedes Jahr von UGHH zu machenden Einschränkung, damit der Handel nicht in wenige Hände komme, gerade wie in der Stadt. 6) der Oehlsamen = (der im Klettgau stark gepflanzt wird) und der Erdäpfelzehnten sollen aufhören. Resp. Der gehört dem Bischof von Konstanz. Sie sollen hier

ihre Sache vortragen, worauf dem Zehndherrn davon Bericht werde erstattet werden. 7) Alle Professionen und unlimitirter Handel zumahl mit dem Zwilch, soll ihnen gestattet werden. Resp. Ersteres abgeschlagen: Schneider, Schuster, Maurer ec. sollen wie bisher bleiben, aber Zinngiesser, Kupferschmiede, Gold = und Silberarbeiter ec. bleiben der Stadt. Den Zwilch sollen sie auf die Wochenmärkte bringen, und was sie hier nicht verkaufen können, soll ihnen anderwärts zu verkaufen erlaubt seyn. Der Zwilch ist ein beträchtlicher FabrikArtikel. Der Hallauer Zwilch ist bis nach Mailand berühmt und wird von dortigen Kaufleuten sehr gesucht. Die hiesigen bringen ihn nach Zürich ec. Man erlaubt ihnen dies, um die Industrie zu befördern. Sie kaufen die rohe Materie im Elsas, Breisgau etc. 8) Die Landjäger und Häscher abzuschaffen. Resp. Auf Martini solls geschehen. 9) Den Lohn der Maurer und Zimmerleute zu taxiren. Eine Absurdität. 10) Leibeigenschafft, Fall = und Abzugsgelder abzuschaffen. Resp. Abgeschlagen, ein Regale der Obrigkeit, wovon die Gemeinde ¼ bezieht. 11) Das Jagen in Feldern und Weinbergen zu verbieten. Resp. Ist nie erlaubt gewesen. 12) JahrMärkte erlauben. Resp. Abgeschlagen. Sind ein Beneficium der Stadt. 13) Ihnen einen Zoll zu geben, von dem HerrnDill,[1] den sie vom Schwarzwald zu liefern haben. Resp. Der hat immer Statt gehabt, es sey eine Saumseligkeit von ihnen, wenn sies nicht gefodert. 14) Ein Bad (in einem garstigen Loch) zu gestatten. Resp. Wer baden will, kann baden, aber ein Privilegium kann nicht gegeben werden. 15) Wohlfeiler Salz oder Freiheit es zu kaufen, wo sie wollen. Resp. Als ein Regale weder abgeschafft noch moderirt. 16) Sie vom Strassenbau zu entlassen. Resp. Abgeschlagen (ist aber gestern eingestellt worden). Man hatte ihnen Hoffnung gemacht, vor dem 23. April ihnen Antwort zu geben. Dies geschah nicht (aus Saumseligkeit). Mitwoch den 21. sammelten sie eine tumultuarische Gemeinde und beschlossen mit aller Macht dem neuen Landvogt den Einzug ins Klettgau zu verwehren. Ein einziger konnte dies noch hindern, doch schikten sie an die Vögte in ihrer Nachbarschafft, daß sie den neuen Landvogt im Hof zu Neunkirch nicht empfangen noch ihm das Handgelübde abstatten sollten. Oberhallau und Trasendingen gehorchten, auf Drohung hin. Andre kamen. Kein Mensch von diesen 3 Gemeinden kam auf die Kirbe, ihre Grenzen verwachten sie. Leztern 29. April fuhren 2 Zunftmeister nebst dem Stadtschreiber herunter und eröfneten ihnen die Antwort. Alles war still. Nach Endigung dessen fing der eine, Obrist Zündel, sie so anzureden an: „Ehrsame! MGGHH zu Schafhausen getreue liebe Unterthanen –" Sogleich erhub sich ein Geschrey: „Wir sind freye Schweizer, und wollen seyn wie die Katholischen und die in Bündten (!!)" Mehreremahle fing man an mit ihnen zu tractiren – Vergeblich, sie wollten alle 16§ unbedingt haben.

Quellennachweis:

Der Briefwechsel der Brüder J. Georg Müller und Joh. v. Müller, 1789–1809, hrsg. v. Eduard Haug, Frauenfeld, 1893, S. 18–20.

---

1   Nach Stalder der 4. Teil eines Malters.

Kommentar:

Im März 1790 verweigern die Hallauer dem Landvogt den Untertaneneid. Die Gemeinde Hallau gehört zum Herrschaftsgebiet der Stadt Schaffhausen und der Landvogt ist der höchste Verwaltungsbeamte im städtischen Herrschaftssystem. Die Gemeindeversammlung knüpft die Eidesleistung an die Erfüllung von konkreten Forderungen. Am 25. März präsentieren die Hallauer der städtischen Regierung ein Beschwerdeschreiben mit 16 Forderungen, die in einem Brief des Theologen Johann Georg Müller (1759–1819) an seinen Bruder, den Historiker Johannes von Müller (1752–1809), überliefert sind. Der Forderungskatalog enthält vor allem wirtschaftliche und rechtliche Postulate wie die Befreiung von Abgaben und die Beseitigung von Handelshemmnissen. Ermutigt werden die Hallauer durch die Ereignisse der Französischen Revolution, die auch in diesem Gebiet rezipiert werden. Legitimiert werden die Forderungen allerdings mit der Berufung auf die „freyen Schweizer" sowie auf die „Katholischen" und „die in Bündten". Damit wird auf die schweizerische Befreiungstradition sowie auf die Landsgemeindemodelle der Innerschweiz und Graubündens rekurriert.

Titel: Heinrich Nehracher: Das Stäfner Memorial. Ein Wort zur Beherzigung an unsre theuersten Landsväter, 1794

Text 22:

„Die Liebe zur Freiheit, sowie der Hass gegen alle Arten des Despotismus ist der Menschheit eigen. Jener huldigen alle Völker vom Aufgang bis zum Niedergang; diesen billigen nur Höflinge, Edelleute, Priester und Sklaven. Soll demnach die Liebe zur Freiheit in ihrem eigentlichen Vaterlande erstorben sein? Nein! Wir wären unwürdige Enkel unserer Ahnen, wenn wir nicht jenes theure Gut, das sie uns mit so vieler Aufopferung erworben hatten; heilig hielten, und es unverletzt unsern spätesten Nachkommen aufbewahrten.

Von freien Vätern erzeugt, sollen wir freie Söhne sein: dafür redet die Geschichte, dafür zeugen die Urkunden, dafür erkennt uns unsere Obrigkeit, so oft die Vertheidigung des Vaterlandes nothwendig ist; als solche respektiert uns jene Nation, die gegenwärtig auf dem politischen Schauplatze die Rolle im Grossen spielt, die weiland unsere Väter im Kleinen spielten. Hieraus entsteht aber die wichtige Frage: Sind wir auch wirklich das, was unsere Väter gewesen sind, was wir sein sollten, wofür uns Auswärtige ansehen, und dafür glücklich preisen?

Der grösste Theil des Volks, teuerste Landesväter! antwortet mit Nein! und erhebt nach seinen verschiedenen Bedürfnissen und nach dem Maasse seiner Einsichten Klagen, die schon bereits bis zu Ihren Ohren gedrungen sind. Freilich erhielten oft diese Klagen durch boshafte Drohungen einen schwarzen Anstrich. Das, was die Vernunft und die Billigkeit zu sagen erlauben, wurde auf verläumderischer Zunge zur Revolutionssucht, zum Hasse gegen Gesetze und Ordnung umgeschaffen und es fehlte auch nicht an offenbaren Erdichtungen.

Hieraus entsteht nun eine andere Frage, nämlich: Was soll hiebei der vernünftige, rechtschaffene biedere Mann tun? Soll er schweigen und alles der Zeit und ihren Folgen überlassen? Soll er bei der Sache ein müssiger Zuschauer bleiben, indessen der Volksfreund und der Schwätzer die Stimme des Volks auffasst und sie inner den Mauern der Stadt falsch angiebt, wodurch so leicht Hass und Zwietracht zwischen der Stadt und dem Land, zwischen der Regierung und dem Volke, entstehen können? – Nein, gleichgültig sein und schweigen kann er nicht, liebt er die Ruhe und Glückseligkeit des gesammten Vaterlandes. Es ist vielleicht seine erste heilige Pflicht, die Stimme des Volks, zu hören, mit ihrem Zustand zu vergleichen.

Findet er (nachdem er die Geschichte, die Urkunden, und das unveräusserliche Menschenrecht zu Rath gezogen) nach einer strengen Prüfung in den Beschwernissen des Volks gegründete Wahrheit, entdeckt er gegen ihre natürlichen oder zugestandenen Rechte eingeschlichene Missbräuche, so muss er ihr erster Vertheidiger und Redner werden. Aber weit entfernt, den Revolutionsgeist anzufachen, wird er die einwirkenden Leidenschaften zu mässigen suchen und den geraden Weg der Vernunft und Billigkeit gehen. Er wird keine Verfassung umstürzen und keine gewaltsamen Mittel brauchen, seinen Zweck zu erreichen; sondern er wird sich blos Mühe geben, die Gerechtigkeit anschaulich darzustellen und den leidenden Theil mit dem drückenden auszugleichen.

In dieser heilsamen Absicht und im Vertrauen auf Ihre hohen landesväterlichen Gesinnungen, verehrungswürdige Regenten! haben wir uns entschlossen, Ihnen gegenwärtige Schrift zur Beherzigung vorzulegen, vermittelst derselben wir die allgemeinen Klagen über die Einschränkungen der Freiheit und Rechte des Volks in einem wahren Lichte darstellen und zugleich die Gründe anzeigen wollen, welche nach unsern Begriffen diese Klagen rechtfertigen. Da wir hierbei keine andere Absicht haben, als die Ruhe und Glückseligkeit des gesammten lieben Vaterlands zu erhalten, und allen unseligen Folgen vorzubeugen, so sind wir weit entfernt zu glauben, dass Sie diese unsere Unternehmung missbilligen; sondern Ihre unbezweifelte Grossmuth setzt uns über alle Besorgnisse hinweg, und Ihre thätige Volksliebe giebt uns die süsse Hoffnung, dass Sie selbst zur Erreichung dieses gemeinnützigen Endzwecks aufs kräftigste mitwirken."

„Es sind vielleicht Wenige, vielleicht ist kein einziger, der nicht unsere Regierungsform für eine Republik, als die beste und zweckmäßigste anerkennt, und keiner, der nicht die Konstitution von Zürich über alles erhebt, weil sie dem Bürger alle Rechte des Erwerbs zugesteht, und alle Stände in Gleichheit setzt. Nur bedauert es ein Landmann, daß diese Konstitution inner die Mauern vergraben, und das Landvolk davon ausgeschlossen ist. Eine solche Konstitution ist nicht nur in Ansehung der Regierung, sondern auch in Hinsicht auf den Erwerb aller Volksklassen nothwendig. Daher der Mangel derselben die erste und allgemeinste Klage ist. Daß wir auch ohne dieselbe bis dahin wohl und väterlich regiert wurden, das haben wir dem gütigen Himmel und der Großmuth edler Menschen zu danken. Aber wer kann uns dafür Bürge sein, daß Volksliebe und Gemeinnützigkeit auf immer herrschende Tugenden der Obrigkeit seien, oder daß die Obrigkeit nicht dem Despotismus der Zünfte nachgeben muß, der schon seit Jahrhunderten dem Landvolke zusetzte, und immerhin bemüht ist, alles seinem Eigennutz unterwürfig zu machen. Wie billig ist also der Zuruf: ‚Gebt uns ein Konstitution, die den Bedürfnissen des Landes angemessen ist, und sorgt für derselben Garantie!'"

„Der Erwerb ist nächst diesem das wichtigste Bedürfnis eines wohl bevölkerten Staats, deßnahen seine Einschränkung die zweite Hauptklage unseres Volkes ist. Ueberall im Lande hört man sagen: Es ist kein Fleck in Europa, wo der Erwerb unter einem solchen Despotismus liegt; wo der größte Despot willkürlich herrscht, darf das Genie Handwerk, Gewerb und Handelschaft treiben.; aber hier in dem Lande der Freiheit, kann der geschickteste Kopf mehr nicht als Taglöhner sein; hier soll er, zufolge der positiven Forderung der Zünfte, die rohen Materialien von einem Bürger der Stadt Zürich erkaufen, sie verarbeiten, und – wieder an den Bürger verkaufen, wie z. B. die Fabrikation der Baumwolle, womit der größte Theil des Volks sich beschäftigt. Niemand soll, bei Konfiscirung der Waare, Geldbußen oder gar Leibesstrafen, die Baumwolle auf den großen Handelsplätzen im Auslande kaufen, sondern er soll sie von einem Herrn und Bürger um denjenigen Preis annehmen, den er sich gern dafür bezahlen läßt; diese darf er spinnen und weben, aber nicht einmal bleichen lassen. Ferner soll er bei vorerwähnten Strafen mit dieser seiner Arbeit (ungeachtet der billigen Abtragung des Zolls) nicht aus dem Lande gehen, noch sie im Lande selbst einem Fremden verkaufen mögen, sondern er soll gehalten sein, sie wieder an einen Herrn und Bürger zu verkaufen, dem es freisteht, zu zahlen was er will. Ja! ein Landmann soll nicht einmal sein selbst verfertigtes Tuch für eignen Gebrauch bleichen oder drucken lassen, sondern das Bedürfnis von einem Kaufmann der Stadt um doppelten Preis annehmen. Wie mit der Baumwolle, so verhält es sich auch mit der Seide und allen übrigen Manufakturwaaren. So können die Kaufleute der Stadt das Landvolk am Gängelbande führen; sie können unter sich die Kaufs- und Verkaufspreise verabreden, und alles thun, was den Eigennutz befriedigt. Dagegen haben sie gegen den Landmann nicht die kleinste Verbindlichkeit auf sich. Wenn der Handel wegen Krieg oder einer andern Ursache sich verschlimmert, so darf der Kaufmann mit einemmal sein Comtoir schließen, und den Fabrikanten mit den Worten zurückstoßen: *Heute kauf' ich nichts!* – Und so wie es sich mit den Manufakturwaaren verhält, so verhält es sich mit den verschiedenen Viktualien, die uns das Ausland liefert, als Kaffe, Zucker, Tabak, Seifen ec. Nur aus Gnaden darf der Landmann die Zurzacher Messe besuchen, inzwischen aber keine Spekulationen machen, mit keinem Fremden, kaufmännischer Geschäfte wegen, korrespondiren, noch etwas von Gütern herein gehen lassen. Dieses ausschließende Recht der Bürger zu sichern, und den fehlenden Landmann zu bestrafen, ist ein eignes Tribunal, die Kaufmannskommission, eingesetzt; die Glieder dieser Kommission sind aber die Kaufleute selbst, die, wie natütlich, sehr scharfe Aufsicht halten. Wir dürfen diesem flüchtigen Umriß weder Schatten noch Colorit geben. – Wir hoffen, daß er als bloßer Umriß völlig erkannt werde." „Erstreckt sich aber dies ausschließende Recht der Zünfte nur über die Handelschaft allein? Nein! Auch die Professionen liegen unter ihrem Despotismus; zufolge desselben soll keiner ungehindert thun dürfen, was er will und kann, bevor er sich dieses Recht von den Bürgern der Stadt, die seines Berufs sind, ums Geld erkauft hat, welches Geld zu nichts Besserm als zu einem Schmaus angewendet wird. Die kostbaren Privilegien, die der Handwerker hierdurch erhält, dienen auf dem Lande zu weiter nichts, als daß Professionen mit Professionen sich um die Gränzen ihrer Gerechtsame zanken, wie z. B. Schreiner und Zimmerleute, Schlosser und Schmiede, Schneider und Seckler us.; auch giebt es dem Pfuscher ein Bischen Brod und den Namen des Meisters, so wie es hingegen dem Genie seine barbarischen Fesseln anlegt. Indessen genießen nur die gemeinsten Handwerke der Gnade, für Geld privilegiert zu werden. – Künstlichere und einträglichere Professionen, als Goldarbeiter, Kupferschmiede, Zinngießer, Weißgerber us. hat sich die Stadt vorbehalten; wer sich eine dieser Arbeiten auf dem Lande erlaubt, risquirt Konfiskation und Gelbußen."

„Die dritte Hauptklage betrifft die Studierfreiheit. Es ist ein klarer Grundsatz, daß die Talente an keinen Ort gebunden sind, daß die Natur sie auf die uneigennützigste Art austheilte, und daß sie auf dem Lande gedeihen, wie in der Stadt. Vielleicht liesse es sich physisch beweisen, daß die Geisteskräfte (und was sind Talente anders) da am fruchtbarsten seien, wo die menschliche Natur unverdorben, und man von der Weichlichkeit am weitesten entfernt ist; daher treffen wir auf dem Lande, in den wenig kultivirten Gegenden die größten Genie's an, die erstaunliche Anlagen zeigen, und denen nichts als die Entwicklung fehlt, um dem Vaterlande damit nützlich zu sein. – Da nun nächst dem Regenten der Volkslehrer die nützlichste und unentbehrlichste Person ist, weil er durch Religion und Tugend die allgemeine Glückseligkeit am wirksamsten befördern kann, ferner, da nur das Genie dieses ausgezeichneten Berufs würdig ist, weil nur das Genie diesen heilsamen Zweck, durch Religion und Tugend die Menschen weiser und besser zu machen, erreichen kann, wie gerecht ist dann die Klage über das ausschließende Recht der Stadt, vermittelst dessen sie sich vorbehält, nur allein ihre Söhne, ohne Ansehung ihrer Talente, studieren zu lassen, und solche, wenn sie den literarischen Kurs gemacht, dem Volk zu Lehrern aufzudringen, da hingegen das Genie auf dem Lande, sich selber unerkannt, im Staube begraben liegt, weil ihm zu seiner Entwickelung alle Hilfsmittel abgeschnitten sind. – Wir kennen viele treffliche und geistvolle Theologen, die ihres Amtes würdig sind, und die wir auch zu schätzen wissen; dann aber auch viele solche, denen die erforderlichen Eigenschaften eines guten Predigers mangeln, und denen man's ansieht, daß sie nur aus Bequemlichkeit, durch Gelegenheit oder aus einer Familienursache Geistliche geworden seien. Daß es viele von dieser Klasse, und weniger Genie als Pfarrer nur allein aus einer Stadt von solchem Umfange geben muß, das hat seinen guten Grund; denn die großen Genie's aus einer Familie widmen sich dem Staate, der Handelschaft und den schönen Künsten; andere, die Theologie studieren, braucht man zu Professoren, Pfarrern und Diakonen in der Stadt selbst. – Da nun, wie vorhin erwähnt, das Amt eines Volkslehrers so wichtig ist, und so Vieles von seiner Fähigkeit abhängt, so bedauern wir herzlich, daß bis dahin für den von der Natur beglückten Jüngling auf dem Lande die Schulen und Kollegia seiner Vaterstadt verschlossen waren, und daß, wenn er auch anderswo für die Entwicklung seiner Talente sorgte, er brodlos schmachten und nie zu einer Pfründe gelangen würde."

„Die vierte Klage betrifft den Bauernstand. Es ist eine längst erwiesene Wahrheit, daß unter dem Monde kein Stand so gemeinnützig, so unentbehrlich, daher so achtenswürdig ist, wie der Bauernstand. Und dennoch, seitdem es Herren und Herrscher gab, schmachtete kein Stand unter einem solchen Despotismus. Von den höhern Ständen verachtet, von der Ehre ausgeschlossen, wälzte man noch auf ihn eine unerträgliche Last von Abgaben, wovon die Großen frei blieben. Unter allen Bauern in Europa war vielleicht nur der Schweizerbauer in einem erträglichen Zustand, und genoß einer gewissen Freiheit und Sicherheit; allein wie sehr ist er dennoch allen andern Ständen nachgesetzt? Wie vieles muß er aufopfern? Der unbemittelte Gutsbesitzer der schon Mühe hat, seinen Kreditoren die jährlichen Zinsen abzutragen, und um deßwillen vor Aufgang der Sonne bis in die späte Nacht den mühsamsten Arbeiten, der brennendsten Hitze oder der übeln Witterung ausgesetzt ist, und nichts genießen darf, als ein Gemüs und eine abgerahmte Milch, hat noch den zehnten Theil seiner Produkte und mehr oder weniger belästigende Grundzinsen abzugeben, indessen der reiche Kapitalist und der, der ein einträgliches Amt oder Gewerbe hat, und der, der sich von einer fetten Pfründ ernährt, nichts bezahlt. Die mäßigen Abgaben sind ein nothwendiges Bedürfniß des Staats. Solche zu fordern ist gerecht, solche zu verweigern, höchst ungerecht. Aber ist es billig, daß sie nur von dem Bauernstande erhoben werden? Wäre es nicht gerechter und eben sowohl möglich, daß ein jeder ohne Ansehung seines Standes, Amtes und Gewerbes, von jedem Hundert und Tausend seines Vermögens jährlich eine gewisse Taxe bezahlen, als daß der Bauernstand allein diese Last, und unter diesen der Arme wie der Reiche tragen soll? Und wie, wenn der Bauer bereit wäre, seine Obrigkeit oder einen andern rechtmäßig Zehenden = Herrn auf eine billige Weise zu entschädigen, was wäre dabei zu verlieren? – Und der Grundzins, dieses beschwerliche Kapital, warum sollte es nicht zahlbar gemacht werden können? Ist es eine absolute Nothwendigkeit, daß ein Gut auf ewige Zeit verschuldet sein und bleiben soll? Streitet dieses nicht vielmehr wider das republikanische System, und ist es nicht noch ein Ueberbleibsel des verhassten Feudalrechts? Ueber das wie viele Schwierigkeiten verursachen die Grundzinse beim Kauf und Verkauf der Güter? Wie manches schöne Gut ist um deßwillen verhasst und findet keinen Käufer? Wie mancher arme Mann ist darunter gedrückt, und wie mancher Reiche unzufrieden? Und was hätte abermals der Eigenthümer zu verlieren, wenn ihn der Gutbesitzer auf eine billige Weise entschädigte? Die Fragen sind wichtig und der strengsten Prüfung würdig."

„Die fünfte Klage ist zwar nicht allgemein, aber von demjenigen Inhalt, daß sie vorzüglich gehört und befriedigt zu werden verdient. – Natürlicherweise muß die Leibeigenschaft dem freien Republikaner so verhasst sein, wie der Despotismus. Ist aber dieselbe in unserm Lande völlig aufgehoben? Hat sie keine Spur ihres Daseins mehr zurückgelassen? Ist nicht der Todtenfall, den noch die Landvögte in einigen Distrikten fordern, ein Ueberbleibsel davon? Dieser Todtenfall ist in denjenigen Gegenden, in denen er bisher gefordert wurde, um so mehr drückend, weil andere benachbarte Ortschaften davon frei sind, so wie jede Last drückender ist, wenn sie nur auf gewisse, nicht auf alle Theile zugleich gelegt wird. Da die Klage über diesen Punkt nicht nur durch die Strenge, mit welcher er an einigen Orten erhoben wird, und durch das Bewusstsein, daß andere Einwohner davon frei sind, sondern auch hauptsächlich dadurch gerechtfertigt wird, daß der Fall der republikanischen Verfassung und dem allgemeinen Menschenrecht entgegen ist, so hoffen wir, daß wir über diesen Punkt nicht weitläufiger handeln dürfen."

„Eine sechste allgemeine Klage betrifft den Punkt der Ehre bei gleichem Endzwecke, wobei sich auch das Interesse anschließt. Wie erstaunlich nun Ehre und Interesse auf die menschlichen Leidenschaften wirken, dafür mag die ganze Welt Zeuge sein, weil man diese bei allen Völkern, in allen Erdstrichen, freilich in mancherlei Schattierungen, findet. – An verschiedenen Orten mag die Ehre auf verschiedene Weise wirken. Hier wirkt sie hauptsächlich in dem Militair, und giebt zu gegründeten Klagen Anlaß. Die Errichtung einer Landmiliz ist für eine Republik von der höchsten Wichtigkeit, weil sie das Eigenthum derselben vertheidigt, und sie vor allen feindlichen Eingriffen schützt. Jeder Republikaner hat deswegen gleichen Zweck und gleiche Pflichten, sein Vaterland mit den Waffen in der Hand zu vertheidigen; warum sollte er aber dann auch nicht gleicher Ehre und gleicher Belohnungen theilhaftig sein? Indessen, wie weit ist der Landmann dem Bürger der Stadt nachgesetzt! Jener kann nur stufenweise, durch eine lange Reihe von Jahren, ohne Ansehung seines Diensteifers, zu einer Offiziersstelle gelangen; dieser hingegen kann mit einemmal, ohne Rücksicht auf militärische Kenntnisse, Lieutenant und bald darnach Hauptmann, auch über die Korps der Landschaft, werden. Unter ihm, als seinem Herrn, muß dann der tapferste, geschickteste Mann als Korporal oder Wachtmeister dienen, bis sein militärisches Feuer durch Mißmuth ausgelöscht ist. Steht die Republik in Gefahr, und es sollen Truppen an die Grenzen detaschirt werden, so erscheint mit einemmal die Gleichheit auf unsern Sammelplätzen. Wir heißen dann Söhne der Freiheit, Retter des Vaterlandes! Daher eilen wir mit der größten Bereitwilligkeit, die Last der Waffen und unsere Bedürfnisse über unsere Schultern gehängt, nach den Grenzen. Aber die Stadt liefert uns sodann keinen einzigen Soldaten, der als Bürger gleiche Unbequemlichkeiten auf sich nehme; nein! sie liefert nur Lieutenants und Hauptleute, die für ihren großen Sold sich Pferde und alle Bequemlichkeiten verschaffen mögen. – Wie sehr dieses der Verbesserung des Militärs nachtheilig sei, und wie sehr diese nothwendige Sicherheits = Anstalt durch eine andere Einrichtung gewinnen würde, läßt sich leicht begreifen. Wir dürfen versichern, daß wir bei gleichen Rechten der Ehre nicht nur tapfere und geschickte Anführer unserer Truppen, sondern auch viele theoretische und praktische Kenner der Geometrie und Militär-Architektur zu Offizieren hätten."

„Endlich betrifft die siebente Klage verschiedene, durch alte Dokumente erweisliche Zivilrechte und Freiheiten der Gemeinden und ihrer respektiven Gerichte. Es ist keine Herrschaft, kein Hof, und keine Gemeinde, die nicht von Alters her gewisse schöne, ihr selbst eigene, und von der hohen Landesregierung zugestandenen Freiheiten und Gerechtsame gehabt hätte, wie solches die Höf- und Gemeind = Rödel klärlich beweisen. Diese wussten aber die regierenden Herrn Ober = und Landvögte nach und nach an sich zu ziehen, und so das Volk immer mehr abhängig zu machen, ihr Ansehen zu vergrößern und Ihr Interesse zu vermehren. Warum die damaligen Vorgesetzten und Richter der Herrschaften, Höfe und Gemeinden der Sache ruhig zusahen, können keine andere als folgende Ursachen sein: erstens: der Mangel an Kenntnissen ihrer Rechte, als noch die wenigsten schreiben und lesen konnten; zweitens: die Unwissenheit von dem Einfluß, den beibehaltene oder verlorene Rechte in der Folge haben könnten; drittens: der zu hohe Begriff von den regierenden Ober- und Landvögten; endlich viertens: die Schwäche der ersten Beamten, die sich die Gunst ihrer Prinzipale um jeden Preis zu erkaufen suchten. – Zu gewissen Zeiten gab es verschiedene, die solche Rechte zu schätzen wussten, und sie auch zu behaupten suchten. – In diesem Falle wurden sie ihnen allemal von neuem wieder zugestanden, und von der hohen Landes = Obrigkeit versichert, daß man sie bei ihren alten Freiheiten und Gerechtigkeiten, Briefen und Siegeln schützen, und sie keineswegs daran hindern wolle. – Dessen ungeachtet wurden in keinem Zeitalter solche besondere Freiheiten und Gerechtsame mehr beschränkt, als im siebzehnten und achtzehnten Jahrhunderte. Die Gerichtsstellen verloren ihr Ansehen, und Ober- und Landvögte ließen den Richtern nur noch Kleinigkeiten übrig, mit denen sie sich nicht selbst beschäftigen mochten. Daher das Richteramt selten mehr von vernünftigen und angesehenen, sondern vielmehr von schwachen und ehrsüchtigen Leuten gesucht wurde, denen der Titel mehr galt, als die Verwaltung des Amtes – In diesen aufgeklärten Zeiten, wo man sich mehr um die Sache, als um den Schein bekümmert, erkennt man den Verlust ehemaliger Rechte, und sucht und findet sie in den Dokumenten der Vorzeit. Daher entsteht dann die Klage über die künftliche Einziehung derselben zu Handen höherer Justiz, und das wohlgemeinte Ansuchen an die hohe Landes = Obrigkeit, daß sie den respektiven Herrschaften, Höfen und Gemeinden jene erweislichen Gerechtsame wieder gebe, und die freie Ausübung derselben bestätige."

„Nachdem wir nun die allgemeinen und besonderen Klagen des Landvolks kürzlich dargestellt haben, so wollen wir nun sehen, in wie weit solche gerechtfertigt werden können. Zu dem Ende betrachten wir folgende drei Hauptstücke: 1) *Das Verhältnis des Staats unter dem Bilde einer Familie;* 2) *die Verdienste des Landvolks um das Vaterland;* und endlich 3) *das unveräusserliche Menschenrecht.*"

„Wir betrachten erstens: *Das Verhältnis des Staats unter dem Bilde einer Familie.* Oder kann wohl eine schicklichere Vergleichung angenommen werden? Ist der Staat mit seinen Gliedern nicht einer bürgerlichen Haushaltung gleich? Haben sie nicht einerlei Endzweck und Mittel, ihre Glückseligkeit zu befördern? Wir wollen demnach das vornehmste Gesetz, nach welchem eine bürgerliche Familie bestehen kann, mit wenigen Worten beschreiben, um dann unsere Begriffe von der Familie des Staats darauf zu gründen. – Soll, so lehrt uns die tägliche Erfahrung, soll eine bürgerliche Familie bestehen, soll der heilsame Endzweck, ihre Wohlfahrt und Sicherheit zu befördern, erreicht werden, so müssen alle Söhne von dem Vater gleiche Rechte und Freiheiten geniessen, so wie sie auch gleiche Obliegenheiten haben, zum Wohle derselben alles mögliche beizutragen, und ihr Eigenthum zu schützen. Ausschliessendes Recht der Einen zum Nachtheil der Andern streitet wider die natürliche Ordnung, und zerreisst das Band häuslicher Glückseligkeit. – Nun sind wir alle, der Kleine wie der Grosse, der Arme wie der Reiche, der Landmann wie der Bewohner der Stadt, Bürger der Republik und Glieder einer grossen Haushaltung. Als solche hat daher jeder die Obliegenheit, zum Wohle des gemeinen Wesens das Seinige beizutragen, und das Eigenthum desselben auf alle Weise zu schützen. Dagegen wird aber auch erfordert, dass alle ohne Unterschied nach gleichen Gesetzen regiert, und mit gleichen Rechten und Freiheiten begabt seien. Dass wir in Absicht unserer Obliegenheit gegen den Staat zu Beförderung der gemeinen Wohlfahrt und Sicherheit das Unserige gethan haben, dafür ist uns das Zeugnis unserer theuersten Landesväter Bürge. Jene beförderten wir durch unsere unermüdete Thätigkeit sowohl im Feldbau als in der Industrie, so wie auch durch die willige Entrichtung unserer Abgaben; diese durch Anschaffung eigner Waffen, durch Uebung derselben in Friedenszeiten, und durch die stete Bereitwilligkeit, das Vaterland zu vertheidigen, und sein Eigenthum zu schützen. Noch athmet reiner Patriotismus in den Söhnen des Vaterlandes. Nie werden sie, als gute Bürger, die Quellen der Staatseinkünfte trüben, noch ihren nöthigen Zufluss zu hemmen suchen. Und immer werden sie bereit sein, das Eigenthum der Republik mit Muth und Kraft zu vertheidigen, und Leib und Blut dem Vaterlande aufzuopfern. Dagegen ist es aber auch billig, dass sie mit andern Staatsbürgern nach gleichen Gesetzen regiert, auch mit gleichen Rechten belohnt werden. Welches sind aber die vornehmsten Rechte eines freien Bürgers? Unstreitig folgende: Sicherheit gegen Despotismus und gegen drückende Auflagen, Gleichheit vor dem Gesetz, Freiheit des Erwerbs und ungehinderter Gebrauch seiner Talente, Antheil an der Ehre und öffentlichen Achtung. – All dieser herrlichen Vorrechte geniesst der Bewohner der Stadt Zürich in einem vorzüglichen Grad. Aber geniesst sie auch der Landmann, der als Mensch und als Bürger der Republik gleiche Ansprüche machen darf, so wie er auch mit jenen gleichen Pflichten dem Vaterlande schuldig ist? – Diese Frage ist durch die vorstehenden Klagen vollkommen beantwortet, und erwiesen, wie weit der Landmann dem freien Bewohner Zürichs nachgesetzt ist. Dass aber eine solche Nachsetzung in dem gegenwärtigen Zeitalter kränkend sei, und dass Kränkungen dieser Art so leicht die schöne

Familienharmonie zerstören können, ist leicht zu begreifen. Daher rufen der Geist der Zeit und das gegenwärtige Bedürfnis unserer hohen Landesobrigkeit zu: Väter des Vaterlandes! Schliesst doch Freiheit und Gleichheit nicht in düstre Mauern ein, sondern verpflanzet sie uneigennützig und grossmüthig bis an die äussersten Grenzen eueres Gebiets, damit Friede, Ruhe und Eintracht ewig auf euerm Lande wohne."

„Wir betrachten zweitens: *die Verdienste des Landvolks um das Vaterland.* Es ist unläugbar, dass sich das Landvolk schon vor langem und bis hieher um das Vaterland verdient gemacht hat. Wer half im vierzehnten und fünfzehnten Jahrhundert der Stadt Zürich so muthig ihre Freiheit vertheidigen, die von der Rachsucht des gekränkten Adels, der Intrigue des Hauses Oesterreich, und der Macht des Karl von Burgund zernichtet werden sollte? Woher kam der schnelle Succurs, der den Ritter Manesse und sein kleines Heer bei Tätwyl rettete, als der feige Braun die Flucht nahm? Und gründete sich nicht auf diesen glücklichen Sieg die schwankende bedrohte Freiheit der Stadt? – Ferners: Wer schlug mit Waldmann für Zürich in den burgundischen Kriegen? – Ueber das, wie treu hielt sich die Landschaft bei den Feh-den der Eidgenossen an Zürich? – Wir leiten hieraus die Frage, die unserm Zwecke gemäss ist; nämlich: können ohne vortheilhafte Bedingungen, oder ohne zuverlässige Erwartungen einer angemessenen Belohnung freiwillige Dienste und Aufopferungen geschehen? Hatten wohl unsere Väter im vierzehnten Jahrhundert keine andere Absicht ihres kühnen Streites gegen Zürichs Feinde, als den Bürger dieser Stadt zum freien und unabhängigen Herrn und Herrscher zu machen? Sollten nicht vielmehr Versicherungen auf gewisse, den damaligen Bedürfnissen angemessene Freiheiten und Gerechtsame die grosse Triebfeder der umliegen-den Ortschaften gewesen sein, Leib und Blut und Eigenthum für die Stadt aufzuopfern? Die Geschichtschreiber schweigen; aber die Wahrheit dieser Fragen bestätigt sich durch lang vergessene Zeugen, und durch die Folgen der Zeit. Wirklich waren den braven Waffenbrü-dern der Stadt entweder vortheilhafte Bedingungen zugestanden, oder ihre treuen Dienste durch schöne Freiheiten belohnt. Noch waren diese ihren Nachkömmlingen heilig, und sie vertheidigten sie so nachdrücklich, als der despotische Waldmann ihnen solche entziehen wollte. Oder lagerten sich etwa die Bauern am Zürichsee und aus verschiedenen Herrschaften 1489 nur um eines Sittenmandats, und die jenseits dem Albis nur um ihrer Hunde willen, vor Zürich, wie einige Schriftsteller zu sagen beliebet? Die Urkunden aus dieser Zeit und die Archive der sieben löblichen Kantone, deren Boten die damalige Vermittelung zwischen der Stadt und dem Lande bewirkten, mögen Zeugen sein. – Seitdem nun die Schweiz in diese glückliche Ruhe versetzt wurde, hat sich das Landvolk durch Fleiss und Thätigkeit, sowohl in Anbauung des Landes, als durch die Industrie neue Verdienste erworben; welches Letz-tere die Handelschaft von Zürich möglich machte, und dem Staat seine Reichthümer gab. Kann man nun keineswegs in Abrede sein, dass unsere Väter für ihre Tapferkeit und Treue mit verschiedenen Freiheiten und Gerechtsamen belohnt, und solche auch ihren Erben auf ewige Zeiten zugesichert wurden, und kömmt noch dazu die unverbrüchliche Treue ihrer Söhne am Vaterland, die immer fortdauernde Achtung und Hochschätzung der Obrigkeit, die Liebe zur Ordnung und zweckmässigen Einrichtung, die gemeinnützige Thätigkeit und der Kunstfleiss, der dem Landmann einen gewissen Wohlstand und dem Staat Reichthümer gab, wie billig ist es denn, dass ihnen ihre uralten Privilegien von Neuem garantiert, und dasjenige nachgelassen oder zugestanden werde, was das jetzige Bedürfnis erfordert! Man möchte sich vielleicht wundern, warum das Landvolk seine alten Rechte bisher weder aufsuchte, noch erneuerte? Wir antworten: weil solche ihnen keine Bedürfnis waren, als noch der Landbau die kleine Zahl der damaligen Einwohner hinlänglich beschäftigte. Erst seit Einführung der Industrie wurde die Bevölkerung möglich gemacht, und durch diese schnelle Veränderung sind Bedürfnisse entstanden, die man vorher nicht kannte. Dass aber das Volk im jetzigen Säkulo bis in das letzte Jahrzehend schwieg, war natürlicherweise der Mangel an Hülfsmitteln, etwas mit Nachdruck zu thun, so wie das Bewusstsein, dass die eidgenössischen Regierungen einander ihre Verfassungen und ausschliessende Rechte garantirt haben, hieran Schuld. Mehr noch als dieses schreckte sie die Allianz mit dem französischen Hof zurück, dessen despotische Monarchen gewohnt waren, die Klagen ihres eigenen Volkes mit zehntausend Kriegsknechten zu beantworten, und die sich nur zu gerne in die schweizerischen Angelegenheiten mischten."

„Endlich betrachten wir drittens: *das unveräusserliche Menschenrecht*. Dieses sagt: Ein jeder Mensch wird frei geboren; es ist keine Ungleichheit vor den Gesetzen; ein jeder hat gleiche Ansprüche sowohl auf die Sicherheit seiner Person und seines Eigenthums, als auf den freien Gebrauch seiner Talente und seiner Geschicklichkeit. Staaten mögen Länder gekauft haben; konnten sie aber auch zugleich das Volk und seine natürlichen Rechte erkaufen, daher dasselbe von dem Genuss der allgemeinen bürgerlichen Freiheit ausschliessen und ihrer Willkür unterwerfen? Dem biedern Manne ist es gleichviel, welchem Staat er angehöre und wie er ihm angehöre: ob er ursprünglich darin geboren, oder ob er vor Jahrhunderten – ehe das Volk seine geheiligten Rechte kannte, und der grausame Despot mit ihm handelte, wie mit seinem Vieh – erkauft, oder durch das Schwert erobert worden sei. Gegenwärtig hält er sich für ein Individuum des Staats und für ein unveräusserliches Eigenthum desselben. Ursprünglich gehören alle Menschen Gott an. Sie alle zusammen machen die grosse Familie auf Erden aus, so wie Aeltern und Kinder eine bürgerliche Familie ausmachen. Da nun aber ohne usurpatorische Gewalt kein Vater über Leben und Eigenthumsrechte seiner Kinder willkürlich verfügen, dasselbe dem einen entziehen, dem andern geben, noch an Fremde veräussern kann, eben so wenig darf ein Herrscher ohne usurpatorische Gewalt seine Unterthanen willkürlich behandeln, die einen mit ausschliessenden Rechten versehen, den andern ihre ursprünglichen Rechte rauben oder sie veräussern, weil sie nicht sein Eigenthum, sondern das Eigenthum seiner Unterthanen sind. Wenn also Völker auf diese Art ihrer natürlichen Rechte beraubt worden sind, so können sie diesen Raub zurückfordern; und wäre es durch einen Kauf geschehen, so ist der Kauf ungültig, weil er ungerecht ist. – Es ist nur ein Vorurtheil des unwissenden Volks gewesen, wenn sie bis dahin die Souverainität der Regierung, vermittelst welcher sie über Leben und Eigenthum des Volks willkürlich verfügen konnte, für eine unmittelbare göttliche Verordnung hielten; denn sie sind nach den ewigen Urkunden des Menschenrechts nichts anderes als Repräsentanten des Volks, und lange hiengen sie von der freien Wahl desselben ab, so wie noch heut zu Tag in den demokratischen Kantonen der Schweiz, wovon uns die alte Geschichte der Völker das unläugbarste Zeugniss giebt. Wie sich aber der ehemalige Repräsentant zum Souverain erhob, und die ursprüngliche Verfassung durch Jahrhunderte sich so erstaunlich veränderte, ist leicht zu begreifen. Güte und Unwissenheit auf der einen Ehrgeiz und Herrschsucht auf der andern Seite, wozu noch eine dritte Ursache kommt, nämlich eine übel verstandene, zu Kunstgriffen missbrauchte Religion, die jede unbedingte Unterwerfung für unmittelbaren göttlichen Befehl ausgab, machte diese Aenderung möglich. So war, bei Entstehung der menschlichen Gesellschaft, welche bald eine gewisse Regierung nothwendig machte, jener Erste, der freiwillig von der Gesellschaft zum Richter erwählt wurde, Gemeinvater; ihm folgte sein ehrgeiziger Sohn, und dieser war Gemeindeherrscher. Ein Dritter wusste unbewehrte Hirten zu Sklaven zu machen, und dem Vierten waren sie schon willig, sein Joch zu küssen. So wurde allmälig der Vater ein Despot. Sein Wille wurde zum Gesetz und sein Wort Tod und Leben. Die Regenten also, sowohl die monarchischen als die republikanischen, sind ihrer Natur und Entstehung nach nichts anders als Repräsentanten des Volks. Das Volk ist auch nicht um ihrentwillen, sondern sie sind um der Völker willen da, und haben die Pflicht, dasselbe glücklich zu machen, so wie das Volk ihnen Achtung, Gehorsam, Sicherheit und Unterhalt schuldig ist. Wenn nun dieses ein unumstösslicher Grundsatz des allgemeinen Menschenrechts ist, nach welchem selbst die Fürsten beurtheilt werden müssen, wie können denn republikanische Städte sich die Souverainität über das Volk eines Landes anmaassen, das sie einmal von einem verarmten Grafen oder Edelmann um einen unbedeutenden Werth erkauft hatten, dessen wahres Eigenthum es nie war, der es nur als Usurpator besass, und sich auch nie, als Vasall eines höhern Hauses, die Souverainität anmaassen durfte. Wie können sie ihnen um desswillen die bürgerlichen Rechte versagen, den Erwerb beschränken, vom Antheil der Ehre sie ausschliessen, und wie Leibeigene behandeln? Es ist erwiesen, nur das Land und nicht das Volk war gekauft! Aber auch das Land, das durch seine Erzeugnisse der Stadt so nothwendig geworden ist, das ihr die unentbehrlichsten Bedürfnisse liefert, und die Staatseinkünfte so sehr vermehrt hat, übersteigt dieses in seinem Werth nicht unendlich weit die Summe des Ankaufs? Rechnet man dazu noch die vielen tausend Einwohner, die mit dem Ankaufe des Landes dem Staat einverleibt worden sind, die von da an die Pflicht für Wohlfahrt und Sicherheit des Staates nie vergassen, und mit den andern Bürgern gleiche Verdienste des Fleisses und der Tapferkeit erworben hatten, auch mit diesen gleiche Rechte von Geburt haben, wie kann man ihnen denn länger den Namen der freien Bürger, die Rechte des Erwerbs, den freien Gebrauch ihrer Talente streitig machen, und ihnen die öffentliche Achtung versagen?"

„So haben wir nicht nur die Beschwerungspunkte des Landvolks über seine eingeschränkten Rechte angezeigt, sondern auch durch das Verhältniss des Staats seiner Glieder, durch die Verdienste des Landvolks um's Vaterland, und durch das allgemeine Menschenrecht erwiesen, dass dem Landmanne eben diejenigen Freiheiten gebühren, welche der Einwohner der Stadt in vollem Maasse geniesst. Wir bitten Sie desshalb, theuerste Landesväter! den Inhalt dieser Schrift wohl zu beherzigen und auf's genaueste zu prüfen. Bei einer solchen Prüfung werden Sie finden, dass sich die Sache auf Wahrheit, Gerechtigkeit und Billigkeit gründet, und dass die vorgesetzten Klagen nicht nur angehört, sondern auch befriedigt werden verdienten. Wie aber eine solche Befriedigung möglich ist, das muss ein sehr wichtiger Gegenstand Ihrer Berathschlagung sein. Das Geschäft ist mühsam, und erfordert die grösste Klugheit. Zwei durch ungleiches Interesse geleitete Partheien, auf der einen Seite ein klagendes Volk in einem unruhigen Zeitalter, auf der andern Seite die Zünfte, die keiner Aufopferung gewohnt sind, mit einander auszugleichen … Diese erforderliche Klugheit besitzen Sie, theure Landesväter, aber auch in einem vorzüglichen Grade, welche sich von jeher und besonders die drei letzten Jahre so rühmlich erwiesen hat. Wenn Ihr kluges Benehmen in den kritischen Zeitumständen, selbst von den Höfen, wie von der französischen Nation, als die tiefste Staatskunst angesehen worden, und uns den schönen Frieden und die Freundschaft der kriegführenden Mächte gesichert hat, welch einen Trost giebt uns darin die süsse Hoffnung, dass Sie mit der gleichen Mühe auf die innern Angelegenheiten Ihres Staats wirken, wie auf die äussern! Auch lässt sich von Ihren hohen landesväterlichen Gesinnungen erwarten, dass Sie bereitwillig sein werden, zum allgemeinen Wohl dasjenige zu verbessern, was die Zeit und Umstände nothwendig gemacht haben. Dieses kann um so viel eher geschehen, da die Grundverfassung des Staats immer dieselbe bleiben kann. Sie leidet keine Veränderung, sondern wird nur allgemeiner und über das ganze Land ausgebreitet. Auch verliert der Bürger keines seiner Rechte, er theilt sie nur mit dem Landmann, und befolgt daduch jenen schönen evangelischen Grundsatz: Alles, was ihr wollet, das euch die Menschen thun sollten, das thut auch ihr ihnen ... Dieser Grundsatz ist so alt als die Gerechtigkeit und Billigkeit, und liegt in dem ewigen Gesetze der Natur; daher seine Gültigkeit kein Gesetz aufheben kann! Heilighaltung desselben bleibt immer die erste Pflicht, und seine Ausübung die vornehmste Tugend der Menschheit. Beides darf ein Bürger des Staates von dem andern, ein Glied der Gesellschaft von den andern Gliedern, zufolge des gesellschaftlichen Vertrags, mit Recht fordern. – Ueberzeugen Sie deshalb, theuerste Landesväter! Ihre Mitbürger von dieser wichtigen Wahrheit, und suchen Sie dieselben in Hinsicht auf die eingeschlichenen Missbräuche gegen die ursprünglichen und zugestandenen Rechte des Volks zu einer freiwilligen Aufopferung zu bewegen. Eine solche billige Aufopferung wird das Heil des gesammten Vaterlandes sichern, und jeder übeln Folge in Zeiten vorbeugen. – Wahrscheinlich wird man uns mit der Vorstellung befriedigen wollen, dass wir bis dahin glückliche Leute gewesen seien, dass ein jeder seinen Unterhalt gefunden, und nach dem Grade seines Fleisses und seiner Geschicklichkeit eines gewissen Wohlstandes genossen habe. Diese Vorstellung wird aber das Volk so wenig befriedigen, als wenn der Herr seinem Knecht demonstriren wollte, dass sie beide gleich glücklich wären. Auch bei gleicher Nahrung und gleicher Arbeit weiss doch der Knecht, dass sein Meister einen freien Willen hat, und dass der seinige der Willkühr unterworfen ist. Deswegen muss er ihn beneiden, weil, wie wir Eingangs erinnert haben, die Liebe zur Freiheit allen Menschen eigen ist. Da nun das Landvolk den Bewohner der Stadt im Besitz aller Vozüge sieht und seine gänzliche Abhängigkeit fühlt, ferner, da das Recht der Menschheit, das Verhältniss seiner Person zu den andern Gliedern des Staats und seine eigenen Verdienste ums Vaterland ihm ähnliche Vorzüge und den Gebrauch seines freien Willens versichern, wie sollte er sich dann mit jener Vorstellung zufrieden geben, und auf das Recht eines freien Mannes Verzicht thun können!"

Quellennachweis:

HELVETIA. Denkwürdigkeiten für die XXII Freistaaten der Schweizerischen Eidgenossenschaft, Fünfter Band, Aarau. Bei J. J. Schriften, Buchdrucker und Buchhändler, 1829, S. 6–23.

Standort:

Staatsarchiv Zürich

Kommentar:

Die vom Hafner und Freizeitdichter Heinrich Nehracher (1764–1797) verfasste Denkschrift enthält die wichtigsten Forderungen des Landbürgertums an die städtische Obrigkeit. Sie ist auch das Resultat der Diskussionen in der „Lesegesellschaft am See", einem Treffpunkt der gebildeten ländlichen Oberschicht. Wie schon die ältere Geschichtsschreibung betont hat, fliessen sowohl alte wie neue Freiheitsvorstellungen in dieses Dokument ein. Schon mit dem Begriff Memorial (memoria) wird auf das „sich erinnern" an alte Rechtszustände, also auf die Vergangenheit, verwiesen. Das Stäfner Memorial gliedert sich in drei Hauptteile. Im ersten Teil wird auf die altschweizerische Freiheitstradition und die Vorzüge der republikanischen Verfassung Zürichs verwiesen, allerdings wird deutlich, dass die Petenten erst durch das weltgeschichtliche Ereignis der Französischen Revolution ermuntert worden sind, die alten Freiheiten zurückzufordern. Im zweiten Teil wird der Forderungskatalog präsentiert: Gleiche Verfassung für Stadt und Land, Abschaffung von städtischem Handelsmonopol und Zunftzwang, Zugang der Landbürger zu höherer Bildung, Beseitigung des feudalen Abgabensystems, Aufhebung der Leibeigenschaft, Respektierung der politischen Partizipationsrechte der Gemeinden. Im dritten Teil werden die Forderungen in einen grösseren Erklärungs- und Legitimationszusammenhang hineingestellt. Korporativistisch-kommunalistische Organisationsmuster und Vorstellungen einer tugendhaften Bürgerrepublik erfahren eine Dynamisierung, indem sie mit aufgeklärt-naturrechtlichen Elementen verschmolzen werden. Im neu konstruierten genossenschaftlichen Bürgerverband, der sowohl Stadt- wie auch Landbürger umfasst, sollen die Rechte auch den Pflichten entsprechen.

Titel: Heinrich Wädenschweiler im Mies, Protokoll über die Verhandlungen der Hofgemeinde Stäfa vom 12. und 16. Mai 1795

Text 23:

Von Schulmeister Ryffel jgr. eingeben den 16. Juli 1795
Den 12. Tag May Anno 1795.

Als under dem 12. May 95 bey einer Ganz und Wahlversammleten Hofgemeind folgende Ehren-Menner:
1. Adjutant Hürlimann ihm Kälhof,
2. Geschwornen Aebli zu Oberhause,
3. Johannes Kuntz,
4. Hans Jörg Radt, beyd im Grund, öffentlich vortraten und sich beschwerten, dass Syt villen Jahre här, Eint und andere Freiheiten, dem Landmann, Welche zu synem wahren Nutzen gedient haben, entzogen und Entrisen worden seyen. Und über dass der Neuerungen und Einschrenkungen des Landes kein ende Gemacht werde, die Einem Freien Schweizer nicht zukommen sollen.

Desnahen hatt ein Ehrsame Wahl Versammlete Byderbe Hofgemeind Ihre Klage angehört und mit Einem Einstimmigen Mehr folgende Entschlüs abgefast.

1) Dass weillen sich Urkunde in Küssnacht gefunden haben, die dem Landmann Eint und
andre Freyheiten zusichern, den Er Jahrhunderte nicht mehr genossen hatt, so sollen
9 Depatierte auf Küsnacht gesendt, um die von Ihnen abzufordern.

2) Nach Empfang dieser Urkunden sollen sye Verpflichtet seyn dem ganzen Hof zu Re-
ladieren und unter dem Gleudt der Gloken vorgelesen werden. Diese nun dazu ver-
ordnete Deputatschaft währen folgende:

  1. Hr. Landrichter Büllar, Oürikon, als Beamtete.
  2. Geschwornen Johannes Hürlimann, im Kählhof.
  3. Geschwornen Johannes Pünter im Dorf. Alle 3 in der ober Wacht.

Nun folgt Under Wacht des Hof Stäfa:

  1. Hr. Landrichter Kuntz in der Muzmahlen als beamdeter.
  2. Leutenant Bobmer im Rosengarten.
  3. Wachtmeister Ryfel im Bad.

Nun folgt Enner Wacht des Hof Stäfans:

  1. Landrichter Walder von Oetweil als Beamdeter, welcher nicht erschienen ist.
  2. Leutenant Kuntz auch von da.
  3. Seckelmeister Drachler im Ghei.

Dieses wahren jetz also die Entschlüss, welche bey der ersten Hoffgemeind auf der Gericht
Statt abgefasst worden sind.

Nun folgt die Abfassung der Entschlüssen, welche nach entpfang der Urkunden in der
kierch zu Stäfa den 16. Tag Mey 95 abgeschlossen worden sind.

1) Vorschlag vor E. E. Hofgemeind. Ob ungeacht des Abschlags von Seiten Ihro Gnad und
Weisheit Herrn Amtsbürgermeister – dennoch die von Küssnach abgeholte Urkunden
sollen vorgelesen werden?
Einhellig abgeschlossen.
Dessweilen die Deputierten nunmehro die Urkunden nach Einhelligem Gemeindschluss zuwider dem Befehl von Herr Amts Ober Fogt schinzen hieher gebracht – als
solle auch hierüber dem Gemeindschluss des weitern gefolgt und solche ohne Weitters
belesen werden.

2) Zweiter Vorschlag wer solches belesen solle –
Ein helig abgeschlossen:
Hans Heinricht Ryffel im Miess und Schulmeister Bobmer zu Oürikon.

3) Vorschlag nach Verlasung der Urkonden:
Ob man bey inhald der Brief und sigel bys zu nährer Erleutrung derselben bliben woh-
le und ob man hierüber gesonnen sey mit andern Gemeind gemeinschaftlich sachen
zu machen und mit Hochachtig und gebührenden Respakt sich bey unsern gnadigen
Herren Melden wolle um diessfahls die nöthige Aufklarung zu verlangen.
Einhellig abgeschlossen:
Ja; Es solle diessfalls depentiert an unsre gnädig Herren abgeordnet und solche um die

Kraft der Urkunden oder um derselben Noleitet[1] mit Hochachtung gefragt werde, und im Fahl solche nicht angesehen würden der Bericht verlangt und überbracht werden, wan und Wie solche seyen vernichtet worde.

4) Vorschlag Wer zur Depentatschaft verordnet werden solle.

Einhellig Abgeschlossen:

Alle auf Küssnacht verordnet gewesne, in Zuzug 16 hierzu bestimmten und Erwelten Manner näbst dem ganzen stilstand von beyden Höfen.

5) Ob wann sich Kosten und Verdruss Ereignen sollte, Einer für al und all für Einer.

Einhellig abgeschlossen und bey dem Eid Ja.

6) Auf die Frage, ob man wolle, dass wenn's Prifatin Cidatione an einiche von uns gelangen sollte, die Depentatschaft statt derselben erscheinen und verantwortlich seyn muss.

Einhellig abgeschlossen:

Dass ihm Fahl Cidationen an die Jänigen gelangen sollten, die sich öffentlich gezeigt haben, solle die Depentatschaft für sey verantwortlich seyn.

Quellennachweis:

Otto Hunziker, Zeitgenössische Darstellungen der Unruhen in der Landschaft Zürich 1794–1798, Basel 1897 (Quellen zur Schweizer Geschichte, Bd. 17), S. 284 f.

Kommentar:

Die Ablehnung des Stäfner Memorials und die Kriminalisierung der Verfasser durch die städtische Obrigkeit führen zur Eskalation. Der Memorial-Handel weitet sich zur Stäfner Volksbewegung aus. Weil die naturrechtliche Argumentation keinen Erfolg bringt, setzt eine fieberhafte Suche nach alten Urkunden ein, die dazu dienen sollen, die ländlichen Forderungen rechtlich zu legitimieren. Eine wichtige Rolle in dieser Bewegung spielt die Neudefinition von Gemeindeversammlungen. In Stäfa wird am 12. Mai 1795 das ordentliche Hof- und Maiengericht – eine traditionelle bäuerliche Versammlung zur Schlichtung geringfügiger Güterstreitigkeiten und zur Wahl von Gemeindebeamten – bewusst umfunktioniert, um Delegierte zu wählen und diese mit der Beschaffung der alten Urkunden zu betrauen. Im Zentrum der Beratungen der Hofgemeinde stehen die „alten Freiheiten", also eine Anknüpfung an positives Recht. Es ist schwierig, in den Besitz der entsprechenden Urkunden zu kommen, weil die Originale in den städtischen Archiven verwahrt liegen. Deshalb wird eine Abschrift, die in Küsnacht gefunden wird, besorgt. Die Gemeinde beschliesst, eine Deputation nach Zürich zu schicken, um sich nach der Gültigkeit der Urkunden zu erkundigen.

---

1 Nullität

Titel: *Schmähschrift über die Gefangennehmung des Sekelmstr. Hess von Wald, 1795*

Text 24:

Mein Freund. Es tut mich heftig Schmerzen,
Daß es so elend gehen tut.
Es tut mir weh in meinem Herzen,
Daß sie so treiben Uebermut.
Wer kann so was seh'n und nicht empfinden,
Wenn man ein solchen Ehrenmann
Aufs Pferd setzt, Händ und Fuß tut binden,
Bedeckung hat kein, Ehr davon.
Sie machens wie die Henkersknecht
Und kennen keine Menschenrecht.
Sie rufen schon in diesen Ton.
Ich werd begehrt nur, was ihm ghört.
Das ist im Anfang zum Bewis,
Daß es noch geh'n wird, wie in Paris.
Steckt ihr nur alle braven Männer ein,
Auf daß ihr können ruhig sein.
Ihr werdet wohl nicht alle finden,
Auch nicht gnug Strick, vor sie zu binden.
Denkt aber das nur gewüß,
Zuletzt auch kommen wird an euch.
Das heißt man nur Tyrannen Wut.
Kein braver Mann findet das vor gut.
Allein ihr wüßt kein ander Rat,
Das ist nach grober Zürcher Art.
Das Volk am See besitzt Verstand,
Doch geht man jetzt ihm nicht an Tand (d.h. an d'Hand).

Quellennachweis:

Schmähschrift über die Gefangennehmung des Sekelmstr. Hess von Wald, 1795, StAZ A. 143, S. 1000.

Standort:

Staatsarchiv Zürich

II. Quellenkorpus

Kommentar:

Das Spottgedicht ist nach dem Stäfner Handel anlässlich der Gefangennahme eines Vertreters der ländlichen Opposition entstanden. Es verweist nicht nur auf das neue Selbstbewusstsein der ländlichen Oberschicht, bemerkenswert ist auch der Rekurs auf die Menschenrechte und die Französische Revolution, die als Druckmittel verwendet wird. Beim Verhafteten handelt es sich um Seckelmeister Johannes Hess (1757–1823) aus Wald. Dieser ist als Krämer tätig und unterhält deshalb gute Kontakte zur breiten Bevölkerung. Er wird von der Obrigkeit beschuldigt, bei der Bekanntmachung und Verbreitung des Stäfner Memorials mitgewirkt zu haben. Hess gehört zu jener intermediären Schicht, die durch ihre eigenständigen Bildungsbemühungen in Kontakt mit den Ideen der Französischen Revolution gekommen ist und diese an die Unterschichten weitervermittelt.

Titel: Freiamtslied von Quartiermeister und Kanzleisubstitut Hans Kaspar Syz
zu Knonau, 1795

Text 25:

Wie steht's um Euch, Freiämter-Bauren?
Müsst Ihr noch stets im Stillen lauren,
Dürft Ihr noch nicht frei öffentlich
Euch zeigen bei der Zeitgeschicht'?
O schade für den Freiamts-Namen,
Den Ihr blos trägt als Vater-Ahnen
Und nicht mit Grund als Kindestheil
Zu wahrem Nutz und Eurem[1] Heil.
Seid Ihr vom Joche noch nicht müde,
Tragt Ihr der Knechtschaft schwere Bürde
Und Lasten, so man Euch auflegt,
Gern stets – wie man zu reden pflegt!
Dieselben sind, wie ich verstanden
Aus guten, sichern, treuen Handen:
Der kleine Zehend insgemein
Und vieles mehr, das nicht sollt' sein;
Zum Beispiel: Aepfel, Birnen, Nüsse
Erdäpfel, Hanf und Lewat-Samen[2]
Spanferkel, Hirs und andres mehr,
Das dem Baur macht das Zinsen schwer!
Dann folgen auch die Fastnachthühner,

---

1 In einer andern Handschrift: und bestem.
2 Ib.: Hanf, Flachs, Lewat-Samen.

Steuer[3], Haber, Leib- und Gütersteuer,
Herbsthammen, Geld und Totenfall
Grundzinse schwer – fast ohne Zahl;
Frohndienste in den Sommertagen,
Lasten, die alle Gmeinden tragen,
Fuhren thun und Bauholz geben
Zu des Pfarrers sicherm Leben.
Auch dürft Ihr nicht das Land bewerben
Als Kinder, Eurer Väter Erben;
Einschlaggeld und Kernen zahlen –
Könnt' man auch was schlechters malen!
Und was erwachst von Eurem Gute
Durch Gottes Segen, Schweiss und Blute,
Dürft Ihr es dann auch frei ausschenken,
Damit kein Wirt Euch nicht darf kränken?
Wo ist's doch so in einem Lande
Wo drücket solch ein hartes Bande?
Nicht hier – nicht dort – in keiner Welt
Ist's wie im Freien-Amt bestellt!
Erwacht vom Schlummer-Schlaf, Ihr Brüder!
Seid mit uns Eines Leibes Glieder,
Und tretet frisch die Laufbahn an,
Die uns zum Siege führen kann!
O Brüder! Alle seid vereint,
Vereint mit uns in Bruderliebe!
Ist dieses – und der Vorsatz fest,
So seid Ihr uns willkommne Gäst'!
Lebt wohl, lebt wohl, Ihr Aemter-Brüder,
Vereint im Kreis sehn wir uns wieder!
Auf, alle Brüder[4] insgesamt!
Gott steh' Euch bei mit seiner Hand!

Quellennachweis:

Otto Hunziker, Zeitgenössische Darstellungen der Unruhen in der Landschaft Zürich 1794–1798, Basel 1897 (Quellen zur Schweizer Geschichte, Bd. 17), S. 282 f.

---

3   Scheint Schreibfehler.
4   In der andern Handschrift: in jenem Kreis sehn wir wieder Auf alle Brüder.

Kommentar:

Verfasser des Freiamtsliedes ist der aus einfachen Verhältnissen stammende Hans Caspar Syz (1755–1838). Im Text wird Klage über die Belastungen der Landbevölkerung erhoben. In dem zum Zürcher Herrschaftsgebiet gehörenden Freiamt (Knonauer Amt) sind die Erinnerungen an frühere Freiheitsrechte und die vorzürcherische Verwaltungsstruktur immer noch lebendig. Syz knüpft geschickt an diese alte Rechtstradition an und konfrontiert sie mit den realen Verhältnissen. Ermuntert zu diesem Schritt wird er erst durch die Ereignisse der Französischen Revolution. Der Text zeigt, wie die neue Freiheit gleichsam zur Revitalisierung alter Freiheitsrechte instrumentalisiert wird. Die elfte Strophe kann sogar als Aufforderung zum Widerstand gelesen werden.

Titel: Ein Wort über das berüchtigte politische Handbuch, von J. D. Weiß, einem Züricher, 1797

Text 26:

Eigennuz und Furcht sind von jeher die mächtigsten Triebfedern gewesen; welche wechselweise die Handlungen jener Menschen bestimmt haben, die die Beschränktheit ihrer moralischen Kräfte nicht zur Höhe des furchtlosen und uninteressirten Philosophen emporschwingen konnte. Begierde nach Gegenständen des Genusses dekt die Meere mit Schiffen und lehrt Menschen diesem gefährlichen Elemente Troz bieten: instinktmäßiger Heißhunger nach Beute lokt die Söldner der Könige in Gefahren und Tod: Besorgniß für Erhaltung seiner Existenz machte den Nero zum Wüthrich, ließ den Robespierre überall nichts als royalistisch und föderalistische Gespenster erblikken, und Furcht von der angemaßten Höhe der Macht in die natürlichen Gleisen herabgeworfen zu werden, gab dem Magistrat von Zürch die Maasregeln der Grausamkeit ein, welche er gegen die unglüklichen Bewohner von Stäfa ausübte. Beide, Furcht und Eigennuz waren es endlich, die dem Herrn Verfasser, wohl nicht in sein vertroknetes Gehirn, aber doch in seine zitternde Feder die Ideen dieses Handbuchs fließen ließen. Diesen Karakter findet man durchaus in einen leicht zu durchschauenden Flor gehüllt, und überall sieht man, dass es das Machwerk einer Parthei ist, nämlich derjenigen, welche die Regierung in Händen hat, und einmal die willkührliche Erweiterung ihrer Macht, die sie sich von jeher zum Ziel ihrer Wünsche vorgestekt, dem unglüklichen Volke aus den Gesezzen der Nothwendigkeit herdefiniren will. Wer würde auch so thöricht seyn, in diesem Werke Unpartheilichkeit suchen zu wollen, da dessen Verfasser in diesem wichtigen Volksprozesse selbst zu den Angeklagten gehört, und sich zu gleicher Zeit zum Richter desselben aufwerfen will; indem er doch mit beiden Füßen auf der Stufe des Rathhauses steht, und in die Geheimnisse des kleinen Zürcher Usurpationsbundes eingeweiht ist.

Obschon wir eigentlich keine Liebhaber von Vorreden sind, so können wir doch nicht umhin, jene des Herrn Verfassers etwas mehr in Nähe zu beleuchten.

Er beklagt sich zuerst über die allgemein um sich greifende Neuerungssucht, über Staatsangelegenheiten zu raisonniren und zu schreiben, welche es sich zum Gesez macht, die Verfassungen und Regenten aller Staaten zu beurtheilen und zu tadeln, ohne auf die bisher bestandenen Einrichtungen und Verhältnisse derselben näher Rücksicht zu nehmen. „Mit Hilfe einiger allgemeinen und glänzenden Grundsäzzen, sagt er, wovon die Anwendung im Großen durch keine Erfahrung gesichert ist, sucht man alte Verfassungen ihrer wichtigsten Stüzze, der dankbaren Verehrung des Volkes zu berauben."

Die erbärmliche Kapuziner-Jeremiade, in welche der Herr Verfasser verfallen ist, indem er bedauert, daß patriotische Schriftsteller die Fehler der Verfassungen mit einer Dreistigkeit, Furchtlosigkeit und Zuversicht hervorspringend mahlen, und die sich leider nicht durch Strafen unterdrükken lassen, beweist hinlänglich, wie wenig die Verfassung von Zürich geeignet sey, eine ernsthafte Probe auszuhalten, und daß sie daher nicht auf die dankbare Verehrung des Volkes zählen könne. – Der erste Stoff zu unsern Urtheilen und Schlüssen liegt immer in Gegenständen von Aussen. Unsere Sinne liefern uns Eindrükke, von deren Beschaffenheit auch gemeiniglich jene unsers Urtheils abhängt. Wenn also eine Verfassung, wie die Sonne der Glükseligkeit, ihre allgemein wohlthätigen Strahlen über die Mehrheit des Volkes ergießt, so wird dieselbe ein Gegenstand allgemeiner Verehrung seyn, und kein Raisonnement, keine Flugschrift, sie mag auch Namen haben, wie sie will, wird vermögend seyn, dieses in den Herzen aller Bürger lautsprechende Gefühl zu erstikken. Da aber, wo diese beglükkenden Strahlen blos in Ringmauern, die bei weitem eine unbeträchtliche Minorität enthalten, eingeschlossen sind, mag man dem großen Haufen immer zurufen: „Deine Verfassung macht dich glüklich!" man wird nur tauben Ohren predigen, er wird antworten: „Ich fühle nur zu sehr das Joch, das ich trage, und die Bürde, unter welcher ich seufze." – Nur Fanatisme und Schrökken sind noch schwache Stüzzen der Despoten aller Farben, die eine zeitlang ein solches Gebäude aufrecht zu erhalten im Stande sind.

Die ersten Grundsäzze jeder guten Verfassung müssen in der Natur des Menschen selbst aufgesucht werden; sie sind, wie diese, darum allgemein und auf alle Völker passend, und müssen die Farbe der Moral tragen. Die Natur hat dem Menschen nach Verschiedenheit des Orts bei seiner Geburt kein verschiedenes Zeichen aufgedrükt, mit der Inschrift: „Du bist zum Sklaven, und du zum Herrscher gebohren:" im Gegentheil sie sagt uns ganz laut: „Die Existenz jedes Menschen hat eben den Zwek, als die Deinige, daher ist es dir nicht erlaubt deinen Bruder blos als Mittel zu deiner persönlichen Glükseligkeit zu gebrauchen. Die Stadtbewohner Zürichs müssen das Landvolk als ihre Brüder, und mithin nicht als unterthänige Knechte, die nur darum da sind, um den städtischen Luxus zu erhöhen, ansehen."

Wer könnte wohl an der Allgemeinheit solcher Grundsäzze noch einigermassen Zweifel sezzen; würden sie wohl zu ihrer Anwendbarkeit noch Erfahrungen nöthig haben? Wenn dieses ist, so waren wahrscheinlich, in dem Sinne des Herrn Verfassers, die Willhelm Telle, Staufacher und andere edle Männer der Schweiz, welche das österreichische Joch abgeschüttelt, weiter nichts als elende Rebellen und neuerungssüchtige Unruhestifter, die ein Unternehmen wagten, und Grundsäzze in Ausübung brachten, für die damals noch keine Erfahrungen sprachen. So beschimpft die Asche dieser Männer einer ihrer unwürdigen Söhne. – Vernunft und Erfahrung gründen sich beide zunächst auf Natur, und folgen einander unmittelbar, wie Mutter und Tochter, in einer ewigen Kettenreihe. Die Vernunft entdekt die Wahrheit, und die Erfahrung bestättigt sie. Würde man bei jeder Unternehmung erst auf Erfahrung haben lauern wollen, so würde das Menschengeschlecht nie einen Schritt zu seiner Vervollkommnung weiter gethan haben. Uiberhaupt, Vernunft und Erfahrung können nie miteinander im Widerspruche stehen, was durch jene unbezweifelt wahr ist, ist es auch durch diese.

Wenn der Herr Verfasser von Konvenienzen, Herkommen und Verhältnissen mit andern Staaten spricht, so antworten wir ihm, daß gerecht seyn, das allererste und wesentlichste aller dieser Dinge sey. – Gerechtigkeit sind wir sogar unsern Feinden schuldig. – Hierauf beruht eine hauptsächliche Stüzze republikanischer Verfassungen. Freiheit und Gerechtigkeit sind homogene Theile, die miteinander und nebeneinander bestehen müssen, und diese leidet keine Unterdrükkung, keine privilegirten Kasten auf Unkosten anderer, so wie jene. Diese Wahrheit ist nicht mehr neu.

Themistokles kündigte nach der Schlacht von Platea öffentlich an, daß er ein Projekt von äusserster Wichtigkeit gefasst habe, wovon aber nur der Erfolg von der größten Geheimhaltung abhienge. „Aristides sey der Schiedsrichter", rief das Volk. Themistokles sagte hierauf diesem leztern: „Die Flotte unserer Alliirten liegt jetzt ohne Mißtrauen im Hafen von Pagasus, ich schlage vor, sie zu verbrennen, und wir sind Herrn von Griechenland". Aristides wandte sich hierauf laut zu der Versammlung: „Athenienser", sagte er, „nichts ist nüzlicher, als das Projekt von Themistokles; aber auch nichts so ungerecht".

„Wir wollen es nicht," schrie die ganze Versammlung mit einmüthiger Stimme.

Der Verfasser gesteht endlich ein, daß zur Erreichung seiner Absichten, nämlich diese gefährliche Neuerungssucht zu erstikken, die menschliche Vernunft unterjocht werden müsse, nur leugnet er, dass dies durch blosen Priestertand geschehen könne. Wenn er zur Erhaltung des Staats solche Mittel vorschlägt, wodurch den Untergebenen alle Beweggründe zu gerechtem Misvergnügen abgeschnitten würden, so schenken wir ihm herzlich gerne unsern Beifall. Allein seine Absichten, wie gleich aus den folgenden Säzzen erhellt, sind, nicht sowohl den wirklichen Beschwerden des Volks abzuhelfen; sondern nur durch Predigung einiger heterodoxen Religions-Grundsäzze dasselbe an ein duldsames Leiden des Unrechts zu gewöhnen, und beständig mit den Aussichten in ein besseres Leben jenseits des Grabes zu trösten.

Das Unrecht wird aber darum nicht minder Unrecht bleiben, und das Volk nicht weniger sein Unglück fühlen, wenn es dasselbe stillschweigend erträgt. Auch sind den Beschwerden der Gemeinde Stäfa durch den Rath von Zürich gewiß dadurch nicht abgeholfen worden, dass er diejenigen, welche dieselben vorzutragen den Muth hatten, in Banden werfen, oder aus dem Lande verbannen ließ. Nur dann werden diese Beschwerden wirklich aufhören, wenn sich die Regierung das allgemeine, und nicht partielle, Glük aller Untergebenen ernstlich zum Zwek machen wird.

Der Herr Verfasser gesteht ferner ein, dass die das Landvolk betreffende Einschränkungen wirklich nachtheilige Folgen für dasselbe haben, die seine bescheidene Feder nur zu verringern, aber nicht zu rechtfertigen sucht. Uiberhaupt sieht man überall, wenn er von der Vortreflichkeit der Verfassung Zürichs spricht, er nur die Stadt, und nicht das Land, darunter versteht.

Wir halten übrigens für überflüssig, noch mehrere Stellen dieser Vorrede von den Blumen, in welche der Herr Verfasser seine Absichten verhüllt hat, zu entschleiern, und diejenigen Pinselstriche, welche seiner leichten Feder mit Fleiß entgangen sind, hinzuzufügen; wir gehen daher zu der Prüfung des Werkes selbst über.

Wir übergehen hier die Beschreibung, welche uns der Hr. Verfasser von der dermaligen Verfassung des Kantons Zürich giebt, weil wir in der Folge noch öfter Gelegenheit haben werden, ein Wörtchen hievon zu sprechen.

Im § 6, Seite 70, behauptet er, „daß das oberkeitliche Ansehen auf dem Lande nicht mißbraucht werde, und dass die Landes-Obrigkeit immer pflichtmäßig darauf sey bedacht gewesen, daß dasselbe nur zum wahren Besten und Glük der Angehörigen gebraucht werde." Eine Behauptung, deren Unrichtigkeit nur zu sehr in die Augen fallend ist, und über deren Unwahrheit der Züricher Landbewohner schon lange vergebens seufzet. Sie bedarf keines weitläufigen Widerlegens, wir wollen uns vielmehr bemühen den Grund hievon aufzusuchen und sehen ob derselbe

1. nicht etwa in der dermaligen Verfassung selbst liege, und
2. ob die Züricher Regierung ihre Gewalt über die Landbewohner selbst nicht mißbraucht.

Es ist eine allgemeine Erfahrung, welche wir im großen Buche der Weltbegebenheiten auf jeder Seite bezeichnet finden, daß Regierungen sich durch ein beständig fortgesetztes Bestreben äussern, die Grenzen ihrer Macht immer mehr zu erweitern. Bestreben nach Bewegung und Wirkung ist das Wesentliche jeder Kraft, und hieraus lassen sich die allmähligen Metamorphosen der Demokratien in Aristokratien, in konstitutionelle Monarchien, und endlich in absolute Despotien erklären. Die Kräfte der Regierung suchen sich in allen ihren Äusserungen auf alle Seiten hin auszudehnen, und wenn dieselben nicht durch undurchbrechliche Dämme in die gesezlichen Grenzen ihrer politischen Atmosphäre eingeschränkt sind, so führen sie ganz natürlich unumschränkte Gewalt der Herrscher und gänzliche Unterdrükkung der Beherrschten allmählich herbei. Kleine Hindernisse wekken die noch schlafenden Kräfte, und geringer Wiederstand verdoppelt ihre Stärke; nur Gleichheit der Kraft und Gegenkraft bringt Gleichgewicht hervor. Darum sind auch in republikanischen Staaten, in deren Verfassungen dieses glükliche Gleichgewicht nicht zum Grunde liegt, von Zeit zu Zeit gänzliche Erschütterungen unentbehrlich, um die schon gesunkene Demokratie wieder auf ihre erste Höhe hinauf zu schwingen, wenn sie nicht schnell zur untersten Stufe des Despotismus herabfallen soll. Nur dann, wenn dieses problematische Gleichgewicht vollkommen, durch unfehlbare Gründe bestimmt seyn wird, dann werden Revolutionen unnöthig seyn, und nicht mehr erfolgen.

Nach diesen unumstößlichen Wahrheiten wollen wir nun die obige Behauptung des Herrn Verfassers ein wenig näher beleuchten. Hier entsteht zu vorerst die Frage: „Ist der Regierung des Kantons Zürich wirklich ein solcher Damm gesezt, welcher sie in ihren konstitutionellen Grenzen fest zu halten, und das Landvolk gegen Unterdrükkung zu sichern vermögend ist"? Wir antworten nein. – Dieser Damm kann kein anderer seyn, als Gleichheit der Rechte aller Staatsbürger: wenn aber der eine zum Herrschen und der andere zum Gehorchen gebohren wird, welche Garantie ist dem leztern gegen Anmasungen des erstern gegeben? Welche Schranken können jenen von der so natürlichen Leidenschaft seine Herschergewalt auszudehnen zurückhalten? Gesezze! Er ist selbst Gesezgeber, wird er dieselben nicht nach seinen Absichten zu formen und zu modeln wissen? Urverfassung! Schwache Stüze gegen einen reissenden Bergstrohm. Wer richtet ihn, wenn er dieselbe verlezt? – Etwa diejenigen, welche durch diese Verlezzung gekränkt sind, oder vielmehr diejenigen, welche mit ihm gleiches Interesse haben, ihre Gewalt auf ähnliche Art zu erweitern? Privilegien und Freiheit, wie können diese heterogenen Theile mit und nebeneinander bestehen? Dies ist aber das ungeschminkte Bild der Verfassung Zürichs, so wie sie seine hochweisen Herren schon umgeschmolzen haben. „Die Souverainität beruht auf der Stadt und nicht auf dem Lande", dies Lieblingsstekkenpferd, welches diese Herren unaufhörlich reiten, führt natürlicherweise auf die jede Idee von Volksfreiheit und Volksglükseligkeit zerstöhrende Begriffe von Herren und Unterthanen, von Herrschern und Sklaven, von privilegirten Unterdrükkern und duldsamen Unterdrükten. – Armes betrogenes Landvolk, arme Unterthanen der Stadt Zürich! Seht hier die Quelle euers Unglüks, seht hier die Werkstädte euerer Ketten! Wie kann man schändlicher mit euern unveräuserlichen Rechten spielen, als die Stadt Zürich? Wo ist die Urkunde, welche die Stadtbewohner zu Herrschern, und euch zu Unterthanen macht? Gesezt auch, es existirte dieses schändliche, treulose Pergament, könnte dies kalte Dokument lauter sprechen, als die warmen Gefühle euers Herzens für Freiheit? – Kann die Verjährung die Rechtmäßigkeit einer Usurpation beweisen? Was vor tausend Jahren ein Verbrechen war, kann es jezt Tugend seyn? Welche Gewalt hatten euere Väter über Euch, ehe Ihr noch waret, Euch als Sklaven zu verkaufen? Welches Unrecht habt Ihr, euere noch nicht gezeugten Kinder als Knechte der Städter zu verdingen? Ein Stük Eselshaut, das man dem armen Thiere wider seinen Willen abgeschunden hat, kann es giltiger seyn, als die ewigen Grundsäzze der Natur und Vernunft, die der Zahn der Zeit nicht zu zernagen wagt, und die ewig laut sprechen: „Der Mensch werde frei und gleich an Rechten mit jedem andern gebohren"! Welche Garantie habt ihr gegen weitere Eingriffe der Städter in eure Rechte, wo ist euer Areopage, wo eure Volkstribunen, wo euer Landgericht, um den Städter zu richten, wenn er an euch Verräther wird? Schüzt euch etwa der Eid, welchen die Rathsherren ablegen müssen. Wie können Schwüre Verbrechen heiligen? Wir werden noch in der Folge sehen, wie schwach dies Bollwerk gegen die starken Waffen der Gewalt und der Anmassungen sey. Von euch verlangt man ebenfalls die Beschwörung eurer Schande: erzwungener Schwur, der ebendarum nie Giltigkeit haben kann. Wo sind eure Repräsentanten im großen und kleinen Rathe, wo sind eure Gesezgeber? Tragen nicht darum alle Gesezze, die Machwerk der Städter sind, das Gepräge des städtischen Interessens auf Unkosten des eurigen? Euch brauch ich hier keine Beweise anzuführen, euer eigenes Gefühl überzeugt euch leider nur zusehr von dieser traurigen Wahrheit: – Ein alter griechischer Weise sagte schon: „Um gut zu herrschen, müsse man zuerst gehorchen lernen"; und wo lernen dies eure hochweisen Herrn, die in der Wiege schon zum herrschen bestimmt sind? Daher ihre Insolenz. – Unglükliche Landbewohner des Kantons Zürich! Ihr steht auf der Stufe, von der wir oben geredet haben, euch entweder durch eine gewaltsame Erschütterung wieder auf die Höhe euerer Freiheit empor zu schwingen, eure verlornen Rechte wieder zu erobern: oder pfeilschnell zur äußersten Sklaverei herabzusinken. Wem von euch schlägt nicht das Herz bei der Rükerinnerung, dessen was eure Väter ehemals waren; beim Gedanken an Freiheit und Vaterland! Muß nicht der Anblik der freien Städter euch euer Joch noch unterträglicher machen: wer wünscht nicht lieber Unterthan des Großsultans, als Zelote unter den Spartanern zu seyn?

Die Stadt Zürich selbst würde bei so einem gewaltsamen Schritte gewinnen. Schon jezt haben sich einzelne Familien auf Unkosten der Uibrigen Privilegien zuzueignen gewußt, die sie eben so geschikt zu erweitern verstehen werden. Die Regierung konzentrirt sich folglich, die Anzahl der Herrscher wird geringer, im nämlichen Verhältnisse, als die der Beherrschten größer wird, und endlich wird einigen oder einer Familie die Oberherrschaft zur Beute werden, die übrigen alle sind ihre gemeinsamen Unterthanen. Dies ist der Gang der menschlichen Dinge, und nur die Anerkennung gleicher Rechte für Stadt- und Landbewohner kann sie vor diesem Schiksale schüzzen.

Wir verfolgen nun unsern Zwek weiter, nachdem wir hier gezeigt haben, daß der erste Grund zum Missbrauch der obrigkeitlichen Gewalt in der dermaligen Verfassung selbst liege, und werden einige Mittel angeben, deren sich die Züricher Regierung selbst bedient, um die Grenzsteine ihrer Gewalt zu verrükken.

Es ist von jeher ein sicheres Werkzeug der Despoten gewesen, eine gewisse Menschenklasse zu begünstigen, um mit denselben die andern zu unterdrükken. Die Züricher Herren haben diese so unfehlbare Regel nie ausser Acht gelassen; sie haben unaufhörlich gesucht, diejenigen Menschen, welche auf dem Lande Gewalt und Ansehen haben, durch gemeinsames Interesse an sich zu ketten. Hiernächst folgen einige Beweise davon:

Die Landschreiberstellen waren ehedem von lauter Landleuten besetzt; sie wurden vom Lande gewählt, und ihr Interesse hieng fest mit dem des Landes zusammen. Der Magistrat mußte nothwendig dasselbe zu trennen, und an jenes der Stadt zu knüpfen suchen, durch diesen politischen Kunstgriff machte er dieselbe zu blinden Werkzeugen seiner Macht, sie sind nicht mehr für das Beste des Landes, sondern jenes der Stadt besorgt. Die Folge zeigte, daß diese Kriegslist dem Magistrate wohl gelungen sey. Gegenwärtig sind schon alle Landschreibereyen der äußern Vogteyen, und auch viele der innern mit Stadtbürgern besetzt. Da, wo dies zu auffallend seyn würde, begnadigt er den Landschreiber mit dem Bürgerrechte der Stadt, um das Interesse desselben zu ändern, und ihn an den Magistrat enger anzuschließen. So werden wir auch diese allmählich alle von Subjekten der Stadt besezt finden. (…)

Quellennachweis:

Materialien zur Geschichte des Standes Zürich, Erstes Heft, Strassburg 1797, S. 17–28. (Ausschnitt)

Standort:

Staatsarchiv Zürich

Kommentar:

Im Jahr 1796 veröffentlicht David von Wyss (1763–1839), der Sohn des letzten Bürgermeisters des alten Zürich, ein „Politisches Handbuch für die erwachsene Jugend der Stadt und Landschaft Zürich". Dieses Kompendium der Regierungsgrundsätze und des Staatsaufbaus ist zugleich eine Verteidigungsschrift gegen die durch die Französische Revolution ausgelöste „Neuerungssucht" und die Oppositionsbewegung auf der Landschaft. Als publizistische Reaktion erscheint 1797 in Strassburg eine Flugschrift mit dem Titel „Materialien zur Geschichte des Standes Zürich", die sich kritisch mit den im Handbuch vertretenen Ansichten auseinandersetzt. Zum Kreis der Verfasser gehören Personen, die nach dem Stäfner Handel ins Elsass geflohen sind, wie etwa der Chirurg Andreas Staub und der aus einer Landschreiberdynastie stammende Kaspar Billeter (1765–1844). Die Autoren berufen sich nicht mehr auf die alten Urkunden, sondern auf das allgemeine Menschenrecht. Überraschend ist auch die Gleichsetzung von Robespierre mit den Zürcher Machthabern. In beiden Fällen konstatieren die Autoren einen Machtmissbrauch. Als Damm gegen solche Herrscherwillkür sehen sie die Errichtung konstitutioneller Grenzen. Nur durch die Herstellung eines Gleichgewichts der Kräfte kann das Volk vor Übergriffen geschützt werden. Die „Gleichheit der Rechte der Staatsbürger" und die Gewaltenkontrolle in einem System verteilter Macht sind dafür wesentliche Voraussetzungen.

Titel: Gütlicher Vertrag des Fürstlichen Stifts St. Gallen mit desselbigen Angehörigen und Gottshaus-Leuten der alten Landschaft, aufgericht und angenommen den 23. Wintermonat 1795. Gedruckt nach dem Original 1796

Text 27:

Von Gottes Gnaden Wir BEDA, des Heil. Röm. Reichs Fürst, Abt des fürstl. Stiftes St. Gallen und Gotteshauses St. Johann im Thurtal, Graf im Toggenburg, Herr zu Neuravensburg, Ritter des königlichen Ordens der jungfräulichen Verkündigung Mariä u. u.

Und Wir Decan und Konvent Urkunden hiemit Männiglichen:

Demnach zwischen Uns und unsern lieben, getreuen angehörigen Gotthausleuten, und mehreren Dingen willen, schon eine Zeit der Zerwürfnis und Missverständnis sich ergeben, glaubten Wir zwar, mit Unsrer letzten Erklärung von 7ten Ottobris dieselbe gänzlich gestillet, Unseren in beyden Landesväterlichen Zurufen vom 19ten März und 16ten April diess Jahres öffentlich gethanen Verheissungen vollends entsprochen, und die Zufriedenheit des Volkes gänzlichen erreicht zu haben: Zu Unsrem empfindlichen Bedauren aber, hatten Wir nachhin zu vernehmen, dass gedachte Unsre Erklärung nur mehrere Volks-Unruhen, und Unzufriedenheit erzeuget.

Dahero, um zu Wiederherstellung des Friedens, und der Ruhe nichts unversucht zu lassen, haben Wir mit den ersten Ausschüssen des Landes, eine nochmalige Unterredung in eigener Person veranstaltet, und Uns zu handen unsrer lieben Gottshausleuten zu folgenden Verwilligungen einverstanden, die Wir ihnen schriftlich zugestellt. Da nun die ersten Ausschüsse Uns hinterbracht, dass nicht nur die samtliche Volks-Ausschüsse, die vertragenen Punkten dankbarest anerkennen; sondern auch das Volk begierde, in einer Landsgemeinde seine gute Gesinnungen öffentlich zu bezeugen: worüber Wir bewegt, eine Landesgemeinde in Gnaden bewilliget. Welche sodann den 23ten November in Gossau ruhig und ordentlich versammlet, in Unserer Gegenwart alle vertragene Punkten, mit einem einhelligen Schluss begnehmiget, und als wohlthätige, landesväterliche Gnaden anerkennt. Dahero haben Wir selbe in ein förmliches Instrument verfassen lassen, und lauten von Wort zu Wort, wie folget.

Artikel 1. und 2. Auslösung von Fall und Fassnacht-Huhn.

In Ansehung des Falls, und der Fassnacht Hennen, bewilligen Wir die gänzliche Auslösung von selben durch eine mässige Summa von 1357.20 Gulden

Art. 3. Copulations-Scheine.

Die Copulations-Scheine sollen in Zukunft nur in dem Falle statt haben; wenn nämlich ein Gottshausmann eine fremde Person heurathet, solle dieser von den Vorgesetzten des Orts einen Schein haben, und bey dem Eyde anloben, dass genannte Person 200fl. besitze; übrige Gotteshausleute aber sollen von dem Copulations-Scheine befreyet seyn.

Art. 4. Ordnung der Lehen-Gebühr.

Wegen allzubeschwerlicher Abstattung der Lehen-Gebühr, machen wir folgende Einrichtung:

Erstens: Solle in Zukunft jede Gemeinde ihre Handlehen durch ihren Vorgesetzten jährlich empfangen und den Ertrag der Lehen-Kammer unentgeldlich einhändigen. Wenn aber eine Gemeinde nur ihre Handlehen durch doppeltes Kapital auslösen will, wird ihr solches gestattet.

Zweitens: Auch bey einer General-Belehnung, solle die nämliche Weise beobachtet werden, doch mit einer nach Billigkeit erhöhten Taxe, es mögen die Handlehen ausgelöst, oder nicht ausgelöst sein.

Art. 5. Zehend-Befreyung; und Ordnung.

Den Zehenten belangend, erlassen Wir, doch nur für Uns, und unsers Stift, den Gottshausleuten:

Erstens: Den Rübenzehnt wo es solchen bezogen.

Zweitens: Befreyen Wir zu Gunsten der Gottshausleuten die Brachzelg, ausgenommen, Flachs und Obst.

Die Erdäpfel, welche sonsten in grossen Zehenten gehörig, lassen Wir auch auf der Brachzelg frey. Doch alles ohne Gefährde und Nachtheil des grossen Zehnten.

Den Flachs- oder Werch-Zehnten aber, solle jede Gemeinde sammethaft, nach gewöhnlicher Taxe jährlich abführen können, und dem Stifte durch den Vorgesetzten oder Seckelmeister unentgeldlich einhändigen.

Der Neubruch, oder Neugrüth wird, nach Maassgabe der Umstände auf fünf Jahre vom Zehenten befreyet. Unter dem Neubruche, oder Neugrüth aber, ist nur zuverstehen, wenn Holzböden oder andere Plätze, die zuvor keinen Nuzen getragen, urbar gemacht, und angebauet werden, Wofern aber, in einem nicht zehentbaren Hofe oder Gut, Neugrüth sollte gemacht werden, solle dieses ebenfalls zehent frey seyn.

Den Heuzehenten in Natura, heben Wir ebenmässig aus Gnaden auf, und sollen für das Jauchert jährlich 24 Kr. festgesetzt seyn. Für das Wyler und Romanshorner Amt aber 18 Kr. jährlich (in dem Verstande) so lang der Boden Heuwachs bleibt.

Art. 6. Ehrschatz, Norm.

Bei Käufen und Täuschen solle, wie bis anhin der Ehrschatz bezahlt werden; wie solcher nach jeder Gemeindes Uebung gegeben werden; hätte aber eine Gemeinde wider die andere eine billige Einwendung; solle die Sache mit Recht ausgemacht werden. Bey Täuschen solle nur die Ausgabe verehrschatzet werden. Bey Rentkäufen wird dem Rentfälligen Zeit bis zur Oeffnung oder Angab des Kauffes gelassen.

Das Holz vom Stock, Häuser und Gebäude bleiben in Zukunft ohne Ehrschatz, so wie auch die Turben; doch wenn ein Kauf, oder Tausch von Turben, oder Holz und Boden geschieht, muss sowohl vom Turben, als Holz und Boden der Ehrschatz bezahlt werden. In grossen und wichtigen Holzverkäuffen, solle der Verkäuffer verbunden seyn, selbe der Obrigkeit anzuzeigen, welche dann besorgen wird, dass dadurch kein Holzmangel in dem Lande entstehe.

Die Auslösungen der Töchteren, werden nicht anders verehrschatzet, als nach der Summa der Auslösung, und nicht nach der Schatzung.

Wenn ein Sohn, oder mehrere ein Gut erben, so mit Schulden beladen ist, wird der Ehrschatz nicht bezahlt, als mit vorangegangenen Abzug der Schulden. Dieses versteht sich aber nur in Erbfällen und Auslösungen.

Sollte sich aber auch ergeben, dass, wenn einer, oder mehrere Söhne vorhanden, und das Erbtheil hinlänglich wäre, der Schwester, oder den Schwestern ihren Antheil aus den Kapitalien zu bezahlen, wird von diesem den Schwestern aus Kapitalien zugetheilten Erbtheile, weder von den Söhnen, noch von den Töchtern der Ehrschaz bezahlt. Auch von dem Mannsvortheil wird kein Ehrschatz genommen; und solle dieser in Zukunft, von den Kapitalien auf 10. von hundert K. von liegenden Gütern aber, auf 15 von hundert festgesetzt seyn; es wäre dann Sache, dass die Umstände etwas anders erforderten.

Jedem endlich, der sich in Ehrschätzen, auf was immer für eine Weise mit Grund beschweret und gekränket glaubet, steht das Recht zu von dem (…) im Rapperschwyler Urteil Art. 3 bestimmten Richter offen

Art. 7. Wegen kleineren Abgaben.

Die kleineren Abgaben in einzelnen Höfen und Gerichten könnten, so viel es das Gotteshaus betrift, gegen zweyfaches Kapital auf Verlangen ausgelöset werden.

Art. 8. Befreiung der Ehehaften.

Die Ehehaftgelder, von dem 4. im Rapp. Art. unterworfenen Ehehaften, werden von nun an gänzlich aufgehoben: nur solle inskünftig bey zu gebender Erlaubnis, welche ohne Abhalten einer Gemeinde nicht zu erhalten, zu einer der besagten Ehehaften eine billige und gemässigte Taxe u. s. f. wegen der Ausfertigung ein für allemal erlassen werden. Die Mühlenen aber bezahlen ihre Abgaben und Grundzinse wie bishero alle andere ordiniert Professionen können frey getrieben werden.

Art. 9. Wegen Hofstattgelder.

Die seit dem Jahr 1750 neu auferlegten Hofstattgelder, wofern diese Hofstätten nicht auf des Gotteshauses Gemarke und Boden stehen, sollen erlassen seyn, und auf dem eignen Boden kann jeder bauen dem Drittmann ohne Nachtheil.

Die Auslösung älterer Hofstattgelder finde gegen ein doppeltes Kapital Platz.

Hofstätten aber, die auf sehr erbahrem oder ehrschätzigen Boden erbauet worden, müssen entweder ausgelöst, oder das Hofstattgeld ferners davon entrichtet werden, welches man in des begehrenden Wahl stellet.

Die Beschwerde, die auf einigen Häuseren liegt, selbe nach Verlangen abbrechen zu müssen wird nur verstanden, wenn es das allgemeine Beste und die Noth erfordert.

Art. 10. und 11. Wegen Pension und Siechenhaus.

Wofern für das Land wieder Pensionen sollten gegeben werden, wird man solche ganz getreu dem Lande zukommen lassen laut Brief de Anno 1533.

Man hat auch die Pensionen wegen Auslösung der Leibeigenschaft, des Falles, Fasnachtshennen, und andern, in Betrachtung gezogen.

Wegen dem Siechenhaus, wird in Zukunft das Almosen gewillig mitgetheilt werden, laut Stiftungsbrief, ohne Rücksicht auf Religion.

Art. 12. Abzug.

Jeder mag mit dem verfangenen Gut frey ziehen, doch nicht an Orte, wo einer Leibeigen wird; sollte aber in Ansehung derjenigen, die aus der Eidgenossenschaft, oder anders woher, in die stiftischen Lande ziehen, das Gegentheil geübet werden, so fordert das Beste des Landes selbst, dass das Gegenrecht beobachtet werde.

Aber die Weibspersonen, die ausser Land ziehen, oder sich auswärts Verheurathen, müssen den Abzug allezeit bezahlen. Das nachfallende Gut belangend, bleibt selbes dem Abzug unterworffen. Doch zum Beweise Unsrer landesväterlichen mildesten Gesinnungen verheissen Wir jeglicher Gemeinde, in welcher der Abzug fällt, die Helfte des Abzugs; die andere Helfte aber, sollte durch den Vorgesetzten der Gemeinde, dem Stifte unentgeldlich zugestellet werden.

Art. 13. Einzugs- und Hintersessgeld, auch Annahm.

Erstens: Von dem Einzug, und Hintersässgeld behalt sich das Stift nur einen Drittheil desselben vor.

Zweiytens: Erbiethet es sich, um dem Ueberdrange der Hintersässen zu steuren, das Einzugsgeld für Fremde, und in keiner Gemeinde Unsrer alten Landschaft verburgerten, auf Verlangen der Gemeinden zu erhöhen.

Drittens: Wofern eine Gemeinde kein Einzug oder Hintersässgeld beziehen wollte, sieht das Stift ein solches ebenfalls nach.

Viertens: Wenn eine Gemeinde oder Gericht einen Gemeindsmann annehmen will, kann sie solches, ohne der Oberkeit etwas zu bezahlen, wohl thun; ausgenommen, ein solcher habe in der betreffenden Gemeinde von der Herrschaft einigen Nutzen an Holz, oder andern Sachen; dieser solle mit der Obrigkeit besonders abkommen. Die Burgerschaft zu Rorschach muss, wie bis anhin, wegen Annehmung eines Burgers das gewohnliche bezahlen.

Art. 14. Zugrecht zu Kloster-Gütern.

Die Frauenklöster Unsrer Lande betreffend, erklären Wir Uns, dass ihnen keine neue liegende Güter mehr werden zugelassen werden, ohne der Gemeinde, in der sie gelegen sind, ausdrückliche Bewilligung.

Wenn auch unser Stift in Zukunft etwas an liegenden Güteren kaufen, oder verkaufen würde, solle das Zugrecht nach Landes Uebung, nemlich dem Blut, Anstössern und Mitzinsern gestattet seyn.

Art. 15. Anlagsrecht zu denen Klöstern.

In Hinsicht der Anlagen, sollen

Erstens: Alle Häuser und Güter, so von Zeiten Abts Francisci, von dem Stift gekauft worden, den Gemeinds, und Kriegs-Anlagen unterworfen seyn; ausgenommen: die Häuser auf priviligiertem Boden, auch öffentliche Gebäude, und Wohnungen der Beamteten; wo keine besondere Verträge, und Ueberkommnisse vorhanden.

Zweitens: Die Frauenklöster mögen nach ihrem Vermögensstande angezeigt werden.

Drittens: Die Weltgeistlichen, herrschaftlichen Beamtete, und Officiers zahlen die Anlagen von ihren eigenthümlichen Gütern, und Vermögen gleich anderen.

Viertens: Die Waarenlager fremder Handelsleuten, item der nirgends angesessenen Gotteshausleuten mögen ebenfalls veranlaget werden.

Uebrigens sollten die Anlagen wie von jeher der oberkeitlichen Ratifikation unterworfen seyn.

Art. 16. Kriegs-Commission, und wer militairische Verfügungen zu treffen habe.

Die von dem gnädigsten Landesherrn, zur Einrichtung des inländischen Militairs, von den Ammännern der Gemeinden, und Kriegshauptleuten zu bestellen genehmigte Kriegscommission, welche jede 3. Jahre wieder bestättet, oder abgeändert wird, und in 2. Landeshauptmänneren, 2. Comissarius, (10.) Majors, als nämlich 2. von Gossau, 2. von Rorschach, 2. vom Landeshofmeister, 2. vom Wyler und vom Romanshorner-Amt bestehen solle, versammelt unter obrigkeitlichem Präsidio (so es die Umstände nicht weiters erheischen) jedes Jahr zweymal, bestellt die abgängigen Hauptleute, und andere höhere Officiers, übernimmt alle Militair-Rechnungen, bestimmt die Auszüge, und die Anzahl der dem Lande nothwendigen Hatschiers, und trift alle Verordnungen und Vorkehrungen, die zur Aufnahme und Verbesserung des Militairs erforderlich seyn werden. Doch sollen alle gemachte sothane Verordnungen und Vorkehrungen auf Ratification hin des Gnädigsten Landesherrn geschehen, welchem das Mannschaftsrecht unstreitig zusteht.

Sollten zum Nutzen des Landes andere Fonds errichtet werden, überlässt man selbe den Ammännern und andern Vorgesetzten zur Besorgung gänzlich über.

Art. 17. Werbungs-Reglement und Pflicht der auswärtigen Offiziere.

Bey Werbungen sollte jedes reufällige Landeskind das Hand- und Taggeld, samt andern Unkosten zurück zahlen, und dann frey seyn.

Von den Landesherrlichen Capitulirten Staabs-Officieren und Hauptleuten, so oft Sie eine Stelle erhalten, solle etwas Gewisses dem Lande für ein und allemahl gegeben werden.

Art. 18. Salzhandel dem Lande überlassen.

Das Salz wird dem Lande überlassen, mit denjenigen Bedingnissen und Accord, wie solches dem jetzigen Salz-Faktor ist überlassen worden; und dieser Accord von dem bayerischen Salze solle fortdauren, so lang das Land das Salz selbst bezieht.

Dieses alles aber unter landesherrlichem Schutz und Authorität; es sollen auch obrigkeitliche Gefälle, Zoll und Lager Geld richtig abgestattet werden.

Art. 19. Zollwesen.

Ueber das Zollwesen wird ein Commission bestellt.

Art. 20. Verantwortlichkeit der Kornmeister und Zoller.

Die Kornmeister und Zoller sollen laut ihrer Bestallung für die Waaren auch fernerhin verantwortlich seyn.

Art. 21. Wegen Weggeld.

Bey dem Bild auch andern Orten, nach Vorschrift des Strassen-Briefs, solle der Weggeld Einzieher besser instruirt werden. Das Dorf Gossau solle im Hausgebrauch des Weggeldes gegen Oberglatt frey seyn und dieses in die Tariff gesetzt werden.

Art. 22. Leinwands Projekt.

Die Leinwand Fabrikanten mögen ein Projekt eingeben.

Art. 23. Landrechtswerbung eines Fremden.

Man wird in Zukunft keinem das Gottshaus Mannsrecht angedeihen lassen, wenn der Supplicant, nicht ein Gemeinds- oder Gerichtsrecht zu erhalten Sicherheit hat, und nicht 200 fl. Mittel aufweisen kann. Sollte er aber auch ein Gemeinds, oder ein Gerichtsrecht zu erhalten die Sicherheit haben, und zugleich die erforderlichen 200 fl. aufweisen können, steht es doch allezeit dem Landesherren frey, ihm das Gottshaus-Mannsrecht abzuschlagen, oder zu ertheilen.

Art. 24. Ammann und Richter-Wahl, item Schreiber und Waibel.

Erstens: Die niederen Gerichte wurden von dem Stifte, von jeher durch die Ammänner verwaltet; bey deren Wahl in Zukunft aller Vorschlag aufgehoben seyn solle, und jede Gemeinde sich einen Ammann, Gemeinds-Hauptmann, oder ersten Vorsteher wählen kann; doch in Gegenwart einer obrigkeitlichen Person.

Zweitens: Die Richter sollen durch das Gericht selbst erwählt, und ergänzet werden; doch das erste Mal kann eine Gemeinde, die Richter selbst ermehren, wenn aber eine Gemeind den bisherigen Gebrauch, einen Ammann, und die Richter zu erwählen beybehalten will, mag sie solches thun, und der Gegenvorschlag allezeit unterlassen werden.

Dieses versteht sich alles, dass der gewöhnliche Eid der Ammänner und Richter, der Obrigkeit müsse geleistet und all übriges wie bishero beobachtet werden.

Drittens: Wegen den Schreiberen, bleibt es bey den jetzigen Amt und Rathschreibern welche ihr Amt versehen sollen, wie bis anhin. Will aber eine Gemeinde, einen eignen Schreiber, kann sie sich selben durch Ammann und Gericht erwählen.

Bey den Amtsbesetzungen hören die Mahlzeiten, und andere Unkosten, so theils die Obrigkeit, theils der Richter zu bezahlen hatte, von nun an auf.

Die Ammänner, und Gerichtsvorsteher einiger massen zu entschädigen, wird gestattet, dass die Amt- und Gericht-Schreiber, die Pfand-Briefe schreiben, und die Unterpfand in das Protocoll eintragen.

Für diese Mühewaltung, wird ein Amt- und Gerichtsschreiber zu beziehen haben.

Erstens: Von jedem hundert 15 Kr. Der Ammann, für Siegeltax vom hundert 10 Kr. Die Richter für das Erkennen vom hundert 15 Kr.

Zweitens: Verzieht ein solcher Schreiber, wegen der Kaufverschreibungen von jedem hundert 12. Kr. welche der Käufer, und Verkäufer, jeder zur Hälfte bezahlen sollte. Die im Wyler und Romanshorneramt, auch anderen Gemeinden bis anhin gewohnte Fertigungen, hören von nun an auf.

Drittens: Von den, bey Gantfällen von liegenden Gütteren zu gebenden Taxen à 2 Kr. vom Gulden, bezieht die Orts Obrigkeit, und der Ammann, jeder die Helfte; wovon die Obrigkeit, von dem ihrigen Antheil den Waibel – und den Ammann den Scheiber, so er die Geschäfte nicht selbsten verrichtet, aushält.

Viertens: Der Ammann, und Schreiber wohnet den Erbtheilungen bey, und bezieht für seinen Mühewaltungslohn, von den ersten 1000 fl von jeden hundert 30 Kr. von den mehreren hundert Gulden 15. Kr. Wornach dann von dem Ammann das Vermögen eines Waisen der Orts Obrigkeit specificiert vorgezeigt, und von selber in das Waisen-Protocoll eingetragen weden solle; auch von da an, die Besorgung desselben, und die hievon fallende Taxe nach bisheriger Gewohnheit der Obrigkeit überlassen bleiben.

Die Gemeinds-Hauptmänner, so in das Hofgericht gehören, übernehmen, ausser den Pfandbriefen, die gleiche Verrichtungen und beziehen die nämlichen Taxen von Kaufverschreibungen, Ganten, und Erbtheilungen, wie die Ammänner der Gerichte.

Rorschach tritt in Hinsicht auf die Waisensachen zur Ordnung die vor 1754 dort existirte, zurück, wodurch das Vermögen der reicheren Kaufleute, wie jenes eines andern Bürgers, ins bürgerliche Waisenbuch eingetragen wird. Solches ist in diesen, nur von jenen Theilungen und Waisen-Rechnungen zu verstehen, so von jezt an in Zukunft geschehen; die bisherigen aber sich schon im obrigkeitlichen Waisenbuch befindenden, verbleiben unter der Aufsicht desselben so lang selbe nicht auslöschen. Von solcher Verordnung bleiben ausgenommen jene obrigkeitlich beamtete Personen, die fremde und nicht Bürger sind.

Art. 25. Schulmeister und Messmer-Wahl.

Ein Schulmeister, wenn er von der Gemeinde erhalten wird, kann auch von den Hausvätern der Gemeinde ernamset werden, und die Approbation solle erst nachher von Herrn Official geschehen; doch muss der Schulmeister wie gewöhnlich beeidiget, und zugleich zum Glaubens-Bekenntnisse angehalten werden.

Die Wahl der Messmer, wird den Gemeinden überlassen; doch hat der Gewählte die Approbation des Herrn Officials vonnöthen, und muss genugsame Caution leisten.

Art. 26. Besorgung geistlicher Güter und Stiftungen; auch die Bestellung der Pflegern.

Die Besorgung und Rechnung geistlicher Güter, kann der Aufsicht des Officiums nicht entzogen, und dem Lande nicht eingeräumt werden; doch überlässt man die Bestellung der Kirchen- und Pfründenpfleger, mit Ausnahme der incorporierten Beneficien den Gemeinden.

Die wirklichen geistlichen Stiftungen, bleiben bey den Stiftungsbriefen; zukünftige bey Verordnung des Stifters.

Art. 27. Richter in Gemeindsstreitigkeiten.

Sollten sich zwischen Gemeinden Streitigkeiten ergeben, ist in selben die Obrigkeit der ordentliche Richter. Doch bleibt es ihnen unverwehrt, auf einen Schiedsrichter zu compromittieren.

Art. 28. Confiscations-Fahl.

In den unglücklichen und traurigen Fällen, von welchen in dem 40sten Artickel Meldung geschieht, werden wie bis dahin die genausten Untersuche von den Pfalzräten gepflogen werden, und wo der Confiscationsfall eintritt, wird man von Seite des Gotteshauses, wie bisher mild verfahren.

Art. 29. Bestellung der Hatschiere.

Die Bestellung der Hatschiere, kann durch die Vorsteher der Gemeinde geschehen; die Ordnung und Vorschrift der Hatschiere zu machen steht der Obrigkeit zu.

Art. 30. Aufsicht der Schulen.

Wo bereits Schul-Commissionen, als wie in Rorschach sind, sollen sie ferners unter dem Präsidio des Herrn Pfarrers bestehen.

Wo keine sind, mögen die Herrn Pfarrer, mit einigen Vorgesezten das Beste der Schulen, und der Jugend besorgen; jedoch alles unter der Oberaufsicht des hochwürdigen Officiums.

Art. 31. Auslösung der Töchtern in die Klöster.

Die Auslösung von ledigen Anfällen, solle vor der heiligen Profession um ein billiges geschehen müssen.

Wegen den Töchtern, die sich in ausländische Klöster begeben, lässt man es lediglich bey Beobachtung des Gegenrechts beruhen.

Art. 32. Zunft-Libelle.

Wegen den Zunft-Libellen, lässt man es beym alten. Sollte aber von dem Lande, oder von einzelnen Gemeinden, so wie vor etwelchen Jahren, im Oberbergeramt, die Aufhebung der Zünften verlangt werden, wird man gerne willfahren.

Art. 33. Anstalten für Arme.

So sehnlich man auch bessre Anstalten, für die Armen schon längstens gewunschen, und wünschet, kann man doch keine Einrichtungen, durch ein aufzunehmendes Opfer, zum

Nachtheile der Herrn Pfarrer gestatten. Es sollen also die Gemeinden, wegen gedachtem Opfer, die Pfarrherren Schadlos halten.

Art. 34. Rechte mögen nicht geschmählert werden.

Verjährung

Das Stift kann seine Gesinnungen hierüber nicht deutlicher erklären, als es in dem Proclama vom 9. März, dieses Jahrs, von Seiner Hochfürstlichen Gnaden bereits geschehen, wo es heisst: das Höchst Selbe nie gesinnt wären, die geschriebenen, oder wohl hergebrachten Rechte des Landes, oder die, von höchst Dero hochseligen Vorfahren, erlangten Freyheiten zu schmälern, auch dieselbe, wenn sie ohne Höchstdero Wissen, wirkliche Verminderungen erlitten hätten, keineswegs vorzuenthalten gedächten.

Art. 35. Tavern und Zapfen.

Wenn eine Gemeinde verlangt, dass keine neue Tafern oder Zapfen gestattet werden, wird man so viel möglich willfahren.

Uebrigens aber sollen die bisherigen Tafern, und Zapfgelder jährlich richtig bezahlt werden. Das Umgeld vom Hof Rorschach kann mit doppeltem Kapital ausgelöst werden.

Art. 36. Abzug und Schätzung wegen denen Töchtern.

Wegen Auslösung der Töchtern, so anders wohin ausser Lande, in ein Kloster gehen, bleibt der Abzug. Den Töchtern aber, die ausser Lande sich verheirathen, und ihnen liegende Güter zufallen, können diese durch unparteyische Schätzung abgezogen werden.

Art. 37. Ordnung wegen fremder Capital im Lande.

Ein Gut, auf welchem ein Fremder Capitalien, und selbes mit solchen übersetzt hat, kann von einem Gottshausmann nach billiger Schatzung gezogen werden.

Art. 38. Anfälle der Klostergeistlichen, item Stipendien.

Erstens: Was uns anbelangt, verlangen Wir von dem, was Uns aus Erbschaft zufallen würde, nichts zu beziehen.

Zweytens: Bey den Verpfründeten, muss man auf den Contract sehen, und sich nach Bedingnissen desselben richten.

Drittens: Die Stipendien gehören unter die Disposition der hohen Obrigkeit, unter welcher selbe verbleiben sollen.

In dem hier angeführten Falle werden die Stiftungen immer wieder ad pias causas verwendet werden; die neuern aber nach Willen des Stifters.

Art. 39. Anzeige der Kirchen- und Gerichtsgemeinden.

Ganze Kirchen und Gerichts-Gemeinden sollen wie bis anhin, der Obrigkeit angezeiget werden.

Art. 40. Rechte der Weltgeistlichen in Auffählen.

Die Anforderungen der Weltgeistlichen in Auffällen, bleiben bey der Ganth-Ordnung nach jeden Amts-Uebungen.

Da über die Unkosten des baslerischen Zuzugs, de annis 1792. und 1793. eine specificier-liche Auskunft, doch ohne landesherrliche Rechts-Verletzung anverlangt wird, wird solches nach Austrag der Sache zugesagt.

Art. 41. Wie die Land-Mandate können abgeändert werden.

Endlich bleiben die Land-Mandate ihrer Kraft, bis die Umstände erfordern, dass selbe von dem Landes-Herrn abgeändert werden.

Nun rechnen Wir es Uns zum wahren und innigsten Vergnügen, der ganzen alten Land-schaft einen auffallenden Beweis Unsers wahrhaft väterlich gesinnten Herzens zu geben, in dem Wir alle, und jede Gotteshausleute der alten Landschaft, von dem unangenehmen Na-men der Leibeigenschaft, so wie Wir bereits die Auslösung von Gefällen derselben zugesagt, ganz unentgeldlich, aus landesherrlicher Grossmuth loszählen, mit dem Vorbehalt, dass alle und jede Gotteshausleute, der alten Landschaft, gemäss ihren Pflichten, Uns, und unserm Stifte als ihren wahren natürlichen Landesherrn devotist anerkennen, und all schuldigen Gehorsam willig leisten werden.

Womit alle Landesstreitigkeiten, und Missverständnisse gehoben, und abgethan seyn, und jeder in ehevorige gesätzliche Ordnung eintretten solle.

Beynebens es in all übrigen, was in diesem Befriedigungs-Vertrage nicht begriffen, bey ehevorigen Sprüchen, Verträgen, Oefnungen, Einzugs-Libellen, auch Siegel und Briefen u. sein gänzliches Verbleiben haben solle.

Und gleichwie Wir über Alles, was dieseres Geschäftes wegen strafbares, oder sonst miss-beliebiges vorgegangen seyn möchte, es sey in Worten oder Werken, wie immer wäre, eine gänzliche Amnestie – Vergebung, und Vergessenheit ertheilen; wollen und erklären Wir, dass beedseitig alle und jede Personen, sie wären geistlich oder weltlich, was Standes, Ranges und Würde, ohne einzige Ausnahme, in nun gesagter Amnestie eingeschlossen, und begriffen seyn sollen.

In Urkunde alles dessen, und zu steter ewiger Festhaltung Wir gegenwärtiges Instrument mit Unserm, und unseres fürgeliebten Konvents-Siegel, auch deren 33 Ausschüssen eigen-händiger Unterschrift verwahret, in duplo abfassen lassen, und jedem Theil eines zugestellt worden, gegeben im Stift St. Gallen, den 23ten Wintermonats

1795.

BEDA   P. Cölestin Schiess
Fürst und Abt. Decan und Convent
Major Johannes Küenzle von Gossau
(mit weiteren 33 Unterschriften)

Quellennachweis:

Gütlicher Vertrag des Fürstlichen Stifts St. Gallen mit desselbigen Angehörigen, und Gotts-haus-Leuten der alten Landschaft, aufgericht und angenommen 23. Wintermonat 1795. Ge-druckt nach dem Original 1796, S. 1–16.

Standort:

Toggenburger Museum Lichtensteig SG

Kommentar:

Den Anlass zum Konflikt im „Fürstenland", einem Untertanengebiet des Klosters St. Gallen, geben Abgabenerhöhungen. Durch zunehmende Verschuldung des Klosters infolge aufwendiger Strassenbauten sieht sich Fürstabt Beda Angehrn (1725–1796) gezwungen, die Steuerschraube weiter anzuziehen. Sofort regt sich Widerstand, in der Gemeinde Gossau werden anonyme Flugblätter mit dem Motto „Zahl nünt, du bist nünt scholdig" (Zahle nichts, du bist nichts schuldig) an die Türen geheftet. Es kommt zur Ausweitung des Konflikts auf die umliegenden Gemeinden und ins Wiler- und Rorschacher Amt. Die sechs Klagepunkte der Gerichte des Oberberger Amts wachsen zu einer umfangreichen Beschwerdeschrift an, den „Ehrerbietigen Vorstellungen (...) aller Gemeinden der Alten Landschaft". Angesichts mangelnder Durchsetzungsmöglichkeiten sieht sich der Abt gezwungen, Kontakt mit den Aufständischen aufzunehmen und gegen den Widerstand des Konvents einen „Gütlichen Vertrag" auszuhandeln. In der Landsgemeinde vom 23. November 1795 wird der Vertrag im Beisein von Beda Angehrn vom Volk gutgeheissen. Der Landesherr macht weitreichende Zugeständnisse an die Untertanen: Sie können etwa die Ammänner, die Richter, Schreiber, Schulmeister und Messmer selbst wählen und nach Belieben Versammlungen abhalten, sowie das Schulwesen zusammen mit dem Pfarrer selbst ordnen. Damit erhält die Alte Landschaft wesentliche kommunale Selbstbestimmungsrechte. Der Vertrag ist von besonderer Bedeutung, weil ein Konflikt zwischen Obrigkeit und Untertanen nicht repressiv bereinigt wird und eine Volksbewegung im Vorfeld der Helvetischen Revolution erstmals einen Erfolg erzielt.

Titel: *Johannes Küenzle von Gossau, 1795*

Text 28:

Welchem Zeitgenossen der letzten zehn Jahre des vorigen Jahrhunderts ist nicht der Name Johannes Küenzle in frischem Andenken, der als kühner Volksmann gegen die tausendjährige Dynastie der Abtei St. Gallen, – ein abgewelktes Institut des Mittelalters mit einigen neuern Zuwüchsen, das wie ein nerv- und markloses Gerippe schon lange den Keim der Auflösung in sich trug, und endlich vor dem stärkern Hauche des Geistes jüngerer Zeit in Trümmer zerfallen mußte – siegreich auftrat, der bei Einigen im Sonnenlichte hohen Ruhmes strahlte, von Andern in die Klasse der Empörer gesetzt wurde, dessen Bildnis die Wand so mancher stillen Wohnung auf dem Lande deckte, und der als Held des Tages in Volksliedern besungen wurde?

Möchte es sich nicht der Mühe lohnen, einen Versuch zu machen, von ihm ein kleines Gemälde in gedrängten Umrissen hier zu entwerfen?

Ob Ehrgeitz, oder angeborne Neigung zur Freiheit, oder Grundsätze, oder irgend eine andere Triebfeder ihn bewogen, sich ohne amtliche Stellung[1] aus der Mitte des Volkes als Gegner zum Kampfe wider das Stift St. Gallen, seinen Landesherrn zu erheben und das Haupt der Mißvergnügten zu werden, kann hier nicht bestimmt werden. Es scheint, daß er als Bote nach dem benachbarten Flecken Herisau im Umgange mit den heitern Appenzellern freisinnige Ideen angenommen habe, die nach und nach in seiner Brust einen starken Hang nach reiner Demokratie anfachten und ihn zur Erreichung dieses Zweckes bis zu einem Grade begeisterten, daß er weder Arbeiten, noch Gefahren und Hindernisse jeder Art scheute; gewiß ist es aber, daß er ganz vorzügliche Anlagen besaß, eine wichtige politische Rolle zu spielen, und daß er durch feinern Sittenanstand, Geistesgegenwart, Scharfblick und Talente weit über den gemeinen Haufen hervorragte.

Er klagte zuerst nur über Missbräuche und Verletzungen altherkömmlicher Rechte von Seite der Regierung und schien ganz bescheiden seine Wünsche auf Abschaffung der erstern und Wiederherstellung der frühern zwischen dem Stifte und der alten Landschaft bestandenen Verhältnisse, die er genau zu kennen sich das Ansehen gab, zu beschränken. Seine zuerst mit vieler Umsicht und Mäßigung hierüber gemachten Aeußerungen fanden bald bei mehreren Privatpersonen in Gossau, Andweil und Waldkrich Anklang; diese sahen sich öfter, trugen Beschwerdepunkte zusammen, und so wurde nach und nach die Sache einzelner Männer jene ganzer Gemeinden und endlich das gesammten Landes.

Küenzle war das Haupt und der Stützpunkt aller dieser Bewegungen; aus seinem Munde erscholl nun der an dem Ufer der Seine allgewaltig gewordene Name und Wille des Volkes und unter dieser Egide begann die Revolution von Roschach bis Wyl siegreich ihren Gang, der zur vollkommenen Demokratie führte. Küenzle verstand aber auch das Volk zu leiten. Thätig, unternehmend und sein Ziel rastlos verfolgend, bewies er sich gegen alle freundlich, zuvorkommend, geschmeidig und offen, doch blickte ein Zug von Schlauheit und Zurückhaltung aus seinem Gesichte, das sonst etwas einnehmendes hatte. Mit einem gewissen seltenen Grade von Gelassenheit im Aeußern verband er gewöhnlich einen stillen Ernst, der nicht abstieß, sondern vieles Nachdenken verrieth, und bei heitern Anlässen gern in kurz dauerndes Lächeln übergieng; der bisweilen unstäte Blick jedoch, das öftere Hin- und Herschaukeln des Kopfes, ein plötzliches Stillschweigen mitten in der Unterhaltung, und dann wieder ein gewisses sich Ermannen und in die Brust werfen, zeugten von innerm Kampfe und Unruhe. Gewöhnlich sprach er wenig, aber sinnig und kräftig; wollte er aber Jemand für seinen Zweck gewinnen, so siegte seine Beredsamkeit fast immer.

Groß war besonders die Macht seines Wortes bei Volksversammlungen. Wenn Parteisucht und Leidenschaften brausend heranschwollen und die Zwietracht ihre Fackel schwang, so vermochte er schnell durch die Kraft seiner Rede die Stürme zu beschwören, und Ruhe und Ordnung wieder herzustellen.[2] Nur ein einziges Mal, am ungestümen Tage zu Bruggen, im Frühling

---

1 Er bekleidete kein bürgerliches Amt; nur in der Landmiliz war er zum Aidemajor gestiegen.

2 Küenzle's Gegner warfen ihm vor, daß er bei zahlreichen Zusammenkünften durch gewisse, verabredete Zeichen unter einem Trosse von 40–50 Männern, der ihn auf seinen Wink begleitete, so oft etwas durch Lärm und Wühlen durchgesetzt werden sollte, absichtlich Gährung zu erwecken und zu stillen pflegte. So soll, wenn er bei'm Auftreten sich bedenklich die Stirne rieb, dies die Losung zum Schreien und Tumultuiren gewesen sein; schwang er zwei bis drei Male seinen Hut, den Dreispitzer, und salutirte damit

1798, blieb der Zauber seiner Popularität an den rohen Horden von Grub und Eggersriedt, die kurz vorher sich zu Rittern des heiligen Kreuzes in Arbon aufgeworfen hatten, ohne Wirkung.

In seinem erweiterten Wirkungskreise, als erster Ausschuß des Landes und nachher als Landammann selbst, nahm man nicht die geringste Veränderung an ihm wahr; er fuhr fort, der einfache, schlichte und genügsame Bürger zu seyn, wie vorher und suchte nur das Interesse seiner Komittenten: daß er es mit diesen bieder und ehrlich meinte und aus Ueberzeugung handelte, ist kein Zweifel.

Seine glänzensten Epochen waren die Tage der Landsgemeinden, zur Annahme und Beschwörung des gütlichen Vertrags und seiner eigenen Wahl zum ersten Magistraten der neuen St. Gallischen Republik auf dem Lande. Der Uebergang in die helvetische Ordnung der Dinge schwächte seine große Popularität in etwas. Wenn ihn aber als Präsidenten der Verwaltungskammer vom Kanton Säntis und nachherigen Senator der helvetischen Republick nicht mehr der frühere Nimbus umgab, so lag der Grund theils darin, weil die Ernennung zu diesen Stellen nicht unmittelbar vom Volke ausgegangen und daher nicht volksthümlich war, theils weil der Geschäftskreis jener Stellen über die Sfäre Küenzle's geistigen Anlangen und Kenntnissen hinausgieng, und theils auch weil Männer von weiterm Umfange der Geistesgaben ihm zur Seite saßen, die ihn verdunkelten.

Bald nach den Jahren der helvetischen Republik sank er beim großen Haufen des Volkes in Vergessenheit, ergriff aber frohmüthig den Botenstab nach Herisau wieder und genoß das Zutrauen und die Achtung aller die ihn kannten, bis an sein Lebensende. Er hatte sich in den Tagen der Ehre und des Glanzes kein Vermögen gesammelt, war immer uneigennützig geblieben und starb daher arm Seinen beiden Kindern hatte er eine treffliche Erziehung gegeben, wie es besonders die schöne Geistesbildung seiner Tochter bewies. Als Greis warnte er sorgfältig vor Ungehorsam und Aufstand gegen die gesetzliche Obrigkeit und ermahnte, der Gunst des Pöbels nicht zu trauen, weil dieser unbeständig und undankbar sei. Küenzle starb im November 1820.

Quellennachweis:

Franz Weidmann, Geschichte des ehemaligen Stiftes und der Landschaft St. Gallen unter den zween letzten Fürstäbten von St. Gallen, besonders während der Helvetischen Revolution bis zur Aufhebung des Klosters, St. Gallen 1834, S. 329–332.

Kommentar:

Anführer der Bewegung gegen das Kloster St. Gallen ist der Postbote Johannes Künzle (1749–1820). Nachdem er zuerst eine Metzgerlehre absolviert hat, versieht er nachher Botendienste, indem er die Zürcher und Schaffhauser Post nach Herisau befördert. Franz Weidmann zeichnet in seiner „Geschichte des Stiftes und der Landschaft St. Gallen" ein präzises Bild des Volksmanns. Durch seine Botendienste verfügt er über gute Kontakte zur

---

die Versammlung, so soll dies Aufforderung zur Ruhe und Stillschweigen, was bald erfolgte, bedeutet haben.

Bevölkerung und kennt die Sorgen und Nöte der kleinen Leute. Die Einheirat in eine reiche Kaufmannsfamilie, das Amt des Gemeindevogts von Gossau und die Beziehung zum fürstäbtischen Obervogt Karl Müller-Friedberg (1755–1836) eröffnen ihm gute Kontakte zur Oberschicht. Schon in seiner Jugendzeit beherrscht er die Kulturtechniken des Lesens und Schreibens, dadurch ist er auch mit der Elitekultur vertraut. Bedingt durch seine Botengänge hält er sich viel im Appenzellerland auf und lernt dort das Landsgemeindemodell, die „reine Demokratie", kennen. Nach diesem Vorbild werden landsgemeindeähnliche Versammlungen abgehalten, als eindrücklichste die Landsgemeinde von Gossau mit rund 24 000 Teilnehmern. Anlässlich dieser Versammlungen zeigen sich Künzles rhetorische Fähigkeiten. Er zeichnet sich auch durch eine gewisse Bauernschläue aus und versteht es, Beziehungen zu knüpfen und daraus Vorteile zu ziehen. In den Verhandlungen mit dem Abt erweist er sich als gewiegter Taktiker, indem er das Zögern des Abtes, aber auch die Schiedssprüche der Schirmorte geschickt ausnützt. Während der Zeit der Helvetik ist er Präsident der Verwaltungskammer des Kantons Säntis und Mitglied des Senats, allerdings kann sich der aus einfachen Verhältnissen stammende, volksnahe Künzle in diesem politischen Umfeld nicht profilieren. Ab 1803 bekleidet er keine politischen Ämter mehr und versieht wieder den Botendienst nach Herisau.

Titel: Lied: Über den gütlichen Vertrag zwischen dem Abt und der alten Landschaft St. Gallen, 1795

Text 29:

1.
Den Stein der Weisen, den die meisten im Convent
Ein Jahrlang gesucht und doch nicht gekennt,
Hat Beda und Cölestin[1] in wenigen Stunden
Richtig, glücklich und rühmlich gefunden.

2.
Uns brachten sie Fried' in zwei einzigen Tägen,
Sich selbst aber Lieb' und Ruhm ewig zuwegen;
Und ihr, ihr Magnus[2] und Blasi[3], ihr Männer,
Die ihr mit andern die ersten Erkenner.

---

1   Dekan Schieß, von Stauffen aus Schwaben, Bevollmächtiget des Stiftes, nebst den zwei Nachfolgenden, mit den Ausschüssen des Landes zu unterhandeln.
2   Hungerbühler von Sommeri im Thurgau, Statthalter im Hofe zu Wyl.
3   Müller von Wyl., Professor der Gottesgelehrtheit.

II. Quellenkorpus

3.

Ihr, die ihr von Männern im Lande erbaut,
Und nachwerts auf Künzle[4], Heer[5], Müller[6] vertraut,
Kommt, erntet die Früchte vom Frieden und Heil,
Unsterblicher Dank, das wird euch zum Theil.

4.

Ihr Völker der Erde, bewundert ein Land,
Das mitten in Gährung nach Liebe empfand;
Der Vater blieb Vater, das Volk wurde frei,
Das sucht die Ersten, die Männer die Drei.

5.

Heil Euch, ihr Ausschüß', ihr Volksvertreter,
Ihr waret es alle, Stifts-Landeserretter;
Heil Euch, ihr Glarner, ihr Schwyzer[7], ihr Edle,
Wir rufen Euch alle: ihr Edle, ihr Edle!

6.

Ihr gabet uns Räthe zum Frieden und Heil,
D'rum habt ihr jetzt Ehre auf ewig zum Theil:
Eidg'nössische Treue, das sei euer Lohn,
Volks Achtung und Liebe, das habet ihr schon.

7.

Vereinigt mit Gossau, mit Aemter[8] und Land,
Verbleibet St. Gallen ein mächtiger Stand;
Heil singet jetzt Alle, auch Zürich, Luzern[9],
Ja singet jetzt Alle, man höret's ja gern.

---

4 Johannes von Goßau.
5 J. Anton von Roschach.
6 Jos. Anton von St. Georgen, bei St. Gallen, der als Major 1792 den Zuzug der St. Gallischen Landleute nach Basel anführte; diese drei waren Ausschüsse der Landschaft.
7 Schwyz und Glarus, neben Zürich und Luzern, Schirmkantone des Stiftes und Landes St. Gallen seit dem 15. Augustmonat 1451.
8 Die Landschaft St. Gallen war ehemals in Aemter eingetheilt.
9 Ebenfalls Schirmorte wie die obigen zwei.

8.
Vereinigtes Volk, wie glücklich bist du,
Der Landsherr zufrieden, was noch mehr dazu;
Vernünftige Freiheit, die wohnet nun da,
Kommt singt nun ihr Brüder und saget ja, ja.[10]
(…)

Quellennachweis:

Franz Weidmann, Geschichte des ehemaligen Stifts und der Landschaft St. Gallen unter den zween letzten Fürstäbten von St. Gallen besonders während der Helvetischen Revolution bis zur Aufhebung des Klosters, St. Gallen 1834, S. 265 f.

Kommentar:

Unmittelbar nach dem Abschluss des „Gütlichen Vertrags" erscheinen zahlreiche Broschüren, Flugschriften, Lieder und Bilder, die die friedliche Beilegung des Konflikts enthusiastisch feiern. Das in grosser Stückzahl und teilweise in mehreren Auflagen erschienene Propagandamaterial wird durch Kolporteure in weiten Teilen der Schweiz vertrieben und trägt zur emotionalen Mobilisierung und politischen Bewusstseinsbildung der breiten Bevölkerung bei. So auch das achtstrophige Gedicht „Den Stein des Weisen", zu dem sogar eine Melodie überliefert ist. Es dankt Fürstabt Beda Angehrn (1725–1796) und den am Vertragsabschluss beteiligten Personen für den ausgehandelten politischen Kompromiss. Auch die sympathisierenden Schirmorte Glarus und Schwyz werden in den Dank einbezogen. Das Jubellied sieht im Vertrag ein Modell für einen friedlichen Übergang ohne Blutvergiessen, bei dem die Kontrahenten das Gesicht wahren können und die zeitgenössischen Forderungen nach Freiheit und Gleichheit eine vernünftige Umsetzung erfahren.

Titel: Bauern in der Stadt St. Gallen, Juli 1797

Text 30:

Den 17. Juli (1797) als dem Tage, an welchem die Gemeinden oder ihre Ausschüsse nach St. Gallen berufen worden, kamen nebst den Ausschüssen sehr viele Bauern von den verschiedenen Gemeinden nach der Stadt, um das Finale zu vernehmen. Als sie in das Kloster kamen und vor den Fürst traten, vernahmen sie von demselben, dass auf heute nichts abzuschliessen sei. Nun wurde das Volk aufgebracht und sagte dem Fürsten: „Heute muss die Resolution erfolgen oder niemals; wir sind nun genug geäfft worden und lassen uns nicht mehr zum Besten halten, wie es nun schon dreimal ergangen. Wir wiederholen es, entweder die Resolution oder wir bestürmen das Kloster."

---

10   Dieses Lied ist gedruckt worden und hat eine besondere Melodie.

II. Quellenkorpus

Die Bauern hatten schon die zögernde Antwort des Fürsten von vergangener Woche vernommen, und 200 bis 300 Mann zogen, jedoch ohne Gewehre, von Gossau und andern Gemeinden gegen die Stadt, um desto mehr Nachdruck auf die Gesinnungen des Fürsten zu machen und im Weigerungsfall das Kloster wirklich zu bestürmen. Der Klosterhof war von missvergnügten Angehörigen des Fürsten ganz angefüllt, und der Fürst musste befürchten, dass die Drohung in Erfüllung gebracht werde. „Bis den 19. wird die bestimmte Antwort erfolgen", sagte der Fürst. „Heute", sagten die Bauern (es war Montag), „heute noch und nicht erst an dem Mittwoche wollen wir genugtuende Antwort haben." Da aber in dem Klosterhof nicht alle wussten, was der Fürst den Abgeordneten sagte, so kam einer von diesen zu dem Volke und sagte: „Auf der Müllerzunft in der Stadt wollen wir Euch die Erläuterung des Fürsten erteilen." Sogleich eilte alles dahin, um, wie sie sagten, die Rede anzuhören.

Künzle von Gossau, der einzige Bezähmer des Volkes, der aber auch das meiste Zutrauen desselben hatte und dem der Fürst es alleine zu verdanken hat, dass das Kloster nicht schon längstens gestürmt worden, hielt eine pathetische Rede an das versammelte Volk auf der Müllerzunft. Er erklärte demselben alles so fasslich und deutlich als möglich; vor allem aber ermahnte er dasselbe zur Ruhe und Abhaltung aller Ausschweifungen und Vergehungen, bat dasselbe, so sehr er sich sträubte, zuzuwarten bis am Mittwoch, an welchem Tage die volle Resolution des Fürsten unfehlbar erfolgen werde – und im gegenseitigen Fall es noch allemal Zeit, Schärfe zu gebrauchen.

Das Volk nahm die Ermahnung an, legte sich zur Ruhe und begab sich auseinander, mit der angehängten Äusserung: „Die Sache in Richtigkeit und dann mit dem Fürsten hinweg! Einen andern Fürsten müssen wir haben; diesen wollen wir nicht mehr." Der Fürst sagte an diesem Tage den Herren Repräsentanten, die ihm die triftigsten Vorstellungen machten: „Wenn durch meine Entfernung das Volk beruhiget und zufrieden gestellt wird, so will ich auf meinen Posten als Fürst und Landesherr gerne Verzicht tun und mich in ein anderes Kloster und in die Einsamkeit begeben! Wenn ich noch einwillige, so will es der Konvent nicht, und ohne seine Einwilligung kann nichts vollzogen werden!" Die Herren Repräsentanten gaben aber den Ministern des Fürsten zuhanden des Konvents zu verstehen, was ehenster Tage auf sie warte und dass sie alles zu erfolgende Unglück sich selbst zuschreiben müssen.

Am 18. Juli wurde mit Genehmigung des Herren Repräsentanten ein Mandat oder Ermahnungsschreiben an das Landvolk in dem fürstlichen Stift gedruckt, um solche auf Morgen, den 19., jedem Gemeindsvorsteher eines davon zu übergeben. In diesem wird das Volk aufgefordert, sich ruhig zu verhalten, der Arbeit der Herrn Repräsentanten auszuwarten, keine Exzesse, weder im Kloster noch in der Stadt zu begehen, um so mehr da ihre Hochfürstlich Gnaden schon in die mehresten Artikel eingehe und nächstens das Gänzliche zur Satisfaktion des Landvolkes erfolgen werde, wie fest zu erwarten stehe.

Den 19. Juli, morgens um 7 Uhr, kam der Fürst ohne Geleit zu den Herren Repräsentanten und zeigte ihnen an, wie dass er gesinnt, alles von dem Volk Verlangte zu bewilligen. Er stehe aber nicht für die Folgen, die der Konvent daraus ziehe, denn dieser werde schwerlich unterschreiben noch seine Einwilligung dahin geben. Indessen müsse doch das Volk erfahren, dass er nicht so hart gegen sie gesinnt, wie sie sich ausdrücken. Sie möchten ihn dann mit Ruhe lassen, im Fall der Konvent andere Gesinnungen hege. Er wolle desnahen den ganzen Tag mit ihnen arbeiten und alles in Richtigkeit bringen; welches er auch getan. Einige glauben, dass es mit aus Furcht geschah, um bei den Herrn Repräsentanten in Sicherheit zu sein.

Gegen 9 Uhr langten viele Beamtete aus den Dorfschaften in dem Kloster an und mit ihnen viele Bauern, um die Resolution des Fürsten zu vernehmen. Man gab ihnen im Kloster das besagte Mandat, um solches dem Volke, das den ganzen Hofplatz einnahm, vorzulesen. Das Volk hörte es gelassen an; die Vernünftigern wollten sich damit noch auf einige Tage beruhigen; viele andere aber riefen: „Nein, es ist vorbei; man soll uns nicht mehr täuschen, wir haben Geduld genug gehabt; von hier gehen wir nicht hinweg, bis wir befriedigt sind." Sie drohten, murrten und machten Anstalten, Exzesse zu begehen.

Nun kam Künzle, der Volksstiller, trat mitten unter sie und redete vaterländisch mit ihnen, erzählte, was er soeben von den Herren Repräsentanten und von dem Fürst selbst vernommen, wie sie gegenwärtig gemeinschaftlich arbeiten, um einen gültigen Entschluss, der ganz zu Vorteil des Volkes ziele, zustande zu bringen. Er ermahnte, flehte, bat das Volk, sich ruhig zu verhalten, ja keine Exzesse, weder im Kloster noch in der Stadt zu begehen, sondern gelassen abzuwarten, was die Herren Repräsentanten für sie auswirken werden. Viele nahmen es an und kehrten nach Hause zurück; viele aber blieben im Kloster und lagerten sich daselbst und gaben zu verstehen, dass sie von da nicht weichen werden, bis alles beendet sei.

Mehr als 3000 Männer waren im Klosterhof, auf den Gängen, vor den Zimmern des Fürsten, des Statthalters, des Offizials und andrer versammelt und warteten nur auf den guten oder schlimmen Ausgang des Geschäftes. Und was am meisten zu bewundern, waren über 40 Fischweiber von der Gegend des Bodensees mitten unter den Männern wie in Paris bei der Entstehung der Französischen Revolution.

Die am Morgen ausgewanderten Bauern hinterliessen jeder in seiner Gemeinde, dass im Fall sie nicht zeitlich zurückkämen, so sollten die Gemeinden fest überzeugt sein, dass ihrer Erwartung nicht entsprochen werde, und desnahen soll sich auf den Abend alles Volk aufmachen, um das Kloster mithelfen zu stürmen. Wirklich waren alle Strassen voller Männer, die gegen Abend zu kleinen Scharen durch die Stadt und in das Kloster gingen, um den andern beizustehen. 6 Uhr war schon vorbei als die Stunde, an welcher das Volk die Bestimmung erhalten sollte. Einige waren schon unwillig und wollten zu ihrem Vorhaben schreiten; aber Gutdenkende unter ihnen hielten sie zurück und sagten ihnen, dass sie gelassen die Ankuft des Künzle, der bei den Herren Repräsentanten und bei dem Fürst sei, erwarten sollen. Mittlerweile begehrten einige, dass man ihnen Wein aus des Fürsten Keller gebe. Man gab ihnen wirklich, aber nur soviel, dass sie sich nicht berauschten, dennoch befürchtete man böse Folgen davon.

Quellennachweis:

Bernhard Wartmann (1739–1815), Zur Geschichte der Helvetischen Revolution in Stadt und Landschaft St. Gallen, hgg. v. Historischen Verein des Kantons St. Gallen, 138. Neujahrsblatt (1998), S. 26 ff.

II. Quellenkorpus

Fürstabt Pankraz Vorster (1753–1829), der Nachfolger von Beda Angehrn, versucht, die im „Gütlichen Vertrag" ausgehandelten Bestimmungen wieder rückgängig zu machen und die Oberherrschaft des Klosters wiederherzustellen. Als er nicht mehr bereit ist, die Deputierten der Landschaft zu empfangen, verweigern die Landleute den Huldigungseid. Die Vertreter der Landschaft wenden sich in dieser Situation an den Schirmort Glarus und verwenden dabei ein eigenes Siegel. Deshalb eskaliert der Konflikt. Pankraz Vorster versucht immer wieder, die Landleute hinzuhalten und die Bewegung zu spalten. Auch einen durch Vermittlung der Schirmorte ausgehandelten Kompromiss akzeptiert er nicht. Diese Hinhaltetaktik führt dazu, dass die Landleute vor das Kloster ziehen und mit dessen Erstürmung drohen. Nur dank der Intervention Künzles kommt es nicht dazu. Interessant ist die Schilderung des Chronisten. Er vermerkt, dass unter den Anwesenden auch Frauen gewesen sind und vergleicht deren Aktion sogar mit den Ereignissen in Paris. Dort hat der Zug der Marktfrauen nach Versailles dazu geführt, dass der König seinen Sitz ins Stadtschloss verlegen musste. Die Teilnahme von Unterschichtenfrauen an Volksaufständen während der Französischen Revolution ist keine Seltenheit. Von den bürgerlichen Männern aus der Oberschicht wird dieses selbstständige Auftreten der Frauen als Bedrohung wahrgenommen. Deshalb die despektierliche Beschreibung.

Titel: *Glückwunsch der Bündner Patrioten an die Französische Nationalversammlung, 1790*

Text 31:

… « Permettez qu'à travers tant de gloire, s'élève jusqu'à vous l'hommage d'un Peuple simple, mais ambitieux de paraître un des premiers dans l'heureuse confraternité que vous venez d'établir *entre toutes les Nations libres*. Les hautes Alpes que nous habitons au fond de l'ancienne Rhétie, sont, comme un Temple saint, où, à la faveur d'une *démocratie pure*, se conserve, depuis plusieurs siècles, *le germe sacré de la liberté*. Nous en profitions, seuls, et il était réservé à la Nation la plus ingénieuse de l'Univers de la seconder pour le bonheur du Monde. C'est ce que vous venez de faire, Messieurs, par les droits que vous avez déclarés, par les principes que vous avez donnés à vôtre Constitution, Les hommes y ont reconnu pour quelle fin ils sont nés, dans quelle condition ils doivent couvrir la terre, et sous quel pacte se réunir en société. »

« Tels sont, après nos hommages, les objets que nous prions l'Assemblée Nationale de prendre en considération, et de recommander au Pouvoir exécutif. Nous n'avons à y ajouter que nos vœux sincères pour la prospérité de la Monarchie Française, à laquelle les principes qui la gouvernent à présent, ne font que nous attacher davantage, et ces principes seront toujours plus puissants sur nous que l'art de la diplomatie ; car un Peuple libre ne saurait espérer de véritables amis que là, où *le pacte social* repose sur cette base sacrée; *La voix du Peuple est la source des Loix*. »

Quellennachweis:

„Adresse des Patriots Grisons à l'Assemblée Nationale de France" vom 18. März 1790, ausgefertigt vom Notar Johann Theodor Mysani und unterschrieben von 54 Bündner Politikern aus allen drei Bünden. Publiziert bei Alfred Rufer, Die Adresse der Bündner Patrioten an die französische Nationalversammlung von 1790, in: Bündner Monatsblatt 1945. S. 245–247, zit. nach Martin Bundi, Christian Rathgeb (Hg.), „Die Staatsverfassung Graubündens". Zur Entwicklung der Verfassung im Freistaat der Drei Bünde im Kanton Graubünden, Zürich 2003, S. 93.

Kommentar:

Kurz vor der Umwandlung Frankreichs in eine konstitutionelle Monarchie und der Einführung einer auf Gewaltentrennung beruhenden Staatsverfassung senden 54 Bündner Patrioten eine Adresse an die Französische Nationalversammlung, die am 2. April 1790 in Paris begeistert aufgenommen und als Sympathiekundgebung des Bündner Volkes interpretiert wird. In der Eingabe an die Nationalversammlung wird ein idealisiertes, pathetisch überhöhtes Selbstbild der Rätischen Bünde entworfen, das kaum der politischen Realität in jener Zeit entspricht. Die Bündner sehen ihr Gemeinwesen als reine Demokratie und sich selbst als freiheitsliebendes Volk, das den Keim der Freiheit bis zur Gegenwart bewahrt hat und betonen die Anschlussfähigkeit ihrer Verfassung an die Prinzipien, wie sie in der Erklärung der Menschenrechte und in der neuen Französischen Verfassung zum Ausdruck kommen. Im Text werden auch Einflüsse von Rousseaus Contrat social sichtbar.

Titel: *Freiheitserklärung des Veltlins vom 21. Juni 1797 / Konfiskation der bündnerischen Güter am 28. Oktober 1797*

Text 32:

Giacinto Carbonera, Talkanzler an die Häupter
Sondrio, 21. Juni 1797, Jahr I der Veltliner Freiheit

Fù diramata sù le communità della Provincia la scritta dalle SS. LL. Illstr. allo scaduto Cancelliere generale, Vincenzo Besta di Gatti, in data delli 29 Maggio pp. L'unanime voto del gentile Consiglio tenutosi sotto li 19 del corrente Mese de Giugno fù di riscontrarle che la Valtelina, stanca ormai di tante dilongazioni vuote di buona fede, ha con ragione anteposto ad una trattativa, che non potrebbe avere consequenza stabile con la Republica Reta, Nazione ragirata ed oppressa dall' oligarchia, il ricorso alla generosità e lealtà Francese e Cisalpina per la ricognizione e per l'assicurazione della Libertà del popolo valtelinese, da lui proclamata, e che è pronto a difenderla sino agl'estremi.

Connobbe il popolo valtelinese competerli questa libertà non solo per i diritti naturali d'ogni nazione annonciati dalla Republica Francese, ma altresì per le tante violazioni di quella Capitolazione che era l'unica base della di lui dipendenza, e che in oggi, come rovesciata dalla stessa Republica Reta, l'ha ricondotto alla primiera sua libertà.

Dichiaro adunque alle SS. LL. Illustr. colle voci del Popolo libero Valtelinese ch'egli nella Republica Reta non riconosce, nè admette il di lei Principe e che egli non è più il di lei suddito, e che la volontà nazionale ha sciolto ogni vincolo politico colle Tre Leghe, volando il Popolo Valtelinese a migliorare la propria condizione, quanto i passati pessimi Governi di più Rapresentanti Griggioni, la mala fede dei ragiratori della Rezia gliel'avea peggiorata.

Assicuro per altro, in nome della Provincia, le SS. LL. Illustr., e pregole d'accertare il Popolo Griggione che i liberi Valtelinesi rispetteranno in diritti dell'Uomo accogliendo con tutta l'Umanità ed Amicizia quei Griggioni che per mottivo di commercio, o come persone particolari voranno venire, e transitare per il territorio della Valtelina, nella fiducia che siano per essere egualmente accolti i Valtelini nella Rezia, e che s'offrono pronti ad entrare in trattativa colla Rezia per lo stabilimento d'un reciproco Trattato di commercio.

Questo è il voto, e questi sono li sentimenti della libera Provincia, coi quali rispettosamente rimango.

Decreto del Comitato provvisorio di vigilanza e corrispondenza, Sondrio, 28. Oktober 1797:

Sondrio, im Pallazzo Nazionale, 7. Brumaire, Jahr VI der Freiheit – 28. Oktober 1797.
Konfiskation der bündnerischen Güter im Veltlin, Chiavenna und Bormio.
Libertà   Eguaglianza.

Popoli di Valtellina, Chiavenna e Bormio, voi foste per più secoli soggetti al più mostruoso de' Governi, a quello cioè d'un popolo imperante sopra un altro. Li più accorti e più avidi di lui individui vi governarono a vicenda senz'altra Legge che quella del lor capriccio; le vessazioni erano divenute un loro diritto, e le rapine formarono il patrimonio de' più potenti. La Libertà e l'Indipendenza ha ora posto un termine a tanti delitti, e la enunciativa riunione alla Repubblica Cisalpina vi assicura un dolce e felice Governo.

Se però li voti degli amici della Libertà sono paghi sull'avvenire, la Giustizia Nazionale esige che se non si può per intiero riparare le sofferte ingiustizie e spoglie, almeno si assicuri alla Nazione tutto quello che nel suo territorio posseggono li odiati tiranni Grigioni.

L'indebita esazione delli dazj, la violenta estorsione di trentacinque mille fiorini fatta nelli primi anni dopo il Capitolato contro il disposto del medesimo, li interessi per cento cinquant'anni decorsi su detta somma, l'esorbitanza de' salarj nelle cause civili, li danni immensi arrecati dalle delegazioni, la defraudazione della quota di multe pecuniarie dovute alle Giurisdizioni e Comunità formano un credito nazionale immenso verso la Repubblica Grigiona senza calcolare tant'altri ingiusti mezzi coi quali hanno succhiato il sangue de' vostri Concittadini.

La più giusta delle cause, quella cioè di dimandare al Popolo Grigione l'osservanza dei patti e giuramenti, incontrò nella perfidia di chi lo diriggeva la più ostinata opposizione e presenta alle Provincie di Valtellina e Chiavenna un secondo titolo d'indennizazione.

La Mediazione della possentissima Repubblica Francese interposta dalli stessi Grigioni, forse al solo oggetto di allontanare il momento di vostra Libertá ed Indipendenza, come dovesi arguire dal successivo disprezzo che ne hanno fatto, e dagli intrighi e turbolenze eccitate nelle vostre contrade, e l'ingiuriosa ripulsa di non volervi per loro alleati sono altrettanti motivi che hanno determinato il vostro Comitato di Vigilanza ad ordinare quanto segue:

1° Tutte le proprietà esistenti nel territorio di Valtellina, Chiavenna e Bormio di ragione delli Grigioni non nazionali sono confiscate a titolo d'indennizzazione dovuta alle stesse Provincie.

2° Li Magistrati, Giudici ed Autorità Costituite delle rispettive Comunità sono incaricate sotto la loro responsabilità di prendere immediatamente a nome della Nazione il possesso di tutti li beni stabili aspettanti come sopra, e di formare un inventario delli medesimi e di tutti li beni mobili e capitali rimettendolo al Comitato dentro dieci giorni dopo la pubblicazione del presente Proclama.

3° Tutti li debitori di summe capitali, interessi o danari esatti verso qualsivoglia Grigione come sopra dovranno dentro tre giorni successivi alla pubblicazione notificare le summe dovute sotto pena del doppio di qualunque summa occultata, ed in caso d'impotenza sotto pena di un mese di ferri.

4° Si proibisce a qualsivoglia debitore o massaro delli detti Grigioni di fare alcun pagamento nelle mani dei medesimi, o degli attuali loro agenti sotto pena di duplicato pagamento, ed in caso d'insolvibilità ai ferri come sopra.

5° Si ordina a qualsivoglia Agente, commissario o amministratore di beni aspettanti a' particolari o corporazioni Grigioni di astenersi d'oggi in avanti da qualsivoglia ingerenza nelli beni aspettanti ai loro principali, e di consegnare li dinari, libri, carte ed ogni altra cosa di ragione delli medesimi alle persone che veranno nominate dalle rispettive Autorità Costituite o dal Comitato, e ciò sotto pena di furto, di arresto personale e di esser tenuti a pagare del proprio il doppio di tutto ciò che accadesse essere alienato, occultato o trafugato.

6° Rapporto alli negozj e ditte mercantili Grigioni all'ogetto di prevenire qualunque arrenamento o pregiudizio del commercio si ingiunge alle Autorità Costituite delli Comuni ove sono situati di nominare immediatamente un Institore o Amministratore risponsabile col carico di fare li occorribili pagamenti ed esazioni, di tenere un esatto registro e di formare il bilancio per procedere in seguito alla alienazione delli detti negocj e ditte.

7° S'invitano tutti li buoni Cittadini a vegliare colla maggiore oculatezza sull'esatto adempimento del presente Proclama, ed a dinunciare con sufficienti prove li contraventori, assicurando chiunque della segretezza e ricompensa del Comitato.

8° Il Comitato ne raccomanda specialmente alle rispettive Autorità locali la puntuale esecuzione, e si compromette del loro zelo e patriotismo che sapranno prevenire ed impedire ogni dilapidazione e trafugazione dei beni cadenti sotto l'ordinata confisca.

Il Comitato, interpretando la generosità e riconoscenza nazionale, crede poter assicurare li individui Grigioni che si sono adoperati per promovere la Libertà ed Indipendenza delle Provincie di tutti li riguardi compatibili colle circostanze.

Torelli, Presidente, Piazzi, Delfini, Stampa, Simoni, del Comitato.

Noghera, segretario del Comitato.

Quellennachweis:

Alfred Rufer (Hg.), Der Freistaat der III. Bünde und die Frage des Veltlins. Korrespondenzen und Aktenstücke aus den Jahren 1796 und 1797, Bd. 2, Basel 1917 (= Quellen zur Schweizer Geschichte, Neue Folge III. 4), S. 89 f. u. S. 391–393.

Kommentar:

Obwohl sich der „Freistaat der Drei Bünde" als demokratisches Gemeinwesen versteht, gehen die Meinungen über eine politische Gleichstellung des Veltlins weit auseinander. Das Veltlin gehört seit 1512 zum „Freistaat der Drei Bünde" und bekommt 1549 eine Rechtsordnung als Untertanengebiet. Noch 1788 hat der Anführer der Patrioten, Johann Baptista von Tscharner (1751–1835), ein Werk geschrieben, in dem er die Herrschaft der Drei Bünde über das Veltlin rechtfertigt. Erst 1797 wächst bei den Patrioten die Einsicht, Graubünden in einen Einheitsstaat umzuwandeln und dem Veltlin die Rechtsgleichheit zu gewähren, wie ein Brief von Gaudenz Planta (1757–1834) vom 27. Mai 1797 zeigt. Die zu diesem Zeitpunkt immer noch regierenden aristokratischen Häupter lehnen die Forderungen der Veltliner allerdings ab. Dies führt am 21. Juni 1797 zur Loslösung des Veltlins und zum Anschluss an die Cisalpinische Republik. Interessant ist die Argumentation der Veltliner: Sie erinnern die Bünder an ihre eigenen Freiheiten und berufen sich auf das Naturrecht.

Titel: *Petitionen von Lausanne, Morges und Cossonay an die Berner Regierung, Anfang Januar 1798*

Text 33:

Illustres, Hauts et Puissants Seigneurs

Les soussignés, très-humbles serviteurs der VV. EE, convaincus de vos sentiments de bienveillance envers eux, prennent la liberté de vous exposer que personne ne pouvant présenter les griefs du peuple Vaudois que les délégués, que ce même peuple aurait nommés à cet effet, requièrent respectueusement:

Que les *ETATS DU PAYS DE VAUD*, dans lesquels on compredrait les députés de Lausanne, soient convoqués sans délai pour être entendus sur les griefs qu'ils auraient à faire ouir au nom du peuple. – Ou, ce qui serait plus conforme aux circonstances présentes, et au désir des signataires, que l'on convoquât les députés qui seraient nommés par tous les bourgeois des villes et de communautés du Pays de Vaud, aux mêmes fins ci-dessous mentionnées.

Dans cette douce espérance, les soussignés se répandent en voeux fervents pour la prospérité de VV. EE. et le salut de l'Etat.

Les Conseils de Morges avaient eu l'honneur ci-devant de présenter à VV. EE. une demande, dont l'objet était commun à tous leurs chers compatriotes. Bientôt les agitations survenues dans les pays environnants les engagèrent à en suspendre le cours; ils attendaient le retour du calme pour la reprendre et pour y joindre différents griefs, dont la réforme paraissait indispensable à la paix et au bonheur de leur patrie.

Aujourd'hui, Illustres Seigneurs, leur pays semble se prononcer et élève la voix vers vous, ils se hâtent donc d'y joindre celle de leur ville, et VV. EE. daigneront l'entendre, tant est essentiel, le concours de toutes volontés.

Mais les abus qui se sont glissés dans différentes parties de l'administration, les changements nécessités d'ailleurs par ceux que le temps apporte dans toutes les institutions humaines, et que commande en quelque sorte la marche de l'opinion, ces différents objets intéressent plus ou moins les divers membres du corp social; et comme ils ne peuvent être tous admis individuellement à présenter les réformes à faire, il est juste qu'ils le soient à nommer chacun dans sa commune un commis qui le fasse pour toute la commune. C'est là le but de cette commune respectueuse requête.

En conséquence, les Conseils de Morges sollicitent VV. EE. de vouloir promettre.

1. Qu'il se forme le plus tôt possible une Assemblée de députés de chaque communauté, nommés par tous les bourgeois et communiers des villes et communes du Pays de Vaud.

2. Que cette assemblée, après s'être occupée des abus et des changements à faire dans tout ce qui concerne l'administration du pays, les soumette à la sanction souveraine, afin que le résultat devienne loi constitutionnelle de l'Etat.

Les Conseils, convaincus que VV. EE. sentiront, ils osent de dire, la nécessité de leur accorder cette juste demande, se répandent en voeux pour leur bonheur, ainsi que pour le salut et la prospérité de la patrie.

Cossonay s'adresse en ces termes à LL. EE.

Les Conseils de Cossonay prennent la liberté de vous exposer avec un profond respect:

Que le mécontentement et l'agitation qui existent dans le Pays de Vaud requièrent les moyens les plus prompts, et l'entière union de ses habitants, pour en arrêter les progrès.

Diverses villes de son voisinage ont déjà manifesté à VV. EE. leur désir pour la convocation d'une *Assemblée de Députés du Pays*.

Les Conseils de Cossonay s'empressent de vous faire parvenir les réclamations de leur ville à ce sujet, en vous suppliant humblement de prendre dans votre sagesse des mesures efficaces pour la prompte convocation, dans le pays, d'une *Assemblée de ses Représentants*, afin que chacun puisse, par leur organe, vous faire entendre ses doléances, obtenir de votre justice le redressement de ses griefs, la satisfaction due à ses plaintes, et les changements désirables dans l'administration des affaires de pays.

Ils estiment que cette Assemblée, sous les auspices de VV. EE., peut prévenir, les maux dont leur patrie est menacée. Ils attendent avec confiance l'effet de vos promesses réitérées et récentes, de contribuer autant qu'il sera en vous à son bonheur.

Quellennachweis:

Aus: A. Verdeil, Histoire du Canton de Vaud, Tome III, Lausanne 1854, S. 223 u. 227 f.

Standort:

ETH-Bibliothek, Aussenstelle Hönggerberg, Signatur 9325.3

Kommentar:

Die Anfang Januar 1798 an die Berner Regierung gerichteten Petitionen von Lausanne, Morges und Cossonay zeigen, dass die Gemeinden eine wichtige Rolle bei der Revolutionierung der Waadt spielen. Sie verlangen eine Einberufung der „Etats du Pays de Vaud". Diese Institution entspricht in der ursprünglichen Zusammensetzung allerdings nicht ihren Vorstellungen, denn früher waren die Seigneurs und der Klerus vertreten und Lausanne war als ehemalige Bischofsstadt gar nicht Mitglied. Deshalb müssen sie eine doppelte Strategie entwickeln: Einerseits betonen sie die historische Legitimität der repräsentativen Versammlung, andererseits geht es darum, ihre eigene Teilnahme zu sichern. Der Wunsch nach Einberufung der Etats zielt deshalb mehr auf Transformation als auf Wiederherstellung der altständischen Institution.

Titel: *Projet de décret, Pays de Vaud, Januar 1798*

Text 34:

Liberté   *Egalité*

L'Assemblée provisoire du Pays de Vaud à ses concitoyens des villes et communes.

La Révolution que vient de s'opérer au milieu de nous va nous conduire à une constitution nouvelle et pour qu'elle fasse le bonheur du peuple vaudois une assemblée de gens éclairés et qui auront votre confiance va être choisie par vous pour y travailler.

Cette assemblée devrait être dégagée de toute occupation étrangère à son importante mission, elle ne pourra point s'occuper d'objets qui n'en feront pas partie et uniquement chargée de ses fonctions législatives elle emploira dans le calme les lumières de ses divers membres pour y travailler.

Mais en attendant le moment très prochain où sa convocation aura lieu, l'assemblée a cru devoir s'occuper de l'organisation d'un gouvernement provisoire, afin de préserver le pays du danger de l'anarchie jusqu'à ce qu'un nouvel ordre de choses lui assure le bonheur dont il doit jouir.

Considérant qu'il est instant de remplacer provisoirement l'autorité des gouvernants dont le pays vient de se séparer ; de substituer à l'autorité des baillis une autorité nouvelle et de remplacer les tribunaux supérieurs, a décrété.

Que dans chaque lieu des ci-devant bailliages – le bailliage de Nyon et de Bonmont ne comptant que pur un, – il sera établi un Comité de dix membres dont cinq seront nommés par les conseils et magistrats des villes et cinq par les communes composant l'arrondissement de chacun d'eux.

La nomination des conseils pour les cinq membres des comités qu'ils éliront se fera ensuite de la convocation des grands et petits conseils. La nomination des cinq membres réservée aux communes s'occupera ensuite de la convocation de leurs députés au chef-lieu du ci-devant bailliage.

Les comités actuels et magistralement établis auront le pouvoir de faire convoquer pour cet effet les assemblées de conseils ou de députés des communes, et là où il n'y aura pas de comité les conseils du chef-lieu en auront le droit.

Les comités maintenant existants au chef-lieu des bailliages et qui seront composés d'une manière différente que celle indiquée ci-dessus seront organisés de nouveau. Les comités maintenant établis hors des chefs-lieux des bailliages seront dissous.

Chaque comité légalement constitué dans les chefs-lieux des bailliages nommera un de ses membres pour être envoyé au lieu qui sera désigné et composé avec la réunion des députés des divers comités, un au Comité central.

Ce Comité central ne sera ainsi composé et mis en activité que lorsque l'Assemblée constituante sera organisée. En attendant l'Assemblée provisoire en remplira les fonctions. Lorsque l'Assemblée constituante sera réunie. L'Assemblée provisoire sera dissoute et le Comité central sera mis en activité conformément aux bases ci-dessus.

Pouvoir des comités

Le Comité central sera revêtu provisoirement de tous les pouvoirs qu'exerçait jadis le Sénat au canton de Berne et que pouvaient exercer les gouvernements de Fribourg ou du Valais. Il aura la haute police, le pouvoir de faire grâce, la nomination aux places civiles et ecclésiastiques, excepté celles-ci: la partie du ci-devant canton de Fribourg et du Valais qui resteront attachés aux colatures auxquelles ils n'ont rien changé.

Il rendra des arrêtés relatifs aux affaires générales, il les enverra aux comités des chefs-lieux de baillage pour être exécutés; en un mot il exercera l'autorité jadis souveraine.

Il nommera les comités nécessaires aux remplaçants des diverses chambres, de santé, graines, finances, économique, sels, péages et autres.

Chaque commune de chef-lieu des ci-devant bailliages sera revêtue provisoirement des pouvoirs des ci-devant baillifs et nommera aux places dont ceux-ci avaient le pouvoir de disposer.

Ils s'occuperont des bois et des domaines de leur ressort. Ils y exerceront la haute police, et y procèderont par un de leurs membres de la cour d'appel de première instance, ci-devant appelée la cour baillivale.

Conseils des villes et des communes.

Les conseils des villes et les assemblées des communes auront provisoirement lieu, comme du passé, relativement à l'administration et disposant de leurs biens et à l'exercice de la police qui était de leur compétence. Ils continueront de nommer aux places qui les concernent.

Asseblées ecclésiastiques

Les colloques et les assemblées de classes dans les pays protestants et toute conférence usitée dans les pays catholiques auront lieu comme du passé.

Ils sera envoyé autant de membres des comités du chef-lieu de baillage qu'il y avait de ci-devant baillifs dans les assemblées de classes protestantes

Le culte et les institutions publiques continueront d'être exercés de même comme du passé.

Tribunaux de justice et criminel inférieurs.

Les tribunaux de justice inférieurs sont provisoirement maintenus, ainsi que les tribunaux criminels. Ils conservent les mêmes huissiers.

Ceux qui rendaient la justice au nom de Leurs Excellences ou des anciens gouvernements la rendront au nom du peuple vaudois.

Tribunal d'appel de seconde instance.

Les ci-devant cours baillivales continueront de juger des causes d'appel de première instance là où il est d'usage, avec cette différence que les membres qui les composent auront voix délibérative. Le président aura voix consultative et prépondérante en cas d'égalité de suffrages.

Ce tribunal sera désigné tribunal d'appel de seconde instance, les assesseurs et lieutenants baillivaux seront désignés assesseurs et vice-présidents de ce tribunal.

Le tribunal sera présidé par un membre du comité du chef-lieu du bailliage ou à défaut par le vice-président du tribunal.

Le tribunal suprême jugera des causes civiles et criminelles, en dernier ressort.

Il suivra les mêmes lois qui sont usitées dans le pays des domiciles des parties.

Il pourra, dans le cas d'une multiplicité d'affaires, se diviser en deux sections. Chaque section jugera en dernier ressort.

Le président sera élu par le tribunal lequel élira aussi un vice-président.

Si le tribunal se divise en deux sections, elles seront présidées l'une par le président et l'autre par le vice-président du tribunal.

Les pouvoirs de ce tribunal en matière criminelle ne dérogent pas au pouvoir qu'a le Comité central de faire grâce.

Consistoire suprême protestant.

Il sera provisoirement composé d'un président, de deux aspirants, à l'instar du jadis consistoire suprême de Berne.

Il sera présidé par un membre du Comité central. Au nombre de dix assesseurs seront compris cinq assesseurs laïques et cinq assesseurs ecclésiastiques.

Les cinq assesseurs laïques seront tirés des membres du tribunal suprême.

Les cinq assesseurs ecclésiastiques seront élus par les cinq classe de Lausanne, Yverdon, Payerne, Orbe, Echallens et de Morges, lesquelles en nommeront chacune un à la pluralité des suffrages. Il aura les mêmes pouvoirs qu'avait le consistoire suprême.

Arrondissement ecclésiastique catholique.

Les citoyens du ci-devant canton de Fribourg et du Valais suivront en matière spirituelle leur for comme du passé et continueront de dépendre de leur évêque.

Loix

Les mêmes lois actuellement existantes dans les diverses parties du pays continueront d'être exécutées sans jugement et jusqu'à ce que la nouvelle constitution soit achevée et qu'elle puisse être mise en activité.

Emoluments.

Chaque comité de chef-lieu des ci-devant bailliages prononcera sur les émoluments de son délégué au Comité central. Les tribunaux d'appel et de seconde instance et les classes ecclésiastiques prononceront de même sur les émoluments à accorder aux membres qu'ils enverront au tribunal et au consistoire suprême.

Le Comité central prononcera sur les émoluments des membres des comités particuliers. Les unes et les autres de ces autorités fixeront ces émoluments au taux le plus modique et conformément au désir des vrais amis de la patrie.

Quant aux émoluments des cours de première et seconde instance, ils seront payés comme du passé.

Durée du gouvernement provisoire.

Dès que l'assemblée constituante aura décrété la nouvelle constitution, elle sera imprimée et proclamée.

Cette proclamation faite, les nouveaux tribunaux et autorités seront organisés huit jours après cette proclamation. La nouvelle constitution sera exécutée et mise en activité et le gouvernement provisoire cessera.

Quellennachweis:

Revue Historique Vaudoise, 28. Jg., Nr. 1 (1920), S. 146–151.

Kommentar:

Frédéric-César Laharpe (1754–1838), der Vordenker der Revolution im Waadtland, hat schon 1790 detaillierte Vorstellungen einer moderaten Revolution entwickelt. Seine Prognose ist eine Mischung aus traditionellen und revolutionären Ideen, wobei auch die eidgenössische Freiheitstradition eine wichtige Rolle spielt. Im Zentrum steht die Forderung nach einer Einberufung der „Etats du Pays de Vaud". Allgemein steckt hinter dieser Forderung der Wunsch nach Mitbestimmung, Autonomie und Unabhängigkeit. Weil in dieser altständischen Institution auch die Seigneurs und der Klerus vertreten sind, ist eine soziale Transformation notwendig. An die Stelle der alten Institutionen treten die Gemeinden und die Städte. Im Verfassungsentwurf vom Januar 1798 kommt dieses kommunalistische Element klar zum Ausdruck. Der Anschluss an die altständischen Institutionen und die Favorisierung einer moderaten Variante des Übergangs machen den Weg frei für einen friedlichen Verlauf der Revolution in der Waadt.

8 Befreiungsbewegungen, Helvetische Revolution, Konfrontation der Helvetik mit vormodernen Demokratiemodellen und materiellen Erwartungen

8.1 Befreiungsbewegungen: Legitimationsdiskurse und politische Erwartungen

Titel: Revolutionsbewegung in Aargau, Januar 1798

Text 35:

29. Januar, Castelen. Ldv. Fischer an den (Kriegsrath?) in Bern. 1. Kundschaft über das Frickthal... 2. Schilderung der üblen Stimmung in *Aarau*. „Alle Landleute von meinem Amt, so sich dahin begeben, werden in jede(r) Pintenschenk(e) und besonders Bäckerstuben gegen die Obrigkeit aufgehetzt, und auch am Donnerstag, bei dem Bundschwur, mischten sich die Weiber von Aarau unter die Zuschauer (und) sagten ihnen, diese Ceremonie sei unbedeutend, sie könne doch den Umsturz ihrer Regierung nicht hindern. Allenthalben sind es die Weiber, selbst in den Bäckerstuben, wo ihre Männer ruhige Zuhörer sind, welche die Revolution predigen. Die mehresten Handelsleute waren alltäglich bei dem Geschäftsträger... Sie (gießen) sonderlich ihren Zorn aus über die benachbarten Herren Amtleute; sie sagen, sie drücken die Landleute mit Erhöhung und Verkauf (?) des Getreidepreises, mit (dem) Anschlag des Bodenzinses; überhaupt haben sie keine Landvögte und keine Pfarrherren vonnöthen.

Quellennachweis:

Aktensammlung aus der Zeit der Helvetischen Republik (1798–1803), bearb. von Johannes Strickler, Bd. 1, Bern 1886, S. 245.

Kommentar:

Während die französischen Armeen bereits vor der Grenze stehen, versammeln sich die Tagsatzungsgesandten in Aarau, um am 25. Januar 1798 nochmals die alten Bünde zu beschwören. Der Bericht des Landvogts illustriert die revolutionäre Stimmung in der Aargauer Bevölkerung, die durch das Herannahen der französischen Heere noch gefördert wird. Der Stimmungsbericht zeigt auch die Kommunikationszentren der Volksbewegung auf: Wirtshäuser, Backstuben und Mühlen sind wichtige Elemente einer plebejischen Öffentlichkeit. Bemerkenswert ist auch die Teilnahme der Frauen, die sogar die Vorhut der revolutionären Bewegung bilden.

Titel: Unmassgebliche Vorschläge eines Thurgöwischen Volksfreundes,
zur Erlangung der bürgerlichen Freyheit und Gleichheit und einer
Volksregierung. Allen Freunden der Freyheit gewidmet zur reiflichen
Überlegung, 23. Januar 1798

Text 36:

Die Gründe alle anzuführen, die eine Abänderung der Regierungsform und eine Revolution im Thurgau wünschenswert und notwendig machen, wäre wohl ein überflüssiges Werk. Welcher Patriot, der das Thurgöw kennt, fühlt nicht mit Wehmut, wie wir noch unter dem Joche so vieler kleinen weltlichen und geistlichen Tyrannen stehen, und wie noch die ganze Last des Feudalsystems und der Regierung auf uns liegt, eine Frucht der barbarischen Jahrhunderte und Zeiten der Finsternis, wo die Menschheit so tief erniedrigt worden war, daß ihr sogar wenig Gefühl für Menschenrecht und Freiheit übrig blieb, und man sie als ein geduldiges Lasttier ungestraft beladen konnte.

Welch ein herrliches, von Gott mit allem Nötigen zu einem reichlichen Unterhalte gesegnetes Land bewohnen wir! Welch eine Freude, diesen herrlichen Anblick von einem Standpunkte, der eine ausgedehnte Aussicht gewährt, an einem Sommertage zu betrachten; aber niederschlagend ist dann auch dabei für den wahren Patrioten, der so gerne seine lieben Mitbürger diese zeitlichen Güter froh genießen sehen möchte, wenn er denken muß: ein großer Teil der reichen Ernte, womit Gott die Mühe und den Schweiß des Landmanns segnet, und ein großer Teil der Früchte des Weinstocks, auf die der arme Winzer mit harter und saurer Arbeit das ganze Jahr hoffet und harret, wird müßigen Mönchen, Pfaffen und Nonnen zuteil, und ihnen sogar außer Lands zugeführt. Wie traurig ist auch die Betrachtung der Justizpflege in unserem Lande, die ganz nur darauf eingerichtet scheint, das Geld aus dem Beutel der Untertanen zu locken und im Trüben zu fischen, unbesorgt um Recht oder Unrecht, und ganz untätig, das Wohl des Vaterlandes zu befördern. Tausend allgemeine Tatsachen beweisen nur allzu klar die Wahrheit dieser Klagen.

Nun scheinen alle Umstände eine Revolution zum Besten unsers lieben Vaterlandes zu erfordern, und solche ist nicht nur möglich, sondern höchst nötig, wenn wir Thurgöwer nicht noch unglücklicher oder gar die Beute benachbarter Mächte werden wollen.

Die großen Auftritte, die sich in der Schweiz vor unsern Augen zutragen, die wichtigen und großen Schritte, die benachbarte Völker, die Untertanen wie wir waren, mit so glücklichem Erfolg zu Erlangung einer erwünschten Freiheit schon getan haben: alles, alles fordert uns auf, nicht untätig und müßig zu bleiben, sondern vielmehr alles anzuwenden dass wir Ehre und Lob verdienen, und die Früchte einer gut eingerichteten Volksregierung, der einzigen, die auf jetzige Zeiten und Bedürfnisse passen, froh genießen mögen.

Liebe Mitbürger! Waget die ersten Schritte zu euerer Befreiung mit Mut und Entschlossenheit, und mit Vertrauen auf den segnenden Einfluß der göttlichen Vorsehung. Aber verbindet mit dem Eifer und dem Feuer der Begeisterung für Freiheit auch die kälteste und ruhigste Ueberlegung aller der Mittel und Wege, dieselbige zu erlangen, und vergesset dabei niemals, daß Gesetzlosigkeit und Freiheit und die Auflösung aller Bande der bürgerlichen Gesellschaft, die Quelle von unzählbarem Elend ist. Seid langsam im Beraten, aber schnell in der Ausführung euerer Maßregeln. Nach diesen Grundsätzen, die allein den wahren Patrioten und Menschenfreund ausmachen und in all seinen Handlungen leiten müssen, könnte man sich unmaßgeblich folgendes zur Richtschnur dienen lassen:

1. Beiden herrschenden Religionsparteien die vollkommendste Sicherheit, die unbeschränkteste Ausübung derselben, und die Stiftung zum Unterhalte der Lehrer der Religion, der Kirchen, Pfarrhäuser und Schulen, auf das heiligste versichern, und sie dabei mit aller Macht schützen und schirmen.

2. Das Leben, die Sicherheit und das Eigentum aller Einwohner unsers Vaterlandes von allen Ständen, auch selbst derjenigen Personen, die nicht einstimmig mit uns denken und handeln, oder auch sich unsrer Absicht widersetzen, trachten zu bewahren und zu versichern, so daß sie keinen andern Zwang leiden müssen, als den, so den Umständen zur Erlangung unsrer Befreiung höchst nötig sind.

3. Die Erklärung, daß wir freie, unabhängige Leute, die sich selbst regieren, sein wollen, auf eine anständige, aber kräftige mann- und standhafte Weise an die uns bis dato regierenden hohen Stände der Eidgenossenschaft gelangen zu lassen, mit der Aeußerung, daß wir uns ferner nicht von ihnen trennen, vielmehr uns noch näher an sie anzuschließen, und als freie Leute in den Schweizerbund aufgenommen zu werden wünschen; als Bund- und Eidsgenossen würden wir Vermögen und Leben zur Erhaltung der Unabhängigkeit unsers gemeinsamen Vaterlandes und zu seiner Verteidigung gegen alle feindlichen Angriffe mit Freuden aufopfern, und alle unsere Kräfte für das allgemeine Wohl der Schweiz anwenden; mithin als Bundesgenossen dem allgemeinen Besten gewiß nützlicher als bedrängte Untertanen sein.

4. Die Frei-Compagnie und andere freiwillige Mannschaft bewaffnen, und die Klöster, Statthaltereien und Schlösser besetzen, und solche gegen Raub und Gewalttätigkeiten zu beschützen; wo man aber bei der Wahl der Officiers höchst vorsichtig sein muß, um kluge, rechtschaffene, vertraute Männer zu erlesen, die den Eifer und die Hitze des Volkes zu mäßigen und zu leiten wissen, so daß unsre Revolution durch keine Gewalttätigkeiten oder Gräueltaten befleckt würde.

5. Wenn man einmal einer ziemlichen Anzahl angesehener, vermöglicher Personen zu Gunsten der Revolution in allen acht Quartieren versichert wäre, so könnte man jedes Quartier besonders versammeln, damit das Volk sich Ausschüsse erwähle, zur Einrichtung eines Regierungsplans und anderer zum Wohl dieses Landes erforderlichen Sachen.

6. Wenn ein solcher Plan nach kluger Ueberlegung zu Stande gekommen und die Revolution reif geworden, endlich eine allgemeine Landsgemeinde einzuleiten, um ihr den entworfenen Regierungsplan zur Annahme und Bestätigung vorzulegen, und sie zur Wählung des Landesvorsteher schreiten zu lassen.

Dies wären die sechs Punkte, welche zur Erlangung einer bürgerlichen Freiheit und Gleichheit und einer Volksregierung zu befolgen mir notwendig schienen. Alles übrige, als Abschaffung der Gerichtsherrlichkeiten, des Adels, Aufhebung der Majoritätsgüter, Auskauf der Grundzinsen und Zehnden, Anwendung und Verkauf der als Nationaleigentum erklärten Güter etc., würde sich von selbst in der Folge geben.

Der Verfasser dieser unmaßgeblichen patriotischen Meinung empfiehlt solche allen Freunden der Freiheit und Gleichheit, die sich um das Thurgöw verdient machen wollen, zu reiflicher Ueberlegung, und wünscht von Herzen allen redlichen Bemühungen für Freiheit und Volksglück den besten Erfolg.

Den 23. Jänner 1798.

(Originaldruck, 4 Seiten, Quart; vermutlich in Zürich gedruckt bei Waser an der Marktgasse. Ein Exemplar auf der Zentralbibliothek Zürich, P A 321.)

Quellennachweis:

Zit. nach Fritz Brüllmann, Die Befreiung des Thurgau 1798, Weinfelden 1948, S. 127–129.

Kommentar:

Die vermutlich von Johann Jakob Gonzenbach (1758–1811) verfasste, am 23. Januar 1798 in Zürich erschienene Schrift verweist auf die drückenden Abhängigkeitsverhältnisse der von den eidgenössischen Orten gemeinsam verwalteten ehemaligen Landgrafschaft Thurgau. Er verlangt eine Gleichstellung mit den anderen eidgenössischen Orten und die Anerkennung als gleichberechtigter Bündnispartner. Als Vertreter der ländlichen Oberschicht entwirft der Verfasser ein Programm für einen friedlichen, kontrollierten Übergang in eine neue Ordnung. Revolutionäre Aktionen von unten sollen vermieden und die bestehende Eigentumsordnung gesichert werden. Eine soziale Revolution ist nicht vorgesehen.

Titel: *Vorstellung an die Hochlöblichen das Thurgäuw beherrschenden Stände.*
Von dem Inneren Ausschuss der gesamten Landschaft Thurgäuw durch Ihre
Abgeordneten überreicht, 8. Februar 1798

Text 37:

Edle, Weise Väter des Vaterlandes!

Drey Jahrhunderte hindurch genoß Helvetien das Glück, nicht von auswärtigen Mächten angegriffen zu werden; die glorreichen Thaten unserer Voreltern glänzten in den Geschichtbüchern der Welt, und der Schweizer bewies in fremden Gefechten, daß Dapferkeit sein Herz belebe; im allgemeinen Ruf des Biedersinns pries der Fremdling die Glückseeligkeit Helvetiens und ihrer Bewohner. Daselbst, glaubte man, habe die Freiheit ihren Sitz aufgeschlagen und die Genügsamkeit eine Frey-Städte gesucht; hörte man wie der Eydgnoß mit Jubel zur Lands-Gemeind eilte, um daselbst den besten, Einsichtsvollesten für seinen Führer zu wählen, dann Frolockend zu den lieben Seinigen zurückzukehren und ungestört und ganz das Glück des Lebens zu geniessen, so erhob sich das Herz des Menschenfreundes; aber man achtete nicht daß indessen Viele unter Souverainen und Aristokratischen Regierungen nicht das gleiche Glück der Freiheit genossen; die mehr oder wenigern Ur-Freyheiten wurden durch die Länge der Zeit geschmälert, entstellt, oder gar verdrängt. Was Wunders, wann hie und da biedere Bürger im Stillen ihre Lage bewainten und ihre glücklichern Mitbewohner Helvetiens beneideten.

Eine grosse Macht Europens war es, die sich Schwung-Kraft genug gab, um sich das Recht eines freygebohrnen Menschen wieder zu verschaffen; durch blutige Schlachten verschafte sie sich Freiheit und Sieg.

Edle, Weise Väter des Vaterlandes!

Wann nur durch das Beyspiel dieser benachbarten Macht die Liebe zur Freyheit in jedem Schweizer-Herzen lebhaft rege geworden ist, so werden sich Hochdieselben um desto weniger befremden, zu vernehmen, daß auch dies der laute, allgemeine, feste und unerschütterliche Wunsch der Einwohner der Land-Grafschaft Thurgäu seye.

Der erste Tag dieses Monats war es, an dem sich einige tausend Thurgäuischer Bürger in Weinfelden versammelten, um vor Gott sich laut für Freiheit und Unabhängigkeit zu erklären. Der Gedanke an Zügellosigkeiten, Excesse und stürmische Auftritte und Faktionen als die gemeine Folge aller Revolutionen beklemte das Herz vieler Edeln, so sehr sie auch selbsten Freiheit und Unabhängigkeit wünschten. Doch weit entfernt, sich von der Menge der Freiheits-Brüdern zu entfernen, vereinigten sie sich mit Ihnen, um durch Ihre Verwendung und durch Ihren Einfluß Ruhe, Ordnung und Sicherheit des Eigenthums zu erhalten. Der Vorsehung seye es gedanket, alle obige Uebel sind uns unbekannt geblieben, Bruderliebe hat uns alle fest zusammen gekettet, und unser aller Wahlspruch ist:

Religion, Freyheit und Vaterlandsliebe.

Die Vollmachten der in Weinfelden versammelten Deputirten aus allen Kirch-Gemeinden des Lands, sowie der Beytritt der Stadt und Gemeind Frauenfeld beweisen offenbar, daß es der allgemeine Wunsch eines jeden Einwohners unsers Landes seye.

Indem wir so von Freiheit und Vaterlandsliebe ganz beseelt sind, haben wir es bis jetzt noch nie vergessen, daß wir unter dem Schutz und der Regierung der Hohen Stände gestanden haben.

Haben es nicht vergessen, daß es unsere Pflicht seye, Ihnen unsere Wünsche zur Beherzigung und Erfüllung geziemend vorzulegen. Wir hoffen, Sie werden unsern Entschluß und unsere Wünsche genehmigen. Der Wunsch nach Freiheit gab der Löbl. Eidgnoßschaft das Daseyn, und nur durch ihre allgemeine Verbreitung wird sie ihre Fortdauer und unwiderstehliche Festigkeit erhalten.

Ohne Gesätze, ohne gute Civil- und Militär-Einrichtungen waren wir oft das Opfer eigennütziger Regenten, und viele Familien fanden ihren Ruin aus Mangel einer guten Verfassung.

Würdigen Sie uns, als Brüder und Mit-Eidsgenossen in Ihre ewige Verbindung auf- und anzunehmen. Anstatt etwas dabey zu verliehren, werden Sie, wird die ganze Lobl. Eidgnoßschaft, dadurch unendlich viel gewinnen. Edle großmüthige Beyspiele von der Art aus der ältern und neuern Geschichte lassen uns mit begründeter Zuversicht hoffen, Sie, Edle, Weise Väter des Vaterlandes, werden unsere dringenden Bitten, die auf das Recht der Menschheit und Billigkeit gegründet, nicht verschmähen.

Daß von Eidgenossen belagerte Zug, welches ehedessen, gleich uns, unter der Oesterreichischen Herrschaft gestanden, empfieng aus den Handen seiner großmüthigen Belagerer den Rang eines Cantons und mit demselben Freiheit und Glück.

Die edlen und großmüthigen Bürger der Stadt Basel umarmten die Bewohner ihres Lands als Bürger und Brüder, und späte Enkel werden sie noch dafür segnen.

Der Souveraine Fürst von St. Gallen legte das Ruder der Regierung in die Hände seiner Unterthanen freiwillig ab, und seitdem thaten unsere Hohen Stände ähnliche Aufopferungen.

Und wir Bewohner eines beträchtlichen Theils Helvetiens sollten nicht gleiches Glück genießen können?

Die Ruhe, die Unterwürfigkeit und Anhänglichkeit, die wir seit drey Jahrhunderten an die Löbl. Eidgenoßschaft unausgesetzt erwiesen haben, ist Bürge unsers gutmüthigen National-Charakters.

Nicht Fanatismus und Insurrektions-Geist haben uns diese unsere Wünsche in das Herz gelegt; die dringenden Gefahren, die unser liebes Vaterland mehr als jemals bedrohen, der sehnliche Wunsch, Religion und Freiheit aufrecht zu erhalten und zu befestigen, das Eigenthum eines jeden zu beschützen, den National-Geist zur Eintracht und Dapferkeit zu entflammen, das waren die wichtigen Beweggründe, mit unsern Bitten um Freyheit und Unabhängigkeit vor Ihnen zu erscheinen.

Edle, Weise Väter des Vaterlandes!

Gewähren Sie das ganz ohne alle frömde Einmischung an Sie gerichtete Ansuchen und den laut geäußerten Wunsch so vieler tausend Seelen! Das ist das einzige Mittel zur Rettung und Beglückung des theuren Vaterlandes.

Gewähren Sie uns unsre drungenliche Bitten, so sind wir entschlossen, Ihnen in blutige Schlachten zu folgen und durch Aufopferung unsers Guts und Bluts anzuzeigen, daß wir würdig seyen, nicht mehr Knechte, sonder Söhne des Vaterlands zu heissen. Heisses Dankgefühl wird dann unser Innerstes durchdringen, und in den Herzen der spätesten Enkel wird das Andenken Ihrer Großmüthigen Gerechtigkeit unauslöschlich bleiben.

Mit Sehnsucht erwarten wir unsere Ehren-Deputierte. Namentlich: Herr Gonzenbach in Hauptweil, Herr Quartier-Hauptmann Ammann, von Ermatingen, Herr Johannes Widmer, von Altnau, und Herr Enoch Brunschweiler, aus Erlen, wieder zurück, und bitten Sie daher ganz drungenlich, ohne Verzug, auf unser gerechtes, begründtes, bittliches Begehren, Ihnen eine entscheidende und günstige Antwort zu übergeben. Die wir uns indessen Ihrer Huld und Freundschaft empfehlen und mit unumschränkter Hochachtung geharren.

Weinfelden, den 8ten Hornung 1798.

Unseren Edlen und Weisen Vätern des Vaterlandes

Eifrig ergebenste Verehrer:

1. Paul Reinhart, des Volks Innern Ausschusses Präsident.
2. Johann Ulrich Kesselring, Vice-Präsident.
3. Johann Georg Zollikofer, Beyständer.
4. Franz Melchior Harder, des Innern Ausschusses.
5. Johann Georg Anderes, dito

6. Johann Joachim Brenner, dito
7. Andreas Labhart, dito
8. Ignaz Florian Ramsperger, dito
9. Jackob Bachmann, dito
10. Josef Anthoni Straub, dito
11. Johannes Oberhenßli, dito
12. Leonhard Vetterli, dito
13. Georg Joseph Rogg, dito
14. Christian Merkli, dito
15. Eberhard Freyhofer, dito
16. Rudolph Michon, dito
17. Johann Conrad Stäheli, dito
18. Pfleger Höpli, dito
19. Lieutenant Hug, dito

Quellennachweis:

Zit. nach Fritz Brüllmann, Die Befreiung des Thurgau 1798, Weinfelden 1948, S. 129–132.

Kommentar:

Nachdem Anfang Februar 1798 in Weinfelden 3 000 Menschen zu einer Landsgemeinde zusammengekommen sind, versammeln sich am 5. Februar die gewählten Deputierten, um die Zustimmung der Gemeinden zu überbringen und ein Landeskomitee, d. h. eine provisorische Regierung, zu wählen. In einer Denkschrift verlangen sie die Befreiung und Gleichstellung des Thurgaus. Anstoss zu ihren Forderungen gibt das französische Beispiel, zudem verweisen sie auf Gebiete, in denen der Freilassungsprozess bereits erfolgt ist, wie die Untertanengebiete des Fürstabtes von St. Gallen und die Basler Landschaft.

Titel: Addresse an die hochlöblichen das Rheinthal beherrschenden neun Stände, von den Städten und Höfen des obern und untern Rheinthals, 11. Februar 1798

Text 38:

Hochwohlgeborne, Hochgeachte Herren!

Sie haben uns durch ein öffentliches Proklama zur Treue gegen Sie, und im Nothfall zum thätigen Beystand, mit Aufopferung unsers Guts und Bluts, auffordern lassen.

Wir können Ihnen nicht verhehlen, daß die Allgemeinheit dieses Proclams, worinn auch nicht das geringste Bestimmte von den Ursachen und Umständen unsrer gefahrvollen Lage angezeigt wird, was doch nothwendig einen so wichtigen Aufruf hätte begleiten sollen, uns äusserst aufgefallen ist.

Wir wissen, wir sind keine Bundsgenossen; aber wir sind Schweizer: unsere Väter haben in dem gefährlichsten aller Schweizer-Kriege, mit Kaiser Maximilian und dem schwäbischen Bunde, auf der Haide bey Hard und in dem blutigen Treffen bey Frastenz, wo der tapfere Wolleb von Uri fiel, gleich den übrigen Eidgenossen für die Freyheit und Unabhängigkeit der Schweiz gefochten. Auch wir gaben Beweise von Muth und Treue: vor einem Jahre, da feindliche Schaaren sich alle Tage hart an unsern Gränzen herumschlugen, bedeckten wir diese, eine Strecke von fünf Stunden, ohne fremden Zuzug oder Beytrag, ganz allein; Kanonen- und Flintenkugeln flogen zu uns herüber, wir liessen uns nicht schrecken, und sicherten damit die Neutralität der Schweiz.

Und sollte ein Volk, das sich so braf bewiesen, das 20 000 Seelen und so viele wackere Männer unter sich zählt, sollte ein solches Volk zu einer Zeit, wo man die Stimmen einzelner Gemeinden und Personen in andern Gegenden der Schweiz sammelt, und sie durch Hebung ihrer Klagen und Beschwerden zu gewinnen sucht, nicht auch die gleiche Würdigung verdienen?

Oder glauben Sie, Hochwohlgeborne Herren! Wir hätten keine Klagen, keine Beschwerden? Wir fühlten unsere Einschränkungen, so manches Drückende von Willkühr und Convenienz in unsrer Verfassung nicht? – Doch wir schweigen hievon.

Die Rede ist nun von der Gefahr, in der ganz Helvetien schwebt; wir sind ein Theil davon, sein Schiksal ist das unsrige; in diesem Fall erkennen wir unsre Pflicht. Aber da, wo man Gut und Blut aufzuopfern hat, hat man auch das Recht, eine Stimme zu geben.

Wir stehen am Rande eines Abgrunds; was uns noch retten kann, ist, redlicher, offener Schweizersinn, der sich nicht scheut, seine Gesinnungen frey und laut zu äussern.

Uns, Hochwohlgeborne Herrn, kann es durchaus nicht gleichgültig seyn, von Wem und gegen Wen wir aufgemahnt werden; ob Helvetien überhaupt, oder nur ihre Bünde, die einen Staat im Staate unter verschiedenen Regierungsformen bilden, bedroht werde! – Zu dem ersten gehören alle Schweizer, zu den leztern nur Eidsgenossen. Dieser Unterschied ist sehr wesentlich, er zeigt unsre Verhältnisse, und was Sie zu hoffen oder zu fürchten haben.

Nach der Absicht unsrer ersten Stifter sollten die Bünde das Glük ihrer Nachkommenschaft, Freyheit und Unabhängigkeit sichern; seit der Zeit aber, daß Schweizer Eroberungen und Unterthanen machten, veränderte sich die Gestalt der Bünde, und sie schienen eben so sehr gegen uns Unterthanen überhaupt, als gegen auswärtige Feinde gerichtet zu seyn.

Urtheilen Sie nun selbst, Hochwohlgebohrne Herren! Was wäre das Resultat eines Krieges mit einer Nation, gegen die die geübtesten Heere, die berühmtesten Feldherren von Europa nichts vermochten, die jetzt das Schiksal so vieler Völker entscheidet, und deren System neun Theilen der Schweiz die nämlichen Rechte einzuräumen scheint, die der zehnte Theil bisher ganz allein besessen – könnten Sie wohl erwarten, daß wir, unter diesen Umständen, für Ihre Vorrechte Gut und Blut aufopfern sollten?

Ein Staat erhält sich nur durch die Grundsäze, durch die er gestiftet worden; stellen Sie diese, Freyheit und Gleichheit, und damit Ruhe und Eintracht in unserm Vaterlande wieder her. Frankreichs System scheint durchaus eine Reform unsrer Verfassung zu fordern; auch der Geist der Zeit fordert diese laut und stark. Sollte eine fremde Nation bewürken müssen, was die höchste Gefahr jezt Ihnen zur Pflicht macht! Auf Sie kommt es ganz allein an, ob ein fürchterlicher Krieg unsre schönen Thäler verwüsten, unsre stillen Wohnungen zerstören unser Eigenthum verschlingen, alle Bande der Freundschaft, der Sittlichkeit und Religion auflösen, und den Boden unsers Vaterlandes mit unserm Blute tränken solle!

Wir machten alle ein so braves Volk aus, blühend durch Betriebsamkeit, Ordnung und Fleiss, von ganz Europa geschäzt und geliebt wegen unsrer Biederherzigkeit und Treue; unsere geraden, einfachen Sitten, die uns vor jedem andern Volk auszeichnen, erwarben uns selbst bey Monarchen eine Achtung, die unsre Existenz, in neuern Zeiten, mehr sicherte, als unser eignes, politisches Gewicht; auch unsre verschiedenen Religions-Meynungen näherten sich einander immer freundlicher, um unsre Sitten noch mehr zu veredlen; nur noch Eins – Eine Familie Brüder hätten wir seyn sollen, und wir wären das erste, glüklichste Volk der Erde gewesen.

Jezt, Hochwohlgebohrne Herren! Da Sie noch von den Umständen Meister sind, könnten Sie alles so glüklich leiten und unschädlich machen! Sie würden immer geachtet, geliebt, grösser als zuvor, die einzigen Führer eines wakern Volkes bleiben, seinen Dank, seinen Segen einerndten, und wie unsre ersten Stifter berühmt, wie sie unsterblich in unsern Herzen und Geschichten werden.

Wir bitten, wir beschwören Sie, Hochwohlgeborne Herren! (Zeit und Umstände drängen) zögern Sie nicht länger! Heben Sie die Schranken, die uns so lange getrennt, und wir sind in jeder Gefahr bereit, Gut und Blut für unser gemeinschaftliches Vaterland aufzuopfern! Noch ist es an Ihnen, zu entscheiden; aber nicht lange mehr: die Völker erwachen und fordern ihre Rechte; die Waage neigt sich gegen uns; ganz Europa horcht auf Ihren Entscheid; und Wir? – Wir erwarten den Handschlag und Gruss der alten biedern Schweizer, den sie den Bürgern von Zug bey der Einnahme ihrer Stadt gaben: Brüder, ihr seyd frey!

In dieser zuversichtlichen Erwartung haben wir die Ehre mit aller Hochachtung zu verharren.

Hochwohlgebohrne, Hochgeachte Herren!
Dero gehorsamste
Rheintal, den 11. Febr. 1798.
Die Städte und Höfe des obern
und untern Rheinthals.

Quellennachweis:

Die Befreiung des Rheintals 1798. Eine Denkschrift von Johannes Dierauer aus dem Jahre 1898. Mit einer Einführung neu herausgegeben von Stiftsarchivar Werner Vogler, Berneck 1998, S. XXI–XXIII; vgl. auch Aktensammlung aus der Zeit der Helvetischen Republik (1798–1803), bearb. von Johannes Strickler, Bd. 1, Bern 1886, S. 453 f.

Kommentar:

Das Rheintal ist im Ancien régime eine Gemeine Herrschaft, die von neun eidgenössischen Ständen verwaltet wird. Am 5. Februar 1798 kommen die Vertreter der Gemeinden zu einer Landeskonferenz in Monstein zusammen und fordern die volle Unabhängigkeit. Um die Zustimmung des Volkes einzuholen, wird in Bernegg eine Landsgemeinde durchgeführt, die ein Memorial mit Forderungen an die regierenden Stände verabschiedet. Die vom Dichter und späteren Unterstatthalter des oberen Rheintals Johann Ludwig Ambühl (1750–1800) verfasste Denkschrift verweist auf die historischen Leistungen der Vorfahren im Schwabenkrieg und dokumentiert das Geschichtsbewusstsein des Verfassers. Zudem kritisiert sie den Untertanenstatus des Rheintals und enthält eine Weigerung, gegen Frankreich in den Krieg zu ziehen, da diese Nation als Garant einer politischen Gleichstellung gesehen wird. Die Rheintaler sind nicht mehr bereit, die aristokratischen Vorrechte der regierenden Stände zu akzeptieren, und fordern Freiheit und Gleichheit.

Titel: *Freiheitslied, gesungen in Hauptwil (Thurgau), 1798*

Text 39:

„Freiheit, Gleichheit, Menschenrechte
Lehrt uns Gott und die Natur;
Alle haben gleiche Rechte,
Keiner ist des andern Knechte,
Alle einen Vater nur.
Es wird gehen, es wird gehen,
Seht den Freiheitsbaum hier stehen,
Heil der Schweizernation!"

Quellennachweis:

Geschichte des Thurgaus 1798–1830, bearb. von Pfarrer G. Sulzberger, in: J. A. Pupikofer, Geschichte der Landgraffschaft Thurgau vom Uebergang an die Eidgenossen bis zur Befreiung im Jahre 1798, Frauenfeld 1889(2), S. 34.

Kommentar:

Lieder sind während der Revolutionszeit ein wichtiges Mittel politischer Propaganda. Wie dieses Freiheitslied tragen sie zur Internalisierung eines neuen Freiheitsbegriffs und zur Verankerung des revolutionären Wertekanons in der breiten Bevölkerung bei. Freiheit wird als allgemeines Grundrecht propagiert, das allen Menschen zusteht. Zugleich wird versucht, ein gesamtschweizerisches Nationalbewusstsein zu fördern, um das heterogene Gebiet in einer Bürgernation zu formieren.

II. Quellenkorpus

8.2 Konstituierung der Helvetischen Republik und pädagogische Anstrengungen der helvetischen Regierung zur Schaffung eines Nationalbewusstseins

*Titel: **Verfassung der Helvetischen Republik, Abschnitt 1: Freiheitsrechte, 12. April 1798 (Ausschnitt)***

Text 40:

Erster Titel.

Haupt-Grundsätze.[1]

1. Die helvetische Republik macht einen unzertheilbaren Staat aus.
   Es giebt keine Grenzen mehr zwischen den Cantonen und den unterworfenen Landen noch zwischen einem Canton und dem andern. Die Einheit des Vaterlandes und des allgemeinen Interesse's vertritt künftig das schwache Band, welches verschiedenartige, außer Verhältnis ungleich große, und kleinlichen Localitäten oder einheimischen Vorurtheilen unterworfene Theile zusammenhielt und auf Gerathewohl leitete. Man verspürte nur die ganze Schwäche einzelner Theile; man wird aber durch die vereinigte Stärke Aller stark sein.
2. Die Gesamtheit der Bürger ist der Souverän oder Oberherrscher. Kein Theil und kein einzelnes Recht der Oberherrschaft kann vom Ganzen abgerissen werden, um das Eigenthum eines Einzelnen zu werden.
   Die Regierungsform, wenn sie auch sollte verändert werden, soll allezeit eine repräsentative Demokratie sein.
3. Das Gesetz ist die Erklärung des Willens des Gesetzgebers, welchen er auf eine durch die Constitution festgesetzte Art kundgemacht hat.
4. Die zwei Grundlagen des öffentlichen Wohls sind Sicherheit und Aufklärung. Aufklärung ist besser als Reichthum und Pracht.
5. Die natürliche Freiheit des Menschen ist unveräußerlich. Sie hat keine andere Grenzen als die Freiheit jedes andern und gesetzmäßig erwiesene Absichten eines allgemein nothwendigen Vortheils.
   Das Gesetz verbietet jede Art von Ausgelassenheit; es muntert auf, Gutes zu thun.
6. Die Gewissensfreiheit ist uneingeschränkt; jedoch muß die öffentliche Aeußerung von Religionsmeinungen den Gesinnungen der Eintracht und des Friedens untergeordnet sein. Alle Gottesdienste sind erlaubt, insofern sie die öffentliche Ruhe nicht stören und

---

[1] Da die Vereinigung des deutschen und französischen Textes mit den zugehörigen Varianten, wie ein bezüglicher Versuch gezeigt hat, sich nicht gehörig durchführen ließ, so werden letztere nachträglich gegeben. Deren Vergleichung mit dem Text wird übrigens durch Beifügung der Artikelnummern und anderer Angaben soweit thunlich erleichtert.

sich keine herrschende Gewalt oder Vorzüge anmaßen. Die Polizei hat die Aufsicht darüber und das Recht, sich nach den Grundsätzen und Pflichten zu erkundigen, die darin gelehrt werden. Die Verhältnisse einer Secte mit einer fremden Obrigkeit sollen weder auf die Staatssachen noch auf den Wohlstand und die Aufklärung des Volkes einigen Einfluss haben.

7. Die Pressfreiheit ist eine natürliche Folge des Rechtes, das jeder hat, Unterricht zu erhalten.

8. Es giebt keine erbliche Gewalt, Rang noch Ehrentitel. Jeder Gebrauch oder jede darauf zielende Einsetzung soll durch Strafgesetze verboten werden.

   Erbliche Vorzüge erzeugen Hochmuth und Unterdrückung, führen zu Unwissenheit und Trägheit und leiten die Meinungen über Dinge, Begebenheiten und Menschen irre.

9. Privateigenthum kann vom Staat nicht anders verlangt werden als in dringenden Fällen oder zu einem allgemeinen, offenbar nothwendigen Gebrauch und dann nur gegen eine gerechte Entschädigung.

10. Ein jeder, der durch gegenwärtige Staatsverfassung das Einkommen irgend einer Stelle oder Pfründe verliert, soll vergütungsweise eine lebenslängliche Rente erhalten, diejenigen Jahre ausgenommen, wo ihn eine andere einträgliche Stelle oder eine Pension auf eine billige Art entschädigen würde.

    Von aller Vergütung oder Entschädigung sind jedoch diejenigen ausgeschlossen, welche sich von Kundmachung des gegenwärtigen Constitutions-Plans an der Annahme einer weisen, politischen Gleichheit zwischen Bürgern und Unterthanen und des Systems der Einheit und Gleichheit zwischen den Gliedern des gemeinschaftlichen Vaterlandes widersetzen würden. Außerdem ist vorbehalten, gegen diejenigen deren Widerstand von Bosheit, Arglist oder Falschheit zeugen würde, zu seiner Zeit strengere Maßregeln zu ergreifen.

11. Steuern werden zum allgemeinen Nutzen ausgeschrieben und müssen unter den Steuerbaren nach ihrem Vermögen, Einkünften und Nutznießungen vertheilt werden.

    Dieses Verhältnis kann aber nur annäherungsweise bestimmt werden. Eine zu weit getriebene Genauigkeit würde das Auflagen-System kostspielig und der National-Wohlfahrt nachtheilig machen.

12. Die Besoldung der öffentlichen Beamten soll man nach Verhältnis der Arbeit und der erforderlichen Talente aussetzen, sowie auch nach Maßgabe der Gefahr, wenn die Aemter feilen Händen anvertraut werden oder das ausschließliche Erbtheil der Reichen bilden sollten.

    Diese Besoldungen sollen in einem Quantum Getreide bestimmt und, so lange ein Beamter an seiner Stelle sein wird, nicht vermindert werden.

13. Kein liegendes Gut kann unveräußerlich erklärt werden, weder für eine Corporation oder für eine Gesellschaft noch für eine Familie. Das ausschließliche Recht, liegende Güter zu besitzen, führt zur Sklaverei.

    Der Grund und Boden kann mit keiner Last, Zins oder Dienstbarkeit beschwert werden, wovon man sich nicht loskaufen könnte.

14. Der Bürger ist gegen das Vaterland, seine Familie und die Bedrängten pflichtig. Er pflegt Freundschaft, opfert ihr aber keine seiner Obliegenheiten auf. Er schwört allen

persönlichen Groll und jeden Beweggrund von Eitelkeit ab. Sein Hauptzweck ist die moralische Veredlung des menschlichen Geschlechts; ohne Unterlass ladet er zu den sanften Gefühlen der Bruderliebe ein. Sein Ruhm besteht in der Achtung gutdenkender Menschen, und sein Gewissen weiß ihn selbst für die Versagung dieser Achtung zu entschädigen.

Dritter Titel.

Politische Verhältnisse der Bürger.

19.   Alle diejenigen, welche jetzt wirkliche Bürger einer regierenden oder Municipalstadt, eines unterworfenen oder freien Dorfes sind, werden durch gegenwärtige Constitution Schweizerbürger.

Ebenso verhält es sich mit den ewigen Einwohnern, oder die von solchen Eltern in der Schweiz geboren sind.

20.   Der Fremde kann Bürger werden, wenn er zwanzig Jahre lang nach einander in der Schweiz gewohnt, wenn er sich nützlich gemacht hat und wegen seiner Aufführung und Sitten günstige Zeugnisse aufweisen kann; er muß aber für sich und seine Nachkommen auf jedes andere Bürgerrecht Verzicht leisten; er muß den Bürgereid ablegen, und sein Name wird in das Register der Schweizerbürger, welches in dem National-Archiv niedergelegt wird, eingeschrieben.

21.   Die in der Schweiz wohnhaften Fremden sind den nämlichen Auflagen, der Wache und der Miliz unterworfen wie die Bürger.

22.   Die Bürger haben allein das Recht, in den Urversammlungen zu stimmen und zu öffentlichen Aemtern gewählt zu werden.

23.   Fremde können nur zu Militär- und solchen Stellen gelangen, die sich mit der Erziehung und den schönen Künsten befassen, oder zu denen eines Secretairs und Unter-Agenten eines öffentlichen Beamten. Das Verzeichnis aller auf diese Art angestellten Fremden soll alle Jahre von der Regierung öffentlich bekannt gemacht werden.

24.   Jeder Bürger, wenn er zwanzig Jahre zurückgelegt hat, muß sich in das Bürger-Register seines Cantons einschreiben lassen und den Eid ablegen: „seinem Vaterlande zu dienen und der Sache der Freiheit und Gleichheit als ein guter und getreuer Bürger, mit aller Pünktlichkeit und allem Eifer so er vermag und mit einem gerechten Hass gegen Anarchie und Zügellosigkeit anzuhangen."

Dieser Eid wird von allen jungen Bürgern, die das genannte Alter erreicht haben, in der schönen Jahreszeit an dem gleichen Tage, in Gegenwart der Eltern und der Obrigkeiten abgelegt und endigt mit einem bürgerlichen Fest. Der Statthalter nimmt den Eid ab und hält eine dem Gegenstand des Festes angemessene Rede.

25.   Jeder Bürger ist ein geborner Soldat des Vaterlands; er kann sich durch einen andern ersetzen lassen, wenn es das Gesetz erlaubt; er ist aber schuldig, wenigstens zwei Jahre in einem Auszugscorps, das jeder Canton aufstellen wird, zu dienen.

Der Tag, an welchem die jungen Bürger zum erstenmal bewaffnet werden, soll zu einem bürgerlichen Feste Anlass geben. Der Statthalter weiht sie als Vertheidiger des Vaterlandes ein.

26. Die Diener irgend einer Religion werden keine politischen Verrichtungen versehen noch den Urversammlungen beiwohnen.

27. Man verliert das Bürgerrecht:

1) Durch die Naturalisirung in einem fremden Land.

2) Durch den Eintritt in irgend eine fremde Corporation, ausgenommen gelehrte Anstalten.

3) Durch Ausreißen (Desertion).

4) Durch eine zehnjährige Abwesenheit, wenn man nicht die Erlaubnis erhalten hat, seine Abwesenheit zu verlängern.

5) Durch die Verurtheilung zu entehrenden Strafen, bis zur Wiedereinsetzung in den vorigen Stand.

Die Fälle, wo die Ausübung der bürgerlichen Rechte eingestellt werden kann, sollen durch das Gesetz bestimmt werden.

Vierter Titel.

Von den Urversammlungen und den Wahlmännern.

28. Die Urversammlungen bestehen aus den Bürgern und Bürgerssöhnen, welche seit fünf Jahren in derselben Gemeinde wohnen, von dem Tage an zu rechnen, da sie erklärt haben, dass ihr Wille sei, sich allda häuslich niederzulassen. Es giebt jedoch Fälle, wo die gesetzgebenden Räthe nur den Geburtsort entweder des Bürgers selbst oder seines Vaters, wenn er nicht in der Schweiz geboren wäre, für den Wohnsitz anerkennen mögen. Um in einer Ur- oder Wahlversammlung zu stimmen, muß man das zwanzigste Jahr zurückgelegt haben.

29. Jedes Dorf oder Flecken, wo sich hundert Bürger befinden, die das Stimmrecht haben, macht eine Urversammlung aus.

30. Die Bürger eines jeden Dorfes oder Fleckens, so nicht hundert stimmfähige Bürger enthält, vereinigen sich mit denen vom nächstgelegenen Flecken oder Dorf.

31. Die Städte haben eine Urversammlung in jeder Section oder Quartier. Die gesetzgebenden Räthe bestimmen die Anzahl der Bürger.

32. Die Urversammlungen werden zusammenberufen:

1) Um die Staatsverfassung anzunehmen oder zu verwerfen.

2) Um alle Jahre die Mitglieder der Wahlversammlung des Cantons zu ernennen.

33. Auf hundert Personen, welche die erforderlichen Eigenschaften haben, um Bürger zu sein, wird ein Wahlmann ernannt.

34. Die Namen der Erwählten werden dem Statthalter zugeschickt; dieser wird, mit Hülfe des Präsidenten jeder constituirten Gewalt seines Wohnsitzes, öffentlich und durch das Loos die Hälfte der Erwählten von der Wahl ausschließen. Die andere Hälfte macht allein das Wahlcorps aus.

Am Tage dieser Ziehung wird das dritte bürgerliche Fest gefeiert, wobei der Statthalter in einer Rede die Grundsätze, welche die Wähler bei ihren Ernennungen leiten sollen, entwickelt.

II. Quellenkorpus

Das erstemal soll die Ausschließung der Hälfte der Wahlmänner durch das Loos nicht statthaben.

35. Die Wahlcorps erwählen:
1) Die Deputirten für das gesetzgebende Corps;
2) die Richter des obern Gerichtshofes;
3) die Richter des Cantonsgerichts;
4) die Mitglieder der Verwaltungskammer;
5) die Suppleanten gedachter Richter und Verwalter.

Quellennachweis:

Aktensammlung aus der Zeit der Helvetischen Republik (1798–1803), bearb. von Johannes Strickler, Bd. 1, Bern 1886. Verfassung der Helvetischen Republik, S. 567–571.

Kommentar:

Vorbild für die vom Basler Oberstzunftmeister Peter Ochs (1752–1821) entworfene Helvetische Verfassung ist die französische Direktorialverfassung. Während die republikanischen Verfassungen des revolutionären Frankreich, wie der girondistische Verfassungsentwurf und die Montagnard-Verfassung von 1793, noch Volksrechte enthalten, sind diese in der Direktorialverfassung nicht mehr zu finden. Unter deren Einfluss postuliert auch die Helvetische Verfassung in Artikel 2 als Regierungsform die repräsentative Demokratie. Es findet keine Verknüpfung mehr zwischen repräsentativen und direktdemokratischen Elementen statt. Die einzige Option, das Volk in Entscheidungen direkt einzubeziehen, ist in Artikel 106 zu finden. Dort heisst es, dass Verbesserungen, die vom Senat vorgeschlagen werden, dem ganzen Volk in den Urversammlungen zur Genehmigung und Verwerfung vorgelegt werden sollen.

*Titel: Eröffnungsrede des Präsidenten Usteri vor dem helvetischen Senat vom
4. Oktober 1798*

Text 41:

Bürger Senatoren! Sie kann uns nicht anders als feierlich sein, die Stunde in der wir gleichsam zum zweiten Male die Sitzung der ersten Gesetzgebung Helvetiens eröffnen. Bei unserm ersten Zusammentritt vor sechs Monaten in Aarau, da waren wir nur etwa zur Hälfte noch beisammen, wir waren bald (fast) alle einander ganz unbekannt; wir sahen nur Dämmerung und Ungewissheit vor uns. Mit sicherem Blicke, mit trauterem Händedruck versammeln wir uns heute hier, im Mittelpunkt der Republik, im Angesicht und am Fuße der helvetischen Alpen, allernächst dem klassischen Boden der Freiheit. – Segne du, höchster Beherrscher der Welten und Völker, unsern neuen Zusammentritt! Sei gepriesen, du Gott unsrer Väter, seit Jahrtausenden (!) Schützer von Helvetiens Freiheit; du rufst den erlöschenden Geist der helvetischen Freiheit wieder hervor. In Helvetiens Gebirge und Thäler hatte der Genius der

Freiheit sich zurückgezogen, während des Despotismus barbarische Herrschaft zahlreiche Jahrhunderte (hin)durch ihn von der Erde vertilgt zu haben glaubte. Lange war er jener patriarchalischen Familien unserer frühesten Väter stiller und friedlicher Hausgott; denn der Geist der Freiheit ist vor allem ein Geist des Friedens, der Freundschaft und des häuslichen Glückes. Als die Ruhe unserer Väter von frechem Uebermuth und schnöder Willkür elender Fürstendiener bedroht ward, da gab er ihnen Männermuth ein und den Geist jener ewigen Bünde, die das Resultat einer Revolution waren, welche, von reinem Freiheitsfeuer geleitet und vollendet, der Menschheit keine Thräne gekostet hat. – Dass der Tod besser sei als die Knechtschaft, war vor bald fünf Jahrhunderten der Wahlspruch jener unsterblichen Männer, die sich keineswegs die Gefahr ihres gerechtesten Widerstandes gegen Tyrannen und die schreckliche Rache, die an ihrem Vaterlande und an den Ihren genommen werden würde, wenn ihr Beginnen misslänge, verbargen. Aber ihrer guten Sache vertrauend, traten sie dort auf Grütli's Wiese zusammen, hoben ihre Hände zum Himmel und schwuren im Namen dessen, der Kaiser und Bauern von gleichem Stamme geschaffen hat. Sie schwuren, „dass keiner aus ihnen etwas aus eigenem Gutdünken wagen, aber auch keiner die andern verlassen, sondern sie alle Leib und Leben daran setzen wollten, dass das unschuldig unterdrückte Volk in jedem Thal wieder zu seinen uralt-angestammten Gerichten und Rechten gelange und sie gegen die neue unbefugte Gewalt so behaupte, dass sie alle und ihre ewigen Nachkommen dessen genießen mögen, zu dem Ende die muthwilligen Landvögte nebst ihren Söldnern, Gesind und Anhang unverzüglich aus dem Land zu treiben, ohne sich jedoch an ihren Personen zu vergreifen oder auch des verhasstesten Blutes nur einen Tropfen zu vergießen, und über dieses alles hinaus, ohne dass ihre Thäler überhaupt sich künftig weigern, die dem Reiche bisher schuldigen Pflichten weiter zu leisten, noch dass besondere Gemeinden oder einzelne Personen das, was Geist- oder Weltliche, Edle oder Unedle, an Gütern oder Rechten von Alters her unter ihnen besessen, denselben irgend auf eine Weise zu entfremden suchen." – du hörtest den Schwur, Gott unserer Väter, und Du segnetest ihn zu schneller Erfüllung. Dein Allmächtiger Arm führte alsdann die Schaaren der Kinder der Freiheit, da sie nun in blutigen Schlachten den errungenen Sieg sich befestigen mußten. Es dankten die neuen Eidgenossen Dir kniend und mit ausgebreiteten Armen (für) den wunderbar bei Morgarten erfochtenen Sieg. – Sei gepriesen, du Gott unserer Väter, seit Jahrtausenden Schützer von Helvetiens Freiheit; du rufst wieder hervor den erlöschenden Geist der helvetischen Freiheit. Der Eidgenossen ewige Bünde waren geschlossen, sie hatte sich geformt, die Verfassung, die mit Manigfaltigkeit Einheit verbinden sollte. Da eröffnete sich eine große und schreckliche Schule für unsere Väter. Dass die Eidgenossen sich selbst am meisten zu fürchten hätten – wie jedes Volk und jeder Mensch seinen fürchterlichsten Feind im eignen Busen trägt – das war die grosse Lehre, welche das traurige Jahrhundert der helvetischen Bürgerkriege mit blutigen Zügen in den Tafeln der Geschichte verkündet. – Den kummervollen Jahren ließ Deine gütevolle Vorsehung Segen des innern und des äußern Friedens und die Epoche der schweizerischen Neutralität folgen, welche der Eidgenossenschaft Ruhe und Glück drei Jahrhundert durch, während denen alle europäischen Völker von Stürmen erschüttert wurden, beneidenswerth darstellte. Von dem ewigen Friedensschluss mit Frankreich zählte sich gleichsam die Epoche dieses Neutralitätssystems, und es war in der That dieses Interesse der schweizerischen Republiken an das Interesse und an die Dauer der französischen Monarchie geknüpft. – Die lange Ruhe, deren die Schweiz genoss, verstärkte billiger Weise die Anhänglichkeit an die Verfassung, der man jene verdankte; aber sie macht auch blind gegen ihre theils ursprünglichen, theils allmälig eingeschlichenen Gebrechen, die in eben dem Grade spürbarer werden mußten, wie die fortschreitende Cultur und Aufklärung über die gesellschaftlichen Verhältnisse neue Begriffe entwickelte, die alten Bande locker gemacht und das Bedürfnis neuer angedeutet hatte. Eine traurige Verblendung ließ die einen, der Führer herrschsüchtige und eigennützige Absichten die andern, sich jeder noch so nothwendig gewordenen Neuerung widersetzen. Jene priesen mit Recht den Geist, unter welchem die alten Formen zu Stand gekommen waren; aber sie glaubten in kläglichem Irrthum, den entfliehenden Geist durch die Formen erhalten zu wollen (können), deren unzweckmäßige Dauer gerade jenen erstickte; – diese priesen als engherzige Selbstsüchtler die alte Verfassung allein um der Vortheile und Vorrechte willen, die sie ihren Personen gewährte. Aber die Stunde hatte geschlagen; die Völker waren erwacht; es waren nun nicht mehr papierne Documente von alten, durch Usurpation verlorenen Freiheiten, die wieder gefunden und in Anspruch genommen wurden; es waren die ewigen und unveräußerlichen Menschenrechte, vor deren Licht das Reich der zahllosen Privilegien in ewige Nacht zurücksinken musste. – Galliens Söhne waren aufgestanden; sie erklärten vor dem ganzen Europa den Eintritt der neuen Ordnung der Dinge, die Freiheit unter dem Gesetz welches das Volk durch seine selbstgewählten Stellvertreter gegeben hat, die Gleichheit der Rechte aller Staatsbürger vor eben diesem Gesetz. – Die Usurpatoren der Völkerfreiheit rüsteten sich zum Kampfe gegen die neue Lehre; aber im Rathe der Vorsehung war beschlossen, dass eben dieser Widerstand der neuen Ordnung kräftigstes Beförderungsmittel werden sollte. Schmetternd stürzt jetzt zusammen jener älteste und mächtigste Monarchen-Thron, und das Signal zur Völkerfreiheit – und auch zur Wiedergeburt Helvetiens – war gegeben. – Sei gepriesen, Du Gott unserer Väter, seit Jahrtausenden Schützer von Helvetiens Freiheit; Du rufst wieder hervor den erlöschenden Geist der helvetischen Freiheit. – Es siehet Dein väterliches Auge, Du Gott unserer Väter, wie es mit Wohlgefallen herabsah auf der Eidgenossen alte Bünde, mit gleichem Wohlgefallen herab auf den neuen Schweizerbund; er ist der Bund unsrer Väter, den wir wiederholen, – der Bund der Freiheit und Ruhe; die Formen nur sind, dem Zeitbedürfnisse gemäß, geändert, und in eine *eine* sind die hundert manigfaltigen Verfassungen geschmolzen; – eben die Tugenden und eben die Grundsätze, die einst diese letztern in ihrer Reinheit gestiftet und sie lange erhalten haben, die sollen auch des neuen Bundes Geist und Leben sein. – Die Formen ändern sich, aber ewig dauern Wahrheit und Recht. – So kröne dann, Du Gott unserer Väter, Dein Werk; Deine allmächtige Weisheit segne und beglücke unser Vaterland; Dein Geist schwebe über ihm. Mögen Helvetiens Gesetzgeber alle, von dem reinsten Patriotismus beseelt, durch weise Gesetze, die das Resultat der Kenntnisse des Jahrhunderts und eigener und fremder Erfahrung sein sollen, das Wohl der Republik gründen; möge Gerechtigkeit und Humanität das Gepräge der helvetischen Gesetzgebung sein. Möge Mäßigung und Vorsicht, verbunden mit wachsamer Thätigkeit, der Geist des vollziehenden Directoriums und jeder seiner untergeordneten Behörden sein. – Mögen die Gesetzgeber und die Regierung nie vergessen, dass wenn auf der einen Seite Schwäche und Wankelmut der Regenten die Verfassungen untergraben und den Völkern Unheil bereiten, auf der andern Seite Willkür und gesetzlose Gewalt nicht geringere Wun-

den schlagen; mögen sie nie vergessen, dass durch gute Zwecke tadelhafte Mittel nie gerechtfertigt werden, und dass alle Sünden der weiland Aristokraten und Oligarchen um kein
Gränchen unsündlicher werden, wenn sie im Namen der Freiheit oder der Souveränität des
Volkes begangen werden. Möge das helvetische Volk mit jedem Tage der Freiheit würdiger
werden; möge bald kein helvetischer Bürger mehr Parteigeist oder Hass irgend einer Classe
seiner Mitbürger für Patriotismus ansehen, – noch eigennützige Absichten und Selbstsucht
für Liebe der Freiheit. Sie sind keine freien Menschen, sie sind keine Republikaner, jene die
das Wohl des Vaterlandes nur in dem Grad von Macht und Ansehen und Einfluss, den sie
selbst genießen, sehen und die Freiheit und Gleichheit von sich stoßen, sobald ihre eigenen
Interessen dadurch gekränkt werden. Lass' ihn, Du Gott unserer Väter, verschwinden von
Helvetiens Boden, diesen Geist des neuern Verderbnisses. – Er ist nicht der Geist der alten
Bünde der Eidgenossen; er soll und kann nicht der Geist des neuen Schweizerbundes sein.
Flöße allen Helvetiern den Geist des Edelsinns, der Großmuth, der Güte und des Friedens
ein; Achtung jeder Tugend, Hass jedes Lasters, aufrichtige Bruderliebe und brennende Liebe
des Vaterlandes mögen Aller Herzen erfüllen. – Dann wird Helvetiens Glück neu aufgehen,
die noch blutenden Wunden werden vernarben, die noch fließenden Thränen werden trock-
nen, und unsere spätesten Enkel werden das Andenken der gegenwärtigen Tage mit freud-
vollen Festen feiern und mit tausend und tausend dankbaren Zungen ausrufen: – Sei gepriesen, du Gott unserer Väter, seit Jahrtausenden Schützer von Helvetiens Freiheit; Du hast
wieder hervorgerufen den erlöschenden Geist der helvetischen Freiheit. Hoch lebe die Freiheit! Hoch lebe die Republik! – (Lebhaftes Beifallklatschen; Augustini's Antrag, diese Rede
zu drucken und ins Protokoll einzurücken, sofort genehmigt).

Quellennachweis:

Aktensammlung aus der Zeit der Helvetischen Republik (1798–1803), bearb. von Johannes
Strickler, Bd. 3, Bern 1889, S. 66–69.

Kommentar:

Anlässlich der in Luzern gehaltenen Eröffnungssitzung des helvetischen Senats konstruiert
Paulus Usteri (1768–1831) eine Verbindung zwischen der alten und der neuen helvetischen
Freiheit. Die im kollektiven Bewusstsein vorhandene Vorstellung von den tugendhaften Eid-
genossen als einem von Gott auserwählten Heldenvolk wird in den Dienst der politischen
Propaganda für die neue Republik gestellt, in der die alte Freiheit eine Verjüngung und
Wiedergeburt erfährt. Voraussetzung für diese Wiedergeburt sind allerdings die Vorgänge
in Frankreich und die Berufung auf die unveräusserlichen Menschenrechte. Die Instrumen-
talisierung der Altschweizer Freiheit ist nicht bloss Selbstzweck, sondern sie wird in den
Dienst des zukunftsgerichteten Projekts Helvetik gestellt.

Titel: *Sonderbares Gespräch im Reich der Todten zwischen Willhelm Tell und einem Bauern aus dem Canton Bern, 1798*

Text 42:

Lange hatte der Geist Wilhelm Tells unter den Scharen der Seeligen überirdische Freuden genossen, als er an sein Vaterland gedachte, und sehnliches Verlangen trug, von demselben etwas neues zu erfahren. Er begab sich also in den Vorhof des grossen Todten-Reiches, wo alle diejenigen zuerst ankommen, welche auf Erden gestorben sind.

Da begegnete ihm, als er so einsam wandelte, ein Bauersmann aus dem Bernerlande. Der Bauer sah sich verwundert nach allen Seiten um und sprach: Ich weis nicht wo ich bin? – Träum ich etwa? – zum Kukuk, was giebts denn hier?

Tell. Seye mir gegrüßt! – Seyd ihr ein Schweizer?

Bauer. Ja freylich bin ich so was. Aber sags mir nur wo ich bin?

Tell. Im Reich der Todten.

Bauer. Also bin ich gestorben? das hätt' ich nicht gedacht. Nun, es ist eben so gut; dann bin ich der verdammten Schererey los. Hört einmal, ihr seht mir so gar stattlich aus, ihr seyd wohl hier zu Lande ein Schultheis, oder sonst einer von unsern gnädigen Herrn.

Tell. Pfui, habt ihr schon wieder gnädige Herrn? seyd ihr nicht mehr freye Schweizer? Schämt euch, den edeln Schweizer-Namen zu tragen! denn der Schweizer soll keine gnädigen Herrn haben.

Bauer. Nun, behüte Gott, was ereifert ihr euch doch. Ich bin hier unbekannt. Ihr werdet wohl nur etwa ein Junker Landvogt sein.

Tell. Ein Junker? – ein Landvogt? – das ist schändlich. So war also meine That vergebens? So erschoß ich den Landvogt also umsonst bey Küsnacht? So darf das Volk seine Regenten nicht mehr selbst wählen?

Bauer. Was? ihr habt einen Junker Landvogt erschossen? – ihr seyd mir ein saubrer Vogel! gewiß auch so ein Patriot und desgleichen?

Tell. Ja, ich war ein Patriot, – ich war einer! – o mein liebes Vaterland, hast du denn keine Patrioten mehr? liebt dich keiner mehr, wie ich dich liebte?

Bauer. Leider Gottes, hat's der Patrioten nur noch gar zu viele. Das ist eben unsere Noth!

Tell. Kann auch unser Vaterland zu viele Freunde haben? – Warum verjagen sie denn nicht eure Landvögte? warum machen sie sich nicht frey? warum teilen sie sich nicht einander in allen Rechtsamen gleich!

Bauer. Ich merke schon, aus welchem Loche ihr pfeifet, Herr Patriot!

Tell. Kein Patriot ist des andern Herr; ich bin kein Herr, weil ich keine Knechte und Diener habe.

Bauer. Ich soll halt sagen: Bürger-Patriot! — meinethalben.

Tell. Und so seyd ihr wieder unter Oesterreichs Joch? So habt ihr wieder Landvögte?

Bauer. Ey, was schwatzt ihr auch. Seht, ich will's euch kürzlich melden. Da waren die Unterthanen im welschen Bernergebiet sehr von unsern gnädigen Herrn in ihren Rechtsamen betrogen, und die Zürichgebieter waren von ihren Herrn in Zürich stark gedrückt, und die Unterwalliser wollten auch nicht mehr Unterthanen seyn, und in den welschen Landvogteien gieng auch der Lärmen los, und die Landleute von Basel wurden auch gegen ihre schöne Herrn in der Stadt böse — kurz und gut. Es war mit einemmahle, als wollte man die Welt umkehren. Und überall hieß es: Wilhelm Tell! — und Wilhelm Tell unten, und Wilhelm Tell oben! Und an allen Häusern und Ställen war ein kleiner Wilhelm Tell aufgekleistert.

Tell. (Voll stiller Freude und Rührung) o meine theure Nachkommen! o du theures Vaterland!

Bauer. Da gieng die liebe Schlägerey im ganzen Lande mit einemmahle los! – Da kamen die Franzosen denen zu Hilfe, die allgemeine Freyheit wollten, da giengs: Pif! Puf! Paf! da lagen die Herren von Bern, – da lagen die Herrn von Basel – da lagen die Herrn von Zürich – alles gieng rund um, man wußte nicht, wo einem der Kopf stand. Einige sagten: Ja! andere sagten: Nein! Und man wurde ganz taub.

Tell. Ihr setzt mich in Erstaunen.

Bauer. Ja, ihr hättet nur dabey seyn sollen.

Tell. Ich wäre auf der Seite derer gewesen, die allgemeine Freyheit gewollt hätten. Ich hätte mit Freuden mein Leben zum Opfer dafür gebracht.

Bauer. Ja! ja, das hab' ich wohl gedacht! Ihr seyd so einer. Nun, und als wir wieder zu uns selber kamen, da war die ganze Schweiz ein einziges Land worden, da waren die Kantonen zusammengemischt, daß keiner klug draus werden konnte. Aber nun ist die ganze Schweiz ein einziges grosses Land, und wir wählen uns selbst für die ganze Schweiz eine einzige, höchste Obrigkeit, und diese wählt sich denn wieder andre geschickte Leute, zuweilen auch ungeschickte mit unter, die müssen den Staatsdienst versehn.

Tell. Herrlich! O Schweizer warum, habt ihr dies nicht schon lange gethan? so wäre euer Land groß, und fruchtbar, und reich und blühend worden! – Euere Vorfahren konnten ja nicht alles selbst thun; es war genug, daß wir das Eis (…)

Tell. Das ist billig! – Noch einmahl, gesegnet sey Frankreich!

Bauer. Ich mags eben nicht segnen, die Franzosen haben uns schönes blankes Geld gekostet, und liegen uns noch zur Last. Ich weiß nicht, wie das werden will. Aber ich wollte, es wäre noch beym Alten. Hin wieder war man wohl etwas geschoren, aber man saß doch endlich bey den seinigen in Ruh und Frieden. Was hat man von der Freyheit, wenn man immer in Sturm und Drang lebt, und nicht sieht, wo es hinaus will?

Tell. Elender Mensch! – ich schäme mich deiner! wie, du kannst den Sturm nicht ertragen? Meynst du, daß wir vor Jahrhunderten nicht auch viel ausgestanden und gelitten haben, als wir uns frey und einig machten? Haben eure Vorfahren nicht viele Jahre lang Krieg und Noth und Armuth gehabt, um freye Leute zu bleiben, und einst einen schönen, ehrenvollen Frieden zu geniessen? – Habt ihr nicht Jahrhunderte lang das Glück genossen, so wir euch mit Blut und Gut erkauften? Wollt ihr euern Enkeln nicht desgleichen thun, damit sie euch auch segnen mögen, und daß Gott es euch in Ewigkeit lohne?

Bauer. Das ist schon alles gut, aber ihr könnt davon nicht reden. Ihr hättet nur unser Vieh und unsre Aecker sehn sollen, wie wohlhabend wir waren, und was wir zu essen und zu trinken hatten. Das wird freylich schon wieder kommen. Aber wir waren doch glücklich, und schon darum weil wirs nicht besser wußten.

Tell. Ey, der Esel ist auch in seiner Art glücklich, wenn er Disteln frißt weil er's nicht besser weiß! – aber willst du darum auch ein Esel seyn?

Bauer. Hört einmahl, ihr werdet anzüglich!

Tell. Hebe dich von mir[1], du bist kein Schweizer! – bey Gott, du bist kein Schweizer! – Sieh mich an, ich bin – der Geist Wilhelm Tells! – O Schweizer, Schweizer, seyd nicht, wie dieser Elende! — erhebet euch in eurer Macht! — seyd einig und stark! seyd muthig und frey! — vertheidiget eure neuen Rechtsame gegen jeden Feind! — erhaltet, was ihr empfangen habet, — eure Söhne werden euch seegnen, und Gott wird es euch vergelten in Ewigkeit — Und zieht ihr einst für eure Freyheit in den Krieg, so soll mein Geist vor euren Heeren herschweben siegreich! ---

Als diess Wilhelm Tell gesprochen hatte, leuchtete er, wie Sonnenglanz und verschwand.

Quellennachweis:

Der aufrichtige und wohlerfahrene Schweizer-Bote, welcher nach seiner Art einfältiglich erzählt, was sich im lieben schweizerischen Vaterlande zugetragen, und was ausserdem die klugen Leute und die Narren in der Welt thun: Erster Band, von N.° I. bis N.° 26, im Jahre 1798.

Standort:

Zentralbibliothek Zürich.

Kommentar:

Um die Akzeptanz der neuen Republik in der breiten Bevölkerung zu befördern, entfaltet die helvetische Regierung eine intensive Propagandatätigkeit. Ein Mittel ist die Herausgabe einer offiziellen Zeitung. Nachdem verschiedene Versuche, ein Volksblatt herauszugeben, gescheitert sind, weil sie die unterschiedlichen schichtspezifischen Voraussetzungen der Zeitungslektüre zu wenig berücksichtigt haben, ist der „Wohlerfahrene und aufrichtige Schweizerbote" als gelungener Versuch zu betrachten, auch die unteren Bevölkerungsschichten anzusprechen. Indem er ein klar definiertes Zielpublikum anvisiert und auch die spezifischen Lese- und Informationsbedürfnisse der breiten Bevölkerung befriedigt, ist das Projekt von Erfolg gekrönt. Innerhalb von nur fünf Wochen gewinnt die Zeitung etwa 3 000 Abonnenten. Um den bäuerlichen Leserkreis zu gewinnen, wird auch auf Strategien der Volksaufklärung zurückgegriffen, wie fiktive Dialoge oder Gleichnisse. Im vorliegenden Dialog wird der bäuerlichen Kritik an Missständen Rechnung getragen, gleichzeitig wird versucht, den Leser für die neue Republik zu begeistern.

---

1   Als dies Wilhelm Tell gesprochen hatte, leuchtet er, wie Sonnenglanz, und verschwand.

Titel: Lied vom wahren Schweizer, 1798

Text 43:

Wer ist ein wahrer Schweizer? sprich!
Du siehst mich an, und wunderst dich.
Nur der ist Schweizer fromm und brav
Der weder Herr sein will, noch Sklav;
Der Titel nicht noch Adel preist,
Und stolz ist, weil er Bürger heißt.
Wer ist ein wahrer Schweizer? sprich!
Du siehst mich an, und wunderst dich.
Der ist es, der sein Dorf und Feld
Fürs Vaterland allein nicht hält;
Der wahre Schweizer ist verwandt.
Dem ganzen, weiten Schweizerland.
Wer ist ein freyer Schweizer? sprich!
Du siehst mich an, und wunderst dich.
Der ist es, der die Ordnung liebt,
Und Leib und Leben für sie giebt;
Und dem, der die Gesetze bricht
Ins Antlitz sagen: Bösewicht!
Wer ist ein braver Schweizer? sprich!
Du siehst mich an, und wunderst dich.
Der ists, der wie ein Ehrenmann
Selbst eignen Vortheil opfern kann;
Und seines Schadens gern vergißt
Wenns für des Landes Wohlfahrt ist.
Wer ist ein frommer Schweizer? sprich!
Du siehst mich an, und wunderst dich.
Der ist es, der als Mann und Christ,
Wie Gott gebeut, zufrieden ist;
Und wenn er Gottes Wink versteht
Mit Lust in Gottes Fügung geht.
Wer aber voller Stolz und Wahn
Nur das liebt, was ihm nützen kann,
Und Neuerung und Sünde schilt,
Was seinen Beutel ihm nicht füllt –
Der ist der wahre Schweizer nicht,
Bey Gott! – er ist ein Bösewicht!

Quellennachweis:

Der aufrichtige und wohlerfahrene Schweizer-Bote, welcher nach seiner Art einfältiglich erzählt, was sich im lieben schweizerischen Vaterlande zugetragen, und was ausserdem die klugen Leute und die Narren in der Welt thun: Erster Band, von N.° I. bis N.° 26, im Jahre 1798.

Standort:

Zentralbibliothek Zürich.

Kommentar:

Die Erziehung eines neuen Bürgers gehört zu den Hauptanliegen der helvetischen Elite. Dazu greift sie auf den moralischen Tugendkatalog zurück, der für den Patriotismus und Republikanismus des späten 18. Jahrhunderts kennzeichnend ist. In Abgrenzung von der Selbstsucht und dem Eigendünkel der Aristokraten wird versucht, einen helvetischen Tugendkatalog zu internalisieren, der durch innerweltliche Askese und puritanische Erfüllung der Bürgerpflichten charakterisiert ist. Dabei erweist sich das tradierte Bild des „freyen Schweizers" als anschlussfähig an die postulierten Tugenden des neuen Bürgers.

Titel: Das Vögelein, 1798

Text 44:

(Eine Fabel.[1])
   Ich hatt' ein holdes Vögelein,
   Um mich an seinem Sang zu freun:
   Ich, gab ihm Futter allerlei,
   Und sagte: Vögelchen bist Treu!
   So gieng es lange Zeit. – Allein,
   Jüngst schlug ein Sturm das Fenster ein.
   Hui! flog, troz Schnee und Wind und Graus,
   Mein liebes Vögelchen hinaus.
   Ach! rief ich: komm geschwind zurück,
   Verachte nicht bey mir dein Glück:
   Sieh, Futter hier, und Zuckerbrod,
   Dort draussen Sturm und Winternoth.
   „Nein, sprach der Vogel: ich bin frei!

---

1   Fabel heißt eine kurze Erzählung, lehrreichen Inhalts. Müsset euch aber nicht wundern, daß Thiere drinn sprechen können, sintemahlen man doch auch in den Wirthshäusern und sonst wo viele sprachselige Thiere seht, will sagen, zweibeinige Geschöpfe ohne Vernunft.

Ich danke für die Sklaverey.
Zwar lieblich ist dein Zuckerbrod,
Zwar bitter ist die Winternoth;"
„Doch ewig währt der Winter nicht,
Bald wärmet mich der Sonne Licht;
Auch find' ich Futter allerlei,
Und, bleibe immer frei dabei!"
Seht Schweizer, unser Bildniß hier,
Das freie Vögelchen sind wir!
Zwar stürmt es noch; doch bleibts dabei,
Bald wird es still, und wir – sind frei!

Quellennachweis:

Der aufrichtige und wohlerfahrene Schweizer-Bote, welcher nach seiner Art einfältiglich erzählt, was sich im lieben schweizerischen Vaterlande zugetragen, und was ausserdem die klugen Leute und die Narren in der Welt thun: Erster Band, von N.° I. bis N.° 26, im Jahre 1798.

Standort:

Zentralbibliothek Zürich.

Kommentar:

Ein Mittel der populären Propaganda sind auch bildlich vorgestellte Gleichnisse. Ein Beispiel ist das Lied „Vom Vögelein". Es versucht, die durch die Revolutionswirren verunsicherte ländliche Bevölkerung zu beruhigen, indem die Tyrannei der alten Herren in Erinnerung gerufen wird. Dadurch soll die Landbevölkerung gegenüber Versuchen zur Wiederherstellung der alten, paternalistischen Ordnung immunisiert werden. Die Adressaten sollen erkennen, dass die neue Freiheit auch Opfer verlangt.

Titel: *Von der Landesfarbe, 1798*

Text 45:

Unsere Kokarden und Fahnen sind gelb, roth und grün; denn dies war die Leibfarbe von Wilhelm Tell, und findet man diesen Altvater der Schweizer Freiheit überall so gemalt und gekleidet in uralten Bildnissen. Wer nun Wilhelm Tells Leibfarbe trägt, will sagen: ich bin ein Nachkomme Tells, und will die Einheit und Freiheit des Landes, wie er.

Unsere ehmahligen Stückelregierungen, (denn sie hatten immer ein Stückel Landes, worin sie Könige sein wollten) schafften mit der Freiheit und Gerechtigkeit auch Wilhelm Tells Farbe ab; doch bald werden die Schilde und Farben der kleinen Herrscherlein vergessen sein.

Wer indessen noch das Schild und die Farbe der Stadt Zug kennen lernen will, findet sie noch sehr leserlich am Zeughaus, am Rathhaus, am Schulgebäu, am Baarer-, Oberwyler-, und Menzingerthor und an andern Orten der Stadt. Doch müßt ihr bald nach Zug reisen, wenn ihr das sehn wollt, weil die Patrioten von Zug sie nicht länger stehen lassen wollen, indem sie sagen: auch wir sind die Enkel Wilhelm Tells.

Quellennachweis:

Der aufrichtige und wohlerfahrene Schweizer-Bote, welcher nach seiner Art einfältiglich erzählt, was sich im lieben schweizerischen Vaterlande zugetragen, und was ausserdem die klugen Leute und die Narren in der Welt thun: Erster Band, von N. I. bis N.° 26, im Jahre 1798.

Standort:

Zentralbibliothek Zürich.

Kommentar:

Um die Identifikation der Bevölkerung mit dem neu geschaffenen Staat zu befördern und die Integration zu beschleunigen, ist es notwendig, neue Symbole zu schaffen. Eine besondere Rolle spielt die Farbsymbolik. Um die Akzeptanz für die neue helvetische Trikolore und die Kokarde zu erhöhen, wird wieder eine Beziehung zu Wilhelm Tell und zur Altschweizer Freiheit hergestellt. Die helvetischen Farben sind auch die Farben Tells und repräsentieren die nationale Einheit. Erst durch die Befreiung von den lokalen Herrschern kann diese Einheit hergestellt werden.

8.3 Konfrontation der Helvetischen Republik mit dem Landsgemeindemodell

Titel: Conferenz demokratischer Stände zur Berathung von Schritten für die Behauptung ihrer Verfassungen, 1. bis 5. April 1798

Text 46:

5. April, Schwyz. Entwurf einer Note an das französische Directorium, Namens der Stände Uri, Schwyz. Nidwalden, Zug und Glarus.[1] „Bürger Directoren! Da sich die französische Republik als Freundin und Beschützerin des schweizerischen Volkes erklärte und die Souveränität desselben zu respectiren gelobte, schien ihre Absicht einzig dahin zu gehen, die Bestrebungen zu unterstützen, welche die Einwohner der aristokratischen Stände machen

---

1   Es liegt auch eine in Schwyz gefertigte französische *Uebersetzung* vor.

dürften, um in der Schweiz die Wiedergeburt jener ursprünglichen Freiheit zu bewürken, zu der unsere demokratischen Cantone den ersten Grund gelegt hatten. – Durch diese von der französischen Republik so laut geäußerte(n) Grundsätze beruhiget, waren wir weit entfernt auch nur zu vermuthen, daß es je in den Empfindungen oder dem Vorhaben der französischen Republik liegen möchte, in ihrer Freiheit und Unabhängigkeit jene Volksregierungen zu stören, die sie den übrigen Völkern der Schweiz als ein ihre(r) Wünsche und Bestrebungen würdiges Gut angepriesen hatte. – Unterdessen hatten doch die Annäherung der französischen Truppen, die Ungewissheit ihrer Bestimmung, die Nachrichten die uns zukamen die Gerüchte die sich verbreiteten, auch uns, die Bewohner dieser friedlichen Thäler, in nicht geringe Sorgen gesetzt. Allein unser lebhaftes Vertrauen in euere gerechtigkeitsvolle Gesinnungen,.. unser fester Glauben an die getreue Uebereinstimmung euerer Handlungen mit eueren Grundsätzen und Versicherungen hatten unsere Besorgnisse wieder gemildert. – Von neuer Zuversicht belebt ordneten wir aus der Mitte unserer Volksversammlungen Repräsentanten an euern commandirenden Bürger General Brune nacher Bern ab; derselben gefällige Aufnahme (sowie) die schriftlich und mündlich erhaltene(n) beruhigende(n) Zusicherungen stillten vollends unsere Sorgen. Kaum aber waren diese unsere Bekümmernussen (!) gehoben, kaum hatten wir uns wieder der tröstlichen Hoffnung überlassen, als wir von der provisorischen Regierung in Solothurn den Entwurf der neuen helvetischen Constitution und die Einladung zur Annahme derselbigen erhielten, und zugleich die Sage durch unsere Länder gieng, daß alle Stände der Schweiz zur Annahme derselbigen sich zu bequemen hätten. Wir finden keine Worte, die Bestürzung zu schildern, die diese auf den Zusammenfluss so vieler Wahrscheinlichkeiten gegründete Nachricht unter uns verbreitete. Vergeblich würden wir Ausdrücke suchen, den Schmerzen (!) zu beschreiben, mit dem uns die Besorgnis erfüllte, die von unseren Vätern gestiftete Verfassung zu verlieren, die unserer Gemüthsart und unserer Lage so angemessen ist, daß wir seit Jahrhunderten unter ihrem Schutze jenen Grad von Wohlstand genießen, dessen unsere friedliche Thäler empfänglich sind. – Erlaubt, Bürger Directoren, daß wir euch über den Entwurf (Vorsatz), auch diesen unseren Volksregierungen eine andere Form zu geben – wenn solcher in euerem Vorhaben liegen sollte – in der ungekünstelten Sprache der Freiheit unsere Vorstellungen machen dürfen. Erlaubet daß wir freimüthig euch fragen, was ihr denn in dieser unserer Verfassung findet, das gegen die Grundsätze der eurigen anstoße? Könnte wohl ein (anderer) Regierungsplan entworfen werden, nach welchem die Souveränität so ausschließlich in den Händen des Volkes läge? wo zwischen allen Ständen eine vollkommenere Gleichheit herrsch(t)e? wo jedes einzelne Glied eine ausgedehntere Freiheit gen(ö)sse? Wir tragen keine andere Fesseln als die sanften Fesseln der Religion und der Sittenlehre; kein Joch drückt unsere Nacken als das süße Joch der Gesätzen (!), die wir uns auferlegen. Anderwärtig mag dem Volke hierüber manches zu wünschen erübriget haben. Aber bei uns, bei den Abkömmlingen Wilhelm Tells, dessen Thaten für die Freiheit ihr heute noch preiset; bei uns, die wir bis auf diesen Tag in dem ungestörten Genusse dieser freien Verfassung geblieben sind, um deren Beibehaltung wir hier mit allem Nachdruck des Gefühls einer gerechten Sache zu euer(er) Gerechtigkeit reden: bei uns ist nur ein Wunsch, nur der einstimmige Wunsch, bei der Verfassung bleiben zu können, die uns die Vorsicht (Vorsehung?) und der Muth unserer Väter gegeben, und welche Verfassung könnte wohl richtiger mit den Grundsätzen der euerigen übereinstimmen? – Wir das gesamte Volk dieser Länder, dessen Souveränität zu respectiren ihr so oft versprachet, wir machen den Landesherrn unser(er) kleinen Staaten aus; wir setzen und entsetzen nach unser(er) Willkür unsre Vorgesetzte; die Abtheilungen unsrer Cantone erwählen unsre Räthe, die unsre Stellvertreter, die Stellvertreter des Volkes sind. – Dieses ist, Bürger Directoren, im Kurzen der Inbegriff unserer Regierungsform; ruhet sie nicht auf eben der Grundlage, auf welche die eurige erbauet ist? Wie solltet ihr dann den Willen oder je einen Beweggrund, je einen Vortheil haben können, diese unsere Verfassung und damit unser Glück zu zerstören? Wenn auch die Macht dazu in euern Händen liegt, wird wohl euere Gerechtigkeitsliebe euch gestatten, von derselbigen Gebrauch zu machen, um bei uns an der Stelle unserer Verfassung eine Regierungsform einzuführen, deren Bestandtheile kaum der hundertste aus uns zu begreifen im Stande ist? Ein Berg- und Hirten-Volk in unserm Ursprung, immer den Einrichtungen und der Sitten-Einfalt unser(er) Väter getreu, glücklich in unserem Mittelstande, zufrieden bei wenigen Bedürfnissen, würden wir aus den beschränk(t)en Einkünften unser(er) Länder kaum die Besoldung unser(er), nach der neuen Constitution zu gebenden Stellvertreter zu bestreiten vermögen. Die Eingriffe in das Privateigenthum, und auch dieses würde in wenig Jahren erschöpft sein, müssten in unsern Ländern bald eine allgemeine Verarmung erzeugen und eine nie versiegende Quelle von Unruhen und Plagen werden. Verwundert euch demnach nicht, Bürger Directoren, wenn diese traurige Gewissheit, wenn diese düstere(n) Aussichten uns von der Annahme einer neuen Ordnung der Dinge zurückschrecken, die uns als eine Last vorkömmt, deren Gewicht unsere Kräfte übersteiget. – Euere tiefe Politik, euer(e) genaue Kenntnis der Gemüthsart, der Lage und der Kräfte der Völker, die euch umgeben, werden die Wahrheit unser(er) Vorstellungen unterstützen, und beredter als wir wird euere Menschenliebe für uns sprechen! Euere große Nation, die ihre größte Ehrbegierde dar(e)in setzet, durch erhabene Thaten der Gerechtigkeit und der (!) Edelmuth ihre Jahrbücher zu verherrlichen, könnte sie wohl ihre glänzende Geschichte durch den düsteren Zug verdunkeln wollen, daß sie die Verfassung und das Glück eines friedlichen Volkes zerstörte, das ihr nie etwas Leides gethan, das weder den Willen noch die Kraft hat, ihro jemals schaden zu können. Ferne dieses zu fürchten gewähren uns vielmehr euere geäußerte Grundsätze die tröstliche Hoffnung daß ihr die entworfene neue Verfassung nur jenen Völkern der Schweiz geben werdet, die solche verlangen, und daß ihr mitten unter den Veränderungen, die ihr zu treffen im Begriffe stehet, jene freie(n) Volksverfassungen, welche die von euch so oft gepriesene(n) Schweizer Helden gestiftet, als so viele redende Zeugen eurer Grundsätze, als so viele bleibende Denkmäler euer(er) Gerechtigkeit ungestört zu belassen gesinnet seyet. – Geruhet, Bürger Directoren, uns noch einen holden Beweis euers den Volks-Regierungen gönnenden (!) großmüthigen Schutzes durch die Verfügung zu ertheilen, daß unseren Ländern die Verkehre (!) mit der übrigen Schweiz frei, offen und unbehindert bleiben. – Geruhet besonders, uns durch die trostvolle Zusicherung euer(er) wohlwollenden Gesinnungen bald aus der quälenden Ungewissheit zu ziehen, in die wir versetzt sind; dann werden unsere friedliche(n) Thäler von den Ausdrücken der Dankbarkeit und der Verehrung erschallen, die wir euer(er) großen Nation, dieser mächtigen Freundin aller Völker, und ihren würdigen Vorstehern unabläßlich widmen werden – Gruß und unbegrenzte Hochachtung."

Unterschriften: Uri, a. LA. Schmid, LHptm. Schmid; *Schwyz*, LA. Weber, a. LA. Md. Schuler; *Nidwalden*, LA. Franz Anton Würsch, LH. Zelger; *Zug*, Franz Joseph Andermatt,

Karl Franz Kaiser, Anton Hess, Alois Staub, Joseph Baumgartner; *Glarus*, LA. Zweifel, LSth. Felix Müller. – Dom. Ant. Ulrich, Landschreiber von Schwyz.

Quellennachweis:

Aktensammlung aus der Zeit der Helvetischen Republik (1798–1803), bearb. von Johannes Strickler, Bd. 1, Bern 1886, S. 603–605.

Kommentar:

Nachdem die französischen Militärbehörden am 22. März 1798 ultimativ die Einführung der vom Basler Oberstzunftmeister Peter Ochs (1752–1821) entworfenen demokratisch-repräsentativen Einheitsverfassung gefordert haben, wenden sich die Landsgemeindeorte Uri, Schwyz, Nidwalden, Zug und Glarus an das französische Direktorium. Sie betonen, dass ihre Verfassungen im Unterschied zu denjenigen der aristokratischen Stände bereits demokratisch seien und diese „Volksregierungen" keiner anderen Form bedürften. Weiter heben sie die Vorbildfunktion der Urdemokratien der Innerschweiz für das revolutionäre Frankreich hervor. Die von den Revolutionären propagierten demokratischen Prinzipien seien dort schon lange verwirklicht. Zudem verweisen sie auf die dramatischen negativen Folgen einer Einführung der Helvetischen Einheitsverfassung.

Titel: *Entwurf der Note, welche Appenzell, Stadt und alte Landschaft St. Gallen, Toggenburg, Rheinthal und Sargans an die französische Regierung „und übrige hohe Civil- und Militär-Behörden" erlassen (wollten), 5. April 1798*[1]

Text 47:

Bürger Directoren! Ihr Beispiel hat die Völker aus ihrem Schlummer geweckt, seitdem die große Nation die Freiheit wieder auf Erde(n) zurückbrachte, bis eine Völkerschaft nach der anderen sich von diesem heiligen Feuer der Freiheit entzünden (ließ). Und welche Empfindungen der Freude müssen nicht das Herz eines schweizerischen Patrioten durchströmen, wenn er bedenkt, daß die große Nation selbst den ersten Funken ihres Feuers sich vom Altar unsers Vaterlandes holte, da unsre Väter durch ihre Heldenthaten den ersten Stoß dem sklavischen Europa gaben. – Wir sind die Nachkommen dieser Väter, Bürger Directoren, und, wie wir hoffen, nicht ganz unwürdige Nachkommen, da wir in diesen Tagen der allgemeinen Wiedergeburt auch durch ein rühmliches Bestreben, jene alte Freiheit wieder herzustellen, die unser(e) durch den Geist der damaligen Zeit irrgeführten Brüder uns einst wegnahmen, doch jetzt haben ebendiese Brüder, die würdige(n) Söhne der Tellen, ihrer Väter, gewarnet vom Geiste unser(er) Zeit, sich selbst vor den Augen der Nachwelt dadurch geehrt, daß sie freiwillig einer Herrschaft über Brüder, die ihnen gleich an Rechten sind, entsagten. – Mit

---

1 Wir geben aus mehreren Gründen den *deutschen* Text; ein französischer liegt den Acten bei.

II. Quellenkorpus

einem Wort, Bürger Directoren, wir sind nun alle frei nach dem Beispiel des demokratischen Cantons Appenzell, unsers Vorgängers auf dem Pfade der Freiheit, der schon über vierthalbhundert Jahre alle Vortheile der unveräußerlichen Menschenrechte genießt und sich hier an unserer Spitze unterzeichnet; denn auch er wünscht mit uns in der alten demokratischen Verfassung bleiben zu können. – Aber wie wurden wir überrascht, als auf einmal eine uns bisher unbekannte Constitution erschien. Erlauben Sie uns demnach,... daß wir Ihnen hierüber unsere Empfindungen mit derjenigen Offenheit anzeigen, die sich für freie Männer so wohl schickt. – Vor allem aus müssen wir fragen: Warum will man uns demokratisieren? Ist unsere Verfassung nicht schon demokratisch genug? Ist unser Volk nicht der einzige Souverän, der die Gesetze macht und seine Obrigkeit erwählt nach einem Repräsentativ-System, das schwerlich reiner ausgedacht werden könnte. Das sind Wahrheiten die nicht zu widerlegen sind. Wir hoffen daher, Bürger Directoren, ihr werdet unsern einzigen, unschuldigen Wunsch billig finden, daß wir in unserm Ruhestand bleiben und uns regieren können nach dem Muster der Urväter, die ihr so hoch schätzet, und unsere Brüder in den demokratischen Cantonen, die ihr nicht weniger schätzet. – Ueberdas verträgt sich diese (neue) Constitution allerdings (durchaus) nicht mit unsern Localverhältnissen, Naturanlagen, Charakter und besonders (nicht) mit jener einfachen Armut, die für ein Hirtenvolk ein wahrer Reichthum ist; denn sie ist eigentlich nur eine Einschränkung der künstlichen Bedürfnisse und die Zufriedenheit mit seinem Schicksal. Hingegen diese Constitution, vielleicht anwendbarer auf reiche Länder, würde in wenigen Jahren unsere ländliche Haushaltung ganz zu Grunde richten. Und wäre das nicht unser größtes Unglück und das unerträglichste Leid, das man uns anthun könnte? Und Sie sollten uns ein solches Unglück und den Ruin unserer Kinder durch eine gezwungene Annahme derselben (dieser) Constitution bereiten wollen? – Nein, das können Sie nicht, Bürger Directoren! Ihre aufrichtige und daß wir so sagen alt-fränkische(n) Gesinnungen, – wir finden kein besseres Wort uns angemessen auszudrücken – Ihre republikanische(n) Grundsätze, Ihre gerechte(n) Maßregeln, ihre unverletzliche Dexterität, alles schützt uns vor dergleichen Zumuthungen, die man uns in Zukunft machen könnte. – Hier in diesen wenigen Zeilen lesen Sie unser Verlangen, unsere Wünsche und unsere Hoffnungen; werden Sie uns erhören? Ja, Sie werden es, und dann werden auch wir nicht aufhören, in Ihnen, Bürger Directoren, und in der großen Nation, deren Stelle Sie so würdig vertreten, die unerschütterliche Stütze der schweizerischen Freiheit zu verehren. – Gruß und Bruderkuss!

Unterzeichnet: Bischofberger, Spieß, Küenzle, Meyer, Bolt, Dudli, Gschwend, Bernold.

Quellennachweis:

Aktensammlung aus der Zeit der Helvetischen Republik (1798–1803), bearb. von Johannes Strickler, Bd. 1, Bern 1886, S. 605 f.

Kommentar:

Durch den aussenpolitischen Druck werden die ehemaligen Untertanengebiete, die gemeinen Herrschaften, in die Freiheit entlassen. Im politischen Vorfrühling 1798, nach dem Zusammenbruch der Alten Eidgenossenschaft, geben sich die Gebiete eine eigene politische Ordnung, die sich an den Landsgemeindeverfassungen der benachbarten Orte orientiert. Interessant ist die Legitimation des Befreiungsprozesses. Einerseits rekurrieren sie auf die spätmittelalterliche, alteidgenössische Befreiungstradition und stellen diese in eine antifeudale Kontinuitätslinie, die durch die Französische Revolution revitalisiert wird. Da ihnen mit der Helvetischen Einheitsverfassung das Repräsentativsystem aufgezwungen werden soll, was wieder zu einem Verlust an politischen Partizipationsrechten geführt hätte, richten sie einen Brief an die helvetische Exekutive, das Direktorium. Ihre Verbündeten sind die alten Landsgemeindeorte wie Appenzell, die als Vorkämpfer der Freiheit und der allgemeinen Menschenrechte gesehen werden. Dieses Konstrukt entspricht allerdings nicht der historischen Realität, zumal der alte Freiheitsbegriff der Landsgemeinden nicht von einem allgemeinen Grundrecht ausgegangen ist. Der neue Freiheitsbegriff wird also gleichsam in die alte Freiheit, die „reine Demokratie", hineinprojiziert.

Titel: *Karl Heinrich Gschwend, Landespräsident im obern Rheinthal, an Peter Ochs, 1798*

Text 48:

22. März 1798, Altstättten. Karl Heinrich Gschwend, Landespräsident im obern Rheinthal, an (Peter Ochs). „Bürger Präsident! Ich habe zwar das Glück nicht, Sie zu kennen; allein Ihr Name ist, seitdem der Entwurf der helvetischen Staatsverfassung Ihnen zugeschrieben wird, in der Schweiz so berühmt dass ich glaube, jeder ehrliche und gutdenkende Patriot dürfe sich an Sie wenden. Ich kann nicht glauben dass Sie es mit dem Entwurf nicht gut meinen sollten; nie werde ich mir selbst zugeben können, dass Ehrgeiz und unpatriotische Absichten die Triebfeder Ihres Entwurfes seien, sondern ich glaube, Sie seien von der Lage und von dem Vermögenszustand der democratischen Cantone nicht genug unterrichtet; sonsten würden Sie, wie ich hoffe, diesen Cantonen diesen Entwurf nie aufbürden wollen. Erlauben Sie mir also, dass ich Ihnen meine Bedenken über den Entwurf vorlegen darf. – Die democratischen Cantone sind seit Jahrhunderten gewohnt, alle Staatsämter unter freiem Himmel, mit freier Hand zu vergeben, und die(se) Weise und Art der Regierung haben die neue(n) und freigelassene(n) Cantone Toggenburg, St. Gallen, alte Landschaft, Rheinthal, Sargans etc. auch schon adoptirt und Landammann und Rath gewählt. Dieser Landammann und Rath, den das Volk alle Jahre bestätet oder absetzet, je nachdem es mit ihnen zufrieden oder unzufrieden ist, ist schon eine repräsentative Republik des Volkes. Diese Wahlen dem Volk nehmen und sie (!) von der Wahl ihrer höchsten Obrigkeiten ausschließen wollen, muß Gährung und innerlichen Krieg, wo nicht Mord und Tod verursachen. – Zudem ist Ihr Entwurf allzu kostbar, und die Cantone sind zu arm, um selben annehmen zu können. Wo wollen Leute,

die kein ander Eigenthum haben, als welches meistens verbrieft und versetzet ist; Leute von denen im Durchschnitt die Reichsten kaum 20,000 fl. Vermögen, Leute deren Vermögen (zusammen) nicht so groß ist als das Vermögen eines einzigen reichen Baslers, wo wollen diese Leute das Geld hernehmen, das Directorium, die beiden Räthe, das Obergericht, den Statthalter, die Cantonsrichter und noch dazu eine stehende Armee und so viele Schreiber und Kanzleien zu bezahlen? So wenig kann eine so kostbare Regierung in unsern Cantonen eingeführt werden, als die Einführung (!) eines Alleinherrschers, und wenn sie mit Gewalt eingeführt werden sollte, so stehet unserm Volke nichts anderes bevor als Auswanderung aus Mangel der Nahrung oder Tod. – Unser Volk hat niemalen Steuern bezahlt; sollte es nun so namhafte Steuern erlegen müssen, so muß es unterliegen, es muß zu Grunde gehen. – Eine Reform der Regierung musste sein, und die Aristokratie musste aus dem Weg geschafft werden; aber da die erbliche (oder) quasi erbliche Aristokratie vertilget ist, warum wollen Sie die allerfeinste und allerkostbarste Aristokratie einführen? Warum wollen Sie ein Mittelding zwischen temperirtem Königthum und der allerausgesuchtesten Aristokratie aufbauen? Glauben Sie, freie Leute, Alpensöhne werden sich unter sein Joch beugen? Ewig nicht; entweder müssten in die Länder tödtende Garnisonen gelegt werden, oder Ihre Constitution kann nicht angenommen werden, nicht gedeihen, und wenn Garnisonen eingelegt werden sollten, so würden sie nach und nach massacrirt werden, weil das Volk sie nicht erhalten könnte und seinen Freiheitssinn nie vergessen würde. Und in der That, was soll man so ein compliciertes, so ein intrigantes, ein in die Hände (von) fünf Männer(n) alle Gewalt und allen Nationalreichthum legendes System annehmen können? Innerlicher Krieg, Mord und Tod und alles Unglück das man sich denken kann würden die Folgen davon sein. Die Schweiz ist ganz democratisirt; lasse man ihr also ihre Volksverfassung, und wenn eine Reform nöthig ist, so mache man selbe einfach und so, dass sie die Rechte des Volkes am mindesten kränket und den Volksrechten am besten angemessen ist. Ich wage einen Vorschlag. – In allen Cantonen setzet das Volk seine Obrigkeiten, Landammann und Rath, von freier Hand. Landammann und Rath besorget in seinem Canton die innere Polizei.., die hohe(n) und niedere(n) Gerichte, ohne Appellation, macht mit Gutheißen des Volkes Gesetze für seinen Canton, die ihme angemessen und erspriesslich sind, besorgt die Einkünfte und Ausgaben seines Cantons durch die vom Volk erwählten Seckelmeister; kurz jeder Canton seye und bleibe in seinen Grenzen ein souveräner Staat. – Um aber dem Politischen der ganzen Eidgenossenschaft und dem Militärfach eine bessere Schnellkraft und mehr Thätigkeit zu geben, so mache man ein halbjähriges oder permanentes Syndikat oder National-Rath; dieser bestehe aus zween Deputirten von jedem Canton; dieser sitze zu Frauenfeld oder wo man will. Dieser Nationalrath erwähle selbst unter sich 5 Mitglieder zu Directoren. Dieses Nationalraths und (der) Directoren Verrichtungen sollen sein: alles Politische welches die ganze Eidgenossenschaft angehet, und alle auswärtigen Correspondenzen zu besorgen, und hiezu sollen sie von ihren Ständen Vollmacht haben; nur über Friedens-, Kriegs und Allianz-Angelegenheiten müssen sie die Verbindungen (!) der Stände einholen, jedoch so dass jeder Stand seine Stimme in bestimmter Frist einschicken müsste oder, wenn es zu spät käme, zu den Majora gezählt würde. In diesen drei Stücken müssten die Majora der Stände gelten. Die Einrichtung des Militärs. Es (?) würde die Plane zur Organisation des Militärs machen, und wenn solche von dem Nationalrath genehmiget würden, so würde die Execution der Plane dem Directorio zustehen. Es würde also in allen Cantonen die Anzahl der Nationalgarden; aber nicht eines stehenden Kriegsheeres anbefehlen. Es würde die Gleichheit der Gewehre und der Uniformen, die Anzahl der Kanonen, vorräthigen Kugeln, Pulver und Bleies verordnen. Es würde aus ihrer Mitte alle Jahr Commissär(e) in die Cantone schicken, die die Revue halten müssten und die das Abgängige anbefehlen und die Saumselige(n) und Renitirende(n) in allen Cantonen bestrafen könnten. – Dieses Directorium, dieser Nationalrath sind so einfach als möglich, benehmen den Ständen an ihrer hohen und niederen Jurisdiction nichts und würden mit keinen unerschwinglichen Kösten begleitet sein, zumalen jeder Canton seine Abgesandte, und die allgemeinen Kösten der Reisen, Kanzleien etc. alle Stände insgesamt bezahlen müssten. – Und wenn dann die Aufrechthaltung der Religion in jedem Canton und beede(r) Religionen im paritätischen Cantonen festgesetzt würde, so wäre das Volk zur Annahme einer solchen Constitution ohne Zweifel zu bereden. Unglück würde verhütet, die Schweiz würde glücklich bleiben und doch eine Thatkraft, Nervosität (!) und Ansehen bekommen, die die Eidgenossenschaft in und außer Landes respectabel machen würde. Das ist meines Dafürhaltens der einzige mögliche und allein practicable Plan in der Schweiz. – Und in der That, zu was so viele Räthe, so viele ober(e) und niedere Judicatur, warum ihnen Landammann und Räthe nehmen? Warum das Volk, das doch souverän sein soll, von den Wahlen und der Regierung ausschließen? Warum will das Directorium sich in alles mischen? Warum will es alles in allem sein? warum eine stehende Armee erhalten? Warum (will man) die Schweiz um (ihr) System der Neutralität bringen? Lassen sich hier nicht unpatriotische, ehrgeizige, unausführ(bar)e (anderst mit Unterdrückung der Volksfreiheit) Absichten vermuthen? Kann das Volk mit Ihrer Constitution nicht mit Recht glauben, man wolle es um seine Freiheit bringen? man wolle ihm Sklavenfesseln anlegen? Anstatt (der) alte(n) Vögte ihm neue unter einem andern Namen geben? Wer will dem Volk diesen Glauben, diesen höchst billigen Argwohn nehmen? Eine stillstehende Armee (?) Ja, aber just diese Anstalten machen das Volk zu Sklaven, ersticken den Patriotismus, unterdrücken das Volk und machen aus einem biederen, edlen, patriotischen Volk ein Sklavengesindel. Just diese Anstalten vertreiben die besten Schweizer und lassen den Auswurf der Nation zurück. Kurz, die Constitution würdiget das Volk zu nichts herab. Und wie viel Bürgerblut würde die Constitution kosten, bis sie angenommen, bis sie eingeführt ist? Es werden, ich zweifle nicht, Guillotinen und Deportationen gebraucht oder der Nationalgeist erstickt werden müssen. – Aber um Gottes willen, warum solche Uebel, solche Greuel anrichten? Warum eine Constitution mit Gewalt aufdringen, die niemand will? Wo ist Freiheit, wenn Gewalt gebraucht wird? Ein simplificirtes System, wo die Rechte der Cantone und des Volkes aufrecht erhalten werden, kann ja die gleichen Dienste wie Ihre Constitiuton thun, und wenn das Volk mit Gewalt zur Annahme gezwungen würde, so würde es ruinirt,.. zu nichts herabgewürdigt. Ist aber Frankreich mit einem solchen sklavischen, ausgesognen und nach und nach enervirten (wehrlosen) Volk geholfen, würde es dem Feind, wenn Krieg zwischen Frankreich und Oesterreich heut oder morgen entstehen sollte, nicht Thüre(n) und Thore öffnen, wenn es seinen Freiheitssinn, das Gefühl seiner Würde verloren hätte? Könnte in diesem Fall der Feind (nicht) sozusagen ohne Widerstand eindringen, würde eine verlorene Schlacht (und sind die Waffenglücke nicht journaliers?) dem Feind nicht den Weg bis in Klein-Burgund öffnen? würde die Schweiz nicht immer wie in den letzten vier Jahrhunderten die Schaubühne des Krieges abgeben? Wäre also Frankreich mit unserer

Unterdrückung, mit unserer Zernichtung (und diese erfolgte gewiss,) geholfen? – Herr Präsident, wenn Sie ein guter redlicher Bürger, Schweizer, Patriot sind, so helfen Sie nicht dazu, dass uns Ihre Constitution aufgebürdet werde. Adoptiren Sie ein System das simpel, den Rechten des Volkes und der Cantone nicht zuwider ist; dann werden Sie Ehre und Dank einernten; sonst aber trifft Sie, Ihre Kinder und Kindeskinder der Nationalfluch und die allgemeine Verwünschung. – Nehmen Sie meine Zuschrift nicht in übel; auch ich bin ein Schweizer, ein befreiter Eidgenoss, ein warmer Patriot; (auch) ich stehe 22000 Seelen vor, auch ich höre und weiß ihre Stimmung, welche die Stimmung aller benachbarten Cantone ist. Ich bitte Sie, ob ich Sie schon nicht kenne, überlegen Sie kalt und ohne Passion, was ich schreibe, und ich hoffe davon den besten Erfolg. Der Himmel segne Sie und die Ihrige(n); ich grüße Sie brüderlich und bin mit Hochachtung und Ergebenheit" (K.A. Schwyz, Cop.).

Quellennachweis:

Aktensammlung aus der Zeit der Helvetischen Republik (1798–1803), bearb. von Johannes Strickler, Bd. 1, Bern 1886, S. 530–532.

Kommentar:

Der ehemalige Vizekanzler am fürstäbtischen Hof und Obervogt von Altstätten, Karl Heinrich Gschwend (1736–1809), richtet als Vorsteher des Landesausschusses einen Brief an Peter Ochs (1752–1821). Darin betont er, dass die Helvetische Verfassung die Anschauungen und Interessen des Volkes verletze und den lokalen Verhältnissen nicht angemessen sei. Durch die Wahl eines Landammannes und eines Rates nach dem Vorbild der Landsgemeindekantone existiere bereits eine repräsentative Republik des Volkes. Ferner äussert er Bedenken im Hinblick auf die Finanzierbarkeit des aufwendigen Verwaltungsapparats. Er macht den Vorschlag, dass sich die Kantone weitgehend selbst verwalten und ihre Souveränität bewahren könnten. Lediglich zur Regelung politischer Angelegenheiten, die die gesamte Eidgenossenschaft beträfen, und zur Organisation des Wehrwesens sollte ein Nationalrat geschaffen werden, der ein Direktorium von fünf Mitgliedern als vollziehende Behörde zu wählen hätte.

Titel: *Verhandlungen der Nidwaldner Landsgemeinde (zu Wyl an der Aa) betreffend Abwehr der helvetischen Verfassung, 7. April 1798*

Text 49:

7. April, Wil an der Aa, außerordentliche Landsgemeinde von *Nidwalden*, (Protokoll). 1.[1] Demenach vor diesem Höchsten Gewalt alle Anwesende zu Fried, Ruhe und Bescheidenheit ermahnt und (sodann) eröffnet worden, in welcher bedrängten Lage unser Vaterland sich befin-

---

[1] Eine ganze Menge grammatischer Verstöße, die den Leser stören, wird hier, so gerne man das alte Gewand solcher Acten schont, im Stillen berichtigt.

de, auch verschiedene eingekommene Briefschaften ablesend vernommen, und männiglichen zu tiefer Beherzigung übergeben worden, wie dass man uns gewaltsam die neue helvetische Staatsverfassung aufzudringen und uns andurch unserer heiligen allein seligmachenden Religion und unserer seit mehrern Jahr-Hunderten ohngestört genossenen Freiheit und der unsern seligen Vorfahren angeerbten democratischen Verfassung zu berauben gedenke; – so ist hierauf einmüthig, gleich dem lobl. Stand Schweiz, erkennt worden, dass die Büechlein der neu(en) helvetischen Staats-Verfassung, alle auf die neue Religionsform beziehliche Schriften und die Zeitungen von Zürich und Lucern und derlei Schriften in unserm Land aberkennt, und wer entdeckt wurde, dass einer derlei Schriften in Handen hätte uns selbe nit abgeschafft hätte, derselbe der Hochheit angezeigt und dann als ein meineidiger, treuloser Vaterlands-Verräther von dem Malefiz-Gericht abgestraft werden solle. Nicht minder solle derjenige, der diese neu-helvetische Staats-Verfassung anzunemen an einer offentlichen Versammlung rathet oder (bei) Zusammenkünften oder ins Geheim selbe Constitution oder derlei Schriften anlobet, anrühmet oder (als) gut ausleget, auch malefizisch abgestraft werden, er seye weltlichen oder geistlichen Stands. 2. Auf solches haben samtlich Geistlich und Weltliche von 14 Jahr Alters an, so an dieser Lands-Gemeind zugegen waren, sich durch einen Eid zu Gott verbunden, Leib, Leben, Gut und Blut für unsere allein seligmachende heilige Religion, in der wir geboren; unsere Freiheit und Unabhängigkeit, die wir von unsern seeligen Vorvättern ererbt, darzugeben und aufzuopfern. Denjenigen, so (an) der Lands-Gemeind nit beigewohnt, ist aufgetragen worden, den gleichen Eid (so) bald möglich ihren Seelsorgern zu prästieren. 3. Ferners ist erkennt worden, dass ein kräftiges Ansuchungsschreiben an Ihre Bischöflichen Ganden zu Constanz aberlassen werden solle, dass Hochselber belieben möchte, unsere hochwürdige Geistlichkeit wegen der Lage der Dingen von ihro hochwürdigl. Herrn Commissari zu Lucern zu entlassen, hingegen uns bewillige, einen würdigen Priester von unserm Land als Commissari vorzustellen. 4. Nach dem ist unser Pater Fasten-Prediger mit einem überaus großen Mehr für 3 Jahr lang widerum als Fasten-Prediger aufgenommen worden, jedoch auf dringendes Begehren, dass alle ihme geschehene verdrießliche Vorwürfe in gänzliche Vergessenheit gesetzt und desselben (von?) niemand mehr beschuldiget werden solle. 5. Weiters ist ermehret worden, dass alle diejenigen, so sich außert Landes geflüchtet, Geistliche und Weltliche, zurückgerufen und ihnen alle Sicherheit und Freundschaft zugesichert sein solle. 6. Die heutige Verhandlung des Höchsten Gewalts und (ein) Auszug desselben sollen gedruckt und zu einem Denkzeichen in das Archiv gelegt werden. 7. Wegen dem heutigen höchsten Gewalt und dessen so glücklichen Ablauf ist erkennt worden, dass in jedem Kirchgang ein Dank-Andacht nach Belieben angestellt werden solle. 8. Endlichen ist Tit. Herrn LandAmmann Von Matt, weil er sich kränklich befindet, sein Standes-Creditiv den Herren Ehren-Gesandten lobl. Ständen Uri und Schweiz zu übergeben und in unserem (!) Orts Namen die annoch vorwaltende Geschäfte berichtigen (erledigen) zu lassen bewilligt worden.

Quellennachweis:

Aktensammlung aus der Zeit der Helvetischen Republik (1798–1803), bearb. von Johannes Strickler, Bd. 1, Bern 1886, S. 608 f.

Kommentar:

An der Sonderlandsgemeinde vom 7. April 1798 beschliessen die Landleute von Nidwalden den Widerstand gegen die neue Helvetische Verfassung. Im Text kommt das Selbstverständnis der freien Landleute klar zum Ausdruck. Sie betrachten ihre Freiheit nicht als allgemeines Grundrecht, sondern als ein von den Vorfahren ererbtes Privileg, das sie mit niemandem teilen möchten. Mit der Annahme der Helvetischen Verfassung wäre zudem ihre Versammlungsdemokratie durch eine repräsentative Demokratie ersetzt worden. Zudem sehen sie in der Helvetischen Verfassung eine Gefahr für ihre Religion.

Titel: Auflauf zu Bruggen, 10. April 1798

Text 50:

Ammann Hedinger von Steinach wurde nach Bruggen, wo sich der Gr. Rath der Landschaft St. Gallen den 10. April versammelte, vorgeladen, um sich wegen des Vorfalls in Arbon zu verantworten. Das Gerücht hievon verbreitete sich schnell in mehreren Gemeinden des Roschacher Amtes, wo man auf die neue Regierung aus verschiedenen Ursachen, besonders aber wegen des Franzosen-Geschäftes, nicht gut zu sprechen war.

Ammann Hedinger erschien, von 300–400 Mann begleitet. Dieser Auftritt war ganz unerwartet. Landammann Küenzle las dem Volke den Brief des fränkischen Generals Schauenburg vor, worin dieser zur schleunigen Annahme der helvetischen Konstitution die Regierung des Landes St. Gallen aufforderte; das Volk aber zeigte wenig Aufmerksamkeit dabei. Hedinger trat nachher auf, sprach lang vor dem Volke, las eine Schrift ab, deren Inhalt noch nicht ganz bekannt ist, und nahm das Mehr auf, ob nicht das die Gesinnungen des Volkes seien? – und das Mehr war einhellig. Er soll viel von Religion gesprochen haben. Landammann Küenzle wollte ihn unterbrechen, indem es ihm als Landammann zustehe, das Wort zu führen. Aber man rief ihm zu, daß es nun an den Ehrenmännern sei, zu reden. Er erinnerte an den Eid, den man an der Landsgemeinde geschworen; allein man warf ihm vor, daß er drei Eidschwüre hinter einander gebrochen hätte.

Es entstand großer Lärm und es kam zu einigen Schlägereien. Das Volk wollte besonders den Pannerherrn Heer heraus haben, dem auf den heutigen Tag soll Tod geschworen worden sein. Zum Glück fand er sich nicht in Bruggen ein, und er wurde durch einen Expressen gewarnt, sich in Sicherheit zu begeben.

Der größte Vorwurf gegen die Regierung bestand darin, daß die Mitglieder derselben immer beisammen seien, Kosten verursachen und dem Volke nichts offenbaren, was wegen und mit den Franzosen verhandelt werde bis jetzt, wo nur noch 6 Tage Bedenkzeit gegeben werde u.s.w. Er, Landammann, den man immer per Du titulirte, hätte, statt das Kloster und die Herren zu bewachen, die Soldaten gegen die Feinde schicken sollen u.s.w. Der Schluß dieser Szene war, daß der gesammte Landrath das gutheißen musste, was die Steinacher u.a.m. Tags zuvor in Arbon verübt hatten, und sogar solches schriftlich herauszugeben genöthiget wurde.

Ammann Hedinger zog hierauf mit seinen Leuten ab und der Gr. Rath begab sich um größerer Sicherheit willen nach Gossau, wo er zu seiner Bedeckung bewaffnete Mannschaft hatte. Die Bauern rissen bei ihrem Rückzuge den Freiheitsbaum in St. Fiden in tausend Stücke, und bedrohten allenthalben die Französischgesinnten.

Hedinger wurde nachher durch einen Landrathsschluß vom 16. März dazu verurtheilt, daß er in allen Kirchhörinnen als ein Meineidiger sollte verrufen werden; daß er zwanzig Louisdor in den Landesseckel und 10 dem Pannerherrn Heer geben, und überdies die starke Wache, die diesem gegeben worden, bezahlen sollte.

Quellennachweis:

Franz Weidmann, Geschichte des ehemaligen Stiftes und der Landschaft St. Gallen unter den zween letzten Fürstäbten von St. Gallen, besonders während der Helvetischen Revolution bis zur Aufhebung des Stiftes, St. Gallen 1834, S. 273 f.

Kommentar:

Auch in der alten Landschaft St. Gallen und in den angrenzenden Gebieten des Thurgaus kommt es anlässlich der Einführung der Helvetischen Verfassung zu Unruhen. Dabei können die Altgesinnten wie Ammann Hediger die Bevölkerung für ihre Zwecke instrumentalisieren, Johannes Künzle (1749–1820), der frühere Anführer der Volksbewegung gegen die fürstäbtische Herrschaft, findet kein Gehör. Allerdings sind in der Bevölkerung reale Ängste vor einer französischen Fremdherrschaft vorhanden. Zudem empfindet die vorwiegend katholische Bevölkerung in diesen Gebieten die Helvetische Verfassung als Bedrohung der Religion. Auch die erwarteten Kosten der neuen Regierung verursachen Unmut im Volk. Dahinter verbirgt sich die Forderung nach einem wohlfeilen Staat.

Titel: *Circulare des RStatthalters des Cantons Thurgau an seine Unterstatthalter, 31. August 1802*

Text 51:

(I.) „Das Landsgemeinden-System greift um sich; beinahe alle benachbarten Cantone huldigen ihm, und wenn die Regierung dieser Unordnung nicht bald mit Kraft steurt, so sind, auch ohne die Gabe des prophetischen Geistes, die Folgen hievon leicht vorher zu berechnen: – entweder werden fremde Kriegsvölker wieder in unser Land einrücken und dem Unwesen ein Ende machen, – oder die Verwirrung wird so über Hand nehmen, dass unsere politische Existenz vollends auslöschen wird; in diesem Fall wird die Schweiz fremder Botmäßigkeit unterworfen, vielleicht gar zerrissen werden. – Die eint' oder andere dieser Folgen mag nun eintreten, so ist es äußerst traurig für unser armes Vaterland; die Noth und das Elend welches Kriegsvölker auf uns häufen ist unserm Gedächtnis noch neu; denn noch jetzt fühlen wir den durch sie auf uns gewälzten Druck; noch jetzt bluten wir an den[en] Wunden die sie uns schlugen, und diese Noth, dieses Elend sollt nun wieder muthwillig herbeigezogen und erneuert werden; just jetzt erneuert werden, da der nahe Winter den schon steigenden Brotpreis noch mehr erhöhen wird; wem schauert nicht vor dem Gedanke[n]? – und wem schauert nicht, welcher rechtliche Bürger, der es gut mit seinem Vaterlande und der Nachkommenschaft meint, wird nicht im Innersten betrübet, wenn er denkt dass Helvetien, das ehmals so berühmte und nun so tief gesunkene Helvetien, nach allen gebrachten Opfern, nach allen ausgestandenen Leiden noch einem fremden Herrn zufallen oder zerrissen werden sollte? – Wehe denen die ein solches Schicksal herbeirufen, und ferne sei es von uns, solches befördern zu helfen! Nein, diese Blutschuld wollen wir nicht auf uns laden; wir Thurgauer wollen keine Ursache sein, dass fremde Truppen wieder unser Vaterland überschwemmen, – wollen keinen Antheil nehmen an der Verblendung und Uebereilung andrer Cantone, damit wir nicht mit ihnen büßen müssen; so wird jeder rechtschaffne Thurgauer denken, nicht nur so denken, sondern auch diesen Grundsätzen gemäß handeln. – Wahrlich, man darf nur einen ruhig prüfenden Blick auf dasjenige werfen was jenseits des Rheins vorgeht, um sich zu überzeugen dass die willkürlichen Verfassungen welche einige Cantone sich geben nicht bestehen können: jenseits müssen sich große Länder neuen Herren und neuen Regierungsformen unterwerfen, und in der Schweiz sollte alles in das Alte, oder ärger als in das Alte, zurücksinken dörfen! Die benachbarten Mächte sollten gleichgültig zusehen, dass in einem kleinen Lande zwanzig kleine Provinzlein sich jedes eine eigne Verfassung nach Willkür gebe, und gerade solche Verfassungen die dem allgemeinen Staatssystem entgegenlaufen? Wer, der die heutigen politischen Grundsätze auch nur einigermaßen kennt, kann sich hievon eine Möglichkeit denken?"

(II.) „Wie ich zuverlässig vernommen, so sind gestern auch in den beiden Appenzeller-Roden Landsgemeinden abgehalten worden, und es ist nicht zu zweifeln dass auch von dort aus, sowie es von Glarus und den kleinen Cantonen schon geschehen ist, sich Emissairs in unsern Canton einschleichen werden, um unsere Mitbürger zu der nämlichen Uebereilung, zu dem nämlichen Ungehorsam gegen die Regierung und die von uns *mit dreizehntausend* Unterschriften feierlich angenommene Verfassung zu verleiten, – nicht aus Freundschaft für uns, sondern um ihretwillen; denn da sie selbst ihrer eignen Sache nicht recht trauen; da sie selbst unter sich uneins sind, so suchen sie auch andere Cantone in ihr Interesse zu verwickeln, theils um ihre Partei dadurch zu verstärken, und theils damit, wenn fremde Truppen ins Land kämen, die Last nicht auf sie allein, sondern auch auf uns falle. – Um diesen Schlingen zu entgehen; um von unsern Mitbürgern die Gefahr welche ihnen droht zu entfernen, ist alle Wachsamkeit und Thätigkeit nöthig; ich lade, Bürger Statthalter, Sie also ein, dass Sie sogleich alle Municipalitäts-Präsidenten und Agenten Ihres Bezirks versammeln, denselben die Lage unsers Vaterlandes und die Folgen welche die unruhigen Cantone über dasselbe bringen werden im wahren Lichte vorstellen und ihnen zu erkennen geben, was wahrhaft gut, nützlich und vortheilhaft für unsern Canton seie. Dieses besteht kurz darin: – An dem Betragen unserer Nachbarn und ihren willkürlichen Anmaßungen keinen Antheil zu nehmen, sondern ruhig zuzuwarten, bis die jetzige politische Dunkelheit sich auf eint oder andere Weise aufhellet. Dadurch gewinnen wir: dass wenn scharfe Maßnahmen gegen jene Cantone angewandt werden, dieselben uns nicht treffen; falls aber diese Cantone ihre eigenmächtig angenommene Verfassung behaupten könnten, mithin die Centralregierung sich auflöste, und uns dadurch unsere der neuen Verfassung ertheilte Zustimmung zurückgeben würde, nachhin uns gleichwohlen freistünde, unserm Canton diejenige Einrichtung zu geben, die für das Beste desselben und das Glück seiner Einwohner am zuträglichsten erfunden würde. – Durch ruhiges Zuwarten verlieren wir also im Grunde nicht das mindeste und können doch dadurch sehr traurigen Folgen vorbeugen; dieser Satz ist so wahr und einleuchtend dass jeder der ihn unbefangen prüft solchem beistimmen wird. – Sie werden; Bürger Statthalter, die Municipalitäts-Präsidenten und Agenten auch wiederholt erinnern, dass sie ihre Aufmerksamkeit auf die fremden Aufwiegler verdoppeln und jeden Ihnen zuführen lassen, der sich bemühte, durch mündliche Vorstellungen oder Verbreitung gedruckter Schriften unsre Mitbürger zu Misstritten zu verleiten und dadurch die Ruhe unsers friedlichen Cantons zu stören; – Sie werden ihnen sagen dass jeder Beamtete der diesem Auftrag nicht genugthäte, die Aufwiegler nicht anzeigte oder selbst auf andere Art begünstigte, als ein Mitruhestörer solle angesehen und als ein solcher zur Verantwortung gezogen werden. Mit den Emissairs selbst aber die Ihnen [zu]geleitet werden werden Sie nach der schon in Handen habenden Instruction verfahren."

(III.) „Wie ich höre, so gibt es auch in unserm Canton Leute die das Landsgemeinden-System zu begünstigen scheinen; sie zerfallen in drei Hauptclassen: (1) Bürger die der neuen Ordnung der Dinge abgeneigt sind; sie erscheinen in allen Farben und glauben, jede politische Aenderung könnte dazu dienen, die alte Verfassung wieder herzustellen; diese Menschen wirken im Dunkeln; der Schleier in den sie sich hüllen täuscht oft. – (2) Schreier, die immer thätig sind, Unruhe und Verwirrung anzuzetteln; denn da sie selbst nichts zu verlieren haben, so bekümmern sie sich auch um die Folgen nichts, sondern hoffen, bei jeder Umwälzung auf diese oder jene Weise etwas zu gewinnen, wenigstens ein Aemtlein zu erhaschen und sich dadurch aus ihrem Nichts emporzuheben; diese Creaturen sind gefährlich. – (3) Ehr- und Geldgeizige; diese vereinigen sich oft in einer Person; sie denken sich kein reizenderes Bild, als einst sich selbst noch auf der Landsgemeind(s)bühne zu erblicken, nichts Angenehmeres als die Despotie die sie bisanhin in ihrem Dorfe oder in ihrem Städtchen übten auf das ganze Land auszudehnen, und meinen eine Landsgemeind-Verfassung würde sie von allen Abgaben befreien oder doch ihnen Mittel an die Hand geben, diese Abgaben auf andere Bürger zu werfen; da diese Leute aber fest an ihrem Mammon hangen und immer zu verlieren förchten, so wagen sie nie viel; sie bleiben im Hintergrunde stehen und stellen Andere hervor, damit, wenn die Sache fehlte (!), diese statt ihrer das Opfer werden. – Indem ich Ihnen, Bürger Statthalter, einige Menschenarten geschildert habe, die Beförderer von Landsgemeinden sein könnten, muß ich Ihnen zugleich bemerken dass ihre Anzahl in unserm Canton äußerst klein ist; da aber eine kleine Portion Sauerteig eine ganze Masse in Gährung setzen kann, so muß man die Masse dagegen zu bewahren suchen. Zu dem Ende werden Sie alle Landsgemeind-Freunde, die sich etwa[nn] in Ihrem District befinden möchten, genau beobachten, alle unregelmäßigen gesetzwidrigen Zusammenkünfte hindern und so gut als möglich sorgen, dass auch in Wirthshäusern Geschwätze die zu Unruhen Anlass geben könnten vermieden bleiben; eigennützige Wirthe stiften oft viel Böses; fassen Sie diese scharf ins Aug."

(IV.) 9. September, Frauenfeld. RStatthalter Sauter an das Departement des Innern. „Die Landsgemeinde-Wuth entzündete die nahen (!) Cantone, und bald wäre auch der hiesige Canton davon ergriffen worden; Emissairs drangen sich ein, und da und dort ließ(e) sich ein Schreier hören; fatale Gerüchte aus der Nähe und Ferne vermehrten die Besorgnisse, und bei dem allem schwieg die Regierung; kein Wort weder der Beruhigung noch der Aufmunterung ließ[e] sie an mich gelangen. Ich aber glaubte, koste es auch was es wolle, gegen das Volk nicht schweigen zu müssen; ich ließ das Circulare, von dem ich Euch beiliegend einige Abdrücke sende, drucken und verbreitete es in großer Anzahl; ich habe Grund zu hoffen, es werde seinen Zweck nicht verfehlen. Freilich, wenn die Landsgemeinden doch noch Meister würden, so habe ich mir die Landammannstelle damit nicht erworben, – und die geschilderten Originale bleiben mir in allweg nicht gut. Republikanischer Gruß."

Quellennachweis:

Aktensammlung aus der Zeit der Helvetischen Republik (1798–1803), bearb. von Johannes Strickler, Bd. 4, Bern 1892, S. 1403–1406.

Kommentar:

Die Berichte des helvetischen Regierungsstatthalters zeigen die Attraktivität, die das Landsgemeindemodell in vielen Gebieten der Ostschweiz besitzt. Während der Phase der helvetischen Staatsstreiche, als das Vertrauen in den helvetischen Einheitsstaat zunehmend erodiert, wird das Landsgemeindemodell in der breiten Bevölkerung immer populärer. Deshalb wird von „Landsgemeinde-Wuth" gesprochen. Die alten Führungsschichten propagieren dieses Modell, um eine Rückkehr zur alten Ordnung zu befördern und verlorene Machtpositionen zurückzugewinnen. Für die breite Bevölkerung liegt die Attraktivität der Landsgemeinde in den grösseren Mitbestimmungschancen, die mit der Repräsentativverfassung der Helvetik nicht gegeben sind. Die helvetischen Beamten vermögen diese Beurteilungsdifferenz jedoch nicht zu erkennen und stellen die Befürworter dieses Modells als verantwortungslose Unruhestifter dar, welche die nationale Sicherheit gefährden.

8.4 Soziales Forderungspotenzial als Schrittmacher demokratischer Bewegungen

Titel: Petition von Ausschüssen der Gemeinden des Distrikts Gelterkinden an den Vollziehungs-Rath in Bern in Betreff der Boden-Zinsse im 7.bris 1800

Text 52:

Copia
Freyheit Gleichheit

Bürger President, Bürger Volziehungs-Rath!

Wir sämtliche Bürger aus Distrit Gelterkinden; Cantons Basel, haben uns vorgenommen, den Weg zu gehen, der uns geöffnet worden durch die Proclamation des Vollziehungs-Raths vom 9.ten August 1800[1]. Wir alle Zehlen also auf selbiges versprechen, das Sieh keine Klage ohnangehört, kein begehren ohnuntersucht lassen werden, so können wir ja nicht alle Hoffnung in unseren Herzen verbannen, obgleich wir bis dahin in so mancher getäuscht worden sind. Allein so finden wir uns angetrieben durch die Aufforderung des Finanz-Ministers vom 12.ten August 1800[2], da dieselbe dahin gehet, dass mit dem 25.ten dieses Monats August der Anfang gemacht werde, mit 1½ Bodenzine abzuführen. Wir alle sind also überzeügt, das Wir nicht nöthig haben, Eüch die diessmahlige Lage zu Schilderen, da Eüch die Tägliche Erfahrung genugsam Beweise sein werden, aber auch überzeügt: das Wir nicht nöthig haben, alle Einwendungen zu machen, welche der Loskauffung samt den Geforderten Zinsen entgegenstehen, und das Jhr mit unserer Klage einstimmen werdet, und durch die Jhnen anvertraute Gewalt, durch einen Schluss[3], welcher nicht auf Particularen bezug haben, in ein Ewiges nichts zu verwandlen.

Wir sehen also dieselben nach den Neüangenohmmenen Grundsätzen als ein wahres Unrecht an, oder wer wollte solches als ein wahres Eigenthum ansprechen können, sollte es der Staad thun können und wir Hoffen nein, wann dieser es könnte, so wäre ya nicht zu läugnen, das nicht alles Land demselben gehörte, was Zinspflichtig gewesen. Nein, Bürger des Vollziehungs-Raths, das beste Zutrauen haben wir zu Jhnen, das Jhr die Schweizsche Nation nicht zu einer Schuld verpflichten lassen werdet, dieselbe zu verzinssen und Heraus zu lössen, wo der Staat niemahlen kein Capital dargeliehen hat.

Das beste Zutrauen haben wir zu Jhnen; dass Jhr die Freyheit und Gleichheit der Bürgerlichen rechte handhaben werdet, und wan dieses geschieht, so unsere Wünsche erfült,

---

1 ASHR 6, 5 f.; KB vom 15. August 1800. Der nachfolgende Satz der Petition enthält ein wörtliches Zitat aus der Proklamation, auf dem der Rat behaftet werden soll.

2 Publikation des Finanzministers vom 30. Juli 1800 betr. „Beziehung der Bodenzins-Loskaufs-Interessen", die von einem Organisationsplan der Verwaltungskammer begleitet war (KB vom 15. August 1800).

3 Beschluss

dargegen Wir bereit sind, zu yeder Zeit allen Verordnungen den neüangenohmenen Grundsätzen gemäss zu erfüllen und die Gebühren nach demselben abzustatten? Aber ein freier
Rebublicaner ist der Rebublic nichts schuldig, als was nach Verhältnis des Vermögens also
nach demselben yeder Bürger zu bezalen schuldig ist. –

Nie haben wir unsere Leiden geflucht, die Wir vor[4] die Revolution erduldeten, nie einen
schritt bereüt, den wir vor die Freyheit gethan; seither ymmer mit den Unzehlbaren Waf-
fenbrüder unsere Bisslein Brodt, welches wir im Schweiss und im Blutte Errungen, getheilt,
nur in Hoffnung uns getröstet, dieses zu ertragen, dargegen die Freyheit der Bürgerlichen
rechte zu erlangen! Aber verfluchen würden wir alle Anschläge, welche gewürkt hatten, eine
Stadsveränderung herbey zu führen, wan wir gleich unter dem Joche, welches uns unsere
Ehmalige Cantons-Obrigkeit auferlegt, nebst der Bezahlung der neüen Regierung tragen
müssten.

Spricht man aber von Entschädigung der Particularen, welche Bodenzinsse bezogen haben, weil sie dieselben als ein Wahres Eigenthum ansprechen, warum sol nur diese Classe so
Feierlich Entschädigt werden und auf einem solchen Tax, wo nicht zu Zweiflen, die meisten
davon Jhre ankaufs-Summe übersteigt, haben sie nicht auf Wucher solche getrachtet an sich
zu bringen; auch noch darum sich allen Lasten zu entziehen, welche auf dem Lande ligen,
der Mitbürger bezahlen, und Jhnen Jhr unterhalt frey in Maul stossen solle. Wir seheten
also dieses vor recht an, das Man sie auf eine der Billigkeit angemessene Art Entschädige,
ein yeder sol nehmlich seine Rechts-Brieffe samt der Summe von dem Kauffe weisen, man
schlage nach yeder eine Mittelbreiss darauf, Man berechne es aber auch die Kosten, so seit
der Stads-Umwelzung vor Stads-Abgaben, Milliter-Lasten und Lüferungen ein yeder Bürger
bezalt hat, und rechne es Jhnen zurük. Darum, weil sie an selbig nichts entrichtet haben, es
gar recht ist, und an dieser überbleibenden Summe halte man alle Zinspflichtige an, dieselben
zu entschädigen, wo sie sich dan mit selbigem begnügen können, weil zum Gegentheil ein
anderer auch nicht Entschädiget wird, wo vorher sein Land frey besessen hat und dato nach
den bestehenden Gesetzen allen Abgaben unterworfen ist. Ein anderer hingegen, welcher
die ehmaligen Gesetze zum gehülfen hatte, ein Vortheil von viel Tausend zu erhalten. Jenne,
welche von unserer ehmahligen Regierung durch Bezahlung Amter und Stellen erhalten oder
Rechtlicher Vorzüge auf Privat-Häusseren[5] besessen hat und dato diese verlohren, diese
auch nicht Entschädigt worden.

Da man uns aber pflegte Vorzuleüchten, diese Zins willig und bereit abzuführen, weil sie
insbesondere vor die Ehrwürdige Geistlichkeit wie auch an die Schulen verwendet werden
sollen, und warum sol der Landbesizer diese Classe einzig vornieren[6], haben sie ein besonders Recht an den Land-Besitzer zu machen, sind Sie nicht vor alle Bürger gleich, und wan
Sie dasselbe sind, so können nicht anderst entschädigt werden, als nach einem Grundsatz,
welches die Suverenitet des Volks nicht verlezt.

---

4   für

5   Es werden hier die sogenannten Ehaften (Monopolrechte für Gasthöfe, Mühlen u. Ä.) angesprochen.
Nach der Einführung der Gewerbefreiheit wurden vor allem die Tavernenbesitzer, die ihre Rechte vor der
Revolution mit mehreren tausend Pfund erkauft hatten, durch die überhandnehmenden Pintenwirtschaf-
ten benachteiligt. In der Revolutionsbewegung hatten die Wirte eine bedeutende Rolle gespielt.

6   fournieren, unterhalten

Wir schliessen also dahin und hoffen sonder zu Zweiflen, dass Jhr, bürger des Vollzie-hungs-Raths, uns in unserem Rechtmässigen Begehren nicht abweisen, Eüre Einsicht wird es sein zu Veranstallten, und Eüre Gewalt wird es Ausführen, das die Jahre-Hundert hindurch gedrükte Menschen-Classe es einmahl durch sie Erlösst, und also von dato an, nicht zu ei-nem Claffen[7] des Stads beorderet werden, wie sie vorhin Knechte der Zins-Herren waren. Vol Zuversicht erwarten wir also das Ziel unsserer Wünsche zu erreichen und allen unseren Mit-Bürgeren Frey und gleich zu behandlen Wir uns vestiglich verlassen.

Gruss und Hochachtung

Quellennachweis:

StA BS, Politisches Z 10 (o.D., anfangs September 1800).

Bei der hier wiedergegebenen Kopie dürfte es sich um jene handeln, die Unterstatthalter Daniel Gerster am 6. September dem Regierungsstatthalter gesandt hatte. Gegenüber dem bis auf die Orthografie gleichlautenden Original im Bundesarchiv (BAR, AHR 2594, fol. 225 f., 4. September 1800) wurde einzig ein offensichtlicher Abschreibfehler korrigiert. Zit. nach: Matthias Manz, Die Basler Landschaft in der Helvetik (Quellen und Forschungen zur Geschichte und Landeskunde des Kantons Basel-Landschaft, Bd. 37), Liestal 1991, Anhang, S. 575–577.

Kommentar:

Weil das neue Steuersystem der Helvetischen Republik nicht realisiert werden kann, ver-sucht die Regierung, die Bodenzinsen wieder einzuziehen. Deshalb kommt es im Herbst 1800 auf der Basler Landschaft zu Unruhen. Die Gemeinden des Distrikts Gelterkinden der Basler Landschaft richten eine Petition an den helvetischen Vollziehungsrat, in der sie sich gegen den geplanten Wiedereinzug der Loskaufskapitalzinsen wehren. Interessant ist ihre Argumentation: Sie verknüpfen ihr Engagement für die Revolution mit ganz bestimmten Er-wartungen. Dazu gehören ein Steuersystem, das alle Bürger im Verhältnis zu ihrem Vermö-gen zur Staatsfinanzierung beizieht, und eine sozial verträgliche Ablösung der Bodenzinsen.

Titel: *Bericht des Regierungsstatthalters von Aargau über ordnungswidrige Umtriebe im Siggenthal August / September 1802*

Text 53:

28. August, VR. Der Staatssecretär für Justiz und Polizei legt einen Bericht des RStatthal-ters von Aargau über odnungswidrige Umtriebe im Siggenthal vor ... Es wird ihm aufge-tragen, „1) dem RStatthalter.. die angemessenen Befehle zu ertheilen, damit die Gefangenen Frey und Huber vor das competente Gericht zu strenge(r) Verantwortung gezogen werden;

---

7   Sklaven

2) denselben aufzufordern, alle in seiner Gewalt stehenden Mittel zur Beibehaltung der Ruhe um so thätiger aufzubieten, da in dem jetzigen Augenblick die Regierung ihm keine Truppen von Bern aus zusenden könne; 3) dem Districtstatthalter von Baden das ausgezeichnete Wohlgefallen der Regierung über sein festes und kluges Benehmen zu bezeugen."

Im Dorfe Mandach.. wiegelte ein gewisser Georg Vogt, der unter den Emigranten stund, die Eliten auf, sich nicht zu stellen, und versuchte dagegen die jungen Leute wegzunehmen, vermuthlich nach den kleinen Cantonen, wohin er sich wahrscheinlich geflüchtet hat. – 2. Es bezeugten zwei brave Männer und Municipalbeamte aus dem Dorfe Mandach, dass sie am 25. des Nachts in großer Gefahr gestanden seien, indem diese ganze Nacht Unruh im Dorfe gewesen und es geheißen habe, Vogt werde mit seinen Leuten von Lüggern anrücken und in Villingen zu dem Frey stoßen und vereint mit dessen Corps auf Brugg marschiren. – 3. Ungeachtet des abgelegten Handgelübds war der Färber Frey von Brugg mit Strauß von Mandach, einem Solothurner und dem alt Agent Dübelbeiß eines Nachts bis 12 Uhr im Wirthshause zu Schinznacht im Dorf, wo von ihrem großen Anhang und einem nahen Streifzug unter vielem Zechen gesprochen wurde. – 4. Derselbe Frey nebst dem Strauß von Mandach sollten nebst einem gewissen Sattler Bäurlein von Brugg zu Schinznacht aufgehoben werden; als aber das Militär dort ankam, waren sie schon flüchtig (ge)worden. – 5. Der inhaftirte Frey ist der schwersten Verbrechen beschuldigt: a) Vor etwan 8 Tagen im Wirthshause zu Gebistorf den anwesenden Bauren gesagt zu haben, sie seien Donners-Narren, wenn sie noch ferner Abgaben bezahlen; in acht Tagen werde es etwas andres absetzen, u.s.w. b) In einem von dem Unterstatthalter zu Baden mit (dem wahrscheinlich nur verführten) Widmer aufgenommenen Verhör ist der Frey des Projects beschuldigt, *die Regierung aufheben zu wollen*, zu welchem End er die Siggenthaler Bauren anführen sollte; er rühmte sich, alles in Ordnung und 6000 Bauren zu seiner Bereitschaft zu haben.

Es ist amtlich angezeigt, dass ein gewisser Biz von Obersiken (?) in den Gemeinden Dettingen, Klingnau und Koblenz als Emissär mit verschlossnen und offnen Schreiben herumgegangen, letztere den Aufruf enthaltend, sich mit den Siggithalern zu vereinigen und die alte Ordnung wieder herzustellen; unterzeichnet Strauß und Frey. In derselben Nacht (?) ist bemerkt worden, dass in den paritätischen Gemeinden des Districts Zurzach die Katholiken Licht in ihren Häusern hatten und um das Project wussten. d) Der mitgefangne Schreiner von Sulz sagt gleichfalls ungefähr das Nämliche gegen den Frey aus, samt dem Vorgeben, Baden zu bestürmen. – In dem sub b) bemerkten Verhör ist noch Hemmann von Lenzburg angezeigt, der in dem Wirtshause Müsegg oben zum Fenster heinausgesprungen sein soll, während" –[1]

2. September. Bericht des RStatthalters von Aargau. 1. Er habe Befehl zur Errichtung von Dorfwachen ertheilt. 2. Dem UStatthalter in Baden sei Auftrag gegeben, die durch die aufgenommenen Verhöre compromittirten Personen zu verhaften. 3. (PS.) Scheuchzer stelle soeben vor, dass er die zur Ausführung nöthigen Kräfte nicht besitze. 4. Eigenthümliche Stimmung der Siggenthaler: Sie wollen weder die alte noch die neue Ordnung, sondern gar keine Obrigkeit, um nichts bezahlen zu müssen, also für sich selbst bestehen, weil die Ländler es auch zur Freiheit von Abgaben gebracht haben. 5. Für Baden jetzt dennoch nichts zu besorgen; aber in Solothurn, wegen der Umtriebe der Emigranten.

---

[1] Schluss des Msc. – zu ergänzen: Frey festgenommen wurde?

Quellennachweis:

Aktensammlung aus der Zeit der Helvetischen Republik 1798–1803, bearb. von Johannes Strickler, Bd. 8, Bern 1889, S. 1142 ff.

Kommentar:

Als Napoleon im Juli 1802 die französischen Truppen aus der Schweiz abzieht, bricht der offene Widerstand der Föderalisten gegen die helvetische Zentralregierung aus. Die aristokratisch-konservativen Kräfte versuchen unzufriedene Bevölkerungsschichten gegen die Regierung aufzuwiegeln. Im Aargau erhalten die aufständischen Truppen Unterstützung durch Volkshaufen, die mit Stöcken bewaffnet sind. Deshalb wird dieses Ereignis auch „Stecklikrieg" genannt. Die Quelle illustriert die explosive Stimmung in den Dörfern im Vorfeld dieses Aufstandes, sie gibt aber auch Einblick in die Gedankenwelt der beteiligten marginalisierten Bevölkerungsgruppen. Sie zeigt, dass die Aufständischen eigene Vorstellungen entwickelten, die weder die helvetische noch die vorhelvetische Ordnung erfüllen konnte: autonome Gemeinden, frei von Abgaben und Verpflichtungen, gleichsam die „Utopie vom freien Dorf" (A. Suter). Politische und materielle Anliegen verbinden sich.

Titel: *Verhör mit Schumacher Johann Jacob Willi von Horgen. Actum Samstags den 21. April 1804. Aufgnohmen durch die Civil-Verhör-Commission. Herren Amtmann Escher und Bezirks-Richter Weiss*

Text 54:

Verhör mit Schumacher Johann Jacob Willi von Horgen. Actum Samstags den 21. April 1804. Aufgenohmen durch die Civil-Verhör-Commission, Herren Amtmann Escher und Bezirks-Richter Weiß.

Frage 1: Ob er vor dem 20. oder 21. Merz, da die 3 Männer in der Nacht zu ihm gekommen, nicht schon früher im Gsellenhauß oder Privathäusern zu Horgen gewesen, wo von der Huldigung, die man verweigern müsse, oder von den Gesetzen die Rede war?
    Antwort: Nein

2. Ob er während dieser Tagen in dem Hause des Oberrichter Gugolz gewesen?
    Er habe in der Woche, wo die Huldigungen gewesen, dort sich eingefunden; besonders erinnere er sich, daß da einmal der ältere Sohn des Gugolz nebst einem Mann von Affoltern und ein dort eben arbeitender Schneidergesell anwesend waren, wo von den Huldigungen gesprochen und von dem bemeldten Affolterer geäußert worden, daß bei ihnen nur etwa 80 gehuldigt haben und daß es bey ihnen unruhig seye, und man höre, daß die Regierung Truppen ausheben werde, daß aber wenige marschieren werden.

3. Ob er den Oberrichter Gugolz auch in dieser Zeit bey seinen Besuchen in desselben Haus angetroffen?

Ja! An einem Sonntag, er wisse aber nicht mehr, an welchem – ob noch jemand weiter dort gewesen, wisse er nicht – wobei aber nichts politisches geredt worden.

4. Woher er und seine Cameraden sub 21sten Merz, als sie den Gemeind-Raths-Präsident Stapfer abgeholt, gewußt, daß man in Wädenschweil Forderungen an die Regierung mache, und worum man dessen ungeachtet damals dem Gemeindrath das Begehren der Anschließung nicht eröffnet, sondern erst nach Hüni und Gugolz in die Gießen-Mülli geschikt?

Er habe von einer Petition an die Regierung im Gemeindhaus reden gehört, und so habe man, um den eigentlichen Innhalt derselben kennen zu lernen, benannte zwey Männer dahin senden müssen.

5. Da er seiner Behauptung nach den Inhalt jener Petition nicht gekannt, worum er sich dann auch in ein so gefährliches Unternehmen habe einlassen können? und wie die Punkten vom Zehenden-Loskauff für ihn als einem Schuhmacher solche Wichtigkeit haben konnten.

Weil er geglaubt, daß durch diese Geseze dem Professionist die Lebens-Mittel erschwehrt und ertheurt und so der gemeine Mann gedrükt werde. Und aus gleichem Gesichts-Punkt des Druks für den gemeinen Mann habe er auch an der Sache der mit den übrigen Gesezen Unzufriedenen theilgenohmen.

6. Ob er nicht durch Aufstiftung anderer Persohnen zu solchem Grad der Theilnahme gereizt oder verführt worden?

Nein! Er habe ganz aus eigenem Trieb gehandelt.

7. Wie es bey der spätern Versammlung der Wühler am 26sten Merz zugegangen?

Er seye nicht dabey gegenwärtig, sondern diesen Tag in Uetikon beym Gmeindraths-Präsidenten gewesen und Nachmittag habe er bey der Tannen sich aufgehalten.

8. Da er den Schloßbrand zu Wädenschweil für eine zweklose Sache und große Dummheit erklärt, so müsse er wissen, daß solcher absichtlich veranstaltet gewesen, und solle diesfalls also reinen Bericht ertheilen.

Er wisse hievon gar nichts, habe auch vorher nie davon reden gehört, und würde den Thäter oder Anstifter anzeigen, wenn er ihn wüßte.

9. Was ihm näher von der beabsichtigten Ziehung eines Cordons um die Stadt bekannt?

Es sey darvon nichts geredt worden, als bis nach dem Vorfall der Schlacht, wo zu Thallweil einige Offiziers sich obenhin geäußert, daß man wohl thäte, einen Cordon um die Stadt zu ziehen, um desto eher die Regierung zu nöthigen, die geforderten Punkten einzugehen.

10. Woher ihm bekannt gewesen, daß der Gemeinds-Präsident zu Ütikon in den gleichen Gesinnungen gestanden?

Der Major und Advocat Schnorff von Üetikon, der am Tag, wo sie den Gmeindrath in Horgen aufgefordert, eben in Horgen gewesen, habe zu ihm in offener Wirths-Stube gesagt, „es gehe nicht anderst, man müsse noch einmal den Stuzer brauchen," worauf er ihm erwidert, es werde wohl nicht so weit kommen, jener aber wiederhollt, es werde doch noch dazu kommen. Und auf die Nachfrage der Stimmung in Uetikon habe jener geäußert, daß die ganze Gemeind dieser Gesinnung seye, auf welches hin hierauf er Inquisit sich nach Uetikon verfügt.

11. Wer das Rathsglied gewesen, der sich bey der an den Gemeindrath gethanen Aufforderung geäußert, für einmal keinen thätlichen Antheil nehmen zu können?

Er glaube, es seye ein Rathsherr aus der Gemeind gewesen, dessen Nahmen ihm unbekannt. Man habe ihm bey dieser Versammlung gesagt, man erwarte den President Keller von Benk und den Gemeindammann Knabenhans. Den Keller von Benk kenne er nicht und habe ihn sein Lebtag nie gesehen.

12. Woher er den Egli von Wald genau kenne?

Seit vor ungefahr 1 ½ Jahren, wo er bey der Insurrection in Stäfa ihn kennen gelernt bey der Krone allda. Auch diesmal habe man zu Uetikon ihm versprochen an denselben zu schreiben, welches er aber nachher selbst gethan, und diesen Brief durch einen ihm unbekannten Zuger, der unter seinen Leuthen gedient, und durch einen andren Soldaten an Egli abgeschickt.

13. Ob noch mehrere aus andern Cantonen unter ihm gedient?

Ja! Hauptmann Kleinert habe ihm gesagt, daß drey Schweizer und ein Paar Berner unter der Mannschaft sich befinden; wie er glaube, habe einer dieser Berner im Horger oder Wädenschweiler Berg gedient. Schärer an der Egg oder Kleinert könnten vielleicht bessere Auskunft über diese Leuthe geben.

14. Ob und wo er allenfalls den Unterstatthalter Weber gesehen?

Er kenne diesen gar nicht und habe ihn mit Wissen nie gesehen. Seye auch gar nie in Grüningen gewesen.

15. Ob er über diese Vorfähle in gar keinen Verbindungen mit Leuthen aus anderen Cantonen gestanden und dahin berichtet, noch auch von daher einigen Bericht erhalten?

Nein! Hierüber seye ihm nicht das mindeste bekannt, wisse auch nicht, ob und wer allenfalls solche Bekanntschaften gehabt.

16. Wann er vom President Schoch die Marschroute zu seiner Sicherheit erhalten?

Nachdem in der Dienstags-Nacht den 3ten dieß 2 unbekannte Männer nach Bäretschweil gekommen, um ihm anzuzeigen, daß Cavallerie und zwar diese Nacht mehr als gewöhnlich nach Wezikon komme und daß man vermuthe, daß Truppen anrüken, um ihn mit seinen Leuthen zu fangen. Und da er solches in offener Stube geredt, so habe sich der Gmeindrath entfernt, worauff er eine Zeit nachher den betreffenden Brieff, worin die Marsch-Route begriffen, erhalten.

17. Ob er über die ihn befragten Gegenstände nichts weiter zu berichten oder anzuzeigen habe?

Nein!

Abgelesen, bestätigt und unterzeichnet
Johan Jacob Willi.

Quellennachweis:

Die Verhöre Willis, des Anführers im Bockenkriege. Nach den Akten im Staatsarchiv Zürich. Mitgetheilt von Wilhelm Oechsli, in: Zürcher Taschenbuch, Neue Folge, 26. Jg. (1903), S. S. 142–179, bes. S. 175–179.

Kommentar:

Nach der Niederschlagung des bedeutendsten nachhelvetischen Volksaufstandes, des „Bockenkrieges", wird der Anführer Johann Jakob Willi (1772–1804) nach seinen Motiven für die Teilnahme am Aufstand befragt. Weil der Wiedereinzug der Zehnten für den Schuhmacher Willi keine Bedeutung hat, nennt dieser einen anderen Grund. Er verweist auf den „Druck auf den gemeinen Mann", also die unerträgliche soziale Situation. Damit verweist er auf ein Legitimationsmuster frühneuzeitlicher Bauernrevolten: Wenn die Obrigkeit diesen Druck in existenzgefährdender Weise erhöht, ist Widerstand gerechtfertigt. Von besonderem Interesse für die Verhörrichter ist die Verstrickung der Gemeindebehörden ins Widerstandsgeschehen. Das zeigt die Bedeutung der Gemeinden beim Ausbruch von Revolten.

Titel: *Aus der Unterhaltung Hans Jakob Willis mit Leutpriester Cramer vom 21. April 1804*

Text 55:

Jedoch that ich (Cramer) ihm gern den Gefallen, und fuhr also fort: Haben nicht die Einwohner von Horgen, Wädenschweil, u.s.f. an deren Spitze ihr als Anführer gestanden, sich den Befehlen der Regierung widersetzt? Haben sie nicht die Repräsentanten der Regierung öffentlich beschimpft? Haben sie nicht die Waffen gegen die Regierung ergriffen und mit dieser Gewalt diejenigen zu vernichten gedroht, welche, dem Befehl der Landesregierung gemäss, Gehorsam von den Widerspännigen zu fordern gekommen waren? Wie würde sich das mit dem Ansehen einer Regierung, mit der Sicherheit des Staates vereinigen lassen, wenn man solche Aufrührer erst um die Gründe ihrer Empörung befragen würde; da sie sich gegen eine selbst gesetzte, aus ihrem Mittel gewählte Regierung, aufgelehnt haben? Würde nicht durch ein solches Benehmen der Aufruhr stillschweigend gebilligt und jedem Mitglied des Staates erlaubt, nach Belieben Zusammenrottungen zu veranstalten, und mit Waffengewalt seine Meynung … zu erzwingen?

„Aber, wir leben unter keinem Monarch" – antwortete er mir – „Wir sind, so sagt man ja allenthalben, freye, unabhängige Schweitzer." Seyd ihr auch im Stande – fragte ich weiter – mir den Unterschied zwischen einer monarchischen und einer republikanischen Regierung anzugeben? „Ja freylich: In der monarchischen Regierung herrscht ein Potentat, und in einer republikanischen Regierung herrscht das Volk. Da hat das Volk zu befehlen!" – rief er mit wildem Ungestüm – „Und wenn man das Volk nicht hört, so ist die Regierung tyrannisch."

Das wäre doch eine traurige Regierung und ein bemitleidenswürdiger Staat, wenn man alle Tage seines Lebens in banger Erwartung stehen müsste, ob nicht etwa hier ein Haufe von dem Volk, dort ein andrer Haufe die gegebenen Gesetze verwerfen und ihrer Handhabung mit Gewalt sich widersetzen würde; – wer wollte in einem solchen Staate gern nur einen Tag seines Lebens zubringen? … Armer Mensch! Es wäre euch wohl gut gewesen, ihr hättet nicht erst im Wellenberg in Zürich erfahren müssen, wofür ein vernünftiger Mensch eine republikanische Regierung zu halten habe: Das, was ihr mir vorsaget, kann nicht euer wahrer Ernst seyn. …

In einem monarchischen Staate herrsche ein Einziger, entweder nach seinem eigenen Willen oder nach vorliegenden Gesetzen, deren Handhabung ihm aufgetragen worden, oder die er erblich übernimmt. In einem republikanischen Staate herrscht das gesammte Volk so, dass es Einem oder Mehrern aus einem Mittel die Vollmacht ertheilt, Gesetze zu geben, oder schon vorhandene Gesetze zu beschützen; so bald diese Regierungsglieder erwählt sind, muss sich das Volk seiner selbstgewählten Regierung unterwerfen. Jede Handlung dagegen stört die Ruhe und Sicherheit des Staates, und fordert die Regierung auf, einzelne Ruhestörer, um der allgemeinen Ruhe willen, nach Verdienen zu strafen. …

Quellennachweis:

Leben und Ende Hans Jakob Willis von Horgen, und Jakob Kleinerts ab der Egg im Schönenberg. Von Jakob Cramer, Diakon und Leutpriester am grossen Münster in Zürich, Zürich 1804, S. 23–26.

Standort:

Staatsarchiv Zürich

Kommentar:

Jakob Cramer, der den zum Tode verurteilten Anführer des Volksaufstandes von 1804, Johann Jakob Willi (1772–1804), betreut hat, berichtet über die letzten Gespräche mit dem Delinquenten. Der Diskurs, der sich um den Begriff „Republik" entzündet, eröffnet einen Einblick in die Denkmuster des einfachen Schuhmachers. Entgegen der Erwartung des Geistlichen entwickelt Willi klare Vorstellungen vom Unterschied zwischen Monarchie und Republik und postuliert ein direktes Mitbestimmungsrecht des Volkes. Dieses wird legitimiert mit dem Hinweis auf die „freyen Schweitzer". In diesem Begriff klingt einerseits noch die altschweizerische Freiheitsvorstellung der Gründungsmythen an. Die Tatsache, dass

II. Quellenkorpus

Willi die Freiheit als allgemeines Recht begreift, das auch von den Bewohnern der Landschaft eingeklagt wird, verweist andererseits auf die Rezeption eines naturrechtlich fundierten Freiheitsbegriffs. Dies zeigt, dass die Idee von der Volkssouveränität auch von den unteren Gesellschaftsschichten rezipiert wird, was auf Lernprozesse in der breiten Bevölkerung während der Zeit der Helvetischen Revolution zurückzuführen ist.

9   Regenerationsbewegung von 1830 und Gegenbewegungen

9.1   Verfassungsentwürfe, Verfassungsdiskussion und Herausbildung der repräsentativen Demokratie, Ansätze zur direkten Demokratie

Titel: Ueber die Verbesserung der Thurgauischen Staatsverfassung von Thomas Bornhauser, Pfarrer, Trogen 1830

Text 56:

Jede Verfassung ist gut, wenn sie gut verwaltet wird – so sprach einst ein englischer Dichter und viele Leute haben es ihm seitdem nachgesagt, weil sie es selber glauben oder weil sie es gerne sähen, wenn es Andere glaubten. Aber wenn irgend ein Satz nur eine glänzende Halbwahrheit, ein verderbliches Einschläferungsmittel enthält für ein freies Volk, so ist es der Fall bei dem oben angeführten Satze. Von wem hängt die gute oder böse Verwaltung eines Staates ab? Von wem anders als von der Verfassung? Sie bestimmt, ob nur eine oder ob mehrere Familien, ob nur einer Kaste oder ob allen Klassen des Volkes der Weg offen stehe zur Staatsverwaltung; sie bestimmt, ob Geburt und Reichthum oder Kenntniß und Bürgertugend zu den ersten Stellen des Landes befähige, ob Gesetz und öffentliche Meinung oder Laune und Willkühr des Einzelnen den Ausschlag gebe auf der Waagschale allgemeiner Angelegenheiten. Ist daher die Staatsverfassung gut, so muß auch im Ganzen die Verwaltung gut sein und umgekehrt. Ich sage absichtlich im Ganzen; denn daß keine Regel ohne Ausnahme sei, ist eine bekannte Sache. Im Reiche des Despoten kann oft ein Antonin des Landes Vater, im Freistaate oft ein Robespierre des Volkes Henker sein. Aber das ist Ausnahme, Zufall. Als man daher Rußland einst glücklich pries, daß der Menschen freundliche Alexander sein Beherrscher sei, erwiederte dieser: „Aber das ist Rußlands Unglück, daß ich selbst nur ein glücklicher Zufall bin." Das heißt wohl nichts anderes, als: das Volk ist zu beklagen, bei welchem eine gute Verwaltung nur ein glücklicher Zufall, nicht aber ein nothwendiges Ergebniß seiner guten Staatsverfassung ist. Gerne wollen wir auch despotischen Reichen diese flüchtigen Sonnenblicke gönnen, aber uns durch sie nicht irre führen lassen über den Werth einer vernünftigen, auf wahrer Volksvertretung beruhenden Verfassung.

Wenn wir von ganzen Völkern und ihren Staatseinrichtungen sprechen, dann dürfen wir nicht bei der Gegenwart und einer behaglichen Aussenseite stehen bleiben, dürfen wir uns nicht täuschen lassen durch die Dumpfheit einer noch nicht bürgerlich gebildeten Mitwelt; sondern wir sollen mit unserer Betrachtung die künftigen Geschlechter und den Geist des Volkes umfassen; fragen sollen wir vor Allem aus: welchen Einfluß wird diese oder jene Staatsform mit der Zeit äußern auf den Geist des Volkes? Es betet vielleicht für den Augenblick einen Augustus an, der ihm die Ketten bringt, aber staatsklug sie mit Blumen umwindet, während ihm die freiern Formen aus der Hand eines strengen Lykurgs werthlos, nutzlos, ja sogar lästig sind. Die Zeit aber richtet anders; sie zeigt, daß Knechtschaft, und sei sie auch noch so glatt, den Geist des Volkes herabwürdigt, Freiheit hingegen ihn erhebt. Wie die Form dem Metalle seine Gestalt, wie der Stab dem jungen Baume seine Richtung, wie der Ton im Haus dem Geiste der Kinder sein Gepräge giebt, so auch die Verfassung dem Geiste des ganzen Volkes. Für Jahrhunderte berechnet, wirkt sie auch in der Jahrhunderte Lauf allmächtig ein auf Ansichten, Sitten und Gebräuche eines Volkes. Die Verfassung ist nächst Klima und Religion die stärkste Bildnerin der Menschen. Das erkannten die Weisen des Alterthums, die daher auch keine Forschung, kein Opfer zu groß fanden, wo es sich handelte um die Einführung einer zweckmäßigen Verfassung. Das fühlen immer mehr die Völker Europa's und Amerika's, die schon seit mehr als fünfzig Jahren einen geistigen, leider durch blutige Zwischenakte oft getrübten, Kampf kämpfen zur Erringung veredelter Staatsformen.

Glücklich das Land, dem die Vorsehung schon frühe seinen Moses, Solon oder Lykurg verlieh. In weiser Hand wird die Verfassung ein wohlthätiges Erziehungsmittel, das auch dem Enkel des entarteten Sklaven Freisinn und Gemeingeist einzuflößen vermag. Wehe hingegen dem Volke, wo blinder Zufall und Gewalt, wo kurzsichtige Laune und engherzige Selbstsucht die ersten Grundgesetze des Staates entwarf. Da wird die Verfassungsurkunde zum sinnlosen Zauberspruch, der die geistige und sittliche Entwickelung der künftigen Geschlechter auf ewig lähmt; zum Fetisch, dem die herrschende Kaste von Zeit zu Zeit das Blut der edelsten Bürger opfert.

Verachten wir daher groß und edel den Sophisten, der uns vorlügt: jede Verfassung sei gut, wenn nur die Verwaltung gut sei. Mag mit diesem Widerspruche der kurzsichtige Sklave sich trösten, dem keine Hoffnung auf Freiheit bleibt; mag hinter diese glänzende Lüge der Elende sich verkriechen, der ein biederes Volk um seine Rechte betrogen, wir halten diese Ansicht für einen Krebs, der das innerste Mark eines Freistaates zerfrisst, für ein Opium, das ein Volk dumpf und gedankenlos seinen Mitbürgern und eben so dumpf und gedankenlos jedem angreifenden Fürsten überliefert. Der Gedanke: mit unserer Verfassung steht und fällt unser Glück, wächst und verschwindet des Lebens Werth, diese Ueberzeugung wird uns retten in den Tagen der Noth, Wird unsre Söhne zu Helden machen in der Schlacht. Aber diese Ueberzeugung lässt sich nicht durch Proklamationen einflößen, nicht durch Gewalt erzwingen; auch hier offenbart sich das große Gesetz der Natur: was geliebt, was geehrt werden soll, muß wirklich auch Liebe und Ehrfurcht verdienen. Der Schweizer prüfe daher unsre Bundesakte und prüfe die Verfassung des eigenen Kantons. Findet er Würmer im Innern, die des Volkes Freiheit zernagen; findet er den Saamen der Knechtschaft und Zwietracht ausgestreut für künftige Geschlechter: so decke er auf, was er gefunden, ruhig, aber mit edler Freimüthigkeit. Was die Verfassung nicht ist, das kann sie ja werden, und die Vorzüge, die man ihr giebt in den Tagen des Friedens, die besitzt sie in den Stunden der Noth!

Von diesem Standpunkte ausgehend wage ich es, einen prüfenden Blick zu werfen auf die Staatsverfassung unsers Thurgaus. Ich bin Bürger dieses Kantons und liebe ihn innig und warm. Daß ich ein Geistlicher bin, das werdet ihr, theure Mitbürger! bei dieser Betrachtung mir nicht zum Vorwurf machen wollen.

Ich schreibe hier nicht als Geistlicher, sondern als Bürger und übe dabei das gleiche Recht aus, wie der Arzt, der Kaufmann u.s.w., der in der gemeinnützigen Gesellschaft, im Gr. Rath u.s.w., über allgemeine Angelegenheiten auch nicht als Berufsmann spricht, sondern als Bürger.

Die Zeiten sind vorüber, wo man des Menschen wissenschaftliches Streben nach seinem Stande abmaß. Die Scheidenwand zwischen dem Weltlichen und Geistlichen ist gefallen. Darf der Rathsherr über Religion und Kirche schreiben, so wird dasselbe auch dem Pfarrer erlaubt sein über den Staat und seine Verfassung. Dem Geistlichen liegt es ja vorzüglich ob, im Volke den Sinn für Recht und gesetzliche Freiheit zu wecken, des Bürgers Gemüth zu entflammen für Gemeinsinn und hochherzige Selbstaufopferung und Vaterlandsliebe; ihm muß es daher wohl gar Pflicht sein, auf die starren Formen aufmerksam zu machen, die diesen heiligen Tugenden tödtend entgegentreten. Was denkt man sich unter Staat und Staatsverfassung? Bleiben wir nur beim vorliegenden Beispiele stehen, so wird die Sache vielleicht desto erklärlicher. Was ist der Thurgauische Freistaat? Eine Gesellschaft, eine große Gemeinde von 80,000 Bürgern, die sich vereinigt hat, ihre Rechte, die ihnen als vernünftigen Menschen zukommen, gegenseitig zu sichern und dadurch die allgemeine Wohlfahrt zu fördern. Wie eine Gesellschaft die Statuten oder Satzungen feststellen kann, an die sie sich bei Verfolgung ihres Zweckes halten will, so kann auch die große Gesellschaft, die man Staat nennt, allgemeine Grundgesetze aufstellen, nach denen sie behandelt werden will, damit nicht die Willkühr und Gewalt der Einzelnen, sonder das Recht walte zwischen Großen und Kleinen. Diese Grundgesetze, die, wenn sie Rechtskraft haben sollen, durchaus von der Mehrzahl der Staatsbürger gebilliget sein müssen, geben gleichsam die große Hausordnung des Landes an und sind mit einem Worte die Verfassung. Wie Israel dem Könige Saul, so kann auch jedes andere Volk die Staatsverwaltung einem Einzelnen übertragen, wo dann eine Monarchie entsteht deren Gebrechen der alte Samuel mit so beredtem Munde schilderte. Oder die Bürger können die Leitung des Staates den Reichsten des Landes überlassen; so entsteht dann, weil die Reichen sich immer für die bessere Klasse halten, eine Aristokratie, wo man statt eines Herrn viele Herren hat, die Kraft ihres Reichthums und ihres Adels zu den allgemeinen Angelegenheiten ihr großes Wort reden, den Mittelmann und Armen aber schweigen und bezahlen lassen. Die unbedingte monarchische und aristokratische Verfassung ist so unvollkommen, daß ein vernünftiges Volk kaum eine derselben freiwillig annähme; sie entstehen daher beide gewöhnlich durch Gewalt oder durch den Missbrauch der Jahrhunderte.

Anders verhält es sich mit der demokratischen Verfassung, wo das Volk alljährlich in der Landsgemeinde sich versammelt, um sich seine Gesetze und Landesbeamteten selber zu wählen. Ist gleich auch diese Verfassung nicht ganz von Gebrechen frei, so ist sie doch die einfachste, der menschlichen Würde angemessenste und wird daher auch stets der Gegenstand geheimer Sehnsucht bleiben für alle Völker. Da aber die demokratische Verfassung nur für kleinere Völkerschaften anwendbar ist, so hat sich in neuern Zeiten eine neue Art von Verfassung entwickelt, die sogenannte repräsentative, bei welcher das Volk seine Repräsentanten oder Stellvertreter wählt und ihnen die Vollmacht ertheilt, an seiner Stelle und in seinem Namen Gesetze zu geben und die obersten Behörden des Landes zu ernennen. Nur der Staat, der eine demokratische oder repräsentative Verfassung hat, verdient den Namen eines Freistaates, weil nur hier die öffentliche Meinung auf die Gesetzgebung einwirken, nur hier eine Obrigkeit, die sich des Zutrauens der Bürger unwerth machte, auf gesetzlichem Wege entfernt werden kann. Freilich muß, wenn das Alles nicht auf ein bloßes Blendwerk hinaus laufen soll, das Wahlrecht des Volkes unverkümmert, die Verwaltung öffentlich, die Presse frei, das Petitionsrecht geordnet und die Gewalten gehörig getrennt sein. Da unsere

Verfassung eigentlich eine repräsentative sein soll, so wollen wir nun sehen, wie Thurgau zu derselben gelangte und inwiefern sie den eben gesagten Forderungen entspreche.

Wenn wir die thurgauische Verfassung beleuchten wollen, so müssen wir bis zum Jahr 1803 zurückgehen. Die frühere Zeit können wir hier füglich überschlagen, da unser Kanton bis 1798 unter dem Joche des Lehenwesens und der Leibeigenschaft schmachtete, von 1798 bis 1803 aber einen Theil der helvetischen Republik ausmachte und also keine selbstständige Staatsverfassung besaß. Mit dem Jahre 1803 begann für uns in dieser Beziehung eine neue Epoche.

Um 19. Hornung dieses Jahres erhielten wir durch die sogenannte Vermittlungsakte aus der Hand Napoleons eine Verfassung, die auf dem wichtigen Grundsatz beruhte: „Es giebt in der Schweiz weder Unterthanenländer, noch Vorrechte der Orte, Personen oder Familien." Die Eintheilung des Kantons in 8 Bezirke und 32 Kreise wurde, wie Pupikofer sagt, bestätigt. Frauenfeld als Hauport bestimmt, allen nicht verarmten einheimischen Landesbewohnern die Ausübung ihrer Bürgerrechte in den Gemeinde- und Kreisversammlungen und den fremden und Schweizerbürgern billiger Einkauf in die Bürgerrechte und ungehinderte Betreibung ihres Berufes zugesichert; als Vorsteher für die Munizipalgemeinden wurde ein Ammann mit 2 Zugeordneten und einem Gemeindrathe von 8 bis 16 Gliedern verordnet, welche alle aus denjenigen Bürgern, die wenigstens 30 Jahre alt und Besitzer von 500 Franken wären, durch die Gemeinden gewählt und mit der Polizei, Erhebung der Abgaben und Verwaltung der Gemeindegüter und der Armenkasse beauftragt werden sollten. Die Friedensrichter, als Vorsteher der Kreise, vom Kl. Rathe gewählt, erhielten die Bestimmung, die Kreisversammlungen zu leiten, die Voruntersuchung bürgerlicher Vergehungen vorzunehmen, durch Vermittelung die entstehenden Zwistigkeiten möglichst zu beseitigen und mit Hülfe einiger Beisitzer kleinere Vergehungen zu beurtheilen. Der Kreisversammlung wurden dreierlei Erennungen für die Wahl eines Gr. Rathes oder Kantonsrathes zugetheilt. Zuerst hatte sie aus der Zahl der Bürger, die über 30 Jahren waren, ein unmittelbares Mitglied, dann außer dem Kreise 2 Kandidaten von wenigstens 20 Jahren und 20,000 Fr. Vermögen, und endlich 2 Kandidaten von wenigstens 50 Jahren und 4000 Fr. Vermögen gleichfalls außerhalb dem Kreise zu wählen. Aus diesen Kandidaten sollten 68 durch das Loos ausgeschieden werden, um vereint mit den 32 unmittelbar Gewählten den Gr. Rath zu bilden und den Kl. Rath mit 9 Mitgliedern, das Obergericht mit 13 Mitgliedern, zu wählen. Die höchste Würde fiel dem Gr. Rathe zu; er hatte die vom Kl. Rathe entworfenen Gesetze zu prüfen, die Besoldungen zu bestimmen, die Rechnungen des Staatshaushaltes zu untersuchen, den Abgeordneten an die eidgenössischen Tagsatzungen Verhaltungsbefehle zu geben und von dem Kl. Rathe über seine Geschäftsführung Rechenschaft zu fordern; dem Kl. Rathe aber stand die Vorberathung und Vollziehung der Gesetze und Verordnungen, die Verwendung der bewaffneten Macht und die Oberaufsicht über alle Verwaltungs-, Gerichts- und Polizeibehörden des Kantons zu; dem Appellationsgerichte oder Obergerichte lag die Untersuchung niedergerichtlicher Urtheile und die Bestrafung todeswürdiger Verbrecher ob. Demselben untergeordnet waren die Distriktsgerichte. Sowohl die Stellen des Gr. und des Kl. Rathes als der Gerichte waren einer Erneuerungswahl in je 5 oder 6 Jahren unterworfen, doch mit der Ausnahme, daß Mitglieder des Gr. Rathes von der zweiten Ernennung, wenn sie von 15 Kreisen, und Mitglieder von der dritten Ernennung, wenn sie von 30 Kreisen als Kandidaten vorgeschlagen wurden, lebenslänglich in ihren Stellen blieben. Jeder Thurgauer ward zu lebenslänglichem Waffendienste verpflichtet, der katholischen und protestantischen Kirche volle und ungeschmälerte Freiheit des Gottesdienstes und den Grundeigenthümern die Loskäuflichkeit der Zehenten und Grundzinse zugesichert.

Ich führe diese Stelle aus unserm thurgauischen Geschichtschreiber darum in ihrem ganzen Umfange an, weil die Verfassung von 1803 vielen jüngern Bürgeren unbekannt ist und weil viele die Verbesserung der 1814 erhaltenen Verfassung für etwas Gefährliches halten, ohne zu ahnden, dass das Werk von 1814 nur eine Verschlechterung der 11 Jahre bestandenen Mediationsakte ist. Unstreitig hatte die Verfassung von 1803 viel Gutes. Die höchste Gewalt besaß der Gr. Rath. Die 32 Kreise wählten 32 Mitglieder geradezu in den Gr. Rath; die noch mangelnden 68 Mitglieder aber wurden durch das Loos aus den 128 Kandidaten genommen, die durch die Kreise gewählt worden waren. Folglich gieng der ganze Gr. Rath aus dem Herzen des Volkes hervor und kein Bürger konnte Kantonsrath oder Regierungsrath werden, wenn er nicht entweder ein direktes Mitglied oder ein Kandidat war.

Das Kandidatenwesen und die Wahl durch das Loos war eine etwas seltsame Einrichtung, die indeß ihre guten Absichten hatte. Dadurch, daß 2 Drittheile des Gr. Rathes außer dem Kreise, in dem sie wohnten, gewählt werden mußten, wollte man den Mitgliedern anschaulich machen, daß sie nicht Repräsentant einzelner Kreise, sonder Repräsentanten des ganzen Volkes seien, daß also der Vortheil des ganzen Landes ihnen höher stehen solle, als der Vortheil eines einzelnen Ortes. Ob aber diese Absicht erreicht worden sei, ist eine andere Frage. Der Diessenhofer, der von Frauenfeld, der Frauenfelder, der von Steckborn gewählt ward u.s.w., wird dieser Wahl wegen seinen Ortsgeist noch nicht verlieren. Das kann allein das Ergebniß höherer bürgerlicher Bildung sein. Dadurch, daß man bei den Kandidaten das Loos eintreten ließ, wollte man herrschsüchtige Berechnungen und aristokratische Plane unmöglich machen. Diese Absicht mußte allerdings eher erfüllt werden, als die früher genannte. Doch konnte das blinde Loos auch dem verdienstvollsten Manne zwei und drei Mal ungünstig sein. Indessen hatte die Verfassung von 1803 bei all ihrem Guten doch einige große Gebrechen. Das erste Gebrechen war, daß wir diese Verfassung nicht dem freien Willen des Volkes, sondern dem Machtwort des fränkischen Konsuls verdankten. Das zweite Gebrechen bestand darin, daß ein von 15 oder 30 Kreisen auf einmal gewählter Kandidat dadurch lebenslängliches Mitglied des Gr. Rathes wurde. Mag auch ein Bürger in einem gewissen Zeitpunkte sich des Zutrauens seiner Mitbürger in so hohem Grade erfreuen, daß er von 15 oder 30 Kreisen in den Gr. Rath gewählt wird, deswegen folgt noch nicht, daß er sich ein ganzes Menschenleben hindurch dieses Zutrauens würdig zeigen werde. Lebenslängliche Stellen vertragen sich nicht mit dem Geiste eines Freistaates. Auch nach dieser Verfassung war die gesetzgebende, vollziehende und richterliche Gewalt nicht gehörig geschieden, so daß die Möglichkeit vorhanden war, eine große Menge abhängiger Beamteter in den Gr. Rath zu bringen. Es mangelte die Oeffentlichkeit. Bei den Sitzungen des Gr. Rathes waren die Thüren geschlossen, über die Stimmen und Anträge der einzelnen Mitglieder verlautete im Volke nichts, die Staatsrechnung wurde nicht bekannt gemacht. Der Gr. Rath fühlte es also nicht, daß er dem Volke, welches er repräsentirte, Rechenschaft schuldig sei über die Art, wie er es repräsentirt habe. Ja man hatte von der Pressfreiheit, für welche selbst monarchische Staaten mit dem feurigsten Eifer kämpfen, im Jahr 1803 noch so wenig einen klaren Begriff, daß man gerade von Anfang an die Censur einführte und sie, wenn ich nicht irre, der Polizei-Com-

II. Quellenkorpus

mission übertrug, als ob sich das von selbst verstände, daß solches zu ihrem Amte gehöre. Dadurch gieng freilich ein großes Mittel, das Volk zu bilden, verloren, und das Misstrauen, das sich aus frühern Jahrhunderten herübergeerbt, wucherte fort. Daß es einem oder mehrern Bürgern, einer oder etlichen Gemeinden frei stehen müsse, Vorschläge und Bitten an den Gr. Rath gelangen zu lassen, daß also das Petitionsrecht gesichert sein müsse – auch davon hatte man in jenen Jahren noch keinen deutlichen Begriff. Es ließe sich vielleicht noch Einiges anführen; indessen müssen wir billig sein und nicht der Verfassung zur Last legen, was oft und viel nur Wirkung einer tausendjährigen Leibeigenschaft war. Wenn obere und niedere Behörden manchen Missgriff machten, so muß man nicht vergessen, daß damals noch Alles neu und die bürgerliche Bildung unserer Bürger noch gering war. Wenn unser Volk viele un- taugliche Repräsentanten wählte, so muß man es darüber nicht zu hart tadeln, es deßwegen der Freiheit nicht unwerth halten; denn für's erste hatte das Schulwesen vor der Revolution uns nur wenige taugliche Volksrepräsentanten gebildet und für's zweite erkannte unser Volk die Wichtigkeit dieses Wahlwesens anfänglich nicht. Hätte über unsere allgemeinen Angele- genheiten mehr Oeffentlichkeit geherrscht, hätte unser Schulwesen in gleichem Verhältnisse mit unserm Staatsvermögen sich verbessert, hätte die Vermittlungsakte länger bestanden: so wäre unser Volk, dem es gar nicht an Anlagen fehlt, gewiß nicht zurückgeblieben.

Leider war aber gerade das Letztere nicht der Fall. Wie die Mediationsakte von Aussen gegeben worden, so wurde sie auch von Aussen gestürzt. Als Napoleon 1813 unter der Ueber- macht seiner Feinde erlag und die Verbündeten auf eine der Geschichte anheimgestellte Wei- se sich durch die Schweiz einen Weg bahnten nach Frankreich: da wünschten sie, daß die Mediationsakte, als Werk Napoleons, aufgehoben und durch eine andere Verfassung ersetzt werden möchte. Einigen Oligarchen schien nun die Zeit gekommen, das wieder zu erringen, was 1798 verloren worden, und es war ihnen ein Leichtes, die fremden Minister zu bereden, es liege im Interesse der hohen Mächte, daß die Aristokratie in den alten Kantonen wieder hergestellt und in die Verfassungen der neuen Kantone so viel Aristokratisches als immer möglich hineingebracht werde. Denn, daß es sonst dem Kaiser von Oesterreich und Russland ziemlich gleichgültig gewesen wäre, ob Thurgau und Aargau eine Aristokratie wie in Bern, oder eine Demokratie wie Appenzell habe oder nicht – das fällt wohl Jedem von selbt in die Augen. So aber kam es, daß unser Gr. Rath aufgefordert wurde, eine neue, mehr aristokrati- sche Verfassung zu entwerfen. Wie diese Zumuthung aufgenommen ward, können wir nicht bestimmt angeben, weil das damalige Großraths-Protokoll nach einer fehlerhaften Einrich- tung nur die Beschlüsse enthält, hingegen die Motive der Gesetze, die Vorschläge einzelner Miglieder, sowie die Meinung der Minderheit übergeht. Wenn wir aber mündlichen Anga- ben trauen dürfen, so haben sich mehrere Kantonsräthe lebhaft gegen diesen Eingriff in die Rechte eines freien Volkes ausgesprochen. Furcht, durch Widerstand die Selbstständigkeit des Kantons zu gefährden, Hoffnung, vielleicht in ruhigern Zeiten die aristokratischen Be- standtheile wieder auszuscheiden u.s.w., machten, daß man am Ende nachgab. So erhielten wir die gegenwärtige Verfassung, die im Grunde betrachtet fehlerhafter ist, als die Verfassung aller anderer neuen Kantone. Vom thurgauischen Volke kann man eigentlich nicht sagen, daß es die Verfassung von 1814 gebilligt oder angenommen habe. Man gebot ihm nur, die neuen Wahlen vorzunehmen, und das arme Volk that es, weil die Furcht vor österreichischen und russischen Bajonetten jede Weigerung als verderblich ansah. Wenn also nichts Anderes gegen unsere Verfassung sprechen würde, so müsste sie schon dieser erzwungenen, schmählichen Annahme wegen ein Gegenstand des bittersten Widerwillens sein. Dem Schweizer, der noch einen Funken Gefühl für Nationalehre besaß, war es kränkend, daß uns die große Nation die Freiheit 1803 aufzwang; aber noch viel kränkender war es ihm, daß die allirten Mächte uns 1814 diese Freiheit gewaltsam beschränkten. Laßt uns sehen, worin diese Beschränkung bestehe.

Die Eintheilung des Landes, die Verwaltungsweise desselben, das Paritäts-Verhältniß, die bürgerlichen Rechte, blieben die gleichen; die Civilgerichte änderten beinahe bloß den Namen; nur der Gr. Rath erlitt in seiner Wahlart einige Veränderungen, die freilich in ihren Folgen höchst wichtig sein müssen. Der Gr. Rath besteht noch aus 100 Mitgliedern und hat die höchste gesetzgebende Gewalt wie vorher. Aber er wird nicht mehr vom Volke gewählt wie vorher. Das Volk hat im Grunde nur noch 32, das Wahlkollegium ebenfalls 32 und der Gr. Rath 36 Mitglieder zu wählen.

Was ist aber dieses für ein Wahlkollegium? Möchte hier ein Fremder, vielleicht auch mancher Kantonsbürger fragen. Das thurgauische Wahlkollegium besteht aus 43 Männern. a) Aus 9 Regierungsräthen, b) aus 9 Kantonsräthen, c) aus 9 Oberrichtern, d) aus 16 der reichsten weltlichen Güterbesitzer. Die 9 Regierungsräthe, also der Kl. Rath, gehören ohne weiters in das Wahlkollegium, die 9 Oberrichter werden vom Obergerichte selbst in das Wahlkollegium abgeordnet; die 9 Kantonsräthe werden aus einem vom Gr. Rathe gemachten Doppelvorschlage durch das Loos ausgeschieden; die reichsten Güterbesitzer bezeichnet der Kl. Rath nach Anleitung des Steuer-Registers und Güter-Kadasters. Das ist also Thurgaus's Wahlkollegium, das sind die 43 Männer, die 32 Kantonsräthe machen, ja 16 Mitglieder aus der eigenen Mitte zu dieser Würde erheben dürfen.

Ruhig aber ernst fragen wir hier im Angesichte der ganzen Schweiz, ob ein solches Wahlkollegium in einem Freistaate nicht eine wunderliche oder vielmehr eine traurige Erscheinung sei? Allervorderst muß es uns befremden, daß wir den Kl. Rath in diesem Kollegium obenan finden. Hier wählt also die vollziehende Behörde die gesetzgebende; der Rechnungsgeber den Rechnungsabnehmer. Ist das republikanische Unpartheilichkeit? Von den Oberrichtern bemerken wir bloß, daß das Wahlwesen, mit der Heiligkeit ihres Amtes, die durch kein Partheinehmen getrübt werden darf, unverträglich ist. Wenn Unordnungen bei den Wahlen vorfallen, Umtriebe gemacht, Leute gewählt werden sollten, denen die gesetzlichen Erfordernisse mangeln, wenn sich schwere Klagen erhöben über Wähler oder Gewählte: wer soll da die Aufsicht führen? wer soll Richter sein? Etwa das Obergericht? Das ist selber Wahlbehörde! Etwa der Gr. Rath? der ist wieder selber Wahlbehörde. Da wird der erste Grundsatz jedes civilisirten Staates verletzt, der Grundsatz nämlich: daß die gesetzgebende, vollziehende und richterliche Gewalt geschieden sein soll. Wehe dem Lande, wo der Angeklagte oder die Kläger selber der Richter sein kann. Schuhmachers, Chenaux, Wasers, Sutters blutige Schatten, warnen den Schweizer vor jeder Vermischung der Gewalten. Von den 9 Kantonsräthen bemerken wir nur, daß das Volk keinen Repräsentanten Vollmacht giebt, wieder neue Repräsentanten zu schaffen. Ist einer ein wahrer Volksrepräsentant, so genüge es ihm seinen Eid zu erfüllen; ist er aber selbst ein Volksrepräsentant, so kann er einen andern noch vielweniger dazu machen. Wir fassen uns über alles das nur kurz, weil wir von etwas noch weit Aergerem zu sprechen haben: wir meinen die 16 reichsten, weltlichen Güterbesitzer. Im Thurgau ist also der reiche Bauer ein bevorrechteter Wahlmann; viele Güter, viel Geld muß man haben, von Verstand und Rechtschaffenheit sagt die Verfassung kein sterbendes Wörtchen. Erbt der Sohn des Vaters Reichthum, so erbt er auch des Vaters Wahlrecht. Wird das große Gut etwa gar durch ein Fidei-commis der Familie gesichert, so bleibt ihr auch das Vorrecht. Das ist also ein Adel im vollsten Sinne des Wortes. Denn nicht das Titelchen „von" macht den Adel aus, sondern der mit bürgerlichen Vorrechten verbundene Güterbesitz. Kein neuer Kanton räumt dem blinden Reichthum so große Vorrechte ein, wie der Kanton Thurgau. Man hat da versucht, die ehemaligen Gerichtsherren mit dem neuen Zustande der Dinge zu versöhnen, aber es passt nicht mehr in unsere Zeit. Bevorrechtete Güterbesitzer stehen zum freien Thurgau, wie ein alter Fetzen zu einem neuen Kleide.

Man könnte mir hier vielleicht einwenden, die Sache sei nicht so schlimm als man auf den ersten Anschein meine; der Kl. Rath bezeichne ja die Güterbesitzer, die nach dem Kadaster und Steuer-Register die Reichsten seien, und könne daher, wenn sich untaugliche Subjecte darunter befinden, dieselben in aller Stille übergehen. Nur Geduld! Darauf wollte ich eben kommen. Die Abhängigkeit des Wahlkollegiums von dem Kl. Rathe ist eine andere bedenkliche Seite. Für's erste sitzt die Regierung ganz im Wahlkollegium, für's zweite werden die 9 Kantonsräthe unter dem Einflusse und der Mitwirkung des Kl. Rathes genamset, für's dritte kann dieser die reichsten Güterbesitzer selber bezeichnen, die in das Wahlkollegium kommen sollen. Auf diesem Wege hält es nun freilich nicht schwer ein Wahlkollegium zusammen zu setzen, dessen Mehrzahl aus Leuten besteht, die dem Interesse des Kl. Rathes ergeben sind, oder doch seinen Absichten keinen langen Widerstand entgegensetzen können. Und dieses abhängige Wahlkollegium wählt nun 32 Kantonsräthe oder Volks-Repräsentanten; also gerade so viel, als die 32 Kreise, oder eine Bevölkerung von 80,000 Seelen. Doch nein! Das sind keine Repräsentanten des Volkes, das müssen eigentlich und in der Regel nur Repräsentanten der Regierung sein.

Wir haben an unserm Wahlkollegium schon Vieles gerügt, das mit dem Geiste eines Freistaates im grellsten Widerspruche steht; aber von dem Aergsten haben wir immer noch kein Wort gesprochen. Das Aergste ist, daß das Wahlkollegium unter die 32 Kantonsräthe, die es wählen soll, 46 Männer aus dem Wahlkollegium selbst nehmen darf, daß also die 43 Wahlkollegen zu 16 Kollegen sprechen können: Gehet hin, ihr seid Kantonsräthe! Hiemit ist dem Kl. Rathe das Recht gegeben, sich selbst in den Gr. Rath hinein zu wählen.

Vescherze ein Regierungsrath immerhin das Zutrauen des Volkes, das hat wenig zu sagen; wir haben ein Wahlkollegium, das ist eine Thüre, durch welche er immer wieder in den Gr. Rath und durch diesen an seine Stelle gelangen kann. Das mahnt mich unwillkührlich an jenen Heiligen, dem eine italienische Republik die Wahl ihres Landammmanns übertrug und der, als die Bürger ihm geschworen, seine Wahl zu ehren, zum Erstaunen Aller sich selbst wählte. Doch ich will nicht scherzen, die Sache ist zu wichtig. Aber das muß man mir doch zugeben, daß die fremden Minister bei unserer Verfassung die aristokratischen Zutathen nicht gespart haben. Man witzelte in den alten Kantonen schon oft über das seltsame Kunststück, daß ein Gr. Rath sich selber gebären könne. Auch unser Gr. Rath versteht dieses seltsame Kunststück. Die 32 vom Volke gewählten direkten Mitglieder des Gr. Rathes und die 32 von dem Wahlkollegium ernannten Kantonsräthe sitzen nämlich zusammen und bilden nun wieder ein zweites Wahlkollegium, das die noch mangelnden 36 Kantonsräthe erwählt. Mit andern Worten: der theils von den Kreisen, theils vom Wahlkollegium ernannte

64 Glieder starke Gr. Rath wählt nun selber noch das, was zur Zahl 100 mangelt. Bei dieser Wahl ist er aber sehr gebunden. Jeder Kreis hatte nämlich 3 Kandidaten, das ganze Volk also 96 Kandidaten ernennen müssen. Aus der Liste dieser 96 Kandidaten wählt nun der 64-gliedrige Gr. Rath 24 neue Mitglieder. Das macht 88 Kantonsräthe und es fehlen nur noch 12 zur Zahl 100. Diese noch mangelnden 12 Mitglieder muß der Gr. Rath aus 24 Männern nehmen, die ihm eine aus 3 Regierungsräthen und 6 Kantonsräthen gebildete sogenannte Vorschlags-Kommission vorgelegt. So kommen die 36 Kantonsräthe heraus, die der Gr. Rath selber zu wählen hat. Aber die Wahl dieser 36 Kantonsräthe steht so sehr unter dem Einfluß der Regierung, daß sie eben so wenig als die vom Wahlkollegium für wahre Repräsentanten des Volkes angesehen werden können. Dieser Einfluß fällt bei dem Vorschlag der Kommission auch dem kurzsichtigen Auge auf. Etwas verdeckter ist er bei den Mitgliedern, die aus der Kandidatenliste genommen werden müssen. Da die Kandidaten ursprünglich von dem Volke gewählt werden, so möchte sich vielleicht Mancher versucht fühlen, diese Mitglieder in gleiche Reihe zu stellen mit den direkten Mitgliedern. Allein er würde einen großen Irrthum begehen. Man erwäge, daß die ganze Regierung und alle vom Wahlkollegium ernannten Kantonsräthe bei ihrer Wahl mitzusprechen haben; man bedenke, wie viele Verwandte und abhängige Beamtete sich unter den Kandidaten befinden: und man wird es begreifen, daß es nicht schwer halten muß, unter 96 Kandidaten 24 auszuwählen, die dem Interesse des Kl. Rathes ergeben sind.

Man verstehe uns wohl, wir greifen nicht die Persönlichkeit dieser 24 Mitglieder an, es hat darunter gegenwärtig sehr wackere Männer. Wir haben es nur mit der Wahlart zu thun. Es könnte einer ein ganz wackerer Rathsherr sein, wenn er auch durch das Fenster in den Saal hinein gestiegen wäre; aber es wäre doch nicht der rechte Eingang des Hauses. Dieses nur wollen wir sagen. Von Persönlichkeiten sind wir himmelweit entfernt. Unsere Persönlichkeiten, unsere Fehler und Tugenden sind nach 50 Jahren vergessen; die Verfassung aber wird bleiben, sie wird nach Jahrhunderten noch dem Urenkel Glück oder Verderben bringen.

Faßt man nun das netzartige Gewebe unseres Wahlwesens in wenige Worte zusammen, so lautet es folgender Maßen: Die höchste gesetzgebende Gewalt des Kantons Thurgau steht bei einem Gr. Rathe von 100 Mitgliedern. In diesen Gr. Rath wählt das ganze Volk 32 direkte Mitglieder und 96 Kandidaten, von welch' letztern aber nur 24 an den Ort ihrer Bestimmung gelangen müssen; 2) wählt das Wahlkollegium ebenfalls 32 Mitglieder und zwar zur Hälfte aus der eigenen Mitte, 3) wählt der Gr. Rath 36 Mitglieder, nämlich 24 aus der Kandidatenliste und 12 aus dem Doppelvorschlag der Kommission.

Nach dem bereits Gesagten wird kein vernünftiger Bürger daran zweifeln, daß unser Wahlwesen höchst fehlerhaft sei und daher einer Verbesserung bedürfte. Allein die Verfassung von 1814 enthält noch einige andere Gebrechen, auf die ich meine lieben Mitbürger aufmerksam machen möchte. Dahin gehört allervorderst der § 12 unserer Verfassung, der dem Kl. Rathe ausschließend das Vorschlagsrecht der Gesetze ertheilt, hingegen dem Gr. Rathe nur die Befugniß lässt, die vom Kl. Rathe vorgeschlagenen Gesetze zu bestätigen oder zu verwerfen. Man wollte durch diese Einrichtung verhüten, daß keine unbesonnenen Gesetze gegeben würden. Allein dafür hat man ein besseres Mittel. Man theile den Mitgliedern des Gr. Rathes die Gesetzesentwürfe mit ihren Beweggründen zu rechter Zeit mit; man übergebe sie, wie im Kanton Bern, dem Drucke und sondire darüber die öffentliche Meinung. Wenn man hingegen, wie es bisher geschah, die Initiative der Gesetze zum Vorrechte des Kl. Rathes macht und den Gr. Rath nur noch Ja oder Nein sagen läßt: so legt man dadurch dem letztern einen Maulkorb an, der seiner Stellung unwürdig ist und seine Wirksamkeit hemmt. Was hilft dem Gr. Rath sein Ja und Nein, wenn man ihm keinen Gesetzesvorschlag bringt, wo er sein Ja oder Nein anwenden kann? Zwar kann er den Kl. Rath einladen, einen Vorschlag einzureichen; aber dem Kl. Rath steht es zu, der Einladung zu entsprechen oder nicht. Gesetzt auch, er entspreche der Einladung, so darf er nur ein Gesetz, das er wünscht, mit einem Gesetze, das der Gr. Rath wünscht, in Verbindung bringen: so muß der Große Rath entweder das verhaßte Gesetz mit dem erwünschten annehmen, oder beide verwerfen. Abändern darf er ja den Entwurf nicht, er muß ihn in Bausch und Bogen annehmen oder verwerfen. Auf diesem Wege kann es oft kommen, daß das einzelne Mitglied gegen seine Ueberzeugung stimmen muß, und doch hat es einen Eid gethan, immer nach bestem Wissen und Gewissen zu stimmen. Alles dieses hat sich beim Ehehaftengesetz auffallend bewährt. Hätte der Gr. Rath 1830 das Abänderungsrecht der Gesetzesentwürfe besessen, so hätten wir vermuthlich keine Ehehaften mehr. Wenn daher Thurgau seine Verfassung verbessert, so muß der Gr. Rath durchaus das Recht erhalten, vorgeschlagene Gesetze abzuändern, und Gesetze, die der Kl. Rath beharrlich verweigern, der Gr. Rath beharrlich fordern sollte, nach einer gesetzlich bestimmten Frist durch eine Kommission aus der Mitte des Gr. Rathes zu entwerfen.

Eine Hauptklage die unser Volk führt, ist: es habe im Gr. Rathe zu viele von der Regierung abhängige Beamtete, die daher auch keine unabhängige Stimme besitzen. Wer den Regierungs-Etat zur Hand nimmt, und sieht, daß die Regierung und die von ihr in Wahl und Besoldung abhängigen Beamteten etwas mehr als die Hälfte des Gr. Rathes ausmachen: der wird allerdings gestehen müssen, daß die Sache nicht ganz aus dem Leeren sei. Allerdings giebt es manchen Beamteten der nur für das spricht und stimmt, was Ueberzeugung und Pflicht ihm gebiethen. Aber in der Regel muß man doch annehmen, daß der Unterbeamtete sich scheue, seinem Wahlherrn zu widersprechen. Entweder sollte daher die Aufnahme solcher Beamteten in den Gr. Rath beschränkt werden, oder man sollte, damit diese meistens sehr brauchbaren Männer für die Gesetzgebung nicht verloren gehen, ihre Amtswahl theils in die Hände der Kreise, theils in die des Gr. Rathes legen.

Da wir später auf diesen Punkt zurückkommen werden, so gehen wir jetzt zum Mangel an Oeffentlichkeit über, der dem gebildeten Bürger unsers Kantons von Jahr zu Jahr drückender wird. Man giebt Gesetze, ohne vorher die öffentliche Meinung darüber zu sondiren; der Gr. Rath schließt bei seinen Verhandlungen die Thüre, kein Zeitungsblatt meldet uns etwas über das Einzelne dieser Verhandlungen, der Eid der Kantonsräthe gebiethet sogar über gefallene einzelne Meinungen das strengste Stillschweigen und über die öffentlichen Güter haben wir immer noch keine öffentliche Rechnung erhalten können. Das sind Dinge, die in Monarchien wie England und Frankreich befremden würden. Wir Bürger haben uns daher schon oft darüber gewundert. An unsrer Statt und in unserm Namen sitzt der Gr. Rath da; daher sollten wir wohl hören und sehen dürfen, was der Einzelne, was der ganze Rath in unserm Namen spricht und thut, damit wir wüssten, wie unser Zutrauen angebracht ward. Unser Eigenthum sind die Staatsgüter, denn unser Schweiß hat sie gesammelt und zu unserem Wohl sollen sie verwendet werden; daher dürfen wir auch wissen, wie die Rechnung ausfällt, die unsere Stellvertreter alljährlich in unserm Namen dem Kl. Rathe abnimmt.

Nur den unmündigen Waisen, nur den Verschwender bevogtet man so, daß man in seinem Namen die Jahresrechnung abnehmen, ohne ihm etwas davon zu sagen. Das thurgauische Volk ist weder unmündig noch verschwenderisch, darum soll es auch nicht bevogtet sein. Allein dieser Missgriff kommt daher, daß sich unser Gr. Rath mehr für den Souverain, als für den Repräsentanten des Volkes ansieht. Friedrich der Große sprach: ich bin nur meines Volkes erster Diener. Dieses Wort gilt noch in weit strengerm Sinne vom Gr. Rathe eines repräsentativen Schweizer-Kantons. Der Gr. Rath soll also nur solche Gesetze geben, von denen er glaubt, sie werden durch den Gesammtwillen und vom Gesammtglücke des Volkes gefordert. Und wie nun der Kl. Rath dem Gr., so ist dieser wieder dem ganzen Volke für seine Verwaltungen Rechenschaft schuldig. Diese Rechenschaft aber wird abgelegt, wenn die unbedingteste Oeffentlichkeit herrscht über alle Verhandlungen des Gr. Rathes, über alle Zweige der Staatsverwaltung. Oeffentlichkeit ist also nicht blos eine Vergünstigung, die man uns in höherm oder geringerm Grade ertheilen kann, sondern ein Recht, das wir im umfassendsten Maße ansprechen.

Mit der Oeffentlichkeit hängt die Preßfreiheit genau zusammen. Bei uns hat sich von 1803 an eine Art von Censur bis auf unsere Zeit fortgeerbt, die aber so wenig fühlbar war, daß nur wenige Bürger von ihrem Dasein etwas wissen. Wenn aber schon bei unsrer gegenwärtigen Redaction der Thurgauer Zeitung wahrscheinlich auch nicht ein Gedanke unterdrückt wird, so ist doch zu erwarten, daß das wissenschaftliche Leben unsers Volkes in den nächsten 20 Jahren an Regsamkeit gewinnen werde, wo dann eine Censur in andern Händen eine gefährliche Fessel werden müsste. Freiheit in Wort und Schrift ist die Forderung des Jahrhunderts, ist das Lebenslicht eines Freistaates. Soll das bürgerliche Leben nicht erstarren, so muß der Bürger das Recht haben, seine Ansichten, Bitten und Klagen zu den Ohren des Gr. Rathes gelangen zu lassen, sei es im eigenen Namen oder im Namen Mehrerer, sei es gedruckt oder geschrieben. Mit der Preßfreiheit sollte auch das freie Petitionsrecht verbunden sein. Vom letztern hat unser Volk noch keine Ahndung, was wir vielleicht gerade bei einer allfälligen Verfassungs-Verbesserung zu unserm Nachtheile fühlen.

Das sind nun die Grundzüge einer Verfassung, welche uns das Machtwort der durch die Einflüsterungen schweizerischer Oligarchen befangener Minister aufzwang, das sind die Gebrechen, die wir an ihr beklagen. Laßt uns nun, theure Mitbürger, fragen: welche Folgen müßte eine solche Verfassung bei längerer Fortdauer haben für die Regierung, für den Gr. Rath und für das Volk?

Unstreitig scheint die Regierung durch die Verfassung von 1814 vieles gewonnen zu haben; sie wurde, wie man 1814 zu sagen pflegte, gegen die Launen des Volkes sicher gestellt. Indeß ist es nur ein trüglicher Schein. Vor den Launen der Völker ist sie allerdings sicher gestellt, aber wer sichert sie jetzt gegen die eigenen? Man verzeihe mir diese Frage. Der Mensch bleibt sich gleich im Pallaste wie in der Strohhütte, im Rathsaal wie in der Werkstätte. Wo kein Zaun ist, da schreitet man über den Weg hinaus und zertritt die keimende Saat. Möglichkeit die Gewalt zu missbrauchen, lockt zum wirklichen Missbrauch. Daher legte die Vermittlungsakte 1803 die Wahl der Regierung zwar nicht in die Hand des großen Haufens, aber sie bedingte doch dieselbe durch das Volk und stellte sie somit unter den Einfluß der öffentlichen Meinung, damit ihr solches ein Sporn sei, die Liebe und das Zutrauen des Volkes zu erwerben. Eine ähnliche Schranke ist in Frankreich und England die sogenannte Opposition oder Gegenparthei; gleichsam ein immerreges Staatsgewissen, das die Schritte der Regierung bewacht, sie vor Uebereilung warnt, schädliche Missbräuche aufdeckt, begangene Fehler rügt. Beides mangelt uns jetzt. Unsere Regierung muß weder die Volkswahl noch die Opposition scheuen. Diese Sicherheit muß nachtheilig, muß verschlimmernd zurück wirken auf die Regierung selbst. Man verstehe mich wohl, ich rede hier nicht von den Männern, die jetzt am Staatsruder sitzen. Diese sind aus dem Volke hervorgegangen, sind Söhne der Revolution, sie wissen, welche Opfer wir innert 30 Jahren für Freiheit und Unabhängigkeit brachten; sie kennen die Macht der öffentlichen Meinung, die vor unsern Augen selbst Könige zermalmte. Aber wie? Wenn einst Männer das Ruder ergreifen, die ihre Stelle nicht dem Zutrauen des Volkes, sondern der Verwandtschaft und den Verhältnissen danken; Männer, denen die belehrende Geschichte der Revolution ein lächerliches Mährchen scheint – wie dann? Ich zweifle nicht, sie werden es bequem finden, daß das Volk zu ihrer Erwählung nichts zu sagen hat, daß keine Opposition ihre Handlungen tadelt; aber das Bequeme ist nicht immer das wahrhaft Nützliche. Ist kein Wächter im Dorfe, so stört uns freilich seine Stimme nicht aus dem Schlafe; aber sie warnt uns auch nicht, wenn der verwahrloseste Funke uns mit Feuersgefahr bedroht. Indem die Regierung dann des Volkes Stimme weder hört noch befolgt, wird sie auch unvermerkt die Herzen desselben sich entfremden und ehe sie es vermuthet, einsam und verlassen dastehen, vom Bürger weder gefürchtet noch geliebt. Des Bürgers Liebe aber ist die einzige sichere Stütze einer Regierung in jedem Lande, namentlich in einem Freistaate. Wer einer Regierung diese Stütze entziehen und sie durch Wahlkollegien und Vorschlags-Kommissionen ersetzen will, der meint es mit ihr nicht redlich oder nicht klug.

Noch verderblicher wirkt unsere gegenwärtige Verfassung auf den Gr. Rath. Dadurch, daß die Wahl von zwei Drittheilen des Gr. Rathes unter dem Einflusse des Kl. Rathes steht, verliert derselbe durchaus die freie, würdige Haltung, die ihm als Repräsentanten des Volkes gegenüber dem Kl. Rathe gebührt. Furcht und kleinliche Rücksicht nimmt immer mehr überhand. Der Einzelne kommt in den Gr. Rath hinein, ohne recht zu wissen wie oder warum; und das macht, daß er auch die begeisterte Liebe zum Volke nicht mitbringt, die ihn beseelen müsste, wenn er seine Erhebung ganz allein dem Zutrauen seiner Mitbürger verdanken würde. Gesetzt aber auch, der Wille der Einzelnen sei noch so gut, so legt doch der Mangel an Offentlichkeit und die beschränkte Initiative der Gesetze dem Gr. Rathe so viele Hindernisse in den Weg, daß seine Gewalt häufig nur eine Schattengewalt wird. Ich will die Spöttereien unsers Volkes über diesen Gegenstand wiederholen; es hat jeder Kantonsrath Anlaß genug sie zu hören, mehr als ihm lieb ist. Aber eins behaupte ich. Hätte der Gr. Rath 1822 die öffentliche Meinung über das Ehehaftengesetz befragt, so hätte er wahrlich den Missgriff nicht begangen, den jetzt vielleicht nur eine Veränderung der Verfassung wieder gut machen kann. Doch genug! Wer aber muß, um auf die Hauptsache zu kommen, wer muß die Fehler unserer Verfassung am Ende büßen? Es ist das Volk, das arme, unschuldige Volk. Wahrlich, wer dieses ins Auge fasst und dann einen Blick wirft auf Vergangenheit und Zukunft, der kann sich eines schmerzlichen Gefühls nicht erwehren. Welche schönen Hoffnungen blühten unserm Volke auf mit dem Beginnen des gegenwärtigen Jahrhunderts. Welche großen Opfer legte jeder Hausvater auf den Altar des Vaterlandes im freundlich schönen Glauben, die Freiheit und das Glück seiner Kinder und Kindeskinder werde ihn im Grabe noch dafür schadlos halten. Gott im Himmel! – und jetzt war das alles nur ein kurzer Wahn, nur eine leere Täuschung. Was vor 24 Jahren Niemand geahnet, Niemand gewagt hätte auszusprechen, das ist nun geschehen; die Grundlagen zu einer Aristokratie sind gelegt, die sich einst mit der bernerischen wird messen können. Wahr ist es allerdings, wir haben keine große Hauptstadt, wie Bern und Zürich ist; und viele wollen sich deshalb bereden, es könne eine Aristokratie bei uns niemals gedeihen. Armseliger Trost! Wo solche Wurzeln sind, wird der Baum nicht klein bleiben.

Ich habe es schon oft gesagt und wiederhole es noch einmal: Man muß nicht die gegenwärtige Regierung zum Maßstab nehmen. Aus der Revolution hervorgegangen, wird diese die Grundsätze derselben nicht zu stark verläugnen; ohne große Verwandtschaft, wie die meisten Mitglieder sind, wird sich diese im Lande nicht zu gefährlich verzweigen. Aber das kann, das wird, das muß sich ändern, ehe 30 Jahre vorüber sind. Wenn Glieder vielvermögender Familien am Staatsruder sitzen, wenn jeder Regierungsrath eine bedeutende Haushaltung hat, wenn die reichsten Güterbesitzer ihre Nachkommen durch Fidei-Commisse sichern, wenn Väter, Söhne, Brüder, Schwäger, Töchtermänner u.s.w. im Kl. und Gr. Rathe, im Wahlkollegium, im Obergerichte, Ehegerichte, auf Oberamteien und Amtschreiberstellen sitzen; dann ist das Netz geworfen; die unsichere Herrschaft des veränderlichen Reichthums hat sich durch unmerkliche Schritte in die sichere Herrschaft der Geschlechter verwandelt. Einige Familien werden dann den Staat zu ihrem Pachtgute, die wichtigsten Behörden zu Versorgungsstellen machen für Verwandte und Günstlinge; die directen Abgaben werde sie vermindern und die indirecten erhöhen, das heißt, die Staatslasten alle werden sie von sich abwälzen auf die erwerbende und arbeitende Volksklasse; sich selber werden sie nur die Ehre und den Gewinn der Herrschaft vorbehalten. Den öffentlichen Unterricht wird man gehörig einzuschränken, das Volk noch mehr in dumpfe Gleichgültigkeit und knechtische Ehrfurcht einzuschläfern wissen. Wenn es aber dennoch Einer wagen wird, mit den bevorrechteten Familien um den Kranz zu buhlen, oder eine ihrer Gewaltthaten zu rügen: wehe dann dem Armen! Er wird in ein Wespennest greifen und ein Opfer der dienstbaren Justiz werden. Ja wohl! So mancher sieht jetzt den Schmälerungen der Volksrechte dumpf und gleichgültig zu; so mancher freut sich derselben wohl gar flüchtigen Gewinns, kleinlicher Ehrsucht willen, und wer weiß? – vielleicht flucht einst sein Nachkomme im Kerker über die Ketten, die der Ahnherr schmieden half; vielleicht blutet einst der edle Sohn, der hochherzige Enkel auf dem Schaffote für die Rechte, für die Freiheit des Volkes, die der Vater so leichtsinnig Preis gab. Wir jubeln jetzt über den guten Zustand unserer Finanzen und mit stolzem Selbstgefühle zählen wir die Hunderttausende her, welche durch die Anstrengung des Volkes und durch die Sparsamkeit der Verwaltung vorgeschlagen worden; aber wie mußte es unsere Freude vergallen, wenn wir bedächten, daß vielleicht einst einige bevorrechtete Familien aus diesem angehäuften Staatsschatze schmausen und die Soldaten bezahlen werden, die sie herbeigerufen zur Unterdrückung des murrenden Volkes. Ach! Oft will es in trüben Augenblicken mir ahnen, als hätten wir mit unsern Opfern allen vielleicht gethan, was die gutmüthigen Indianer bei der Ankunft des Kolumbus – freiwillig Steine zusammengetragen zu unserm künftigen Zwinger. –

Bewahret euch daher, wackere Thurgauer, vor diesem schrecklichen Zustande, so lange es noch in euerer Macht steht; umgebet, theure Mitbürger, eure Freiheit mit schützenden Bürgschaften, so lange es Zeit ist. Jetzt ist es Zeit. Sechszehn Jahre lang war der Augenblick nie so günstig; er wird vielleicht hundert Jahre lang nie mehr so günstig werden. Auch andere

II. Quellenkorpus

Kantone, alte und neue, betrachten seit 1814 nur mit tiefer Entrüstung die aristokratischen Bestandtheile, die man unter dem Vorwande, als liege das im Willen der allirten Mächte, in ihre Verfassungen gebracht hatte. Die Freiheit hat einen himmlischen Zauber, daß ein Volk, welches sie einmal besessen, nur nach Jahrhunderten sie wieder vergisst. Ueberall zeigte sich daher das Bestreben, diese krebsartigen aristokratischen Bestandtheile auszuscheiden. Den Kantonen Appenzell J. Rh., Luzern, Waadt, Tessin ist es mit mehr und minder Glück gelungen. Andere werden nachfolgen. Der von Vernunft und Geschichte gelehrte Grundsatz: es habe jedes freie Volk das Recht, die Verfassung anzunehmen, die ihm am zuträglichsten ist – dieser Grundsatz wird wieder allgemein anerkannt, und wer ihn bestreitet, ist entweder ein Schwachkopf oder ein Hochverräther am Schweizervolke. Als der Landammann Quadri die Wünsche der nach Freiheit verlangenden Tessiner zu hintergehen, den fremden Ministern einen Verfassungsentwurf zuschickte, mit der Bitte, daß sie ihn für den Wunsch der allirten Mächte ausgeben möchten, so erklärten diese, sie mischen sich nicht in die innern Angelegenheiten der Schweiz. Der heilige Bund, der das 19. Jahrhundert so lange mit dem Medusenhaupt der Legitimität schreckte, ist wie ein Nebelbild verschwunden. Karl X., der, durch Priester und Aristokraten bethört, die Wahlrechte des Volkes und die Freiheit der Presse antastete, stürzte, wie von Geisterhand ergriffen, vom Throne seiner Väter, und gab allen Regenten die warnende Lehre, daß man sich den Forderungen der Zeit und den Fortschritten der Menschheit nicht ungestraft entgegensetzte. Mitternacht ist vorbei, wie ein öffentliches Blatt sagt, und ein neuer Tag bricht an für ganz Europa. Von außen steht also der Verbesserung unserer Verfassung kein Hinderniß entgegen, und eben so wenig von innen.

In manchen andern Kantonen ist schon eine geschlossene Aristokratie vorhanden, oder es haben doch einzelne neu aufgekommene Geschlechter die Saat dazu ausgestreut. Da wird es wehe thun, die herrschsüchtigen Plane auf einmal aufzugeben, die oft sich an die theursten, häuslichen Bande knüpfen.

Das ist bei uns der Fall nicht. Unsere Regierung kann kein Interesse haben, die aristokratischen Formen fest zu halten. Die meisten Mitglieder derselben sind ohne alle, oder doch ohne männliche Nachkommenschaft; ihr Name, und das Andenken an ihr Wirken, wird das Einzige sein, was sie unserm Volke zurücklassen. Das Einzige, was sie wünschen können muß daher auch sein, daß sie im Leben das Zutrauen ihrer Mitbürger genießen und im Tode ein gesegnetes Andenken hinterlassen möchten. Beides aber liegt jetzt in ihrer Hand. Kommt unsere hohe Regierung dem Volke entgegen, hört die Stimmen des Volkes, opfert sie die Wahlkollegien, bahnt sie mit einem Worte durch den Gr. Rath beim Volke eine Verfassungs-Verbesserung an, die von der Mehrheit der Kreise angenommen wird: So wird auch des Bürgers Herz ihr dankbar entgegen schlagen, und sie hat weder Wahlkollegium, noch Vorschlags-Kommission mehr nöthig. Ein doppeltes Leben wird der Zeitgenosse solchen Männern wünschen, damit das Staatsruder ja recht lange in so uneigennützigen Händen liege; mit Ehrfurcht wird der Enkel ihre Namen aussprechen, und eine Thräne des Dankes weinen auf ihr heiliges Grab. In diesem Geiste handelte ein Timoleon, ein Aristides, ein Washington. Es ist nicht nur der Geist wahrer Freiheitsliebe, es ist auch der Geist des edelsten Ehrgeizes und der besten Staatsklugheit. Die weise Regierung giebt, was der Geist der Zeit fordert, freiwillig, und fesselt damit des Volkes Herz; die kurzsichtige giebt nur gezwungen, mit widerstrebender Hand, und erndtet des Volkes Haß.

Wie sollen wir aber die Sache beginnen? Was soll das Volk fordern und was soll der Gr. Rath geben? – Das sind die wichtigen Fragen, die sich hier erheben. Wer die gegenwärtige Stimmung unsers Volkes kennt, wer es weiß, wie wichtig es ist, daß ein zur Freiheit neu aufwachendes Volk gerade von Anfang an den rechten Weg treffe: der muß es wünschen, daß diese Fragen besonnen und freimüthig erörtert werden, damit die Ansichten allmählig sich läutern und die Wahrheit sich scheide vom Wahn. Jedes ruhige und vernünftige Wort, das in dieser Angelegenheit öffentlich gesprochen wird, muß daher ein Gewinn sein für die gute Sache; denn aus den Ansichten der Einzelnen bildet sich die Ansicht der Gesammtheit. Es sei also auch mir erlaubt, einige Andeutungen darüber zu geben. Wenn ich manches dabei unberührt lasse, was einem Andern wichtig sein mag, so bedenke man, daß ich hier einen vollständigen Verfassungsentwurf weder schreiben kann noch schreiben will.

Soll unsere Verfassung wirklich verbessert werden, so muß jede Abänderung derselben vom Volke ausgehen; das muß der erste Grundstein sein, auf welcher der ganze Bau ruht. Ein Verfassungsgesetz ist nicht wie ein anderes Gesetz; es ist der Grundvertrag zwischen dem Volke und der Regierung, es enthält die große geselligte Ordnung, nach welcher ein Volk sein Gemeinwesen verwalten lassen will. So wenig also ein Sachwalter sein Verhältniß zu dem, dessen Sache er führt, eigenmächtig aufheben kann: eben so wenig kann der Gr. Rath eine Verfassung abändern, ohne Vorwissen, ohne Auftrag und Genehmigung des Volkes. Das war der Punkt, in welchem man 1814 fehlte. Begeht man diesen Fehler wieder, so können wir wohl abändern, aber nicht verbessern. Wären die einzelnen Bestimmungen einer solchen Verfassung noch so gut, so müsste doch das immer ein Vorwurf derselben sein, daß sie nicht aus dem Volkswillen hervorgegangen, sondern ein Werk des Gr. Rathes wäre, und also auch wieder von demselben müsste gekürzt werden können. Ob aber ein Gr. Rath, der durch Wahlkollegien zusammen gewählt worden, einen unpartheiischen Entwurf bringen werde zur Verbesserung der Verfassung – das ist eine andere Frage. Im Aargau bezweifelt man das, und schlägt daher eine konstituirende Versammlung vor, d. h. jeder Kreis soll zwei oder drei Männer wählen, denen er das größte Zutrauen schenkt, und dann sollen diese Abgeordneten von allen Kreisen sich versammeln, die Wünsche des Volkes vernehmen, daraus einen Entwurf bilden, der dem Druck übergeben und den Kreisen zur Genehmigung vorgelegt wird. Es scheint ein glücklicher Gedanke zu sein, der auch unsere Beherzigung verdient. Kurz, was auch geschehen mag, das Volk muß von Allem in Kenntniß gesetzt, seine Wüsche müssen beachtet und die Genehmigung der Kreise am Ende eingeholt werden. Ohne diese wäre jede Veränderung keine gesetzliche Handlung, sondern ein Gewaltstreich.

Es heißt zwar, der Gr. Rath sei der Souverain des Landes. Aber, obgleich dieser Satz in die Mediationsakte sich eingeschlichen und in den Köpfen vieler Kantonsräthe bis heute erhalten hat, so ist er doch durchaus unrichtig. Wenn der Gr. Rath der Souverain oder der Herr des Landes ist, was sind denn die 80,000 Einwohner? Etwa Unterthanen? Und wenn das ist, wie steht es mit der Freiheit, die wir seit 1798 besitzen sollen? Der Gr. Rath ist des Volkes Repräsentant oder Stellvertreter, weder mehr noch weniger. Wenn er sich für mehr hält, so läuft er Gefahr, seine Stellung zu verrücken und seine Pflichten zu verletzen. Daher sollte eine künftige Verfassung durchaus folgende Bestimmung enthalten: Die Souverainität beruht wesentlich auf der Gesammtheit der Bürger, und wird ausgeübt durch den Gr. Rath, als den Repräsentanten des Volkes.

Da der Gr. Rath seiner Bestimmung nach nur der Stellvertreter des Volkes ist, so folgt daraus, daß er auch vom Volke müsse gewählt werden. Nur dem Unmündigen, dem Blödsinnigen und dem Verschwender giebt man einen Stellvertreter ohne sein Zuthun. Da aber unser Volk von allem dem nichts weiß, so soll es auch nicht bevogtet sein, sondern seine Kantons-Räthe selber wählen dürfen.

Weil ferner das Kandidatenwesen zu gekünstelt ist, und eher den Gemeingeist lähmt als hebt, so würde ich lauter direkte Volkswahlen vorschlagen, theils in, theils außer dem Kreise. Ich weiß allerdings, was man gegen diese Volkswahlen einwendet.

Man sagt: unser Volk sei noch zu ungebildet, es wähle bei Kreisversammlungen nur den reichen Dorfmagnaten, dem die Mehrzahl schuldig sei.

Aus diesem Grunde empfiehlt man Bezirks-Wahlkollegien, wo das Volk nur die Wahlmänner zu ernennen hätte, welche die Kantonsräthe wählen sollten. Ich muß gestehen, daß mir dieses nicht einleuchten würde; jedes Wahlkollegium, wie es immer heiße, muß am Ende damit aufhören, daß es zur Aristokratie hinführt.

Das ewige Gängelband taugt nichts, man überlasse dem Volke die Wahl, und somit auch sein eigenes Schicksal. Wählt das Volk gut, so kommt es ihm zu gut; wählt es schlecht, so muß es auch den Fehler selber büßen. Und am Ende tragen wir einen Fehler, den wir selber begangen, immer noch viel leichter, als die Thorheit, die ein Anderer in unserm Namen und auf unsere Rechnung hin anrichtete; ja wir werden vielleicht gerade durch Schaden klug.

Unser Volk hat während der Mediationsakte bewiesen, daß es seine wackern Mitbürger auch findet, und wenn es einmal sieht, daß die Wahlen kein bloßes Gaukelspiel mehr sind, so wird es auch um so vorsichtiger und gewissenhafter werden, da doch die bürgerliche Bildung desselben mit jedem Jahre zunimmt. Freilich wäre es besser, man würde, statt die Volkswahlen zu beschränken, alle Mittel benutzen, diese bürgerliche Bildung zu erhöhen. Man verbessere das Schulwesen, man öffne den Rathsaal, man mache dem Volke bekannt, welchen Antrag jeder Repräsentant gemacht, wofür jeder gestimmt habe: so lernt das Volk seine Leute kennen und es entsteht unter den Kreisen selbst ein edler Wetteifer, die einsichtsvollsten und weisesten Bürger in den Gr. Rath zu wählen. Es werden die Geistlichen beauftragt, vor jeder Urversammlung eine Predigt zu halten über den Wahleid, über die Erfordernisse und Pflichten eines Volks-Repräsentanten. Ist aber das Alles noch nicht genug, so führe man bei den Urversammlungen das geheime Stimmenmehr ein, die Oeffentlichkeit macht dann den Kopf und das geheime Stimmenmehr des Bürgers Gewissen frei. Rousseau bemerkt zwar, beim geheimen Stimmenmehr könne eher Betrug stattfinden, indessen lässt sich doch dem vorbeugen und am Ende wollt ich lieber alles Andere als wieder ein neues Wahlkollegium.

Damit nun dieser vom Volke gewählte Gr. Rath auf der einen Seite an Selbstständigkeit gewinne, auf der andern Seite aber nicht zu viele brauchbare Männer verliere: würde ich vorschlagen, daß in Zukunft die Kreisammänner von den Kreisen und die Oberamtmänner von dem Gr. Rathe gewählt werden sollten. Auf diesem Wege könnte man zugleich verhüten, daß nicht derselbe Mann Gesetzgeber, Richter und Vollziehungsbeamteter in einer Person sein könnte. Eine ähnliche Rücksicht nähme ich auf die Bürger, welche wählen sollen. Jetzt ist vielleicht der sechste Theil unserer Kantonsbürger seines Wahlrechtes beraubt, weil er nur in dem Kreise stimmen darf, wo er Bürger ist. Und doch ist der Arboner, der in Steckborn sitzt, immer noch ein Thurgauer, und der Kantonsrath, der in Steckborn gewählt wird, ist nicht blos ein Repräsentant dieses Kreises, sondern ein Repräsentant des ganzen Kantons. Folglich soll auch der Kantonsbürger in den Urversammlungen da zugelassen werden, wo er ansässig ist.

Wie wir oben gesehen, besitzt der Kl. Rath das Recht der Gesetzesvorschläge, der Gr. Rath hingegen kann sie bestätigen oder verwerfen, nur darf er nichts an denselben abändern. Daß diese Einrichtung die Wirksamkeit des Gr. Rathes lähmen müsse, fällt wohl von selbst Jedem in die Augen. Im Kanton Zürich hat man im letzten Jahre diese Beschränkung abgeschafft und dem Gr. Rathe das Abänderungsrecht ertheilt. Auch unser Gr. Rath sollte dieses Recht erhalten.

Die Verhandlungen des Gr. Raths sollten bei offenen Thüren geführt, die Vorschläge und Stimmen der einzelnen Mitglieder dem Volke bekannt gemacht, die Staatsrechnung alljährlich in die Zeitung eingerückt werden. Die Behauptung, man müsse nichts aus der Staatshaushaltung ausschwatzen, ist hier nicht anwendbar; denn unser Volk bildet nicht eine unmündige Haushaltung, sondern eine Gesellschaft mündiger Bürger.

Eine nothwendige Folge der obigen Maßregel müsste dann im Gr. Rathe die Einführung des Namensaufrufes sein. Diese Einführung hätte aber wirklich viel Gutes. Es ist schon mehrere Male bei wichtigen Gesetzen von der Minderheit behauptet worden, man habe die Stimmen nicht recht gezählt. Beim Abmehren durch Aufstehen ist allerdings bald ein Uebersehen gemacht, besonders wenn einzelne Stimmende selber noch unschlüssig sind, ob sie aufstehen oder sitzen bleiben sollen. Daher führe man beim Abstimmen über Gesetze den Namensaufruf ein, und es ist jedem Mißverstande abgeholfen.

Freilich erfordern dann die Berathungen mehr Zeit. Auch das ist kein Fehler. Wo es sich um das Wohl oder Weh von achtzigtausend Menschen handelt, da ist es besser, man berathe die Gesetze zu viel als zu wenig. Vielleicht sind aber die Kantonsräthe nicht zufrieden, wenn sie noch länger in Frauenfeld bleiben sollen, da sie vom Lande für ihre Unkosten gar keine Entschädigung erhalten. Wohlan! So gebe man jedem Kantonsrathe jährlich eine Entschädigung von fünfzig Gulden. Die fünftausend Gulden Ausgaben, die dadurch der Staatskasse verursacht werden, erhält das Volk mit Wucher zurück an der Weisheit der Gesetze. Aber dann gebe man auch den Kreisen das Recht, jeden Kantonsrath, der dreimal ohne gültige Entschuldigung wegbleibt, zurück rufen und durch einen andern ersetzen zu dürfen.

Damit nun der Gr. Rath Anlaß habe, die Wünsche und Bedürfnisse des Volkes kennen zu lernen und sich selber über die wichtigsten Angelegenheiten des Vaterlandes zu belehren, so werde auch bei uns die Preßfreiheit eingeführt. Um Missbräuchen vorzubeugen stelle man einfach den Grundsatz auf, was einer ungestraft reden darf das soll er auch ungestraft drucken dürfen; jede Aeußerung aber die schon im mündlichen Gespräche Verantwortung zur Folge hätte, soll auch verantwortet werden müssen, wenn sie gedruckt wird.

Indessen ist das Druckenlassen nicht Jedermanns Sache. Mancher hat nicht Talent oder Muth genug seine Gedanken in einem öffentlichen Blatte auszusprechen; und doch trägt er vielleicht Ansichten und Wünsche auf dem Herzen, die er gerne zur Kunde des Gr. Rathes bringen möchte. Wie soll er nun das anfangen? Darf er an den Gr. Rath schreiben? Wird dieser die Bittschrift lesen? Hängt das vom Kl. Rathe ab? Muß der Bittsteller wohl gar fürchten gestraft zu werden? So gar in monarchischen Staaten herrscht dafür gar kein Zweifel, daß einzelne oder mehrere Bürger ihre Bittschriften der obersten Landesbehörde einreichen dürfen. Bei uns ist dieser Punkt noch nicht bestimmt; daher sollte bei einer allfälligen Ver-besserung das Petitionsrecht der Bürger an den Gr. Rath durchaus sicher gestellt werden.

Man hört bei uns so häufig darüber klagen, daß die richterliche Gewalt von der voll-ziehenden Gewalt nicht gehörig geschieden sei. Dem Verfasser dieses Aufsatzes ist unser Gerichtswesen zu wenig bekannt, um hierüber ein gültiges Urtheil fällen zu können, aber Unabhängigkeit des Richters ist auf jeden Fall die Forderung auf welcher wir bei einer neuen Verfassung felsenfest beharren müßten.

Ein anderes Gebrechen und die Hauptklage unserer Bürger ist die drückende und unge-rechte Vertheilung der Abgaben. Wenn unser Volk sich glücklich fühlen und das Land lieben soll, in dem es lebt, so muß ein anderer Steuerfuß eingeführt werden, der den Reichen an-hält, sein Vermögen auch gewissenhaft zu versteuern. Dieser Gegenstand ist so wichtig, daß wir fürchten müssen, unser Volk werde beinahe alle anderen Rücksichten über denselben vergessen. Was kümmert mich das Wahlwesen und die Oeffentlichkeit, was frag' ich nach Preßfreiheit und Petitionsrecht? macht nur daß ich weniger zahlen muß, und ich bin schon zufrieden, so wird wohl mancher sprechen. Aber eben da liegt der Knoten. Wenn die Bürger die oberste Landesbehörde nicht selber wählen können, wenn also lauter reiche Männer in den Gr. Rath gelangen, so werden diese keine gerechte Besteuerung wünschen, weil gerade sie am meisten darunter leiden würden. Wenn keine Oeffentlichkeit herrscht über den Gr. Rath, so wissen wir auch nicht wer für oder gegen das Volk ist; wenn wir kein Petitionsrecht und keine Preßfreiheit haben, so können wir auch unsere Wünsche und Klagen auf keinem gesetzlichen Wege laut werden lassen. Das Ehehaftengesetz hat unserm Volke bewiesen, daß die Oeffentlichkeit mit dem Beutel des Bürgers in näherer Beziehung steht, als vorher mancher glaubte, und daß der Streit über staatswirthschaftliche Grundsätze den auch was angehe, der zu viel bezahlen muß, wenn Andere zu wenig bezahlen. Uebrigens wird die lei-dige Angelegenheit der Ehehaften am besten dadurch beseitigt werden, daß man bei einer Verfassungsverbesserung die Freiheit des Handels und Erwerbes feierlich sichert und den Käufern der Ehehaften ihre Auslagen erstattet.

Es ließe sich noch Manches anführen, was wir bei einer Verfassungsverbesserung zu berücksichtigen haben dürften. Doch genug! – Das sollten nur einige abgerissene, unmaß-gebliche Andeutungen sein. Ich bin weit entfernt, mich für einen Gesetzgeber zu halten; nur mein Scherflein wollt ich beitragen, nur die dumpfe Stimmung, die jetzt im Volke herrscht, durch ein wohlgemeintes, freimüthiges Wort unterbrechen. Ergänzet, theure Mitbürger, meine Ansichten, berichtiget sie. Sprechet euch aus, aber mischt euere Leidenschaften nicht ins Spiel. Die Zeit ist groß, Thurgauer! Seid nicht klein. Die Frage über die Verfassung wird der Prüfstein sein, an welchem sich der Werth des einzelnen Bürgers und der Werth des ganzen Volkes offenbaren wird. Wehe dem Manne, der durch engherzige Selbstsucht und niedrige Schmeichelei sich entehrt; ein ganzes Leben voll Reue wird die Schwäche dieses Augenblickes nicht wieder gut machen. Heil hingegen dem Mann, der auch die Freiheit des Volkes nicht bloß zum Deckmantel eigennütziger Absichten macht; Heil jedem, der vaterländische Begeisterung mit ruhiger Besonnenheit, Schwärmers Ernst mit Weltmanns Blick vereinigt. Die Aufgabe ist schwer; aber sie muß gelöst werden. Große Hoffnung setze ich in die nüchterne Besonnenheit, die ja ein Hauptzug des thurgauischen Volkes ist; große Hoffnung in seinen Freisinn, der sich Jahrhunderte lang gegen den Druck österreichischer und eidgenössischer Vögte sträubte. Fordert ihr Bürger, aber fordert mit Ruhe und Anstand. Wachet auf, aber übereilet euch nicht. Verbessert euere Staatseinrichtungen, aber verbessert nicht bloß halb. Laßt euch warnen durch das Beispiel von Luzern und Waadt. Erwäget wohl, was ihr thut; die Zeit, eine Verfassung zu verbessern, ist nicht alle zwanzig Jahre günstig. Denket an's Jahr 1830, aber denket auch an's Jahr 1930. Mit einem Worte, zeiget euch der Freiheit werth, und ihr werdet sie finden. Die Gerechtigkeit mit ihrer ewig gleichen Waagschale in der Hand, mit ihrer rücksichtlosen Binde um's Auge, ist ja abgebildet im Versammlungssaale des Gr. Rathes; es ist als ob das sinnvolle Bild aus der Mitte beider Standeshäupter ernst und feierlich rufe: Wer Gerechtigkeit verlangt, der erscheine in diesem Saal. Dringt also der Wunsch des Volkes an diesen Ort, bittet der Bürger mit ruhiger Würde, mit bescheidener Freimüthigkeit um Verbesserung der Verfassung: wahrlich, so werden die Väter des Landes ihn nicht ungehört abweisen, es wird die Gerechtigkeit uns nicht versagt werden, von denen, die wir selber zu Priestern der Gerechtigkeit, zu Hütern unserer jungen Freiheit erkoren.

So ende ich denn meine Rede, theure Mitbürger! Ruhig trete ich vor euch hin und erwarte mein Urtheil. Beifall hab' ich nicht gesucht, sondern das Glück unsers Volkes; auf Tadel bin ich gefasst, auch wenn ich ihn nicht verdient habe. Wenn ihr aber einem Manne, der euch auf diesen Blättern sein Herz redlich öffnete, eine Bitte nicht versagen wolltet, so möchte' ich euch darum ersuchen, daß ihr meinen Antheil am allgemeinen Vaterlande nicht an meinem Stande abmesset. Ich bin Bürger wie ihr. Unter dem Jubel des entfesselten Volkes ward ich geboren. Freiheit, Gleichheit waren die ersten Zauberlaute, die mein staunendes Ohr begrüßten. Sie wurden zum Wahlspruch meines Lebens, zum Grundton meines Wesens. All mein Denken, all mein Empfinden ist nur ein vielfacher Wiederhall dieser Worte. Freiheit ist das Lebensblut meines Herzens, der Himmel meiner Seele. Darum war aber auch die gegenwärtige Verfassung seit sechszehn Jahren für mich ein Gegenstand des Schmerzens; darum verfolgte ich auch seit sechszehn Jahren jedes Ereigniß im In- und Auslande mit aufmerksamem Blicke, ob ich kein Zeichen sehe, das den nahen Tag der Freiheit uns verkünde. Der Hahn hat gekräht, die Morgenröthe bricht an, Thurgauer wachet auf, gedenkt euerer Enkel und verbessert euere Verfassung!

Quellennachweis:

Ueber die Verbesserung der Thurgauischen Staatsverfassung von Thomas Bornhauser, Pfarrer, Trogen 1830, Druck und Verlag von Meyer und Zuberbühler.

Standort:

Kantonsbibliothek Thurgau, Signatur L 51.

Kommentar:

Den Anstoss zur Verfassungsdiskussion im Thurgau kommt von Thomas Bornhauser (1799–1856), der zu dieser Zeit evangelischer Pfarrer in Matzingen ist. Er stammt aus einer angesehenen, aber verarmten Familie und kann nur dank Stipendien am Carolinum in Zürich studieren. Weil seine Kritik an der thurgauischen Verfassung von 1827 vor der Pastoralgesellschaft des Kapitels Frauenfeld auf wenig Resonanz stösst, sucht er die Flucht nach vorn und publiziert sie in der kritisch-angriffigen Appenzeller Zeitung. Medien wie Zeitungen haben eine wichtige Funktion für die Verbreitung der liberalen und radikalen Ideen, sie stellen Öffentlichkeit her. Mit Bornhausers Schrift ist die Verfassungsdiskussion im Thurgau lanciert. Die wichtigsten Kritikpunkte sind die Wahlart der Grossräte und die Abhängigkeit der Legislative von der Exekutive. Er warnt sogar vor der Gefahr einer Rückkehr zur Aristokratie. Interessant ist auch, dass er die fehlende Gewaltentrennung in Beziehung zu den Protestbewegungen im Ancien Régime bringt und Beispiele wie Schuhmacher, Chenaux, Waser und Sutter erwähnt. Um breitere Bevölkerungsschichten zu mobilisieren, wird auch die Abgabenfrage thematisiert, er wendet sich gegen eine Erhöhung der indirekten Abgaben. Der viel zitierte Schlusssatz „Der Hahn hat gekräht, die Morgenröthe bricht an" verweist sowohl auf die Julirevolution in Frankreich, kann aber auch religiös gedeutet werden, als Verweis auf den Hahn, der als Symbol die evangelischen Kirchen kenntlich macht.

Titel: *Bemerkungen zu dem Nachtrag zu Nro. 43 der Frauenfelder Hofzeitung, nebst einigen Vorschlägen zu einem Entwurf der Thurgauischen Staatsverfassung von einem Bürger dieses Kantons (Joachim Leonz Eder), Trogen 1830*

Text 57:

In dem Nachtrag zu Nro. 43 der Frauenfelder Hofzeitung giebt Jemand dem Thurgauischen Publikum über die Verfassungs-Aenderung des Kantons Thurgau in einem weitläufigen Aufsatz seine Gedanken zum Besten. Mehreren eingestreuten Aeusserungen nach wird man versucht, den Verfasser für einen Freund des Volkes zu halten. Prüft man aber den Aufsatz genauer und schaut man dem Einsender recht fest ins Angesicht, so kann man sich des Ausrufs nicht erwehren: Trau, schau, wem! Der Mann trägt eine Larve, hinter der ein Fuchs steckt. Die Tendenz des Aufsatzes besteht offenbar keineswegs darin, das Volk über das, was ihm zu wissen noth thut, zu belehren, demselben nützliche zeitgemässe Wahrheiten zu Gemüth zu führen, sondern zuerst den Herrn Pfarrer Bornhauser, den bekannten Verfasser der Schrift: über die Verfassung der thurgauischen Staatsverfassung, in der wohlverdienten Achtung des thurgausischen Volkes herabzusetzen, ihn als einen leeren Schwätzer zu bezeichnen, und so dessen rühmliches Streben für Herbeiführung einer den allgemeinen Wünschen und Bedürfnissen entsprechenden Verfassung zu paralysiren. Der ungenannte Kritiker giebt sich aber fruchtlose Mühe, durch seine hämischen Ausfälle die Handlungsweise des bekannten edlen Volksfreundes zu verdächtigen. Wer unbefangen Bornhausers Schrift gelesen hat, wird in der Freude seines Herzens ausrufen: Dank dem Manne, der zu seinen Mitbürgern so zu sprechen wagte! In dieser Klarheit mußte die Wahrheit enthüllt und mit dieser Wärme dem Volke die Festhaltung seiner Rechte ans Herz gelegt werden. Der Mann hat sich in dem Herzen jedes gutgesinnten Thurgauers ein bleibendes Denkmal errichtet, für das ihn seine Amtsbrüder um so weniger beneiden werden, weil dieselben größtentheils von dem nämlichen Feuereifer für die allgemeine Wohlfahrt und einem unsern angebornen Rechten entsprechenden politischen Zustand der Dinge durchglüht sind. Des Mannes Bildniß verdient in jedes biedern Thurgauers Hütte mit Liebe den spätesten Enkeln aufbewahrt zu werden, der ihm vorgeworfenen Selbstverherrlichung ungeachtet, die wir überall in der Bornhauserschen Schrift suchten, doch, vielleicht aus unbefangener Einfalt, nirgends finden konnten; es müsste denn der gemüthliche, reine Erguß eines für Wahrheit und die Freiheit des Volkes hochschlagenden Herzens in dem gelben Auge unsers Rathgebers die gerügte Farbe angenommen haben.

Der berührte Aufsatz spricht ferner die Absicht aus, das Thurgauische Volk von den in der Versammlung zu Weinfelden ausgesprochenen und der Regierung auf offiziellem Wege eröffneten Gesinnungen zurückzubringen und selbem begreiflich zu machen, daß es wohl am klügsten sei, die Gestaltung der bürgerlichen Ordnung oder den Entwurf einer neuen Verfassung dem bestehenden Gr. Rath anzuvertrauen. – Wir können nicht begreifen, wie der Einsender bewußten Aufsatzes uns mit gutem Gewissen eine solche Zumuthung machen konnte! Wirft er nicht selbst unserm Gr. Rathe Unkenntniß und Kraftlosigkeit zu? Sagt er nicht selbst frei heraus, ein einsichtsvoller, selbstständiger, kräftiger Gr. Rath sei erst noch von der Zukunft zu erwarten? Spricht er nicht selbst ohne Scheu aus, daß unser bestehende Gr. Rath mit Uebergehung eines Fünftheils ein bedaulicher Gr. Rath wäre? Und einer solchen Behörde, die nach seinem Urtheil zu ⅘ aus bedaulichen Schwachköpfen besteht, den Entwurf einer neuen Verfassung des Fundamentalgesetzes des Landes zu überlassen will uns der saubere Herr Rathgeber bereden? Wir sind weit entfernt die Ansichten über unsern Gr. Rath zu theilen, in denen der Verfasser des Aufsatzes steht. Wir wissen, daß derselbe der Mehrzahl nach weder aus Rechtsgelehrten noch aus wissenschaftlich gebildeten, immer aber aus rechtlichen Männern zusammengesetzt ist, die hinreichenden Verstand besitzen, das Wahre vom Falschen zu unterscheiden, die das Gute wollen und daßelbe theils von selbst erkennen, theils wenn es ihnen dargereicht wird, mit Liebe festhalten. Wenn der Gr. Rath aber bei allem seinem guten Willen bis dahin das Gute nicht gestiftet hat, das er seiner Stellung nach hätte stiften sollen, so geschah es darum, weil er leider an der Maulsperre litt wie – sagen wir es nur frei heraus – wir alle mit ihm. Gerade dieses verderbliche Uebel hatte seinen tiefen Grund in der Verfassung. Einer Behörde gegenüber, die im Gr. Rath ihren besondern Platz behauptete, die in alle Zweige der Staatsverwaltung einzugreifen befugt war, die Alles in Allem sein wollte, die da glaubte einzig das Licht des Kantons zu sein, von dem alle aufhellenden und belebenden Strahlen ausgehen sollen, die zugleich die Presse mit Argusaugen bewachte, damit ihr ja keine unangenehme Wahrheit zu Ohren komme, einer solchen Behörde gegenüber konnte selbst der Einsichtsvollste nicht Muth fassen, seinem beklommenen Herzen Luft zu machen – überzeugt, von oben herab spöttisch belächelt oder derb genug geschulmeistert zu werden. So hielt jeder für klüger, wenn auch nicht die vorgetragenen Rathschlüsse der Götter anzustaunen, zu denselben wenigst geduldig zu schweigen, bis endlich der Hahn gekräht, und mit ihm eine Morgenröthe zum Durchbruch gekommen, die alles, was schlichten Menschenverstand hat, zu frischem Muth und Leben aufmunterte. Wenn wir, ungeachtet der guten Meinung, die wir über unsern Gr. Rath als Behörde ausgesprochen haben, den Entwurf einer neuen Verfassung demselben doch nicht anvertrauen, so bewogen und bewegen uns immer noch besondere Gründe dazu. Die Verfassung eines Landes enthält den Grundvertrag der bürgerlichen Gesellschaft, durch welchen diese die Weise festsetzt, nach der sie will regiert werden. Die Bestimmung dieser Weise liegt einzig in der Befugniß des bürgerlichen Vereins selbst. In den kleinen Kantonen, in denen die kleine Bevölkerung und die Oertlichkeit eine Zusammenkunft aller freien Landsleute gestattet, wird die Verfassung durch die Landsgemeinde ins Leben gerufen. Die große Bevölkerung unsers Thurgaus, eines paritätischen Kantons von 80,000 Seelen, erlaubt keine Landsgemeinde; darum kann eine Verfassung bei uns nur durch, von den Kreisen gewählte, Ausschüsse berathen und entworfen und der gewählte Entwurf nur kreisweise angenommen oder verworfen werden. Unser bisherige Gr. Rath besteht aber, nach der Wahl nach der er bestellt wurde, keineswegs aus Stellvertretern des Volks; und wäre er auch zu seiner Zeit durch freie Wahl vom Volke ausgegangen, so hätte er zur Abänderung der Verfassung und zum Entwurfe einer neuen keine Vollmacht, keinen Beruf erhalten. Daß wir befugt sind, den Gr. Rath zu diesem wichtigen Geschäfte zu bevollmächtigen, das liegt ausser allem Zweifel. Dazu werden wir uns aber schon darum nicht verstehen, weil diese Behörde sich bis dahin von einer andern beherrschen ließ, die nun einmal in einem 15jährigen Zeitraum das Regieren so sehr lieb gewonnen zu haben scheint, daß sie von ihren bisherigen Attributen und ihrer Allgewalt sich nur mit Mühe trennen kann, und alles, was aus diesen spekulativen Händen kommt, uns verdächtig scheinen muß. Dabei gehen die Einsichten, Kenntnisse und der gute Wille, von dem die Mehrzahl des Gr. Raths belebt ist, für uns keineswegs verloren; zumalen die Bürger des Thurgaus's durch die Erfahrung klug geworden über die Männer, die ihr Zutrauen mit Recht verdienen, in keinem Zweifel mehr stehen können, und es ihnen frei steht, in den Kreisversammlungen jene Mitglieder des Gr. Raths zu ihren Ausschüssen zu bestimmen, die durch ihren republikanischen Sinn, Vaterlandsliebe, Uneigennützigkeit und helle Ansichten die in ihnen zu treffende Wahl rechtfertigen. Bei der Festhaltung dieses gefassten Entschlusses stehen wir übrigens gar nicht in Gefahr, wie uns der ungenannte Rathgeber möchte glauben machen, daß die gesetzliche Ordnung des Landes sich auflöse, daß wir verwaist ohne Regierung dastehen und Gesetzlosigkeit und Pöbelwillkühr an die Tagesordnung treten werden. Während der Zeit von wenigen Monaten, in der die Verfassung durch die zu wählenden Ausschüsse entworfen und den Kreisen zur Annahme vorgelegt wird, bleibt das Staatsruder denjenigen Händen anvertraut, die daßelbe bis dahin geführt haben. Die Weise, wie sie sich in der fernern Leitung der Geschäfte benehmen, – entgegenkommend oder abstoßend – wird uns zum Maaßstabe dienen, ob und in wie weit es ihnen daran gelegen sei, auch in der Zukunft im neu aufgebauten Tempel der Freiheit auf den Leuchter gestellt zu werden. Damit endlich unser Rathgeber nicht leer ausgehe, weil er doch dem Herrn Pfarrer Bornhauser den Vorwurf machte, daß er in seiner Schrift das, was er in einem bloßen Drittheil derselben als Verbesserung der Verfassung auftische, nur leicht und unbestimmt hingeworfen habe, so halten wir es für Pflicht, hier vorläufig zur beliebigen Würdigung die Hauptgrundsätze aufzustellen, aus welchen, als ihrem Arm, die organische Einrichtung des Staats nach unserm Dafürhalten sich entwickeln sollte. Bei der Aufführung eines neuen Gebäudes (und um ein solches handelt es sich allerdings in unserer Lage, weil das bis dahin bestandene von Anbeginn an fundamentlos aus faulem oder wurmstichigem Holz aufgeführte des Ausflickens gar nicht werth ist) muß vor allem aus ein sicherer wohlgeordneter Grundriß als Leitfaden des Ganzen aufgestellt werden. Der gut geordnete Kopf unsers Rathgebers lässt uns seines schwachen Magens ungeachtet hoffen, er werde über die Zweckmäßigkeit und die Gediegenheit dieser Grundsätze mit uns einverstanden sein, obgleich sie nur längst Gesagtes und Bekanntes enthalten, obgleich sie so alt sind, als der gesunde Menschenverstand selbst, zumalen sie mit demselben in die Welt getreten. Sind wir über diese Grundsätze im Reinen, so werden wir aus denselben schon eine Verfassung konstruiren können, die den Vorwurf nicht wird zu befürchten haben, daß sie in ihren Bestandtheilen mit dem Grundrisse selbst nicht im Einklang stehe. Sollten unsre Prinzipien aber gegen alle Erwartung nicht vollends den Beifall unsers Rathgebers erhalten, so haben wir doch das Vergnügen ihn zu versichern, daß auch wir in denselben nicht blos unsre Ansicht, sondern jene von Männern niedergelegt haben, denen das Wohl und die Rechte des Volkes am Herzen liegen, und die nöthigenfalls beides zu vertheidigen die Kraft und den Muth besitzen.

Entwurf
Einer Verfassung für den Kanton Thurgau.

Erster Abschnitt
Hauptgrundsätze.
I.   Die Gesammtheit der Bürger des Kantons ist der einzige Souverain, von welchem alle Gewalt ausgeht.
II.   Die Regierungsform ist eine Volksregierung durch vom Volke gewählte Stellvertreter.
III.   Diese haben keine andere Gewalt, als die ihnen das Volk in Folge der von ihm angenommenen Staatsverfassung übertragen hat.
IV.   Die gesetzgebende, richterliche und vollziehende Gewalt dürfen nie vereinigt, die Grenzen dieser Gewalten müssen durch das Gesetz sorgfältig geschieden und die Verantwortlichkeit aller öffentlichen Beamten muß durch daßelbe genau bestimmt werden.
V.   Alle Aemter sind Aufträge der bürgerlichen Gesellschaft für eine bestimmte Zeit und sind daher nicht lebenslänglich. Sie sind weder erblich noch besonderer Vorrechte derer, die sie verwalten, fähig. Ihre Besoldung muß im Verhältniß mit den Geschäften stehen, die ihre Stellen erfordern.
VI.   Alle Bürger des Kantons genießen die nämlichen politischen Rechte; sie sind einzig dem Gesetz unterthan, welches für alle und jede das nämliche ist, es mag beschützen oder bestrafen.
VII.   Alle Bürger genießen volle Arbeits-, Erwerbs- und Handelsfreiheit; nur der Missbrauch dieser Freiheit soll durch weise Polizeigesetze verhütet werden.
VIII. Jeder hat das Recht, seine Gedanken mündlich, schriftlich oder gedruckt andern mitzutheilen, jedoch unter der Bedingung, für den Missbrauch dieses Rechts in den durch das Gesetz bestimmten Fällen verantwortlich zu sein.

IX. Jedem Bürger kommt das Recht zu, mit Bitt- und Zuschriften an die ersten Behörden sich zu wenden.

X. Niemand kann gezwungen werden sich irgend eines Theils von seinem Eigenthum zu begeben, ausser in dem Fall eines gesetzlich anerkannten allgemeinen Bedürfnisses, und dann nur gegen gerechte Entschädigung.

XI. Niemand darf verhaftet oder gerichtlich verfolgt werden, als in Kraft des Gesetzes. Niemand darf seinem natürlichen Richter entzogen, oder länger als 24 Stunden im Verhaft behalten werden, ohne daß er von dem betreffenden Richter verhört wird.

XII. Der Boden soll mit keiner nicht loskäuflichen Last belegt sein oder belegt werden, und ist durchgehends veräußerlich.

XIII. Die Steuern zu den allgemeinen Bedürfnissen können nur unter Einwilligung der Bürger oder ihrer Stellvertreter ausgeschrieben werden; alle Bürger und Einwohner tragen zu denselben nach Verhältniß ihres Vermögens und Einkommens bei.

XIV. Die Titulaturen sind abgeschafft.

XV. Jeder im Kanton wohnende Schweizer kann zu Militärdiensten angehalten werden.

XVI. Das Volk des Kantons Thurgau huldiget dem Grundsatze: daß das Volk jedes andern Kantons frei sein soll, eine beliebige Verfassung sich zu geben, dem eidgenössischen Verband unbeschadet.

XVII. Alle christlichen Konfessionen sind geduldet; die evangelisch-reformirte und die katholische stehen jedoch unter dem besondern Schutz des Staats.

XVIII. Der Fortbestand der Clöster und Capitel und die Sicherheit ihres Eigenthums ist gewährleistet. Denselben wird empfohlen, zu trachten auf eine mit ihren Regeln sich vertragende Weise der bürgerlichen Gesellschaft nützlich zu werden. Ihr Vermögen ist gleich anderm Privatgut den Steuern und Abgaben unterworfen.

Quellennachweis:

Bemerkungen zu dem Nachtrag zu Nro. 43 der Frauenfelder Hofzeitung, nebst einigen Vorschlägen zu einem Entwurf der Thurgauischen Staatsverfassung von einem Bürger dieses Kantons. [Joachim Leonz Eder], Trogen 1830, Verlag von Meyer und Zuberbühler.

Standort:

Kantonsbibliothek Thurgau, Signatur L 50.

Kommentar:

Joachim Leonz Eder (1772–1848) hat sich 1814 am Aufstand gegen die neue konservative Regierung in Solothurn beteiligt und einen liberalen Verfassungsentwurf vorgelegt. Nach dem Scheitern des Aufstandes flieht er zuerst in den Aargau, später lässt er sich im Thurgau nieder. Bis 1830 enthält sich der praktizierende Anwalt einer politischen Tätigkeit. Als die konservative Thurgauer Zeitung den Aufsatz Bornhausers einer harten Kritik unterzieht, entschliesst er sich zu einer Gegendarstellung in der Appenzeller Zeitung. Er bezweifelt die

Zuständigkeit des Grossen Rates für eine Verfassungsrevision und fordert einen unabhängigen Verfassungsrat. Dieser soll von den Kreisen gewählt werden. Eine Landsgemeinde hält er angesichts der hohen Bevölkerungszahl für untauglich. In seiner Schrift erläutert er auch die Grundprinzipien der zukünftigen Verfassung. Durch seine spätere Mitgliedschaft im Verfassungsrat hat er grossen Einfluss auf die Ausgestaltung der thurgauischen Regenerationsverfassung. Weil er in der Klosterfrage eine moderate Haltung einnimmt und für die Erhaltung der Klöster eintritt, kommt es 1836 zum Bruch mit den Radikalen.

Titel: *Gespräch zwischen zwei Landbürgern des Kantons Zürich, vom Zürichsee, im Oktober 1830*

Text 58:

Jacob. Es soll und muß, mein lieber Nachbar! das, was in Frankreich begegnet ist, auch bei uns etwas herbeiführen, das uns zwar, wie ich hoffe, auf gesetzlichem Wege dasjenige wieder gibt, was uns 1814, durch gewaltsame Umstände begünstigt, durch Schlauheit der Züricher, so wie durch grenzenlosen Leichtsinn über Befugnisse von einem Theil unserer Großen Räthe ab dem Lande, abhanden gekommen.

Conrad. Ja, Ihr meint gewiß die Mediationsacte von Napoleon von 1804, und was findet Ihr denn für einen Unterschied von dieser zu derjenigen, die wir jetzt haben; sind wir nicht von jeher von Zürich regiert worden? Und haben sie es nicht bis jetzt so einrichten können, uns zu regieren? Uebrigens finde ich, außer diesem Regieren der Züricher, daß man weniger, als vorher, bezahlen muß, und daß der vermögliche Mann in keinem Kanton leichter durchkommt, daß neben dem die Freiheit, Handel und Wandel treiben zu können, auch etwas ist, und zudem sind die Herren der Stadt viel freundlicher mit den Landleuten, als früher. Ich, meines Ortes, wüsste nicht viel zu ändern.

Jacob. Man sieht wohl, mein lieber Nachbar! daß, wenn Ihr Euere Zinsquittungen in Ruhe machen könnt und von Euerem großen Vermögen wenig oder nichts bezahlen müsst, Ihr Euch nicht viel darum bekümmert, wer die Staatslasten trage, wenn nur der Herr und Bürger zum Regieren ein freundliches Gesicht macht. Allein, da ich weiß, daß Ihr ein ehrlicher braver Mann seid und gern einem Jedem das Seinige gebt, so bin ich gewiß, daß, wenn ich Euch erkläre, wie es mit den Rechten des Landes steht und was darüberhin die Züricher seit 1814 für einen Gebrauch ihrer Mehrheit im Großen Rathe gemacht haben, Ihr Euch nicht nur verwundern, sondern einsehen werdet, daß man es nicht gut mit uns meint.

Conrad. Wie können wir auf dem Lande uns um so Vieles bekümmern? Mein Vater hat mir manchmal gesagt, daß das die beste Regierung sei, wo man am wenigsten bezahlen müsse, und darauf habe ich bis jetzt gesehen.

Jacob. Wenn ich Euch aber sage, daß die Ausgaben des Kantons Zürich jährlich auf 800,000 Fr. und das reine Einkommen auf 300,000 Fr. kommen, so daß das Mangelnde auf dem Gewerb- und Bauernstand durch verschiedenartige Abgaben muß erhoben werden, während der reichste Kapitalist von seinem Vermögen nichts bezahlt, – findet Ihr dieses recht und von den Zürichern, die die größten Kapitalisten haben, unparteiisch und auf Billigkeit gegründet?

Conrad. Das habe ich nicht gewusst, Nachbar! denn ich glaube, es müsse Niemand etwas zahlen, weil genug Einkommen für die Bestreitung der Ausgaben da seien.

Jacob. Wenn ich Euch ferner sage, daß die Stadt seit 1814 gegen das Verhältniß der Repräsentation alle hohen und niedern einträglichen Beamtungen durch Bürger der Stadt besetzt, sei es in geistlichen oder weltlichen Aemtern und so auch in Militärstellen. Wenn ich Euch sage, daß der Zunftzwang noch immer so arg ist, daß ein ehrlicher Hausvater, wenn er auch seine Profession noch so gut versteht, ohne auf- und abgedungen und in der Fremde gewesen zu sein, nur als Gesell in seinem Vaterlande arbeiten darf; daß, wenn ein junger Professionist auf dem Lande sein Meisterstück macht, das bisweilen kaum 6 bis 7 Thaler Werth hat, zwei Meister aus der Stadt mit Kutschen und Pferden kommen und oft mehr auf Kosten der Lade verzehren, als dasselbe werth ist; daß kein Stadtbürger Soldat im Bundesauszuge ist, hingegen die meisten Officiérs Züricher; daß kein Landmann mehr eine Oberamtsstelle bekleidet; daß die Stellen in den meisten Kanzleien, auf den Aemtern Rüti, Töss, Küßnacht ec, in der Salzregie, beim Kaufhaus, auf dem Zollbüreau, kurz und gut, Alles in den Händen der Züricher sei, als ob nur die Stadt, die an Bevölkerung den 26sten Theil des Kantons ausmacht, allein da wäre; wenn ich Euch bemerke, daß alle diese Vorrechte und alle gegenwärtigen und kommenden Gesetze in der Willkür dieses 26sten Theiles des Kantons stehen, und daß, so lange nicht die Volksrepräsentation zur Sicherheit des Kantons hergestellt ist, das Volk keine Gewährleistung seiner verfassungsmäßigen Rechte hat.

Conrad. Wenn das, was Ihr mir sagt, sich so verhält, dann kann ich nicht begreifen, wie unsere hohe Regierung, die doch aus so rechtschaffenen, gelehrten und erfahrenen Herren besteht, zu einer so stiefväterlichen Handlung gegen das Land hat Hand bieten können. Ich bin gewiß, sie sind übel berathen worden; denn so können sie es nicht mit dem Lande meinen, und dieses macht nun, ich begreife es, daß Ihr auch gar zu misstrauisch gegen Zürich seid.

Jacob. Glaubt Ihr, mein Innerstes leide nicht unter diesem Zustande von Misstrauen? Allein wenn man betrachtet, was geschehen ist, wenn seit hundert und hundert Jahren Zürich nur nach Vorrechten gegen das Land gestrebt und Unterdrückung des Volkes suchte. Man lese die Geschichte von 1489, von 1646, von 1794 und 1795 und was 1814 geschah und was in dem Zeitalter, wo wir leben, besonders in den letzten Jahren, unter steter Versicherung, wie gut man es mit uns meine, vor sich ging. Was man nun Alles aus dem gerechten Erwachen des Volkes herausklauben will! Glauben denn diese Herren, man habe die Mediation von 1803, die das Land von jeder Tendenz der Stadt nach Vorrechten sicher stellte, vergessen, und kommen noch obendrein die für alles Auswärtige so freisinnigen öffentlichen Züricher Blätter mit einem Mal so engherzig zum Vorschein und verlieren Worte über Verhältnisse in der Repräsentation, während sie als gescheide Männer die Ueberzeugung haben, daß ⅔, die man uns 1814 zugetheilt, oder die Hälfte, die man uns jetzt in Gnaden zugestehen würde, ein und dasselbe Mißverhältniß sind. Wenn statt dessen solche Männer es nicht wagen, öffentlich zu sagen, daß mit ¾ der Repräsentation vom Lande und ¼ in der Stadt das Facit vom Verhältniß der Bevölkerung und des Vermögens noch nicht gefunden wäre, sondern daß Zürich auch noch für die Vorzüge der Bildung, was eigentlich nur fahrende Habe ist, kann berücksichtiget werden; z. B. der Große Rath besteht aus 212 Mitgliedern; nach der Bevölkerung des Kantons würde Zürich 8 Mitglieder, brächte man das Vermögen auch in Anschlag, 31 erhalten. Um nun auf die Zahl 53, als ¼ der Repräsentation für die Stadt, zu gelangen, müßte man noch 22 Mitglieder, in Betrachtung jetziger vorzüglicher Bildung, derselben zugestehen.

Conrad. Nun muß ich Euch doch sagen, daß mein Herr Vetter Amtsrichter, der den schweizerischen Beobachter hat und dessen Freisinnigkeit rühmt, sich sehr freute, in seiner Nr. 45 in dem gleichen Sinn und Geist sprechen zu hören, und daß er daher mit Zuversicht an eine freundschaftliche Ausmittelung zwischen Stadt und Land glaube. Dann, bemerkte er ferner, werde 1830 Niemand es wagen, Ansprüche auf das Geschichtliche der früheren Verhältnisse des Landes zu der Stadt aufzutischen, weil dieses aus schonenden Gründen für Zürich der ewigen Vergessenheit angehöre.

Jacob. So sehr mich wirklich bemeldeter Artikel im Beobachter freute, so auffallend war es mir hingegen, in der neuen Zürcherzeitung, die sich für alles Freisinnige bisanhin mit Begeisterung und jüngst über das große Ereigniß in Frankreich mit einer Machtsprache geäußert, die die gepreßte Brust jedes Schweizers hob, einen Artikel in Nr. 84 zu finden, den nicht Jedermann versteht, weil, was auch unser Herr Pfarrer sagt, dieser ein Meisterstück der verderblichen Sophisterei sei. Eine gefährliche, das Zutrauen entfernende Sprache. Wer will nun bei schlichtem Menschenverstand begreifen, daß es dem, der eine Bürde trägt, nicht erlaubt sei, sich von derselben zu entledigen, wenn er es am schicklichsten findet. Wer kann nun ferner begreifen, daß, wenn auch, besonders nach dem Modus, den der Verfasser über eine Centralität in der Schweiz aufstellt, nach welchem diese unmöglich zu Stande kommen kann, man durchaus an den Kantonsverfassungen nichts ändern könne. Er will also, daß wegen dem, für den Augenblick unerreichbaren schönen Apfel auf der Spitze des Baumes, man die übrigen alle ungepflückt verfaulen lasse. Dann spricht er wieder vom Bett des Prokrustus, und als mir der Herr Pfarrer erklärte, was dieser Mann getrieben, so kam mir erst in Sinn, was der Verfasser damit sagen wolle, daß, wenn es nämlich in der Folge mehr Kantonsräthe auf dem Lande gäbe, er manchen oder die meisten zu kurz oder zu lang finden würde, und daß viele Aemter auf dem Lande, wo nun jetzt Stadtbürger sind, von den Landleuten nicht gut bestellt würden. Aerger könnte es doch wohl nicht gehen, als wenn man, in Zürich geschehen, einen Blinden zum Stempelaufseher macht; – dann will der wohlmeinende Verfasser die Seebewohner verleiten, ein Paar Stufen hoch auf die aristokratische Leiter zu steigen. Ist es nicht etwa, damit die Städter oben drauf sicher seien? Nein, weil es in diesen Gemeinden schon Einige gebe, die den Montesquieu und den Rousseau gelesen; die übrigen Gemeinden im Kanton, in welchen die meisten Vorsteher kaum lesen können, will er am Fuße dieser Leiter liegen lassen. Allein die Seebewohner verachten solche Lockvögel eben so herzlich, als daß sie begreifen, daß von zwei strafwürdigen Ursachen über die Ungewissheit der Vorsteher solcher Gegenden eine müsse zum Grunde liegen: entweder Fahrlässigkeit im allgemeinen Erziehungswesen, oder aber, daß bei solchen Wahlen auf den Mann und nicht auf seine Eigenschaften, wo der Beispiele genug aufzuweisen wären, geachtet wurde.

Dann meint der Verfasser dieses Aufsatzes ferner, wenn das Volk seinem Könige die Armee in die Flucht schlage und dann ihn selbst verjage, wenn nur dabei gerufen werde: *la charte, toute la charte, rien que la charte*, so sei Alles gesetzlich und zähle keineswegs unter die unzeitigen Erneuerungen. Er will also sagen, in Frankreich dürfe man den drückenden Schuh wegwerfen, bei uns im freien Schweizerland aber habe dieser hochgeachte Schuh zu bestimmen, wie lang es ihm zu drücken beliebe. Wenn nun die neue Zürcherzeitung noch mehr solche Artikel aufnähme, würde man misstrauisch gegen dieselbe werden. So etwas, sagt auch der Herr Pfarrer, gehe nicht im freien Schweizerlande, wo nur offen biedermännische Sprache mit dem Herz auf der Hand einzig die rechte ist, um das mangelnde Glied an der brüderlichen Kette, das Zutrauen, wieder zu finden; seine Sprache sollte die Regierung verbieten können, die nur zu Verwirrung und Händeln führt. Es braucht aber solcher Tausendkünste, um begreiflich machen zu wollen, daß der 26ste Theil nicht zu den 25 übrigen, sondern die 25 zu dem 26sten gehören. Leset zudem noch die Freitagszeitung, wie hinkt diese! Auch nach der letzten Nummer des schweizerischen Beobachters scheint er sich ebenfalls um eine Krücke umzusehen. Was sagt ihr von diesem Allem?

Conrad. Ich sage, daß mir das Betragen der Städter recht unbrüderlich gegen das Land vorkommt. Den alten aristokratischen Herren in der Stadt, die beim Uebermaß von Vorrechten erzogen wurden, kann man es nicht übel nehmen, wenn sie sich nie aufrichtig in das Zeitgemäße fügen können. Aber Ihr habt mir schon so oft von freisinnigen Alten und Jungen in der Stadt gesprochen, wo habt ihr nun Euere Männer? Wenn's in den Zeitungen für unsere Sache so leise tönt, während für das Freisinnige anderer Länder sie die Kraft ihrer Sprache erschöpften, so ist es dieses, was mir und jedem ehrlichen Manne die Augen öffnet, und mir mehr, denn Alles, was Ihr mir saget, beweist, daß man es nicht treu, nicht brüderlich mit uns meint, und daß, wenn wir nicht fest zusammen halten, wir wieder, wie 1814, hintergangen werden. Also eine Volksrepräsentation, die das Land gegen jedes Streben der Stadt nach Vorrechten sichert, soll, wie mir scheint unser Aller Wahlspruch sein!

Jacob. Nun, das freut mich, daß Ihr, besonders in der Hauptsache, meiner Meinung seid. Es ist schon viel gewonnen, wenn Männer wie Ihr, dieweil sie keine Beschwerden haben, in einer Art von Gleichgültigkeit über Staatsverhältnisse und bürgerliche Freiheiten lebten, nun auch begreifen, daß es so nicht länger gehen kann. Wenn wir zudem Beispiele haben, wie veränderlich die Menschen sind, und wie oft die Freisinnigsten, eingewiegt auf dem Kissen der Stabilität, wieder engherzig geworden; darum verlassen wir uns nicht auf die Menschen, sondern auf die Sache. Es werde zum Gesetz erhoben, was uns heilig und theuer ist, wenn wir nicht wieder der Stadt eine Legitimität einhändigen wollen, die der monarchischen gleich kommt; wo wir ganz von dem Zufall abhingen, ob der Erbprinz, d. h. die kommende Generation der Stadt, ein gutes oder böses Wesen wäre.

Conrad. Ich wolle, es würden das, was Ihr saget, alle Städter hören; ich bin gewiß, es hat noch derer, wenn auch nur Wenige, die den innern Frieden und das gegenseitige Zutrauen zwischen Stadt und Land allen Vorrechten vorziehen würden. Thut es mir und der guten Sache zu lieb und lasset diese Alles drucken; es wird dadurch noch mancher brave Mann beleuchtet und belehrt werden.

Jacob. Ich kann Eurem Wunsche unmöglich widerstehen; es thut Einem so wohl, wenn die Wahrheit Eingang findet. Wie gerne wollen wir dann Zürich als eine schöne Stadt anerkennen, wenn es sich nur darum handelt, Häuser zu bezeichnen, die mit Mauern umgeben sind, nicht aber, wenn diese Mauern eine Kluft bilden, die unsere natürlichen Verbindungen zu ihren Bewohnern durch Mißverhältnisse trennen, die das schöne Ganze, den innern Frieden, das gegenseitige, so nothwendige Zutrauen gewaltsam zerstören. Ist das, was wir durch die Geschichte von unsern Vorvätern wissen, treu und wahr, ehren wir mit Ueberzeugung das Andenken ihrer Thaten für Alle, so kann es kein würdiger Eidgenosse seinem Miteidgenossen verargen, wenn derselbe seinen gerechten Antheil an den errungenen Freiheiten in der Absicht fordert, um solche dann auch mit seinen Bundesbrüdern mit Gut und Blut zu schützen.

Quellennachweis:

Geschichte des Kantons Zürich von 1794–1830. In zwei Bänden. *Aus den Quellen untersucht und höchst wichtigen Mittheilungen von noch lebenden Zeitgenossen und Augenzeugen,* dargestellt durch Johann Jacob Leuthy von Stäfa. Zweiter Band. Mit dem Portrait des Arztes Pfenninger, Sohn, von Stäfa. Zürich 1843, Leuthy's Verlagsbüreau, S. 35–41.

Kommentar:

Das Gespräch zwischen zwei Landbürgern ist eines der vier Flugblätter, die vor der Volksversammlung von Uster auf der Zürcher Landschaft verteilt wurden. Der Autor ist Jakob Braendlin, ein Bruder des Verfassers der „Braendlin-Chronik". Das in 6 000 Exemplaren gestreute Pamphlet – ein Dialog zwischen dem vermögenden Konrad und dem aus einfacheren Verhältnissen stammenden Jakob – versucht eine schichtübergreifende Solidarität der Landbevölkerung herzustellen und die Kluft zwischen reicheren und ärmeren Landbewohnern und Regionen zu überbrücken. Mit Verweis auf die historische Entwicklungsabfolge der ländlichen Unterdrückung klagt es die wirtschaftliche und politische Benachteiligung der Landbevölkerung an und fordert eine ¾-Mehrheit der Landschaftsvertreter im Grossen Rat. Die Flugschriften sind für die politische Bewusstseinsbildung der Landbevölkerung besonders wichtig, weil sie in Dorfwirtshäusern aufgelegt und eifrig diskutiert werden. Sie sind Gegenstand einer politischen Öffentlichkeit, die auch die kleinen Leute erreicht.

Titel: Jonathan und David, Landleute im Canton Zürich, reden über das, was
jetzt noth ist und Alle wissen müssen. Allen Cantonsbürgern geweiht,
welche ihre Zeit und ihre Pflichten kennen, 1830

Text 59:

Jonathan. Höre, David! Ich sehe die rechtschaffensten Männer zusammentreten; sie sind
sehr unzufrieden mit dem Vorschlage der Kommission des Großen Rathes in Zürich, und sagen es laut und entrüstet: daß es Zürich mit dem Lande, wie immer,
mache, das heißt, listig und herrisch. Sage mir, David! was ist an der Sache? Ich höre
wenig in unserm Dorfe. Spüren werden sie es aber Alle, wenn sie es in Zürich mit
dem Lande nicht aufrichtig und redlich meinen; dann ist es aber vielleicht zu spät!
Ich halte Dich für einen redlichen Mann. Es gilt, denk ich, Ernst; darum sage mir
die pure Wahrheit.

David. Du weißt doch, was auf Bocken und in Uster geschehen ist? Nun weißt Du auch, daß
der Große Rath in Zürich die Gesetze für das Land gibt und die Steuern bestimmt und
überhaupt für das Land wie ein Hausvater väterlich sorgen soll, wozu er auch vom Lande erwählt und ermächtigt werden wird. Nun aber denk', lieber Jonathan! Es wollen
die Züricher, nach dem Vorschlage der Commission in Zürich, fast so viel Großräthe,
als das ganze Land, ja sie wollen uns eine große Anzahl unserer Repräsentanten nicht
einmal wählen lassen, und doch sollen wir steuern und gehorsamen und im Nothfalle
Gut und Blut für den Canton opfern.

Jonathan. Das ist wirklich schreiendes Unrecht, David! Habe ich doch immer gehört, daß
Zürich bloß 8000 Seelen zähle und das ganze Land bei 200,000. Wie können sich
dann solches die Züricher erfrechen! Wie haben unsere Abgesandten an uns abfallen
und unser heilig theures Recht so ungeschickt oder unmännlich vergeben können?

David. Eben darüber sind alle Guten im Lande erzürnt und treten zusammen und wollen
es nicht leiden, und sagen: sie wollen nicht den Fluch von ihren Nachkommen auf
sich laden, die andern braven Eidgenossen müßten ja die Landleute am See, an der
Limmath, an der Töss und überall im Canton verachten, wenn wir uns so übertölpeln
und von den Zürichern anbinden ließen, – und in Zürich selbst lachen sie gewiß über
unsere Mitglieder in der Kommission. Vater Hans hat gesagt: „Sie händ's in Zürich
über dä Löffel halbirt!" Aber wir wollen ihnen bald zeigen, daß es auch noch Männer
bei uns hat.

Jonathan. Mein Gott, David! soll es wirklich Ernst werden?

David. Wir haben keinen andern Weg; Zürich ist offenbar gegen das Land und seine Rechte.
Andere Cantone können uns nicht helfen, sie haben selbst mit sich zu thun. Was das
Land will, hat es mündlich, geschrieben und gedruckt; kurz und gut gesagt: sie sind
in Zürich nicht so dumm, daß sie nicht wissen sollten, wo das Recht ist, wenn nicht
Hochmuth und Eigennutz sie ganz verblenden. Aber man sagt: es komme so vor dem
Falle, und hohe Gewalt werde nicht alt. Wie ich oft und deutlich gelesen und von den
weitesten und tugendhaftesten Eidgenossen oft gehört, so hat das Land das Recht
gemäß seiner Bevölkerung und seinem Besitze seine Volksvertreter oder Großräthe

ohne Schwänke und Ränke zu wählen, und weil vom Großen Rathe die Regierung des Landes ausgeht und dieses daher höchst wichtig ist, so halte ich vor Gott dafür, daß jeder Landmann Alles thun müsse, um sein Recht zu sichern.

Jonathan. Da hast Du meine Hand, David! Ich bin noch ein Schweizer, und halte zu Dir und zu der guten Sache des Landes. Jetzt ist's mir sonnenklar, um was es gilt, und unsere Männer haben große Ursachen, zusammenzustehen, und den Zürichern zu zeigen, daß es sich mit dem Lande nicht spaßen lasse. Wir sind, David! keine (…), die sich mit einigen Brocken begnügen. Wir sind Menschen und Bürger des Cantons, wie die Züricher; ich habe Weib und Kinder daheim; soll ich bloß für ihren Bauch sorgen, nicht auch für ihre Zukunft? Ich habe Haus und Gut; aber sie freuen mich nicht, wenn ich nicht auch ein freier Schweizerbürger sein kann. Nein, nein! den Vorrechten muß auch einmal ihre Stunde schlagen! Doch höre, David! ich kann nicht begreifen, daß Zürich, wo doch so viele sogenannte Gebildete sein sollen, so unbillig und so unklug gerade jetzt wieder gegen das Land sein kann.

David. Das ist aber ein handgreiflicher Beweis, daß sie wohl gebildet sind, aber nicht weise. Immer habe ich gehört, daß die wahre Weisheit auch gerecht und billig, umsichtig und bescheiden sei. Da kommt mir in Sinn, was der Großvater von den witzigen, aber bösen Leuten sagte: „Sie haben die Weisheit der Welt; die aber wird am Ende zu Schanden!"

Jonathan. Ja freilich, davon haben wir ja viele Beispiele. Aber eben in Zürich sagen sie: wir hätten nicht gescheidte Leute genug; sie müssen uns aushelfen, die Uebermüthigen! Letzthin wurde in einer Gesellschaft von rechtlichen vaterlandsliebenden Männern von unserer Lage freimüthig gesprochen, und es zeigte sich, daß wir auf dem Lande Männer für den Großen Rath haben, die sich ganz wohl neben die Züricher stellen können. Und dann habe ich immer gehört, daß ein Volksvertreter oder Großrath nicht etwa nur gescheidt, sondern auch rechtschaffen und tugendhaft sein müsse. Du weißt, die Leute sind gar klug und gebildet, aber höchst ausgelassen in Leben und Sitten, ohne den Glauben der Väter und daher auch ohne ihre Treue und Brüderlichkeit. Ob solchem Regiment kann auch kein Segen sein!

David. Du sprichst mir, Jonathan! aus der Seele! Ach, ich weiß wohl, was mir mein seliger Vater von den Geschichten in Wädenschweil und Stäfa und aus den alten Tagen viel erzählte. Und wie hatten wir es vor der Revolution? und wie ging es wieder seit 1814? Jonathan, Jonathan! wenn das die Gebildeten sind, die so handeln, so bekomme ich eine schlechte Meinung von solcher Bildung. Aber es ist etwas Anderes, und ihre Bildung macht sie listiger und manierlicher. Doch Tod ist Tod und Hintansetzung bleibt Hintansetzung! Wenn wir sie es machen und treiben ließen, so hätten wir es schlimmer, als zuvor; wir hätten uns die Fesseln selbst angelegt, und es ginge, wie früher. Im Großen Rathe hätten sie mit Winterthur, dessen Stellvertreter auch das Land ob ihrem Stadtwesen vergessen, die Oberhand, wählten den Kleinen Rath, den Stadtrath und so weiters. Dieser besetzte wieder Alles mit Zürichern, wie bisanhin. Zunft und Zoll und Ehehaften und aller Unrath blieben, wie zuvor; – kurz, wir wären wieder im Pflug, und die Städter hätten die Scheunen und Früchte. Sie würden jetzt freilich, um uns das einzugebende Gift zu versüßen, vieles versprechen, Manches ändern, dem Lande in Vielem Recht geben. – Aber, so wahr Gott ist, Jonathan! so lange wir nicht volksmäßig repräsentirt sind, so lange ist Alles auf Sand gebaut, nur zusammen ge-leimt. – Kurz, ohne Repräsentation keine Garantie, kein Heil! Oder willst du dich an die süßen Reden der gnädigen Herren in der Stadt halten?

Jonathan. Bewahre mich Gott! Gebrannte Kinder fürchten das Feuer. Weißt du, wie's mit den alten Versprechungen, mit den alten Documenten gegangen ist. Die Geister unserer Väter würden uns in der Ewigkeit fliehen, wenn wir ihrem Beispiele ungetreu würden.

David. Ich war und bin immer der Meinung, daß die Stadt mit einem Viertheil hinlänglich bedacht ist, und daß dabei alle Rücksicht auf ihre Männer und ihren Besitz genommen ist. Zwar hörte ich von Gutmüthigen, daß sie Zürich, wenn es freundschaftlich und brüderlich entgegen käme, einen Drittheil zugestehen, das heißt, bewilligen wollten. Aber denke dir den Gräuel! Man trug mit unglaublicher Frechheit gerade darauf an, der Stadt die Hälfte zu geben – endlich geruhten sie im Städtergeist nicht unser theu-res, liebes Land, unser gutes, biederes Volk zu bedenken, sondern Winterthur zu be-günstigen – so daß nun Winterthur und Zürich die Hälfte ausmachen sollten und das Land die Hälfte. Wie's in der Kommission da lavirend und congerirend zuging – weiß Gott – es wird an Tag kommen. Unsere Commissions-Mitglieder müssen sich verant-worten; sie konnten keine Volksrechte vergeben, dazu hatten sie keine Vollmacht. Aber die Geschichte wird sie zeichnen, wenn sie der Stadt lieber den Hof machen wollten, als das Land lieben – auch mit Verlust von Gunst und Amt! – Da lies den Commis-sional = Antrag; er lautet so:

1) Soll der Große Rath auch fernerhin aus 212 Mitgliedern bestehen;

2) Soll als Grundlage dazu dienen:

Zürich	92 Mitgl.
Winterthur	14 "
Land	106 "
Summa	212 Mitgl.

3) Das Verhältnis der directen Wahlen bleibt, wie bisher.

4) Wird eine zweite Wahlart eingeführt, und zwar nach Oberämtern mittelst Colle-gien. Die Städte Zürich und Winterthur aber werden noch besondere Wahlcollegien bliden.

Obige Anzahl Repräsentanten, im allgemeinen, einstweilen angenommenen Verhält-nisse, würden daher aus 3 Quellen componirt, nämlich:

1) Directe aus den Zünften;

2) "   "   Collegien;

3) indirecte vom Großen Rathe, und zwar so:

	Zunft	Collegien	Gr. Rath.
Zürich	26	26	40
Winterthur	5	4	5
Land	51	27	28
	82	57	73

212 Mitglieder.

Jonathan. Davor behüte uns Gott, daß wir dieses annehmen. Ich bin auf Jahren, aber mir wird das Blut heiß. Auf! Auf! Laßt uns zusammentreten, laßt uns berathen. – Ich will an meine Freunde, an meine Bekannten und Verwandten senden – thue du dasselbe auch. Erheischt es Opfer, das Meinige gehört dem Vaterlande. Auch das Ausland soll wissen, daß die alten Schweizer nicht nur in der Geschichte sind, daß sie noch leben. Wir haben Familien, doch eine größere Familie ist der Canton. Der größte Verlust ist der Verlust der bürgerlichen Rechte – für diese Alles! Nun weiß ich, was es gilt. Wehe Zürich, daß es so durch sein Benehmen das Land aufregt. – Es säet Unruhen, es ernte die Früchte. – Wir können nicht anders, wir müssen unsere heiligen Rechte schützen vor Gott und dem Vaterlande. Sie werden uns schlimme Namen geben; doch sei's da wir die gute Sache haben.

David. Die Thurgauer hatten es im Anfange auch etwas hart, doch sie blieben einig und standhaft; jetzt haben sie überwunden und erhalten eine volksthümliche Verfassung. Wir haben freilich Landbürger, welche ganz aristokratisch gesonnen sind, denen an ihren Verbindungen mit Zürich mehr liegt, als an ihrem Vaterlande, und welche furchtsam und eigennützig nur an sich denken und an die Gegenwart, nicht an ihre Landleute, nicht an die Zukunft. Wenn's Licht wird, werden sie heraus müssen, wie der Dachs aus der Höhle. Welch' Fluch der Enkel auf solchen zweischultrigen Mitlandleuten! Am schmerzlichsten ist es für uns, daß wir da, wo wir Belehrung und Ermunterung finden sollten, Abweisung und Hohn und Schwäche finden. Manche unserer Ober- und Unterbeamteten sind an Zürich gebunden, reden und handeln in Zürichs Interesse. Und nicht wenige unserer Pfarrer, geborne Zürcher, vergessen über Zürich das Evangelium, welches eben unsere heiligen Rechte stützt und weiht. Wie anders die Pfarrer anderer Cantone! Ja, lieber Jonathan! Zürich hat seine Fasern und Wurzeln weit herum, saugt weit umher ein. – Wir wissen von geheimen Correspondenzen. Die Artikel in Zeitungen und einigen Broschüren sind uns nicht unbekannt. Der brave Mann kennt nur seine Pflicht – ein muthiges Erheben und mancher Stiel kehrt sich um. Wir haben nichts zu verlieren; schlimmer kann es mit unseren Volksrechten nicht gehen – und was sie auch in Zürich auftischen, wenn wir nicht gehörig vertreten werden, mahnt es mich an ein Todtenmahl unserer theuersten Rechte.

Jonathan. Je mehr und mehr wird mir auffallend schmerzlich, daß Zürich in dieser Zeit, bei diesen Umständen so handeln konnte. Von St. Gallen weiß ich, daß die Verbesserung ihrer Verfassung beschlossen, daß aber, ehe die neue Verfassung angenommen wird, dieselbe muß dem Volke, dem Ursouverain, vorgelegt werden. Und doch ist die Verfassung im Canton St. Gallen lange nicht so bedeutend, wie bei uns, denn ihre Repräsentation ist ungleich besser, als die unsrige. Sind wir Landleute im Canton Zürich denn allein einfältige Tröpfe? Darf man uns denn so behandeln und sollen uns noch gar die Berner und Solothurner zuvor kommen? Welche Schande, David! wenn unsere Mitlandleute schlaff und taub sich blenden und einschüchtern ließen!! Nein, nein! So schlecht ist der zürcherische Landmann nicht! – Wachen wir nur, daß uns Zürich mit seinen Großraths-Sitzungen und Kommissionen nicht übereilt, sondern wir überall uns verständigen und eintheilen und dann zusammen treten. In Winterthur sind alle Besseren für uns und kennen Zürich, wie wir, und hoffen nichts von schnellen Bekehrungen.

David. Hast du denn den Entwurf zur Verfassungsänderung, gedruckt bei Gessner in Zü-

rich, die Bürgerwünsche, das Gespräch zwischen Jakob und Conrad und die Beleuchtung der Nr. 84 der Neuen Zürcherzeitung nicht gelesen?

Jonathan. Nein.

David. Hier hast du diese Schriften; lies sie auch Anderen vor; sie belehren und leiten. Und
für jetzt Lebewohl! Laß uns wirken. Wir werden uns bald freudig wiedersehen.

Quellennachweis:

Johann Jakob Leuthy, Geschichte des Kantons Zürich von 1794–1830. In zwei Bänden. *Aus
den Quellen untersucht und höchst wichtigen Mittheilungen von noch lebenden Zeitgenossen und
Augenzeugen*, dargestellt durch Johann Jacob Leuthy von Stäfa. Zweiter Band. Mit dem Portrait des Arztes Pfenninger, Sohn, von Stäfa. Zürich 1843, Leuthy's Verlagsbüreau, S. 55–61.

Kommentar:

Das Gespräch zwischen Jonathan und David ist ein weiterer fingierter Dialog, der zusammen
mit der Einladung für die Usterversammlung verteilt wurde. Er verweist wiederum auf die
Unterdrückungsgeschichte der Zürcher Landschaft. Der Text enthält tradierte Argumentationsmuster, aber auch Hinweise auf Bewegungen in anderen Kantonen. Interessant ist
die Legitimationsfigur des freien Schweizers, ein Topos, der im Kontext der Widerstandsbewegungen in der alten Eidgenossenschaft eine wichtige Rolle spielt, hier aber zusätzlich
eine naturrechtliche Ausweitung erfährt. In der Forderung, dass die Verfassung dem Volk
als „Ursouverän" vorgelegt werden müsse, treffen sich Forderungen wie das liberale Prinzip
der Volkssouveränität mit dem überkommenen Leitbild der Versammlungsdemokratie.

Titel: *Gespräch (Herr Dr. Freimann von Bürgerhein), 1830*

Text 60:

Herr Dr. Freimann von Bürgerhain kam letzten Samstag Abends auf seinem Krankenbe-
suche zu einem Patienten, wo mehrere seiner Nachbarn, theils Weber und Bauern, theils
Krämer und Professionisten, um den kleinen Tisch saßen. Nachdem der Eintretende alle
freundlich gegrüßt und nach dem Kranken gefragt hatte, erhob sich folgendes Gespräch:

Doctor. Es scheint, Ihr verbindet mit Eurem Besuche bei Felix das Lesen der Zeitungen oder
anderer Neuigkeiten!

Marx. Herr Doctor! Ich meine, es beliebe Euch zu scherzen! Sie kennen diese Blätter gewiß
von Ferne; das eine ist das Gespräch zweier Landleute vom Canton Zürich; das andere
ist der Zuruf an das biedere Volk des Cantons Zürich, und das dritte sind die Bürgerwünsche. Unser Nachbar hat sie diesen Morgen von einem Freunde am See erhalten.

Doctor. So, das ist recht von den Männern und Freunden am See, daß sie Solches uns auch
mittheilen. Ich habe gestern alle gelesen und finde sie recht schön; wenn jetzt nur die
Leute überall vernünftig sind, so wird und muß Alles besser kommen.

Heiri. Entweder muß der Herr Doctor die Schriften besser verstehen, als wir, oder er will sich im Ganzen mit Wenigem begnügen. Ich für meinen Theil verstehe daraus nur, daß es sich um's Regieren zwischen Städtern und Landleuten handelt, und um dieses gebe ich blitzwenig, ob wir dem Peter oder dem Franz bezahlen. Heut zu Tage regiert Niemand mehr umsonst, und was nichts oder doch nur wenig kostet, ist auch nur wenig werth. In der ganzen sogenannten freien Schweiz sind aber die Regierenden, besonders in früherer Zeit und auch jetzt noch, Niemanden theurer zu stehen gekommen, als uns Landbewohnern im Canton Zürich.

Doctor. Im Letztern geb' ich Euch, Heiri, vollen Beifall; aber im Erstern, daß es gleich sei, wer regiere, durchaus nicht; denn nur wegen dieser Gleichgültigkeit mußten wir das Regieren mit unseren Freiheiten bezahlen. Daher können wir, Landleute, nur in uns selbst Gewährleistung unserer Rechte finden. Dieß sagt und beweist uns leider die Geschichte. Wo ist denn der Felix? Wie geht es ihm? Was sagt er? Versteht er die Büchli auch nicht? Er ist doch sonst nicht so gar ung'merkig!

Sali. Es hat ihm, seit er die Büchli kennt, von Stund zu Stund gebessert! Er ist ob seinem Kasten und sucht unter seinen Büchern ein altes Chronikli, woraus er uns etwas aus der alten Geschichte vorlesen will, wahrscheinlich von den Begebenheiten von 1489, 1646, 1794 und 1795; allein wir sagten so eben zusammen: das Papier habe vor Altem so gut, wie jetzt, auf sich drucken lassen, was man wollte, und darum hätten die, so die Büchli machten, auch darin stellen sollen, wie es im Ganzen kommen müsse und die welschen Wörter deutsch setzen, damit Unserein, der in der Schule kaum lesen lernen konnte, es auch verstehen würde.

Felix. Guten Abend, Herr Doctor! Ich habe Euere Stimme gehört und gedacht: jetzt brauch' ich meine Chronik nicht. Herr Doctor wissen schon meinen Nachbarn und mir das Ding alles besser zu sagen und sowohl über die in den Büchlenen angeführten Jahreszahlen, als auch über die welschen Wörter Auskunft zu geben. In den Bürgerwünschen heißt es z.B. im Anfange: Das Land werde im Großen Rathe so repräsentiert, daß dasselbe in Folge der Repräsentation zu keiner Zeit und unter keinerlei Umständen könne in seinen Rechten gehemmt werden; gleiche Vertheilung der Lasten nach dem Maßstabe der Gerechtigkeit und Billigkeit, aber auch ebenso gleiche Theile an allen Vortheilen, welche die Gesetze und der Staatshaushalt geben; dadurch sind factisch alle Privilegien, Monopole, Kasten ec. aufgehoben. Allein, Herr Doctor! Wenn ich in meinem Wörterbuche, das Ihr mir geschenkt habet, meinen Nachbarn Schwarz auf Weiß zeige, dass repräsentirt: vorstellen oder vertreten; Repräsentation: Vorstellung, Vertretung; factisch: thatsächlich; Privilegien: Vorrechte; Monopole: Zwangsrechte, die Befugniß, irgend einen Handel oder Erwerb ausschließlich und allein zu treiben; Conjunctionen: Verbindungen, Verhältnisse, – Alles so und nicht anders heiße; so haben sie, weil sie es selbst nicht lesen können, keinen Glauben. Darum ist der gemeine Mann so mißtrauisch, und um so mehr noch, weil kein Wort von dem, was diese und meines Gleichen eigentlich druckt, frisch herausgesagt wird.

Marx. und alle Anderen mit: So, gut Felix! Eben das ist's, Herr Doctor!

Doctor. Hört, Ihr lieben Männer: Verbannet Euer Misstrauen und glaubet mir, alle diese hier liegenden Schriften sind so gut fürs Land und das Allgemeine geschrieben, dass, nach meinem Dafürhalten, wohl nichts Besseres gemacht werden kann; allein sowie ich auf meinen Wanderungen in allen Gemeinden, wo ich Kranke besuche, merke, geben sich die Reicheren und Erfahrenen Mühe, wie Felix, die Leute zu belehren und ihnen überdieß zu beweisen, dass besonders den Reicheren daran liege, dass hauptsächlich das, was den gemeinen Mann drückt, abgeschafft werde. Dieses könnt Ihr auf dem Wege erzwecken, den man Euch Allen bald zeigen wird; und ich hoffe, es werden Euch auf demselben weder fremde Wörter noch Menschen mehr anstößig sein, eben so wenig, als meine jetzige Unterhaltung mit Euch.

Die Büchli kommen, wie es darauf steht, vom See und sind gewiß gut; aber dagegen will man Euch und Euersgleichen in der Stadt glauben machen, die Männer am See wollen nur regieren. Dieß ist bei Gott Verleumdung und falsch! Die Leute am See sind zu thätig und zu berufslustig, als daß sie so gerne regieren möchten. Sie bilden auch, so zu sagen, alle ihre Söhne für ihre Berufe, nicht zum Regieren; sie sind aber überzeugt und fürchten nicht, es auszusprechen daß, so lange wir nicht ⅔ zum allermindesten, oder Zwei ab dem Lande und Einen aus der Stadt, oder im Ganzen 140 ab dem Lande und 70 aus der Stadt im Großen Rathe haben, so lange habe das Land keine Bürgschaft seiner Rechte und Freiheiten.

Darum heißt es in dem Büchelchen: „Ihr Männer u.s.w." Man lese die Geschichte, welche ich Euch so geschwind als möglich verschaffen werde, und Ihr werdet in Kurzem über Vieles belehrt sein, auch finden, daß die Freunde am See, nicht ohne Ursache, eine große Anzahl Männer vom Lande in den Großen Rath wünschen. Erst seit 1814 besteht das Mißverhältniß von ⅗ aus der Stadt und ⅖ vom Lande so zum offenbaren Nachtheile, das doch ¾ an Alles bezahlt und bei Vaterlandsgefahr die Soldaten allein gibt. Ich habe schon über das Militär mit Euch, Felix, Heiri und Marx, gesprochen und die Caserne für Euere Söhne eine Schule des Verderbens nennen hören. Auch hörte ich Sali und Caspar über das Stierengesetz und die Advokatenordnung klagen, und Johannes und Conrad beschwerten sich über den so ärgerlichen Zunftzwang, zwar nicht so fast über die bestehende Ordnung, als vielmehr über das Rechnungswesen und das Verfressen des so sauer zusammengelegten Geldes. Ach, und im Allgemeinen hört man nichts, als Klagen über die kopfsteuer-ähnliche Abgabe, den Montirungsfranken und die Landjägersteuer, so wie über den Jagdbann im Sihlwald und dem Rafzerfeld, deßgleichen über die neu eingerichtete Wirthschaftsabgabe ec. Ihr guten Freunde! Ihr habt alle von Zeit zu Zeit, wenn Euch auch keine körperlichen Leiden quälten, mir Euere anderweitigen häuslichen Verhältnisse anvertraut. Ich nehme mich gern Euer an; denn Jeden von Euch kenne ich als einen rechtschaffenen Mann. Zu diesem so höchst wichtigen Zeitpunkte aber mache ich es mir zur heiligsten Pflicht, was in meinen Kräften steht, für Euch zu thun. Ich fürchte Niemanden. Mein Alles, selbst mein Leben will ich für das allgemeine Beste, für unser Aller Freiheit, mit meinen Freunden am See opfern, wenn es die Umstände erfordern werden.

Heiri. Herr Doctor! zählt auf unsere und jedes rechtlichen Mannes Hülfe, wenn solche nöthig ist. Ruft uns, sei es Tag oder Nacht, und wir werden Euch wie einem Vater folgen.

Alle. Schön, Heiri! Das ist ganz aus unserm Herzen gesprochen, nur hättest Du sagen sollen: wie einem lieben und guten Vater.

Felix. Nun bitte ich euch, Herr Doctor! helfet den Gesunden so gut und gerne zur Freiheit und von dem Drucke, als Ihr den Kranken bei körperlichen Leiden helfet, und Gott wird Euch und Euere Nachkommen segnen.

Doctor. Es gereicht mir zum wahren, innigen Vergnügen, Euch, Ihr braven Männer! So frei und offen und so bewegt reden zu hören, und daß Ihr mich so ganz zu Euerm Vertrauten in allen Euern Anliegen machet. Ich trage keinen Augenblick Bedenken, Euch sogleich von meinem Gegenzutrauen den vollkommensten Beweis mit dem, was ich Euch nun sagen werde, zu leisten. Gott wird Euch und mir Kraft geben, es dahin zu bringen, dass man bei uns im Allgemeinen einmal Zutrauen in unsere Freunde am See fasst, die uns schon seit bald 40 Jahren immer vergebens zuriefen: Wollt Ihr nicht mit uns freier sein? Wollt Ihr nicht die Anno 1814 uns neuerdings durch Gewaltstreiche geraubten heiligen Rechte mit Nachdruck und im nöthigen Fall mit aller Kraft von Denjenigen fordern, die uns und unseren Nachkommen dieselben noch länger vorzuenthalten so geflissen sich bestrebten? Ihr werdet nun aus der Geschichte, die ich Euch innert einer Stunde verschaffen kann, namentlich aus derjenigen von 1794 und 1795, entnehmen können, warum die Leute am See, und besonders die angesehenen Männer, den Kampf gegen die Regierung oder die Städter nicht mehr so leicht allein, ohne daß wir in den anderen Theilen des Cantons auch thatsächlichen Antheil nehmen, aufnehmen wollen. Was ich jetzt Euch erzählen werde, wird Euch, nach dem zu schließen, was ich von Euch schon gehört habe, auch unsern lieben Freunden am See mit Leib und Seele zugethan machen. Wir sind hier allein, und ich fordere von Euch, mir nur so lange Verschwiegenheit zu geloben, bis ich Euch sagen kann, was nun vor Allem Noth tut. Ich war letzten Dienstag in einer kleinen Versammlung guter Freunde am See; wir unterhielten uns über die jetzigen Verhältnisse der Schweiz zum Auslande, so wie über unsere Cantonsangelegenheiten. Kein Einziger war unter uns, der sich deswegen nur im Mindesten fürchtete. Jeder ist bereit, den Ehrenkampf für Freiheit und Vaterland gegen auswärtige oder einheimische Feinde zu kämpfen. Keinem ist für diese erhabenen Güter ein Opfer zu schwer. Es war aber auch Keiner unter uns, der von der jetzt in Zürich sitzenden Commission der Einundzwanzig etwas Gutes, höchstens etwas Halbes, erwartete.

Die jüngeren Männer der Gesellschaft waren mit mir der Meinung, daß das ruhige Harren für Regierung und Volk gefährlicher sei, als Erstere wähnen, am gefährlichsten aber für unsere Freiheiten. Alle stimmten für einen kräftigen, entscheidenden Schritt. Da erhob sich von seinem Stuhle ein bis dahin ganz stille gebliebener Mann, der in großem Ansehen steht, und wünschte, sich auch über diesen Gegenstand zu äußern, vielleicht seien seine Worte geeignet, der Sache eine ernstere Wendung zu geben, als man da beim Schöppli es nothwendig oder dringend glauben möchte. „Ich ehre", sagte er, „Euere Gesinnungen schon darum, weil ich ganz diejenige, die ich schon vor mehr als 30 Jahren hegte, darinnen erkenne. Die Eurigen gründen sich mehr auf guten Willen, als Erfahrung, und darum halte ich es für meine heiligste Pflicht, wenn gleich Euch Allen meine Geschichte schon bekannt ist, dieselbe Euch in Erinnerung zu bringen. Dadurch hoffe ich, nicht nur auf Euere Gesinnungen, sondern auch auf Euere Handlungsweise in einer so wichtigen Angelegenheit wohlthätig zu wirken. Ich (fuhr er fort) sah mit eigenen Augen die Begebenheiten von 1791, 1795, 1798, so wie 1802 und 1804. Wenn es gut ging, lobte man in den übrigen Theilen des Cantons die Leute am See; fehlte es hingegen, so folgte nebst der schrecklichen Strafe der Regierung noch der Spott der anderen Landbewohner. Von dieser Zeit an sah ich bis 1812 schon Manches, das mir von Zürich keine gute Meinung beibrachte. Nun erschien 1813 und 1814. Tausende, die damals mit mir für Erhaltung der schweizerischen Neutralität ihr Blut gewagt hätten, wurden durch die listigen Kunstgriffe des Comites in Waldshut an der Erfüllung ihrer Pflicht, an die Grenzen zu eilen und die dort aufgestellten Söhne des Vaterlandes mit aller Kraft zu unterstützen, gehindert. Statt dessen wurden Jene auf die schamloseste Weise durch ihre Obern von den Grenzen hinweg gebübelt und ins Innere zurückgeführt, damit unter den Bajonetten der hereingelockten Alliirten Deutschlands gegen Frankreich die damalige Verfassung aufgehoben werden könne, und dieß nur darum, weil diese unserer Freiheit Schutz gewährte, durch den verhält-nismäßigen Antheil der Repräsentation (das Land hätte nämlich vier Mitglieder im Großen Rath, wo die Stadt eines). Damals verschmähte man keine Mittel; wo List und Trug nicht genügten, das vollendete Lug und Verrath, und eine abscheuliche He-rabwürdigung ertrugen mit uns Männern am See alle Bewohner des ganzen Cantons! Ferne sei dennoch die mindeste Rache von uns; ferne aller Hader. Lasset uns lieber über die Ereignisse von 1813 und 1814, sowie über alle früheren Geschichten den Schlei-er der Vergessenheit werfen! Betrachten wir die Gegenwart! Wenn das Benehmen der Stadt, mit ihren ⅗ Repräsentation seither zunehmend, in allen Beziehungen immer unbilliger geworden, so war dieses bloße Folge des knechtischen Schweigens unserer, wenn auch nur ⅖ Repräsentanten ab dem Lande, das sich auf den größten Theil der Bewohner des Cantons verpflanzte. Es schien den meisten dieser Repräsentanten nur ihr eigenes Ich am Herzen zu liegen, und nur die weitaus kleinere Zahl derselben, die sich, nur gezwungen, in diese immer fürchterlicher werdende Lage schickten, denen das Herz noch seit 1814 blutete und nie heilen wollte, sahen mit Freuden in den Juli-Tagen die Ereignisse in Paris vor sich gehen; denn ein so großes Vorspiel, wie dieses, die Verstoßung eines Königs, der über 32 Millionen Menschen herrschte, denen er ihre Rechte schmälern wollte, musste geeignet sein, den größten Theil unseres Volkes aus seinem Schlummer zu wecken, und ich gestehe Euch frei und offen, furchtbar, ja ge-fahrdrohend ist die Mehrzahl von demselben erwacht. Es ist demnach jedes rechtlichen Mannes heilige Pflicht, dasselbe leitend, offen und frei zu behandeln; damit aber das, was das Allgemeine von der Regierung zu erhalten wünscht, nicht wie früher, allein vom See ausgehe, so verlange ich von dem hier, anwesenden Herrn Doctor R. R. von Bürgerhain, dass er ungesäumt in seine Heimath, in die redliche Gegend unsers Can-tons, zurückkehre und mit einer Anzahl angesehener Männer von Einfluß und Ver-mögen (nur keine Beamten) sich berathe. Zeigen sich diese gleich geneigt, wie er, wie es in einer so hochwichtigen Sache erforderlich ist, so soll er dann mit diesen Männern uns den Tag und Ort eines Zusammentreffens bestimmen.

Das Alles habe ich mit Freuden befolgt und vorläufig mit mehreren Freunden, die mich begleiten werden, alle die Punkte entworfen, die dieser Versammlung, welche den 19. Nov. Statt finden soll, zu reiferer und ernsterer Berathung vorgelegt werden.

Damit Ihr nun von Allem in Kenntniß gesetzt werdet, so will ich Euch, weil morgen schon eine Zusammenkunft von etwa Fünfzig aus vielen Gegenden des Cantons in Stäfa Statt finden soll, alle die Punkte, über die Abänderung und Abhülfe Im Allgemeinen, die seit Jahren gewünscht werden, vorlesen. Werde nun aus der Sache etwas oder nichts, ich weiß, dass ich es mit ehrlichen Männern zu thun habe, die in ersterm Falle handeln und in letzterm, der nicht denkbar ist, schweigen können."

So hört nun:

Die für bessere Freiheit sich fühlenden Bürger aus allen Gauen des Cantons versammeln sich bald möglich an einem bestimmten Tage, z.B. in Uster, und erklären fördersamst dem Kleinen Rathe, zu Handen des auf den 25. Nov. eingeladenen Großen Rathes, der das elende Machwerk der XXIer Kommission prüfen und in Kraft setzen will: Das Volk anerkennt den jetzigen Großen Rath nicht als berechtigt, seine Verfassung in Viel oder Wenig zu ändern, noch viel weniger die Anzahl der Mitglieder zu bestimmen, welche das Land in Zukunft in der Repräsentation haben soll. Das Volk will nun einmal Garantie seiner Rechte und glaubt diese nur in seiner 1804 beschwornen Verfassung, wenn diese die erforderlichen Abänderungen erhalten haben wird, zu finden. Das Volk will ferner: Abschaffung der Lasten, die besonders den ärmeren Classen drückend find.

Es ist der Bürgerschaft der Stadt Zürich überlassen, nach eigenem Gutdünken 60 Mitglieder in den neuen Großen Rath zu wählen. Dagegen wählt das Land in seinen 52 Kreisen 120. – Diesen 180 Mitgliedern kommt dann zu, die übrigen 32 zu ⅓ von der Stadt und ⅔ vom Lande zu wählen. Von diesen 212 neu gewählten Großräthen verlangen wir nachstehende Gegenstände entweder gänzlich aufgehoben oder wo dieses nicht möglich sein sollte, merkliche Erleichterung, als:

1) Aufhebung des Casernendienstes, dagegen Instructionen in den Quartieren.
2) Bedingte Entlassung vom Militärdienste mit Ende des 30sten oder Antritt des 35sten Altersjahres, ohne dem Wehrstande Abbruch zu thun.
3) Aufhebung der Landjägersteuer und Verminderung dieses Corps; ihre Officiere seien die Behörden, nach einem Reglement für den Polizeidienst.
4) Aufhebung des Stierengesetzes, mit Beibehaltung der Prämien, weil der Fond von einer Abgabe der Viehbesitzer allein stammt.
5) Aufhebung der Portenzölle durch Loskauf.
6) Aufhebung des Zunftzwanges, so weit solcher das Erlernen, so wie das Betreiben der Professionen erschwert.
7) Aufhebung der Jagd = und Fischerpatente, mit Beibehaltung strenger Bannzeit, nach derjenigen der Nachbarstaaten und Cantone bestimmt.
8) Aufhebung der jetzigen Advocatenordnung.
9) Trennung der Gewalten im Staate durch alle Stufen.
10) Vorschlag der Amtsrichter, durch Wahlcorps.
11) Freie Wahl der Gemeindammänner, Gemeindraths = Präsidenten und Friedensrichter gleich der der Gemeinderäthe.
12) Erleichterung des Zehntenloskaufs und des Grundzinses.
13) Preßfreiheit als Staatsgrundgesetz.

14) Unbedingtes Petitionsrecht.

15) Oeffentliche Verhandlung des Großen Rathes.

Quellennachweis:

Johann Jakob Leuthy, Geschichte des Kantons Zürich von 1794–1830. In zwei Bänden. *Aus den Quellen untersucht und höchst wichtigen Mittheilungen von noch lebenden Zeitgenossen und Augenzeugen*, dargestellt durch Johann Jacob Leuthy von Stäfa. Zweiter Band. Mit dem Portrait des Arztes Pfenninger, Sohn, von Stäfa. Zürich 1843, Leuthy's Verlagsbüreau, S. 66–73.

Kommentar:

Dieses Flugblatt enthält einen Forderungskatalog, der über hundert Gemeindevertretern in der Krone von Stäfa zur Genehmigung vorgelegt wurde, und ein Lehrgespräch mit der Zielsetzung, der breiten Bevölkerung die abstrakt klingenden Forderungen zu vermitteln. Bei einem Krankenbesuch trifft der Arzt Dr. Freimann auf Personen aus der unteren Gesellschaftsschicht: Weber, Bauern, Professionisten, Krämer. Diese beklagen sich über die unverständliche Sprache der liberalen Pamphlete und über die komplizierte Begrifflichkeit. Am Beispiel des Begriffs „Repräsentation" erläutert Dr. Freimann seinen Zuhörern den Zusammenhang zwischen einer besseren Vertretung der Landschaft und der Beseitigung der drückenden Auflagen. Zugleich versucht er Vorbehalte der ärmeren Landbewohner gegenüber der Wirtschafts- und Bildungselite der Seegemeinden zu entkräften. Das Flugblatt ist ein didaktisch geschickt gestaltetes Propagandainstrument der ländlichen Führungsschicht.

Titel: Ansichten und Vorschläge in Betreff der Verfassung und ihrer Veränderung. Von mehrern Kantonsbürgern, Zürich 1830

Text 61:

Dies ist der Entwurf eines Memorials, wie er seiner Zeit dem Publikum zugedacht war, mit Weglassung dessen, was einem Memorial hinsichtlich der Form eigen ist.

Die Verfassung, unter der wir seit 1814 gelebt haben, ist nie den Bedürfnissen und der Bildungsstufe, also auch nie dem Willen des Volkes angemessen gewesen; sie hatte sich schon am Tage ihrer Geburt überlebt. Fern sey es von uns, hiermit irgend einen Vorwurf aussprechen zu wollen; jene Verfassung war ein Werk der Gewalt, das haben alle Vaterlandsfreunde in der Stadt sowohl, wie auf dem Lande schmerzlich gefühlt: aber es erklärt sich daraus, wie natürlich ja nothwendig sehr bald der allgemeine Wunsch entstehen musste, eine Verfassung geändert zu sehen, die nicht ein Vorschritt sondern ein Rückschritt in der politischen Entwickelung des Volkes gewesen ist, und in der That seit ihrem Daseyn wesentlich den Volksgeist gelähmt hat; es erklärt sich daraus, wie natürlich ja nothwendig jener Wunsch in einem günstigen Zeitpunkte sich laut und bestimmt aussprechen musste, wie gerecht und tief begründet also das jetzige allgemeine Verlangen nach einer Aenderung unserer Verfassung ist.

Ueberzeugt, daß jeder Bürger und zumal in einem Freystaate ein Recht habe, seine Meinung zu geben über die Angelegenheiten seines Vaterlandes, tragen wir hiermit unsere Meinung öffentlich vor: 1) Ueber die Art und Weise, wie die Aenderung der Verfassung zu Stande zu bringen wäre, und 2) über die Veränderungen selbst, welche uns die Verfassung zu bedürfen scheint.

I. Was erstens die Art und Weise betrifft, wie die Aenderung der Verfassung zu bewerkstelligen seyn möchte, so fühlen wir uns aus Gründen des Rechts gedrungen, auf den Weg hinzuweisen, auf welchem nach unserm Dafürhalten allein in einem Freystaate eine Verfassungsänderung vorgenommen werden sollte.

In allen wahren Freystaaten nämlich ist die Verfassung nur ein Werk des Souveräns d. h. des Volkes. Die Stellvertreter des Volks sind also nicht selbst der Souverän. Sie haben von dem Volke den Auftrag erhalten, in Gemäßheit und nach Vorschrift der Verfassung zu handeln, sie haben aber nicht den Auftrag erhalten, die Verfassung zu ändern, sonst wären sie selbst der Souverän und könnten nach Belieben den Freystaat in eine Monarchie verwandeln. Soll mithin in einem Freystaate die Verfassung selbst gändert werden, so könnte das nur allein durch das Volk geschehen; es allein hätte das Recht dazu, und sollten Abgeordnete des Volkes dies in seinem Namen thun, so müssten sie von ihm die förmliche und ausdrückliche Vollmacht dazu erhalten haben.

Nach unserer Ansicht käme also dem bestehenden Gr. Rathe, zumal den indirekten Mitgliedern desselben das Recht nicht zu, die Verfassung selbst zu ändern. Dagegen läge demselben unzweifelhaft ob, die schicklichen Einleitungen zu treffen, damit von der Gesammtheit der Staatsbürger aus, in den Zunftversammlungen je die Verständigsten und Besten wo sie immer im Kanton wohnen möchten, zu besondern Abgeordneten gewählt würden, welche alsdann in geeigneten Versammlungen den Willen und die Meinung des Volkes über die Aenderung der Verfassung vernehmen und von ihm den Auftrag erhalten würden, diesen Willen und diese Meinung gesetzlich geltend zu machen. Hierbey verstände sich von selbst, daß auch direkte und indirekte Mitglieder des Gr. Rathes zu solchen Abgeordneten erwählt werden könnten.

Die Gesammtheit dieser Abgeordneten würde sodann auf Geheiß des Volkes, entweder selbst die Aenderung der Verfassung vornehmen, oder dem Gr. Rathe die schriftliche Willenserklärung des Volkes über diese Aenderung übergeben, also daß der Gr. Rath, nach Vorschrift dieser Willenserklärung, als der festen Grundlage und Richtschnur, woran er sich zu halten hätte, die neue Verfassung entwerfen und dann dem Volke zur Genehmigung oder zu Verwerfung vorlegen würde. So ginge nach unserer Ansicht, die neue Verfassung wirklich aus dem Willen des Volkes als des Souveräns hervor.

Diesen legalen Weg einer Verfassungsänderung wünschen wir aber nicht bloß aus Gründen des Rechts, sondern auch aus Gründen der Klugheit. Denn ein Hauptpunkt dieser Aenderung betrifft unstreitig das gerechte und nicht widersprochene Verlangen des Landvolks, daß die bisherige Zurücksetzung desselben in politischen Rechten gegen die Stadt in Zukunft aufhöre. Welche Hoffnung ist vorhanden, daß dieser Wunsch erfüllt werde, wenn der bestehende Gr. Rath darüber enscheidet? Der Gr. Rath enthält gegen 140 Bürger aus der Stadt; diese bilden also die überwiegende Mehrheit desselben. Gesetzt nun der Gr.

Rath entwürfe aus eigener Befugniß die Grundzüge der neuen Verfassung, dann wird diese Majorität, eben weil sie Majorität ist, alles entscheiden. Wird sie dann aber nicht die Partey der Stadt ergreifen? Wird sie nicht die bisherige Zurücksetzung des Landes auch in die neue Verfassung hinübertragen? Dann haben wir nichts gewonnen; ja wir sind schlimmer daran als vorher, weil unsere Zurücksetzung dann aufs Neue für eine lange Zukunft hinaus beschlossen ist. Nur allein auf jenem vorgeschlagenen Wege haben wir, nach unserer Ansicht, etwas zu hoffen; das allein wäre die dem Wesen eines wahren Freystaats entsprechende Art, wie hier nach unserer Ueberzeugung gehandelt werden sollte.

Allein wir sind weit entfernt, diese unsere Ansicht irgend jemand aufdringen, viel weniger dem bestehenden Gr. Rathe die verfassungsmäßige „Ausübung der Souverainetätsrechte" in Zweifel ziehen oder schmälern zu wollen. Es mußte aber dieses höchste Volksrecht, das allen wahren Freystaaten gemeinsam ist, ans Licht gezogen werden, damit dasselbe bey uns nicht mehr wie bisher, blos stillschweigend zugegeben werde, sondern bey Aenderung der Verfassung in Berücksichtigung fallen möge[*]

II. Wir tragen nun zweytens unsere Ansichten über die wesentlichsten Veränderungen vor, die unsere Verfassung zu bedürfen scheint.

In der jetzt bestehenden Verfassung erblicken wir drey große Mängel, in welchen alle andern ihren Ursprung haben; wir erblicken

a) das Land in einem unnatürlichen Rechtsverhältniß zur Stadt
b) den Gr. Rath in einer seiner Bestimmung zuwiderlaufenden untergeordneten Stellung,
c) den Kl. Rath mit einem gleichfalls seiner Bestimmung widersprechenden Einfluß auf den Gr. Rath und auf die richterliche Gewalt bekleidet.

Wir wünschen also, daß

a) das Land in ein naturgemäßes rechtliches Verhältniß zur Stadt gesetzt werde,
b) der Gr. Rath diejenige Stellung empfange, die seiner Bestimmung entspricht,
c) der Kl. Rath nur mit derjenigen Macht bekleidet sey, welche mit einem freyen republikanischen Staate vereinbar ist.

Auf diese drey Hauptstücke beziehen sich alle einzelne Wünsche, die wir in folgendem vortragen.

Ehe wir jedoch in dieselben eintreten, können wir zuvor einige bedeutende Mängel schon in den „allgemeinen Grundsätzen" an der Spitze unserer jetzigen Verfassungsurkunde nicht ungerügt lassen. Der Grundsatz „daß alle Bürger an politischen Rechten gleich sind," ist in § 2. nur auf eine ausweichende und bedingte Art ausgesprochen, der Grundsatz aber, „daß die Souveränetät in der Gesammtheit aller Bürger ruht, und daß allein aus dieser Quelle alle

---

[*]   In der ersten Fassung heißt es ferner: jede andere Art der Verfassungsänderung halten wir für revolutionär, weil sie den Grundsätzen eines Freystaats widerspricht. Man vergleiche hierüber: Bornhauser über die Verbesserung der Thurgauischen Staatsverfassung, S. 29, 30. – Aargauische Bittschrift an den Gr. Rath. S. 7, 11, 15 – Ueber die Zusammensetzung des Gr. Rathes in den Kantonen mit repräsentativer Verfassung. S. 7 u. ff. – Basler Mittheilungen v. 2. Sept. 1830. – Schweiz. Beobachter v. 11. Juno und 8. Okt. 1830 ec.

Staatsgewalt fließt", ist ganz verschwiegen. Selbst die „Gleichheit vor dem Gesetz" in Absicht der „bürgerlichen Rechte" ist in § 3. nur in einem höchst eingeschränkten Sinne, welcher sogar die Wiederkehr der Priviliegien zulässt, anerkannt. Sodann fehlt auch der Grundsatz, wodurch vorzüglich die persönliche Freyheit des Bürgers gesichert ist, „daß kein Bürger, in keinem Falle, seinem zustehenden Gerichte entzogen werden kann, und namentlich daß in keinem Falle ein außerordentliches Gericht eingeführt werde" – wie weiland im Jahr 1804. Endlich müssen wir, gemahnt durch das Jahr 1813, den Grundsatz der Verfassungsurkunde einverleibt wünschen, „daß jedes Einrücken auswärtiger Truppen (Oestreicher, Franzosen u.s.w.) beyde Bundesauszüge und das ganze Volk zu augenblicklicher Waffenergreifung und Abwehr verpflichte. Thut in solchen schweren Fällen die vollziehende Behörde in Betreff der nötigen Anordnungen nicht vollständig ihre Pflicht, oder ist sie mit dem Feinde einverstanden, so treffe sie die Strafe des Hochverraths. Das Volk aber seye berechtigt, durch seine Repräsentanten eine provisorische Regierung zu ernennen." Wir wünschen also, daß diese wichtigen Wahrheiten, auf welchen jeder Freystaat beruht, klar, bestimmt und unbedingt ausgesprochen werden.

Wir gehen nun zum Einzelnen im Verfassungswerke selbst über:
1) Die Zurücksetzung des Landes in politischen Rechten gegen die Stadt zeigt sich vorzüglich in dem ungleichen Repräsentationsrecht. Denn was andere Beschwerden betrifft, z.B. die bis hierher vorherrschende Berücksichtigung der Stadtbürger bey Besetzung aller wichtigen Aemter, den starken Eingangszoll in die Stadt und Anderes; so hegen wir die gerechte Hoffnung, daß mit der verbesserten Verfassung und der steigenden Kultur des Landes diese Uebel verschwinden werden. Jenes Mißverhältniß der Repräsentation aber betrifft das innerste Wesen der Verfassung selbst. Die 10,000 Bewohner der Stadt geben 130, die übrigen 190,000 Bewohner des Landes nur 82 Mitglieder in den Gr. Rath! Vor einem solchen Mißverhältniß verschwindet selbst der Schatten eines Freyststaats. Nach allem was in den öffentlichen Blättern und in besondern Schriften über diesen Gegenstand gesagt worden ist, sind wir der festen Ueberzeugung, daß die Landschaft das Recht habe, wenigstens zwey Drittheile der Repräsentation anzusprechen. Wollte man allein den Begriff der politischen Rechte, woran alle Bürger gleich sind, ins Auge fassen; so würde die Repräsentation nur nach dem Maßstabe der Bevölkerung vertheilt werden, wie im Kanton Aargau und in andern Kantonen und den meisten fremden Repräsentativstaaten; es würde mithin die Stadt nur 1/20 der Repräsentanten zu wählen haben. Allein wir wollen dem größern Vermögen, der höhern Kultur der Stadt Zürich und dem Umstande, daß sie Kantonalstadt und der Mittelpunkt aller Landesgeschäfte ist, billige Rechnung tragen, ihr ein Drittheil der Repräsentation einräumen und mit zwey Drittheilen zufrieden seyn, mit dem Vorbehalte jedoch, daß dieses Verhältniß in Zukunft mit dem Steigen der Kultur und des Reichthums des Landes sich mehr und mehr ändere. Wollte man dem Lande diese ⅔ nicht gönnen, so könnte man das nur damit rechtfertigen, daß man die 190,000 Landbewohner, als Wesen die an politischen Rechten tief unten gleichsam auf der letzten Stufe stünden, die 10,000 Stadtbewohner aber, als Bürger des ersten Ranges betrachtete, mithin den Letztern wahre politische Privilegien einräumte. Diese Behauptung hat man in der That in öffentlichen Blättern aufgestellt, und sie auf einen vorgeblichen ungeheuern Unterschied der Bildung

gestützt. Sollten aber wirklich 190,000 Bewohner des Landes nicht im Stande seyn 140 Männer von Einsicht in die Interessen und Liebe zum Wohl des Vaterlandes – denn darum allein handelt es sich hier und nicht um Gelehrsamkeit – in den Gr. Rath zu schicken? Dann wäre unsere Lage in der That trostlos. Aber angenommen, wiewohl nie zugegeben, daß wir in einer solchen Barbarey lebten: gibt es ein anderes Mittel politische Einsicht und Bildung in dem Bürger zu entwickeln, als dadurch, daß man ihn an den öffentlichen Angelegenheiten, an dem Wohl und Wehe seines Vaterlandes theilnehmen läßt? Wer uns unter dem Vorwande „Wir seyen nicht reif" von dem Genuß unserer politischen Rechte ausschließen wollte, der würde nichts anderes sagen, als: „ihr sollt ewig unreif und unmündig bleiben" – die schmählichste Unterdrückung und tiefste Herabwürdigung, zu der man nur den Menschen im Staate verdammen kann.

Wir wünschen daher, daß das Land aus seiner bisherigen Hintansetzung befreyt und ihm wenigstens ⅔ der Repräsentation als volles Recht zuerkannt werde.

2) Was zweitens die Wahlart und Wahlbedingnisse der Repräsentanten betrifft, so müssen wir zuvörderst bemerken, „daß wir nur die direkt gewählten großen Räthe für wahre Bevollmächtigte des Volkes halten können, und mithin auf allmählige gänzliche Abschaffung der indirekten Wahlen dringen müssen."

Es scheint uns widersinnig, daß Bevollmächtigte von jemand anders gewählt werden können als von demjenigen, dessen Angelegenheiten sie besorgen. Die Gr. Räthe sind aber die Bevollmächtigten des Volkes; wer anders als das Volk kann ihnen die Vollmacht geben, wer anders kann sie wählen? Zudem lehrt uns die eigene Geschichte, daß in den indirekten Wahlen, oder mit andern Worten, in der Selbstergänzung der Gr. Räthe ein Hauptgrund von dem Verfalle der Freystaaten unsers Vaterlandes liegt; das Volk verlor allmählig sein Wahlrecht und seine Macht. Sollen uns die Lehren der Vergangenheit nicht weiser machen für die Zukunft?

Nach unsrer Ansicht müssten also die direkten Wahlen als die Grundregel betrachtet werden und zwar so, daß eine jede Zunft, nach Maßgabe ihrer Bevölkerung, einen oder einige Repräsentanten aus ihrer Mitte oder auch aus einer andern Zunft, wo sie Männer findet, denen sie ihr Vertrauen schenkt, zu wählen berechtigt wäre. Dadurch würde Einheit und Vertrauen alle Theile des Landes zu einem Ganzen verbinden.

Die Wahl der Zunftpräsidenten sollte von den Zünften selbst geschehen und nicht vom Kl. Rathe, weil sonst sehr leicht ein steter Einfluß der Regierung auf die Wahlen entstehen könnte.

Beyläufig bemerken wir, daß, wie es in der Mediationszeit gewesen ist, es einem jeden Bürger erlaubt seyn sollte, in der Zunft wo er wohnt, wenn er auch nicht Gemeindsbürger derselben ist, sein Wahlrecht auszuüben. Die bisherige Beschränkung in dieser Hinsicht durch § 10. der Verfassung ist eine wahre Schmälerung der politischen Rechte, weil gar mancher Bürger durch Handel und Gewerb in einer andern Zunft zu wohnen gezwungen wird, als wo er Gemeindsbürger ist.

Der einzige haltbare Grund, den man für die indirekten Wahlen anführen kann, und der auch wirklich angeführt worden ist, ist folgender: es gibt viele tüchtige Bürger, sagt man, welche trefflich geeignet sind, die Pflichten der Repräsentanten zu erfüllen, und die dennoch den Zünften unbekannt sind und deswegen von ihnen nicht gewählt werden; man muß sie also durch den Gr. Rath wählen lassen. Dieser Grund gilt allerdings noch für die Gegenwart; er wird aber immer mehr verschwinden, je mehr durch die Freyheit der Presse alles, was im Staate vorgeht, und ausgezeichnete Männer, die in ihm wohnen, dem gesammten Volke bekannt werden, je mehr durch die Freyheit der Presse und durch die verbesserte Verfassung eine innige Mittheilung und Berührung aller Bürger statt findet. Deshalb sind wir nicht entgegen, wenn ein kleiner Theil von indirekten Wahlen etwa 20 für das Land und eben so viel für die Stadt für jetzt noch bleibt; aber wir können diese Wahlart nur als eine Uebergangsanordnung betrachten d. h. wir müssen wünschen, daß sie immer mehr abnehme und zuletzt gänzlich verschwinde.

„Alle Vermögensbedingungen für die Wählbarkeit in den Gr. Rath halten wir nicht nur für zwecklos, sondern sogar für schädlich, und wünschen daher ihre Abschaffung." Die Würdigkeit zur Wahl hängt allein ab von dem Vertrauen des Volks. Dieses wird erworben durch Fähigkeit, Liebe fürs gemeine Beste und einen festen Willen; ob einer 10,000 oder 5000 Frkn. Versteuert, thut hierbey zur Sache gar nichts.

„Alle Staatsbeamten sind fähig in den Gr. Rath gewählt zu werden." Das Volk kennt die Staatsbeamten und weiß, wer von ihnen einen unabhängigen und festen Sinn und Liebe für das Volksbeste besitzt, und wer ein Schmeichler der Gewalt ist; es weiß mithin, wer seines Vertrauens würdig und wer dessen unwürdig ist, wer in den Gr. Rath gewählt zu werden und wer dieses nicht verdient. Wenn jedoch ein Mitglied des Gr. Rathes im Laufe seines Amtes eine von der Regierung besoldete Stelle empfängt, so billigen wir die Anordnung: „daß er dann sein Amt als gr. Rath einbüßt und erst nach Ablauf einer gewissen Zeit, in welcher er sich ausgewiesen hat, ob ferner des Volksvertrauens würdig ist, wieder wählbar wird."

„Die Amtsdauer der Repräsentanten sey auf drey oder höchstens vier Jahre beschränkt und zwar so, daß in jedem Jahr ein Theil der Wahlen erneuert wird; bey den neuen Wahlen sey jeder Repräsentant wieder wählbar; jedoch sey die Wahl immer nur einfach, so daß die bisherigen zwecklosen Doppelwahlen wegfallen, und es sey zu einer solchen Wahl nur ein Drittheil der stimmfähigen Zunftbürger erforderlich." – In dieser Anordnung hätte das Volk eine Garantie für die Güte und Tüchtigkeit seiner Bevollmächtigten; nur durch die kurze Amtsdauer und die Wiederwählbarkeit wird es ihm möglich, stets eine wirksame Kontrolle über die Repräsentanten zu führen, die Unwürdigen leicht und bald, ehe sie Schaden gestiftet, zu entfernen, die Trefflichen, die sich bewährt haben, wieder zu wählen und sie mit einem regen Eifer zu erfüllen, sich durch Pflichttreue fortdauernd das Zutrauen ihrer Kommittenten zu erhalten; endlich stets durch frischen Zuwachs den wichtigen Körper der Repräsentanten zum Wohl des Landes zu verjüngen.

3) Wir gehen nun drittens zu den Befugnissen und Geschäften des Gr. Rathes über und stellen zuerst einige allgemeine Grundsätze, und was unmittelbar daraus folgt, auf.

„Der Gr. Rath empfange die ganze Würde und alle die Befugnisse, welche ihm als der obersten Landesbehörde und dem unmittelbaren Stellvertreter des souveränen Volkes zukommen; er also und nicht der Kl. Rath, wie bisher in der Praxis der Fall war, sey die oberste Gewalt im Staate."

„Der Gr. Rat sey selbstständig und unabhängig von dem Kl. Rathe; dagegen diese, welcher als die vollziehende Gewalt, nur die Beschlüsse von jenem auszuführen hat, von dem Gr. Rathe abhängig."

„Daher wähle der Gr. Rath für jede Sitzung selbst seinen Präsidenten, dessen Amtsdauer sich bis zur nächsten Sitzung erstreckt. Dieser Präsident ordnet den Geschäftsgang und leitet die Verhandlungen."

„Die Entscheidung, ob der Gr. Rath außerordentlich zu berufen sey, hänge nicht blos von dem Kl. Rathe, sonder ebenmäßig von dem Präsidenten des Gr. Rathes nebst einem Ausschuß desselben ab. Deswegen sey der Kl. Rath gehalten, diesem in der Zwischenzeit der Sitzungen alle Vorkommnisse, die zur Kompetenz des Gr. Rathes gehören, mitzutheilen."

„Da der Gr. Rath der Stellvertreter des Volkes ist, so muß dieses wissen, ob der Gr. Rath wirklich sein Amt treu erfüllt, wie es eine Pflicht ist. Daher seyen die Sitzungen öffentlich und jedem erlaubt die Verhandlungen im Druck bekannt zu machen, und über dieselben in Gemäßheit des Pressgesetzes seine Meinung und sein Urtheil auszusprechen. Nur so wird es dem Volke möglich die Tüchtigen von den Untüchtigen seiner Repräsentanten zu unterscheiden und darauf bey der neuen Wahl Rücksicht zu nehmen." – Da die Freyheit der Presse so wichtig für das Volk ist, um seine Rechte auszuüben, und um zu wissen, ob seine Beamten ihre Pflichten erfüllen, so wünschen wir, daß ein eigener Artikel der Verfassungsurkunde besage: „die Freyheit der Presse kann nie von dem Gr. Rathe oder einer andern Gewalt aufgehoben oder geschmälert werden; sie ist ein unverlierbares Volksrecht."

Von den Hauptbefugnissen und Geschäften des Gr. Rathes berühren wir folgende, in Absicht deren die Verfassung einer Verbesserung zu bedürfen scheint:

a) Die Gesetzgebung. Darin sey er frey und selbständig und nicht auf die Art beschränkt wie bisher. Daraus folgt:

„Der Kl. Rath habe zwar entweder in Gesammtheit oder durch einzelne Mitglieder den Sitzungen des Gr. Rathes beyzuwohnen und alle nöthige Auskunft zu geben, er kann auch Vorschläge zu Gesetzen machen; aber bey der Abstimmung habe er keine Stimme und bilde keinen Bestandtheil des gesetzgebenden Körpers." – Das fließt nothwendig aus dem Grundsatz von der Trennung der Gewalten; der Kl. Rath ist die vollziehende Gewalt, welche die Beschlüsse des Gr. Raths in Ausübung bringt, aber das Gesetzgeberamt hat das Volk nur dem Gr. Rathe übertragen.

Aus der freyen Befugnis des Gesetzgerberamtes folgt ferner:

„Der Gr. Rath und jedes einzelne Mitglied aus seiner Mitte solle das Recht haben, unmittelbar Vorschläge zu Gesetzen zu machen, ohne erst die Vorschläge des Kl. Rathes abzuwarten." – Die bisherige Uebung nach § 27. der Verfassung, wornach der Gr. Rath erst einen Vorschlag des Kl. Rathes abwarten musste, halten wir für eine verkehrte Uebung, wodurch der höchsten gesetzgebenden Behörde die Hände gänzlich gebunden waren. Zwar sagt das neue Reglement, daß der Gr. Rath, so oft er es für gut findet, den Kl. Rath zu Gesetzesvorschlägen auffordern kann, und daß dann der Kl. Rath verpflichtet ist, dieser Aufforderung Genüge zu leisten. Aber wozu bedarf es des sonderbaren Umwegs der Aufforderung des Kl. Rathes zu Vorschlägen? Kommt das immer nicht so heraus, als wäre der letztere im Grunde die gesetzgebende Behörde? In jedem freyen Staate hat allerdings auch die Regierung, aber auf gleiche Weise der Körper der Repräsentanten, das Recht unmittelbar Vorschläge zu Gesetzen zu machen.

Wir müssen hier noch einen dritten Punkt berühren, der in unserer Verfassung ganz übergangen ist. Der Gr. Rath hat in der Gesetzgebung überall auf die Bedürfnisse des Landes

Rücksicht zu nehmen, und jedem Bürger kommt es zu, über diese Bedürfnisse bey seinen Stellvertretern seine Meinung auszusprechen. Es folgt daraus:

„Daß jedem Bürger, so wie kleinern oder größern Abtheilungen von Bürgern das Recht zustehn muß, über Mängel und Gebrechen, Verbesserungen und Abänderungen, Wohl und Wehe des Landes dem Gr. Rath ihren Wunsch in Petitionen mitzutheilen."

Endlich bemerken wir noch, daß das Recht der Entscheidung über Krieg und Frieden, welches zwar auch jetzt der Gr. Rath aber nur stillschweigend besitzt, ihm förmlich und ausdrücklich in der Verfassung zuerkannt werde, damit es nie verloren gehe.

b) Ein zweiter hochwichtiger Beruf des Gr. Rathes besteht in seiner Oberaufsicht über die Vollziehung der Gesetze, über die Verwaltung, und über die Erhaltung der Verfassung. Dieses Recht der Oberaufsicht kommt ihm nothwendig und wesentlich zu, insofern er Stellvertreter des Volkes ist und insofern ein jedes Volk nicht nur das Recht, sondern auch die heiligste Pflicht hat, über die Erhaltung seiner Gesetze und Verfassung mit der größten Sorgfalt zu wachen. Wo diese Oberaufsicht fehlt, ist nie ein Volk vor Verfall und Unterdrückung sicher; ja unsere eigene Schweizergeschichte lehrt uns, daß hauptsächlich aus diesem Grunde die anfangs freyen Staaten durch die vollziehende Gewalt in Aristokratien verwandelt wurden. Gleichwohl schweigt unsere Verfassung über dieses wichtige Recht des Gr. Rathes beinahe gänzlich. Nach unserer Ansicht müsste daßelbe daher in der neuen Verfassung auf folgende oder ähnliche Art ausgesprochen werden.

„Der Gr. Rath als der unmittelbare Stellvertreter des Volkes habe das Recht und die Pflicht der Oberaufsicht über die Erhaltung der Gesetze und der Verfassung. Wenn nach erfolgter Verletzung der Gesetze oder der Verfassung die zustehende Behörde nicht schuldige Kenntniß davon nimmt, so sey der Gr. Rath befugt und verpflichtet, selbst ungesäumt einzuschreiten und die Schuldigen bey dem kompetenten Gericht zur Verantwortung zu ziehen."

„Namentlich sey der Gr. Rath befugt und verpflichtet, die Bürgermeister, oder jedes andere Mitglied des Kl. Rathes wegen Eingriffe in die Verfassung bey dem Obergerichte zur Rechenschaft zu ziehen."

„Jeder einzelne Bürger, so wie jede größere oder kleiner Abtheilung von Bürgern seyen befugt, wenn sie Kränkung ihrer Rechte erlitten und bey der zustehenden Behörde keine Abhilfe gefunden haben, sich an den Gr. Rath, als seinen natürlichen Vertreter, in einer Petition um Abwehr des Unrechts zu wenden, und der Gr. Rath sey verpflichtet in die Petition einzutreten. Daher solle den Gemeinden und den Zünften, in allen Fällen das Recht zustehen, von sich aus, sobald ein Drittheil ihrer Mitglieder es verlangt, sich zu besammeln." –

Auf diese Art, nämlich durch die Oberaufsicht des Gr. Rathes, hoffen wir, soll die Verfassung und somit die Freiheit der Bürger gegen die Gefahr der Unterdrückung sicher gestellt seyn. Indessen muß in jeder weisen und freyen Verfassung auch auf den zwar nicht wahrscheinlichen aber doch möglichen Fall hin – der laut der Geschichte sich auch oft ereignet hat – wenn die Vertreter des Volkes selbst treulos ihre Pflicht verletzen oder zu schwach sind, um der Gewalt zu widerstehen, im Voraus Vorsorge getroffen seyn, damit das Volk vor dem größten Unglück, das ihm begegnen kann, vor dem Unglück seine Freyheit und seine Recht zu verlieren, bewahrt werde. Dieses Recht ist in allen freyen Staaten anerkannt und besteht darin, daß die Verfassung unter die Garantie aller Bürger gestellt wird. Wir glauben daher, daß auch in unserer Verfassungsurkunde dieses große Volksrecht förmlich, ausdrücklich und feyerlich anerkannt werden müsse.

Was insbesondere die dem Gr. Rathe zustehende Kontrolle der Verwaltung anbelangt, so sagt zwar § 14. der Verfassung, daß von ihm die Staatsrechnung geprüft, und daß ihm ein Bericht über den Gang der Landesadministration erstattet werden solle. Allein das scheint uns bey weitem nicht genügend; es scheint uns nothwendig.

1) daß die Staatsrechnungen genauer, schärfer und mehr im Einzelnen als bisher der Fall gewesen, vom Gr. Rathe geprüft werde;

2) daß der Gr. Rath befugt sey; zu jeder Zeit, wenn ihm die Verwaltung fehlerhaft oder dem Wohl des Landes unangemessen scheint, den kleinen Rath darüber zur Rechenschaft aufzufordern und, wenn es ihm nöthig dünkt, aus seiner eigenen Mitte eine Kommission zur Untersuchung der gesammten Verwaltung oder einzelner Theile derselben zu ernennen.

Wir wünschen, daß alle diese Punkte, von der höchsten Wichtigkeit, förmlich und ausdrücklich in eine neue Verfassung aufgenommen werden.

3) Was die Einrichtungen und Anordnungen der vollziehenden Gewalt oder des Kl. Rathes betrifft, so halten wir, außer dem was wir schon erwähnt haben, noch folgende Verbesserungen, ziemlich in Uebereinstimmung mit den hin und wieder öffentlich ausgesprochenen Ansichten für ersprießlich:

a) „die Zahl der Mitglieder des Kl. Rathes werde von 25 auf 15 herabgesetzt, 5 Mitglieder werden von dem Lande, 5 aus der Stadt Zürich, 2 aus der Stadt Winterthur genommen; die Wahl der übrigen sey frey." – Durch diese Herabsetzung der Zahl der Kl. Räthe wird unzweifelhaft die Geschäftsführung sicherer und bestimmter, und es zugleich möglich gemacht, die Besoldung zu erhöhen, womit wir gar wohl einverstanden sind.

b) „Die Alterbedingniß werde von 36 Jahren auf 30 herabgesetzt." – Verwaltungsgeschäfte erfordern ein thätiges und kräftiges Alter.

c) „Obwohl die Mitglieder des Kl. Rathes, wie sich von selbst versteht, von dem Gr. Rathe gewählt werden, so sey dieser dennoch nicht verbunden, sie blos aus seiner eigenen Mitte zu wählen, sondern berechtigt, sie überall zu nehmen, wo er tüchtige Männer findet."

4) Was endlich das Gerichtswesen betrifft, so dünkt uns in folgenden Hauptpunkten unsere Verfassung einer Verbesserung bedürftig; andere Uebelstände werden hoffentlich durch das entworfenen Straf-Gesetzbuch und die Gerichtsordnung gehoben werden.

a) „Die Rechtspflege werde von der vollziehenden Gewalt (dem Kl. Rathe) so sehr getrennt und so unabhängig gemacht, als möglich ist, weil eine Justiz, die der Regierung unterthan ist, ärger als ein zweischneidiges Schwert ist und nichts als Willkühr zur Folge hat."

b) „Das Obergericht sey an Rang und Besoldung seiner Mitglieder dem Kl. Rathe gleich; es werde nicht ferner von einem der Bürgermeister präsidirt, sondern allein von einem eigenen Präsidenten, den der Gr. Rath aus der Mitte der Oberrichter wählt, und der an Rang zunächst dem Amtsbürgermeister folgt."

c) „Bey der Besetzung des Obergerichtes sehe der Gr. Rath immer mehr vorzüglich auf wissenschaftlich gebildete, studirte Männer, nehme, wie bey der Besetzung des Kl. Rathes, einen billigen Bedacht auf das Land, soweit die eben ausgesprochene Rücksicht dieses erlaubt, sey übrigens hier so wenig, ja aus dem angeführten Grunde noch weit weniger, als bey der Besetzung des Kl. Rathes gebunden, die Mitglieder aus der Mitte des Gr. Rathes zu wählen. Die Altersbedingniß mag auch hier von 36 auf 30 Jahre herabgesetzt werden."

d) „Die Oberrichterstellen seyen gegen § 46. der Verfassung lebenslänglich, die Präsidentenwürde werde aber nach Verlauf von einigen Jahren neu gewählt." – Diese Stellen sind die einzigen hohen Stellen in einer Republik, welche nicht allein ohne alle Gefährde der Freyheit, weil mit ihnen keine Macht über die physichen Mittel verbunden ist, sondern zum größten Gewinn der Rechtspflege im Lande lebenslänglich seyn dürfen. Ja durch zu häufigen Wechsel des Personale muß eine tüchtige, wissenschaftliche Rechtspflege nothwenig leiden.

e) „Die Oberaufsicht und Leitung aller Theile des Justizwesens soll nicht ferner, wie es § 27. der Verfassung besagt, dem Kl. Rathe zustehn – dadurch würde die Justiz der Regierung unterthan, sondern dem Gr. Rathe; und zwar so, daß das Obergericht die Aufsicht über die untern Gerichte führt, und sie nöthigenfalls zur Rechenschaft zieht, das Obergericht selbst aber dem Gr. Rathe wegen Pflichtverletzung und Rechtsverweigerung verantwortlich ist." – So ist es in der Verfassung des Standes Luzern bestimmt, so fordert es die Würde uns Unabhängigkeit der Justiz.

f) „Es soll fortan von den Amtsgerichten kein Rekurs mehr an die Justiz-Kommission des Kl. Rathes statt finden; die Oberinstanz über den Amtsgerichten sey allein das Obergericht. Auch habe nur dieses, nicht mehr der Kl. Rath über Competenzfragen zu entscheiden. Endlich falle auch § 47. der Verfassung weg, nach welchem in Malefizfällen der Kl. Rath vier seiner Mitglieder dem Obergerichte beyordnet." – Das alles ist eine Vermischung der richterlichen und der vollziehenden Gewalt, wodurch die Gerechtigkeit im Lande nichts als Schaden leidet.

g) „Das Amtsgericht werde nicht vom Kl. Rathe, sondern vom Obergericht also besetzt, daß im Falle einer erledigten Stelle, auf einen dreyfachen Vorschlag der Zünfte, das Obergericht eine der drey vorgeschlagenen Personen wählt und bestätigt. Den Vicepräsident wähle das Obergericht allein und unmittelbar." – So hoffen wir, sollen auch diese Gerichte eine erträgliche Unabhängigkeit erhalten, wiewohl wir nicht läugnen, daß wir es für weit besser achten, wenn diese Gerichte ganz von der Verwaltung getrennt würden, und an die Stelle des Oberamtmanns ein eigener, vom Obergericht gewählter Gerichtspräsident käme.

h) „Die Friedensrichter werden fortan von den Gemeinden selbst erwählt."

Das sind unsere Gedanken und Meinungen, sowohl über die Art und Weise, wie die Aenderung unserer Verfassung zu Stande zu bringen sey, als auch über die wichtigsten Aenderungen selbst, welche zu treffen uns nothwendig scheinen. Vieles Andere haben wir nicht berührt, weil wir hoffen, es werde sich leicht von selbst geben, wenn die Hauptsache in Ordnung ist. Wir haben in der Aufstellung dieser Ansichten nicht blos uns selbst im Auge gehabt, wiewohl wir glauben, daß auch wir endlich einmal eine Verfassung zu erhalten berechtigt sind, in der wir frey und glücklich leben können; wir haben vorzüglich an unsere Kinder und Enkel gedacht. Welche schwere Verantwortung würden wir gegen sie haben, wenn sie durch unsere Schuld, durch unsere Trägheit und Menschenfurcht einer Verfassung entbehren müssten, welche der Schild ihrer Freyheit, der Schutz ihrer Rechte, und der Schirm für das Glück ihres Lebens ist. Unsere Väter konnten uns nicht die Freyheit erwerben; sie lebten in schwerer Dienstbarkeit; wir können sie jetzt unsern Enkeln bereiten, fest und sicher bereiten. Thun wir das nicht, so geben wir auch sie dem unsicheren Schicksale Preis! – Wir haben in der Aufstellung dieser Ansichten nicht allein an das Land, wir haben an den ganzen Kanton, an unser eines gemeinsames Vaterland gedacht. Wenn so, wie wir es wünschen, alle Rechte ausgeglichen, aller Grund zum Missvergnügen und zur Feindschaft aufgehoben wird – dann wird erst wahre Eintracht Stadt und Land – alle Bürger, wo sie auch wohnen mögen, verbinden; die Erinnerung schwerer Unbill wird schlafen und der alte Groll endlich zu Grabe gehen. Wir haben in Aufstellung unserer Ansichten nicht blos an unsern Kanton, wir haben auch an unser größeres Vaterland, die ganze Schweiz gedacht. Wenn zu unserm Kanton die Freyheit in verjüngter Glorie und in ihrer wahren Würde sich erhebt, dann wird sie auch in den andern Kantonen schön und herrlich wieder aufblühen, und die Schweiz, in der Vorzeit das Vaterland großer Gesinnung und großer Menschen, wird ihren alten Ruhm und ihre alte Ehre bey der Nachwelt wieder erringen.

Quellennachweis:

Ansichten und Vorschläge in Betreff der Verfassung und ihrer Veränderung, Von mehrern Kantonsbürgern, Zürich in der Gessnerschen Buchdruckerey 1830.

Kommentar:

Die Angst der Stadtliberalen vor einer „Pöbelherrschaft" und ihre Frontstellung gegen die ländliche Bewegung führen dazu, dass sich der aus Nassau stammende deutsche Emigrant Ludwig Snell (1785–1854) von diesen distanziert und Kontakt zur Reformbewegung auf der Landschaft sucht. Anlässlich eines Besuchs im Oktober 1830 in Küsnacht entwirft er zusammen mit Dr. Sträuli, Brunner und Landschreiber Bleuler ein Verfassungsprogramm, das in mehreren Abschriften verteilt wird. Deshalb ist dieses Dokument als „Küsnachter Memorial" in die Geschichte eingegangen. Später wird es unter dem Titel „Ansichten und Vorschläge in Betreff der Verfassung und ihrer Veränderung" gedruckt und bietet die Vorlage für das von der Volksversammlung in Uster am 22. November sanktionierte „Uster Memorial". In der Frage der Vertretung der Landschaft im Grossen Rat wird nicht die radikalste Variante präsentiert, sondern nur ein Anteil von zwei Dritteln. Nach Kopfzahl hätte die Landschaft sogar Anspruch auf mehr Sitze. Ausserdem enthält das Memorial noch weitere Begehren wie allmähliche Abschaffung der indirekten Wahlen, Beseitigung des Zensus, kurze Amtsdauer und Wiederwahl der Beamten, Trennung der Gewalten, Öffentlichkeit und Kontrolle der Verwaltung und das Petitionsrecht.

Titel: Das „Uster-Memorial". Ehrerbietige Vorstellung der Landesversammlung des Kantons Zürich, abgehalten zu Uster, Montags, den 22. November 1830

Text 62:

Hochwohlgeborner, Hochgeachteter Junker Amstburgermeister!
Hochgeachtete, Hochzuverehrende Herren und Obere!

Es ist allgemein bekannt, daß die in den letzten Tagen des abgewichenen July für ganz Europa höchst wichtigen, in Frankreich Statt gefundenen Vorfälle auch in unserm gemeinsamen Vaterlande, und besonders auch in unserm Kanton, die verschiedenen Begehren und Wünsche, die seit dem Jahre 1814 durch die Ereignisse in Schlummer eingewiegt wurden, aufgeweckt haben, welche gegenwärtig an der Tagesordnung sind. Allgemein ist in unserm Kanton der Wunsch und das Begehren nach *Verfassungs = Aenderung* und *Erleichterungen*. Mit gespannter Erwartung sah man der durch die Versammlung der ein und dreyßig großen Räthe in Uster herbeygeführten außerordentlichen großen Rathssitzung entgegen; einerseits darum, weil Exzesse zu befürchten stunden, welche Eigenthum und persönliche Sicherheit hätten gefährden können, anderseits darum, weil man allgemein mit bewegtem Gemüthe auf die Wahrung der Volksrechte achtete. Der erste Punkt ist, Gott sey Dank! durch die, der Stellung des großen Rathes angemessene würdige Haltung beseitigt; hingegen ermangelten in dem zweiten Punkt Viele derjenigen energischen Sprache, welche einzig geeignet ist, verlorene Volks = Rechte wieder ins Leben zu rufen, weswegen auch Viele, im Vertrauen auf den großen Rath, einigermaßen entmuthigt werden mußten. Gänzliche Entmuthigung im Vertrauen auf diese hohe Behörde ist eingetreten, nachdem das Resultat der Verhandlungen der vom großen Rathe niedergesetzten Kommission bekannt wurde. Was indessen die höchste Landesbehörde hiezu sagen werde, ist zur Stunde noch nicht bekannt. Indessen ist zu erwarten, Hochdieselbe werde einen solchen Antrag nicht genehmigen. Da übrigens, wenn man berücksichtigt, daß die Mehrheit dieser Commission aus Landbürgern bestanden ist, die Vertheidigung und Sicherung der Volks = Rechte auf einem bedenklichen Fuße steht, so fanden viele Freunde der Ordnung und Gesetzlichkeit sich bewogen, bey der sich laut aussprechenden Gährung des Volkes, bey den anlockenden Beispielen in benachbarten Kantonen und in der Gewißheit, daß unter diesen Umständen nächstens gewaltsame Ausbrüche folgen würden, eine Volksversammlung in Uster zu veranstalten und von derselben, sowohl durch Anhörung der Einzelnen, als durch ein Gesammtmehr ihre Wünsche zu vernehmen. Das versammelte Volk, wenigstens zwölf tausend Männer an der Zahl, hat in der Ueberzeugung:

1. Daß in Freistaaten das Volk, oder die Gesammtheit der freyen Bürger der Souverain ist, folglich nur mit ihrem Willen die Verfassung abgeändert werden darf:

2. Daß die Dringlichkeit einer Revision und verschiedene Veränderungen des Grundgesetzes – der Verfassung – nicht nur von dem gesammten zürcherischen großen Rathe eingesehen, sondern auch von der Mehrzahl der Staatsbürger anerkannt wird:

3. Daß weder in der Ao 1814, ohne förmliche Sanktion des Volkes eingeführten Verfassung, noch im Wesen des Repräsentations = System eine unbedingte Bevollmächtigung der gegenwärtigen großen Räthe liege, diese Abänderungen ohne die Sanktion des Volkes vorzunehmen:

4. Daß die bisherigen Schritte dieser Volksdeputirten keine genügende Garantie geben, daß die neue Verfassung dem Geiste der Zeit, dem Wesen eines freien Staates und dem Willen des Volkes gemäß abgefasst und demselben zur Sanktion und zur Beschwörung vorgelegt werde:

5. Daß die Verfassung nur dann von Dauer und Haltbarkeit seyn kann, wenn sie den Wünschen und Forderungen der Mehrzahl entspricht:

6. Daß die Volksstimmung über dieses heiligste Interesse eines freyen Bürgers noch auf keine geeignete Weise sey erforscht worden, vielmehr der Mangel einer Proklamation und die bisher unterlassene Eröffnung eines Weges, seine Ansichten einzugeben, zu zeigen scheint, daß man sie nicht kennen wolle:

7. Daß es sich vorerst um die Ausmittelung eines angemessenen Repräsentations = Verhältnisses und einer freyen Wahlart handeln müsse; daß zwar die Bevölkerung den allein richtigen Maßstab für jenes Verhältniß darbiete, indessen zur Zeit auch noch auf Bildung und Vermögen Rücksicht zu nehmen sey, ferner die Rechte eines freyen Bürgers erheischen, daß die Wahlen zum größten Theil von ihm ausgehen:

8. In der Ueberzeugung endlich, daß der Antrag der großen Rathskommission diese Erfordernisse nicht erfüllt, vielmehr der Volkswille sich immer lauter dagegen ausspreche und die Ruhe des Staates eine Zeit = und Zweckgemäßere Abänderung dringend erheischt; – für gut befunden und beschlossen: Eine Denkschrift an den großen Rath zu erlassen und die allgemein ausgesprochenen Begehren und Wünsche an seinen Vorstand in aller Ehrerbietigkeit zu bringen.

Das allgemein herrschende Begehren, das dem Volke, seinem Recht und seinem Interesse am nächsten liegt, ist nun:

1. Eine verhältnißmäßige Repräsentation im großen Rathe;

2. Ein besseres Wahlsystem

In Bezug auf den ersten Punkt ist das bestimmte Begehren heute einmüthig beschlossen worden, daß von nun an der große Rath aus zwey Drittheilen von Landbürgern und zu einem Drittheile aus Stadtbürgern Zürichs besetzt werde.

Wir hoffen, daß diese Forderung allgemeine Billigung finde, da dieselbe sich nicht bloß auf das Recht, sondern auch auf die Billigkeit gründet; und wir hoffen ferner, daß dieselbe von keiner Seite angefochten, noch viel weniger bestritten werde. Im unverhofften Fall aber müssten wir unser Begehren auf nachfolgende Weise unterstützen und jedem Widersächer entgegnen:

1. Daß die natürliche Freyheit jedes Volkes und die von Gott ererbten Rechte gänzliche Gleichstellung aller Rechte und völlig gleichmäßige Repräsentation in einem aufgestellten Vorstande fordern. Wir verlangen nun nicht mehr als zwey Drittheile, und gestatten der löblichen Stadt Zürich mit kaum dem zwanzigsten Theile der Bevölkerung des Kantons in billiger Anerkennung ihrer Vorzüge ein Drittheil der Repräsentation im ganzen großen Rathe.

2. Daß die löbliche Burgerschaft unterm 5. Februar 1798 einen Freyheitsbrief wesentlich folgenden Inhalts erlassen hat:

„Wir Burgermeister, kleine und große Räthe der Stadt und Republik Zürich thun nach erfolgter Zustimmung unserer G. L. Burgerschaft hiemit kund: daß wir bey sorgfältiger Beherzigung der gegenwärtigen höchst bedenklichen Lage unsers theuren Vaterlandes, in dem festen Vorsatze, desselben bisherige Unabhängigkeit gegen jeden äußern Feind mit Gut und Blut zu vertheidigen, so wie zu Herstellung und sicherer Gründung brüderlicher Eintracht zwischen der Stadt und unserm ganzen Lande, nach reifer Ueberlegung, folgende feyerliche Erklärung auszustellen und öffentlich bekannt zu machen beschlossen haben."

1. „Daß eine durchaus vollkommene Freyheit und Gleichheit aller und jeder politischen und bürgerlichen Rechte zwischen den Einwohnern der Stadt und des Landes und der Munizipal-Städte festgesetzt seyn solle."

2. u. s. f."

Durch diese feyerliche Erklärung hat die löbliche Burgerschaft von Zürich auf eine ruhmvolle Weise auf ihre bis 1798 gedauerte Alleinherrschaft verzichtet, und das ihr auch in Tagen der Noth und Gefahr zugethane Landvolk ebenbürtig erklärt und von seinen frühern Unterthanen = Verhältnissen emanzipirt. Der edlere Sinn der Stadtbürger von Zürich läßt erwarten, daß keiner derjenigen, welche zu dieser feyerlichen Erklärung gestanden und dato noch am Leben sind, und keiner der Nachkommen das von den Vätern gegebene Wort zu einem unedlen Zwecke widerrufen werde.

1. Daß die Mediationsakte vom 19. Febr. 1803 im dritten Artikel sagt: „Es gibt in der Schweiz weder Unterthanenlande mehr, noch Vorrechte der Orte, der Geburt, der Personen oder der Familien."

2. Daß der dreyzehnte Artikel der Kantons = Verfassung von obigem Datum die politischen Rechte der Stadt und des Landes in der Art aus einander setzt, daß nach dem am 5. Februar 1798 ausgesprochenen rein republikanischen Grundsatz dem Lande im Durchschnitt vier Fünftel der Repräsentation im großen Rathe zu Theil wurde.

Frägt man nun nach dem Grund und nach dem Recht, vermittelst welchem Ao. 1814 die Verfassung zum Nachtheil des Landes verändert wurde, so ist die Antwort: Der Drang der damaligen Zeitumstände. Wir wollen nun nicht untersuchen, ob diese Angabe richtig sey oder nicht; wir wollen keine Rechenschaft verlangen über den Eingang der Uebereinkunft der alteidgenössischen Orte vom 29. Dezember 1813, aber hingegen bemerken, daß wir kaum glauben können, daß sich eine auswärtige Macht dafür interessirt habe, ob die Stadt Zürich nur ein Fünftel oder 130 Repräsentanten habe. Einerseits und anderseits, daß wenn wirklich der Drang der Zeitumstände eine Verfassungsänderung zum Nachtheil des Landes erforderte, dieser Drang nun nicht mehr vorhanden ist.

Vergleicht man daher die dem Volke zugestandenen rein republikanischen Rechte mit seiner jetzigen Forderung, die es selbst reduzirt und den Städtern Ao 1830 Vortheile einräumt, die dieselben schon vor 32 Jahren gar nicht verlangten, so wird jeder Unbefangene in der Forderung von zwey Drittheilen das größte Recht, die größte Billigkeit und die größte Bescheidenheit finden und sich überzeugen, daß dieses Begehren in der Bildung des zürcherischen Landvolkes wenigstens keinen Rückschritt beurkunde. Berücksichtigen wir einige Nachbarkantone, deren Regierungen zur Zufriedenheit des Volkes bestellt sind, wo reinere republikanische Grundsätze beobachtet werden, vergleicht man das Volk jener Kantone mit dem unsrigen, so wird wohl niemand behaupten können, daß wir nicht eben so reif zu ähnlichen Verfassungs = Fortschritten wären.

In Bezug auf den zweyten Punkt, das Wahlsystem betreffend, begehrt die Versammlung einmüthig, daß durch die Verfassung festgesetzt werde:

1. Daß fünf Sechstheile der von den, dem Lande zufallenden zwey Drittheilen jederzeit durch die Zünfte direkte gewählt werden.

2. Soll die Amtsdauer auf 3 Jahre reduzirt werden; die Ausgetretenen aber wieder wählbar seyn.

3. Die Wählbarkeit soll vom Vermögen gänzlich unabhängig seyn und bleiben.

4. Sollen alle die Förderung und Reinheit der Wahlen hemmenden Vorkehrungen und Umtriebe ausgemerzt und überhaupt die Wahlpolizey erneuert werden.

5. Sollen die bisherigen Abrufungswahlen abgeschafft werden.

6. Den Ansäßen soll gestattet werden, an ihrem Wohnorte das Wahlrecht auszuüben. Mit der Befriedigung dieser beyden Hauptforderungen findet das Landvolk sein nächstes und heiligstes Interesse für den gegenwärtigen bewegten Moment befriedigt. Da es aber einmal genöthigt war, in einer Landesversammlung aufzutreten, so hat es auch für Pflicht erachtet, die allzugrellen Mängel der Verfassung und Gesetze aufzudecken und von seinen Stellvertretern befriedigende Abhülfe zu verlangen. Diejenigen Punkte, über welche die Versammlung einmüthig beschlossen hat, Abhülfe zu begehren, bestehen in folgenden:

1. Daß in Bälde eine gänzliche Revision der Verfassung und der Kantonalgesetze in allen Zweigen überhaupt in Zuzug von Rechtskundigen und Landeskundigen angehoben werde.

2. Daß ein Verfahren gesetzlich werde, wie in Folgezeit die Verfassung nach dem Gesittungsstand und den gemeinen Bedürfnissen zu ändern sey.

3. Daß die jetzt gewünschte Verfassung und alle künftigen organischen Verfassungsänderungen nur nach erhaltener Sanktion des Volkes in den Urversammlungen in Kraft und Wirksamkeit treten sollen.

4. Trennung der Gewalten im Staat in allen Stufen.

5. Preßfreiheit. Als stetes Grundgesetz.

6. Oeffentlichkeit des großen Raths-Protokolls und nach dem Lokal bedingte Oeffentlichkeit der großen Raths = Verhandlungen.

7. Das Recht, Beschwerden und Wünsche des Volkes an den großen Rath zu bringen, oder ein gesetzlich gesichertes Petitions = Recht.

8. Wahl der Amtsstatthalter durch den kleinen Rath, der Gerichtspräsidenten durch das Obergericht. Vorschlag zu Amtsrichterstellen durch Wahlkorps und periodische Erneuerungen aller dieser Stellen je zu drey Jahren.

9. Freye Wahl der Gemeindrathspräsidenten und Friedensrichter, der Gemeindammänner nach einem Dreyer = Vorschlag der Gemeinden durch den kleinen Rath und periodische Erneuerung dieser Stellen und Vorschläge, je zu drey Jahren.

Mit diesem bestimmten Begehren der Verfassungsverbesserung verbindet die Landesversammlung nachfolgende allgemeine Wünsche:

1. Aufhebung des Zunftzwanges.
2. Aufhebung des bisherigen Kasernendienstes und rechts = und zweckmäßigere Verlegung der Montierungssteuer.
3. Bedingte frühere Entlassung vom Militärdienst ohne Abbruch der Landesbewaffnung.
4. Verminderung der Getränk =, der Stempel =, so wie der meisten indirekten Abgaben.
5. Aufhebung des Zuchtstieren = Gesetzes.
6. Verschmelzung der Landjägersteuer mit den allgemeinen Staatsausgaben und Verminderung dieses Korps.
7. Aufhebung der Porten = und Kaufhauszölle gegen volle Entschädigung.
8. Berücksichtigung der an verschiedenen Orten allzu lästigen Zehentenbezüge.
9. Gesetzliche Herabsetzung des Zinsfußes von 5 auf 4 %
10. Aufhebung des Jagd-Bannes.
11. Veränderung der jetzigen Advokatur = Ordnung.
12. Gesetzliches Recht der Kirchgemeinden, ihren Seelsorger aus einem Dreyervorschlag nach vorhergegangener Probepredigt zu wählen.
13. Spezielle Oeffentlichkeit der Staatsrechnung zu Handen der Gemeinden.
14. Gegen die Erleichterung der indirekten Steuern gerechte und richtige Vermögensbesteuerung.
15. Als einer der wichtigsten Wünsche durchgreifende Verbesserung im Schulwesen.

Während der Verhandlungen obiger bestimmter Begehren und allgemeiner Wünsche sind von einzelnen Seiten nachfolgende spezielle Bemerkungen und Wünsche ausgesprochen und an die Versammlung begehrt worden, dieselben an unsre hohe Regierung einzureichen:

1. Revision des Loskaufsgesetzes der trockenen und nassen Zehnden und Korporationsrecht, das Zehndenloskaufs-Kapital zu verzinsen.
2. Gesetzliche Regulirung der Ansäßengelder.
3. Ein durchgreifendes Gesetz, bezüglich auf Anlegung und Unterhaltung der Straßen und Fußwege.
4. Milderung der Forstordnung, namentlich Sicherung gegen Willkür der Forstbeamten.
5. Da von verschiedenen Seiten Beschwerden gegen das Entstehen von Webmaschinen geführt und bereits Drohungen gegen dieselben ausgesprochen worden sind, so wird der Große Rath ersucht, diese Sache an Hand zu nehmen, Experten auszusenden, Untersuch zu halten, die Klage des Volkes anzuhören und durch eine Bekanntmachung die Anhandnahme dem Publikum anzuzeigen und den Betrieb derselben einzustellen.

Bewogen durch den ruhigen, aber steten Willen des Volkes, jedoch nicht ohne bange Erwartungen, haben die zahlreichen Männer, welche in Uster die Klagen des Volkes einvernahmen, und dasselbe zur Geduld und Ruhe bewogen haben, sich zur Abfassung der vorliegenden Denkschrift entschlossen, welche sie, ohne alle andere Absicht, als dem Vaterlande zu nützen, in den Schooß einer weisen und gerechten Regierung legen, und dabei die Ueberzeugung auszusprechen wagen, daß nur eine durchgreifende Verbesserung der

Verfassung und dauernde Abhülfe der Beschwerden, die von Woche zu Woche größer werdende Gährung und Unzufriedenheit zu stillen vermögen. Bietet hingegen die hohe Regierung zur Lösung des Wortes, welches obige Männer der Versammlung zu Uster gaben: „Es soll Abhülfe verschafft werden!" die väterliche Hand, so kann Hochdieselbe neuerdings auf dauerhafte Ruhe, sowie auf die Treue ihres Volkes zählen und sich auf dessen unwandelbare Anhänglichkeit und freudige Hingebung von Gut und Blut in jeder Lage verlassen. Aber so wie sich das Volk früher und an jenem Tage gezeigt hat, ist bestimmt anzunehmen, daß bei der Nichtentsprechung seines Verlangens, es mit dem nämlichen Muthe, aber vielleicht nicht mit der nämlichen Ruhe seine Wünsche wiederholen werde. Zur Ueberzeugung, wie allgemein der Wunsch von Verfassungsverbesserung sei, nehmen jene Männer die Freiheit, von 12,000 anwesenden Bürgern nur einige tausend Unterschriften im Namen der Uebrigen beizulegen.

Schließlich bitten wir Hochdieselben im Namen des Volkes, die Versicherung vollkommener Hochachtung zu genehmigen.

Also unterzeichnet in Zürich, den 24. November 1830.

Im Namen der in Uster versammelt gewesenen, wenigstens zwöftausend Cantonsbürger, die Abgeordneten:

Im Namen und aus Auftrag der ganzen Bürgerschaft Winterthurs:

G. A. Hirzel, Stadtrath.

Troll, Rector.

Rieter, Stadtrath.

J. R. Heller, Lehrer an der Stadtschule.

Im Namen der Gemeinde Zollikon, Oberamt Zürich:

Thommann, Major, von Zollikon.

Für die Oberämter Wädenschweil und Meilen (beide Seeufer):

Hiestand, Gemeindammann

J. Steffan, Hauptmann.

Joh. Brändlin von Stäfa.

Für das Oberamt Grüningen:

Zollinger, Arzt in Dürnten.

Im Namen der Abgeordneten des Oberamtes Andelfingen:

Dr. Maag in Feuerthalen.

Quellennachweis:

Der Ustertag und die politische Bewegung der dreissiger Jahre im Canton Zürich (nebst Abdruck des „Uster-Memorial" als Beilage). Zur 50-jährigen Erinnerung, von Dr. G. Dändliker, Zürich, Druck und Verlag von Orell Füßli & Co 1881, Beilage S. 1–7.

Kommentar:

Am 21. November beschliesst der alte Grosse Rat, eine 21-köpfige Kommission einzusetzen. Sie sollte am 25. November über die Abänderung einiger Verfassungsartikel beraten. Zur Diskussion steht vor allem eine angemessene Vertretung der Landschaft im Kantonsparlament. Als bekannt wird, dass die Vorschläge völlig ungenügend sind, kommt es am 22. Oktober 1830 in Uster zu einer Volksversammlung, an der etwa zehn- bis zwölftausend Männer teilnehmen. Die von einer Versammlung von 31 Grossräten in Uster vorgebrachten Forderungen werden im „Uster-Memorial" zusammengefasst und der Volksversammlung vorgelegt. Sie sind stark vom „Küsnachter Memorial" beeinflusst. Der einleitende Abschnitt illustriert, dass sie unter Druck von unten zustande gekommen sind. Die Warnung vor möglichen Exzessen, welche das „Eigenthum und die persönliche Sicherheit" gefährdeten, wird wiederum als Druckmittel gegenüber der Regierung benutzt. Interessant ist die Anknüpfung an die Helvetik, indem aus der Gleichstellungsurkunde von 1798 zitiert wird. Nach Unterzeichnung durch Vertreter der Gemeinden wird die Bittschrift dem Amtsbürgermeister als Petition eingereicht.

Titel: *Ludwig Snell, Entwurf einer Verfassung nach dem reinen und ächten Repräsentativsystem, das keine Vorrechte nach Exemtionen kennt, sondern auf der Demokratie beruht, Zürich 1831 (Ausschnitt)*

Text 63:

Erster Theil. Allgemeine Grundsätze der Verfassungsurkunde.
Spezieller Theil.
Kap. I. Eintheilung, Bürgerrecht, Stimmfähigkeit.
Kap. II. Öffentliche Gewalten.
Kap. III. Organisation und Befugnisse des großen Rathes.
Kap. IV. Von der vollziehenden Gewalt, dem kleinen Rathe.

Alle freien Männer des Kantons Zürich vereinigen sich, im Bewußtsein ihrer Menschenwürde und aller daraus fließenden Rechte und Verbindlichkeiten, im Gefühl ihrer hohen Pflichten gegen ihr gemeinsames schweizerisches Vaterland zu der nachfolgenden freien Verfassung. Damit die Aristokratie, welche seit fast 400 Jahren unser Vaterland heimgesucht und die persönlichen und politischen Rechte aller Bürger gefährdet, ja in manchen Theilen der Schweiz gänzlich vernichtet hat, – damit diese Geisel der Menschheit nie wiederkehren möge, haben sie in der Ausführung der Verfassungspunkte besondere Vorsorge getroffen. Vorzüglich haben sie es für nöthig erachtet, die ewigen Grundsätze, auf welchen alle Freiheit und alles Glück des Volkes beruht, deutlich und ausführlich festzusetzen – als stete Richtschnur für die gesetzgebende und vollziehende Gewalt, als Erinnerung aller Bürger an ihre Rechte und Pflichten, als Bürgschaft endlich, daß die heiligen Wahrheiten, welche freie Männer von Sklaven unterscheiden, nie wieder in Vergessenheit versinken.

Erster Theil. Allgemeine Grundsätze der Verfassungsurkunde.

§ 1. Zweck der Staatsverbindung.

Der Zweck der Staatsverbindung ist die Sicherheit der persönlichen Freiheit, des Eigenthums, der Ehre und der freien Entwicklung aller menschlichen Kräfte (oder: der freien vernünftigen Thätigkeit und allen Richtungen) und des Widerstandes gegen Unterdrückung. In diesen Rechten besteht die bürgerliche Freiheit, oder die bürgerlichen Rechte, woran alle Bürger gleich sind. Aus ihnen fließen die politischen Rechte, wovon in § 3.

§ 2. Bürgerliche Freiheit

a) In der Ausübung dieser natürlichen Rechte (§ 1.) kann kein Bürger beschränkt werden. Nur der Mißbrauch derselben oder die Verletzung derselben Rechte anderer und des Wohls der ganzen Gesellschaft ist durch das Strafgesetz verpönt.

b) Zur Ausgleichung von Streitigkeiten über diese Rechte muß ein Zivilgesetz aufgestellt werden, das bei allen Strafbestimmungen Menschlichkeit zur Richtschnur hat; nach der Vollkommenheit der Wissenschaft unserer Zeit.

c) Alle Bürger sind vor dem Gesetze gleich, sowohl vor dem Zivilgesetz, als auch vor dem Strafgesetz. Es giebt keine Privilegien vor Gericht, keinen privilegierten Gerichtsstand.

d) Kein Bürger kann an dem gehindert werden, was das Gesetz nicht verbietet, oder zu dem gezwungen werden, was das Gesetz nicht verordnet. Kein Bürger ist verbunden einem Befehl zu gehorchen, der einem Gesetz widerspricht.

e) Niemand kann verhaftet oder in Haft gehalten werden, ausser in den von dem Gesetz bestimmten Fällen und auf die von dem Gesetz bestimmte Art. Durch jeden willkührlichen Verhaftsbefehl macht sich der, welcher ihn erläßt, eines Eingriffs in die persönliche Freiheit der Bürger schuldig und straffällig.

f) Keiner kann angeklagt werden, außer wegen Verletzung eines bereits bestehenden Gesetzes. Keiner kann bestraft werden, außer nach einem vor dem Vergehen bekannt gemachten und richtig angewandten Strafgesetz.

g) Jeder Verhaftete muß innerhalb 24 Stunden vor einem natürlichen Richter verhört werden, damit erwiesen werde, ob Grund zur Anklage da ist, oder nicht.

h) Jeder Angeklagte wird so lange als unschuldig betrachtet, bis er des Vergehens überwiesen ist. Jede Verhaftung bis dahin muß, unter ernster Ahndung, von aller Strenge frei sein, die nicht unumgänglich nothwendig ist zur Sicherung seiner Person.

i) Kein Bürger kann seinem natürlichen Richter und dem sanktionierten Strafgesetz entzogen werden. Jede Justizkommission ist ein Hochverrath gegen die Freiheit des Volks.

k) Die Freiheit der politischen und religiösen Meinungen, so wie die freie Gedankenmittheilung ist eines der schätzbarsten Rechte der Bürger und darf nie geschmälert werden. Die Freiheit der Presse, unter der Verantwortlichkeit, ist in dieser Rücksicht und zugleich weil ohne sie kein freier Staat bestehen kann, ein Grundgesetz, das keine gesetzgebende Behörde schmälern oder aufheben kann. Die Zensur ist für immer verbannt.

l) Alle Bürger haben gleiche Freiheit der Religionsübung und Gottesverehrung.

m) Alle Bürger haben das Recht, sich friedlich zu erlaubten bürgerlichen oder politischen Zwecken zu versammeln, wenn nur dabei die bestehenden Polizeigesetze nicht aus den Augen gesetzt werden.

n) Das Eigenthum jedes Bürgers ist unverletzlich. Die Beiträge, welcher jeder Bürger zu Erhaltung des Staates zu leisten hat, müssen durch das Gesetz bestimmt werden. Wenn in Zeiten der Noth von einzelnen Bürgern ein besonderes Opfer ihres Eigenthums erfordert wird, so kann diese Forderung nur von den Repräsentanten gegen gerechte Schadloshaltung ausgehen.

o) Jeder Bürger hat auf gleiche Weise das Recht zu jeder Art des erlaubten Erwerbs und Berufes.

Alle Innungen der Handwerker und jeder Zunftzwang sind aufgehoben.

Jede daherige, einzig und allein aus Gründen der Staatspolizei (?) zulässige Beschränkung kann nur in Folge eines ausdrücklichen Gesetzes verbindende Kraft erhalten und kann stets nur als eine Übergangsanordnung betrachtet werden.

p) Alle Hemmungen des innern Verkehrs sind aufgehoben. Die nöthigen Brücken- und Weggelder bestimmt das Gesetz.

§ 3. Politische Rechte der Bürger

Zur Sicherung der erwähnten (§ 1.) bürgerlichen (persönlichen) Rechte und Freiheiten vereinigen alle Bürger ihre Gesammtkraft zur Aufstellung einer öffentlichen Gewalt, Staatsgewalt genannt. Die Staatsgewalt hat die Erhaltung der Freiheit, der Rechte und des Glücks aller Bürger zum Zweck, nie eines bloßen Theils oder derjenigen, welchen sie anvertraut ist.

In dem Recht der Mitwirkung der einzelnen Bürger zur Bildung und Erhaltung des Staates bestehen ihre politischen Rechte.

a) Da alle Bürger gleiche bürgerliche Rechte und Freiheiten haben, so besitzen sie auch Alle gleiche politische Rechte. Alle Privilegien der Geburt, des Standes, oder der Familien, betreffen sie nun bevorrechtete Theilnahme an der Regierung des Staates oder bevorrechtete Befreiung von den allgemeinen Lasten, sind für immer als unvereinbar mit einem freien Staate erklärt.

b) Obgleich einem Theile der Bürger, nämlich der Kantonalstadt, eine größere Präsentation zugetheilt ist, als ihm nach dem Bevölkerungsverhältnisse zukommt, so kann diese Anordnung (nach § 3. a) doch nur als eine Übergangsanordnung betrachtet werden, die sich allmählig in völlige politische Gleichheit auflösen soll. Durch die gegenwärtige Verfassung ist Vorsorge getroffen, besonders durch ein tüchtiges Erziehungswesen und eine freie Gemeindeordnung in Verbindung mit der Preßfreiheit, daß schon die nächste Generation hinreichende politische Bildung erlange, um eine völlig gleiche, allein auf dem Bevölkerungsverhältnisse beruhende Repräsentation auszuüben. Es soll daher jedesmal nach 10 Jahren ⅓ der, über dem Bevölkerungsverhältnisse, der Kantonalstadt zuertheilten Repräsentation aufgehoben werden, so daß nach 30 Jahren eine völlige Gleichheit eintritt.

c) Alle Bürger haben gleiches Recht zu allen Ämtern und Würden; nur Fähigkeit und Tugend können einen Unterschied machen. Kein Adel, erbliche Unterschiede oder Ordenszeichen werden geduldet. Jeder Bürger, der von einem fremden Staate einen Orden annimmt, hört auf, Bürger zu sein.

d) Alle Auflagen, welche die Erhaltung des Staats erfordert, sollen nach Verhältniß des Vermögens gleich verteilt werden. Jede Ungleichheit der Besteurung ist für immer verbannt.

e) Der Kriegsdienst ist eine Bürgerpflicht; alle Bürger sind auf gleiche Weise dazu verbunden. Ausnahmen von dieser Pflicht können nur durch die Rücksicht auf eine fortdauernd gute Staatsverwaltung verstattet werden. Aber alle Militärkapitulation, der sogenannte Fremdendienst, ist als Schande der Nation für ewige Zeiten abgeschafft.
(Anmerkung. Der Sinn dieser Ausnahme ist, daß die Studierenden für gewisse Fächer darum befreit sind, weil sie durch den Kriegsdienst verhindert werden, sich gehörig zu befähigen.)

f) Alle christlichen Konfessionen haben, wie sie gleiche bürgerliche Rechte besitzen, auch gleiche politische Rechte.

g) Das Gesetz ist der Ausdruck der Gesammtheit aller Bürger oder des allgemeinen Willens; wie in der Folge näher erläutert wird. Nie kann ein Theil des Volkes oder ein Individuum ein Gesetz erlassen.

§ 4. Über Souverainetät und Verfassung.

a) Da alle Bürger gleiche politische Rechte haben, so liegt die höchste Staatsgewalt (Souverainetät), welche die letzte Quelle aller einzelnen Staatsgewalten und alles öffentlichen Rechtes (Staatsrechtes) ist, ewig und unveräußerlich in der Gesammtheit aller Bürger oder in dem Gesamtwillen des Volkes. Nie kann die Souverainetät auf einen Theil des Volkes, oder auf einzelne Individuen übergehen.
Anm. Ein Volk ist frei, wenn es einen eigenen, selbständigen Willen hat. Dies ist nur der Fall, wenn alle Staatsgewalten und Staatseinrichtungen ein Ausfluß des Volkswillens sind. Dann spricht das gesammte Volk – und jeder einzelne freie Mann in ihm – in allen Staatseinrichtungen seinen eigenen Willen aus. Souverainetät und Freiheit sind also gleichgeltende Begriffe. Ein Volk, das nicht seinem eigenen sondern einem fremden Willen gehorcht, ist ein Haufen Sklaven.

b) Die Verfassung (Konstitution) – oder das Grundgesetz, welches die ersten Rechtsprincipien der gesellschaftlichen Vereinigung festsetzt und die Art und Weise bestimmt, wie die drei Staatsgewalten, die gesetzgebende, vollziehende und richterliche eingerichtet und ausgeübt, und durch welche Mittel die Zwecke, für welche sie vorhanden sind, erreicht werden sollen – kann nur aus dem souverainen Volk d. h. aus dem Gesamtwillen des Volkes hervorgehen, nur von ihm beschlossen und sanktioniert werden. Dasselbe gilt von jeder Veränderung der Verfassung. Die Art und Weise, wie dies geschehen soll, bestimmt das letzte Kapitel dieses Entwurfs.
(Anm. In der Anmerkung unter a) wurde gezeigt, daß Freiheit des Volkes und Volkssouverainetät gleichbedeutend seien und daß beide Begriffe sich schließen: daß alle Staatseinrichtungen und die ganze Staatsverwaltung ein Wert des freien Volkswillens seien. Nun bestimmt aber das Grundgesetz oder die Verfassung diese Staatseinrichtung (Staatsorganismus); sie muß mithin aus dem souverainen Volkswillen entspringen.
Freiheit des Volks (oder Volkssouverainetät) und Selbstgesetzgebung des Volkes sind wieder gleichbedeutend; denn sowie der einzelne Mensch nur dann einen freien Willen hat, wenn er sich selbst seine Gesetze für sein Handeln gibt und kein Anderer; so hat auch ein

Volk und jeder Einzelne in ihm dann einen freien Willen in der Staatsverbindung, wann er sich selbst seine Gesetze gibt – die Selbstgesetzgebung ausübt. Nur Sklaven empfangen die Gesetze ihres Willens von einem anderen Willen. Durch die Beschließung der Verfassung oder des Grundgesetzes übt also das Volk die Grundhandlung (den ersten Hauptsatz) der Selbstgesetzgebung aus, welche die Regel für alle andern Gesetze ist; daher der Name Grundgesetz. Deßwegen kann das Grundgesetz auch nicht durch bloße Abgeordnete beschlossen werden. Es kann zwar durch sie entworfen werden; aber nur nach dem ausdrücklich eingeholten Willen des Volks (z. B. in Landsgemeinden, wie zu Uster) und muß ferner von den Urversammlungen angenommen und sanktioniert werden. Das ist bei den spätern Gesetzen nicht mehr nöthig; diese können von den Abgeordneten des Volks beschlossen werden; denn einmal sind die spätern Gesetze nur eine Fortentwicklung des Grundgesetzes und zweitens wird in dem Grundgesetz selbst von jedem Volke, das frei bleiben will, Vorsorge getroffen, daß die spätern Gesetze stets mit dem Volkswillen übereinstimmen.

c) Nicht jede Verfassung ist frei, auch wenn ihr Ursprung frei ist. Die freien Männer des Kantons Zürich wählen sich eine freie Verfassung, nämlich reine Repräsentativrepublik, die auf der Demokratie beruht.

(Anm. Eine Verfassung ist, wie wir gesehen haben, in ihrem Ursprunge frei, wenn sie aus dem Volkswillen hervorgeht. Daraus folgt aber nicht, daß die Verfassung selbst schon frei ist; denn das Volk selbst kann sich auch eine unfreie Verfassung geben, was öfter aus Unwissenheit des Volkes geschehen ist. Die Verfassung selbst ist frei, wenn in der Verfassung selbst Vorsorge getroffen ist, daß die ganze Staatsführung [das ganze Staatsleben] in allen ihren Theilen fortdauernd mit dem Willen des Volkes übereinstimmt, [nicht von einem fremden Willen ausgeht] oder mit andern Worten: ein Werk der Selbstgesetzgebung des Volkes ist. Dieser Begriff der Selbstgesetzgebung ist der leitende und entscheidende Begriff.)

In der reinen demokratischen Republik übt das Volk selbst in der Landsgemeinde die Staatsgewalten aus; der Staat ist also stets ein Werk des Volkswillens. In der Repräsentativrepublik werden die Staatsgewalten einzelnen Bürgern übertragen; hier müssen also Bürgschaften (Garantien) und Einrichtungen getroffen werden, daß diese mit den Staatsgewalten beauftragten Bürger stets in der Ausübung derselben mit dem Volkswillen übereinstimmen. Dann ist eine reine oder demokratische Repräsentativrepublik vorhanden.

§ 5. Grundsätze der Repräsentativ-Republik.

Die freien Männer des Kantons Zürich erblicken in folgenden Grundsätzen die einzig wahren für die demokratische Repräsentativrepublik, die sie annehmen. Diese Grundsätze bilden daher die Basis der Verfassung.

a) Das Volk überträgt die Ausübung der Souverainetät und der drei Staatsgewalten, die in ihr liegen, der gesetzgebenden, mit welcher die aufsehende verbunden ist, der vollziehenden und richterlichen, einzelnen Bürgern, die vom Volke unmittelbar oder mittelbar frei gewählt und demselben für die Ausübung ihres Amtes verantwortlich sind.

Kein Amt ist also ein Eigenthum dessen, der es verwaltet, jedes Amt ist ein Auftrag des Volkes und eine Pflicht gegen dasselbe.

Die Souverainetät selbst bleibt unveräusserlich in der Gesammtheit des Volkes, wenn es auch die Ausübung derselben einzelnen Bürgern überträgt. Jedoch behält es sich die Ausübung folgender Handlungen der Souverainetät vor: die Schöpfung einer neuen Verfassung oder Änderung der bestehenden; die unmittelbare Wahl der Repräsentanten und anderer Beamten, wie im Folgenden bestimmt wird; die Aufsicht über die Verfassung; den Widerstand gegen ihre Unterdrückung. Das Alles wird im folgenden näher erörtert. (Anm. Daß das Volk in einer Repräsentativrepublik nothwendig die Ausübung dieser Souverainetätsrechte sich vorbehalten müsse, sieht jeder ein; denn sonst schwebte die ganze Verfassung in der Luft. Nur auf diese Art haftet sie in dem Volkswillen.)

b) Die einzige Richtschnur der Beamten in der Ausübung der übertragenen Staatsgewalten soll der Wille, die Interessen und das Wohl des Volkes sein. Es müssen also in der Organisation der Staatsgewalten solche Einrichtungen getroffen werden, welche eine kräftige Bürgschaft für die Erreichung dieses Zwecks und gegen den Mißbrauch der Gewalt darbieten, damit das Volk fortdauernd eine wahrhafte Selbstgesetzgebung ausübe, worin der Charakter einer freien Verfassung besteht.

(Anm. Aus dem Frühern ist klar, daß der ganze Staat fortdauernd ein Ausfluß [Resultat] des Gesammtwillens sein müsse, wenn er frei sein soll. Daher ist es nicht genug, daß die Verfassung ein Wert der Selbstgesetzgebung des Volkes sei, sondern auch die gesammte Staatsverwaltung, das heißt die Ausübung der durch Verfassung übertragenen Gewalten, muß in Übereinstimmung mit dem Volkswillen nur eine Selbstgesetzgebung des Volkes darstellen. Alle die nun folgenden Einrichtungen und Garantien haben daher zum Zwecke, einmal, daß wirklich der Volkswille und kein anderer Wille das Gesetz des Staates sei, und zweitens, daß dieser Volkswille auch ein aufgeklärter, vernünftiger und gebildeter Wille werde, damit eine erleuchtete, das wahre Heil der Bürger fördernde Selbstgesetzgebung des Volkes herrsche.)

c) Die wichtigsten nächsten und unmittelbaren Einrichtungen und Garantien in dem Staatsorganismus, durch welche die Ausübung der übertragenen Gewalten in Übereinstimmung mit dem Volkswillen gesetzt und ihr Mißbrauch verhindert wird, sind folgende:

1) Es wird ein Körper von Repräsentanten errichtet, welchem die höchsten der drei Staatsgewalten, nämlich die gesetzgebende und aufsehende Gewalt übertragen wird, wodurch er die Würde eines Stellvertreters des souverainen Volks empfängt, er führt den Namen: großer Rath. Dieser Körper der Repräsentanten soll durch die Weise seiner Zusammensetzung, durch die Wahlart aus dem gesammten Volke und die periodischen Erneuerungswahlen eine hinreichende Garantie darbieten, daß die Gesetze, die er erläßt, stets der reine und unverfälschte Ausdruck des Willens und der Interessen des gesammten Volkes, mithin eine Selbstgesetzgebung des Volkes sind. [!!!]

Durch die dem Körper der Repräsentanten übertragene aufsehende Gewalt hat derselbe den Beruf die ausführenden Gewalten (vollziehende und richterliche Gewalt) stets in Übereinstimmung mit der Verfassung und den Gesetzen zu halten und sie zu kontrolliren, über jede Verletzung der Verfassung und der Gesetze zu wachen und stets die Rechte des Volks zu wahren.

Außer der durch die organische Anordnung des großen Rathes begründeten Übereinstimmung desselben mit dem Willen des Volkes, dienen, außer der Publizität und

Preßfreiheit, noch besonders die sub Nro. g. angeführten Mittel, ihn stets im Zusammenhang mit den Interessen, Bedürfnissen, dem Willen und den Wünschen des Volkes zu erhalten.

(Anm. Der einfache organische Zusammenhang des Repräsentativsystems, den wir zum Verständnis des Folgenden hier sogleich bezeichnen wollen, ist also folgender: Durch eine gute organische Einrichtung, besonders durch freie Wahl und Erneuerungswahlen, so wie durch die sub Nro. g. angezeigten Mittel, endlich durch die Publizität und Preßfreiheit hält das Volk den gesetzgebenden Körper stets in Übereinstimmung mit dem Volkswillen und den Volksinteressen und kontrollirt ihn, wenn er von dieser Norm abweicht, übt also durch den gesetzgebenden Körper eine Selbstgesetzgebung aus.

Der gesetzgebende Körper kontrollirt die übrigen Gewalten, daß sie in Übereinstimmung mit den Gesetzen des Volkes handeln. Das ist nicht möglich ohne kurze Amtsdauer, Trennung der Gewalten, Publizität und Preßfreiheit.

Damit der Geist des Volkes und eben dadurch seine Gesetzgebung immer weiter, erleuchteter und humaner werde, ist ein tüchtiges Erziehungssystem und abermals Publizität und Preßfreiheit unumgänglich erforderlich.

Damit endlich nicht bloß der ganze Staat, sondern auch alle Theile frei seien, ist eine tüchtige freie Gemeindeverfassung nothwendig, die zugleich eine politische Bildungsschule vertritt.)

2) Alle Ämter, denen große physische Gewalt anvertraut ist, oder die sonst mit großer Macht bekleidet sind, müssen auf kurze Dauer beschränkt sein, weil die Erfahrung lehrt, daß durch zu lange Amtsdauer oder gar durch Lebenslänglichkeit sich ein Despotismus der Gewalt bildet, der sich von aller Kontrolle befreit und an die Stelle der Gesetze und Interessen des Volks eigne Willkühr und Privatinteresse setzt. Doch sind alle Beamten, welche erprobt und bewährt befunden wurden, wieder wählbar.

3) Die ganze Staatsverwaltung, alle Handlungen der Repräsentanten, der vollziehenden und richterlichen Gewalt sollen öffentlich sein. Publizität ist eine Grundregel der Staatsführung. Die Sitzungen der Richter und des großen Raths sind öffentlich.

(Anm. Das geheime Regiment führt, wie die neueste und ältere Geschichte unsers Vaterlands warnend lehrt, unfehlbar zum Mißbrauch der Gewalt, zum Despotismus und zur Unterdrückung des Volkes; ohne Publizität können weder die Repräsentanten die übrigen Gewalten, noch das Volk beide kontrolliren.)

4) Die scharfe Trennung der drei Staatsgewalten, besonders der gesetzgebenden von der vollziehenden, und der vollziehenden von der richterlichen soll ein Grundprinzip der Verfassung sein; ohne diese Trennung ist keine Freiheit möglich.

(Anm. Wenn die Gewalten vermischt sind, so geht die Freiheit und Selbstgesetzgebung des Volkes unausbleiblich verloren, wie die leichteste Zergliederung zeigt. Wenn die gesetzgebende Gewalt unter dem Einfluß der vollziehenden Gewalt [kleinen Raths] steht, so giebt diese die Gesetze; also, eine Gewalt, welche durchaus nicht mit der Gesetzgebung beauftragt ist, welche gar nicht die Organisation und Einrichtung für den Ausdruck des Volkswillens empfangen hat, welche vielmehr ihrer Natur nach unter der Aufsicht der Gesetzgeber stehen soll – eine solche Gewalt macht sich ohne Auftrag und Willen des Volks zum Gesetzgeber, d.h. ein fremder Wille ist Souverain und das

Volk ist Sklave. Steht die richterliche Gewalt unter der vollziehenden, so erläßt jene nicht mehr ihre Urtheile nach dem Gesetz, sondern nach dem Willen der Machthaber, d.h. die Gerechtigkeit und die Rechte der Bürger werden den Leidenschaften der Machthaber aufgeopfert. – In den meisten Kantonen der Schweiz war die richterliche und gesetzgebende Gewalt von der vollziehenden Gewalt abhängig, dabei die Ämter faktisch lebenslänglich, und obendrein ein geheimes Regiment. Daher herrschten souveraine Familien mit Schrankenloser Willkühr und das Volk war Sklave.

Trotz der scharfen Trennung der Gewalten kann, ja soll eine Verbindung zwischen ihnen sein, aber nicht in den eigenthümlichen Amtsfunktionen, sondern nur in der Mittheilung von Ansichten und Vorschlägen. Die vollziehende Gewalt, so wie die richterliche, können der gesetzgebenden Vorschläge zu Gesetzen machen; aber sie können als vollziehende und richterliche Gewalt nie Glieder des Gesetzgebenden Körpers sein, nicht ihre Stimmen geben.)

5) Die richterliche Gewalt soll, durch alle Abstufungen, in Wahl, Anstellung, Funktion und Aufsicht gänzlich unabhängig sein und wie dieser unter der Aufsicht des großen Rathes stehen.

Überall, sowohl in der Kriminal- wie in der Ziviljustiz sollen mehrere Instanzen gebildet werden.

d) Als ein ferneres Grundprinzip des Repräsentativsystems wird die Preßfreiheit anerkannt, weil sie, vermittelst des Drucks die Publizität der Staatsverwaltung erst zu einer wahren Publizität der Staatsverwaltung und dadurch erst die Kontrolle über die ausführenden Gewalten durch die Repräsentanten und über beide durch das Volk möglich macht; weil sie als fortdauernder Ausdruck des Volkswillens eine öffentliche Meinung schafft, die allen Gewalten zur Richtschnur dienen soll, weil sie durch die Kritik der Staatshandlungen und Einrichtungen und durch die freie Diskussion aller Interessen des Volks stets der Wahrheit den Sieg verschafft, den Einfluß der Wissenschaft auf das Leben sichert, dadurch den Griff des gesammten Volkes zu höherer, politischer und humaner Bildung erhebt, und durch den veredelten Volksgeist den ganzen Staat zu immer größerer Vollkommenheit führt.

e) Nicht minder wesentlich in dem Repräsentativsystem ist eine wahrhaft freie Gemeindeverfassung, durch welche jedem Theile der Volksgemeinde die Freiheit wird, welche das Ganze genießt, und eine Vorschule für die Bildung von Staats- und Geschäftsmännern geschaffen wird.

(Anm. So wesentlich wie die Preßfreiheit, ebenso wesentlich ist eine freie Gemeindeverfassung in dem Repräsentativsystem; aus folgenden Gründen:

1) Die Freiheit, die die ganze Volksgemeinde durch Selbstgesetzgebung genießt, muß sich auch in den einzelnen Gemeinden durch Selbstgesetzgebung und Selbstverwalten ihrer Angelegenheiten vermittelst frei erwählter Beamter wieder finden. Hier bildet sich in den einzelnen Gemeinden der Geist der Freiheit, der dann das Ganze durchdringt. Ordnet die vollziehende Gewalt [Regierung] die Angelegenheiten der Gemeinden, so wird sie, durch ihre Sucht Alles zu reguliren und zu bestimmen, alle einzelnen Gemeinden in Unmündigkeit und Unfreiheit erhalten, und somit fehlt auch dem Ganzen der Geist der Freiheit, wenn es auch durch das äussere Gerüste der Repräsentation den Schein, aber auch nur den Schein der Freiheit hat. 2) Eine freie Gemeindeverfassung ist eine treffliche

Vorschule zur Bildung von Repräsentanten und Staatsleuten. Dieselben Geschäfte und Interessen, die dort in kleinerm Umfange vorkommen, bieten sich in weitern Kreisen wieder der Funktion der Repräsentanten dar. In der Gemeindeverfassung öffnet sich also die erste Bildungsstätte für das politische Talent. 3) in den Kräften und Fähigkeiten, die sich unaufhörlich durch die freie Gemeindeverfassung entwickeln und bilden, in dem Geiste der Freiheit, der hier stets sich erzeugt und einheimisch wird, liegt die stärkste Garantie gegen die Entartung der Verfassung und der Staatsgewalten, wenn sonst der Staat gut organisirt ist, und auf dem Volkswillen beruht. Hier, in der freien Gemeinde rinnt die ewig lebendige Quelle desjenigen Geistes und derjenigen Kräfte, in welchen die Freiheit die Würde und das Glück des Volkes beruhen.

Eine freie Gemeindeverfassung ist also der Grund- und Eckstein einer freien Staatsverfassung.)

f) Als die letzte und nothwendige Grundlage des Repräsentativsystems wird ein tüchtiges öffentliches Erziehungssystem anerkannt, wodurch der Geist des Volks für politische Thätigkeit und für die republikanische Staatsform immer fähiger und tauglicher wird. Es sollen daher die Primarschulen auf diejenige Stufe von Vollkommenheit erhoben werden, auf welcher sie bei den gebildetsten Völkern Europas bestehen; dieses soll bewirkt werden durch die Errichtung eines tüchtigen Schullehrerseminariums. Es sollen ferner an mehreren Orten des Landes zweckmässige Sekundarschulen gestiftet, und an einem passenden Orte des Landes ein Gymnasium gegründet werden.

(Anm. In Monarchien und Aristokratien regieren die höhern und privilegirten Stände und das Volk ist Sklave, in einer Republik regiert das Volk. Es muß also politische Bildung und Einsicht haben, wenn der Staat ein kultivirter Staat sein soll. – Nun beruht aber die politische Bildung auf der bürgerlichen und menschlichen, die in Schulen erworben wird. Nothwendig müssen also in einem Zeitalter der Kultur vor Allem tüchtige Primarschulen in einer Republik sein, hervorgegangen aus einem tüchtigen Schullehrerseminarium. Indessen ist es damit nicht genug. In einer Republik muß eine möglichst gleichmäßige Vertheilung der Kultur in allen Landestheilen herrschen, und nicht blos in den Städten die höhere Bildung vorherrschend sein. Vorzüglich haben die Landbürger der Kantone, die sich glücklicher Weise von der Aristokratie losgerungen haben, die größte Sorgfalt zu tragen, daß auch auf dem Lande höhere wissenschaftliche Bildungsstätten errichtet werden, welche einen leichten Zugang gewähren, damit das Land stets eine große Anzahl von Männern liefere, die den gebildeten Zöglingen der Stadt gewachsen sind, sonst wird es früher oder später wieder in den Jammer der Stadtaristokratie versenkt. Daher der Vorschlag zu Sekundarschulen und einem Gymnasium auf dem Lande.)

g) Außer der Verbindung des gesetzgebenden Körpers mit dem Volkswillen, welche durch die freie Wahl und Organisation desselben begründet ist, werden noch folgende Mittel zu diesem Zwecke festgesetzt.

1) Einzelne Bürger und jede Anzahl von Bürgern haben das Recht, in Petitionen dem großen wie dem kleinen Rathe ihre Ansichten, Bedürfnisse und Beschwerden zur Berücksichtigung vorzutragen; desgleichen das Recht zu speziellen Aufträgen an ihre respektiven Repräsentanten. Beides wird weiter unten näher bestimmt, wo von den Funktionen des großen Rathes die Rede ist.

2) Die Bürger sind berechtigt, sich in kleinerer oder größerer Anzahl zu versammeln, sowohl über besondere als allgemeine Angelegenheiten (nach § 2. m). Das Ergebnis ihrer Berathungen und Beschlüsse können sie dem großen Rathe zur Berücksichtigung vorlegen; jedoch ist derselbe nicht verbunden ihnen Folge zu leisten, wenn er sie dem Wohle des Staates nicht für angemessen hält.

3) Gesellschaftsvereine für wissenschaftliche und Industriezwecke sowohl als auch für erlaubte politische Zwecke sind gestattet, sobald sie öffentlich sind. Auch diesen ist erlaubt, das Ergebniß ihrer Berathungen dem großen Rathe vorzulegen. Auch hier ist der gesetzgebende Körper nicht verpflichtet, der Petition Folge zu geben, wenn er sie nicht für geeignet hält.

Geheime Gesellschaften sind in allen Fällen strenge verboten.

(Anm. Ein Fall ist nun noch übrig. Wenn nämlich das ganze Volk oder die Majorität desselben sich als Souverain versammelt und Beschlüsse faßt, sind dann diese Beschlüsse nicht an sich Gesetze? Allerdings, denn vor dem Souverain verschwinden alle konstituirten Gewalten, auch der Körper der Repräsentanten. Allein durch die Versammlung solcher souverainen Landsgemeinden würde die Repräsentationsverfassung ausgelöst werden und eine Demokratie entstehen. Die Verfassungsurkunde kann ihrer daher auch nicht erwähnen, ausser in dem einen Fall, wo wirklich die Verfassung umgestürzt wird, wovon der folgende § spricht.

Die Versammlungen des souverainen Volkes werden nämlich nur in zwei Fällen statt finden, entweder um eine gute und freie Verfassung zu erhalten und zu schützen: dieser Fall muß in der Verfassung erwähnt werden, weil von ihren Garantien die Rede sein muß und die letzte Garantie in den Bürgern liegt – oder um Mißbräuche, Beschwerden und Unrecht – kurz eine schlechte Verfassung gegen den Willen der Gewalthaber abzuschaffen. Dieser letzte Fall führt einen revolutionären Zustand herbei; keine List und Gewalt kann ihn hindern, wenn das Volk sein unbestreitbares Recht, eine freie und gerechte Verfassung zu schaffen, durchsetzten will. Dieser Fall hat sich in den jüngsten Zeiten ereignet; er wird sich immer unter gleichen Umständen ereignen. Allein wenn wirklich eine freie und gerechte Verfassung vorhanden ist, eine Verfassung, die auf der Gleichheit der Rechte beruht, welche durch freigewählte Repräsentanten, durch Öffentlichkeit, Preßfreiheit, Petitionsrecht u.s.w. alle Mittel zur Abschaffung von Beschwerden und Verbesserung des gesellschaftlichen Zustandes enthält, die endlich die Einrichtungen festsetzt, wodurch sie selbst mehr und mehr vervollkommnet wird, so ist eine Revolution des Volkes gegen eine solche Verfassung, die es kraft seiner Souverainetät selbst gegeben hat, gar nicht denkbar, es kann deshalb nicht davon in ihr die Rede sein; sonst würde sie sich selbst das Urtheil sprechen. Das Volk wird sich nur für eine solche Konstitution erheben.)

§ 6. Garantie der Verfassung.

a) Die nächste Pflicht, für die Erhaltung der Verfassung zu wachen, liegt dem großen Rathe, kraft der ihm übertragenen aufsehenden Gewalt ob, wie weiter unten, wo von den Befugnissen und Funktionen desselben die Rede ist, erörtert wird.

b) Ausserdem verpflichten sich alle freie Männer, welche kraft ihres souverainen Gesammtwillens die Verfassung beschlossen haben, sie auch mit allen ihren Kräften zu beschützen
und sie mit den Waffen in der Hand zu vertheidigen, sei es, daß sie von innern oder äussern Feinden angegriffen wird.

c) Da die letzte Garantie der Verfassung in den Waffen der Bürger liegt, so können sie nie
entwaffnet werden.

d) Nie kann ein stehendes Militair errichtet werden, weil es laut der Geschichte stets der
Untergang aller freien Verfassungen gewesen ist.

§ 7. Allgemeine Bestimmungen in Beziehung auf den eidgenössischen Bund.

a) Die Bürger des Kantons übernehmen alle Pflichten, die aus der Theilnahme desselben
an dem eidgenössischen Nationalverein entspringen.

b) Alle Zölle, mit denen die Einfuhr aus einem andern Kanton in den Kanton Zürich erschwert ist, sind aufgehoben.

c) Jeder Schweizerbürger kann sich im Kanton Zürich ohne irgend ein Hinderniß niederlassen.

d) Die Bedingungen für die Erwerbung des Bürgerrechts sollen für Schweizerbürger leichter
gemacht werden, wie für Ausländer.

e) Jeder Schweizerbürger, der in dem Kanton Zürich wohnhaft ist, hat hier seine Militärpflicht zu erfüllen. (Anm. Diese Punkte hängen freilich zum Theil von der neuen Gestaltung des Bundesvereins ab.)

II. Spezieller Theil.

Kap. I. Eintheilung, Bürgerrecht, Stimmfähigkeit.

§ 1. Eintheilung des Kantons
Man vermindere die Anzahl der Oberämter aus ökonomischen Gründen, und theile den
Kanton in 5 bis nächstens 7 Kreise ein, welche zugleich als die Grenzen für die Gerichts-
barkeit der Amts- oder Kreisgerichte betrachtet werden können. Die weitere Eintheilung in
Wahlversammlungen oder Zünfte verbleibt wie bisanhin; nur daß letztere auch wirklich nach
Maßgabe der Bevölkerung gebildet werden sollen.

§ 2. Bürgerrecht
Die Ertheilung desselben darf nicht erschwert werden; überhaupt sollen die hierüber bestehenden Gesetze und Verordnungen einer Revision unterworfen werden.

§ 3. Stimmfähigkeit
a) Alle Bürger, welche das 20ste Jahr zurückgelegt haben, sind stimmfähig.

b) Unfähig zur Ausübung der staatsbürgerlichen Rechte sind: die Almosensgenössigen;
die Volljährigen, welcher unter Vormundschaft stehen; die welche durch eigene Schuld
Falliten geworden sind und die durch eigene Schuld gerichtlich haben akkordiren müssen, so lange sie nicht rehabilitirt sind; die in Kriminaluntersuchung Befindlichen und

diejenigen, welche ihr Aktivbürgerrecht durch einen Richterspruch ganz oder für eine gewisse Zeit verloren haben.

(Anm. Gerechtigkeit und Humanität haben schon längst die Klausel im Text bei den Falliten erheischt. Wir haben der in Absicht des Wahlrechtes hintangesetzten zahlreichen Klasse derer, welche „in Kost und Lohn" stehen, absichtlich nicht gedacht. Es lässt sich in der That aus dem rein privatrechtlichen Verhältniß, in welchem z. B. ein Hauslehrer, ein Kommis, ein Handwerksgeselle, ein Dienstbote zu seinem Herrn steht, ein vernünftiger Grund nicht ableiten; warum dieser Vertrauen genießende und verdienende Theil von Staatsbürgern, welcher nicht weniger als jeder andere die Staatslasten zu tragen hat, von der Ausübung irgend eines politischen Rechtes ausgeschlossen sein soll.)

Kap. II. Öffentliche Gewalten.

Die drei öffentlichen Gewalten sind: die gesetzgebende, mit welcher die aufsehende verbunden ist; die vollziehende und die richterliche. Alle drei werden im Auftrage des souverainen Volks ausgeübt. Die gesetzgebende und aufsehende übt der große Rath aus; an der Spitze des vollziehenden steht der kleine Rath; an der Spitze der richterlichen das Obergericht.

(Anm. Die ganze Repräsentativrepublik, in der Anordnung und Gestaltung [Organismus] aller Staatsgewalten bildet sich nothwendig in drei Stufen aus, in der höchsten Stufe [für das Ganze] in der mittlern [für die Oberamtmänner oder Kreise] und untern [für die Gemeinden.])

Es gibt eigentlich nur drei Staatsgewalten; die gesetzgebende, mit welcher die Oberaufsicht verbunden ist; die vollziehende, verbunden mit der Verwaltung, die richterliche; die beiden letztern stehen unter der ersten. Einen besondern Zweig der Verwaltung betrachten wir aber wegen seiner großen Wichtigkeit abgesondert, nemlich die Erziehungsgewalt. Dazu kommt dann noch fünftens die Kirchengewalt, die im Grunde auch eine Verwaltung ist. Diese fünf Gewalten haften sämmtlich in dem souverainen Volke und gehen von ihm aus.

Die Behörden, welche die Staatsgewalten auf der höchsten Stufe ausüben, bilden die Zentralbehörde oder die Zentralgewalten für den ganzen Kanton; sie sind: der große Rath; der kleine Rath; das Obergericht und Kriminalgericht erster Instanz; der Erziehungsrath; der Kirchenrath. Sie sind sämmtlich vom Volk übertragen, sollten mithin nach dem Staatsrecht alle unmittelbar von ihm gewählt werden; aber nach den Regeln der Staatsweisheit wird am Besten nur die höchste dieser Gewalten (große Rath) unmittelbar vom Volk gewählt, und durch sie wählt es dann mittelbar die andern, mit besonderen Modifikationen, welche in der Natur der Sache liegen.

Auf der zweiten und dritten Stufe nehmen jene Staatsgewalten nothwendig eine mehr demokratische Natur an. Auf der zweiten Stufe, in den Kreisen (Oberämtern) werden sie ausgeübt durch den Kreisrath; Kreisammann, Kreisgericht, Kreisschulrath, Kreiskirchenrath. Diese Behörden werden von den Kreisgenossen gewählt. Alle stehen zwar unter der Leitung und Aufsicht der betreffenden Zentralbehörden, aber in den besondern üben sie eine mehr selbstständige Gewalt aus, sind dagegen allen Kreisgenossen strenge Rechenschaft schuldig und in wichtigen Fällen entscheidet die Kreisgenossenschaft, übt also (natürlich innerhalb der allgemeinen Gesetze) eine gesetzgebende Gewalt im engern Kreise aus.

Auf der dritten Stufe erscheinen wieder diese fünf Gewalten, aber in einem lebendigen und innigen demokratischen Zusammenhang mit der Gemeinde, so wie die Gewalten auf der zweiten Stufe mit dem Kreis (Oberamts) genossen: der Gemeinderath, Gemeindammann, Gemeindegericht, Gemeindeschulrath, Gemeindekirchenrath. Sie stehen zwar unter der Aufsicht der höhern (Kreis- und Zentral-) Behörden, sind vollziehend für die allgemeinen Gesetze, aber in den Gemeindesachen selbstständig; dagegen zu strenger Rechenschaft gegen die Gemeinde verpflichtet; alle von der Gemeinde gewählt; in wichtigen Dingen endlich an die Gesetzgebung der Gemeinde gebunden.

Das Richteramt auf den beiden untern Stufen ist zwar in Absicht der Wahl, denselben Gesetzen unterworfen wie die andern Behörden, aber im Übrigen erfordert seine Natur eine andere Organisation.

Diese Ansichten sind tief im Wesen einer Repräsentativrepublik gegründet; in ihr müssen alle Staatsgewalten auf allen Stufen volksthümlich sein, wir stimmen vollkommen darin mit H. Oberamtmann Hirzel überein, der in seiner jüngsten Schrift dieselbe Ansicht aufgestellt hat. Ganz rein ist sie jetzt noch nicht ausführbar; denn wie zwei große Staatsmänner sprachen, in einer Repräsentativrepublik muß die Mehrheit gebildet und aufgeklärt sein. Künftige Verfassungsrevisionen werden das Gebäude vollenden. Wir wollen uns nun zuerst mit den Zentralgewalten beschäftigen. Die richterliche, Erziehungs- und Kirchengewalt führen wir sogleich durch alle drei Stufen durch; dann betrachten wir die gesetzgebende und vollziehende (und verwaltende) auf den beiden untern Stufen besonders.

Kap. III. Organisation und Befugnisse des großen Rathes.

Dem großen Rath ist die Gesetzgebung und die Aufsicht über die Erhaltung und Vollziehung der Verfassung sowie die Besetzung der höchsten Staatsstellen übertragen; er ist der unmittelbare Stellvertreter des Volkes und die höchste der drei Gewalten; ihm sind die beiden andern untergeordnet.

(Anm. Der Körper der Repräsentanten hat in einer Repräsentativrepublik eine ganz andere und weit höhere Bedeutung, als in einer Repräsentativmonarchie. In der letztern ist die gesetzgebende Gewalt getheilt zwischen den Repräsentanten und einem erblichen Monarchen; in einer Republik ist sie allein und ungetheilt den Repräsentanten übertragen. Diese allein sind deßwegen die Stellvertreter des souverainen Volkes, wogegen in Monarchien der Regent den Souverain repräsentirt; ihrer Oberaufsicht sind alle andern Gewalten unterworfen. Daher sind sie unverletzlich.)

§ 1. Zahl, Zusammensetzung und Wahl der großen Räthe.

a) Der große Rath besteht aus 212 Mitgliedern, von diesen werden 179 von den Zünften und die 33 übrigen von dem großen Rath selbst gewählt.
Die Zahl der indirekten Mitglieder soll jedesmal nach Ablauf von 10 Jahren um ⅓ vermindert werden, so daß nach 30 Jahren die indirekte Wahlart gänzlich verschwunden ist.
(Anm. Die indirekte Wahlart widerspricht dem Begriff von Bevollmächtigten des Volkes, war der Grund zur Entstehung der Aristokratie und ist in allen guten Repräsentativstaaten von Europa verbannt. Auch in den meisten gegenwärtig sich bildenden Verfassungen

der Schweiz wird sie ausgemerzt. Ob sie nun gleich, auf eine kleine Anzahl von Mitgliedern angewandt, weniger schädlich wirken kann, so muß sie dennoch aus den angegebenen Gründen nur als eine Übergangsanordnung gelten und allmählig verschwinden.)

b) Von diesen 212 großen Räthen kommen 71 auf die Stadt Zürich und 141 auf die Landschaft und die Stadt Winterthur. Von den 71 der Stadt Zürich zugetheilten Repräsentantenstellen werden 11 aus der Bürgerschaft dieser Stadt; aus den 141, welche der Landschaft und Stadt Winterthur zukommen, 22 aus den Bürgern der Stadt Winterthur und des Landes von dem großen Rathe besetzt. Der große Rath wählt diese ohne Vorschlagskollegium. Die übrigen Repräsentanten der Stadt Zürich sowohl als auch der Landschaft und der Stadt Winterthur werden durch freie Wahl ernannt. (Vide Allgem. Theil § 3. b.)

c) Die Stadt Zürich sowohl, als die Landschaft und die Stadt Winterthur, richtet sich genau nach der Volkszahl, die sie in sich faßt. Es soll daher bei jeder Verfassungsrevision auch eine Revision der Zünfte nach ihrer Volkszahl statt finden, zur Bestimmung der Zahl der Repräsentanten, welche sie zu wählen haben.

(Anm. Entweder muß, bei der bestehenden großen Ungleichheit der Zünfte in Absicht der Volkszahl, auch die Zahl der respektiven Repräsentanten einer jeden verschieden sein, und zwar genau nach der Verschiedenheit der Volkszahl, oder, wenn alle Zünfte gleichviel Repräsentanten wählen sollen, so müssen sie auch gleiche Volkszahl enthalten, also anders eingetheilt werden. Einer von beiden Wegen ist nothwendig, wenn nicht das Recht der politischen Gleichheit aller Bürger verletzt werden soll.)

d) Die 13 Zünfte der Stadt Zürich können, jeder ihre Repräsentanten aus sich oder aus der ganzen Zahl der Bürger wählen.

Die Stadt Winterthur wählt 5 Repräsentanten aus ihrem Mittel, 2 nach Belieben aus ihrer Mitte oder aus einer andern Landzunft.

Jede der 51 Landzünfte wählt einen Repräsentanten aus ihrer Mitte, die andern nach Belieben aus ihrer Mitte oder aus den andern Landzünften, oder aus der Stadt Winterthur. (Anm. Diese gesetzliche Bestimmung, kraft deren die Landschaft ihre Repräsentanten nur aus der Landschaft und, als Rückwirkung davon, auch die Stadt Zürich die ihrigen nur aus der Stadt wählt, ist allerdings eine Beschränkung der Wahl, welche dem Begriffe von der Einheit und des innern Zusammenhanges aller Theile und Interessen eines Staates widerspricht. Sie ist aber gleichwohl unter den obwaltenden Umständen nothwendig, als die einzige Garantie der Landschaft gegen die Wiederentstehung eines aristokratischen Übergewichts der Stadt Zürich, und die Landsgemeinde zu Uster, wo jene Bestimmung entstand, hat dadurch den Beweis eines richtigen politischen Taktes abgelegt. Wären die Großrathstellen des Landes auch den Stadtbürgern zugänglich und stünden ihnen zugleich die indirekten Wahlen für das Land offen, so würde die Stadt in kurzer Zeit wieder die Mehrheit der Repräsentanten aus ihrer Mitte im großen Rath zählen, und die alte aristokratische Tendenz würde nie verschwinden. Das Verwahrungsmittel gegen dieses Übel ist jene Beschränkung. Sie kann, ja muß daher dann – aber auch nur erst dann wegfallen, wenn das Repräsentationsverhältnis [nach § 3. B. des allgemeinen Theils S. 4.] sich wirklich oder nahe nach der Bevölkerung ausgeglichen hat und die indirekten Wahlen [Siehe d. Anmerk. zu Kap. III. a.] aufgehoben sind. Dann fällt aller Grund zu fernern Besorgnissen weg und es kann ein ganz freies Wahlrecht eintreten.

Das ist die unvermeidliche Folge einer jeden Bevorrechtung; sie bringt bei dem übrigen Theile der Bürger ein Gegenstreben hervor, um dem Willen des bevorrechteten Theiles nicht zu unterliegen.

Übrigens befürchten wir gar nicht, daß in Folge jener Anordnung sich nun die Repräsentanten der Stadt und des Landes in zwei gesonderte Parteien trennen. Alle einsichtsvollen Bürger der Stadt sehen ein, daß 10,000 Einwohner eines Staates kein Interesse verfolgen dürfen, welches den Interessen von 190,000 Einwohnern entgegengesetzt ist.)

e) Das Wahlrecht üben alle stimmfähigen Bürger in den Zünften aus.

Wer in mehreren Zünften Bürger ist, soll sich erklären, in welcher er sein Wahlrecht ausüben will.

Wenn auch nicht die Hälfte der Zunftbürger bei dem Wahlgeschäft einer Zunft vorhanden ist, geht die Wahl dennoch vor sich, aber die Abwesenden haben es sich selbst zuzuschreiben, wenn sie in die Wahl der Anwesenden sich fügen müssen.

(Anm. Verlust des Wahlrechts kann nie verfügt werden, wenn nicht die Hälfte der Zunftbürger vorhanden ist; denn das wäre eine Beraubung ihrer politischen Rechte, die gegen alles Staatsrecht streitet, und wie wir in der Geschichte lesen, nur zuweilen als eine der härtesten Strafen verfügt wurde. Die einzige Strafe, welche die Abwesenden treffen kann, ist die, welche sie sich selbst zufügen; sie haben keinen Theil an der Wahl ihrer Repräsentanten.)

f) Wählbar zur Repräsentantenwürde sind alle stimmfähigen Bürger, welche das 30. Jahr angetreten haben. Auch die Geistlichen sind unter dieser Bedingung wählbar.

Jedes Mitglied des großen Rathes, welches während seiner Repräsentantenwürde ein von der Regierung vergabtes und besoldetes Amt annimmt, ist nach der Frist von einem halben Jahre einer neuen Wahl seiner Kommittenten unterworfen.

(Anm. Die Beschränkung der Wählbarkeit durch Vermögensbedingungen ist ebenso ungerecht als verderblich. Denn 1) wird dadurch ein großer Theil der Bürger seiner politischen Rechte beraubt. Jede Vermögensbedingung zur Wählbarkeit gibt einer Republik eine aristokratische Färbung. Selbst in Monarchien haben sich große Staatsmänner dagegen erklärt. So sagt der berühmte ehemalige Preuß. Staatsminister von Stein: „Mein Plan war: Jeder aktive Bürger, er besitze 100 Juchart Landes oder Eine, er treibe Landwirtschaft, Fabrikation oder Handel, er habe ein bürgerliches Gewerbe oder sei durch geistige Bande an den Staat geknüpft, habe ein Recht zur Repräsentation."

2) Jene Beschränkung gibt durchaus keine Gewähr für eine tüchtige Volksvertretung, weil Fähigkeit und Patriotismus nicht an einer gegebenen Anzahl von Franken haften; 3) sie schließt dagegen viele tüchtige Männer und in vielen Fällen gerade das, was am meisten Noth thut, die Intelligenz aus.

Es ist lächerlich zu glauben, daß durch Vermögensbedingungen die Wahl guter Repräsentanten erzielt werden könne; diese hängt von ganz andern Dingen ab, von der politischen Bildung des Volkes, die eine Frucht der Öffentlichkeit, Preßfreiheit, der Municipalverfassung und eines tüchtigen Erziehungssystems ist, und von der Vaterlandsliebe der Bürger, welche die Frucht eines wohlorganisirten und gerechten Staates ist.

Regierungsbeamte zu Repräsentanten zu wählen, ist immer bedenklich. In kleinen Staaten ist es aber nicht möglich, sie auszuschließen. Desto mehr muß aber aus diesem

Grunde in der Verfassung gesorgt sein, daß alle Beamten nicht zu einem blinden, sondern bloß zu einem gesetzlichen Gehorsam verbunden werden (davon weiter unten). Auch dann gibt es freilich unter ihnen immer noch feile Regierungsdiener; das Volk wird sein Vertrauen aber nur den unabhängigen Männern unter ihnen schenken. Die in dem Texte angegebene Klausel scheint aber in allen Fällen nothwendig.

Die Geistlichen von der Repräsentantenwürde auszuschließen, findet sich nirgends ein staatsrechlicher Grund; die Staatsklugheit räth es nur da, wo, wie z. B. im Kanton Basel, der geistliche Stand von Sektirerei und Pietismus angesteckt ist.)

g) Das ganze Wahlgeschäft soll frei und selbständig aus dem Volke hervorgehen. Die Regierung kann in keinem Falle und unter keinem Vorwand sich in das Wahlgeschäft, sei es in das ganze oder in einzelne Theile desselben, einmischen.

Die Zeit der Wahlen wird von dem jedesmaligen Präsidenten des großen Rathes durch öffentliche Bekanntmachung den Zünften angesagt.

Jede Zunft ernennt durch freie Wahl ihren Zunftpräsidenten, welcher die Zunftregister besorgt und den ganzen Wahlakt leitet.

Streitigkeiten über Stimmfähigkeit oder Wahlfähigkeit werden von dem Zunftpräsidenten in Verbindung mit dem Gemeinderath entschieden.

Alle Wahlen sollen durch geheimes und absolutes Stimmenmehr vorgenommen und nie das Loos zur Entscheidung unter denjenigen, welche die meisten Stimmen haben, angewendet werden.

Erledigungen von Großrathstellen sollen von den betreffenden Zünften innerhalb Monatsfrist, von dem großen Rath aber, im Fall ihm die Wahl zusteht, in der nächsten Sitzung ergänzt werden, falls eine Stelle durch Absterben oder auf andere Art erledigt wird.

Bürger, die von zwei oder mehrern Zünften gewählt sind, sollen innerhalb sechs Tagen erklären, von welcher Zunft sie die Wahl annehmen.

Jede Verfälschung der Wahlen durch die Regierung oder Regierungsbeamte vermittelst Bestechungen, Drohungen oder Versprechungen oder Gewalt, so wie jeder andere Einfluß auf die Stimmen der Zünfte oder Einmischung in das Wahlgeschäft wird als eine Verletzung der Verfassung und als solche für strafbar nach den Gesetzen erklärt. Alle solche verfälschte Wahlen, desgleichen alle diejenigen welche nicht in der gesetzlichen Form vorgenommen wurden, sollen von dem großen Rathe nach vorhergegangener Untersuchung annullirt werden.

Jede offene und erlaubte Bewerbung der Kanditaten ist verstattet; jede Bestechung dagegen verboten und zieht solche die Annullirung der Wahl durch den großen Rath nach sich.

(Anm. Die Wichtigkeit aller dieser Bestimmungen springt in die Augen. Die Repräsentanten sollen die treuen Dollmetscher des Willens und der Interessen des Volks sein. Wie können sie das sein, wenn eine fremde Gewalt ihnen einen fremden Willen einflößt? In allen Staaten hat man daher für die Erhaltung der Wahlfreiheit gesorgt, nur in der Schweiz nicht, obgleich, in den meisten Kantonen, die Regierungen einen steten Einfluß auf die Wahlen ausübten. Ohne strenge Gesetze in dieser Hinsicht ist die Souverainität des Volkes, die in den Wahlen ausgeübt wird, ein Spielball und das Repräsentativsystem ein Gaukelspiel.)

§ 2. Dauer der Großrathstellen.

Die Dauer der Repräsentantenwürde ist auf 4 Jahre festgesetzt. Aber jedesmal nach 2 Jahren tritt die Hälfte der Repräsentanten, sowohl der direkt als auch der indirekt gewählten aus dem großen Rath aus, und wird durch neue Wahlen ersetzt. Die Austretenden sind wieder wählbar.

(Anm. Damit in dem großen Rathe sich nicht ein falsches Interesse und eine von dem Volkswillen gesonderte Meinung bilde, darf die Repräsentantenwürde nicht länger dauern, als das Bedürfniß des Geschäftes verlangt. Vier Jahre sind dazu aber vollkommen hinreichend. Werden doch in großen Monarchien, wie in Frankreich, 5 Jahre für zulänglich erfunden, obgleich die Verrichtungen eines Gesetzgebers viel schwieriger sind: und in kleinen Republiken sollten vier Jahre zu kurz sein? Die 6 Jahre, die man so häufig in der Schweiz hört, sind nichts als ein aristokratischer Sauerteig. Denn die Aristokraten lieben langdauernde Repräsentanten, um sie an die Stimme des Meisters zu gewöhnen, wie der Feldherr alte Veteranen.

Die Serien müssen die Hälfte und nicht ein Drittheil begreifen. Denn ohne die Austretung zur Hälfte kann kein Körper von Repräsentanten, wenn er einmahl eine antinationale Richtung genommen hat, schwer wieder verjüngt und rektifizirt werden; der faule Stoff pflanzt sich immer fort und der neue Drittheil nimmt ihn, nach ohnmächtigem Kampf, ebenfalls auf. Nur eine ganz frische Hälfte kann in einem solchen Falle den verdorbenen Körper verjüngen. Daß solche Fälle eintreten können, lehrt die Geschichte; die Weisheit des Gesetzgebers muß also in die Verfassung ein Gegenmittel legen, das sich nur findet entweder in der serienweisen Austretung zur Hälfte des ganzen gr. Raths jedesmal nach 4 Jahren.)

§ 3. Organisation des gr. Raths.

a) In den vereinigten einzelnen Mitgliedern des großen Raths liegt die verfassungsmäßige Gewalt desselben.

b) Alle neu gewählten Mitglieder schwören den Eid „daß sie mit allen Kräften die Konstitution aufrecht halten, sich jedem Eingriff in dieselbe widersetzen und kein Gesetz in Vorschlag bringen wollen, was dieselbe verletzen könnte, daß sie nach bestem Wissen und Gewissen das Wohl und das Glück des Volkes befördern wollen."

c) Der große Rath wählt mit jedem Jahre seinen Präsidenten, welcher den ganzen Geschäftsgang leitet, und die Sekretäre desselben. Die Gewalt des Präsidenten beschränkt sich blos auf die Leitung der Verhandlungen, sie kann nie willkürlich werden. Das Gesetz hat die Art dieser Leitung zu bestimmen.
(Anm. Man hüte sich vor übermäßiger Präsidialgewalt, woran unsre Verfassungen von jeher in fast allen Zweigen der Staatsverwaltung litten.)

d) Der gr. Rath kann keine Beschlüsse fassen, wenn er nicht zu zwei Drittheilen versammelt ist. Bei allen wichtigen Verhandlungen fordert der Präsident die Mitglieder bei ihrem Eide auf, zu erscheinen, und dann können nur triftige Gründe die Abwesenheit entschuldigen.

e) Die einzelnen Mitglieder des gr. Rathes, obschon von einzelnen Zünften gewählt, sind dennoch Repräsentanten des ganzen Kantons. Daher können sie keine eigentliche Instruktionen von ihren Kommittenten erhalten, wohl aber einzelne Aufträge empfangen.

Betreffen die Aufträge allgemeine Landesinteressen, so bleiben sie ihrer Einsicht anheimgestellt; betreffen sie Beschwerden und Bedürfnisse einzelner Landestheile oder Verletzung der Gesetze oder der Verfassung, so sind sie durch ihren Beruf verpflichtet, dieselben dem gr. Rathe vorzutragen.

f) Die Repräsentanten sind persönlich unverletzlich in ihrer öffentlichen Wirksamkeit und jeder Angriff gegen ihre Person in ihren Funktionen, oder gegen ihre Funktionen, ist ein Verbrechen gegen den Staat.

Kein Mitglied des gr. Rathes kann, während der Dauer der Sitzungen, in Kriminalsachen verfolgt oder verhaftet werden, bis der gr. Rath die Verfolgung erlaubt hat, ausgenommen die Ergreifung auf frischer That.

g) Die Repräsentanten sind unverantwortlich für das, was sie in der Ausübung des Repräsentantenamtes gesprochen oder geschrieben, für alle Anträge und Beschlüsse, die sie gemacht haben.

h) So groß ihre Verantwortlichkeit gegen das Volk ist, so besteht diese Verantwortlichkeit doch nur in ihrem Gewissen und vor keinem weltlichen Richterstuhl. Falls sie aber die Konstitution umstürzen, hört ihre Unverantwortlichkeit auf und der Staat ist aufgelöst. (Anm. Von der Nothwendigkeit eines eigenen Präsidenten des großen Rathes weiter unten, wo von der Trennung der Gewalten die Rede ist. Der Begriff der Unverletzlichkeit und richterlichen Unverantwortlichkeit der Repräsentanten, der in allen guten Repräsentativstaaten gesetzlich bestimmt ist, sollte doch endlich auch in unsere Verfassungen aufgenommen werden; er ist wesentlich in jeder Repräsentativverfassung. Von praktischer Verletzung dieses Begriffs durch die vollziehende Gewalt liefert unsere neuere Geschichte Beispiele genug, besonders das Jahr 1814. Ja im Kanton B. hatte der kleine Rath die Übung, große Räthe vom Lande, wenn sie zu freimüthig nach ihrer Meinung gesprochen hatten, nach beendigter Sitzung abzukapiteln.

Der gr. Rath ist der Stellvertreter des souverainen Volkes, also die höchste Staatsgewalt. So groß daher auch die moralische Verantwortlichkeit desselben gegen das Volk ist, so ist er doch – mögen seine Gesetze auch noch so schlecht sein – richterlich unverantwortlich – so lange er innerhalb der Schranken der Konstitution bleibt, auf welcher seine ganze Existenz beruht. Stürzt er die Konstitution um, so hört seine Unverantwortlichkeit auf und der Staat greift zu dem Rechte des bewaffneten Widerstandes, um seine Verfassung zu retten. Dieser Fall kann in einer Verfassung blos angedeutet werden, wie schon weiter oben bemerkt wurde.)

§ 4. Sitzungen des gr. Rathes.

a) Der gr. Rath versammelt sich jährlich dreimal zu bestimmten Zeiten. Es bedarf zu diesen regelmäßigen Sitzungen keiner besonderen Einladung. Die Mitglieder sind verbunden, sich von selbst zu versammeln. Die Dauer der Sitzungen hängt von der Zahl und Wichtigkeit der Geschäfte ab.

b) Nach beendigten Sitzungen wählt der gr. Rath 10 Mitglieder, welche nebst dem Präsidenten einen Ausschuß für die Zwischenzeit der Sitzungen bilden. Diesem Ausschusse theilt die Regierung, durch das Organ des Präsidenten des gr. Raths alle wichtigen Vorkommnisse, die sich in der Zwischenzeit ereignen, desgleichen alle Gesetzesvorschläge, welche sie in der nächsten Sitzung vorzutragen gesonnen ist, mit. Der Präsident kommunizirt diese Gesetzesvorschläge allen Mitgliedern des gr. Raths. Hält der Ausschuß nach der Natur dieser Mittheilungen, oder sonst nach Erforderniß der Umstände eine außerordentliche Versammlung des gr. Raths für nothwendig, so beruft der Präsident die Zusammenkunft desselben und setzt die Regierung (kl. Rath) davon in Kenntniß. Deßgleichen kann die Regierung eine außerordentliche Versammlung des gr. Rathes veranlaßen; sie ladet in diesem Falle den Präsidenten ein, ihn einzuberufen.

c) An dem Orte, wo der gr. Rath seine Sitzungen hält, soll nie während der Sitzungen desselben, anderes Militär versammelt werden, als mit seiner Einwilligung.

d) Dagegen ist der gr. Rath berechtigt, zu seiner Sicherheit und zur Erhaltung der Konstitution, wenn er es für nöthig findet, aus eigner Machtvollkommenheit die bewaffnete Macht zu versammeln.

(Anm. Die unter b) vorgeschlagene Anordnung war schon lange ein Bedürfniß unserer Verfassungen, sie konnte aber wegen des vorherrschenden Aristokratismus der kleinen Räthe nicht ins Leben treten. Sie fließt nothwendig aus der Dignität des gr. Rathes. In repräsentativen Monarchien stellt der Regent den Souverain dar; in Republiken der gr. Rath, als solcher muß er durch einen Ausschuß fortdauernd von allen wichtigen Staatsangelegenheiten in Kenntniß gesetzt und alle einzelnen Mitglieder von den Materien, die in Berathung kommen, im voraus benachrichtiget werden, um nicht, wie bisher geschah, wegen Mangel an Vorbereitung, genöthigt zu sein, sich fremden Meinungen zu unterwerfen. Auch kann die Nothwendigkeit einer außerordentlichen Versammlung desselben nicht blos von dem Urtheil einer untergeordneten Gewalt abhängen. Wie oft war in neuern Zeiten das Bedürfniß dazu, wenn auch nicht in Zürich, doch in andern Kantonen, vorhanden, ohne daß er einberufen wurde! Unsere Staatsmänner waren besser als unsre Verfassung sagt mit Recht ein Redner in der Versammlung zu Uster; aber eine tüchtige Verfassung darf nicht auf eine gute Generazion von Staatsmännern, sie muß auf die ewige Natur der Dinge gebaut sein. Dasselbe gilt von Nro. c. und d. Nicht von den Volksdeputirten geht gewöhnlich der Umsturz freier Verfassungen aus, sondern von der vollziehenden Gewalt. Was 1814, nicht in Zürich, aber in Bern, Solothurn, u.s.w. geschehen ist, kann auch einmal in Zürich geschehen; eine tüchtige Verfassung aber muß für alle Fälle gerüstet sein.)

§ 5. Befugnisse und Funktionen des großen Raths.

Der gr. Rath übt als höchste Staatsgewalt eine dreifache Funktion aus. Er gibt die Gesetze in ihrem ganzen Umfange, er führt die Oberaufsicht über alle Staatsbeamte und er besetzt, im Rahmen des Volkes, alle höhern Staatsämter.

In der Ausübung dieser verfassungsmäßigen Funktionen ist der gr. Rath von jeder andern Staatsgewalt unabhängig.

Der kleine Rath bildet nicht ferner einen Bestandtheil (integrirender Theil) des gr. Raths.

Die Verhandlungen des gr. Rathes leitet der eigne Präsident desselben und nicht ferner der Chef des kl. Rathes.

Der kleine Rath ist aber verbunden, entweder in Gesammtheit oder durch Abgeordnete den Verhandlungen des großen Rathes beizuwohnen, an den Berathungen Theil zu nehmen, und alle erforderlichen Aufschlüsse zu geben, deßgleichen alle Gesetze, die er für zweckmäßig erachtet, in Vorschlag zu bringen. Über diese Vorschläge findet dieselbe Verhandlungsweise statt, wie über diejenigen, welche von dem gr. Rathe ausgehen. An der Abstimmung nimmt der kl. Rath keinen Theil; er hat keine beschließende Gewalt. Auch der Präsident des Obergerichts oder andere abgeordnete Mitglieder desselben haben das Recht zu Gesetzesvorschlägen (jedoch gleichfalls ohne Stimmrecht) über Abhülfe von Mängeln, Verbesserungen u.s.w.

(Anm. In den bisherigen Verfassungen unsers Vaterlandes war die gesetzgebende Gewalt auf eine vierfache [oft noch auf mehrfache] Art von der vollziehenden abhängig. 1) Der kl. Rath bildete einen Theil des gr. Raths; als solcher übte er einen entscheidenden Einfluß auf die Zusammensetzung des gr. Raths aus, vorzüglich vermittelst der indirekten Wahlen, welche die Majorität ausmachten; in manchen Kantonen war dieser Einfluß so groß, daß der große Rath nur eine Kreatur des kl. Rathes war [zumal wenn man noch die Verfälschungen der direkten Wahlen in Anschlag bringt]. 2) Der kl. Rath als Theil des gr. Rathes gab auch seine Stimme über alle Gesetzesvorschläge. 3) Alle Gesetzesvorschläge, [die Initiative] gingen nur von dem kl. Rath aus; ja in vielen Kantonen durfte der große Rath nicht einmal diese Vorschläge modifiziren, er durfte ja nur ja oder nein sagen, und im letztern Fall einen neuen Vorschlag abwarten; seine eigenen Kommissionalgutachten waren in machen Kantonen abermals der Begutachtung des kl. Rathes unterworfen – wahre Skandale der Staatskunst. 4) Der kl. Rath leitete durch seinen Chef alle Verhandlungen mittelst eines so künstlich-hinterlistigen Reglements, daß er allen Vortheil auf seiner Seite hatte. Der gesetzgebende Körper war also wie unmündig und in dem Stande der Kindheit lebend, unter die Kuratel der vollziehenden Gewalt gesetzt; die Volksrepräsentation war ein Gaukelspiel, denn das Gesetz war nicht der Ausdruck des Volkswillens durch freigewählte Repräsentanten, sondern der Willkür der vollziehenden Macht. Überall aber, wo das Gesetz nicht der Ausdruck des Gesamtwillens durch freigewählte Repräsentanten, sondern die Wirkung eines andern Willens ist, herrscht Despotismus [der sehr schnell in Familienaristokratie übergeht] und das Volk ist unterthan.

Wir haben daher in den Text diejenige Scheidung der vollziehenden Gewalt von der gesetzgebenden vorgenommen, wie sie in allen wahren Repräsentationsstaaten vorhanden ist. Sie ist durchaus nothwendig; ohne sie gibt es keine Freiheit. Die vollziehende Gewalt muß an der Berathung der Gesetze Theil nehmen, auch einen Antheil an der Initiative der Gesetze haben; dieser Einfluß auf die Gesetzgebung ist wohlthätig, aber auch allein darauf muß er sich beschränken.)

Die Funktionen des großen Raths im Einzelnen sind folgende:
1) Gesetzgebung im weitern Sinne.
    a) Er beschliesst alle Gesetze, von welcher Art und Beschaffenheit sie seien. Alle allgemeinen kirchlichen Anordnungen und Kirchen-Gesetze müssen ihm zur Genehmigung von dem Kirchenrath vorgelegt werden, oder gehen auch geradezu von ihm aus.
    b) Er bestimmt die jährlichen Ausgaben des Staates.
    c) Er bestimmt die jährlichen Steuern, ihre Gattung, Erhebungsweise, Vertheilung und Verwendung.
    d) Ihm steht die Errichtung und Aufhebung aller öffentlichen Ämter, innerhalb der Verfassung zu.

e) Er ordnet die Organisation der gesammten Administration, so wie der Justizhöfe innerhalb der Verfassung, bestimmt die Besoldung, Funktionen und Anstellungsweise der öffentlichen Ämter.

f) Er bestimmt die Organisation der Bundeskontingente, so wie des dritten Aufgebots (Landwehr).

g) Er setzt das Reglement für die Geschäftsführung des kleinen Rathes, der Gerichte und aller andern Kollegien, entwirft und beschließt die Instruktionen für die höhern Beamten und seiner Genehmigung werden die darauf gegründeten Instruktionen für die untern Beamten vorgelegt.
(Anm. Von der Nothwendigkeit solcher Instruktionen, wodurch allein die Verantwortlichkeit der Beamten und ein gesetzlicher, kein blinder Gehorsam derselben möglich wird, weiter unten.)

h) Er ertheilt dem kl. Rath die nöthigen Instruktionen für die Verhandlungen mit andern eidgenössischen Ständen und auswärtigen Staaten.

i) Er schließt alle Verträge mit andern eidgenössischen Ständen und auswärtigen Staaten ab.

k) Er ertheilt den Gesandten zu den ordentlichen und außerordentlichen Tagsatzungen die Instruktionen und läßt sich von ihnen Bericht erstatten.

l) Er bestimmt den Gehalt, das Gepräge und die Benennung der Münzen.

m) Alle allgemeinen Verordnungen, welche der kleine Rath zum Behuf der Vollziehung der Gesetze erlassen hat, sind einer Revision des großen Raths bei der jedesmaligen nächsten Sitzung unterworfen.

n) Er empfängt die Petitionen der Bürger, die an ihn gerichtet sind, unmittelbar. Alle Bürger haben das Recht, sowohl in einzelnen als auch in Kollektivpetitionen dem großen Rathe ihre Ansichten und Meinungen über Gesetze; ihre Bedürfnisse und Beschwerden und ihre Klagen wegen Verletzung der Gesetze und der Verfassung vorzutragen.

o) Er übt das Begnadigungsrecht aus.

p) Dringende Beschwerden können in der Zwischenzeit der Sitzungen des großen Raths dem Ausschuß desselben vorgelegt werden; dieser hat die Regierung darüber zum Bericht aufzufordern und nöthigenfalls die Sistirung der Maaßregeln, worüber Beschwerde geführt wird, zu verordnen.
(Anm. Alle hier aufgezählten Punkte fließen aus dem Begriff der höchsten Staatsgewalt [Repräsentation der Souverainität] und der Gesetzgebung.)

2) Der große Rath besetzt im Namen des Volks die höchsten Staatsstellen.

a) Er erwählt die Mitglieder des kleinen Raths und des Obergerichts nach weiter unten festzusetzenden Bestimmungen;

b) Die Mitglieder des Erziehungsraths;

c) Bestätigt den Antistes der Geistlichkeit und wählt die weltlichen Glieder des Kantonskirchenraths. (Das Ehegericht lassen wir wegfallen.)

d) Bestätigt die von dem kleinen Rath zu wählende Staatskanzlei und die von dem Obergericht zu wählende Obergerichtskanzlei.

e) Er besetzt die Stabsoffizierstellen, und andere Stellen, worüber die folgenden Kapitel das Nähere verfügen.

(Anm. Dies folgt nothwendig aus der allgemeinen Befugniß, alle hohen Staatsstellen, zu welchen bei Milizen auch die hohen Offizierstellen gehören, zu besetzen.)

3) Oberaufsicht des großen Raths.

Dem großen Rathe als dem Stellvertreter des Souverainen Volkes steht die Oberaufsicht über die Erhaltung der Verfassung, über die Vollziehung der Gesetze, die Verwaltung, richterliche Gewalt und das Kirchenwesen zu.

a) Kontrolle

Bei jeder Eröffnung der ordentlichen Sitzungen erstattet der kleine Rath dem großen Rathe einen ausführlichen Bericht ab über den Gang der vaterländischen Angelegenheiten überhaupt und besonders über die gesammte, dem kleinen Rath übertragene Verwaltung, und über die einzelnen Gegenstände, worüber nach der Instruktion berichtet werden muß: In diesem Berichte setzt er den großen Rath auch von allen Mittheilungen, die er von andern Ständen oder auswärtigen Staaten erhalten hat, in Kenntniß.

(Anm. Von dem letztern Punkt noch weiter unten.)

Die jährliche Staatsrechnung und besonders die richtige Verwendung der einzelnen Ausgaben wird von dem großen Rathe genau und im einzelnen geprüft und nach Richtigbefinden genehmigt.

Der große Rath ist befugt, zu jeder Zeit, wenn ihm die Verwaltung, oder einzelne Theile derselben, fehlerhaft scheinen, den kleinen Rath darüber zur Rechenschaft aufzufordern; deßgleichen wenn es ihm nöthig dünkt, aus seiner Mitte eine Kommission zur Untersuchung der gesammten Verwaltung oder einzelner Theile derselben, anzuordnen.

(Anm. Dies ist bekanntlich eines der großen parlamentarischen Rechte in allen freien Staaten.)

Das Obergericht erstattet dem großen Rathe jährlich durch seinen Präsidenten einen ausführlichen Bericht über den Zustand des Gerichtswesens in allen seinen Theilen ab. Einen gleichen Bericht statten der Kantonskirchenrath und Erziehungsrath ab. Diese beiden Behörden sind jedoch verbunden 14 Tage vorher dem kleinen Rathe eine Abschrift ihres Berichtes mitzutheilen. Auch hier kann der große Rath nach Gutfinden eine Kommission zur Untersuchung des Gerichtwesens, Kirchen- und Schulwesens, niedersetzen.

Er ordnet die so nothwendige jährliche Visitation der Geschäftsführung der Behörden, nach einer genauen, von ihm zu erlassenden Instruktion, an. Alle höhern Behörden werden unmittelbar von dem großen Rathe visitirt; die niedern von ihnen vorgesetzten Kollegien. Jedoch kann der große Rath, in geeigneten Fällen, auch diese durch unmittelbar von ihm ernannte Kommissionen visitiren lassen. Ein eigenes Gesetz soll über diesen wichtigen Gegenstand erlassen werden.

b) Durchführung der Verantwortlichkeit.

Alle Staatsbeamte sind für die pflichtmäßige Erfüllung ihrer Ämter verantwortlich. Es ist die Obliegenheit des großen Raths über die Durchführung der Verantwortlichkeit zu wachen.

a) Wegen aller Amtsverletzungen sind die vorgesetzten Behörden verpflichtet, von Amtswegen (ex officio) nach den Gesetzen einzuschreiten. Geschieht das nicht, so hat jeder

Bürger das Recht, von Amtsverletzungen bei den vorgesetzten Behörden und nöthigenfalls bei dem großen Rath Anzeige zu machen, welcher davon Kenntniß zu nehmen verpflichtet ist, und das Geeignete zu verfügen hat.

b) Schließt das Amtsvergehen Verletzungen von Privatrechten in sich, so steht es dem Verletzten frei, entweder der höhern Behörde davon die Anzeige zu machen, und ihr das weitere Verfahren zu überlassen, oder unmittelbar bei dem kompetenten Gericht Klage zu erheben und sie auf eignen Namen durchzuführen. Wegen Rechtsverweigerung tritt der Rekurs an das Obergericht und von dann nöthigenfalls an den großen Rath ein.

c) Da das Obergericht sowohl, als auch der kleine Rath alle ihnen untergebene Beamte zu kontrolliren verbunden sind, so sind sie für alle Amtsvergehen derselben, wenn sie dieselben wissen konnten und ungeahndet ließen, bei dem großen Rathe verantwortlich; das Gesetz hat das Nähere darüber zu bestimmen.
Von jeder Versäumten Verantwortung ist der große Rath verpflichtet, Kenntniß zu nehmen.

d) Außerdem sind die Mitglieder des Obergerichts dem großen Rathe wegen Bestechung, Rechtsverweigerung oder Verzögerung, willkührlichem Richterspruch mit Nichtachtung der Gesetze, und Verletzung der Konstitution verantwortlich; die Mitglieder des kleinen Raths aber wegen Erpressung (Konkussion); Dienstnachlässigkeit; verabsäumter Handhabung der Verfassung; Verletzung der Verfassung (also Verfälschung der Wahlen, Angriff auf die Repräsentanten u.s.w.); ungeschützter persönlicher Freiheit der Staatsbürger; eines Attentats gegen die öffentliche Sicherheit und Freiheit der Bürger; Anstiftung des Bürgerkriegs; Feilheit und Bestechlichkeit; Ausschweifung in Amtsbefugnissen; Untreue in Dienstpflichten; Verletzung des Postgeheimnisses.

e) Das Obergericht wird von dem großen Rathe selbst, nach zu bestimmenden Formen, gerichtet: strafbare Mitglieder des kleinen Rathes aber durch das Obergericht.
(Anm. Soll die Verantwortlichkeit der Staatsdiener etwas mehr wie ein altes Mährchen sein, von dem man immer spricht, das aber nie wirklich vorhanden ist, so muß sie bei der jetzigen großen Reform in's Leben treten.
Ohne diese Verantwortlichkeit herrscht die Willkühr nicht das Gesetz; ohne sie gibt es keinen freien Staat; am wenigsten eine Republik. In den schweizerischen Verfassungen wußte man bisher wenig von der Verantwortlichkeit der höchsten Beamten, weil nicht der große, sondern der kleine Rath den Souverain darstellte, sich also nicht selbst die Hände binden wollte. Führt man sie abermals nicht ein, so bleibt die Freiheit der Bürger abermals ein Spielball der Willkühr.
In dem Text, den wir freilich viel kürzer hätten lassen können, haben wir Sätze zusammengestellt, die doch an irgend einem Ort der Verfassung vorkommen mußten. Wir sind dabei dem Staatsrecht der gebildetsten Repräsentativstaaten gefolgt. Die Ausbildung dieser Lehre im Einzelnen ist dem Gesetz überlassen.)

§ 6. Der Geschäftsgang für die Verrichtungen des großen Raths soll nach folgenden Grundsätzen durch das Gesetz geordnet werden.

a) Die Sitzungen des großen Raths sind öffentlich. Jedem Publizisten ist erlaubt, die Verhandlungen bekannt zu machen, und zwar mit namentlicher Anführung der Reden,

Anträge und Beschlüsse jedes einzelnen Repräsentanten. Außerdem ist der große Rath verpflichtet, selbst einen Bericht über seine Verhandlungen bekannt zu machen.
(Anm. Ausnahmen von dem Grundsatz der Öffentlichkeit können wohl bei der Tagsatzung, aber nicht leicht in den Kantonalverfassungen vorkommen; jedoch mögen auch wohl hier, wiewohl sehr selten, Fälle sich ereignen, wo eine Ausnahme zu gestatten ist.)

b) Jeder Gesetzesvorschlag soll in Zwischenräumen dreimal verlesen werden, ehe über dessen Annahme oder Verwerfung abgestimmt wird.

Die Entscheidung über alle wichtigen Vorschläge kann der große Rath selbst noch nach der dritten Verlesung bis zur nächsten Sitzung verschieben, in der Absicht dieselben durch den Druck bekannt zu machen und alle Belehrung darüber zu schöpfen, die aus der Diskussion der freien Presse hervorgeht.

Zu demselben Zweck ist der Präsident des großen Raths verbunden, alle wichtigen Gesetzesvorschläge, welche ihm in der Zwischenzeit der Sitzungen der kleine Rath mittheilt, dem Druck zu übergeben.

c) Zur Entwerfung des Kommissionalgutachtens über Gesetzesvorschläge kann der große Rath das Gutachten sachverständiger Männer einziehen, wenn sie auch nicht Mitglieder des großen Rathes sind.

d) An der Stelle des bisherigen Systems der Umfrage soll die freie Diskussion durch Redner, welche sich bei dem Präsidenten einschreiben, treten. Wenn nach dem Schluß der Debatten der Vorschlag angenommen worden ist, und demzufolge die Kommission ihr Gutachten abgefaßt hat, soll eine zweite Debatte und zwar über jeden einzelnen Punkt des Gutachtens eintreten.

e) Der große Rath promulgirt alle seine legislatorischen Akte in seinem Namen.
(Anm. Von dem Geschäftsgang hängt es ab, ob weise und reiflich erwogene Gesetze gegeben werden. Zu diesem Ende halten wir die vorgeschlagenen Mittel für völlig zweckmäßig. Die Gesetzgebung soll immer mehr von der Wissenschaft geleitet werden; damit dieß geschehe, muß man die alten Formen, die den Geist tödten, und das Reglement des Schlendrians, wovor die Wissenschaft erschrickt, endlich ablegen, und der gesammten Intelligenz der Gesellschaft eine Stimme geben.)

Kap. IV. Von der vollziehenden Gewalt, dem kleinen Rathe.

Der kleine Rath ist die höchste vollziehende Gewalt und Centralbehörde für die gesammte Administration des ganzen Kantons und zugleich führt er unter der Leitung des großen Raths (Kap. III. § 5) die Geschäfte mit andern eidgenössischen Ständen und auswärtigen Staaten.

(Anm. Der kleine Rath vereinigt zwei Funktionen; er ist die höchste Verwaltungsbehörde, was in andern Staaten die Regierung ist, und zugleich das Ministerium der auswärtigen Angelegenheiten. Ob diese Vereinigung gut ist und bei einer künftigen Revision der Verfassung nicht eine Trennung erleiden werde, ist eine Frage, die wir hier nicht untersuchen wollen.)

§ 1. Zusammensetzung des kleinen Raths.

a) Die Mitglieder des kleinen Raths werden vom großen Rathe gewählt. Der große Rath ist nicht verbunden, sie aus seiner Mitte zu nehmen; er kann auch außerhalb seiner Mitte Männer wählen, die er für tauglich hält. Großräthe, die in den kleinen Rath gewählt werden, hören auf Mitglieder des großen Rathes zu sein und es tritt für die erledigten Stellen eine neue Wahl ein.

(Anm. Nach unsrer Ansicht können Mitglieder der obersten vollziehenden Behörde nie Repräsentanten des Volks sein.)

b) Um in den kleinen Rath wahlfähig zu sein, wird ein Alter von 30 Jahren erfordert.

c) Die Zahl der Mitglieder wird von 25 auf 15 herabgesetzt, und die Besoldungen werden erhöht.

d) Zwei Bürgermeister, vom großen Rath aus der Mitte des kleinen Raths immer nur für zwei Jahre ernannt, führen abwechselnd, jeder ein Jahr lang, das Präsidium im kleinen Rathe. Nach Ablauf ihres zweijährigen Bürgermeisteramts sind sie erst nach zwei Jahren wieder wählbar.

(Anm. Zweckmäßiger wäre, nach unserer Ansicht, die Errichtung nur einer Bürgermeisterstelle unter dem Namen eines Präsidenten des kleinen Raths. Man kann aber hier das Alte, weil es unschädlich ist, schonen; die Zukunft mag fortbessern.)

e) Die Mitglieder des kleinen Raths bleiben 6 Jahre lang an ihrer Stelle; nach je zwei Jahren wird ⅓ durch den großen Rath neu gewählt. Die Austretenden sind wieder wählbar.

f) Vier Mitglieder des kleinen Raths werden aus der Stadt Zürich, fünf von der Landschaft, zwei aus der Stadt Winterthur genommen. Die Wahl der übrigen ist frei.

§ 2. Geschäfte des kleinen Raths.

Die Bestimmung der höchsten Centralbehörde für die Vollziehung und gesammte Verwaltung ist: die Ausführung der Verfassung und der Gesetze. Die richterliche Gewalt ist gänzlich von ihr getrennt.

a) Dem kleinen Rath ist die höchste vollziehende Macht zur Ausführung und Erhaltung der Gesetze übergeben.

b) Der kleine Rath hat die Oberaufsicht und Leitung der gesammten Administration innerhalb der gegebenen Gesetze. Er besetzt alle Verwaltungsstellen, insofern die Besetzung derselben nicht durch die Verfassung dem großen Rathe vorbehalten oder auf andere Weise angeordnet ist.

c) Ihm ist die unmittelbare Verwaltung des Kantonalguts übertragen, in so fern dasselbe nicht andern Behörden zur Besorgung übergeben ist.

d) Er erläßt die nöthigen Verordnungen und Verfügungen, welche auf die Ausführung der Gesetze Bezug haben, kann jedoch nie in die Gesetzgebung eingreifen. Damit dieß nicht geschehe, sind diese Verfügungen der Revision des großen Rathes unterworfen (Kap. III. § 5.)

(Anm. Die Nothwendigkeit einer solchen Revision ist einleuchtend. Jeder, der mit dem politischen Triebwerk der neuen schweizerischen Verfassungen bekannt ist, weiß, wie häufig die kleinen Räthe in die Gesetzgebung eingriffen. Von einer Masse von Beispielen nur zwei der auffallendsten. In den Kantonen Basel und Aargau wurde bloß durch eine

Ordonnanz des keinen Raths die Preßfreiheit aufgehoben. Im Kanton Zürich erlaubte ein Gesetz des gr. Raths vom 18. Dez. 1804, Jedem, seine Sache vor den Bezirksgerichten durch einen Anwalt verfechten zu lassen. Eine Weisung des kleinen Rathes v. 18. April 1809 hob dieses Gesetz auf.)

e) Einer Sektion des kleinen Raths ist die Leitung der diplomatischen Verhältnisse anvertraut, auch den in Kap. III. § 5. enthaltenen Bestimmungen.

f) Dem kleinen Rathe kommt in dringenden Umständen die Beschließung vorläufiger außerordentlicher Maaßregeln zu, welche die innere und äußere Sicherheit des Staats erfordert; jedoch darf nie die Justiz suspendirt werden. Von diesen dringenden Umständen und den durch sie veranlaßten Beschlüssen hat der kleine Rath sogleich den Präsidenten des großen Raths in Kenntniß zu setzen, welcher dann mit dem Ausschuß des großen Raths entscheidet, ob eine außerordentliche Großrathsitzung einzuberufen sei, im Falle der kl. Rath nicht selbst darauf anträgt (Kap. III. § 5.). Jedenfalls entscheidet der gr. Rath bei seiner nächsten außerordentlichen oder ordentlichen Sitzung über jene vorläufigen Maaßregeln.

g) Der kl. Rath hat dem gr. Rath alle diplomatischen Mittheilungen anderer Stände, oder der Tagsatzung, oder auswärtiger Staaten zu kommuniziren, welche ihm in der Zwischenzeit der Sitzungen gemacht wurden.

(Anm. Wenn auch in Hinsicht des Auswärtigen keine Geheimthuerei in dem Kanton Zürich gewesen sein mag, so ist diese Bestimmung doch in einer Verfassungsurkunde nothwendig. Die Erfahrung in andern Kantonen empfiehlt dringend diese Bestimmung. Die kleinen Räthe der Schweiz bildeten bekanntlich zusammenhängende aristokratische Familienclubbs, welche, nach dem beliebten Grundsatz des geheimen Regiments, über die wichtigsten Dinge durch allerlei diplomatische Sendungen sich ihre Ansichten, Maaßregeln und Vorhaben, ohne Wissen und Zuthun der großen Räthe, mittheilten und dann gemeinsam operirten. So entstand ein heimliches durch die ganze Schweiz fortlaufendes aristokratisches Maulwurfsregiment, das nur durch einzelne Stöße an den Tag trat. Das muß nun durch die Bildung wahrer Republiken und die Herrschaft der Nation aufhören.)

h) Die Vorberathung und Entwerfung von Gesetzesvorschlägen ist ein wesentlicher Theil von den Funktionen des kleinen Raths.

i) Das Verhältniß des kleinen Raths zum großen ist in Kap. III. § 5. bestimmt. In Administrationssachen hat der kl. Rath unter Aufsicht des großen Rathes die Auslegung der Gesetze. Die authentische Interpretation steht, als Theil der Gesetzgebung nur dem großen Rath zu. In einzelnen Fällen, wofür keine Gesetze vorhanden sind, entscheidet der kleine Rath nur vorläufig; die definitive Entscheidung steht dem großen Rathe zu.

k) Kompetenzfragen und Kollisionen zwischen den Behörden des administrativen Faches unterliegen der Entscheidung des kleinen Rathes.

§ 3. Organische Gesetze für die Wirksamkeit der Centralbehörde (kl. Raths) und der von ihr abhängenden Stellen.

a) Die gesammte Verwaltung ist, wie die Gesetzgebung öffentlich, mit Ausnahme seltener, sich von selbst ergebender Fälle, wo die Vorbereitung und Ausführung, jedoch nie die Resultate Verschwiegenheit erfordern.

b) Die Geschäftsführung des kl. Raths beruht auf dem Kollegialsystem, kraft dessen allen Mitgliedern gleichmäßiges Abstimmungsrecht bei dem Beschluß zukommt, alle Gegenstände in voller Versammlung berathen werden müssen, und (der) die Verhandlungen leitet und (bei) der Gleichheit der Stimmen den Ausschlag gibt.

Die Sitzungen werden zu bestimmten Tagen gehalten, außerordentliche Sitzungen beruft der Präsident und ist dazu verbunden, wenn drei Mitglieder unter Angabe des Gegenstandes die Sitzung verlangen.

Der gr. Rath soll ein Reglement für die Geschäftsbehandlung des kl. Rathes entwerfen, das auf folgenden Grundsätzen beruht:

1) Für die verschiedenen Geschäfte des kl. Raths sollen gewöhnlich nur sechs, aber nie mehr als acht Sektionen (Kommissionen) angeordnet werden. Jeder Sektion sollen möglichst nur gleichartige Gegenstände zugewiesen werden.

2) Ein und dasselbe Rathsglied kann nur eine Sektion präsidiren.

3) Der Präsident des gr. Raths soll eine zweckmäßige Kontrole führen, daß die Arbeiten der verschiedenen Sektionen nur zur bestimmten Zeit befördert werden.

4) Jedes einzelne Mitglied einer Sektion soll die Akten durcharbeiten.

5) Außerdem soll das Reglement noch besondere Vorschriften für die materielle und formelle Behandlung der Geschäfte enthalten.

6) Die Relation einer jeden Sektion, worauf der Beschluß gegründet wird, soll in voller Rathsversammlung vorgetragen werden.

(Anm. Die Nothwendigkeit eines solchen Reglements ist allgemein bekannt. Wir berufen uns auf den trefflichen Aufsatz darüber in Nro. 5a. des Beobachters v. 5. Nov. 1830. Hr. Oberamtmann Hirzel schlägt in seiner Schrift: Beiträge zur Verbesserung der Verfassung u.s.w. fünf Sektionen im kl. Rathe vor, nämlich für Jusitz und Polizei; Finanzwesen; Gewerbe; Kriegswesen; die innern und äußern Angelegenheiten. Wir können ihm hier unmöglich beistimmen. Die Justiz muß ganz aus dem kl. Rathe weg, wie Hr. Oberamtmann Hirzel selbst früher behauptet hatte. Das Obergericht bildet das Ministerium der Justiz. In einem kleinen aber freien Staat, wo die gesammte Industrie auf dem Grundsatz der freien Gewerbthätigkeit ruht, kann dem Staate nur eine allgemeine Leitung derselben zustehen und der ganze staatswirthschaftliche Unfug, der aus der Wuth, alles im Gebiet der Industrie zu reguliren hervorgeht, fällt weg. Die Aufsicht über das Gewerbwesen kann also keine eigne Sektion bilden, sondern wird mit der Sektion des Innern verbunden. Dieses wird sehr erleichtert, durch die selbständigen nur unter der Oberaufsicht der Regierung stehenden Behörden für das Schul- und Kirchenwesen, so wie durch die selbständigen Kreis- und Gemeindeversammlungen. Wir hätten also: 1) Sektion der Polizei (auch diese hat in freien Staaten weit weniger zu thun, wie in despotischen) 2) Sektion des Innern 3) Sektion des Kriegswesens 4) Sektion der Finanzen 5) Sektion des Auswärtigen. Die Sektion der Finanzen kann aber wegen der vielfachen Geschäfte in zwei, jedoch durch einen guten Organismus eng verbundene Sektionen getheilt werden. Jede Sektion hat die Vorberathung von Gesetzesvorschlägen, die dann in pleno entschieden werden.)

c) Auch die andern Verwaltungskollegien, wie der Erziehungsrath, Kirchenrath, die Forst-
verwaltung u. s. s. w. s. sollen auf den sub b) erwähnten Grundsätzen des Kollegialsystems
beruhen und ihre Verhandlungen durch bestimmte Reglements geleitet sein.

Die Bürgermeister können keines dieser Kollegien präsidiren.

(Anm. Wenn die Bürgermeister, wie in den meisten schweizerischen Verfassungen, alle
Kollegien präsidiren, so erdrücken sie durch ihr Gewicht die Selbstständigkeit derselben,
und hindern die Entwicklung anderer Ansichten, als die ihrigen sind; sie drücken jedem
Kollegium das Siegel ihrer Bürgermeistermeinungen auf.)

d) Es sollen nicht mehr Verwaltungsstellen eingerichtet werden, als die Natur wesentlich
verschiedener Geschäfte und eine erschöpfende Betreibung des Verwaltungsgeschäftes
erfordert. Jedoch sollen nicht wesentlich verschiedene Ämter Einer Person übertragen
werden (Kumulation).

e) Der kl. Rath führt die durch den großen Rath festzusetzende Aufsicht und Kontrolle
über alle unter ihm stehende Verwaltungskollegien und einzelne Verwaltungsstellen. Sowohl jene wie diese empfangen (nach Kap. III. § 5.) bestimmte Instruktionen; auf dem
Grunde dieser Instruktionen sind sie verantwortlich. In einer Republik giebt es nur einen
gesetzlichen, aber keinen blinden Gehorsam.

Der gr. Rath bestimmt die Disziplinargewalt der höhern Behörden über ihre Untergeb-
nen nach den Grundsätzen der Gerechtigkeit. Diese Disziplinarbestimmungen müssen
der Instruktion einverleibt sein.

f) Kein Verwaltungsbeamter kann ohne richterliche Untersuchung und Urtheil seines
Dienstes entsetzt werden.

g) Alle Verwaltungsbeamte können sich wegen Mißhandlungen von ihren Vorgesetzten
oder Zumuthungen zu Leistungen, die nicht in ihrer Instruktion stehen, bei dem kl.
Rathe, und wenn sie hier kein Gehör finden, bei dem gr. Rathe beschweren; dieser ist
verpflichtet, die Beschwerde zu untersuchen.

(Anm. Wir haben hier die Grundsätze über die größten Politiker einzig und welche praktisch in allen freien Staaten ausgeführt sind, in ihrer Modifikation nach der Natur eines
kleinen Staats angewandt: Einfachheit der Verwaltung, jedoch verschiedene Stellen für
wesentlich verschiedene Geschäfte; das Kollegialsystem – denn die Bureaukratie paßt nur
für Despotien –; bestimmte Geschäftsordnung, Kontrolle und Verantwortlichkeit auf
dem Grund bestimmter Instruktionen. Ohne bestimmte Instruktionen sind die untern
Beamten nur blinde Werkzeuge der höhern, also Organe ihrer Willkühr. Dann herrscht
nur die Willkühr im Staate, nicht mehr das Gesetz; in jedem Beamten muß das Volk einen Feind der Freiheit erblicken. Die schrecklichen Folgen dieses Systems, verbunden mit
der willkührlichen Absetzung haben sich in Frankreich unter dem Ministerium Polignac
offenbart. Nur da, wo die Beamten nur zum Gehorsam auf bestimmte Instruktionen verbunden und nur wegen Verletzung derselben durch Richterspruch absetzbar sind, kann
die Heiligkeit des Gesetzes sich behaupten; nur da erlaubt die Staatsklugheit Beamte zu
Repräsentanten zu wählen. Wir haben in diesem Kapitel nur von der Zentralverwaltung
und den von ihr abhängenden Stellen gesprochen; von der Verwaltung in den Kreisen
(Oberämtern) und Gemeinden weiter unten.

§ 4. Polizei.

a) Die Polizei hat für Ordnung und Sicherheit in dem Staate zu wachen; sie macht einen Theil der Verwaltung aus und ist dem kleinen Rath übertragen.

b) Die Polizeibehörden sollen durch ihre Instruktionen genau an die Gesetze gebunden sein; für jede Verletzung der Gesetze und Rechte der Bürger sind sie verantwortlich.

c) Wegen jeder willkührlichen Verfügung oder eines Eingriffs der Polizei in die Rechte, die Freiheit und das Eigenthum, oder Verletzung der Ehre steht jedem Bürger die unmittelbare Klage an die Gerichte offen.

d) In der Stadt Zürich wird ein Polizeikollegium nach den Grundsätzen des Kollegialsystems errichtet, der kl. Rath hat zu dem Präsidenten desselben einen durch Erfahrung, Einsicht und Rechtssinn qualifizirten Bürger, nicht aber einen alten Militär, zu wählen. Die Polizei in den Kreisen (Oberämtern) und Gemeinden wird den Kreis- und Gemeindebeamten übergeben.

Die geheime Polizei ist für ewige Zeiten verbannt und jede Einschwärzung derselben ein Verbrechen gegen die Nation.

(Anm. Die Sicherheitspolizei hat in gebildeten Staaten, einzelne Fälle von Bedeutung, die aber nicht häufig sind, ausgenommen, wenig zu thun; dagegen macht sie sich gewöhnlich desto mehr zu schaffen. Wir haben ihrer in dem Verfassungsentwurf nur erwähnt, um einen Damm gegen die Willkühr zu setzen.)

§ 5. Bewaffnete Macht.

1)   a. Nach einer Bestimmung in den Grundartikeln (§ 6. d.) soll nie ein stehendes Heer errichtet werden.

     b. Die ganze Organisation des Militärs werde stets von diesem Gesichtspunkte geleitet; auch werde der Bürger nie von Beschwerden belästigt, die nicht nothwendig von dem Zweck, Einübung in den Waffen, erfordert sind.

2) Damit die zürcherischen Truppen künftig nicht von Leuten kommandirt werden, welche in 4 bis 6 Wochen alle Grade bis zum Lieutenant passiren, so soll jeder ohne Ansehen der Person verpflichtet sein, ein Jahr als Gemeiner zu dienen, um Unteroffizier, und 2 Jahre als Unteroffizier zu dienen, um Lieutenant werden zu können.

(Anm. Da in Beziehung auf einzelne Theile des Kantonalmilitärwesens von mehrern Herrn Oberoffiziers ab dem Lande Anträge an Behörde gelangen werden, die, von Sachkundigen ausgehend und unsern Verhältnissen anpassend, dem Beifall der Sachkundigen nicht entgehen werden, so mögen die oben angeführten allgemeinen Grundsätze hier genügen. – Daß künftig die Landschaft auch in der Militärkommission gehörig repräsentirt werden müsse, versteht sich von selbst.)

Quellennachweis:

Institut für öffentliches Recht, Hochschulstr. 4, CH-3012 Bern
http://www.oefre.unibe.ch / vfgeschichte / schweiz / SnellVerfassung.htm (25.08.2004)

II. Quellenkorpus

Kommentar:

Der von Ludwig Snell (1785–1854) vorgelegte Verfassungsentwurf enthält ein detailliertes Reformprogramm, das auch die Verwaltung, die Justiz und das Erziehungswesen umfasst. Er wird im Schweizerischen Republikaner, einem wichtigen Sprachrohr der Radikalen, publiziert. Deshalb wird der Verfassungsentwurf auch bei der radikal-liberalen Elite ausserhalb des Kantons bekannt und erhält Vorbildcharakter für andere kantonale Verfassungen. Obwohl es sich, wie der Titel schon ankündigt, um den Vorschlag für eine Repräsentativverfassung handelt, ist die Betonung der „Selbstgesetzgebung des Volkes" bemerkenswert. Eine besondere Funktion kommt der freien Gemeindeverfassung zu. Sie soll neben der Volksschule wesentlich zur politischen Bildung und zur Internalisierung demokratischer Verhaltensformen beitragen.

Titel: *Voten Dr. Kellers in der Zürcher Verfassungsdebatte, 1837 / 1838*

Text 64:

Die Frage (sagte er), zu welcher Wahlart man sich bequemen solle, ist lediglich eine Frage der Zweckmäßigkeit, und die Minderheit der Commission kann in dieser Hinsicht keineswegs sich auf ein Prinzip stützen und die Mehrheit wegen der Verletzung desselben zur Rechenschaft ziehen. Es wird gesagt: das Volk sei der Souverain, und es übe seine Souverainetät theils directe aus, theils delegire es dieselbe an seine Stellvertreter. Wenn dieses wahr ist, dann taugt der Mehrheitsantrag nichts. Ich bestreite aber die Richtigkeit der fraglichen Ansicht. Bei Berathung des ersten Artikels unserer jetzigen Staatsverfassung lagen zwei Anträge vor; der eine, welcher dann nachher angenommen worden ist, der andere in der Fassung: „Die Souverainetät beruht auf der Gesammtheit der Activbürger." Es ist dieses eben eine Redaction der Meinung, die ich bekämpfe und die gewiß unrichtig ist. Denn zum Volke gehören ohne Zweifel neben den Activbürgern auch Weiber, Kinder u.s.f.; das Volk ist die gesammte Menschheit des Landes, auf ihr beruht die Souverainetät; sie ist die Quelle aller Regierungsgewalt in dem Sinne, daß Niemand sein Recht, zu regieren, irgend anders woher, z. B. von Gottes Gnaden, ableiten kann. Vor 4–5 Jahren haben die Feinde der Volks = Souverainetät sich oft den Spaß gemacht, wenn sie einen zerlumpten Menschen auf der Straße sahen: „Seht da den Souverain!" Es wäre gewiß eben so lächerlich gewesen, den, welcher den Witz machte, als Souverain sich zu denken. Das ist eben die Karikatur der Idee der Volks-Souverainetät, wenn man sie auf Einzelne (z. B. die Activbürger) überträgt. Die Activbürger sind nicht das Volk, sondern Repräsentanten des Volkes. Das Volk ist nichts Verkörpertes, sondern eine Idee. Das Volk handelt nie selbst, es wählt auch seine Repräsentanten nicht. Am allerwenigsten kann man sagen, daß das Volk wähle, wenn die Activbürger einer Gemeinde oder einer Zunft die Wahlhandlung vornehmen. Directe Wahlen im eigentlichen Sinne gibt es also nicht. Damit ist nun über die Zweckmäßigkeit der einen oder andern Wahlart gar nichts entschieden; man kann immer noch sagen, es sei gut, wenn recht Viele an den Wahlen Theil nehmen. Die beste Wahlart ist aber diejenige, aus welcher ein Großer Rath hervorgeht, der seine Wurzel im Volke hat, die Interessen des Volkes kennt und die Intelligenz sowohl, als den Willen besitzt, das Volk würdig zu repräsentiren. Nun ist es ein Hauptvorzug der Menschen, daß sie zusammen reden können; das natürliche Mittel der Ausgleichung aller Verschiedenheiten in Talenten, Kenntnissen und Vorzügen aller Art liegt in der Unterredung. Die Wahlen aber gehören gerade zu den wenigen Geschäften, bei denen dieses Mittel fehlt, weil sie ohne Discussion vor sich gehen. Schon darum sind sie fehlerhaft. Die aristokratische Partei, „im wissenschaftlichen Sinne des Wortes", zieht hieraus den Schluß: „gar keine Wahlen!" Darin geht sie zu weit, und dieses Zuweitgehen macht eben den Charakter der Aristokratie aus. Hingegen kommt man bei einem natürlichen Verfolgen der gegebenen Verhältnisse ganz richtig dazu, ein Correctiv zu suchen.

Die vorliegende Streitfrage läßt sich in zwei Theile auflösen. Erstens: Will man neben den dem Großen Rathe einzuräumenden Wahlen auch noch andere, indirecte Wahlen haben? Zweitens: Will man alle directen Wahlen den Zünften, oder will man einige den Bezirken anvertrauen? Wenn man sich nach der freisinnigen Tendenz außer unserm Lande umsieht, so wird man finden, daß sie überall darauf gerichtet ist, neben den kleinern auch noch große Wahlkreise zu haben. Mit dieser Richtung harmonirt die Einführung von directen oder indirecten Wahlen durch die Bezirke. Nun sagt man, solche Wahlen seien mechanisch unmöglich; man könne die Wähler aus dem ganzen Bezirke nicht zusammen bringen. Das sehe ich gar nicht ein. Lasse man nur die Leute zunftweise zusammen kommen; dann schreibe jeder Wähler so viele Namen auf einen Zettel, als der Bezirk Repräsentanten zu wählen hat. Da hat man eine große Chance, daß schon im ersten Scrutinium das absolute Mehr einfach oder mehrfach herauskommen wird; denn wenn jeder Wähler nur Einen Namen schreiben darf, kann das absolute Mehr nur einmal, wenn aber 5 Namen geschrieben werden, so kann dasselbe fünf mal herauskommen. Dann schicke man alle Zettel verschlossen an den Bezirkshauptort, um das Ergebnis der Wahl verifiziren zu lassen.

Hierauf werden sowohl Diejenigen, welche bereits gewählt sind, als Diejenigen, welche aus der Wahl fallen, bezeichnet, worauf in einem zweiten Scrutinium, wenn ein solches überall noch nothwendig ist, ganz gewiß die Wahl zu Ende gebracht werden kann. Ich meinerseits setzte auf größere Wahlkreise einen bedeutenden Werth und wünsche daher Bezirkswahlen, wenn nicht durch Wahlcollegien, doch ohne solche.

Betreffend die Erneuerungsart, muß ich mich gegen den Antrag und für das bisherige System der hälfteweisen Partial = Erneuerung erklären. Es ist gesagt worden, es wäre gut, wenn man eine zweite Kammer hätte, welche einer augenblicklichen Wallung sich entgegen stellen und nur das durchlassen würde, was im Laufe der Zeit als das Product einer begründeten Ueberzeugung sich bewährt. Das wird nun kaum angehen. Es ist aber allerdings gedenkbar, daß für einen Augenblick, für einige Monate eine verkehrte Meinung, ein Wahn aller Gemüther im ganzen Lande sich bemächtige; es ist schon weniger gedenkbar, daß ein solcher Wahn ein Paar Jahre lang seine Herrschaft behaupten könne. Wenn nun die Erneuerung des Großen Rathes zufällig gerade in die Zeit einer solchen augenblicklichen Aufwallung fällt, so wird diese Motiv und Norm für die Wahlen abgeben[1]. Handelt es sich bloß um die Erneuerung der Hälfte, so ist der Nachtheil mehr als um die Hälfte kleiner, als bei der Total =

---

[1] Beispiel 1839

Erneuerung, und wenn dann in zwei Jahren die Richtung noch vorherrscht, so kann man das schon nicht mehr als eine vorübergehende Stimmung betrachten.

Was die Uebergangsbestimmungen betrifft, so halte ich das System einer successiven Auflösung des gegenwärtigen Großen Rathes für das allein richtige. Zwar gebe ich zu, daß eine gleichzeitige Auflösung äußerlich zweckmäßig und vielen Mitgliedern subjectiv angenehm sein mag. Allein einmal ist durch die Verfassung die Möglichkeit nicht gegeben, einen verfassungsmäßig gewählten Großen Rath außerordentlicher Weise, aufzulösen, und zweitens halte ich es für gut, daß wir lernen, den Gesetzen auch da, wo es uns nicht ganz bequem und genehm ist, zu gehorchen, und wenn wir uns der Ansicht entwöhnen, daß, um etwas an der Verfassung zu ändern, ein gewaltiger Rumpel, eine Revolution nothwendig sei. Früher war die Verfassung ein Götze, den man nicht antasten durfte; daher war es ganz natürlich, daß sie durch eine Revolution über den Haufen geworfen wurde; jetzt gilt als Regel, daß man sie zwar abändern, aber nichts an ihr, das noch nicht abgeändert ist, verletzen darf.

Er freue sich, daß man sich heute über Gegenstände, die in der Vergangenheit liegen, offen und frei aussprechen könne, ohne Leidenschaft und Ärger zu erregen. So habe die Versammlung mit größter Ruhe und Aufmerksamkeit, ja, man könne beinahe sagen, mit allgemeiner Billigung angehört, was so eben von dem Antragsteller gesagt worden sei über die Art und Weise, wie ein vor 23 Jahren auf künstliche Weise einem alten Stamme aufgepfropftes Reglement, von dem man eigentlich nicht recht wisse, wofür man es halten müsse, das aber höchstens eine sehr armselige Aristokratie genannt werden könne, im Jahr 1831 aufgehört habe. Darüber könne man jetzt mit größter Kaltblütigkeit reden; denn die eine Seite habe dadurch einen Sieg gewonnen, die andere aber eine Schlacht verloren, durch welche sie jedenfalls mehr Vortheile errungen, als sie jemals zu verlieren gefürchtet habe. Die Stadt Zürich habe damals die Opposition gemacht und es mögen in derselben gegenwärtig ungefähr noch so viele, vielleicht auch weniger Spuren der alten Bitterkeit und Feindseligkeit zu finden sein, als wohl in jeder andern Gemeinde des Cantons unter ähnlichen Umständen ebenfalls sich zeigen würden. Allein dessen ungeachtet solle man jetzt in der Stadt Zürich, wo man wolle, die Frage aufwerfen, ob sie es auf dem Felde der freien Bewegung und Concurrenz aushalten könne, und es werde mit einem freudigen „Ja" geantwortet werden, während früher Wenige dieses geglaubt haben. Mit offener oder verhehlter Freude denke Mancher an die, seit der Reorganisation unsers Staates durchgeführten Reformen, während dem der Nämliche früher denselben feindselig entgegen getreten sei. Der ganzen Bewegung habe die Idee zum Grunde gelegen, daß Herrschaft der Freiheit sein solle; Herrschaft der Freiheit sei aber gleich bedeutend mit Herrschaft der Wahrheit. Wo in einem Lande Jemand so viel gelte, als er Recht habe und Wahrheit rede, da sei Freiheit; wo aber Jemand seinen Willen als solchen, gleichviel, ob klug oder dumm, gut oder böse, als Gesetz vorschreiben könne (sei er ein König, ein Junker, ein Städter oder ein Bauer, sei es ein Einzelner oder seien ihrer Viele), das sei Unfreiheit.

Das sei eine der schönsten Ideen des sel. Usteri gewesen, daß zwar keine, auch noch so treffliche Verfassung ein Götze sein solle, den man ja nicht berühren dürfe, daß aber die Anfertigung eines neuen Grundsatzes in ganzen großen Partien oder gar gleichsam in Einem Gusse nur durch entschiedene Nothwendigkeit gerechtfertigt werden könne. Usteri habe immer mehr passiv und auf die Leitung der Geschäfte sich beschränkend, als produktiv und selbstthätig an den Verfassungsberathungen Theil genommen; allein bei Festsetzung der Bestimmungen über die Revision der Verfassung sei er mit jugendlicher Kraft und Beredsamkeit aufgetreten und habe seiner Ansicht in der Art den Sieg verschafft, daß dieselbe zur allgemeinen Ueberzeugung geworden sei, und das zu einer Zeit, wo man ringsum in der übrigen Schweiz nichts Angelegentlicheres zu thun gewusst habe, als auf alle 5, 6, 10 Jahre eine Totalrevision der Verfassung anzuordnen, wie wenn man so eben aus einem Zustande gänzlicher Verwilderung und Rohheit herausgetreten wäre. Bei jeder Totalrevision werde der ganze Organismus in Frage gestellt, ein Nachtheil, der durch die ganze Landesverwaltung bis zum kleinsten Zweige der Administration herunter auf eine sehr empfindliche Weise gefühlt werde. Dazu komme aber noch: Für den kenntnisreichsten Mann im Lande sei es der Mühe werth, seine angestrengteste Aufmerksamkeit auf jeden einzelnen zu revidirenden Punkt der Verfassung zu richten; nun müssen aber bei der Revision nicht bloß verschiedene Behörden, Commissionen u.s.f. mitwirken, sondern es müsse auch darüber jeder einzelne Bürger sich eine Ansicht bilden können. Wenn aber dieses nicht zum Unsinn werden solle, so müssen doch die Bürger wenigstens ein halbes Jahr lang Zeit haben, jeden zu revidirenden Punkt von allen Seiten ins Auge zu fassen, und dann erst sei noch genug Gefahr vorhanden, daß die unbefangene Prüfung durch Intriguen verschiedener Art gestört werden möchte. Ferner müsse auch der Wille der Bürger bei der Abstimmung frei sein. Wir stehen jetzt rücksichtlich der Formen der Aristokratie, Demokratie, Repräsentativsystem u.s.f. auf einem Punkte, von dem wir weder in der einen, noch in der anderen Richtung abweichen dürfen; wir wollen uns weder einem aristokratischen, exclusiven Systeme auf der einen, noch der unmittelbaren Demokratie auf der andern Seite mehr annähern, als dieses bis dahin der Fall gewesen. Allein diejenigen Rechte, welche dem Bürger durch die Verfassung gesichert seien, so namentlich die Mitwirkung bei den Verfassungsveränderungen, sollen ihm wirksam zu Theil werden. Davon sei aber keine Rede, wenn er über 20, 30, 50 Artikel auf einmal abstimmen und, wenn er den einen haben wolle, die andern ebenfalls in den Kauf nehmen müsse.

Um auf den einzelnen Gegenstand zu kommen, auf das Materielle könne zur Zeit reglementarisch nicht eingetreten werden. Uebrigens sei der Redner mit dem Grundsatze der Repräsentation nach der Volkszahl und der Freiheit der Wahlen unbedingt einverstanden, und er habe sogar gehofft, daß die Stadtgemeinde Zürich selbst diesen Gegenstand in Anregung bringen werde. Vor sechs Jahren habe der Redner persönlich mit Mitgliedern auf Seite der Aristokratie und dann wieder mit Männern der Bewegung, wie z.B. mit dem ursprünglichen Urheber der gegenwärtigen Motion, vielfältig die Frage erörtert, ob es nicht möglich sein sollte, diesen widerwärtigen Uebelstand, daß Stadt und Land gleichsam ein eigenes Territorium im Staatsorganismus festhalten sollen, zu beseitigen. Von beiden Seiten sei diese Frage gleichmäßig verneint worden; das Misstrauen sei so groß gewesen, daß jeder Theil geglaubt habe, ohne jene Scheidewand würden alle Stellen im Gr. Rathe von dem andern Theile besetzt werden. Bei dieser Sachlage haben die Gegner des Gegensatzes zwischen Stadt und Land gefunden, wenn man doch einmal diese verwerfliche Unterscheidung haben müsse, so sei es gut, wenn dieselbe in einem rechten Zerrbilde hingestellt werde, damit man sie desto leichter in ihrer eigentlichen eckelhaften Gestalt erkenne. Die formelle Fassung der Motion sei ein Nebenpunkt, nur das sei wichtig, daß man darüber im Reinen sei, warum es sich handle, und daß alles Materielle nicht hieher gehöre, weshalb auch der Redner Manches unberührt lasse, gegen das er sonst Einwendungen hätte. In der Hauptsache trage er darauf an, daß der Anzug erheblich erklärt werde, und füge nur noch einige Bemerkungen bei.

Der Antragsteller sage, wir wollen auf dem Wege des Rechts fortschreiten, ohne Furcht vor Pöbelherrschaft, ohne Furcht vor Auswüchsen irgend welcher Art. Damit sei er völlig einverstanden. Was für Folgen die in Frage liegende Veränderung auch immer haben möge. Sie müsse geschehen, weil sie an sich gut, recht und wahr sei. Man solle nicht sagen: Euch steht das Recht zu, aber wir räumen es Euch nicht ein, weil Ihr es missbrauchen könntet, uns Unrecht zu thun. Auch in einem andern Punkte sei der Redner mit dem Antragsteller überein, nämlich daß vor 6 Jahren ein Kampf gekämpft worden sei gegen Privilegienherrschaft und Aristokratie, und daß in den nächsten Jahren zu kämpfen sein werde gegen Rohheit und Pöbelherrschaft. Der Staat solle nicht bloß die Freiheit gewähren, welche die Bären im Walde genießen. Man solle nicht Veranlassung geben, zu sagen, daß in Republiken nur Rohheit und Unwissenheit zu finden sei. Das gerade habe man sich bei der Umgestaltung unsers Staates mit zur Aufgabe gemacht, durch die That zu beweisen, daß auch in Republiken die höchsten Interessen der Menschheit so gut und besser noch gefördert werden können, wie in monarchischen Staaten. Daran freilich denke die Masse nicht, und wer die Masse mit dem Volke verwechsle, der sei in einem verderblichen Irrthume begriffen. Wenn man die meisten der neulich eingegangenen Petitionen durchlese und annehmen müßte, daß dieselben die Gesinnung und den Willen des Volkes ausdrücken, so wüßte man nicht, ob man ein solches Volk bedauern oder verachten müsse. Der Pöbelherrschaft werde also wie gesagt, der Große Rath begegnen müssen, wenn man sich auch im schlimmsten Falle wenigstens damit trösten könnte, daß man im Vergleich mit dem Zustande vor dem J. 1830 nichts zu verlieren habe. Wenn aber alle Verständigeren sich die Hand bieten, um der Herrschaft der Wahrheit den Sieg zu verschaffen, dann sei zu hoffen, daß mit vereinigten Kräften jene Reste von Corruption überwunden werden können, die jedem Volke, das Jahrhunderte lang unter einem, durch und durch schlechten Regimente sich befunden habe, nothwendig ankleben müssen. Aber zu diesem Ende hin müsse man besser zusammen halten, als es bis dahin der Fall gewesen sei, und es müssen mehr Männer unter die berühmte Fahne des ersten Volksmannes unsers Jahrhunderts, des Generals Lafayette, sich versammeln, auf welcher der Spruch sich befunden habe. „Ich betrachte die Popularität als den köstlichsten der Schätze, aber, wie alle Schätze, so muß man auch diesen zu opfern und sich dessen zu begeben wissen – für das öffentliche Wohl.

Quellennachweis:

Johann Jakob Leuthy, Geschichte des Cantons Zürich von 1831–1840. Aus den Quellen untersucht und nach höchst wichtigen Mittheilungen von den noch lebenden Zeitgenossen und Augenzeugen dargestellt, Zürich 1845, S. 451–454; 441–445.

Kommentar:

Friedrich Ludwig Keller (1799–1860) gehört zur Gruppe der „Jungen Juristen", die Anfang der 1820er-Jahre, nach Abschluss der Studien in Deutschland, nach Zürich zurückkehrt. Sie ist geprägt von der Historischen Rechtsschule, vor allem von ihrem Lehrer Friedrich Karl von Savigny. Im Unterschied zu den gemässigten städtischen Liberalen verfolgen die „Jungen Juristen" einen radikaleren Kurs und streben eine Umgestaltung des Staates nach wissenschaftichen Prinzipien an. Sie sind Vertreter der klassischen Theorie der Repräsentation, ihrer Ansicht widerspricht es jeder Kompetenz des Volkes über Gesetze zu entscheiden. In Kellers Voten kommen die elitären Vorstellungen über das Repräsentativprinzip und das Misstrauen gegenüber der breiten Bevölkerung klar zum Ausdruck. Einerseits werden Vorbehalte gegenüber einer Ausdehnung des Wahlrechts sichtbar, andererseits sollen die Hürden für eine Verfassungsrevision möglichst hoch angesetzt werden. In Kellers Andeutung, dass man in den nächsten Jahren gegen „Pöbelherrschaft" zu kämpfen habe, kommen die Ängste des stadtliberalen Intellektuellen vor der ländlich-demokratischen Bewegung und ihren Forderungen klar zum Ausdruck. „Alles für das Volk, nichts (oder so wenig als möglich) durch das Volk", so könnte die Maxime der Liberalen umschrieben werden.

Titel: *Gallus Jakob Baumgartner, Wünsche und Anträge eines St. Gallischen Bürgers für die Verbesserung der Staatseinrichtungen dieses Kantons, 1830*

Text 65:

Bornhausers Büchlein ist erschienen und auf den Ruf des eben so redlichen als kräftigen Mannes versammeln sich Tausende von Thurgauern, um ihre unverjährbaren bürgerlichen Rechte geltend zu machen. Im alten Zürich wird binnen wenigen Tagen die ernsteste Berathung anheben über Abänderung der in ihren Grundzügen schon ungerechten Verfassung. Im Aargau steht die Revision nahe bevor und Basel rüstet sich zu Gleichem. Solothurn kämpft ohnmächtig mit dem erwachenden Geist der Freiheit, und der Bernische Riese mag sich je eher je lieber bereit halten, dem verachteten kleinen David zu unterliegen. Ueberall regt sich's und in wenigen Jahren wird von der Eidgenossenschaft in der Gestalt, welche ihr die wiedererwachte Oligarchie im Jahr 1814 in Verbindung mit der Einmischung von Fremden auf ewige Zeiten zu geben gedachte, wenig mehr sichtbar sein. Sie wird verjüngt erstehen unter den Völkern und die Bürgschaft fernern ehrenhaften Bestandes sich selber zu geben wissen. – Großes Unrecht beginge der Kanton St. Gallen, wenn er in dieser allgemeinen Bewegung der Geister zurückbleiben und von jenen Schlacken sich nicht zu säubern trachten würde, welche als Folge der schon angegebenen, und anderer ihm eigenthümlicher Ursachen seine Ausbildung zu einem glücklichen, vollendeteren Gemeinwesen verhindern. Er würde dastehen unter seinen Mitverbündeten, wie der weniger gebildete Sohn unter ausgezeichneten Brüdern. Die Aufgabe ist um so leichter, als weder äusserer noch innerer Druck auf dem Volke lastet, daher die ganze Aufmerksamkeit sich auf die Festsetzung der Garantien konzentriren kann, ohne welche ein republikanischer Staat bald unter der Last seiner eigenen Stützbalken zu Grunde gehen und nur noch das jämmerliche Bild eines unvollendeten, daher um so schneller in sich selbst zerfallenden Gebäudes darbieten könnte. – Wenn, was anerkannt ist, eine Unmasse von örtlichen und konfessionellen staatszerstörerischen Ansprüchen den Damm gesunder Ansichten im Jahr 1814 zu überschreiten und wenigstens theilweise sich zu behaupten wusste; wenn nebenhin, was ebenfalls nicht zu läugnen, Institutionen angenommen wurden, die den Kanton St. Gallen mehr den alten aristokratischen Ständen zu assimiliren den Zweck hatten: so ist es gewiß jetzt an der Zeit, das Fehlerhafte mit patriotischer Uneigennützigkeit aus dem Grundgesetze des Staates zu entfernen.

In der Absicht, Einiges zu diesem nützlichen Werke beizutragen, werden hier nun einige wesentliche Punkte herausgehoben, die bei einer Revision in Beherzigung zu ziehen wären. Sie gehören theils der Konstitution selbst an, theils gehören sie in das Gebiet der Gesetzgebung oder reglementarischer Einrichtungen, immerhin aber bilden sie zusammen ungefähr, was hauptsächlich einer Verbesserung bedarf und einer solchen auch fähig ist.

1. Wiedervereinigung beider Konfessionen zu einem Ganzen, unter einem und demselben Staatsoberhaupt, dem Gr. Rath, und einer ungetheilten vollziehenden und administrativen Gewalt im Kl. Rath. Die landesverderblichen Gesetze v. Jahr 1816, unlauterer Ausfluß einer zu weit getriebenen Anwendung des zweiten Verfassungsartikels, haben zwei Staaten im Staate das Dasein gegeben, deren Bestand das Ganze gefährdet und den Kanton bereits zu einem ohnmächtigen Scheinstaate herabgedrückt hat. Daß einmal erworbenes Eigenthum solches auch ferner bleiben soll, versteht sich von selbst; es werde darum heilig geachtet. Die Verwaltung desselben aber soll unter unmittelbarer Aufsicht des Staates geführt, darum nur Ausschüssen anvertraut werden, die, wenig zahlreich, unter der unmittelbaren Leitung des Kl. Rathes stehen, daher auch von ihm selbst und ausser seiner Mitte gewählt werden müssen, und die hinwieder ihm zu Handen des Gr. Rathes Rechenschaft über ihre Verwaltung abzulegen haben. In Verbindung mit solcher Einrichtung werden die Konfessional-Kollegien des Gr. Rathes als zweier bis dahin bestandener Staatskorporationen aufgehoben. Das Erziehungswesen wird vereint unter die Direktion des Kl. Rathes gestellt, Kirchliches und Matrimonielles aber den beiden Konfessionsbehörden in untergeordneter Weise nur anvertraut, letzteres aber in so weit es gerichtlich, den Konfessionen wie bis anhin zu eigener Behandlung überlassen. – Wir wissen, dass wir mit diesem Gedanken in tausend materielle, persönliche Interessen greifen. Der Staat aber soll keine Fundgrube für schmutzigen Eigennutz sein, auch keine Ansprüche dulden, die seinem Wohl zuwider sind. Die Wiedervereinigung in Form und Wesen wird auch die Gemüther der Bürger wieder vereinigen und eine gemeinsame, durch freiwilligen Vertrag beider Konfessionen erblühende Kantonal-Erziehungsanstalt wird die Jugend zu Bürgern bilden, was sie unter dermaligen Umständen nie werden wird.

2. Reinigung der Repräsentations-Verhältnisse. Die Zusammensetzung des Gr. Rathes von St. Gallen gehört, in Vergleichung mit der einiger andern Kantone, zu den bessern, hat aber gleichwohl ihre Mängel, und würde, ohne Verbesserung, weit hinter die übrigen zu stehen kommen. Die Wahlkollegien der Bezirke entsprechen ihrem Zwecke am Wenigsten. Sie wurden meistens nur zur Selbsterhebung der Mitglieder in den Gr. Rath benutzt und nährten den landesschädlichen Bezirksgeist. Der Wahlen vom Gr.

Rath sind hinwieder zu viele. Wenn auch einige ausgezeichnete Männer durch diese Wahlart in den Gr. Rath kamen, so ist nicht zu behaupten, dass sie ohne dieselbe nicht gewählt würden. Vollends ist das aus dem Kl. Rath, dem Appellationsgericht und den Statthaltern zusammengesetzte Vorschlagskollegium in seiner Zusammensetzung nicht geeignet, eine nationale Repräsentation zu begründen. Es sollten demnach sämmtliche Wahlen bis auf ungefähr zwanzig den Kreisen selbst überlassen werden, mit Freiheit für die Wahl aus allen wahlfähigen Bürgern des Kantons. Da die Kreise aber ungleich, so werden sie in drei Klassen getheilt. In die höchste allein käme St. Gallen mit dem Recht einer mit seiner Population und seinem Steuerfuß in Verhältniß stehenden stärkern Repräsentation. In die zweite einige andere der stärkern Kreise, in die dritte die übrigen. Von den in diese Klasse gehörenden Kreisen würden die respektive in die gleiche gehörenden auch die gleiche Anzahl von Wahlen erhalten. Für die Wahlen im Gr. Rath selbst erhält jedes Mitglied das mündliche Vorschlagsrecht. Aus diesen Vorschlägen wird die Wahlliste gebildet, aus welcher mit geheimer Abmehrung die zwanzig gewählt würden.

3. Beschränkung der Amtsdauer des Gr. Rathes.
Sechs Jahre sind genügend. Die Austritte nach Drittheilen werden beibehalten; dadurch kommt das Volk zum Vortheil, theilweise alle zwei Jahre sein Wahlrecht auszuüben.[1]

4. Oeffentlichkeit der Verhandlungen des Gr. Rathes. Es werde der freie Zutritt den Bürgern gewährt. Die daherigen Einrichtungen sind nicht unmöglich. Das Reglement bestimme, wie und für welche Gegenstände die Sitzungen geheim erklärt werden mögen.

5. Freie Wahl des Präsidenten des Gr. Rathes aus allen seinen Mitgliedern für jede Versammlungsdauer. Der jeweilige Präsident des Kl. Rathes führt den Interimsvorsitz bei dieser Wahlhandlung. – Der permanente Vorsitz eines ständigen Präsidenten des Kl. Rathes ist der Unabhängigkeit des Gr. Rathes zuwider.

6. Gewährleistung des Petitionsrechtes durch die Verfassung. Jeder Bürger und jede Korporation erhalte das Recht, Wünsche und Anliegen dem Gr. Rathe in Bittschriften vorzutragen. Sie werden vom Präsidenten des Gr. Rathes der Versammlung selbst übergeben und das Reglement bestimmt, wie sie berathen werden sollen.

7. Gewährleistung der Pressfreiheit durch die Verfassung. Zu Begründung dieses Begehrens ist kein Wort nothwendig.

8. Die Anzahl der Mitglieder des Kl. Rathes wird definitiv auf neun fixiert. Mehr wäre schädlich, weil der Geschäftsgang Conzentration unter Wenige fordert.

9. Wahlbedingung der Mitglieder des Kl. Rates bleibt, dass sie nur aus den wirklichen Mitgliedern des Gr. Rathes gewählt werden dürfen. Die Verfassung soll daher ausdrücklich festsetzen, daß, wer aufhört, Mitglied des Gr. Rathes zu sein, zugleich auch aus dem Kl. Rath austritt.

10. Verhältniß des Gr. Rathes zum Volke. Das Volk ist der Souverän; der Gr. Rath sein Stellvertreter. Die Verfassung hat daher festzusetzen, dass der Gr. Rath, in der Eigenschaft als Stellvertreter des Volkes, die höchste Gewalt ausübe. Weil aber das Volk

---

1 Der verdienstvolle Verfasser der Schrift über die Zusammensetzung der Gr. Räthe hat sich geirrt, indem er die Amtsdauer des St. Gallischen auf 3 Jahre angab. Sie ist nach der Verfassung von 1814 9 Jahre.

der Souverän ist, so sollen konstitutionelle Einrichtungen auch nur unter Sanktion des Volkes getroffen werden mögen. Die Verfassung setzt fest, wie diese Sanktion zu ertheilen sei.

11. Verhältniß des Gr. Rathes zum Kl. Rathe. Der Gr. Rath ist der Gesetzgeber, nicht der Gesetzannehmer oder der Gesetzverwerfer. Da jedoch der Kl. Rath vorzüglich die Eigenschaften in sich vereiniget, Gesetze zu entwerfen, so wird ihm unbeschränkt das bisherige Vorschlagsrecht gelassen. Der Gr. Rath hat aber das Recht, die Vorschläge nach Gutbefinden zu ändern. Daherige Anträge können jedoch nicht ohne Prüfung des Vorschlags sammt den Modifications-Anträgen durch eine Commission berathen werden. Auch Commissionen haben das Recht solche Vorschläge zu ändern. Auf Begehren von zwei Mitgliedern des Kl. Rathes müssen die Modifications-Anträge vor der Berathung für eine durch den Gr. Rath zu bestimmende Zeitdauer dem Kl. Rath zur Einsicht und etwaigen Beleuchtung übergeben werden. Uebergeht der Kl. Rath die Frist ohne Gegenäußerung, so nimmt die Berathung sodann ihren unmittelbaren Fortgang. –
Aber auch dem Gr. Rath soll das Vorschlagsrecht zu Gesetzen zustehen, eben weil er Gesetzgeber ist. Da der Gr. Rath aber kein vorberathendes Comité, sondern eine stellvertretende Versammlung ist, so kann jenes Recht nur auf dem Wege individueller Motionen statt finden. Die Motion kann entweder in einem förmlichen Gesetzesantrag bestehen, oder aber bloß in dem Begehren, dass über die angegebene Materie ein Gesetz erlassen werden sollte. In beiden Fällen trittet Vorberathung ein, ob in den Antrag eingetreten oder zur Tagesordnung geschritten werden wolle. Der erste Fall ist jedoch unverbindlich für Annahme irgend eines Vorschlags, sondern begründet nur die Verpflichtung für den Gr. Rath, den Antrag durch eine Commission begutachten zu lassen. Der Antragsteller ist jeden Falles verbunden, seine Modification auf Begehren schriftlich abzugeben. Nach erfolgter Begutachtung hat der Kl. Rath das gleiche Recht, eine kurze Ueberweisung an ihn selbst zu verlangen, wie es oben für Abänderung seiner eigenen Vorschläge garantirt worden. – Für die Verwaltung selbst endlich und für die Vollziehung constitutionell gültiger Beschlüsse des Gr. Rathes ist der Kl. Rath dem Gr. Rath verantwortlich, und die Mitglieder des Kl. Rathes leisten demselben für treue Pflichterfüllung sowohl bei der ersten als bei einer Bestätigungswahl feierlich den Eid.

12. Begnadigungsrecht. Der Gr. Rath übt das Recht der Begnadigung nur in solchen Fällen aus, wo die verfassungsmäßigen Gerichtsinstanzen sämmtlich durchlaufen sind. Jede zweite Instanz ist in Kriminalfällen eine Vergünstigung für den in Beurtheilung Liegenden. Wer aber auf die Vergünstigung selbst verzichtet, soll angesehen werden, als habe er das erste Urtheil angenommen. Annehmen dagegen, dass es Fälle geben könne, wo die Appellation selbst als Erschwerung angesehen werden müsste, hieße eben soviel, als zugeben, daß es Fälle giebt, die dem verfassungsmäßigen Richter entzogen werden dürfen, weil man sein Urtheil fürchtet.

13. Verhältniß der Mitglieder des Kl. Rathes im Gr. Rathe. Sie haben Sitz und Stimme in demselben gleich allen übrigen Mitgliedern des Gr. Rathes, genießen aber keinerlei Vorrechte oder Auszeichnungen in demselben, welcher Art sie sein mögen. – Der Gr. Rath ist nur **eine** Behörde, daher kann auch keine andere in demselben als Körper sichtbar sein.

14. Geschäftsleitung des Kl. Rathes. Der Kl. Rath muß um der Geschäftsordnung willen einen ständigen Präsdienten haben. Ihn bezeichnet aber am zweckmäßigsten der Kl. Rath selbst, denn seine Mitglieder kennen gegenseitig ihre persönlichen Eigenschaften am Besten und haben ein entschiedenes Interesse, von dem Thätigsten, Ordnungsliebendsten, Gerechtesten und mit Grund Angesehensten präsidirt zu werden. Zur Vermeidung von Uebergewicht aber soll die Ernennung auf die Dauer eines Jahres beschränkt sein, doch mit steter Wiederwählbarkeit.

15. Vermeidung von Aemterhäufung in Mitgliedern des Kl. Rathes. Die Kumulation verwirrt den Geschäftsgang, stört die gesetzliche Unterordnung der Behörden, wie hinwieder die Unabhängigkeit derselben in Ausübung ihrer gesetzlichen Befugnisse. Daher werde grundsätzlich festgesetzt, daß kein Mitglied des Kl. Rathes Mitglied irgend einer andern Behörde sein kann, wenn es nicht durch ein Gesetz ausdrücklich vorgeschrieben oder ausdrücklich zugegeben ist.

16. Zeit der Versammlung des Gr. Rathes. Die Verfassung bestimme namentlich den Tag der Eröffnung der einzigen oder der mehreren ordentlichen Versammlungen des Gr. Rathes, welche jährlich gehalten werden sollen. Es ist dies äusserst förderlich für die Geschäfte, indem der Kl. Rath alsdann weniger zu Verzögerung von Vorarbeiten hingerissen werden kann, die Mitglieder des Gr. Rathes so wie andere Behörden ebenfalls sicherer ihre Maßregeln treffen können, jene, durch Privatgeschäfte nicht gehindert zu werden, diese, ihre unverschieblichen Amtsverrichtungen zuvor noch abzuthun. – Dem Kl. Rath dann aber muß wie bisher das Recht zustehen, den Gr. Rath auch nach Gutfinden ausserordentlich einberufen zu dürfen.

17. Sicherung gegen Uebereilung in den Versammlungen des Gr. Rathes. Der Kl. Rath werde verpflichtet, alle und jede Vorschläge, Berichte, Rechnung u.s.w. dem Präsidenten des Gr. Rathes unmittelbar nach des letztern Wahl vollständig zu übergeben. Die Gegenstände sollen dann insgesammt vom Präsidium des Gr. Rathes diesem selbst verzeigt, nach Begehren auch vorgelesen und sammt und sonders schon am ersten Tag auf den Kanzleitisch gelegt werden. Wirkliche Vorschläge zu Gesetzen oder andern Beschlüssen sollen dann frühestens am darauf folgenden Tage in Berathung gezogen werden dürfen.

18. Amtsdauer des Kl. Rathes. Ist gleich jener des Gr. Rathes auf sechs Jahre zu reduziren mit Austritten nach Dritttheilen. Die öftere Wahl wird um so sicherer Spreu vor dem Waizen kennbar machen und den Werth des letztern um so mehr steigern.

19. Unabhängigkeit und Unverantwortlichkeit der Mitglieder des Gr. Rathes. Wenn der Stellvertreter des Volkes seinem hohen Beruf entsprechen soll, so muß er auch gegen Angriffe jeder Art geschützt seyn. Demnach werde in der Verfassung oder im Reglement festgesetzt, dass die Mitglieder des Gr. Rathes für Aeußerungen bei Verhandlungen einzig und allein dem Gr. Rathe verantwortlich sein können, der in angemessener Weise keine daherigen polizeilichen Maßregeln trifft.

20. Stellung der vollziehenden Gewalt zu der richterlichen. Die richterliche Gewalt soll in voller Unabhängigkeit dastehen. Daher werde das Verhältnis des Kl. Rathes und seiner vollziehenden Beamten zu den Gerichtsstellen in der Verfassung genau festgesetzt. In Rechtskraft erwachsene Urtheile müssen unbedingt vollzogen, kein Streit darf seinem natürlichen Richter entzogen, Rekusationen einzelner Richter und ganzer Gerichts-

behörden sollen einzig in den durch das Gesetz selbst zu bestimmenden Fällen statt finden mögen. – Zu Sicherung der unabhängigen Stellung der Gerichte wird aber unmittelbar nach der neuen Constituirung des Landes auch

21. die Erlassung eines Gesetzes über die bürgerliche Prozessform erforderlich, aus der sich das Bedürfniß oder die Möglichkeit der Aufstellung einer eigenen Kassationsbehörde ergeben wird.

22. Das Administrationsgericht wird in seiner jetzigen Gestalt aufgehoben. Mitglieder des Kl. Rathes und des Appellationsgerichts sollen vereint die daherige Behörde bilden, wenn man nicht das noch Zweckmäßigere vorzieht, die administrativen Streitigkeiten dem Civilrichter zu überlassen.

23. Für die bürgerlichen Streitigkeiten wird zuförderst in jedem Kreis ein Friedensrichter bestellt, der Vermittler und zugleich Polizeibeamteter ist, aber keine anderweitigen administrativen oder vollziehenden Befugnisse besitzt. Es ist nothwendig, dass letztere beide ganz in die Statthaltereien verlegt werden, indem von zu vielen über einander stehenden Behörden keine ihrer Obliegenheit ganz zu genügen pflegt. Der Friedens-richter, sodann ein Stellvertreter für ihn und ein Schreiber werden vom Kl. Rathe selbst bestellt. Die hierdurch verloren gehenden Wahlrechte des Volkes werden zum Besten der Ordnung ihm durch andere sehr vortheilhaft ersetzt werden können.

24. In jedem Bezirk ist ein Bezirksgericht von höchstens sieben Mitgliedern und einer Amtsdauer von sechs Jahren. Da die Gerichte ganz und gar unabhängig sein sollen von der vollziehenden Gewalt, so wird die Wahl der Bezirksrichter und ihres Präsidenten hinfür dem Volke selbst überlassen, so wie hinwieder seine Stellvertreter (der Gr. Rath) das Kantonsgericht ohne andere Mitwirkung wählen. Die Bezirksgerichte würden in Folge dessen durch eigens ausgeschossene Wahlmänner der Kreise erwählt werden. Die Bezirksgerichte sprechen in den durch das Gesetz zu bestimmenden Fällen theils erst =, theils letztinstanzlich ab; die Kreisgerichte fallen ganz weg.

25. Das Appellationsgericht wird unter der passenderen Benennung Kantonsgericht auf 11 Mitglieder reduzirt, und leistet dem Gr. Rathe selbst den Pflichteid. Würden Mitglieder außer der Mitte des Gr. Raths, oder, wenn sie diesem zwar angehören, in ihrer Abwesen-heit gewählt, so funktioniren sie bis zur nächsten Sitzung des Gr. Raths mit einstweiliger Ablegung des Handgelübdes an den Präsidenten.

26. Die Amtsdauer der Mitglieder des Appellationsgerichtes wird gleich jener der Mitglie-der des Kl. Raths auf sechs Jahre reduzirt, mit dritttheiligen Austritten.

27. Ein Kriminalgericht von fünf Mitgliedern beurtheilt in erster Instanz die Kriminal-fälle. Dasselbe wird ebenfalls vom Gr. Rath gewählt, denn der Grundsatz muß ganz durchgeführt werden, dass die Gerichte auch der Wahl nach vom Kl. Rathe unabhängig sein sollen. Seitdem es bekannt geworden, dass Stellen im Kriminalgerichte förmlich sollizitirt werden, wird Niemand mehr über die Nothwendigkeit dieser Aenderung in Zweifel sein können. Auch dieses Gericht soll dem Gr. Rathe selbst den Eid leisten.

28. Besoldung der Gerichtsbehörden. Es ist für die Würde der Gerichte nie zuträglich, dass sie ihre Entschädigung von den Partheien selbst empfangen sollen. Daher sollte in der neuen Gesetzgebung angeordnet werden, dass alle Gerichtspersonen aus der Staatskasse entschädigt werden.

29. Begründung gerichtlicher Urtheile. Es ist den Partheien zu wissen nöthig, auf welchen Gründen das Urtheil beruhet. Daher wäre allen Gerichten die Pflicht zu überbinden, ihre Sprüche mit den wesentlichen Erwägungsgründen zu erlassen. Es ist dies zudem ein Mittel, eine festere Gerichtspraxis zu gründen. Die Einwendung, dass die Erwägungsgründe wohl selbst wieder zu Prozessen führen könnten, ist nicht stichhaltig. Eben so gut läßt sich behaupten, dass die Kenntniß von Erwägungsgründen in analogen Fällen Prozesse verhüten kann.

30. Gebietseintheilung. Einer der Bezirke, die Stadt St. Gallen, hat den Umfang nicht, den ein Bezirk füglich haben kann. Ein anderer dagegen, der Bezirk Sargans, ist zu ausgedehnt. Daher könnte eine etwelche Ausrundung und die Vermehrung der Bezirke bis auf neun den Interessen des Landes angemessen sein. Die wichtigen Verrichtungen, die den Bezirksstatthaltern zugeschrieben werden müssen, können in allzu großen Amtsgebieten nicht genüglich erfüllt werden; zudem erfordert die Abschaffung der Kreisgerichte wenigstens eine etwelche Vermehrung der Bezirke.

31. Die Eintheilung in Kreise kann dessen ungeachtet ganz beibehalten werden; somit würde in Bezug auf die Wahlen der Gr. Räthe, da die Bezirkswahlen wegfallen, keinerlei Störung eintreten.

32. Die Natur der Politischen und der Ortsgemeinden, ihre gegenseitigen Verhältnisse und Rechte müssen durch die Verfassung oder ein Organisationsgesetz genau ausgeschieden werden, so wie diejenigen Gemeinden, welche in die Klasse der Ortsgemeinden gehören, als solche namentlich bezeichnet werden sollen, was in der bisherigen Gesetzgebung fehlt.

33. Die Beamten des Kl. Rathes, welche in den Bezirken als dessen Stellvertreter aufgestellt werden, die Bezirksstatthalter, sollen nach Belieben frei aus allen Kantonsbürgern gewählt werden dürfen. Die Natur der Sache erfordert sogar, daß in der Regel wo möglich nicht Bürger des nämlichen Bezirks diese Stellen bekleiden, und der Kl. Rath würde ohne Zweifel bei freiem Konkurs diese Bedürfniß beachten.

34. Amtssitze der Statthalter. Es ist nothwendig, dass diese Amtssitze permanent sind. Daher hat der Staat allmählig für deren Anschaffung zu sorgen und zwar so, dass sie, wenn nicht ungefähr in der Mitte des Bezirkes, doch wenigstens an volkreichen Orten gelegen sind, die von den Bürgern ohnehin häufig in Privatgeschäften besucht zu werden pflegen.

35. Die Statthalter sollen in ihren Bezirken vollkommen das sein, was der Kl. Rath für den ganzen Kanton, daher vollziehende Beamte im vollen Maaße des Wortes. Die Kompetenz und die Pflichten der Bezirksstatthalter sollten demnach alle jene Ausdehnung erhalten, die dieser bedeutende Wirkungskreis erfordert.

36. Demzufolge sei eine ihrer ersten Obliegenheiten, in bestimmten Terminen, wenigstens alle zwei oder drei Jahre, die ökonomische Verwaltung sämmtlicher Gemeinden ihres Bezirks, und ihre Geschäftsführung überhaupt, durch und durch zu untersuchen, alles ins Rechnungswesen Einschlagende in das gesetzliche Geleise zu leiten, anderen Mängeln und Gebrechen gleichfalls abzuhelfen, und nach Umständen den Arm des Kl. Rathes zur Unterstützung anzurufen.

37. Ferner die nächste Aufsicht über das gesammte Waisenwesen zu führen, in Terminen von zwei bis drei Jahren alle Waisenrechnungen zu passiren und darüber das Absolu-

torium zu ertheilen, oder aber die erforderliche Abhülfe eintreten zu lassen, wie auch über alle Käufe und Verkäufe von Bevogteten die definitive Gutheißung als Waisenbeamter auszusprechen.

38. Den Statthaltern sind als Beihülfe zu diesen vielen Verrichtungen hinlänglich bezahlte Amtsschreiber beizugeben.

39. Nach Aufhebung der Kreisgerichte wird die Fertigung und Einprotokollirung der Pfandbriefe Sache der Statthalter; die daherigen Sporteln dienen zu Erhöhung des Einkommens der Statthalter und Amtschreiber. Die Garantieleistung für den Pfandwerth wird hingegen den Gemeinderäthen der politischen Gemeinden übertragen.

40. Die Gemeinderäthe, selbst in den größeren Gemeinden, sollen höchstens 9 Mitglieder, die Verwaltungsräthe 7 zählen dürfen. Eine bedeutende Verminderung der Behörden und Beamten ist nach Jedermanns Ansicht überall nothwendig, und sie wird zuverlässig auch in den Gemeinden mit Vortheil angewendet.

41. Die Stadt St. Gallen bedarf als Gemeinde einer eigenen Organisation in dem Verstand nicht, in welchem die bisherige gegeben worden. Sie ist das Produkt eines im Jahr 1814 vorherrschend gewesenen Isolirungssystems, das selbst zu Deputationen an die fremden Minister nach Zürich gereizt hat. Offenbar jedoch ist, dass die große Masse von Einwohnern und die vielfachen und großen den Gemeindebehörden dieser Stadt anvertrauten Interessen, etwelche ihr eigen sein sollende Bestimmungen erforderen, die aber füglich im allgemeinen Organisationsgesetz ihren Platz finden. Es ist erfreulich zu wissen, dass einsichtsvolle Mitglieder des Stadtrathes und der Bürgerschaft mit dem Gedanken einer theils volksthümlichern, theils auch konzentrirteren Gemeindeverwaltung in politischer und ökonomischer Rücksicht bereits vertraut geworden sind.

42. Die schwierigste aller Staatsaufgaben im Kanton St. Gallen sind die Paritätsverhältnisse, d. h. die Frage, wie sollen die beiden Konfessionen in sämmtlichen Behörden repräsentirt sein? Sie hat mit der aufzuhebenden Sönderung beider Konfessionen gar nichts gemein und ist daher auch nicht mit ihr zu verwechseln. Eine vernünftige Beobachtung der Parität kann auch bei der Wiedervereinigung beider Konfessionen statt finden, da ohnehin der Grundsatz durchgeführt wird, dass gesöndertes Eigenthum der Konfessionen, selbst in den Gemeinden, auch gesönderte Verwaltungen haben soll.

43. In Hinsicht der Parität im Gr. Rath eröffnen sich zwei Wege. Entweder kann man, im vollen Vertrauen, dass nie eine auffallende Ungleichheit der Repräsentation auch bei Entfernung aller Parität unter den Mitgliedern des Gr. Rathes entstehen würde, die Wahlen, ohne Rücksicht der Konfession, ganz frei geben. Der Geist, der in einem gebildeten Freistaate walten soll, scheint dieses zu gebieten. Könnte oder wollte man sich aber zu dieser Höhe der Gesinnung nicht erheben, so bleibt der andere Ausweg, jedem Kreis die Anzahl der zu wählenden Mitglieder des Gr. Rathes von der einen und der anderen Konfession zu bestimmen, nachdem zum Voraus ein schickliches Verhältniß der Gesammtzahl der Mitglieder jeder Konfession festgesetzt worden. Ganz katholische Kreise würden alsdann nur katholische, ganz reformirte nur reformirte Mitglieder erwählen, den gemischten würde, wie oben gesagt, die bestimmte Zahl von jeder Confession vorgeschrieben, und eben so wäre festzusetzen, wie viel Mitglieder von der einen, wie viel von der anderen Confession durch den Gr. Rath selbst zu wählen wären.

44. Wie aber immer auch obige Frage entschieden wird, so soll auch ferner im Kl. Rath, im Appellationsgericht und in den Bezirksgerichten die bisherige Parität gehandhabt werden. Deßgleichen in den Gemeinderäthen und Verwaltungsräthen. Aber nirgends dürfte sie, wenn der guten Sache nicht geschadet werden soll, auch auf die Schreiber der Behörden ausgedehnt werden, deren Wahl nothwendig frei bleiben soll.

45. Alle Paritätsrücksicht sollte dagegen wegfallen für die Wahlen des Präsidenten des Großen und des Präsidenten des Kleinen Rathes, der Präsidenten des Appellationsgerichts und der übrigen Tribunalien, der Bezirksstatthalter und ihrer Schreiber.

46. Endlich sollte die Verfassung auch die Norm selbst festsetzen, nach welcher etwa in spätern Zeiten einzelne Veränderungen oder Totalrevisionen derselben Platz finden mögen.

47. Schließlich wird noch beigefügt, dass zur Befriedigung mancher gerechten Wünsche und anerkannten Bedürfnisse die dermalige Militärsteuer und die sogenannte Haushaltungssteuer abgeschafft, wie auch ein neues allgemeines Sportelngesetz eingeführt werden sollte.[2]

Der Verfasser vorstehender weniger Seiten hat kurz und bündig seine Ansichten eröffnet. Mögen manche derselben vielem Widerspruch zugänglich sein, so kann doch vielleicht in vielen andern manches Gute liegen und auch allgemein anerkannt werden. Alle aber sind gewiß der ernsten Prüfung werth. Der Kanton St. Gallen hat die bedenklichste Periode, die der pflegedürftigen Kindheit, glücklich überlebt. Als rüstiger und kräftiger Jüngling mag er nun aufblühen und zum segenverbreitenden Manne heranwachsen, wenn ihm die unnatürlichen Fesseln abgenommen werden, die bis dahin sein Gedeihen verkümmert haben. Diese Fesseln aber sollen entfernt, jeder Krankheitsstoff durch weise Heilmittel verdrängt werden. Alsdann wird er auch, so wünscht und hofft ein für sein Wohl emsig bedachter Bürger, das Ziel politischen und bürgerlichen Glückes erreichen, zu welchem die Vorsehung den schweizerischen freien Gemeinwesen die Bahn in väterlicher Milde so schön und weit geöffnet hat.
Geschrieben Sonntags, den 24. Oktober 1830.

Quellennachweis:

Wünsche und Anträge eines St. Gallischen Bürgers für Verbesserung der Staatseinrichtungen dieses Kantons, in sieben und vierzig Punkten. v. [Gallus Jakob Baumgartner]; Trogen 1830. Gedruckt und im Verlag von Meyer und Zuberbühler.

Standort:

Vadiana, St. Gallen.

---

2 Wer aber nicht bezahlt, so lang das Gesetz besteht, der ist ein schlechter und strafbarer Bürger.

II. Quellenkorpus

Kommentar:

Die Veröffentlichung der Flugschrift „Wünsche und Anträge eines St. Gallischen Bürgers"
von Gallus Jakob Baumgartner (1797–1869) kann als Auftakt zur Regeneration im Kanton
St. Gallen gesehen werden. Die 47 Punkte enthalten das Reformprogramm der Liberalen.
Leitende Prinzipien sind die Gewaltentrennung und die Volkssouveränität. Der Staat soll
als repräsentative Demokratie neu organisiert werden. Unter anderem plädiert er für mehr
Wahlrechte, die Übertragung der Souveränität vom Grossen Rat auf das Volk, die Garantie
von Petitionsrecht und Pressefreiheit und eine Verkürzung der Amtsdauern. Mit der Forderung nach der „Verminderung von Behörden und Beamten" werden auch volkstümliche
Anliegen nach einem schlanken Staat berücksichtigt. An der Frage nach der Art und Weise
der Partizipation des Volkes bricht allerdings der anfängliche Konsens innerhalb der Reformkräfte rasch auf.

*Titel: **Bemerkungen zu den Wünschen und Anträgen eins St. Gallischen Bürgers
von einem andern Bürger des Kantons St. Gallen, 1830***

Text 66:

Auch ohne Bornhausers würdevolle Anregung, auch ohne die Ereignisse in dem bedrängten
Ausland und im aufgeregten Vaterland, würden die in unserm Kantone tief gefühlten und
zeitgemäßen Verfassungsverbesserungen zu ernster Sprache gekommen sein. Einige vergangene Sitzungen des Gr. Rathes gaben die erfreuliche Erscheinung eingetretener Mündigkeit
jener Behörde, und die auf das daraus hervorgehende Vertrauen gegründete Ueberzeugung
der Bürger allein verhinderte bis anhin jeden ungeregelten Ausbruch, jedes gesetzwidrige Ein-
schreiten. Bürger, welche sich in so bewegter Zeit durch die Mäßigung und ruhige Haltung
als so vortrefflich bewährt haben, verdienen von Seiten der Regierenden doppelte Rücksicht,
und unsere hochl. Regierung, beseelt von dem Billigkeitsgefühle, schreitet daher dem Volke
bereitwillig entgegen, ihm durch Vermittelung seiner Vertreter freiwillig die Bahn des Bessern
eröffnend. Dank dafür unsern Vätern des Vaterlandes! Der ruhige, für Wohl der Mitbürger
bedachte, Freund des gesammten Vaterlandes fühlt sich aber nicht minder berufen, vor den
Schranken derselben mit jenen Wünschen zu erscheinen, welche reine Liebe und die Aussicht
in eine richtende Zukunft ihm gebieten. Es ist Pflicht des Bürgers, das Vorschlagen wichtiger
Verbesserungen nicht der Regierung allein zu überlassen, damit sie nicht einseitig und ungenügend, so zu sagen blos beschwichtigend, hervortreten mögen. Sprecht daher, Freunde, das
rechte Wort zu rechter Zeit. Wir wissen es, Vollkommenheit ist nicht der Menschheit Loos,
bei allen Verbesserungen werden Mängel bleiben, das Maaß der letztern hängt von der Realität der erstern so sehr ab, dass wir ihnen, um nachhaltig segensreichem Erfolg entgegen zu
gehen, die reiffste Ueberlegung und durchgreifendsten Ernst weihen sollen. Blicket herab von
euerer Alpenhöhe, treue, liebe Eidgenossen und Mitbürger! Auf die Zerstörungen zum Theil
erzwungener Empörung. Wie solltet ihr in jenem Jammer und Geheul des Unglücks und der
Unterdrückung nicht zu männlichem Ernste begeistert werden, die Wichtigkeit des Augen-

blickes verkennen. Waret ihr je so gestimmt zu Rath und That, fandet ihr je solche Bereitwilligkeit bei den Obern, euch zu hören und zu befriedigen, und habt ihr je so einleuchtend die Nothwendigkeit solcher Staatsverfassung gefühlt, welche das Wohlbehagen der Bürger zu sichern im Stande ist? – Vereiniget euch demnach um euere Regierung, verbessert was Noth thut und präget der Geschichte unserer Tage das Siegel auf, fortgeschrittener Bildung und wahren Christenthums. Von jeher waren die mit beiden übereinstimmenden Gesinnungen bei der Mehrzahl unserer Volksstämme, trotz vielfachen Gegenstrebens, vorzugsweise einheimisch, sie haben unsern Wohlstand begründet und die Liebe und Achtung, die der Schweizer im Ausland erfährt, wo er als Bürger erscheint, mögen sie auch jetzt bewähren, dass kein fremder Einfluß stark genug ist, das Heiligthum des Schweizers, das er in seinem Herzen trägt und in seinem Vaterlande nährt, zu untergraben.

Unter Voraussendung dieser durch Drang und Begeisterung der Zeit abgenöthigten Worte, erkühnt sich ein Laye, die 47 Anträge eines Vaterlandsfreundes theilweise zu beleuchten.

Wohl stellt er die Wiedervereinigung beider Confessionen obenan, und welcher vernünftige, leidenschaftlose oder durch Eigennutz Unverblendete würde ihm nicht beistimmen. Unsere Bevölkerung besteht aus Christen. Ob katholisch oder protestantisch, gilt dem Gesetze gleich. Für beide ist das Gesetz vorhanden zu gleichem Schutz, und nie kann daher im Gr. Rath die Handhabung irgend einer Religion, allein aber die Handhabung der Gesetze in Sprache kommen. – Vollziehung der Gesetze, nicht dieser oder jener Kultus, ist Staatspflicht, und in so ferne wir nicht eigensüchtiger Menschen Satzungen befolgen wollen, wird das Gesetz wohl in Einklang mit den Lehren wahren Christenthums zu bringen sein. Das Leben hat die Confessionen verbunden, gemeinschaftlich im Leben, gemeinschaftlich im Gr. Rathe sei ihr Streben nach dem Guten und Bessern durch die Feststellung allgemeiner Gesetze und durch gemeinschaftliche Bewachung des Eigenthums und des Kostbarsten, der Ausbildung unserer Jugend. Warum will man sich trennen, wo Einheit und Bürgersinn so wohl thut? Brauchen wir Römische, Genfer oder Augsburger-Bürger oder sollen wir Kantons- und Schweizerbürger sein? –

Mächtig war bisher die Stimme der Widerstrebung in dieser Hinsicht; laßt uns hoffen, die Stimme der Vernunft und des Vaterlandes werde einmal noch mächtiger und finde in eurer Aller Herzen kräftigen Wiederhall. Gebt dem Kantonsbürger zur Gewerbsfreiheit auch Freiheit der Niederlassung ohne Unterschied der Religion, mit Rücksicht allein auf Gesetzlichkeit und Rechtschaffenheit. Das beiderseitige Vermögen bleibt ja deshalb dennoch, Eigenthum kann nicht verschmolzen werden, eben so wenig wie kirchliche und pfarramtliche Einrichtungen.

Nein darin bleibe jeder Herr in seinem Eigenthum, welches ihm das, aus gemeinschaftlicher Uebereinkunft hervorgegangene Gesetz in freier Bewegung sichert und bewacht. Nicht allein gar wohl thunlich, sogar höchst rathsam ist es, die Verwaltung des Eigenthums dem sogenannten Administrationswesen abzunehmen, und der Obhut des Gr. Rathes unter Verwaltung eines aus seiner Mitte gewählten Ausschusses anzuvertrauen. Wer wollte dieser Behörde nicht jeden Grad von Vertrauen eher als jeder andern gewähren, jeder andern, die uns weniger nahe liegt und der wir als ein Ganzes weniger nahe liegen, die gewohnt ist, Rom, aber nicht dem Vaterlande zu dienen? – Darum gebührt dieser Behörde auch die Bewachung unserer moralischen Schätze in dem Erziehungswesen. Können wir alle mehr verlangen als wahres Christenthum, und dieses kann ja, kirchlichen Einrichtungen aller Art unbeschadet, und soll die einzige Richtung sein, da wahre Bildung und Frömmigkeit allen Confessionen sehr erreichbares und nothwendiges, das nützlichste Gemeingut ist. Der Kl. Rath wache daher auf dieses erste aller Bedürfnisse, und bahne den Weg zu einer höhern Kantonal-Schule durch zweckmäßige Einrichtung aller Vorbereitungsschulen, damit der junge Bürger sich in derselben zum unmittelbaren Eintritt ins Bürger- oder Studienleben vorbereite und weihe. Der Kl. Rath ertheile dem Großen alljährlich Rechnung über das Materielle, und Bericht über das Spirituelle seiner Amtsführung nebst dem Ausschusse.

Der Gr. Rath bedarf zur Erfüllung seines Berufes der vollkommensten Freiheit. Er muß daher aus allen in Ehren stehenden, nicht auf öffentlichen Lasten ruhenden Bürgern wählbar sein und sollte zu ¾ wenigstens durch das Volk und sich selbst gewählt werden. Dieser Wahl stehe nicht allein der Bezirk sondern unter Beobachtung der Parität der ganze Kanton offen; es handelt sich weniger darum einen Bezirksmann als einen würdigen Bürger in den Rath zu bringen.

Kein Richter, kein Regierungsbeamteter, kein Statthalter oder Secretär sei in den Gr. Rath wahlfähig; überhaupt keiner, welcher durch sein früheres Amt in zweideutige Stellung gerathen könnte.

Der Kl. Rath allein habe mit dem Staatsschreiber Sitz und Stimme wie jeder andere Kantonsrath. Der Präsident des Gr. Rathes aber werde nicht aus dem Kl. Rath, sondern aus seiner Mitte gewählt und diese Wahlversammlung unter Vorsitz des Altpräsidenten gehalten, welcher bis zum Antritt des neuen an seiner Stelle bleibt. Der Kl. Rath könnte wohl aus bloß 7 Mitgliedern bestehen. In jedem Falle wären die Besoldungen desselben zu verbessern, anderwärts hingegen mögen durch Verminderung eines oft unbeschäftigten Canzleipersonals mehr Ersparnisse und zugleich mehr Centralisirung des Geschäftganges eintreten. Die Wittwen und Waisen sind bis jetzt in der Besteuerung zu scharf mitgenommen worden, dahingegen war dieselbe zu gelind bei reichen Privaten, die, obschon nicht selbst im Militärdienste, dennoch nur wenig beitragen mussten. Das gesammte Kantonsvermögen sollte für das Militär wie für jedes andere nothwendige Bedürfniß, und Besoldungen anstatt der Gerichtssporteln, in Anspruch genommen werden, da jeder Bürger gleich vor dem Gesetz sein soll. Durch beschränkende Bevormundung sollte ferner der übermäßigen Erhebung von Gemeindanlagen Einhalt gethan werden. Man setze für gewöhnliche Zeit ein Maximum fest; für ausserordentliche Fälle mag der Statthalter untersuchen, der Regierung Bericht erstatten, damit sie die Sache prüfen und die ausserordentliche Zulage bestimme. Von Seite der Gesetzgebung sollte die Verantwortlichkeit der vollziehenden Gewalt strenger gehandhabt werden, damit die Verordnungen gleichmäßiger und pünktlicher vollzogen werden. Die vollziehende Gewalt, besonders der Statthalter sollte bei öffentlichen Fahrlässigkeiten zu gehöriger Rüge ex officio angehalten sein, ohne erst den Kläger abzuwarten. Der Ueberhäufung sollte durch ein Gesetz Schranken gelegt werden. Sie ist in jedem Verhältniß schädlich.

Da die Niederlassung, wenn sie freigegeben ist, unbillig Belästigung des Gemeindegutes nach sich ziehen könnte, so soll ein Gesetz dafür aufgestellt werden, dass nämlich jeder Hintersaß gleich einen Einzug oder aber nebst der gewöhnlichen Steuer eine Hintersaßtaxe, die nicht drückend sein darf, zu entrichten habe welche als Hintersaßengut besonders verrechnet und zur Unterstützung armer Hintersaßen verwendet werde soll.

Die hier angeführten Abweichungen der Anträge und Wünsche Nro. 2, 5, 8, 15, nebst neuen Anträgen, werden hiemit der Beurtheilung anheimgestellt, zu jedem andern schon unter 1, 3, 4, 6, 7, 9, 10, à 14, 16 à 47 kann jeder unbefangene wohlmeinende Bürger seine volle Zustimmung geben. Mögen sich noch viele und gewichtigere Stimmen für das Wohl des Vaterlandes erheben und dessen sicherste Grundlage nach innen und außen in Frieden vollenden helfen.

Allerheiligen 1830.

Quellennachweis:

Bemerkungen zu den Wünschen und Anträgen eins St. Gallischen Bürgers von einem andern Bürger des Kantons St. Gallen, Trogen 1830, gedruckt bei Meyer und Zuberbühler.

Standort:

Vadiana, St. Gallen.

Kommentar:

Gallus Jakob Baumgartners „Wünsche und Anträge" lancieren eine breite Diskussion über eine Verfassungsrevision. In kurzer Zeit erscheinen verschiedene Flugschriften zu dieser Frage. Sie sind auch Ausdruck einer neuen politischen Öffentlichkeit. Die „Bemerkungen" sind eine der Flugschriften, die zu Baumgartners Vorschlägen Stellung nehmen. Sie illustrieren besonders die wichtige Rolle der Konfessionsfrage.

Titel: Joseph Anton Henne (Hg), Volkswünsche bei Anlass der St. Gallischen Verfassungsverbesserung, 1831 (Vorwort)

Text 67:

1. Ueber die dringende Nothwendigkeit und den Geist einer Total-Umänderung der St. Gallischen Verfassung von 1814.

Schweizer! älteste und beinahe einzige Freistände der deutschen Welt! Geprüfte, treue und liebe Eidgenossen! Wenn je in einer Zeit der Finger Gottes sichtbar erschien, und vor Aller Augen die Schreckensworte an die große Wand der Zeit schrieb, welche Fürsten vom Thron und Nationen in unabsehbares Elend stürzten: Du bist gewogen und zu leicht erfunden worden – so ist es unsere Zeit.

Die halbe Welt wirft das Schlummerhemd von sich, und steht auf; aus allen Ländern folgen sich die Berichte von Klagen, von Aufständen, von Blut und Brand, von Selbsthilfe der Völker, auf dem Fuße; von Gränze zu Gränze fügen sich weise Regierungen willig, und unweise unwillig, dem alle Völkeradern durchdringenden Frühlingstriebe. Von Westen her schreitet der Würgengel der Revolution, so gräßlich als je seine Schlangenhaare schüt-

II. Quellenkorpus

telnd, über die Ruinen des Völkerwohlstandes einher, den einen Fuß auf der Briteninsel, den andern im zerfleischten Belgien, und sendet seine Diener aus von Land zu Land. Von Osten, aus Indien, wogt das bleiche Heer eines andern Geistes, der ansteckenden ostindischen Brechruhr (Cholera), über Rußlands Flächen nach Polen und Deutschland, um dem zerstörenden Menschensohne zu zeigen, wie die Natur zerstört, wenn sie ihre Gräuel losläßt, und vor ihrem Hauche Generationen ins Grab fallen.

Das ist keine Deklamation, meine Miteidgenossen, womit ich diese Schrift anhebe. Oeffnet die Augen! Und beide Geister stehen östlich und westlich am Mad, und ihre Sensen werden im großen Werke bald zusammentreffen. Vielleicht soll erst aus den Stoppeln ein neu Geschlecht entstehn, und wir in der Wüste, auf dem Weg ins gelobte Land, aussterben, auf daß erst unsere Kinder, gereinigt, mit ihrem Josua einziehen. Gleichviel! Fassen wir die Zeit und ihre Richtung ja recht ernsthaft und religiös auf! Führe uns ihr Erhabenes in uns selbst zurück! Bewahre es uns vor dem knäbischen Leicht- und Frechsinne, zu dem uns gewisse Tonangeber verführen wollen! Aber wie 1350 die Berner, trotz der Pest, genannt der große Tod, vom frohen Tanze weg dem Greyerzer-Grafen seine Burgen einnahmen, begeistere uns unser Bewußtsein, das hohe Ziel, um das wir fechten, zu unerschrockenem Hinblick darauf, zu Heldenmuth, zu aufoperndem Ausharren, auf daß der Moses unserer Zeit wenigstens auf dem Berge Nebo im Anblicke des gelobten Landes in welches einzurücken ihm selber nicht vergönnt ist, sein Auge, Gott dankend, schließen möge.

Nochmals also, meine Landsleute der Kantone, und ihr der 8 Bezirke! Die Zeit will Ernst und Kraft; aber sie will Opfer. Trete Jeder zurück, der etwas für sich, für seine Konfession, seine Stadt, sein Dorf, seinen Bezirk will! Bei Umwandlung einer ganzen Zeit handelt es sich um den Kanton mehr als um den Bezirk, um die Schweiz mehr als um den Kanton, um die Menschheit mehr als um die Schweiz. Werfe Jeder sein Bündel hinaus, wenn die Wellen ins gemeinsame Schiff wollen!

Der Unterschriebene hat mit strengem Selbst- und Sachbewußtsein diese Schrift begonnen. Er will nicht zu Aufstand gegen die Regierungen, zum Umsturz erprobter Einrichtungen, zu unfrommem Wegwerfen heiliger Dinge rathen. All dieß ist ihm ein Gräuel. Er will eben so wenig unüberlegte Wünsche und Begierlichkeiten, bloße Theorien und Papier- und Stubenweisheit ins Volk werfen. Aber helfen will er, ein freier Bürger, ein Vater, seinen freien Mitbürgern, in der Feststellung und Oeffentlichmachung der Grundsäulen einer neuen Zukunft für unsere Kinder, in der Niedersetzung eines Volksprotokolls, worinn die Besseren der Zeit ihre Vota niederlegen, um vor den Enkeln gerechtfertigt zu sein. Er will zur lautern, gerechten Sache stehn, und kein Opfer, wie hoch es sei, scheuen, sie offen zu verfechten. Treten wir jetzt nicht auf, so hat man es unserer Feig- und Lauheit vorzuwerfen, wenn dieß und jenes nicht berücksichtigt wird, wenn wir die löbl. Kommission, als Bevormundete, stumm schalten lassen, während in allen Kantonen der Bürger sich regt, und mit Wünschen und Vorschlägen vor die Großen Räthe tritt, wie Aargau, Zürich, Thurgau, Basel, Bern, Schwyz, Solothurn gethan haben. Stehen wir nicht da wie unsere Väter 1814! Sehen wir einzig darauf, daß wir das Rechte wünschen! Ihm wird sicher entsprochen werden, wofern wir nur ernsthaft wollen. Wunsch, Bittschrift ist ein falscher Ausdruck, weil er die Möglichkeit des Gewährens oder Nichtgewährens voraussetzt. Wir wollen keine Gnade, denn wir haben keinen Herrn; wir sind der Souverän und über dem Gr. Rathe. Unsere Vorschläge sind nicht Wünsche, sondern auf Recht und Staatskunde begründete Hervorhebung solche Sätze, die nothwendig und wesentlich aus der Idee eines volksthümlichen freien Hauswesens hervorgehn, und die in der neuen Verfassung zu Grunde gelegt werden müssen, wenn die Kommission und ihr Entwurf vor der Nation bestehn wollen.

Vorerst wiederholen wir das nie genug zu Wiederholende, daß in Freistaaten, außer der gesammten stimmfähigen Nation, kein Souverän existirt; daß alle inneren Behörden, richterliche, gesetzgebende und verwaltende, bloß Bevollmächtigte derselben sind und bleiben, und somit die Konstituirung, oder die Hausordnung, Verfassung, nur von der Gesammtheit ausgehn kann. So wie jedoch Vernunft und Sitte gebieten, daß die Gesammtheit, auf gewisse Zeiten hin, das Richten, Gesetzgeben und Verwalten einzelnen, von ihr Gewählten überträgt, d. h. Richter, Großräthe und Staatsräthe als Repräsentanten wählt, statt, nach dem Beispiele kleinerer Genossenschaften in Gesammtmassen, Landsgemeinden, sich selbst zu repräsentiren (was wirklich in ihrer Befugnis liegt), so kann sie auch das Recht der Revision oder gar die Vorschläge zu Aenderung der Verfassung einzelnen Kommissionen übertragen, wie sie am 9. Nov im Thurgau ausdrücklich, und gleicher Zeit in St. Gallen schweigend gethan hat. Ausdrückliche Bevollmächtigung indeß ist ein größerer Beweis von bürgerlichem Bewusstsein; schweigende kann einen hohen Grad von Bildung und Zutrauen, aber auch von Unkunde und Gleichgültigkeit andeuten. Bei uns blieb es bei einzelnen Stimmen im Gr. Rathe und im Freimüthigen. Daß man sie übergieng, ist nicht unbedeutend, unsere Zeit zu schildern. Bürgerlich genommen stehen Thur- und Aargau zu dieser Zeit republikanischer als wir da. Nach ihnen folgt das Volk am Zürchersee. Je mehr das Volk seine Rechte ausübt, desto klarer wird, daß es was drauf hält, desto mehr wird es Volk.

Man lege solches nicht als Anstiftung zu Widerstand aus, der jetzt, nachdem wir geschwiegen, eben so lächerlich wäre, als jener der Thurgauer ihrer würdig ist. Es würde einem Einzelnen als Anmaßung ausgeschrien, wenn er hier äußern wollte, was der Gr. Rath, nach seiner Meinung, hätte thun sollen, um noch republikanischer dazustehn. Der Verf. beruft sich aber auf die Aeußerungen der Hrn. Dr. Göldi, und einiger Weniger, die sich am kräftigsten und gesundesten ausgesprochen haben. Er will hier blos den Irrthum zerstreuen, als könne und dürfe die Nation ihre Souveränität selbst, d. h. das Recht, Volk zu sein, abtreten; eben so wenig als der Einzelne sein Recht, Mensch zu sein. Beide würden durchs Abtreten Unterthanen, Sklaven. Beides sind unveräußerliche, d. h. unabtretbare Rechte, weil man mit ihnen sein Wesen abtritt. Ein Aufstand unseres Volkes, Widersetzlichkeit gegen bisherige bestehende Verordnungen, Unehrerbietigkeit gegen die Regierung und ihre Beamteten würde uns in den Augen jedes Guten tief herabsetzen, und beweisen, daß wir unsere Volkswürde weggeworfen hätten, aus Furcht, sie abzutreten.

„Denn ein tumultuarischer Weg würde auch eine tumultuarische Verfassung zur Folge haben, und eine solche, übereilt wie sie entstünde, dürfte wahrscheinlich eben so einseitig und unbefriedigend ausfallen, wie die gegenwärtige." K. R. Tanner aus Aarau.

Was wir aber dann zu thun haben? Das, wozu die Besseren des Gr. Rathes selbst und das Beispiel der übrigen Schweizer uns ermuntern: uns über die höchsten Interessen der Zeit klar machen, uns mit den Einwohnern aller Bezirke als eine Familie ansehn, und dann, zum Wohle des Ganzen einstimmig unsere Wünsche äußern, oder Gebildetere dieselben in unserm Namen äußern lassen. Als Mittel dazu erschien diese Schrift.

Verschiedentlich hat man ausgesprochen, es bedürfen eigentlich mehr unsere Gesetze einer Aenderung, als die Verfassung selbst. Es liegt ein doppelter Irrthum in dieser Behauptung, und es ist hochwichtig, ihr den täuschenden Schein abzuwischen.

Verfassung ist die Hausordnung im Staate, welche die Stellung der verschiedenen Familienglieder zu einander, ihre Befugnisse, Recht und Pflichten in kurzen Grundzügen enthält. Ihr sehet hieraus, wie hoch die Verfassung steht. Häuser wo Willkür herrscht, haben keine Hausordnung; da ist der Wille des Herrn oder die rohe Kraft des Stärksten die einzige Verfassung. Verfassung ist zwar auch in ungleichen Familien, wo Herren, Söhne, Freigelassene und Knechte sind; aber freie Verfassung ist nur unter Gleichen; sie ist das Ideal aller Menschenvereine.

Gesetze hingegen sind die näher ausgeführten Bestimmungen der in der Verfassung bereits enthaltenen Grundsätze, angewendet auf die einzelnsten Fälle und Verhältnisse. Sie folgen somit völlig aus der Verfassung; sie sind einzelne Regeln, die nur die Hauptregel, die Verfassung, in jedem besondern Falle wiederholen, verdeutlichen, verwirklichen. Wie können sie hiemit schlecht sein, wenn die Verfassung gut ist? Wie kann die Probe fehlen, wenn die Rechnung gut gemacht war? Ist dieß nicht Widerspruch? So sind im Gegentheile bei uns manche Gesetze viel besser als die Verfassung selbst, und letztere vor Allem muß geprüft werden, wenn wir zur Erkenntniß unserer selbst kommen wollen.

Noch klarer wird die Wichtigkeit der Verfassung, wenn wir ihre höhere Bestimmung ins Auge fassen. Die Verfassung eines freien Volkes ist der lautere getreue Abdruck von dem innern Wesen desselben, wie der gesunde Leib der Abdruck ist einer gesunden Seele. Sie ist das Resultat, die Erzeugung des kräftigsten Volkswesens; aber nicht nur dieß, sondern auch der Träger und Erhalter der kommenden Generation. Die Verfassung nämlich, als geistiger Abriß des körperlichen Volksorganismus, ist nicht blos die todte Abgeschlossenheit, das Produkt der gegenwärtigen und vergangenen Zeit, nicht ein zusammengetragener dogmatischer Kodex der jetzigen Aufklärung; sondern die Hülfe, der Mutterleib, die Puppe welche in sich das Leben, den Keim einer kommenden Periode trägt, nährt und wärmt, aus welcher statt der Raupe, der freie Schmetterling bricht, sobald eine wärmere Sonne seine Grabhülle sprengt. Wahre Verfassungen sind nicht blos für uns; sie sind ein Baum, den wir, auch ohne den Genuß seiner Frucht hoffen zu dürfen, der jüngern Mit- und der kommenden Nachwelt pflanzen. Ich hoffe, diese Bilder sollen die Idee aufklären. Dieser Gedanke allein verbindet die aufeinander folgenden Geschlechter in eine große Genossenschaft; er lehrt uns unsere Privat-Interessen bei Seite, und Hand ans gemeinsame Werk legen, überzeugt, daß wir so am sichersten auch für die Unseren arbeiten, wenn wir für das Wohl Aller bedacht sind. Dein Sohn oder Enkel wird vielleicht der Bewohner eines andern Bezirkes werden; deine Tochter wird in einen andern Kanton heirathen. Sorge man für Alle, so haben Alle es zu genießen.

Daraus folgt, daß die ächte Verfassung in Manchem sich über einzelne Interessen und Vorurtheile erheben, daß sie höher stehen müsse, als der gemeine Mann steht; aber eben so, daß die zwar gutgemeinte Behauptung jenes Kantonsrathes: man brauche nicht gerade Juristen zu diesem Werke, unrichtig sei. Wie ein Gebäude, so einfach seine Theile in einander greifen, nur in dem Gehirn eines Baumeisters entstehn, und schon vor dem Beginne fix und fertig drinn sein kann, so vermag nur ein vielseitig gebildeter, ein Rechts- und Geschichtskundiger in sich das Gebäude zu entwerfen, worinn unsere Nachkommen frei und geschützt wohnen sollen. Stürzt es, wie das von 1814, in 15 Jahren wieder ein, so haben sich die 19 Baumeister ein übles Denkmal gesetzt. Somit kann die Verfassung auch schwerlich durch Landsgemeinden und die Stimmen Aller entstehen, sondern muß von den Besten und Gebildetsten vorgezeichnet, aber dann der Gemeine zur Gutheißung vorgelegt werden. Beides geschieht nun bei uns.

Unterzeichnetem sind nun zahlreich sowohl Prüfungen des Bisherigen als Vorschläge zu Besserm eingegangen. Aus erstern erhellt unwidersprechlich, daß die Verfassung von 1814, nicht nur nicht volksthümlich entstanden, sondern von Außen andiktirt ist; daß sie in sich die Ursachen unvermeidlicher Auflösung, bürgerlichen Todes zur Welt brachte; daß ihr gerade die Grundwurzeln kräftigen Lebens und Bewegens mangeln; kurz, daß sie keines der oben angegebenen Merkmale freier Verfassungen an sich trägt; daß sie bürgerlich ein wahrer Rückschritt, und eine bloß vorgeschuhte Verfassung höchstens ein Scheingewinn wäre; daß die 19 Kommissionsmitglieder, unter denen (was ihrer Hohen Einsicht unbeschadet gesagt sei) kein Todtenerwecker ist, sich vergebens bemühen würden, diesen Lazarus lange zu revidiren, auf dessen Grab man die Inschrift des evangelischen setzen dürfte: Herr! Tritt nicht hinein! Er riecht schon, denn er liegt bereits vier Tage. Joh. 11.39.

Dr. Henne.

(Der Natur dieser Sache gemäß, werden die eingesendeten Aufsätze, an Werth, wie an Art und Weise verschieden, da es um Oeffentlichwerdung jeder biedern Meinung zu thun ist, ohne strenge Ordnung aufeinander folgen. Jedoch soll am Ende ein Register ins Ganze Einheit und System bringen. Der Redaktor steht nur zu den von ihm unterzeichneten Artikeln persönlich. Blos diese sind seine Meinung, und wer vor den vielen Bäumen den Wald nicht finden sollte, den muß er auf jenes Register vertrösten.)

Quellennachweis:

Joseph Anton Henne (Hg.), Volkswünsche bei Anlass der St. Gallischen Verfassungsverbesserung (beschlossen im Gr. Rat am 8. d. Winterm. 1830), St. Gallen 1830.

Standort:

Vadiana St. Gallen.

Kommentar:

Im Juni 1830 ruft Kantons- und Stiftsarchivar Joseph Anton Henne (1798–1870) die Kantonsratsmitglieder dazu auf, ihm Notizen, Berichte und Meinungen über die Verhandlungen des Grossen Rates zuzustellen, damit er diese in der von ihm herausgegebenen Zeitung, dem „Freimütigen", publizieren könnte. Kurz zuvor hatte nämlich Gallus Jakob Baugartner diese Verhandlungen anonym im Druck herausgegeben. In einem Vorwort versucht Henne den Wunsch nach einer Verfassungsänderung zu begründen und beruft sich auf das Prinzip der Volkssouveränität. Allerdings bekennt er sich klar zum Repräsentationsprinzip und verwahrt sich gegen den Vorwurf der Unruhestiftung. Henne, der an deutschen Universitäten studiert hat, unterstreicht das Monopol der Gelehrten im Verfassungsdiskurs, denn er misstraut den volkstümlichen Bewegungen.

Titel: Verhandlungen des Verfassungsrathes vom Schweizerkanton St. Gallen, 1831 (Ausschnitt)

Text 68:

Dritte Sitzung am 10. Nachholung mehrerer früher vergessener Wahlscheine. Ein Antrag des Hrn. Adj. Göldi, jedem Mitgliede seinen Wahlschein zurückzugeben, unterstützt von Diog und Eichmüller, wurde auf geäußerte Gegenmeinung der Herren Saylern, Bayer und Henne verworfen, und diese Aktenstücke als Kantonaleigenthum erklärt.

Der Präsident berichtete aus persönlichem Augenschein über die Bauten im großen Saale, an denen auch Sonntags war gearbeitet worden, und die bis Mittwochs fertig sein können. Die Heizung geschieht durch Luftwärme. Durch eben denselben fragte der Kl. Reth an, ob es nicht beliebe, die aus wenigen Männern bestehende Wache bei den öffentlichen Sitzungen zu verstärken.

Adj. Göldi. In wie viel Männern besteht sie?

Präsident. In fünf.

Adj. Göldi. Ich möchte auf sechs antragen (Gelächter.)

Custer. Und ich auf gänzliche Abschaffung.

Kr. A. Gmür unterstützt es.

Diog erinnert an den schon gefallenen Beschluß und die Konsequenz.

Wegelin räth zum Beibehalten. Nachher könne man mehren oder mindern. Die Mehrheit erklärte sich für das Beibehalten.

Der Präsident forderte nun auf anzugeben, auf welche Weise man die ferneren Verrichtungen zur Hand nehmen wolle.

Adj. Göldi. Da es sich vielleicht bald um eine Kantonseintheilung handeln dürfte, so vermisse ich das Nothwendigste dazu, eine genaue Spezialcharte des Kantons. Ich trage darauf an, den Kl. Rath um die Anschaffung einer solchen und um genaue Aufnahme der Bevölkerung zu ersuchen. Zweitens verlautet gar nichts mehr von den bereits früher eingegangenen Volkswünschen. Ich stimme zu einer Kommission, dieselben zu prüfen und uns darüber zu berichten. Diese Kommission jedoch sollte man frei wählen, um nicht in das System zu fallen, schlechterdings Alles dem Büreau und den bereits Gewählten zuzuschieben, als wären die andern Mitglieder zu gar nichts brauchbar.

Diog. Mir handelt es sich vor allem Andern um den Grundsatz, von dem unser Werk ausgehen soll. Ich kenne nur einen. Er ist schon gegeben und im Dekret vom 17. anerkannt. Dieser ist die Volkssouveränität. Aber ich merkte bereits, daß man hier dem Wort einen andern Sinn zu geben sucht. Souverän ist der Höchste. Sein Wille ist Gesetz. Nun aber reden Einige von repräsentativer Souveränität, welche nichts Anderes ist als ein abtreten derselben. Ich hoffe jedoch, das Volk wird sich das bereits Errungene nicht mehr entwinden lassen. Wer delegiert, ist nicht mehr Souverän, und ich behaupte, wo ein Gr. Rath die Gesetze sanktionirt, ist die Verfassung eine Lüge.

Henne. Ich finde, diese Diskussion geht von der Sache ab. Ich unterstütze Hrn. Göldi's Antrag zu einer Spezialcharte und zu der Kommission über die Volkswünsche, die auch, nach meiner Ansicht, frei gewählt werden soll, damit die Thätigkeit aller Mitglieder in gleichem Verhältniß in Anspruch genommen werde.

Custer. Keine Kommission für die Volkswünsche, aber eine Fünferkommission mit zwei oder drei Supplanten, um sich über Punkte zu verständigen, wie sie systematisch und geordnet der Versammlung vorgelegt werden sollen. Die Punkte seien einfach und verständlich. Nachher mag sich dieselbe, mit Zuzug eines der Sekretäre, falls er nicht bereits in selbe gewählt ist, in eine Redaktionskommission verwandeln.

Eichmüller. Auch mir ist der angeführte Punkt der Souveränität der wichtigste. Da braucht nichts weiter ausgemittelt zu werden. Als sich am 5. Dec. die Bürger zu Altstädten versammelten, wurde in Gegenwart aller erklärt: Wenn die Regierung der Souverän ist, so haben wir nichts zu wünschen. Eine reine Demokratie sollte hergestellt werden; nur Hr. Aug. Näff war für die aristokratische Form. Alles Rheinthal ist darüber einig. Ich verwahre mich gegen alles Eintreten in Anderes als Demokratisches.

Präsident. Ich bemerke dem Hrn. Eichmüller, daß die Regierung nie Souverän war, sondern der Gr. Rath als Stellvertreter der Nation. Vorerst muß aber Hrn. Göldis Motion besprochen werden.

Baumgartner. Der Herr Präsident fragte nach der Art und Weise der fernern Verhandlung. Auch ich stimme zu Hrn. Göldis Antrage, nämlich zur Aufnahme der Bevölkerung, die bisher noch nie amtlich geschehen ist. Ich wünsche sie so vorgenommen, daß bestimmt ausgemittelt wird, wie viele im Kreise, in der Gemeinde wohnen, wie viele von jedem Geschlecht, wie viele Kantonsbürger, Schweizer, Ausländer und nach dem Dekret vom 17. Stimmfähige.

Adj. Göldi. Und eben dazu dann die Charte.

Diog. Mich kümmert nur zu wissen, wer Souverän sein soll, nicht aber die Kantonseintheilung. Soll dieser Frage etwas Anderes vorgezogen werden, so muß ich aus der Versammlung austreten.

Eichmüller. Ich ebenfalls.

Reg. R. Gmür. Ich kann berichten, daß die Volkszählung im Gr. Rathe bereits vorgekommen, und bäldest wird berathen werden. Auch ich bin der Meinung, daß wir die Volkswünsche befragen müssen; glaube aber, daß wir als Vertreter des Volkes da sind, die seine Wünsche kennen. Sprechen wir sie aus. Zu einem Prinzip, von dem alles Andere ausgehen soll, stimme auch ich.

Stadler. Hrn. Göldis Charte betreffend, bemerke ich blos, daß, nach einem früher geschehenen Ueberschlag, dieselbe in einem Halbjahr, vielleicht in einem ganzen erst fertig werden, und 50 bis 60,000 Gulden kosten würde.

Henne. Die Souveränität des Volkes ist klar und unbestreitbar. Sie muß zum Voraus angenommen werden, und was aus ihr folgt, mit ihr. Das sollte jedes Mitglied beruhigen.

Eichmüller. Ich bleibe dabei, rein demokratisch muß die Verfassung werden; wo nicht, so habe ich hier nichts zu thun.

Diog. Der Volkswunsch ist mehr als klar. Repräsentativ heißt abgetreten. Wird so was beschlossen, so kehre ich zurück zum Volk, und sage ihm: ich wollte dich nicht beschimpfen helfen und dir Abtretung zumuthen. Wir sind ein Grenzkanton in der Nähe des Feindes, der Oesterreicher. Rheinthal ist ein Grenzbezirk, und muß ein Bollwerk bleiben für den Freistaat. Wir haben nicht erst Wünsche zu untersuchen. Muth ist der Nerv der Republik; Demokratie allein giebt Muth. Sollte eine repräsentative Verfassung geschmiedet werden, und wird die Akte bei uns in der Kirche verlesen, so trete ich zum Altare, reiße sie dem Kreisammann aus den Händen, und trete sie mit Füßen. Nur das demokratische Prinzip hat Winkelriede gezeugt; alles Andere ist ein Schritt zur Monarchie, und dann mögen die Berge über uns zusammenfallen.

Helbling. Göldi wollte ein Mittel, um unser neues Gebäude zu beginnen. Dieß sind Volkszahl und Charte, Volk und Raum. Ich unterstütze ihn. Ein zweiter Antrag betraf das Prinzip der Verfassung, die Souveränität der Nation. Darin sind wir einig. Diese ist das Recht, sich allseitig frei bilden und gestalten zu können. Die Frage jedoch über Art und Weise ist eine zweite. Sie ist rein, oder repräsentativ. Es herrschen zwei Meinungen darüber; ich halte für unser Volk die stellvertretende für die beste. Soll das Volk frei werden, so sind Erziehung und Polizei nothwendig. Gerade an diesem fehlts allen Demokratien; indeß das Volk ist nicht gebunden. Es wähle frei zwischen beiden.

Custer. Die Diskussion weicht von der Frage des Präsidiums völlig ab.

Saylern hält ebenfalls fernere Einvernahme der Volkswünsche für überflüssig.

Kr. A. Müller. Wenn ich solches hören muß, bin auch ich der Meinung, daß man lieber die Kreise und Bezirke anfrage. Was die Lärmmacher, Unruhestifter und Tröler, solche, denen nichts aristokratischer vorkömmt als das Triebrecht, da und dort wünschen, weiß man bereits. Aber die Ruhigern, Besonnenern, Wohlhabendern sollte man auf ihr Gewissen fragen, ob sie auf diese Weise rein demokratisch sein wollen.

Präsident. Die Verhandlung schweift durcheinander. Ich muß bitten, bei Hrn. Göldis Antrage zu bleiben, und die Nebenwege zu verlassen.

Diog. Auch ich muß bemerken, daß durch Nebenwege von der Hauptsache abgegangen wird; vielleicht suchens einige in der Versammlung mit Absicht. Ich bin Anfangs sehr gern meines Freundes Helbling Mitarbeiter gewesen; jetzt bin ich's nicht mehr gern. Es scheint, uns will das Prinzip, das Fundament entwischen. Man will hier das Beste des Volkes als solches aufstellen. Es handelt sich aber nicht um das Beste, sondern um das Rechtliche, um das, was ihm gehört. Anders kann der gesunde Verstand nicht urtheilen. Man hat das Volk mündig erklärt; giebt man ihm durch den Gr. Rath einen Vogt, so ist es nicht mehr mündig.

Präsident. Ich muß abermals um Ruhe ersuchen. Dieß ist ein zweiter Antrag, der sicher auch in Diskussion kommen wird.

Diog. Ich behaupte, das Prinzip muß zuerst verhandelt werden. Die Kantonseintheilung gehört eher ans Ende.

Bischof. Ich muß gestehen, ich und der Hr. Custer sind darin gar nicht gleich. Eine Kommission ist nicht unser Erstes, und das Demokratische darf nicht verschoben werden. Ich sage Ihnen, meine Herren, wird's nicht angenommen, so sind wir drei Tage vergebens hier gewesen. Ich bin aus dem Kreise Unteregg en in der Nähe von Appenzell. Ich habe nie vernommen, daß das Volk vor der reinen Demokratie einen solchen Abscheu habe, wie einige der studirten Herren da uns glauben machen wollten. Nein, wenn die Appenzeller von ihren Landsgemeinden heimkehrten, hab ich's viel Dutzendmal gehört im Volke: hätten wirs auch wie diese.

Steger. Auch ich glaube, daß vorerst nichts hieher gehöre, als Hr. Göldis Antrag über die Volkswünsche und die Volkszahl. Die Volkswünsche müssen wir ja eben anhören, wenn wir gekommen sind, dem Volke zu helfen.

Eichmüller. Was wir da reden und diskursiren, ist ein Wirrwarr. Die Souveräntät muß rein demokratisch sein; darin sind alle Bezirke einig, und es muß angenommen werden. Ich denke völlig und in Allem wie Hr. Diog, und protestire gegen alles Repräsentativ.

Custer. Meine Herren! über die Souveränität sind wir gewiß alle einig; aber mein Antrag wollte Ordnung in unsere Berathungen bringen. Das Volk sagt: man muß Werch haben, wenn man spinnen will.

Löhrer. Die Abtheilung des Kantons wird vielleicht nicht anders verlangt. Aber daran liegt dem Volk, zu wissen, daß die Gesammtheit der Souverän ist; darüber soll man das Volk prüfen, und vorher nichts abschließen.

Schildknecht. Die Frage des Präsidenten hieß: wie nehmen wir die Verhandlungen vor? Dann folgte Hrn. Göldis Antrag. Der Theil unserer Kriegsrüstung, der im letzten Gr. Rath zur Sprache kam und im Freimüthigen spezifizirt zu lesen ist, sollte etwas über 50,000 Gulden kosten; die geforderte Charte aber, wie wir hören, gegen 60,000. Der Verfassungsrath kostet täglich um 300 Gulden, wöchentlich 1800. Bei solchen Summen sollte man eher an das Sparen als an neue Ausgaben denken.

Wartmann. Auch ich halte dafür, daß bei Hrn. Göldis Antrage geblieben werden solle. Daß einige Mitglieder davon sprechen, die Versammlung zu verlassen, wenn ihr Wille nicht geschehe, halte ich für unser unwürdig, außer, solche wollten beweisen, daß sie bloß Deputirte eines Kreises, nicht des gesammten Kantons seien.

Baumgartner. Wenn ein sich Verwahren einzelner bei solchen Verhandlungen zulässig wäre, müsste ich mich gegen Mißbrach der Zeit verwahren, denn er ist zum Schaden des Volkes; und jeder verlorne Kreuzer ist eine Sünde an ihm. Das Volk wird über uns den Stab brechen, wenn wir länger so fortfahren. Hier kann uns Keiner Gesetze vorschreiben, oder uns mit Abfall drohen; es handelt sich um den Kanton, nicht um den Bezirk Utznach. Ich will frei sprechen, denn frei sprach ich zur Zeit, wo Tausende schwiegen.

Henne. Den Gedanken an eine Charte wird Jeder, der an die Unkosten denkt, fallen lassen. Desto mehr aber verdient der Antrag über die Volkswünsche Beherzigung.

Steger. Man lasse das Mehr über die Anträge ergehen.

Keller. Die erste Frage ist jedoch sicher: für wen machen wir eine Verfassung, und wie? Jeder weiß es von sich selbst, daß man lieber Meister ist als Diener. Für was für ein Volk machen wir die Verfassung? Für ein souveränes oder nichtsouveränes?

Kr. A. Gmür äußert, er sei aus einer Landschaft, wo man bis 1798 Landsgemeinden gehalten und wo die Wahlen immer zum Besten des Volkes ausgefallen seien. Ich könnte dazu stimmen.

Henne. Auch ich hätte über den Begriff der Souveränität zu sprechen, wollte aber bei der Ordnung der Anträge bleiben. Wird so fortgefahren, so geschieht jedem Bescheidenern ein Nachtheil.

Adj. Göldi unterstützt ihn.

Diog. Ein alter Spruch sagt: man muß mit dem Anfang anfangen. Deswegen machte ich meinen Antrag; und will man mit dem von Hrn. Göldi anfangen, so stimme ich dazu, ihn zu verwerfen.

Gonzenbach. Auch ich will bei dem bleiben, was in die Diskussion gehört. Bei Hrn. Göldis Antrag die Volkswünsche zu prüfen. Sollte man nämlich nicht für gut finden eine repräsentative Verfassung aufzustellen, so gebe man dem Volke nochmals Raum sich zu äußern; denn dazu war es sicher nicht vorbereitet.

Ziltener findet in der Glarner Verfassung einen Grund, für die Repräsentation zu stimmen.

Viele Stimmen erheben sich, um Abstimmung zu verlangen, oder zur Ordnung zu rufen.

Präsident. Meine Herren, wie kann ich die Mitglieder zwingen? Ich besitze keine Gewalt als das Reglement. Was für eine Figur werden wir vor dem Volke spielen? Wie wird man zum Voraus den Stoff angeben können, ohne regierten Gang? Ich bitte sie sich selbst ehren und des Volks Zutrauen rechtfertigen zu wollen. Hr. Custer allein antwortete auf meine zu Anfang aufgeworfene Frage, indem er auf eine Kommission zu vorläufigem Entwurf des Geschäftganges antrug.

Custer wiederholt auf Einladung seinen Antrag.

Diog. Ich kenne nur eine Hauptsache, und bleibe dabei.

Eichmüller. Zum Gleichen stimme ich. Was brauchen wir da lang zu diskursiren? Wir wollen heim und beim Volk anfragen.

Krömler stimmt zu Custers Antrag.

Reg. R. Gmür findet diesen bedenklich, da die Grundsätze noch nicht angenommen seien. Man könnte in der Berathung überrascht werden.

Kreisr. Weber. Ich finde nur gut, daß die Sitzung heute noch geschlossen ist. Hörte das Volk zu, wegjagen würde es uns sammt und sonders.

Baumgartner. Ich unterstütze Hr. Custers Antrag und seine hellen Ideen aus vollem Herzen. Kehren wir auf die offene Straße, statt länger im Graben zu fahren; doch schlage ich vor, die erste Hälfte des Antrages allein vorzunehmen.

Diog. Ich muß gestehn, daß Hrn. Custers helle Ideen nicht in mein dunkles Gehirn wollen.

Adv. Good. Diese regellose Diskussion kann zu nichts führen. Setzen wir eine Kommission nieder, sowohl für die Volkswünsche als für den Geschäftsgang.

Schildknecht. Ich finde, der Gr. Rath habe unsere gegenwärtige Lage zum voraus geahnt. Er sprach im Dekret vom 17. vorläufig von einer Kommission. Auch ich stimme zu einer, jedoch nicht so, daß jeder Kreis ein Mitglied in selbe liefere. Da diese Kommission nach Art der Groß = Rathskommissionen also täglich mit 6 Franken besoldet würde, kämen die 44 Mitglieder das Volk täglich 176 Gulden zu stehen. 17 oder 21 Mitglieder dürften genug sein.

Schafhauser führt an, mit welchem Anstande 1798 und 1801 zu Appenzell die großen Versammlungen geführt worden seien.

Kommandant Good will 16 Mitglieder, 2 aus jedem Bezirke.

Rickli. Ich stimme zu Verwerfung des Antrags einer Kommission. Jeder ist hier für seinen
    Kreis und ich wenigstens möchte Niemanden delegiren.

Adj. Göldi. Der selige Luther sagte einst: Singen können viele mit einander, aber reden nicht.
    Unsere Verhandlung verdient Rüge. Wo anfangen, wenn jeder Anträge macht. Ich habe
    letzten Samstag bereits vorgeschlagen, daß eine Kommission uns über den Sonntag
    Vorschläge bearbeiten möge; es scheint aber der Magen habe dort mehr vermögen als
    der Kopf. Wäre die Meinung von einem applausiblen Redner gekommen, der Wind
    hätte sie nicht verweht.

Henne. Ich kann denen nicht beistimmen, welche unsere bisherige Zeit für verloren anse-
    hen. Nein, sie hat uns die Augen über uns selbst geöffnet. Sie hat gezeigt, wozu eine
    Diskussion führt, die regellos und wild ihr Gewächs in der Ebene herumtreibt. Wir
    sind dem Ziele keinen Zoll näher gekommen. Auch ich trage auf eine Kommission in
    Custers Sinn an, aber nicht nach Bezirken und Kreisen, sondern frei und etwa in 21
    Mitgliedern zu erwählen. Vor Bezirkswahlen hüten wir uns, damit wir nicht als acht
    kleine Föderativ-Staaten, sondern als ein Kanton erscheinen.

Graf räth, sobald die Grundlinien gezogen seien, auf 14 Tage heimzukehren.

Steinlin führt Aargaus Beispiel an, welches aus den 48 Mitgliedern der Verfassungskommis-
    sion abermals vier Kammern oder Kommissionen wählte. Diese würden dann mit dem
    Ganzen fertig werden, ehe wir auf diese Weise noch zur Hälfte kämen. Als Muster der
    Stoffeintheilung schlägt er die Verfassung von 1814 vor.

Diog wiederholt seine Grundfrage. Es handle sich nicht darum was gut, sondern was recht-
    lich sei.

Bayer will die Volkswünsche prüfen, woraus klar werden müsse, was die Nation wolle.

Benz will wegen der immer mehr anlaufenden Kosten eine Kommission wählen, und dann
    heim, um dem Volke zu raportiren.

Eichmüller. Es scheint, als wolle man keinen Leitfaden; sonst nähme man die Souveränität
    und reine Demokratie als Leitfaden an. Wir wollen heim und Gemeinden halten. Viel-
    leicht geht's dann schneller.

Schildknecht räth, die Sitzungen auf 14 Tage zu unterbrechen, und nichts als die Vorarbeiten
    zu delegieren.

Steger mahnt zu Ruhe und Frieden, und bittet, mehr dem Wohle des Kantons als dem eige-
    nen Kopfe zu folgen.

Allgemeiner Ruf: Abstimmen.

Präsident. Das kann erst geschehen, wenn die Diskussion geschlossen ist.

Egger stimmt gegen die Vertagung und gegen eine Vorarbeitkommission, weil es einer solchen
    nicht anders ergehen müsste als der XIXer.

Herrn *Custers* Vorschlag einer Fünferkommission wurde durchs Mehr angenommen. Eben
    so das Ansuchen an den Kl. Rath um Aufnahme der Volkszahl, und die Niederset-
    zung einer Dreierkommission zu Prüfung der eingegangenen und noch eingehenden
    Volkswünsche.

In die Fünferkommission kamen die Herren *Custer* (als Präsident), *Baumgartner, Diog, Helb-
    ling, Oberstl. Lutz.*

In die Dreierkommission *Henne* (als Präsident), *Schafhauser, Anderegg.*

Baumgartner fordert, man möchte der Dreierkommission Bestimmung genau ausmitteln. Nach seiner Ansicht bestehe sie blos im Durchsehen der Volkswünsche.

Henne. Und Vorschlagen, falls sie Vorschläge darin findet, weil sonst, wenn nur die Fünferkommission Vorschläge bringen darf, die Volkswünsche ein leerer Name bleiben, indem sie Dinge enthalten können, welche zu berühren diese Kommission vielleicht unterlassen dürfte.

Diog möchte verhindern, daß man nicht Wünsche mancher Einzelnen für Volkswünsche ausgebe, indem vielleicht z. B. Prof. Helbling Wünsche in der Tasche tragen möchte, welche sicher nicht die des Kreises Rapperschwyl seien, sondern etwa ein philosophisches System, das sich andern aufdrängen wolle.

Helbling vertheidigt sich gegen Aufdringen philosophischer Ideen, behauptet aber, der Einzelne dürfe, als auch zum Volke gehörig, mit vollem Recht Wünsche eingeben.

Steinlin, von Baumgartner unterstützt, wünscht, die Dreierkommission möchte nicht zuviel Befugniß erhalten, und räth, das Volk zur Eingabe von Wünschen aufzufordern.

Schafhauser unterstützt ihn, will aber mündliche Wünsche nicht gelten lassen.

Steiger meint, die Einvernahme der Volkswünsche hätte früher geschehen sollen und räth zu 10 bis 12 Tagen Aufschub. Dann werde man sehn wie das Volk denke.

Adj. Göldi. Ich stimme bei. Frage man beim Volk an, ob es eine unbedingte Souveränität haben wolle, oder ob der Große Rath ihm dieselbe wieder aus der Hand winden dürfe. Diese Scheu vor Kreisversammlungen begreife ich nicht.

Graf. Die Dreier sind Mitglieder wie wir. Lassen wir sie prüfen und berichten. Ein neues Anfragen der Kreise würde die Fünferkommission unnöthig machen, weßwegen ich Hrn. Steinlins Antrag verwerfe.

Hagmann stimmt bei. Uns hat man ausgewählt, des Volkes Wünsche vorzubringen, und durch neue Anfragen würdigen wir uns herab.

Eichmüller beharrt auf seiner Meinung.

Schlumpf. Mir sind diese Aeußerungen Räthsel. In meinem Kreise wenigstens würd es beinahe heißen, wir hätten den Kopf verloren, wenn ich wieder heim käme.

Henne. Jedenfalls ist eine Vertagung unnöthig. Am Gr. Rathe wäre es früher gewesen, bei Aufstellung der XIXr. das Volk zu Wünschen aufzufordern. Es war ein großer Fehler, daß er nicht für gut gefunden hat, es zu thun. Er hat gebüßt dafür. Ist wohl einer aus uns, der nicht mit dem klaren Bewusstsein hierher kam, was das Volk wünscht und bedarf? Ich bin versichert, Hr. Eichmüller weiß recht gut, was seine Leute zu Altstädten wünschen, ohne ein neues Anfragen nöthig zu haben.

Keller unterstützt ihn.

Baumgartner wünscht eine Einladung ans Volk durch die Regierung, den Verfassungsrath oder die Dreierkommission.

Die Mehrheit beauftragte die Dreierkommission, über alle Eingaben Bericht zu erstatten. Schluß der Sitzung um halb 3 Uhr.

(...)

2. Vorschlagspunkt: *Souveränität der Staatsbürger in ihrer Gesammtheit.*

Diog. Wir kommen also wieder auf diesen Gegenstand. Bei mir gilt nicht als Grundsatz, was andere Länder als solchen annehmen. Ich bleibe bei meinem gestrigen: Souverän ist

nur der, dessen Wille Gesetz ist. Alles Delegieren ist ein Abfall. Nur wenn die Dreierkommission auszuweisen vermag, daß das Volk seine ihm zuerkannte Souveränität
wieder wegwerfen will, werde ich anders reden. Ich wiederhole, daß ich nicht das Beste
suche, sondern das Rechtliche. Am Ende könnte behauptet werden: eine konstitutionelle Monarchie ist das Beste. Ich warne Jeden vor dem Grundsatze des Besten;
das Rechtliche allein ist die Richtschnur. Voraussetzen, das Volk habe delegirt, führt
zu unbeschränkter Willkür. Nennen Sie das keine fixe Idee. Warum hat man diesen
Schreck vor der reinen Souveränität? Die Schulen sind Schuld, daß bisher das Ideal
nicht ward. Dabei beharre ich nicht nur aus Ueberzeugung sondern aus Pflicht. Ich
muß. Nach Hause zu gehen aber, um Aufruhr auszustreuen, ist mir nie eingefallen.
Davor bewahre mich Gott.

Henne[1] was Herr Diog von sich aussagt, meine Herren, das kann ich von mir nicht behaupten. Ich kenne keine andere Pflicht als meine Ueberzeugung, und etwas Anderes hat
mir Niemand auf den Weg mitgegeben. Ich will nicht rühmen, daß ich ein Volksfreund
sei. Wer ist ein Volksfeind? Sind wir nicht alle in und mit dem Volk, und durch das
Volk? Aber einen Gesetzes- und Ordnungsfreund nenn' ich mich, und einen, der nicht
fähig ist, dem Volke zu schmeicheln. Volksschmeichler sind Jene, die in jeder geäußerten Meinung eine Falle, und in jedem Andersdenkenden einen Ultra-Aristokraten erblicken, Männer, welche der neuen Verfassung das Misstrauen und die Zertrennung
zur Grundlage geben möchten.

Ich will mich nicht mit Schulworten abgeben, nicht von repräsentativ und demokratisch reden; aber klar Wasser will ich einschenken, und dem Unstudiertesten unter
uns, dem schlichten Manne des Volkes sollen die Augen aufgehn über einen Missverstand, der unsere Verhandlung hier verwirrt. Man soll das Volk nicht scheuen, heißt
es. Wer soll es nicht scheuen? Wen(n) stellt man dem Volke gegenüber? Bei uns lebt
niemand außer dem Volke, alles ist Volk.

Fangen wir bei den Gemeinden an, denn Gemeinden sind die Wurzel des Staates.
Wer bildet die Gemeinden? Etwa lauter vollendete Menschen? Oder gar Engel? Es
giebt auch Selbstsüchtige in den Gemeinden, Tröler, Lumpen, die, weil sie nichts zu
verlieren haben, mit dem Wohle des Ganzen spielen. Es giebt Gemeinden, die durch
solche in Prozesse, Schulden, Schlamm und Schmuz versinken. Weisere und bessere
Bürger erbarmen sich dieses Zustandes, stellen sich an die Spitze, und entreißen sie,
oft beinahe wider ihren Willen dem Elende. Herr Ammann K., der unter uns sitzt,
möge auftreten und erzähle, wie solche Gemeinwesen versinken und wieder gehoben
werden können. Er hob seine Gemeinde 1825.

Haben solche Gemeinden nun was delegirt an solche Männer? Verlieren sie ihre Souveränität, oder gewinnen sie selbe nicht vielmehr erst durch solche Männer. Sind diese
etwas anderes als eben Vertreter des Gemeininteresse? Und wenn schon zu alter Zeit

---

1 Dieser und einige folgende Vorträge wurden auf mehrfach wiederholtes Verlangen ohne Auszug eingerückt. Für einzelne Worte bürgen zu wollen wäre Anmaßung; aber kein einziger Satz, keine einzige Zeile
steht hier, die nicht gesprochen worden. Zu Belegen dienen den Ungläubigern die in der Sitzung selbst
gemachten Notizen.

in unsern Gebirgen mehrere Gemeinden einen Thalammann, Tagwanvogt oder Landammann an ihre Spitze stellten, was war er anders als eben ein Bild, eine Vereinigung
ihrer gemeinsamen Interessen, ihr Mittelpunkt? Einzelne Gemeinden zerstückeln sich
ohne Mittelpunkt, und schon dadurch daß so ein Mann in ihrer Aller Namen unter-
schreibt, beweißt er, daß er nur für und durch sie ist. So traten die nordamerikanischen
Staaten, ein Land, das für uns ein Muster ist, in einem Bund zusammen, um ihre heiligsten Interessen desto sicherer zu wahren.

Was ist natürlicher, als daß Landschaften, an Charakter, Gewerb, Sitten und Grundsätzen verschieden, und durch die Lage gehindert, alle ihre Geschäfte in einer einzigen
Versammlung und an einem Orte abzuthun, eine Kommission ihrer Besten auswählen, ihnen ihre Interessen empfehlen, und so den Willen der einzelnen getrennten
Theile verfechten lassen? Der Einzelne repräsentirt blos sich, der Abgeordnete aber
all seine Abordnenden. Giebt es nicht Mittel genug, dafür zu sorgen, daß der Abgeordnete, der Stellvertreter den Willen der Gesammtheit vertreten muß? Die Trennung
der drei Gewalten, der gesetzgebenden, der richterlichen und vollziehenden stellt das
Volk sicher; noch sicherer wird es dadurch, daß es den innern Organismus dieser Gewalten, das Grundgesetz, die Verfassung selber festsetzt, daß es die Vorschrift macht,
nach welcher die gesetzgebende Behörde Gesetze giebt, die richterliche richtet, die
vollziehende vollzieht; so wie daß es alle Personen zu diesen Verrichtungen wählt,
beaufsichtigt, bezahlt und wieder abruft. Wer kann hier sagen, daß das Volk durch
diese drei Vollzieher seiner Souveränität oder Selbstherrlichkeit eine Art Vogt sei?
Wer es thut, ist ein Täuschender oder Getäuschter.

Wir kennen unsere Demokratien seit 5 und 400 Jahren; wie lange verfügen sie nach
Köpfen über die Staatsgewalt? und sind noch jetzt im Schlamme bürgerlicher Unmündigkeit! Wir kennen ihre Gesetze, ihren Gerichtsgang, ihre Verwaltung, ihr Schul =
und Kirchenwesen. Wie weit stehen wir über ihnen; wir, die vor 32 Jahren noch ihre
Unterthanen und Knechte waren! Nur dort sind die heiligsten Interessen gesichert,
wo der Volkswille durch die Besten ausgeübt wird; kurz, wo das Volk Gewährleistung
hat, daß nur der Gesammtwille geschieht. Dieß ist aber in größern Kantonen nur in der
stellvertretenden Verfassung möglich. In andern lebt kein Volkswille, sondern blos mehrere Willen verschiedener Landschaften, und in diesen Landschaften der Wille einiger
Anführer und Häuptlinge, oft selbstsüchtiger Demagogen und ihrer Haufen, so daß ich
das, was einige Mitglieder reine Demokratie nennen, die allerunreinste nennen möchte.
Man spricht von unmittelbarer Gesetzgebung des Volkes. Vor kurzer Zeit wurde einem unserer ersten Staatsmänner die Bearbeitung unsers bürgerlichen Gesetzbuches
übergeben, ein Werk, das in alle unsere Lebensverhältnisse tief eingreift. Ich habe die
Rechte studirt und viel über unsere Verhältnisse nachgedacht; werde mich aber hüten,
ohne langes gründliches Studium ein Urtheil oder eine Sanktion darüber zu geben.
Wie soll nun das der schlichte, gemeine Mann? Er mag sein Vieh, seinen Acker, seinen Pflug, sein Handwerk, seinen ganzen Haushalt gründlich verstehn; aber unsere
Zeiten sind anders geworden. Wir können nicht mehr Gesetze haben wie die Alten,
die man an fünf Fingern abzuzählen vermochte. Die ganze Welt ist verwandelt, und
wir müssen ihrem Schritte folgen. Glaubt Jemand, wenn Artikel und Artikel verlesen

würde, die Kreisgemeinde könnte ein solches Werk innerhalb sechs, acht Monaten genehmigen? Bei Weitem nicht. Wir, meine Herren, haben ein Müsterchen vor uns, wie lange es braucht, wichtige Artikel abzuthun; und wir sollten doch die Schlimmsten nicht sein. Was soll ich erst von Verhandlungen mit dem Ausland, von Verträgen, von Aufsicht über Kirchen und Schulwesen, von der Tagsatzung, von Bundessachen, Krieg und Frieden reden?

Ich wiederhole: Garantie, Gewährleistung hat das Volk nur dann, wenn es nach einem klaren Grundgesetze die Staatsgewalt durch selbstgewählte verantwortliche Stellvertreter ausüben lässt. Die volle Souveränität bleibt in seiner Hand, weil es sie zurückbehält. Ihm bleibt das Recht freier Anträge, Petitionsrecht genant, die freie Presse, kurze Amtsdauer, Oeffentlichkeit des Staatshaushaltes, somit die oberste Staatsaufsicht, wie sie an keiner Landsgemeinde reiner und sicherer existirt, und etwas, das bisher noch nie geschah, nämlich eine höhere Stellung der Kreisversammlungen in Hinsicht auf Wahlen, auf Gesetzesprüfung und auf Rechenschaft der Stellvertreter (Relationsgemeinden), wie ich sie im Freimüthigen Nro. 50 aufstellte. Diese Hausordnung nun liegt in unserer Hand. Mischen wir den Teig mit der Säurung richtig, so kann kein anderes als gesundes Brod entstehn. Legen wir einen noch so kleinen Keim unächten Elements hinein, so wird er Verderben bringend später aufgehn. Was wir aber heute und die nächsten Tage machen, das werden, Uebles oder Gutes, unsere Kinder und Kindeskinder zu tragen haben.

Viele Stimmen: unterstützt, unterstützt!

Dr. Fels bestätigt das eben Gesprochene mit vielem Lobe, und warnt kräftig vor innerer Zerstückelung.

Jak. Göldi. Wir haben, meine Herren, so eben einen Strom von Beredsamkeit angehört, der die Menge hinreißt. Ich finde aber diese Rede für das Gesammtvolk beleidigend. Also nur Lumpen machen das Volk aus.

Stimmen von allen Seiten: Das ist nicht gesagt worden, das hat er nicht ausgesprochen.

Diog. Ich halte es für sehr unrecht, daß man immer nur eine Partei unterstützen will.

Henne. Wir sind hier keine Partei.

Jak. Göldi (fortfahrend). Also Auswürflinge wären der größere Theil der Nation. Der Redner schildert mit lebhaften Farben alles Nachtheilige, alle Missbräuche der Demokratie, schwieg aber weislich von denen der andern Verfassungen. Aus den gleichen Gründen dürfte somit auch die Verfassung nicht vor die Kreise kommen. Warum traut man dem Volke die Fähigkeit zu, dieß Grundgesetz zu sanktioniren, nicht aber die weniger schwierigen, daraus abzuleitenden Gesetze? Und dennoch ist allen hinlänglich bekannt, daß sich das Volk mit den Gesetzen viel mehr abgiebt als mit der Verfassung. Ich bemerke eine Tendenz gegen das Volk als eine unwissende Masse, der man nichts in die Hände geben dürfe. Geben wir ihm, was ihm gehört; wir werden sehen, daß wir an Zutrauen gewinnen. Der Ungebildetere kann sich ja belehren lassen, der gesunde Verstand wird siegen. Wir wollen nicht zu weit oder Unmögliches, und an Landsgemeinden ist mir nie ein Sinn gekommen.

Diog. Vom Volke muß man lernen, was Freiheit und Demokratie ist, nicht von deutschen Universitäten. Ich bin kein Volksschmeichler, aber ein Volksfreund. Es handelt sich um das demokratische Prinzip. Auch ich sage, warum lässt man das Volk die Verfassung sanktioniren, die Gesetze hingegen nicht? Man nimmt mir den Ausdruck Partei übel, und doch ist hier ein Theil wider die Volkssouveränität, die mit der linken Hand wieder nimmt, was sie mit der rechten gegeben hat.

Eichmüller. Mir kommt es sonderbar vor, daß man heute mit so viel Worten bespricht, was schon gestern gesprochen worden. Ich unterstütze den Hrn. Diog. Wenn 23 wider Einen sind, kann man freilich nicht reüssiren. Aber zu Protokoll verwahren will ich mich, denn zu Altstädten einmal wollte das Volk nichts als eine reine Souveränität.

Kr. A Müller stimmt zu dem Antrage von Henne und Fries, zu repräsentativer Verfassung, indem eine sogenannte reine oder Landsgemeinden-Demokratie, so wie er das Volk aus längerer Erfahrung kenne, für unsern Kanton nicht wäre. Er verhehlt übrigens nicht, dass auch in seinem Kreise ein grosser Theil den Landsgemeinden nicht sehr abgeneigt wäre.

Bischof. Unser gelehrtes Hin- und Herreden kommt mir kurios vor. Wenn ich dahinüber schaue an unsers Fürsten Kirche, wird mir sonderbar zu Muthe. Da bezahlten wir jährlich 10 Kreuzer und 18 Kr. Haschiergeld. Das war alles. Da kommt nun so ein Dr. Henne und redet man sollte meinen, wer weiss wie glücklich wir seien: und doch haben wir seit Anno 14 nur für die Landjäger 3989 fl. 20 kr. baares Geld bezahlt. Wir hätten weiss Gott, eine halbe Kirche daraus gebaut. Das Volk weit und breit herum will Verminderung der Kosten. Es ist eine Armuth im Lande, ihr glaubts und begreifts nicht. Man bekommt nichts. Ganze Landsgemeinden hat man nie begehrt; aber die drückenden Lasten soll man dem Volk abwälzen, sonst, ich sags offen meine Herren, wissen wir bald nicht mehr, zu welchem Loche wir hinaus müssen.

Appell. R. Wirth. Der Verfassungsrat hat den Auftrag, die Verfassung zu entwerfen und dem Volke vorzulegen. Nehmen wir dabei die Geschichte in die Hand. Ehemals bestanden Demokratien sehr wohl; was sie aber in unserer Zeit geworden sind, das wissen Jene, welche das Glück hatten, von Demokratien belandvogtet zu sein. Schwyz, wo die neuen Landleute in einer Art Knechtschaft sind, hat das erneuerte Beispiel eines geistlichen Fürsten aufgestellt. Wir kennen ihren inneren Haushalt, ihr Fortschreiten in der Kultur, ihren schweizerischen Gemeinsinn. Wir wissen, dass an gewissen Orten Beamtenstellen öffentlich ausgekübelt werden. Zerlumptheit und schlechte Oekonomie begegnen einem auf jedem Schritte. Auf der andern Seite sehen wir den Wohlstand in Bern und Basel. Ich bin weit entfernt, deswegen eine aristokratische Regierungsform zu wünschen. Nein, ich stimme zu einer stellvertretenden, aber nicht mit Halbheit und Lauheit, sondern gegründet auf Recht und Freiheit.

Baumgartner. Das Volk ist der Souverän. Es ist Keiner unter uns, der dies geleugnet hätte. Hier handelt es sich um etwas Anderes, um die Ausübung dieser Souveränität. Sagen das Volk habe sich ausgesprochen, wie und was es wolle, ist eine Anmassung. Gerade seine Theilnahme an den Wahlen ist ein offenkundiger Beweis, dass es uns den Auftrag gab, nach unserm besten Wissen uns hier über sein Wohl zu berathen. Hier gilt kein Auftrag in der Tasche, kein sultanischer Volkswille; hier gilt nur guter Wille und Kenntnis. Das Interesse des Volkes ist unser Ziel; ihm darf nicht Missverstand in den Weg treten, noch entgegengesetzter Wille Einzelner. Rufe man das Volk zusammen, und ich bin versichert, die Mehrheit wird für Stellvertretung stimmmen (Lebhafter.) Hier hat Niemand uns Gesetze vorzuschreiben; 75 Stimmen begründen einen Abschluss, und diesem hat die Minderheit sich zu unterziehen. Die schweizerischen Demokraten schwiegen bisher weislich von sich selber, aber Geduld, die Zeit erwacht, und die Presse wird auch ihre Gebrechen aufdecken. Trotz dem, ich gestehe es, würde ich lieber rein demokratisch das Volk in einer Versammlung sehen, als in vielen demokratischen Stücken, als verzeihen Sie mir das Wort! in einer Affendemokratie. Es ist bei uns viel nachzuhelfen in den Gesetzen. Soll die Masse nachhelfen? Eine neue Art der Gesetzgebung! Da würde verworfen, neu zusammengetreten, wieder berathen und wieder verworfen, einiges vielleicht auch angenommen. Das kostet Geld, es entstehen Schulden, und was noch schlimmer ist, wir haben indess keine Gesetze, und werden keine bekommen. Dies wird die Regierung zwingen, was sie durch Gesetze nicht kann, durch Weisungen und Verordnungen zu bewirken, und Willkür wird erzweckt statt Unabhängigkeit. Ausgeburten werden zum Vorschein kommen, und das Gute wird übel verstanden. Damit will ich nicht dem Volke allen Einfluss auf die Gesetzgebung abschneiden. Weg mit unvolksthümlichen Gesetzmachern! aber ebenso mit Zersplitterung in Bünde und Kreise! Wir sind unserer Schulden ledig geworden, und verlangen noch mehrere Vereinfachung des Staatshaushaltes. Aber was ist es für ein Mittel, dass man uns dazu vorschlägt? Was wird das Resultat sein, wenn man der verwaltenden Behörde die oder jene Steuer nicht bewilligt, oder selbe doch verzögert und auf die lange Bank schiebt? Geld muss sie haben, um die unvermeidlichen laufenden Ausgaben zu decken. Sie wird Anleihen aufnehmen und Schulden machen müssen. Das Volk wird mit Abgaben erdrückt, und unsere Kinder werden unserer fluchen. Mein Vorschlag geht auf eine Stellvertretung.

Adj. Göldi. Wir sind zu weit vom zweiten Artikel abgewichen. Ich bitte die Redaktion desselben, noch einmal zu lesen, und wir werden sehen, dass Unsinn und Unlogik darin ist.

Baumgartner. Verlesen kann sie kaum werden, weil noch keine existirt. Was die Fünferkommission brachte, war nicht Vorschlag, denn sie hat keine Vorschläge zu machen, sondern bloss Berathungspunkt.

Adj. Göldi. Ich wünsche, dass man ihn dahin abändern möchte; Die Souveränität ruht in der Gesammtheit der stimmfähigen Staatsbürger; dann sind Lumpen und Volksaufwiegler, von denen wir so vieles hören müssen, ausgeschlossen. Wir fechten im Dunkel, und ich entdecke eine ungeheure Inkonsequenz. Sprechen wir die volle Souveränität einmal klar aus, und es wird sich zeigen, ob wir eines Grossen Rathes noch bedürfen.

Wartmann. Man spricht von Demokratien. Gerade in sogenannten Demokratien herrscht gewöhnlich die ärgste Aristokratie. Das Volk wähnt sich frei, während es von den Volksmännern unumschränkt beherrscht wird. Aeusserungen, wie sie Herr Diog ausspricht, finde ich in einer solchen Versammlung höchst unschicklich. Wir sind nicht hieher gesendet, damit der oder jener mit seiner einzelnen Meinung durchdringe, sondern dass wir uns friedlich und einig berathen.

Adv. Good. Darin stimme auch ich einigen Mitgliedern bei, dass wir Vorsorge zu treffen haben, dass die Souveränität der Gesammtheit nicht durch irgend einen Artikel wieder aufgehoben werde. Wenn ich durch Andere bestimmt werde, so bin ich nicht Souverän. Beruhigen könnte mich bloss eine Kontrole wie sie Dr. Henne bezeichnet hat.

Helbling. Die Souveränität des Volkes ist unbestreitbar wahr. Ein Anderes ist es aber, zu bestimmen, ob das Volk selbe unmittelbar ausüben, oder aber einer aus ihm hervorgegangenen Behörde übertragen werde. Wäre eine Repräsentativ-Verfassung gemeint, wie sie seit 1814 war, so würde ich auch nicht beistimmen; aber nach Henne, Wirth, Fels, Baumgartner darf jedes freie Volk sie annehmen. Es vergiebt sich nichts, denn seine Garantie bleiben unmittelbare Wahl, kurze Amtsdauer, Antrags- oder Petitionsrecht und das Recht des Widerstandes gegen unbefugte Eingriffe. Darin besteht die wahre Höhe und Blüthe eines Volkes, die reine ächte Demokratie.

Diog. Ich schäme mich keineswegs, mich überzeugen zu lassen; aber ich schäme mich, mich überreden zu lassen. Ich wiederhole es, ich bin kein Volksschmeichler, ich kenne die Menschen. Wahrhaft, die Mehrheit ist nicht der schlechtere Theil. Nach den geäusserten Grundsätzen dürfte die Sanktion der Verfassung auch nicht den Kreisen anheimgestellt werden. Meine Herren! nur Stolz macht tapfer, Stolz ist das Wesen des Republikanismus. Die Auswüchse davon und das Schlechte sind auszuweichen durch gute Schulen und Pressfreiheit. Ich wiederhole, und kann mich nicht anders überzeugen: Stellvertretung ist ein Widerspruch, ein Unsinn. Warum lässt man nicht auch die Verfassung ohne Sanktion bindend werden? Die Dreier mögen beweisen, dass es Volkswunsch ist; sonst trete ich ab. So denk ich und fühl ich, und wäre eine Pistole vor meiner Brust. Es versteht sich von selbst, dass ich darunter nicht unaufschiebbare Beschlüsse und Tagsatzungssachen meine, die das Volk durch einen besonderen Akt, einer Behörde übertragen könnte. Man kann abtreten; es ist aber auch nicht die geringste Wahrscheinlichkeit, dass es geschehen werde. Ich protestire gegen jede Stellvertretung. Denn zum Voraus annehmen kann ich nie, dass das Volk seine Souveränität delegire; und ich erkläre nochmals, kann man sich darüber nicht einverstehen, so geh ich weg; aber keineswegs um Aufruhr zu predigen, da ich, aller Wahrscheinlichkeit nach krank werde das Zimmer hüten müssen.

Krömler äussert, dass er durch eine repräsentative Verfassung, wie sie durch Baumgartner und Henne aufgestellt worden, völlig beruhigt sei.

Steger. Der Punkt, den wir behandeln, ist so wichtig, dass ich es für nothwedig halte, dass Jeder sich darüber ausspreche: aber Einigkeit muss die Verhandlung leiten. Wir sind für den Kanton hier, nicht für den oder jenen Kreis. Spreche jeder sich frei aus, aber belehrbar und bescheiden. Hr. Eichmüller hat sich erklärt, nach seinem Gewissen handeln zu müssen; doch werde er sich der Mehrheit nicht widersetzen, Das nenn ich bescheiden, und hoffe, dass auch Hr. Diog Gleiches thun werde. Hr. Bischof von Eggersried sprach von den geringen Unkosten zur Fürstenzeit. Es ist wahr. Aber rechnet er unsere Sicherheit in politischer Hinsicht, gegen die damalige für nichts? Wahrhaft, mir ist diese ein Hauptstützpunkt eines geordneten Staates, und ich würde sie um Alles nicht wieder hingeben. Ich hatte Gelegenheit, meine Grundsätze vor den Verfassungsräthen des obern Tockenburg in einer Zusammenkunft auszusprechen, und habe, so viel mir bekannt ist, keine Gegenansicht vernommen. In Eintracht und freundschaftlicher Diskussion wird Mancher, der jetzt verschieden denkt, sich belehren lassen. Innig versichert bin ich, dass wenn das Volk zuhörte, es für stellvertretende Vertretung stimmen würde.

Eugster. Das Bild aus einer reinen Demokratie, mit wenig Worten ist die Thatsache, dass Appenzell Innerrhoden 1784 seinen Landammann enthauptete, den es 1829, als wider Recht hingerichtet, wieder in allen Ehren begraben liess. Bekannt ist, welcher Art Leuten die reinen Demokratien Schwyz und Appenzell seit Langem ungestört zum Schlupfwinkel dienen.

Hagemann. Aeusserst befemdend muss es mir vorkommen, dass man das Volk für fähig hält, seine Verfassung, nicht aber seine Gesetze zu sanktioniren. Man spricht vom Volk, als bestände es aus lauter Lumpen. Wenn man bei diesem abgetretenen Gesetzgebungsrechte dennoch soverän bleiben könnte, so wären ja die Unterthanen in den Königreichen auch souverän, denn auch sie lassen sich von Andern Gesetze geben, und befolgen sie aus freiem Willen. Was hätten wir auf diese Weise gewonnen, das wir 1814 nicht auch besessen hatten?

Adj. Göldi (sehr lebhaft) Der oberste Souverän ist die Gottheit, das wird hoffentlich Keiner leugnen; sie bestimmt sich selber alle Gewalten und Kräfte. Wer beschränkt sie? Sie ist das Ideal, das ein Staatsorganismus anstreben soll. Nun zerfällt unsere Staatsgewalt in drei Theile. Aber obwohl man dem Volke wiederholt die Staatsgewalt zugesteht, will man selbes hintendrein wieder beschränken, und ihm zwei Drittel, ja, wenn mir recht ist, gar Alles nehmen und abschneiden. Das ist eine saubere Logik! und doch ist es ein Doktor der Philosophie, der, trotz seiner vielseitigen Gelehrsamkeit, heute vor uns Allen so gräuliche Böcke geschossen hat. Oder welchen Theil will man dem beraubten Souverän lassen? Sie alle kennen den Pfarrer Bornhauser aus seinem Rufe. Sie wissen, man hat ihn ermorden wollen. Sie aber machen es noch schlimmer mit ihm, sie wollen auch seinen Geist tödten. (Eifernd.) Das Beispiel aus Appenzell ist unrichtig gewählt und auf eine Weise herausgehoben, die diess Nachbarvolk schänden soll. Nicht die Demokratie hat ihn hingerichtet, den hochseligen Landammann Sutter, sondern die Aristokratie.

Keller. Das Volk hat sich souverän erklärt gesehen unbedingt. Es kann seine Verfassung sanktioniren. Möge man ihm nichts entziehen und schmälern. Nur durch Entgegenkommen und Zutrauen werden wir die Sanktion erwirken. Bessere sind auch im Volke, glaube man das, und diese werden die Andern belehren.

Kr. A Huber schildert eine Landammann-Wahl zu Andeer, welcher er einst beigewohnt, und die Landsgemeinde in Glarus, und stimmt zu einer repräsentativen Verfassung.

Diog wiederholt seinen Entschluss, sich bei derartiger Stimmung zu entfernen.

Schildknecht findet in der stellvertretenden Demokratie die kultivirte Pflanze des Völkerlebens, und bedauert es, wenn Jemand an die Zerstückelung des schönen Kantons denken sollte.

Henne Auf die Beschuldigung eines Mitgliedes, als habe ich Ausdrücke gebraucht, die das Volk beleidigen, bedarf es wohl kaum des Vertheidigens. Ich habe, die Mitglieder aus dem Oberlande sind Zeugen, das Gleiche an der Kreisversammlung zu Mels vor 400 Landleuten gesagt, und ferne davon, sich beleidigt zu fühlen, dankten sie mir. Ich halte dafür, wer dem Volke schmeichelt, ist noch nicht sein Freund; er muss seine Freundschaft erst nachweisen. Wer ihm aber zu unserer Zeit herbe Wahrheiten sagt, ist jedes andern Beweises enthoben. Hr. Göldi nimmt das Bild der souveränen Gottheit an. Aber eines vergass er: Gott ist absolut vollkommen. Ist das Volk das auch? Ist das Volk *ein* Wesen, oder zerstreute Glieder? Ein Kreis ist nicht das Volk, somit kein Gottesbild, sondern höchstens das eines Götzen. Es heisst: Volksstimme, Gottesstimme, und ist wahr. Sammeln Sie unser Volk in einer Kantonslandsgemeinde, und Sie werden seine Stimme hören; aber in den 44 Kreisen hören Sie nichts als 44 Brüche des Volkswillens. Hat das Volk von Uster je eine Zerreissung ihres Kantons verlangt? Nein, eine repäsentative Demokratie will es, und ist doch eines der freisinnigsten Völker, und weiss, was das Stadt- und Zunftjoch heisst, das Jahrhunderte auf seinem Nacken lastete.

Stadler stimmt zur Stellvertretung, und zeigt, wie gemeinnützige Institute, Schulen zurückgehen, wo diese Verfassung mangelt.

Diog. Es überrascht mich, wie das Mitglied, das sich durch das schätzbare Blatt des Feimüthigen so viele Ehre machte, für eine solche Verfassung das Wort führen kann. Stellvertretende Volkssouveränität ist ein Unsinn, bis das Volk delegirt. Eines Andern wird mich Dr. Henne unmöglich überzeugen. Mein Grosser Rath wäre übrigens nicht eine blosse Null, indem er die Gesetzvorschläge und die Wahl der vollziehenden und richterlichen Oberbehörde unter sich hätte.

Baumgartner erklärt die Sache für erschöpft, und beharrt auf seiner Ansicht.

Eichmüller. Es ist bereits viel geredet über diese Sache. Bringen wir sie zu Ende. In einen andern Grundsatz trete ich nicht ein. Eher würde ich mich erschiessen lassen.

Anderegg. Ueber die Wahl einer stellvertetenden Verfassung sind wir sicher einig. Das Volk wollte auch die Sanktion der Gesetze, nicht wie diese Herren meinen. Ein blosser gemalter Grosser Rath würde uns zu nichts führen. Man könnte aber von einer Sitzung zur andern mit den Gesetzen warten, um zu sehen, ob das Volk sie billigt.

Jak. Göldi Ich höre immer die Landsgemeinde nennen; wer hat je eine begehrt? Es ist uns keine möglich. Ich entdecke aber die Absicht, im Grossen Rath eine selbstherrliche mächtige Behörde zu bilden, und die glänzende Beredsamkeit, die man dazu verwendet, soll blenden. Desto mehr muss man in Aufstellung des nächsten Gr. Raths auf ein Gegengewicht denken, das aus des Volkes Mitte gewählt wird. Mit so lebhaften Farben werden die schlichten Bürger nicht prangen; aber man nehme sich in Acht vor Fallen!

Graf. Man müsste wirklich einen Kopf haben wie ein Protokoll, wenn man nach all diesen Diskussionen noch Neues sagen wollte. Ich bin zu ungelehrt, um es nur zu versuchen. Aber Eines möcht ich als schlichter Landmann nach all den gelehrten Verhandlungen fragen: Wie will man die Souveränität, die dem Volke feierlich zuerkannt wurde, wieder zurücknehmen? Es ist wahr, das Volk *kann* sie übertragen, *wird* aber nicht. Sollen die Gesetze vors Volk, oder nicht? Das ist die einfache Frage. Glauben Sie ja, meine Herren, das Volk will die Appenzeller Verfassung nicht, es will nichts als bloss Genehmigung der Gesetze aussprechen. Komme man ihm mit dieser unschuldigen Gewährung entgegen. Das ists, was es will, und thut man ihm diess, so mag man das neugeborne Kind dann Hans oder Jakob heissen. Um Namen streit ich nicht. An Landsgemeinden haben wir Rebsteiner nie gedacht; über das Andere aber wird sich das Volk schwerlich mit Namen abspeisen lassen. Wenn man zweifelt, frage man es selbst, dann bin ich zufrieden. Es hat nur zu sehr erfahren, wie gut es bestellt war, als man in seinem Namen willkürlich Gesetze machte. Die direkten Vermögensabgaben, die Jeden nur in sofern trafen als er etwas hatte, wurden abgeschafft, während die verhassten indirekten oder mittelbaren blieben, welche den Armen drücken und den Reichen schonen. Reinthal urtheilt nicht allein so. Fragen Sie Land auf Land ab! Obertockenburg, Utznach und Oberland werden schwerlich stumm bleiben, oder ja sagen. Ich bitte Sie hoch und theuer, den Ruf zu verstehen, so lange es Zeit ist.

Dieser Vortrag hatte, gerade durch die Ruhe und Geradheit, mit der er gesprochen ward, die Wirkung einer kühlenden Salbe auf die vorher ziemlich aufgeregte und etwas in Spaltung gerathene Versammlung. Der *Präsident*, nachdem er den 15. Artikel des Reglements vorgelesen, sprach noch einige Worte über den hochwichtigen Punkt der Verhandlung, über die Grösse des Kantons, über unerlässliche Einheit und Kraft im Geschäftsgange. Ich, sagte er, erkläre mich offen für die stellvertreten Anträge. Indess das Volk kann unsern Vorschlag annehmen oder verwerfen. Ich frage Sie an, ob Sie, wegen des Ernstes der Sache und der vorgerückten Zeit, die weitere Diskussion auf Morgen vertagen wollen.

Diog rieth mit vielen Andern zur Vertagung, und äusserte den Wunsch, dass ein Mittelweg gefunden werden möchte, die streitenden Meinungen auszusöhnen.

Es wurde einhellig für Vertagung gestimmt.

(…)

Sechste Sitzung, Donnerstags den 13.

Heute versammelte sich eine noch größere Volksmenge vor und in dem Regierungsgebäude, wo sie Gang und Treppen dicht besetzten. In die Diskussion kam der fünfte Verhandlungspunkt, über Gleichheit der Bürger und Vorrechte.

Custer. Nach dem Geiste der neuen Verfassung ziemt sich's nicht, daß ferner Barone oder Herren von unter uns wohnen.

Stadler stimmte zu, die Adelstitel, die eigentlich schon die alte Verfassung aufgehoben hatte, zu untersagen. Er machte zugleich auf etwas damit sehr Zusammenhangendes, die Majorate und Fideikommisse, aufmerksam, zu deren gutachtlicher Beleuchtung er eine Kommission vorschlug.

Helbling stimmte bei, indem das Vermögen die schlimmste aller Bevorrechtungen sei.

Henne giebt England als Muster, wie, und zwar meist durch die Majorate, ein Stand zu ungeheurem Reichthum gelangen könne, während die anderen, ärmer als arm, im Schmuz und Zerlumptheit untergehen.

Adv. Good wünscht eine Erklärung, damit es nicht scheine, als wolle man Privatrechte verletzen.

Henne liest aus dem Entwurfe der helvet. Staatsverfassung 1798 den 13. Art.: Kein liegendes Gut kann unveräußerlich erklärt werden, weder für eine Corporation, oder für eine Gesellschaft, noch für ein Familie; das ausschließliche Recht, liegende Güter zu besitzen, führt zur Sklaverei.

Adj. Göldi unterstützt ihn.

Stadler wiederholt, wegen Schwierigkeit der Sache, keinen Antrag zu einer Kommission, und wird von *Steger* unterstützt.

Durch Mehrheit wurde die Sache der schon bestehenden Fünferkommission zugewiesen.

Hennes Motion, nach dem Beispiel Aargaus, jedem Mitgliede zu den Berathungen der einzelnen Kommissionen Zutritt zu gestatten, damit der Grundsatz der Oeffentlichkeit durch den ganzen Organismus der Verhandlungen folgerecht durchgeführt sei, fand wenig Unterstützung und Antheil. *Wartmann* sprach dagegen.

Die Diskussion über Vorrechte und Adelstitel nahm ihren Fortgang.

Stadler brachte vor, daß zwar der Artikel bereits in der alten Verfassung gestanden, aber nicht befolgt worden sei, indem man sich sogar in öffentlichen Akten solcher Titel bedient habe.

Jak. Göldi. Man hat diesen Baum, wie es scheint, bisher nur gestutzt; jetzt soll man ihn aus der Wurzel heben.

Appell. R. Wirth glaubte, man habe erst den Bericht der Kommission zu erwarten, die einen Theil des Artikels berathen werde.

Adv. Good. Als die Männer auf dem Rütli tagten, war ihr Plan, sich alles Druckes zu erledigen und Jeden bei seinen Rechten unangetastet zu lassen. Mir scheints als wären wir im Begriffe, in Privatrechte einzugreifen, die nicht unser sind.

Henne. Ich stimme dieser Meinung bei. Ich habe keinen Adelstitel und will keinen. Nach dem geäußerten Grundsatze müssen wir auch den Namen Herr abschaffen, welchen bekanntlich vor wenigen Jahrhunderten Niemand als Ritterbürtige führen durften, und den man jetzt jedem Ehrenmanne beilegt.

Mehrere riefen: zur Abstimmung! Es war 10 Uhr. Aber die vor der Thüre dichtgedrängte Volksmasse, fast lauter Rheinthaler aus der Gegend von Altstädten, Rebstein, Berneck, äußerte sich immer unruhiger. Bei jedem Oeffnen der Thüre drang das Brausen der Stimmen in den Saal. Endlich verlangten einige Anführer die Oeffnung. Mehrere Mitglieder begaben sich unter sie und versuchten Belehrung. Nur die Nächststehenden konnten sie hören, und die Bewegung wurde zum Tumult, so daß die Sitzung im Saal aufhören musste. Sie äußerten: man habe sie schriftlich von Gemeinde zu Gemeinde mit dem Bericht aufgeboten, es wolle in St. Gallen nicht vorwärts, der Volksmann (Eichmüller) werde unterdrückt, und sie sollen ein bischen kommen, nachzusehen, wo's fehle. Einige Mitglieder aus dem Rheinthale: Custer, Graf, Lutz, endlich auch Eichmüller bestiegen einen Stuhl, um sie zur Ruhe zu mahnen. Es half nichts, und einer der Vordersten brach hitzig aus: es sei halt nichts, es geschehe nichts, und sie wollen wissen woran sie seien. Steiger machte ihnen den Antrag, der Sekretär werde ihnen das bisher Beschlossene vorlesen, was von anderen Mitgliedern als gegen die Würde und Stellung des unmittelbar vom Volke gewählten Rathes um so eher getadelt wurde, als nach Aussage der Rheinthaler der Haufe großentheils aus Leuten bestand, die nicht zu den Besseren gehörten. Der Sekretär (Staatsschreiber Baumgartner) sah sich genöthigt, mit ihnen hinab in den großen Klosterhof zu gehen, wo er, auf einem Stuhle stehend, der Menge, die nach und nach vielleicht an die 600 anwuchs, mehreremal und endlich noch einmal oben aus einem Fenster des Saales herunter, die vier bisher beschlossenen Verfassungsartikel vorlas. Er, und nach ihm mehrere Mitglieder, beruhigten die Masse endlich, welche Hrn. Baumgartners Ruf: Es lebe die Freiheit

und der Kanton St. Gallen! mit lauten Stimmen und geschwungenen Hüten dreimal
wiederholte, und dann ruhig die Höhen hinan nach Hause zog.

Hierauf, es war 11 Uhr, wurde die Sitzung fortgesetzt.

Graf berichtete die Versammlung aus einem eben erhaltenen Schreiben, es seien Briefe aus
Altstädten nach Rebstein und Berneck, nach Oberried und über den Hirschensprung
hinauf gesandt worden, um das Volk aufzuregen. Er macht den Vorschlag, die bisherigen Schlüsse zur Beruhigung des Volkes durch den Druck bekannt zu machen, was
durch viele Stimmen unterstützt wird.

Kr. A. Huber. Ich wundere mich über die so eben vorgefallene Geschichte keineswegs; denn dieser Auflauf wurde ja zu wiederholten Malen von Mitgliedern der Versammlung drohend
vorausgesagt. Einige wollten durch demokratische Beredsamkeit sich die Volksgunst erringen. Solche Tumulte aber heben alle Freiheit der Berathungen auf. Wer wird sich
getrauen nach seiner Ueberzeugung zu reden, wenn Außen gelärmt und gedroht wird?
Ich für meine Person habe nicht Lust auf diese Weise mich für den Kanton aufzuopfern,
und ich sage es offen, wenn solche Auftritte, die wir bei uns oben nicht gewohnt sind,
zur Tagesordnung werden, so treten wir Sarganserländer aus der Versammlung. Nach
meiner Ansicht soll uns dieß aber bestimmen, die Sitzungen nicht öffentlich zu halten.

Oberstl. Lutz stimmt ebenfalls zu einer Kundmachung, glaubt aber versichern zu können, die
Rheinthaler werden künftig ruhig zu Hause bleiben.

Kommandand *Good* äußert, die Sarganser seien noch ruhig, können aber durch Andere un-
ruhig gemacht werden. Er räth, nicht alle Artikel in die Kundmachung aufzunehmen,
und die Sitzungen, statt im großen Saal öffentlich, im bisherigen bei verschlossenen
Thüren zu halten.

Gubser. Die Oeffentlichkeit ist aber versprochen worden, und namentlich haben wir sie der
heutigen Volksmenge wiederholt verheißen. Sie sind beruhigt. Es sind Irrungen unter
dem Volke verbreitet worden.

Adj. Göldi. Bleibe man bei dem, was man versprochen hat, und trage nicht Bedenken, sich
vor aller Welt frei zu äußern. Gerade durch die Oeffentlichkeit wird das Volk inne,
wie schwer es ist zu regieren. Das Volk ist billigen Sinnes, und erträgt auch Hartes,
das man ihm sagt, sobald es sich auf Natur, Christenthum und Völkerrecht gründet.

Aug. Näff. Geschlossene Thüren erwecken nie Vertrauen. Sie seien immer offen. Wäre es nur
bereits gewesen.

Steiger. Das ist alles im Volke durch falsche Berichte bewirkt worden.

Mayer hält es auf für verderblich, vom gefassten Beschlusse zurückzugehen.

Jak. Göldi meint, die Versammlung sollte in ähnlichen Verhältnissen mehr Entschlossenheit
zeigen, und kein Mitglied seinen Sitz verlassen.

Baumgartner. Ich muß ernst und dringend darauf antragen, die Zeit zu benutzen. Sie haben
nicht für gut gefunden, einen engeren Ausschuß niederzusetzen. Nun aber unverweilt
zur Sache.

Die Stimmenmehrheit entschied für Erlassung einer Kundmachung, und ein zweites
Mehr für Beibehaltung des Beschlusses über Oeffentlichkeit. Der Präsident ermahnte
dringend, in den Berichten an das Volk nicht einseitig zu verfahren, sondern auch das
Beruhigende, und immer ohne Leidenschaft zu melden.

Henne. Ich habe bereits einigemal, und viele Mitglieder mit mir, bemerken müssen, daß Einzelne angefangen haben, bei Abmehrungen das Wort „uf" zu gebrauchen. Ich erlaube mir die Anfrage, ob dieß nicht wider 17. Art. des Reglements sei, und die Achtung gegen die Versammlung verletze. So natürlich ich diesen Ruf bei Volksversammlungen finde, so erscheint er mir doch häufig als Parteizeichen, in dem ich unter uns glaube voraussetzen zu dürfen, daß wenn eine Umfrage verstanden wird, jedes Mitglied von selbst weiß, ob es die Hand oben oder unten behalten will.

Viele Stimmen: unterstützt.

Schaffhauser sagt, er habe die gleiche Bemerkung machen wollen, indem er solche Mittel, sich Stimmen zu verschaffen, auf den Landsgemeinden kennen gelernt habe.

(...)

Vierundzwanzigste Sitzung, Samstags am 12. Hornung.

Aug. Näff will abermals Erörterung, ob Volksversammlungen unter freiem Himmel gehalten werden sollen oder nicht.

Custer eben so. Versammlungen politischer Gemeinden wären zu klein; die von Kreisen liegen vielleicht im Wunsch Einiger, die Mehrheit wünsche sie nach Bezirken. Beschließe man sie nach Kreisen, so müssen diese größer gemacht werden; wolle man aber Bezirksgemeinden, dann die Bezirke kleiner.

Diog will die Bekanntmachung des Gr. Rathes vom 14. Dez. verlesen lassen oder selbst vorlesen, um zu wissen, was man darin dem Volke gegeben habe. (Fast allgemeine Aeußerung dagegen. Er fährt fort). So will ich doch Einiges daraus repetieren. „Volk", sagte dort der Gr. Rath, „Volk, du bist der Souverän!" Diesen Grundsatz nun will ich festhalten, und nach ihm muß sich alles Uebrige richten. Nach meiner Ansicht liegt darin klar und bestimmt: durchgängige Wahl aller und jeder Behörden, und Alles was zur Gesetzgebung gehört. Nun aber ist es möglich, das Gebiet so einzutheilen, daß das Volk diese Rechte ausüben kann. Ich habe vor der Welt erklärt, daß selbes nicht delegiren könne noch wolle. Hr. Baumgartner gestand vorher, Wahlart und Organisation und Gebietseintheilung seien Wechselbegriffe. Somit wird klar, daß man das Bestimmendere, d.h. das Volk, vor Allem berücksichtige. Wie viel sollen gewählt werden? Wie? Und von wem? Darum handelt sich's; das Uebrige wird sich schon geben. Fast scheint mir aber, als zögere man geflissentlich, um dem Volke die Wahlen zu erschweren. Ist die Mehrheit hier entschlossen, dem Volke nicht alle Wahlen zu geben, so wird sich zeigen, ob dies im Volk auch die Mehrheit erhalten wird. Suche man nicht dem Volke die Hände zu binden, sondern bleibe man folgerecht beim Grundsatze.

Falk. Gestern schwieg ich, fühle mich aber heute verbunden zu reden. Der Grundsatz scheint im Volke beinahe herrschend zu werden, das Wahlrecht in Landsgemeinden auszuüben. Dieß rührt wohl vom Vorbild in den nahen Demokratien, und zum Theil von einem stillen Heimweh nach früherer Zeit in Tockenburg und der alten Landschaft. In unserm Kanton jedoch, wie er besteht, ist eine Landsgemeinde nicht denkbar. Der Begriff derselben nämlich ist Versammlung des souveränen Volkes auf einem Platze. Dort ziehen sie gesammt beim Schall der Glocken auf die heil. Stätte. Ein Gebet beginnt die Handlung. Ein neuer Vertrag wird gleichsam zwischen Allen geschlossen.

Dann folgt die Einsetzung aller Behörden, und das Ende bildet der feierliche Eid, der denselben geschworen wird. Ohne Widerspruch eine hehre Volkshandlung. Bei uns aber sind zweckmäßige Wahlen die Hauptsache. Fassen wir dieß ins Auge! Wir sind nicht hier, sogenannte Volkswünsche abzuschreiben, und sie dem Volk als Vorschrift zu übergeben. Es sind hierin drei Vorschläge denkbar: entweder Bezirks- oder Halb-bezirks-, oder Kreisversammlungen. – Bezirke kennen sich nicht, und können keine guten Wahlen treffen. In Demokratien wird die Wahl der Standeshäupter erst im Rath erwogen, vorberathen, er wird vorerst um die Meinung angefragt. Bei uns wäre dieß nicht. Ein Ungefähr müßte Alles leiten; die Wahlen wären ein Spiel. Die Versamm-lungen erforderten weites Herumziehen, und würden das Erstemal zwar mit Freude, nachher aber lau besucht. Ich stimme deswegen für Halbbezirkswahlen. Ob Kreiswah-len noch besser wären, ist die Frage. In ihnen kennt man sich wenigstens.

Custer. Hr. Diog hat ein eigentliches Vergnügen, den Verf. Rath in Konfusion und Verwir-rung zu bringen. Natürlicher ist es doch jedenfalls, beim A. als beim Z. anzufangen. Ich bitte also nochmals abzustimmen: ob man Bezirks- oder Kreisversammlungen wolle.

Schildknecht gegen die Landsgemeinde. Das Volk könne oft sich selbst am ärgsten tyranni-siren und beschränken. Es sei bereits so weit gekommen, daß man St. Gallen auch in Demokratien bedaure.

Aug. Näff. Es haben schon gestern viele Mitglieder die Landsgemeinden so schwarz als mög-lich angestrichen. Mir sei es jetzt erlaubt ihnen eine freundlichere Farbe zu geben. Ich will ihnen die roth und weiße Farbe geben, die leider bis jetzt so selten war im Kantone. Als über die Souveränität gestritten wurde, da hielten Manche von uns die Sanction der Gesetze durch das Volk für bedenklich und gefahrvoll.

Auch ich schloß mich damals diesen vorsichtigern Volksfreunden an, und wurde des-wegen von einem Mitgliede in der Versammlung als Aristokrat proklamirt, obschon ich jetzt noch glaube, es gut mit dem Volk und mit dem Lande gemeint zu haben.

Es sei mir nun als Aristokrat erlaubt, auch über die Landsgemeinden zu sprechen. Jener rein demokratische Grundsatz ist nun in unserm Verfassungsentwurf aufgestellt. Die Gesammtheit des Volkes muß nun zeigen, daß sich diejenigen geirrt haben, welche allzuwenig Vertrauen in ein freies Volk setzten.

Wenn wir aber nun diesen Grundsatz, vor welchem sich so viele fürchten, einmal an-genommen haben und ihn redlich und ohne Hinterlist durchführen wollen, so trage ich keinen Augenblick Bedenken, auch das Schöne, das Erhabene, das Vaterländische der rein demokratischen Kantone anzunehmen – und dieses sind die großen Lands-gemeinden.

Nur da sind die Demokratien rein und unverfälscht, wo jeder Bürger zum republikani-schen Staatsmanne gebildet werden kann. Die einfachste und beste Bürgerschule aber ist die Landsgemeinde.

An den großen Landsgemeinden lernt man die Gesetze und die Männer des Vaterlan-des kennen, nicht nur die der Gemeinde. An den Landsgemeinden fühlt jeder Bürger, daß der Staat das kostbarste Eigenthum Aller ist und bleiben muß. Es erwacht Vater-landsliebe, und feierlicher Ernst leitet die Versammlungen, und gewiß keine Zügello-sigkeit.

Es giebt in einem freien Staate nichts Elenderes, nichts Traurigeres, als die kleinen wenig besuchten Ortsversammlungen, zu denen die Bürger gleichgültig und wie gedankenlose Nachtwandler sich hinbewegen und in der Versammlung selbst nur als Orts- oder Kreisbürger dastehen. Wer über der Grenze des Kreises wohnt, der wird schon als Fremdling angesehen.

In den Landsgemeinden aber stehen die versammelt freien Männer als Bürger des Gesammtstaates und als hochherzige treue Eidgenossen unter dem freien Himmel. Jeder ängstliche oder engherzige Ortsgeist muß verschwinden beim Gedanken an ein großes schönes Vaterland, und die Landsgemeinde wacht über das Wohl aller Ortschaften und aller Bürger.

Die aufgeklärten Landsgemeinden sind es, welche den Demokraten so anhänglich machen an das Vaterland. Nehmen Sie dem Volke von Appenzell die Landsgemeinde, und lassen Sie in den Kirchen die Gesetze sanktioniren, bald wird auch bei ihnen die eidgenössische Begeisterung aufhören und die Dorf-Souveränität den Staat zersplittern.

Viele beklagen sich über eine demokratische Verfassung, und halten uns die kleinen Kantone als schreckliches Beispiel vor. Ob mit Recht oder Unrecht. Dort sind es aber in jedem Fall nicht die Landsgemeinden, welche die Klagen begründen, sie sind das Schönste, was jene Kantone haben. Es ist der Mangel an Oeffentlichkeit, welcher in einigen Kantonen die reine Demokratie unsauber macht, und das Land einigen Aristokraten zur Beute giebt.

Ohne Oeffentlichkeit ist eine demokratische Verfassung ein Unsinn. Die Oeffentlichkeit muß den Bürger zur Landsgemeinde heranbilden, indem sie ihn über das gesammte Staatswesen aufklärt. In keinem demokratischen Kantone ist bisher die Oeffentlichkeit durchgedrungen. Ueberall sehen wir dort noch geheime Räthe und geheimnisvolle Amtsmienen, die das Volk mißtrauisch machen. Wir aber haben in unserer Verfassung die Geheimnisse verbannt, und gerade dadurch können wir vielleicht das Nachtheilige der Demokratie vermeiden, und nur das Schöne derselben in unserm Kanton aufnehmen.

Es glauben Viele, die Landsgemeinden dadurch stürzen zu können, daß sie Besorgnisse wegen Tumulten und Unordnungen erregen. Wer aber die Souveränität des Volkes anerkannt hat, der muß ein freies Volk im Auge haben, und keine zügellose Rotte. Läßt sich aber ein Volk so weit verblenden, daß es gegen sich selbst rebellirt, dann will ich noch lieber einen einzigen großen Tumult, als 44 kleine Rebellionen, lieber eine Kantons-Revolution als fortwährende Kreis-Rebellionen. – Wo aber viele Vaterlandsfreunde treu und ernst beisammenstehen in großen Volksversammlungen, da fürchte ich keine Unordnungen.

Wer aber dem Volke gar nichts zutraut, wer ihm nur Bezirks- und keinen Vaterlandsgeist, nur Zügellosigkeit und kein Freiheitsgefühl zutraut, – der muß aufhören ein Schweizer zu sein, und wir wollen dann keine republikanische Verfassung mehr, sondern eine Monarchie wie die Rußen und die Türken und Chinesen, da wird der Kaiser das Volk im Zaume halten. Ich aber glaube noch nicht, daß wir schon so weit seien, und stimme für große Bezirks-Landsgemeinden.

Rickli. Da es darum zu thun ist, zu entscheiden, in welchen Versammlungen das souveräne Volk seine souveränen Rechte ausüben könne und möge, so bin ich so frei, auch meine Ansichten und Gefühle an den Tag zu geben.

Immer schön und erhaben ist und bleibt eine große freie Volksversammlung, wo sich ein freies Volk – ich will nicht sagen Vaterlandsgeschäfte und Gesetze, mit denen es sich selbst binden will – berathet; sondern wo es seine Landesväter erwählt, oder wieder bestätet.

Soll auch noch ein Gesetz aus seinem Willen in größern oder kleinern Versammlungen hervorgehen, so wird es dasselbe auch freudiger und getreuer beobachten.

In solchen großen Versammlungen lernt sich das Volk selbst kennen, und besonders jene Männer, die Freunde des Vaterlandes sind, und Weisheit und Kraft besitzen, an der Spitze der für das Vaterlandswohl Sorgenden zu stehen. Es wird selbe mit Liebe und Zutrauen zu den Aemtern rufen, und ihnen desto williger gehorsamen.

Liebe und Zutrauen müssen das Volk und seine Stellvertreter in den verschiedenen Behörden zusammenbinden, wenn das Wohl des Vaterlandes begründet und erhalten werden will.

Große Versammlungen befördern den Gemeingeist mehr – als die kleinen Versammlungen, welche nur Oertligeist hervorbringen, der dem großen Ganzen schadet, sein Glück untergräbt, wohl gar es zerreißt.

Große Versammlungen binden das Volk zusammen, und werden nach und nach den egoistischen Oertligeist immer mehr verdrängen.

Acht und 9 Bezirke sind leichter in ihren Gesinnungen und Ansichten zu vereinigen, wo es um das Wohl des Ganzen zu thun ist, als 44 Kreislein oder bereits hundert Gemeinden.

Große Versammlungen fürchte ich nicht – Hr. Reg. R. Falk scheint sie aber, nach seinem Vortrage, zu fürchten.

Auch kleine Gemeinden, und sogar Rathssääle und Kabinette haben ihre Stürme.

Ich vertraue auf den gesunden Verstand und edlen Sinn unsers Volkes, es werde sich der Leitung der bessern und höhern Intelligenz jener Mitbürger hingeben, welche es für erprobt weise und warme Volks- und Vaterlandsfreunde kennt, achtet und schätzt.

Verirrt auch ein Volk auf einige Momente (es haben sich ja Ministerien, Große und Kleine Räthe auch schon verirrt.), so wird es durch den Irrthum nur wieder sichtiger und klüger zur Vernunft zurückkehren und erkennen, nach dem Rathe der Weisen, was dem Vaterlande Noth thut und frommt.

Immerhin steht ein Volk in einer großen Versammlung würdiger und seiner anerkannten Souveränität entsprechender da, als in kleinen zersplitterten Kreis- oder Gemeindeversammlungen, wo es nicht einmal 5 Männer des Bezirkes kennen lernt, die seines Zutrauens würdig sind, und zu seinen Stellvertretern wählen könnte, wenn es ihm in seinem Kreise oder kleinen Gemeinde an solchen würdigen Männern fehlen würde.

Ich stimme für große Volksversammlungen, also für Bezirksgemeinden, wo das St. Gallische Volk in seinen 8 oder 9 Bezirken allemal einen großen – ich sage großen Freiheitstag feiern kann.

Saylern. Als das erste Mal von der Gebietseintheilung die Rede war, stund auch ich auf Seite
derer, welche die jetzige Kantonseintheilung beibehalten wissen wollten, jedoch nicht
aus Rücksicht und Vorliebe für den Klosterhof (wie gestern der damaligen Mehrheit
zugemuthet wurde); denn ich wußte wohl, daß es sich nicht um den Bezirk St. Gallen
oder Rorschach allein, sondern um alle handelte. Mich bestimmten vorzüglich die
geographischen und statistischen Vorzüge der damaligen Landesabtheilung nach den,
durch die Natur und durch die Eigenthümlichkeiten der Gegenden ausgeschiedenen
Begränzungen.

Ich hatte aber, ich muß es gestehen, die Ausübung der Souveränitätsrechte durch das
Volk, die Wahlrechte, und insbesondere den Antheil des Volkes an der Gesetzgebung
zu wenig im Auge. Da es sich wesentlich um diese handelt, so habe ich mich gestern
überzeugen müssen, daß die Beibehaltung der 8 großen Bezirke mit der Wohlfahrt
des Kantons unvereinbarlich wäre. Hr. Dr. Fels hat mich vollkommen überzeugt, daß
der Kanton St. Gallen, vermöge seiner Ausdehnung und Zusammensetzung, seine
Stellung und Würde unter den übrigen Schweizerkantonen, und selbst seine Existenz
nur allein durch das Repräsentativsystem behaupten könne. Landsgemeinden haben
allerdings viel Schönes und Erhebendes an sich. Aber wohlthätig und anwendbar sind
sie nur für kleine Länder; und was diesen frommt, würde größern sogar nachtheilig
werden. Dort handelt und beschließt das ganze Volk des Landes in einem Akt, während wir im Kanton St. Gallen den Volkswillen erst aus 8 Versammlungen zusammen
summiren müßen. Welche Schwierigkeiten, Reibungen und Hindernisse zumal im
Gebiete der Gesetzgebung!

Ich habe zwar keine vorbereitete Rede derjenigen des Hrn. Näff entgegen zu setzen;
aber ich glaube, die Natur der Sache und der Umstände sprechen für meine Ansicht.
Da nun kleine Volksversammlungen nach Kreisen den Erwartungen der Kantonsbürger nicht entsprechen dürften, Bezirkslandsgemeinden aber auch dem bestehenden
Umfange der Bezirke unthunlich erscheinen; so stelle ich hiemit auf die Gebietseintheilung nach dem Kommissionsgutachten, nämlich auf 16 kleinere Bezirke ab.

Wegelin. Ich halte es für Pflicht jedes Mitgliedes, über einen so hochwichtigen Gegenstand
wie der in Frage liegende, rücksichtslos, wie es dem freien Schweizer ziemt, seine Meinung auszusprechen, und nehme daher keinen Anstand, an jene meiner Herren Prä-
opinanten mich anzuschließen, welche gegen große Volksversammlungen oder sogenannte Landsgemeinden sich erklärt haben. Die Gründe für diese meine Ueberzeugung
sind in gestriger und heutiger Sitzung von mehreren Rednern vortrefflich auseinander
gesetzt worden. Ich will selbe nicht unnöthig wiederholen, sondern auf einen einzigen
Punkt mich beschränken, der bis jetzt nur im Vorbeigang kurz berührt ward. Haben
wir etwa allein dem Volke die Souveränität gewährleistet und größere Freiheit ihm
zugesichert? Nein! m. H., wir sind weder die Einzigen noch Ersten in der schweizerischen Eidgenossenschaft. Wenden Sie Ihre Blicke nach Thurgau, Zürich, Aargau,
Luzern, Freiburg, Solothurn, Bern, Waadt u.s.w.; überall ringt das Volk seit Monaten
nach freisinnigen Verfassungen. Wo aber, m. H. K., wo hat man je eine rein demokratische Staatsform oder Landsgemeinden verlangt?! – Selbst in den aristokratischen
Kantonen dachte Niemand daran, ungeachtet in der Regel gerade die Extreme sich am

ehesten hervorzurufen pflegen. Nirgends finden Sie jene Einrichtung, als wo sie seit Jahrhunderten besteht. Müßte sie erst noch ins Leben gerufen werden, wahrlich, sie würde heutzutage selbst dort schwerlich Eingang finden. Hat doch der Stand Zug, an dessen Spitze seit Jahren der hochherzige Vaterlands- und Volksfreund Sidler steht, in neuester Zeit die Gesetzgebung dem dreifachen Landrathe übertragen, und der Landsgemeinde nur das Wahlrecht vorbehalten, also dem Repräsentativsystem wesentlich sich genähert. Nun frage ich Sie, m. H. K.: sind denn unsere Lage, Bedürfnisse, Sitten Gebräuche, Interessen u.s.w. so ganz verschieden von denjenigen unserer Miteidgenossen, oder haben wir im Kanton St. Gallen etwa allein den Stein der Weisen gefunden? – Wer wollte es wagen, die einte oder andere dieser Fragen mit Ja zu beantworten! – Beschließen Sie nach Gutbefinden; aber überlegen Sie drei Mal, bevor ein Schritt gethan wird, der von unübersehbaren Folgen für den Kanton ist! – denn leider liegt nur allzu große Wahrscheinlichkeit vor, daß die so sehr gewünschte Landsgemeinde-Verfassung ein ganz anderes, als das von Vielen erwartete, Resultat haben, die Freude kurz, die Reue lange währen dürfte, und in einer beträchtlichen Reihe von Jahren der Nachtheil kaum wieder zu verbessern wäre, der durch solche unpassende Institutionen unserm Vaterlande binnen kurzer Zeit beigebracht werden könnte. Ich stimme sonach im Allgemeinen zum Antrage der Kommission, behalte mir jedoch nähere Modifikationen ausdrücklich vor.

Kr. A. Müller gegen die Landsgemeinden.

Adv. Good. Es gebe hier drei Wege: die bisherige Eintheilung und Versammlungen; Beibehaltung der Bezirke und größere Versammlungen; das Wohl des Ganzen, vereint mit den Grundsätzen der Zeit. Mit den alten Bezirken vertrage sich das Demokratische der jetzigen Verfassung nicht. Billig wolle man dem Volke alle mögliche Freiheit gewährleisten, aber nur sofern als das Gesammtwohl es erlaube. Dieß erfordere eine starke Regierung. Freiheit ohne bürgerliche Ordnung sei ein Unding. Allzugroße Bezirke seien für uns nicht thunlich, weil sie zerfallen, und sich selbst auflösen müssten.

Kr. A. Huber. Niemand ist hier, der dem Volke die Souveränität abzuschneiden denkt. Ich bin auch ein Volksfreund. Aber Versammlungen nach den jetzigen Bezirken sind nicht für uns. Die Bezirkshauptorte gewinnen allein dabei, und würden uns eine Art von Landvögten geben. Ich stimme für Kreisversammlungen.

Adj. Göldi. Ich wünsche nur, das ganze Volk wäre Zeuge der heutigen Verhandlung. Wozu haben wir die XV^er gewählt, wenn man über ihre Anträge weggeht? Wir müssen sie kursorisch durchgehen. Theilen wir einmal ein! Dann wird sich zeigen, ob wir das Wahlrecht in 8, in 15, in 44 oder 89 Landsgemeinden ausüben wollen. Man könnte ja 15 Kreise annehmen nach dem Antrage. Diese hätten dann zu wählen: das Bezirksgericht oder Kreisgericht, den Bezirksammann, den Gr. Rath und 2 Glieder für einen Kl. Rath. Lachen Sie nicht, m. H.! Aus diesen 30 könnte ja der Gr. Rath die Regierung wählen; eben so vielleicht das Appellationsgericht. – Vergehen wir uns nicht am Volke! vergessen wir unsere Stellung nicht! Wir müssen etwas entwerfen, das angenommen wird; (eifernd) nicht aber ein Spielwerk, nicht Staatsstreiche!

Jak. Göldi. Das Volk will nicht nur das Wort, es will die Sache. Es bedarf für sein Gemeinwesen Aemter, Bedienungen. Diese bestehen in den Staatsgewalten. Kann es nun diese

II. Quellenkorpus

nicht alle wählen, so hat es gebundene Hände. Früher zog man immer Volkswünsche hervor, die gewissen Herren in den Kram passten. Jetzt spricht man nie mehr von ihnen. Einige Herren da scheinen mir gar nicht grundsätzlich zu Werke zu gehen. Schämen wir uns des Guten nicht, das wir von den Demokratien lernen können! Wie glücklich ist das nahe Appenzell! Die Masse nämlich; einige Vornehme murren vielleicht auch. Die Gesammtheit geht über den Einzelnen. Basels Beispiel möge uns belehren! (Als er dieß ausführen will, wird er unterbrochen, weil es von der Sache abführe.)

Custer stimmt für größere Versammlungen. In Kreisen herrschen meist einzelne Familien.

Diog. Durchgreifendes Wahlrecht ist unbestreitbar ein Souveränitätsartikel, und die einzige Frage hiebei ist: kann das Volk dieß Recht ausüben? Kann es dieß, so darf ihm's Niemand nehmen; und unsere Aufgabe bleibt es, ihm die Ausübung zu erleichtern. Geschieht dieß durch Kreisversammlungen? Antwort: nein; denn es will weniger Kl. Räthe und Appell. Richter; es will aus jedem Bezirke Mitglieder in beide Behörden wählen. M. H., das Volk ist am wenigsten parteiisch. Wählt der Gr. Rath, so muß man sich zwei Parteien denken, eine stärkere und eine schwächere. Diese bekämpfen sich, und akkordiren am Ende. Beim Volk unter freiem Himmel weiß ein tüchtiger Landammann schon Ruhe zu erhalten; denn das Volk, das man so herunter zu setzen sucht, weiß das Alter zu ehren. Rheinthal hat freilich mehr Einwohner als Innerrhoden; um so feierlicher wäre seine Landsgemeinde. Das Ueble aber, das man in den Demokratien aufspüren will, ist leicht auszumerzen.

Henne. Wenn man den Weg nicht weiß, verirrt man leicht. Wir sind in diesem Falle. Letzthin trennte uns der Konfessionsgeist, und erzielte einen Beschluß, der uns, ich sage es offen, vor dem Richterstuhle der Vernunft wenig Ehre machen wird. Ich kann es aber Denjenigen verzeihen, die aus Ueberzeugung und Religion so stimmen zu müssen glaubten. Heute trennt uns der Lanschaftsgeist, und wir haben eine Probe abzulegen, ob unser Kanton vermöge Eines zu sein, oder nicht. – M. H., es ist seit einiger Zeit Mode geworden, die Kommissionen auszuklopfen und auszustäuben, als wären sie ein alter Rock, und an ihnen allen Souveränitätsmut willkürlich abzukühlen. Gerade unsere heutige Berathung giebt mir den besten Beweis gegen 8 souveräne Bezirksversammlungen, und ich sage mit Hrn. Göldi: hätte nur das Volk dieser kleinen Miniatur-Landsgemeinde gesammt beiwohnen können, es würde darüber belehrt werden. Fünf Wochen lang wird nun unausgesetzt gearbeitet und geredet, und wo stehen wir? Zürich, Aargau, Thurgau und Luzern sehen einem erfreulichen Ende entgegen; und wir? M. H., die Versammlung kommt mir vor, wie Kinder, denen zu wohl ist, und die nicht recht wissen, was sie wollen sollen. Wir haben auf größere Einheit gehofft im Kanton, und an ihr gearbeitet; und nun scheinen die schönen Hoffnungen zu Wasser werden zu wollen. Das Volk, durch die Zögerung irre gemacht, weiß nicht, was es denken soll, während eine bekannte, nicht zu schwache Faktion die alte Verfassung zurückwünscht, und wenn wir so fortfahren, sie wirklich beim Volke wird beliebt machen können.

M. H., das Volk, das bisher eine Null war, soll aufleben und Bedeutung erhalten. Auch ich gehörte von jeher zu denen, die ihm zu aller möglichen Würde und Höhe verhelfen wollen. Es erhalte freie unmittelbare Wahlen, und Garantien gegen volkswidrige

Gesetzgebung! Große Versammlungen unter freiem Himmel erheben das Volksgefühl, nähern die Gemeinden einander, zerstören den Ortsgeist, gleichen die streitenden Wünsche aus, und geben Kraft und republikanischen Stolz. Mehr aber fordern wir nicht von diesen Versammlungen! Bilden wir nicht 8 Kantönchen, 8 Landschaften, die einander gegenüber stehen, ohne sich miteinander besprechen und belehren zu können, also fremd und feindlich! Die neuen Bezirke seien nichts als Wahl- und Amtskreise. Gesetze aus 8 Volksgemeinden wären ein Werk der Verrücktheit. M.H., ich bin auch ein Demokrat, ich will auch Gesetze durch's Volk, werde aber nie ein Gesetz annehmen, das ein einzelner Bezirk gemacht hat. Warum? Weil ich es nicht als Volkswillen anerkennen kann, der nur dort denkbar ist, wo das ganze Volk zusammen tagt, sei es unmittelbar in einer Landsgemeinde oder durch Abgeordnete, d. h. repräsentativ. Hat Hr. Diog auch wirklich einen Begriff von Landsgemeinde, wenn er sie in 8 Brüche zerspalten will? oder von einer gemeinsamen Sozietät, die aber jedes Mitglied für sich betreiben dürfte? Wäre da ein Gesammtwille denkbar? Ein Demokrat, mit dem ich gestern redete, der Volksschriftsteller Karl Lienhart Inderbitzi von Schwyz, lächelte sehr über diese Idee, und fragte: ob wir die Landsgemeinde auf dem Sentis halten wollten? Geben die Schwyzer Bezirkslandsgemeinden auch Gesetze? Nie; sie behandeln blos die Bezirkssachen; der Souverän ist die Kantonslandsgemeinde, an welche bei uns im Ernst kein Besonnener denken wird.

Das Volk wähle einen Gr. Rath, eine Volkskommission! Kommissionen haben uns bisher das Bischen Gutes verschafft, das wir haben, obschon man sie nun so arg hechelt. Wir sind des Volkes Rathgeber, seine Stellvertreter, nicht seine Werkzeuge; uns hat es ausgewählt, nach Gewissen sein Heiligstes zu besorgen. Es hat sich nie angemaßt, uns die Grundsätze vorzuschreiben; dieß ist seine Sache nicht, sonst ist der ein Thor, der mit Fleiß und Mühe etwas lernt, wenn diese Dinge nicht Wissenschaft und Erfahrung brauchen. Hr. Diog behauptete in einer berühmten Sitzung (S. 270) das Volk sei nicht souverän über Gott. Wohlan, ich will ihn mit seinen Worten schlagen. Das Volk ist ebenfalls nicht souverän über die Vernunft; dieser muß es folgen. Hr. Diog erlaubt sich, Unterschriften anzuführen, die erst auf dem Wege seien. M.H., diese dürfen uns weder schrecken noch missleiten. Die alte Landschaft kam bei der Straßensache auch mit Schriften und Gnadenbriefen, und zwar in aller Rechtsform, und wie unbarmherzig haben gerade die Herren sie zurückgewiesen, die uns jetzt damit einzuschüchtern suchen! M.H., kein Bezirk kann Diejenigen zwingen, die im Namen aller Bezirke dasitzen, und die nicht fürchten, daß sie, wie gestern Hr. Rickli meinte, geschlagen werden, wenn sie des Herrn Willen nicht thun. Hier dürfen allein freie Männer sitzen. Die aber sind nicht frei, die privat instruirt sind, die, ich weiß nicht was, daheim versprochen haben. Sie sind Knechte mit gebundener Hand und räudige Schafe. Frei ist nur, wer jeden Augenblick sich zu einer ihm einleuchtenden Meinung offen bekennen darf. Wer hat unsere Sitzungen verlängert? etwa Aristokraten? Wo sind sie? Der Starrsinn Gewisser verlängerte sie, an dem jedes Mäßige scheiterte; und geben wir diesen abermals nach, so verdienen wir als Feige abgesetzt zu werden. Wenn Solche mit Unterschriften drohen, so mögen auch die Bessern einmal Unterschriften sammeln, und ich erbiete mich, aus dem Oberlande 2000 für größere Kreise oder 16 Bezirke bis in 4 Tagen herabzubringen.

Dierauer. Einheit thut uns allen Noth, sage ich, wenn ich es schon nicht mit Beredsamkeit auszuschmücken vermag. Unser Gr. Rath muß kräftig zusammen halten. Dann darf uns die Konfession nicht auseinander reißen, und wenn, wie Hr. Diog gestern sagte, die Schweizer an den Hochaltären der Freiheit nicht konfessionell getrennt sind, so wünscht' ich nur, wir wären letzten Mittwoch ebenfalls unter freiem Himmel an jenen Hochaltären gewesen. Lieber wollt' ich fürwahr die alte Verfassung behalten, als Alles umstürzen, und wenn es letzthin hieß: Freiheit, Freiheit, Freiheit! (S. 185), so sag' ich heut: Ordnung, Ordnung, und wieder Ordnung! Wählen 8 Bezirke die Regierung, so erhalten wir 8 Regierungen, und nicht eine einzige. Man spricht von Volkswünschen von Tausenden. Ja, m. H., es gibt noch viel mehr Bürger, die gar nicht gewünscht haben, und diese gehören doch auch zum Volke. Machen wir, daß Ruhe und Friede bestehen!

Quellennachweis:

Joseph Anton Henne (Hg.), Verhandlungen des Verfassungsrathes vom Schweizerkanton St. Gallen, St. Gallen 1831, S. 31–42; 46–59; 66–72; 314–326.

Standort:

Vadiana, St. Gallen.

Kommentar:

Am 8. November 1830 beschliesst der Grosse Rat des Kantons St. Gallen eine Verfassungsrevision. Diese soll einer Revisionskommission, bestehend aus höheren Beamten, übertragen werden. Weil sich das Volk übergangen fühlt, bildet sich in den ländlichen Gebieten eine breite Volksbewegung. Unter ihrem Druck wird ein Verfassungsrat gewählt, dessen Sitzungen öffentlich sind. Sie finden im Sommersitzungssaal des Klosterbezirks statt. Einen Einblick in die Debatten gewährt die von Joseph Anton Henne (1798–1870) herausgegebene Zusammenstellung der Voten. Sie zeigt, dass sich zwei Parteien bilden: die Repräsentativen und die Demokraten. Zur Partei der Repräsentativen gehören die Gelehrten Dr. Anton Henne (der Herausgeber der Debatten), Staatsschreiber Gallus Jakob Baumgartner, Dr. Fels und Professor X. Helbling. Die wichtigsten beiden Vertreter der Demokraten, die ein Mitspracherecht des Volkes fordern, sind die Volksmänner Joseph Eichmüller aus Altstätten (1785–1854) und Felix Diog aus Rapperswil (1795–1842).

Titel: Verfassung des Kantons St. Gallen vom 1. März 1831 (Ausschnitt)

Text 69:

Verfassung des Kantons St. Gallen.

I. Abschnitt.
Allgemeine Bestimmungen und Gewährleistungen.

Artikel 1. Die Bürger des Kantons St. Gallen bilden einen Staatsverein zu Behauptung der Freiheit und Selbstständigkeit des eigenen Kantons, und um als Glied der Eidgenossenschaft auch die Freiheit und Selbstständigkeit des gesammten schweizerischen Vaterlandes nach Pflicht zu schützen und zu vertheidigen.

Art. 2. Das Volk des Kantons ist souverän. Die Souveränetät, als der Inbegriff der Staatshoheit und der obersten Gewalt, ruht in der Gesammtheit der Bürger.

Art. 3. Das Volk übt in Folge dessen das Gesetzgebungsrecht selbst aus, und jedes Gesetz unterliegt seiner Genehmigung. Das Recht der Genehmigung übt das Volk dadurch aus, daß es nach Erlassung eines Gesetzes die Anerkennung und Vollziehung desselben vermöge seiner souveränen Gewalt verweigern kann.

Art. 4. Die Verfassung anerkennt weder Vorrechte des Ortes, noch der Geburt, noch der Personen, noch der Familien, noch des Vermögens. Daher ist aller Gebrauch von adeligen Titeln und Bezeichnungen in öffentlichen Akten und Verhandlungen unzuläßig. Das Tragen von Orden oder andern Auszeichnungen vom Ausland, bei amtlichen Verrichtungen, in amtlicher Stellung, und in gesetzlichen Bürger- oder Militärversammlungen, ist ebenfalls untersagt.

Art. 5. Keine Liegenschaft kann unveräußerlich erklärt werden, weder für Gemeinheiten oder Körperschaften noch für eine Familie. Eben so wenig kann Vermögen an Liegendem oder Fahrendem zum Zweck erblicher Uebertragung als bleibendes Erbgut einer Familie verschrieben werden.

Milde Stiftungen, in soweit sie nach diesem Artikel zulässig sind, unterliegen jederzeit, gleich anderm Vermögen, der Besteuerung, sofern sie nicht, vermöge besonderer Zwecke, durch das Gesetz ausdrücklich davon ausgenommen werden.

Sämmtliche vorstehende Bestimmungen haben keine rückwirkende Kraft.

Art. 6. Die Verfassung sichert den Zehent = und Grundzins-Loskauf nach den Gesetzen des Kantons.

Art. 7. Die Verfassung gewährleistet den Gemeinden das Recht des Loskaufs, und den Kollatoren das Recht der Abtretung der Kollaturen. Das Gesetz wird über die Bedingungen des Loskaufs und der Abtretung mit Berücksichtigung der Rechte und Pflichten beider Theile, der Gemeinden sowohl als der Kollatoren, das Nähere festsetzen.

Art. 8. Die Verfassung sichert die freie und uneingeschränkte Ausübung des katholischen und evangelischen Glaubensbekenntnisses und Gottesdienstes.

Art. 9. Die Verfassung gewährleistet das Recht der Eingehung gemischter Ehen.

Art. 10. Die Verfassung gewährleistet die Freiheit der Presse; darin ist begriffen, daß nie die Zensur eingeführt werden darf. Gegen den Missbrauch der Presse schützt das Gesetz.

Art. 11. Jeder Bürger und jede Gemeinheit des Kantons hat das Recht, der obersten Behörde desselben Wünsche, Anliegen und Beschwerden schriftlich einzugeben (Petitionsrecht).

Art. 12. Die Verfassung setzt als Grundsatz fest: Die Oeffentlichkeit des gesammten Staatshaushaltes und die Oeffentlichkeit der Verhandlungen der obersten Behörde des Kantons.

Gleichmäßig wird die Oeffentlichkeit der Gerichtsverhandlungen als Grundsatz aufgestellt; die nähere Bestimmung ist Sache des Gesetzes.

Art. 13. Niemand darf seinem ordentlichen Richter entzogen werden. Die ordentlichen Gerichte sind einzig die, welche, sei es für bürgerliche oder militärische Verhältnisse, die Verfassung selbst aufstellt. Andere, außerordentliche Gerichtsstände, sind unzulässig.

Art. 14. Niemand kann verhaftet oder in Verhaft gehalten werden, außer in dem von dem Gesetz bestimmten Fällen und auf die von dem Gesetz bestimmte Art.

Art. 15. Das Privateigenthum ist unverletzlich; die Verfassung gewährleistet aber dem Staate das Recht, in Fällen, wo es das Staatswohl unumgänglich erheischt, das Opfer eines unbeweglichen Besitzthums von Privaten oder Gemeinheiten fordern zu können, gegen volle, im streitigen Fall durch den Richter zu bestimmende Entschädigung, und einzig nach Anleitung des Gesetzes, das auch die einschreitenden Behörden zu bezeichnen hat.

Art. 16. Jedem Bürger steht das Recht zu, durch jeden beliebigen Gewerb sich rechtlich zu ernähren. Beschränkungen, in wie weit sie nach diesem Grundsatz und im Interesse der Gesammtheit der Bürger zulässig und für den Handwerksstand des Kantons wünschbar sind, bestimmt das Gesetz.

Der Niedergelassene genießt am Niederlassungsorte die Gewerbsfreiheit in gleichem Maße wie der Gemeindebürger.

Jeder Kantonsbürger ist bei seiner Gewerbsbetreibung außerhalb seines heimatlichen Wohnortes und seines Niederlassungsortes jederzeit den allgemeinen und örtlichen, gesetzlich sanktionirten Polizeiverordnungen unterworfen.

Ob und in wie weit es Denjenigen, welche ohne gesetzliche Niederlassung sich im Kanton aufhalten, erlaubt sei, ein Handwerk oder sonstige Gewerbe zu treiben, bestimmt das Gesetz im Sinne möglichster Beförderung des eigenen Gewerbsfleißes, und, so viel als zulässig, des Gegenrechtes.

Art. 17. Alle Monopole, das heißt, alle Gewerbsbetreibungen, in deren Besitz ausschließlich einzelne Personen, Familien oder Gemeinheiten stehen, sind von nun an aufgehoben. Jedoch bleiben oberpolizeiliche Vorschriften und Verfügungen vorbehalten.

Art. 18. Jeder Kantonsbürger, so wie jeder im Kanton wohnende Schweizerbürger ist militärpflichtig. Ob und in welchen Fällen, und in wie weit Ersatz durch Andere oder gänzliche Ausnahme statt finden mag, wird das Gesetz bestimmen.

Die Verfassung gewährleistet Erleichterung und gleichmäßige Vertheilung der Militärlasten. Die Art und Weise dieser Erleichterung und gleichmäßigen Vertheilung wird ebenfalls das Gesetz bestimmen.

Art. 19. Die Bürger sind pflichtig, diejenigen Beamtungen, welche durch unmittelbare Volkswahlen bestellt werden, anzunehmen; diese Pflicht beschränkt sich jedoch auf ein Amt und eine Amtsdauer.

Amtsstellen in den Gemeinden müssten aber in jedem Fall, selbst bei Bekleidung anderer Aemter, für eine Amtsdauer angenommen werden.

Mit dem Antritt des sechzigsten Altersjahres hört jede Verpflichtung für Annahme von Aemtern auf.

Ebenso fällt die Verpflichtung allgemein von selbst weg für Stellen, welche, laut Abschnitt IX, neben andern Aemtern nicht von der gleichen Person bekleidet werden dürfen.

Art. 20. Bürger, welche von nun an Titel, Orden, Besoldungen und Jahrgehalte von auswärtigen Mächten annehmen würden, so wie solche, welche politische oder militärische Stellen in ausländischem Dienste bekleiden, sind von öffentlichen Aemtern im Kanton ausgeschlossen.

Bürger, welche in öffentlichen Aemtern stehen, und entweder politische oder militärische Stellen oder Titel, Orden, Besoldungen und Jahresgehalte von auswärtigen Mächten annehmen, verzichten durch diese Annahme auf ihre Aemter, und haben von denselben abzutreten.

Art. 21. Der Ernennung zu allen öffentlichen Anstellungen und Bedienstungen soll freie Bewerbung vorangehen.

Art. 22. Jede Religionspartie besorgt gesöndert, unter der höhern Aufsicht und der Sanktion des Staates, ihre religiösen, matrimoniellen, kirchlichen und klösterlichen Verwaltungs- und Erziehungsangelegenheiten. Das Gesetz wird diese Aufsicht bestimmen, und die Fälle für die Sanktion festsetzen.

Art. 23. Mit der Aufsicht über die Haupt- und Handelsstraßen übernimmt der Kanton auch deren Unterhalt als Obliegenheit des Staates. Das Gesetz, dem die Bezeichnung dieser Straßen anheimgestellt bleibt, wird aber zuvörderst die Vorschriften, nach deren Erfüllung der Staat die Uebernahme ausführen kann; die Bedingungen, unter welchen sie geschehen soll, und den Zeitpunkt festsetzen, in welchem sie, jenen Vorschriften und Bedingungen gemäß, erfolgen wird. Ausgleichung der Interessen des Staates und der betheiligten einzelnen Gemeinden, nach den Grundsätzen des Rechtes, soll Hauptgrundlage des Gesetzes sein. Bis zu erfolgender Uebernahme haben aber sämmtliche Gemeinden ihre bisherigen Straßenpflichten vollständig zu erfüllen.

In Verbindung mit dieser Uebernahme, und Behufs der Ausgleichung wird der Kanton zugleich die Weggeldsberechtigungen der einzelnen Gemeinden an sich ziehen. Auf gleichem Fuß wird er die bisher bestandenen Waarenzölle einlösen.

Für künftige kunstverständige Leitung und Beaufsichtigung des Wasserbau- und Wuhrwesens im Kanton hat die Landesverwaltung von Staats wegen zu sorgen.

Art. 24. Der Gesetzgebung bleibt vorbehalten, Gleichförmigkeit von Maß und Gewicht im Kanton einzuführen.

Art. 25. Der Münzfuss des Kantons St. Gallen ist die Reichswährung von vier und zwanzig Guldenfuss.

Art. 26. Ein auf Uebergabe zu gebundenen Händen ausgefällter schiedrichterlicher Spruch hat dieselbe Rechtskraft, wie ein gerichtliches Urtheil der letzten Instanz, und soll gleich einem solchen vollzogen werden.

Art. 27. Allen, sowohl erst- als letztinstanzlichen, Urtheilen sollen die Erwägungsgründe beigefügt werden.

Art. 28. Vor Gerichten zweiter Instanz dürfen keine Rechtsfragen und Beweismittel angenommen werden, die nicht schon in erster Instanz vorgebracht wurden.

Art. 29. Urtheile in Kriminalfällen können nur in Folge stattgehabter Anklage und Vertheidigung gefällt werden. Für Aufstellung eines Anklägers und eines Vertheidigers sorgt das Gesetz.

Art. 30. Alle und jede Militärkapitulationen des Kantons mit fremden Mächten sind unzuläßig.

XI. Abschnitt.
Anerkennung der Gesetze durch das Volk.

Art. 135. Das Recht der Gesetzesgenehmigung, welches dem Volke, laut Art. 3 der Verfassung, zusteht, beschlägt namentlich die Gesetze über nachbezeichnete Gegenstände:

    a. alle Theile der bürgerlichen und peinlichen Gesetzgebung, und einschlagende Staatsverträge;

    b. allgemeine Abgabengesetze;

    c. Gesetze über das Gemeindewesen;

    d. Gesetze über das Militärwesen.

Art. 136. Sämmtliche Gesetze über die vorbezeichneten Gegenstände treten 45 Tage nach ihrer Erlassung (Promulgation) in Kraft, sofern nicht binnen dieser Frist die Anerkennung verweigert wird.

Art. 137. Sobald 50 Bürger einer politischen Gemeinde es verlangen, muß eine Gemeindeversammlung abgehalten werden, um in solcher zu berathen, ob gegen das erlassene Gesetz Einwendung gemacht werden wolle oder nicht.

Art. 138. Beschließt die Mehrheit der Versammlung, keine Einwendung zu machen, so ist das Gesetz als von der Gemeinde anerkannt anzusehen. Geht hingegen der Beschluß dahin, daß Einwendung gemacht werden solle, so macht der Gemeindammann mittelst Protokollauszug dem Bezirksammann und dieser dem Kleinen Rathe hievon unverweilte Anzeige.

Art. 139. In diesem Protokollauszuge muß sowohl die Anzahl der stimmfähigen Bürger angegeben sein, welche gegen Anerkennung des Gesetzes, als die Anzahl derjenigen, welche für Anerkennung gestimmt haben. Die bei der Gemeindeversammlung nicht erschienen stimmfähigen Bürger werden zu den das erlassene Gesetz Anerkennenden gezählt.

Art. 140. Unmittelbar nach Einführung der Verfassung soll ein allgemeines Verzeichniß aller stimmfähigen Bürger im Kanton aufgenommen werden. Dieses Verzeichniß gilt als Regel für die ganze Dauer der Verfassung.

Art. 141. Beläuft sich die Zahl derjenigen, welche gegen das Gesetz gestimmt haben, auf 1 Stimme über die Hälfte aller stimmfähigen Bürger des Kantons, so fällt das Gesetz.

XII. Abschnitt.
Beschwörung und Revision der Verfassung.

Art. 142. Die angenommene Verfassung wird vom Volke in sämmtlichen Bezirken an den nächsten Bezirksgemeinden beschworen. An jeder nachfolgenden ordentlichen Bezirksgemeinde leistet die nachrückende jüngere Bürgerschaft jedes Bezirkes den Eid.

Art. 143. Nach sechs Jahren kann eine Revision und Verbesserung dieser Verfassung vorgenommen werden, insofern sich die Mehrheit der Bürger an den politischen Gemeinden dafür ausspricht.

Schlußartikel.

Die bestehenden Gesetze und Verordnungen verbleiben fortan in Kraft. Es soll aber beförderlich eine allgemeine Revision derselben folgen.

Also abgeschlossen vom Verfassungsrathe des Kantons St. Gallen

St. Gallen, den 1. März 1831.

Im Namen des Verfassungrathes,

Der Präsident:

Hermann Fels, von St. Gallen.

Die Mitglieder, Sekretäre desselben:

Jakob Baumgartner, von Altstätten.

Dr. Christian Friedrich Fels, von St. Gallen.

Quellennachweis:

Joseph Anton Henne (Hg.), Verhandlungen des Verfassungsrathes vom Schweizerkanton St. Gallen, St. Gallen 1831, S. 456–460 u. 480–481.

Standort:

Vadiana, St. Gallen.

Kommentar:

Unter dem Druck der Volksbewegung entschliesst sich der St. Galler Verfassungsrat mit äusserst knapper Mehrheit für die Einführung eines Vetos. Damit soll die politische Realisierung einer noch weitergehenden Forderung nach einem Referendum verhindert werden. Der Initiator des ersten schweizerischen Volksvetos ist Dr. Anton Henne (1798–1870). Er beruft sich explizit auf das tribunizische Veto des römischen Staatsrechts. Das Veto ist ein Einspruchsrecht des Volkes gegenüber einem Beschluss der gesetzgebenden Behörde. In den Artikeln 135–141 der Verfassung wird die Mitwirkung des Volkes bei der Gesetzgebung genau umschrieben. Der Begriff „Veto" taucht in der Verfassung jedoch nicht auf, er hat lediglich durch die Verwendung in den Debatten des Verfassungsrats Eingang in die Rechtssprache gefunden. Das Veto betrifft die gesamte bürgerliche und peinliche Gesetzgebung, Staatsverträge, allgemeine Abgabengesetze, Gesetze über das Gemeinde- und Militärwesen. Die Initiative geht jeweils von Gemeindebürgern aus, indem 50 Bürger die Einberufung einer Gemeindeversammlung, die allerdings nicht obligatorisch ist, verlangen können. Die Hürde für eine Verwerfung eines Gesetzes ist allerdings hoch, da die Abwesenden zu den Befürwortern gezählt werden. Somit gelingt es den liberalen Eliten, dieses Mittel zu entschärfen und eine weitergehende Mitsprache des Volkes bei der Gesetzgebung zu verhindern.

Titel: Petitionen Baselland: Münchenstein, 23. April 1832, Pratteln, 26. April 1832, Waldenburg, 18. März 1832

Text 70:

Petition der Gemeinde Münchenstein

An den Wohllöblichen Verfassungs-Rath des Kantons Basel-Landschaft
Geehrte Herren!

Da, wie wir gesehen, die Vorarbeiten einer neuen Verfassung bereits so weit vollendet sind, dass nun der gesamte Verfassungs-Rat darüber in Beratung tretten kann, so machen die Unterzeichneten, von dem uns zustehenden Petitionsrecht (als eine der ersten Früchte unserer erworbenen Freiheit) Gebrauch, indem wir Wohldenselben unsere Wünsche über die Aufnahme einiger Bestimmungen in die Verfassung einbringen. Wir meinen nämlich allervorderst das Veto, oder das Recht, Gesetze zu verwerfen.

Wir wollen zwar dieses Recht, das wir uns und unsern Kindern bewahren möchten, nicht übertreiben, wir glauben uns beruhigen zu dürfen, wenn in dieser Beziehung wenigstens in die Verfassung aufgenommen wird, dass ein jedes Gesetz erst dann in Kraft erwächst, wenn innert einer bestimmten Zeitfrist die Mehrheit der Activ Bürger sich nicht dagegen erklärt.

Als Unterstützung für diesen unsern Wunsch geben wir den einfachen Grund an, dass die Wohlthätigkeit dieser Bestimmung bereits im Kanton St. Gallen sich bewähret hat, und wir in Betracht auf die Gesamtbürgerschaft unsrer Landschaft auch uns glauben schmeicheln zu dürfen, einer so volksthümlichen Verfassung würdig zu sein wie irgend ein andrer Kanton.

Ferner wünschen wir, es möchte die Bestimmung aufgenommen werden, dass alle Jahre wenigstens einmal eine Landsgemeinde statt finden soll.

Wir beabsichtigen damit gewisse Haupt-Kantonal Angelegenheiten der Sanctionierung des Volkes zu unterwerfen, und zugleich damit ein Volksfest zum Andenken an die theuer erworbne Freiheit zu erhalten. Die nähern Bestimmungen desshalb, wollen wir gerne unsern verehrtesten Herren des Verfassungs Raths anheim stellen.

Wir glauben in unsrer neuen Verfassung eine bedeutende Lücke zu sehen, wenn diese schöne volksthümliche Bestimmung darin fehlte.

Endlich, in Bezug auf sämtliche einzelne Kantonal- und Bezirksbeamte glauben wir drauf antragen zu sollen, dass dieselben durch den Landrath oder die oberste Behörde gewählt, und von der betreffenden Bürgerschaft angenommen werden sollen.

In dieser Bestimmung einzig sehen wir den Weg, auf welchem, von der einen Seite die Kenntnisse, u. auf der andern der Karackter der betreffenden Individien (!) gewürdiget, u. somit am besten die Rechte des Volkes und der Regierung bewahrt bleiben.

Wir hegen hier die angenehme Hoffnung, dass unsre geehrteste Herren des Verfassungs Rathes, unsre dargebrachten Wünsche, gestützt auf die Rechte eines souveränen Volkes, geneigt berücksichtigen wollen, und versichern bei dieser Gelegenheit Wohldieselben unsrer Treue und Anhänglichkeit, die wir die Ehre haben mit Hochachtung zu verharren.

Unsren geehrtesten Herren Verfassungsräthen treu ergebenste Mitbürger
den 23. April 1832

Bürger von Münchenstein
In deren einmüthigen Namen
der Gemeinde Rath
(*Unterschriften*)

Petition der Gemeinde Pratteln

An den Löblichen Verfassungs Rath des Kantons Basel Landschaft
Ends underschriebene Bürger der Gemeinde Brattelen fragen, wünschen, und finden für
Gut wie folgt,
1th Es solle alle Jahre eine Lands-Gemeinde sein, und dem Volke die Einnahmen und
Ausgaben des Staates zu verlesen, und bekannt gemacht werden.
2th Sollen alle Gesetze dem Volk zur Annahme oder Verwerfung vorgelegt werden, dass
die Rechte des Volks nicht verhindert werden, weil man für die Suveränitet Gestritten hat,
und Bürger Blut geflossen ist.
3th Möchten Hoch dieselben Verfassungs Räthe in die Verfassung Einverleiben, dass der
Weinbau möchte begünstiget werden und Zwahr auf diese Art, dass einen Zoll auf fremden
Wein soll belegt werden.
4th Es werden von den Gemeinden die Hochwaldungen, Wiesweiden und Almenden zugesichert, und für Ihr Eigentum anerkannt, doch glauben wir dem l. Verfassungs Rathe zu
melden, das der Staat die Oberaufsicht darüber haben solte, und möchten aber ein Zusatz wie
weit der Staat und was der Stand darüber zu befälen haben solte, nämlich nur in den Gemeinden und nämlich wo Holzwachs vernachlässigt werde.
5th Das es den Gemeinden überlassen würde, Ihren Pfahr Herrn und Schulmeister selbst
zu wälen, wie auch den Bezirken Ihre Stathalter und Bezirksschreiber.
VerEhrteste Herren nehmen Sie obige unsere Wünsche an,
Wir verharren Eure Ergebensten Bürger
Bratteln, den 26. April 1832.

Petition der Einsassen der Gemeinde Waldenburg

Da wir schon früher und besonders heute vor Eröffnung der Gemeinds Versammlung, in Erfahrung gebracht haben, dass künftig wir Einsassen in hiesiger Gemeind mehr eingeschränkt
werden sollen. So dass man den Einsassen den Holzbedarf, den sie bisher aus den Holzwal-
dungen im Bann Waldenburg bezogen unterschlagen, oder wenigstens vermindern müsste,
so dass dieselben künftig ihren Holzbedarf von Partikularen zu kaufen genöthiget würden.
So wenden deshalb die Unterzeichneten ihre Bitte an die Hhh. und ersuchen Hochdieselben, bevor eine neue Verfassung entworfen ist, in derselben auch für Einsassen in den
Gemeinden besorgt zu sein, dass für sie in den Bestimmungen einer neuen Verfassung für
Ihren Schutz gesorgt werden möchte.
Weil wir bisher alles, als Frohndiesten, Pachten und dergleichen wie der Bürger oder wohl
noch mehr leisten mussten, und besonders an dem Einhagen der Waldenburger mithelfen
mussten, so wie auch Schanzen und Reuten auf dem Weidgang, so finden wir nicht unbillig

auch in diesem die gleichen Nutzungen wie der Bürger ansprechen zu dürfen, wir Einsassen müssen, wenn wir ein Stk. Rind auf die Waid lassen so viel Weidgelt bezahlen als ein auswärtiger Bürger, welcher keine Frohndienste auf dem Waidgang thut auch keine Gebühren in die Gemeinde bezahlt, auch ist seit einiger Zeit das Einsassgelt von bz. 30 auf 38 bz. erhöht worden ohne jemand zu fragen aus was für Gründen.

Eben so wird keinem Einlass an einer Gemeinds Versammlung geboten damit er auch das Kantonsblatt anhören kann, so wie auch Beschlüsse gefasst werden, dass etwan ein Weg oder sonst etwas solte gemacht werden, wo der Einsass wie der Bürger mithelfen muss, so weiss kein Einsass nichts davon als bis ihm zum mithelfen aufgebothen wird.

Wir finden eben für unbillig, dass wir für ein Stk. Rind so viel Waidlohn zahlen sollen als ein auswärtiger Bürger indem nicht der ganze Waidgang Gemeinds Eigenthum ist, sondern sich bereits fast die Hälfte Hochwald befindet, auf solche Art kommen wir Einsassen zu kurz, der auswärtige Bürger nuzt den Hochwald, in der Gemeinde wo er sich befindet, und hier hat er auch die nämliche Nutzung wie der Einsass.

Wir wissen zuverlässig, dass aus der Gemeinde Waldenburg 42 Bürger in andern Gemeinden sich befinden, welche ohne Zweifel auch gerne wie der Gemeinds-Bürger gehalten zu werden wünschen, in hiesiger Gemeinde sind hingegen nur 16 Einsassen folglich nuzen die 42 hiesigen Bürger, welche in andern Gemeinden sich befinden mehr als 16 Einsassen hier.

Ferner haben wir zu befürchten laut den erfahrenen Aussagen, dass im Fall ein Einsass auch Bauholz zur Regeneration seines Hauses oder für Steg, Wasserwehren u. dergleichen brauchen würde, er es anderswo dazu kaufen müsste, antstatt wie wir es bis dahin aus den Holzwäldern erhalten haben um Auslösung oder wenigstens doch um billige Bezahlung.

Wir hätten daher anstatt Freyheit und Gleichheit der Bürgerlichen Rechte, uns zu unserem Schaden eine vollkommene Einschränkung erkämpft, wo doch wir so viel als wie der Bürger auch einige wohl mehr für die Sache gestritten haben, und dadurch sich gegenwärtig hinsichtlich des Verdiensts grossen Schaden zugetragen haben, denn wenn eine Petizion oder eine Trennungsfrage zu gunsten der Landschaft zum unterzeichnen zirkuliert, so haben die Nahmen der Einsassen, so viel als die der Bürger geleistet, auch in Zeiten der Gefahren sind wir nicht weniger als der Bürger thätig gewesen wo mit Waffen hat gekämpft werden müssen. Desshalb thut uns bedauren, dass im ersten Augenblick wo für uns eine Neue Regierung solte gebildet werden, wir vernehmen müssten, dass wir jezt noch mehr als vorher solten Eingeschränkt werden, so dass wir uns nicht für freye, sondern für gedrükte ansehen könten, zu welchem Zweke wir selbst so viel als in unseren Vermögen gestanden, dazu beygetragen hätten.

Aus festem Vertrauen aber auf U. Gn. Hhh. nehmen wir nun die freyheit, Sie in der Zeit um billigen Schuz anzusprechen, dass auch für Einsassen ein Artikel in die neue Verfassung aufgenommen werden möchte, damit wir uns auch an etwas festhalten können, wenn uns Steuern (?) drohen würden.

Vertrauensvoll auf Ihre geneigte entsprechung verbleiben wir Ihre Ergebensten, Gott mit uns

Waldenburg, den 18. Mertz 1832

(*Unterschriften*)

Quellennachweis:

Verfassung B 1.2: Verfassung vom 27.4.1832, Verfassungsentwürfe, Petitionen

Standort:

Staatsarchiv Baselland, Liestal

Kommentar:

Am 29. März 1832 wählen die Aktivbürger des neuen Kantons Baselland einen Verfassungsrat. Dieser tagt öffentlich und jeder Bürger hat das Recht, Petitionen einzureichen. Allerdings wird von diesem Recht nur spärlich Gebrauch gemacht. Insgesamt werden nur acht Petitionen eingereicht. Häufig erhobene Forderungen sind die Einführung einer Landsgemeinde, die Ermöglichung eines Vetos und die Bestätigung der Beamtenwahlen durch das Volk, wie die Eingaben von Münchenstein und Pratteln zeigen. In Bezug auf das Veto wird explizit auf das St. Galler Beispiel verwiesen. Legitimiert wird die Vetoforderung mit der Volkssouveränität und mit dem Hinweis auf die Beteiligung des Volkes am Kampf für die Freiheit der Landschaft. Beide Petitionen fordern zudem die Einführung einer Landsgemeinde, wobei diejenige von Pratteln noch eine genauere Funktionsbestimmung vornimmt. Die Landsgemeinde soll der Kontrolle der Staatsfinanzen dienen. Gefordert wird auch staatlicher Protektionismus, wie etwa Einfuhrzölle auf ausländischen Wein. Bemerkenswert ist die Petition der Einsassen (Hintersässen) von Waldenburg, die bereits vor der Wahl einer Konstituante eingereicht worden ist. Urheberin ist eine benachteiligte Gruppe der Gemeinde, die auf die soziale Ungleichheit in Bezug auf die Nutzung der Gemeindeweide respektive Allmende aufmerksam macht. Am Beispiel des Holzbezugs und der Nutzungsrechte am Wald wird die Verschlechterung der Stellung der Einsassen thematisiert, die auf die zunehmende Privatisierung des Waldes zurückzuführen ist. Gerechtfertigt werden die Anliegen der Einsassen ebenfalls mit der Beteiligung am Kampf für die Freiheit.

Titel: *Verfassung von Basel-Landschaft vom 27. April 1932 (Ausschnitt)*

Text 71:

Erster Abschnitt
Allgemeine Bestimmungen
Art. 1. Der Kanton Basel-Landschaft ist ein Freistaat und bildet einen Theil der schweizerischen Eidgenossenschaft
Art. 2. Die Souveränität beruht auf der Gesammtheit der Aktivbürger, welche dieselbe auf folgende Weise ausüben:
dadurch, dass die Verfassung und jede Aenderung derselben nur durch die Genehmigung der Mehrheit ihre Gültigkeit erhält

durch die Wahl ihrer Stellvertreter im Landrathe, nach dem Verhältnisse der Bevölkerung

durch Teilnahme an der Gesetzgebung, wie in Art. 40 das Nähere bestimmt ist.

Art. 3. Aktiv-Bürger ist jeder Einwohner des Kantons Basel-Landschaft, welcher:

das Staats und Gemeindebürgerrecht besitzt,

das zwanzigste Altersjahr zurückgelegt hat,

nicht durch Urtheil und Recht, oder als Akkordant oder Fallit stillgestellt ist,

nicht wegen Verschwendung oder Geistesgebrechen unter Vormundschaft steht,

nicht durch fortdauernden Armensteuer-Genuss seiner Gemeinde zur Last fällt.

Auch Bürger anderer Eidgenössischen Stände können zur Ausübung politischer Rechte zugelassen werden. (…)

Dritter Abschnitt

Gesetzgebende und aufsehende Gewalt

Landrath

Art 40. Der Landrat ist die oberste Behörde des Kantons Basellandschaft, und übt als solcher die gesetzgebende Gewalt und die Oberaufsicht über alle Behörden aus.

Ein Gesetz erlangt jedoch erst dann Gültigkeit, wenn nicht innerhalb von 14 Tagen, von der Publikation an gerechnet, wenigstens Zweidrittheile des souveränen Volks, unter Angabe der Gründe, in Zuschriften an den Landrath dasselbe verwerfen. (Veto)

Quellennachweis:

Verfassung für den Kanton Basel-Landschaft, Liestal 1833. Gedruckt bei Banga und Honegger.

Vgl. auch Thomas Bornhauser, Verfassungen der Kantone der schweizerischen Eidgenossenschaft, Erste Abtheilung, Trogen 1833.

Standort:

Staatsarchiv Baselland, Liestal.

Kommentar:

Die Verfassung von Baselland ist aus der Opposition der Landschaft gegen die städtische Herrschaft hervorgegangen. Diese führt zur Trennung in zwei Halbkantone. Ähnlich wie in St. Gallen wird auch in Baselland ein Veto in der Verfassung von 1832 verankert. Obwohl der Landrat als Legislative bezeichnet wird, besteht ein Einspruchsrecht des Volkes. Wenn innerhalb von 14 Tagen ⅔ der Stimmberechtigten ein Gesetz verwerfen, kann es nicht in Kraft treten. Mit der kurzen Eingabefrist und der Zweidrittelmehrheit ist allerdings eine hohe Hürde gesetzt.

9.2 Bewegungen gegen die Regenerationsregierungen und Forderungen nach Ausbau der Volksrechte

Titel: Gedicht „Der Frühling" von Thomas Bornhauser, 1831

Text 72:

Der Frühling
   Sieh den Blütenwald der Bäume!
   Sieh die bräutlich weiße Flur!
   Ist es Wahrheit oder träume
   Ich von meiner Heimat nur?
   Hat vom Erdgetümmel
   Mich der Tod befreit?
   Winkt der off'ne Himmel
   Mir zur Seligkeit?
   Wohl! Da prangt ja Rorschachs Höhe –
   Da der See, so mild, so blau!
   Arbon naht – dort ist's! – Ich sehe
   Dort der Türme heilig Grau.
   Schon, im Frühlingskleide
   Lacht der Ort mir zu,
   Alles atmet Freude,
   Holde Himmelsruh!
   Grüne, goldbeblümte Matten
   Duften süß am kühlen See,
   Rote Pfirsichzweige gatten
   Sich mit Kirchbaums Blütenschnee.
   Bienenschwärme schwingen
   Sich durchs Blütendach,
   Ihre Jubel klingen
   Zart wie Geistersprach'.
   Buchen tauchen gleich Palästen,
   Hellgrün aus der Tannen Pacht,
   Vögel zwitschern in den Aesten
   Und die Amsel schlägt mit Macht.
   Hoch ob Wald und Auen
   Jauchzt der Lerche Lied;
   Pflüger steh'n und schauen
   Sich die Augen müd.
   Welch ein Lenz! So tief entzückte

Mich noch nie der Heimat Flur.
Wohl mir! Nicht vergeblich schmückte
Sich so reizend die Natur.
Wahn und Knechtschaft fallen,
Uns're Schweiz ist frei;
In den Völkern allen
Blüht der Freiheit Mai.
Frankreichs große Heldenwoche
Warf den Finsterling vom Thron
Mit der Vorzeit starrem Joche
Ringt das edle Albion;
Polen ist erstanden,
Schlägt von Zorn entglüht
Seines Drängers Banden,
Stambuls Sieger flieht.
Dank dir Schicksal, daß mein Leben
Eintraf in der Freiheit Mai!
Zu der Menschheit großem Streben
Trag auch ich mein Scherflein bei.
Strahlt dem Enkelkinde
Noch der Freiheit Glück –
O so jauchz' und schwinde
Ich ins All zurück.

Quellennachweis:

Jak. Christinger, Thomas Bornhauser. Sein Leben und ausgewählte Werke, Weinfelden 1898, Bd. 2 u. 3: Lieder, S. 70 f.

Kommentar:

Das im Frühling 1831 entstandene Gedicht zeigt in verklärender Weise die Siegeseuphorie der Liberalen. Passend zum blühenden Kleid der Frühlingslandschaft hat auch die politische Landschaft ihr Kleid gewechselt. Die bald aufbrechenden Gegensätze innerhalb der ländlichen Bewegungen werden nicht thematisiert. Der Verfasser ist ein wichtiger Exponent der Thurgauer Regenerationsbewegung, der Pfarrer Thomas Bornhauser (1799–1856). Er stellt die schweizerische Bewegung in europäische Zusammenhänge: Auftakt im Kampf gegen die „finsteren Mächte" bildet die Julirevolution in Frankreich, die auch andere Völker zum Kampf für die Freiheit ermuntert. Sein früherer Ausspruch: „Der Hahn hat gekräht, die Morgenröthe bricht an" zeigt, wie die Ereignisse in Frankreich propagandistisch ausgenützt werden.

Text 73:

(Nach der Ballade: der Kaiser und der Abt.)
Kein Mährchen gar schnurrig will ich hier erzählen,
Kein Abt und kein Kaiser zum Stoff mir auswählen:
Ein Herr will ich wählen, gar Hochwohlgeboren,
Und, wie sich er es wähnt, zum Herrscher erkohren.
Als der Herr, ein Würmlein, das Weltlicht erblickt,
Papa und Mama gar höchlich sind entzückt:
Der Prinz, nachher König, wird selbst angerufen
Zu heben das Kind an des Altaresstufen.
Das Kind wächst zum Knabe, zum Jüngling, zum Mann:
Husch! heisst es, geschwind zieh' das Gardekleid an,
Und der Junker zu Hause sich schnürrt und schwingt,
Und der Sensemann draußen die Sense schwingt.
Und des Königsgunst, sie schiebt den Junker voran,
Und der Kammerherrschlüssel wird ihm angethan;
Doch des Königsgunst beim Schlüssel bleibt stecken,
Und schläft; und der Herr kann nicht wieder sie wecken.
Das Vaterland ruft: er gedenkt es zu retten,
Und zu brechen des Korsischen Cäsars Ketten,
Doch kaum er sieht den Doppeladler im Thal,
Husch! Wieder in die Scheid' den unblut'gen Stahl.
Der Herr soll als Richter die Menschheit beglücken;
Und er ringt um – Gesetz und Recht zu verrücken.
Und dem Mann, der Recht sucht, stopft zu er den Mund,
Und den Bürger er schnöde behandelt als Hund.
Ein Beschluß ist gefaßt, – der Beschluß ist gerecht,
Sonder Unterschied, betreff' er Herr oder Knecht:
Husch! Hängt einen Schweif dem Beschluß der Herr an,
Um ja recht zu kränken einen wackern Mann.
Und Beschluß und Schweif, sie werden affichirt;
Und der wack're Mann ist boshaft angeführt:
Doch Beschluß mit Schweif wird bald abgerissen
Und der Herr hat dießmal die Zung' sich verbissen.
Der Herr hält wohl Diener und Kutschen und Pferde:
Hop! Hop! Wie entflieht im Gallop ihm die Erde! –
Doch bald der Herr versetzt, als Sicherheitspfand.
Ein Fideikommis statt dem eig'nen Land.
Und der Krösus, der geliehen dem Herrn das Geld,
Mit Entsetzen vernimmt, wie der Herr ihn geprellt;

Und mit schwerer Müh' mag dem Herrn es gelingen
Durch Bürgschaft den Krösus zum Schweigen zu bringen.
Noch glänzet der Herr mit dem gläsernen Auge,
Noch ist unerschüttert der ewige Glaube,
Trotz Noth und trotz Schulden, trotz Last und trotz Bürde,
Am Junkerthum, strahlend in Hochheit und Würde.
Der spanische Gran, erscheint ihm als Zwerg,
Als Hügel, gegenüber dem Riesenberg.
Drum hol', von dem Herrn sich der spanische Gran
Was ihm noch möchte abgehn an Hochmuth und Wahn.

Quellennachweis:

Exoffizio in Neuabdera: Für die Bühne bearbeitet. Ein Seitenstück zur „Wolfsjagd", Zürich 1837, S. 88 f.

Standort:

Staatsarchiv Zürich, Signatur BB b2.

Kommentar:

In die Siegeseuphorie der Liberalen, wie sie etwa im Gedicht „Der Frühling" von Thomas Bornhauser zum Ausdruck kommt, mischen sich 1837 kritische Stimmen. Sie kritisieren den Stolz der neuen Herrschaftselite, die sich nicht gross um die sozialen Anliegen des Volkes kümmert. Die tiefen sozialen Gegensätze, die in der Metaphorik von Herr und Knecht ausgedrückt werden, bleiben trotz Wandel der Staatsordnungen bestehen. Die kleinen Leute profitieren nicht von den politischen Veränderungen. Das Obenbleiben der Besitz- und Bildungselite ist weiterhin garantiert.

Titel: *Alte Zeit, neue Zeit, keine Zeit oder Der Herr und sein Schuster, aus: Exoffizio in Neuabdera, 1837.*

Text 74:

Gravitätisch und nachdenkend
Sitzt im Saal der stolze Herr ...
Und er denkt an alte Zeiten;
Und er denkt an neue Zeiten.
Alte Zeiten, – freudenreich;
Neue Zeiten, – bürdevoll:
Alte Zeiten, – gold'ne Tage;

Neue Zeiten, – Sorg' und Plage.
Alte Zeiten, neue Zeiten,
Neue Zeiten, alte Zeiten …
Alte Zeiten, – keine Presse;
Neue Zeiten, – freie Presse.
Freie Presse!?… Was beginnen
Um zu bannen diese Pest? –
Freie Presse!?… Stock und Ruthen.
Sollte je sie überfluthen.
Alte Zeiten, neue Zeiten,
Neue Zeiten, alte Zeiten …
Alte Zeiten, – Geld willst du?
Pack zum Teufel dich, Elender!
Neue Zeiten, – bester Freund!
Warten Sie ein bischen noch,
Geht mir Geld ein, auf mein Wort,
Führ' ich sie zum sichern Port.
Uns so schimpft der stolze Herr
Rastlos auf die neuen Zeiten;
Und er schimpft wohl auch auf Bürger
Und auf Bauern und Handwerker;
Und er schimpft wohl gar auf Alles
Was nicht ebenbürtig ist;
Brummend: hätt' ich Macht in Händen,
Müßte gleich das Blatt sich wenden.
Und voll Unmuth wühlt der Herr
In Papieren auf der Tafel,
(Pyramiden hoch gethürmt)
Wo geschrieben stehet „Rechnung
Schon zum zehnten Mal ertheilt."
Und die Gall' regt sich von neuem,
Ob der Freiheit der Kanaille …
Und da, sieh', kaum dass man's spüre,
Pocht es an des Herrn Thüre.
Und es tritt der Meister ein,
Der des Herrn Schuh' gemacht
Und er stellt dem Herrn vor,
Daß er sei ein armer Mann,
Müß' ernähren Weib und Kinder
Von der Arbeit seiner Hände;
Und dass jetzt, nach vielen Jahren
Ihm der Herr doch möcht willfahren.
Zornig blickt der Herr ihn an,

Zornig wend't sein Blick sich ab;
Und der Herr geht auf und nieder,
Sinnend wie er's machen soll,
Einen Gast vom Hals zu schaffen,
Der bei ihm sich eingedrängt.
Endlich find't der Herr Bescheid:
„Guter Freund, hab' keine Zeit."
Und am zweiten Tag kömmt Meister.
Und am dritten noch einmal,
Und sogar am vierten Tag.
Ja, am fünften und am sechsten,
Und so vorwärts bis zum zehnten,
Kündet Meister sich für's Geld.
Doch, ihm wird stets der Bescheid:
„Guter Freund, hab' keine Zeit."
Meister ging nicht mehr zum Herrn,
Dachte: s'ist verlohrne Zeit,
Will einholen durch die Arbeit,
Was an Gängen ich versäumt.
Und er klopft mit fünf Gesellen
Kräftig auf das Leder zu:
„Frisch, Gesellen, schafft und singt:
Fleiß mit Frohsinn Segen bringt."
Tritt an einem Abend dann,
Wie ein Herrendiener grob,
In die Werkstätt', ungemeldet,
Jemand ein, mit zwei paar Stiefel
In der Hand: „die soll er sohlen,
Meister, hat der Herr befohlen."
Doch der Meister weiß Bescheid:
„Guter Freund, hab' keine Zeit."

Quellennachweis:

Exoffizio in Neuabdera Für die Bühne bearbeitet. Ein Seitenstück zur „Wolfsjagd", Zürich 1837, S. 92–93.

Standort:

Staatsarchiv Zürich, Signatur BB b2.

Kommentar:

Das Gedicht spiegelt die Zeitstimmung um 1837 wider. Die alte Elite, die durch die neue Besitz- und Geldaristokratie abgelöst worden ist, trauert den vergangenen Zeiten nach. Um etwas zu verändern, müsste sie sich auf die unteren Schichten verlassen können. Diese verweigern aber die Gefolgschaft, weil sie sehen, dass sich für sie sowieso nicht viel verändert hat. Das Verhältnis Herr–Knecht ist intakt geblieben.

Titel: Auf die Verfassungsrevision im Jahre 1838 bezügliche Petitionen: Petition der Gemeinde Wyl vom 24. März 1837

Text 75:

An den H. Grossen Rath des Cantons Zürich

Herr Präsident
Hochgeachtete Herren
    Da der Zeitpunkt der Verfassungs-Revision heran nahet, und da die Erfahrung das Gute und Nachtheilige der Verfassung klar an den Tag gelegt; so hat die hier untergezeichnete Gemeinde in ihrer heutigen Versammlung erkannt, dass nachfolgende ehrerbietige Wünsche in den Schooss des H. Grossen Rathes gelegt werden sollen.

1.   Um den Volkswillen nicht nur dem Vorgeben nach, sondern in der That zu erkennen, ist es nothwendig den Gemeinden das Veto einzuräumen; jedoch in dem Sinne, dass dieselben über die wichtigeren Landesgesetze abzustimmen haben, so dass diese erst dann in Kraft treten, wenn die Mehrheit der Staatsbürger sich dafür ausgesprochen haben.

2.   Da das Petitionsrecht für einen freien Staat ein wichtiges Recht ist, so wird gewünscht, dass dieses Recht für alle einzelnen Staatsbürger und die Gemeinden aufrecht erhalten werde.

3.   Da die Rechtspflege, wie sie dermalen ausgeübt wird, durch die vielen Gerichte und Formen bei weitem nicht das verhoffte Gute und Wohlthätige erzeuget und doch darauf, in Berücksichtigung der früheren Periode, ungeheure Summen verwendet werden, so liegt es in dem Wunsche der Gemeinde, dass die Zunftgerichte aufgehoben, auch das Criminalgericht wo möglich eingehen möchte. Da sich hingegen das Friedensrichteramt, wenn nämlich solches in der rechten Hand liegt, schon lange als wohlthätig erprobet hat, so geht der Wunsch im weitern dahin:
A) dass das Friedensrichteramt durch ein oder zwei Beisitzer vermehrt, oder
B) dass eine Art Orts- oder Friedensgerichte anstatt Zunftgerichte bestellt werden möchte(n), in deren Competenz dann fallen sollte:
    a) Alle möglichen Civilstreitigkeiten, um dieselben auf vermittelndem Wege wo möglich zu beseitigen, über die sehr unbedeutenden aber definitiv zu urtheilen, deren Ausscheidung einer gesetzlichen Bestimmung unterläge.

b) Ebenso könnten die minder wichtigen Polizeifälle, nämlich Ungehorsam gegen Ortsbeamte, kleine Feld- und Waldbeschädigungen, minder wichtige Frevel u. s. f. einem solchen Gericht zur Beurtheilung anheim gestellt werden.

4. Es sind durch die verbesserten Schulanstalten schöne Zwecke gefördert worden, allein obschon der Staat dabei thätig wirkt, so werden die Kräfte der Gemeinden besonders wo wenig oder kein Gemeindegut ist, sehr stark in Anspruch genommen, besonders wegen den Lehrer-Wohnungen und dem Pflanzland, daher es ebenfalls in dem Wunsche der hiesigen Gemeinde liegt, dass der Staat zu diesem Zweck Mehreres leisten und solchen Orten etwas abgenommen werden möchte.

Indem die Gemeinde hofft, dass ihre diessfälligen Wünsche möglichst berücksichtigt werden, geharret mit wahrer Hochachtung
Wyhl, den 24. März 1837
Namens der Civilgemeinde Wyl
Der President Heller
Der Gemeindrathsschreiber Hr. Angst

Quellennachweis:

Staatsarchiv Zürich MM 19: Auf die Verfassungsrevision im Jahre 1838 bezügliche Petitionen: Nr. 1993

Standort:

Staatsarchiv Zürich.

Kommentar:

Die Zürcher Regenerationsverfassung enthält eine sogenannte Rigiditätsklausel, die Verfassungsänderungen innerhalb einer Frist von sechs Jahren untersagt. Nach Ablauf dieser Frist werden Petitionen eingereicht, die auch den Unmut des Volkes über die Politik der liberalen Regierung zum Ausdruck bringen. Bemerkenswert ist die basisdemokratische Tendenz in diesen Petitionen, indem die Forderung nach direkter Beteiligung der Staatsbürger an der Gesetzgebung gestellt wird. Nach St. Galler Vorbild soll ein Veto eingeführt werden. Daneben wird eine Verschlankung des Staatorganismus gefordert, indem das Justizwesen vereinfacht wird. Dadurch können die finanziellen Belastungen für die Bevölkerung reduziert werden.

Titel: *Entwurf zu einer Bittschrift an den Grossen Rath des Kanton Luzern (sog. „Hornerpetition"), Februar 1840*

Text 76:

Hochgachteter, Hochgeehrter Herr Präsident!
Hochgeachtete, Hochgeehrte Herren des Großen Raths!

Die unterzeichneten Bürger des Kantons Luzern, durchdrungen von der Pflicht und der Nothwendigkeit, die gegenwärtig noch bestehende Kantonsverfassung bis zum gänzlichen Ablaufe derselben in allen Theilen aufrechtzuerhalten, glauben sich im Innersten verpflichtet, ihre Ueberzeugung dahin auszusprechen: es liege in dem wohlverstandenen Interesse des Glückes und der Ruhe unseres kleinen Freistaates und aller seiner Bürger, die durch die gegenwärtige Verfassung selbst vorgesehene Frage einer mögliche Abänderung derselben nicht bis zu deren gänzlichem Erlöschen verschieben zu sollen.

Hiebei gehen die Unterzeichneten von der Ueberzeugung aus, daß eine zu rechter Zeit eingeleitete Besprechung und Berathung der Verfassungsfrage den unberechenbaren Vortheil darbiete: daß nämlich, während die verfassungsmäßigen Behörden und die von ihnen erlassenen und gehandhabten Gesetze in voller und ungestörter Wirksamkeit verbleiben, die Möglichkeit gegeben werde zur Einvernahme der Wünsche des Volkes und auf Verlangen desselben zur Einberufung eines Verfassungsrathes und zur reiflichen Berathung und endlichen Annahme einer neue Kantonsverfassung; so daß mit der letzten Stunde der gegenwärtig noch bestehenden, ohne Stillstand der Gesetze und möglicherweise ohne alle Störung der öffentlichen Ruhe, die neue Verfassung sogleich in Wirksamkeit treten könne.

Diese ihre Ueberzeugung und wohlmeinende Absicht glaubten die unterzeichneten Bürger des Kantons Luzern ihrer obersten Landesbehörde nicht vorenthalten zu dürfen, daher sie sich an dieselbe mit gegenwärtiger Bittschrift ehrerbietigst wenden.

Es läßt sich wohl keineswegs verkennen, daß die gegenwärtige Verfassung in vielen ihrer Bestimmungen für die Zukunft nicht mehr genüge und daß daher nicht erst seit gestern mannigfaltige Wünsche dringend laut werden. Ohne sich anmaßen zu wollen, hier im Namen ihrer Mitbürger zu sprechen, und ohne sich höherer Einsicht und größeren Eifers vor andern zu rühmen, glauben die Unterzeichneten dennoch, daß, indem sie die nachfolgenden Wünsche in den Schooß des hohen Großen Rathes niederlegen, sie dieses im entschiedenen Sinne eines sehr großen Theils unseres Volkes thun.

Nach dem eigenen unmaßgeblichen Erachten der unterzeichneten Bürger dürften die Abänderungen, welche in der gegenwärtigen Verfassung vorgenommen und als Verbesserungen in eine künftige aufgenommen werden müssen, vorzüglich die *souveräne Stellung des Volkes*, seine *Religionsverhältnisse* und die Privatrechte der Bürger beschlagen.

Was nun zuvorderst die Souveränität des Volkes betrifft, so ist allerdings wahr, daß die gegenwärtige Verfassung dieselbe ausspricht; allein das Volk hat bereits die Ueberzeugung gewonnen, und wird schwerlich mehr sich davon abbringen lassen, daß dieselbe in der That eine Wirklichkeit werde und ihm zu deren Ausübung eine umfassendere Wirksamkeit gebühre und eingeräumt werden müsse.

Es sei den Unterzeichneten erlaubt, die hauptsächlichsten Rechte der Souveränität zu bezeichnen, wie selbe ihrem Dafürhalten nach in eine künftige Verfassung aufgenommen werden sollen.

Die Unterzeichneten wünschen demnach:

1) gänzliche Abschaffung aller politischen Vorrechte;
2) durchgängig direkte Wahlen sämmtlicher Mitglieder des Großen Rathes, und
3) gleichmäßige Vertheilung derselben nach dem Verhältnisse der stimmfähigen Bürger;
4) Herabsetzung der Anzahl der Mitglieder des Kleinen Rathes und des Appellationsgerichtes mindestens bis auf eilf;
5) freie Wahl aller Mitglieder des Kleinen Rathes und des Appellationsgerichtes inner oder außer der Mitte des Großen Rathes;
6) freie Wahl der untergeordneten Behörden und Beamten durch das Volk ohne Ausnahme;
7) keine längere Amtsdauer sämmtlicher Behörden als höchstens auf vier Jahre;
8) das Veto in dem Sinne, daß ein durch den Großen Rath erlassenes Gesetz, oder Concordat, oder Bündniß mit Auswärtigen inner drei Monaten nach der Bekanntmachung desselben von dem Volke verworfen werden könne. Wenn die Unterzeichneten, wie sie dafür halten, mit Recht überzeugt sind, daß das freie Volk des Kantons Luzern keineswegs gesinnt ist, sich inskünftig seine Souveränitätsrechte irgendwie schmälern zu lassen; so leben sie hinwiederum eben so getrost der vollsten Ueberzeugung, daß weitaus die große Mehrzahl ihrer Mitbürger auch in Sachen der Religion mit ihnen dieselben Ansichten und Wünsche habe und theile. Um daher über diesen vor allem wichtigen Gegenstand die größtmögliche Sicherheit und die vollste Beruhigung zu erhalten, so wünschen für sich die Unterzeichneten demnach:

1) daß dem Volke durch die Verfassung auf das bestimmteste zugesichert werde die freie und ungehinderte Ausübung der apostolischen, römischkatholischen Religion, wie selbe unsere Väter in dem Bündnisse der sieben katholischen Orte vom Jahr 1586 bekannt und auf uns ihre Enkel vererbt haben; so daß, ohne Verfassungsverletzung, keiner Behörde zustehen soll, das gesammte Volk als souverän, die Priesterschaft oder den einzelnen Bürger zu verhindern, die Stimme des Kirchenoberhauptes, des römischen Papstes, sowie des rechtmäßigen Bischofs zu vernehmen und zu befolgen;
2) wünschen die Unterzeichneten eine vollkommen beruhigende Gewährleistung der katholischen Erziehung der Jugend: daß daher das Erziehungswesen in religiöser und sittlicher Beziehung der Aufsicht und Leitung der kirchlichen Behörden unterstellt, daß in den Erziehungsbehörden mit dem Staate auch die Kirche gehörig repräsentirt, daß, wo möglich, insbesondere die höhere Lehranstalt in Luzern, gemäß der ursprünglichen Stiftung der Altvordern, wiederum den Vätern der Gesellschaft Jesu übergeben werde, und daß die Wahl der Schullehrer dem Volke zukomme. Wenn das souveräne und katholische Volk des Kantons Luzern vollkommen berechtigt ist, für seine Religion und für seine Souveränität die allerbündigste Sicherheit und Beruhigung zu erwarten und zu fordern; so ist auch der einzelne Bürger für seine besondern Rechte zu nicht minderm berechtigt. Die Unterzeichneten wünschen daher, es werde in der Verfassung ausgesprochen:

1) die Unverletzlichkeit des Eigenthums jeder Art für Privaten, für Corporationen, für Gemeinden;

2) für das Volk größere Selbstständigkeit, und daher für die Gemeinden das Recht, ihre Güter unbedingt selber zu verwalten und ihre Angelegenheiten selber zu ordnen; und

3) daß jeder Bürger seine Rechte nicht nur selber vor dem Richter vertheidigen, sondern sie auch durch jeden Andern, zu welchem er Vertrauen hat, verfechten lassen dürfe.

Die unterzeichneten Bürger des Kanton Luzern wünschen sich Glück, daß, indem sie auf verfassungsmäßigem Wege ihre hauptsächlichsten Ansichten und Wünsche in den Schooß des hohen großen Rathes niedergelegt haben, sie hiemit eine erste Veranlassung geworden sind, um eine zu erwartende Verfassungsabänderung bei voller Zeit, mit aller Umsicht und möglichster Unbefangenheit berathen zu können, ohne die öffentliche Ruhe und das Ansehen der bestehenden Gesetze im Mindesten gefährdet zu sehen.

Wenn nun der eigentliche Wortlaut des § 61 der gegenwärtig bestehenden Verfassung auf das bestimmteste aussagt, daß, „wenn fünfhundert Aktivbürger aus wenigstens der Hälfte der Wahlkreise des Kantons verlange, daß Abänderungen in der Verfassung vorzunehmen seien", alsdann die oberste Landesbehörde von sich aus, um die Hauptfrage durch das Volk entscheiden zu lassen, die ersten Einleitungen zu treffen habe; so nehmen nunmehr die unterzeichneten Kantonsbürger die Freiheit, und stellen hiermit an den hohen Großen Rath das ehrerbietige Begehren, diese gegenwärtige von ihnen eingereichte Bittschrift als das durch den § 61 der Verfassung vorgeschriebene Verlangen zu betrachten, davon landesväterliche Kenntniß zu nehmen, und sie seiner Zeit, wofern ein Verfassungsrath einberufen werden sollte, diesem zum Eintreten in dieselbe zuzuweisen.

Indem die Unterzeichneten durch Einreichung dieser Bittschrift eine dringende Pflicht gegen ihr Vaterland und gegen sich selbst erfüllt zu haben glauben, so leben sie der zuversichtlichsten Erwartung, daß, wofern, wie ebenfalls der angeführte § 61 der Verfassung will, ein „Verfassungrath von hundert Mitgliedern durch das Volk erwählt zusammenberufen" werden sollte, derselbe kein anderes Verständniß zulasse, als daß die hundert Verfassungsräthe direkte durch das Volk und nach dem Verhältnisse der stimmfähigen Bürger zu erwählen seien.

Schließlich genehmigen Sie die Versicherung ausgezeichneter Hochachtung und Verehrung.

Im Hornung 1840.

(Folgen die Unterschriften)

Quellennachweis:

Constantin Siegwart Müller: Ratsherr Joseph Leu von Ebersoll. Der Kampf zwischen Recht und Gewalt in der Schweizerischen Eidgenossenschaft, Altdorf 1863, S. 59–63.

Kommentar:

Auch im Kanton Luzern formiert sich eine Bewegung gegen die liberale Regenerationsregierung. Im Februar (Hornung) 1840 beginnt eine Unterschriftensammlung für eine Verfassungsrevision. Diese wird deshalb „Hornerpetition" genannt. Sie enthält einen konkreten Forderungskatalog. Joseph Leu (1800–1845), ein Anführer der Bewegung, hat diese Forderungen teilweise schon am 20. November 1839 im Grossen Rat vorgebracht. Ergänzt wird der Katalog mit der Forderung nach einem Volksveto. Dadurch sollte ein vom Grossen Rat erlassenes Gesetz vom Volk abgelehnt werden können. Anstelle der direkten Demokratie in Form einer Landsgemeinde wird eine abgeschwächtere Form der Mitbestimmung des Volkes postuliert, weil die Realisierung einer Landsgemeinde unrealistisch ist. Neben der Forderung nach einer „souveräneren Stellung des Volkes" nehmen religiöse Anliegen einen breiten Raum ein. Die Unterzeichneten insistieren auf einer ungehinderten Ausübung der „apostolischen, römisch-katholischen Religion" und auf einer Gewährleistung der katholischen Erziehung der Jugend.

Titel: *Beschluss des Gemeinderaths von Hohenrain, 16. Februar 1840*

Text 77:

Geehrte Bürger!

Ein Sechstel der stimmfähigen Bürger der Gemeinde Hohenrain haben unterm 12. Hornung 1840 in einer Zuschrift an den Gemeinderath das Begehren der Besammlung einer außerordentlichen Gemeinde verlangt und zugleich derselben eine Bittschrift an den Großen Rath beigelegt, dieselbe der Gemeindeversammlung von Hohenrain vorlegen zu können.

Da dieses Begehren des 1/6 der stimmfähigen Bürger nach dem § 6 des Gesetzes über Gemeindeversammlungen als durchaus rechtlich und den bestehenden Gesetzen genügend von dem Gemeinderathe erkannt werden musste, so hat nun in Folge dieses Begehrens derselbe auf den 16. Hornung 1840 Nachmittag 1 Uhr die Bürger der Gemeinde Hohenrain zusammenberufen.

Die eingereichte Bittschrift behandelt die in diesem Jahre vorzunehmende Besprechung der Verfassungsrevision; sie enthaltet die Wünsche, welche die Bittsteller in einer künftigen Verfassung als Grundlage derselben aufgestellt wissen möchten.

Dem Gemeinderath liegt nun ob, nach dem eben angeführten Gesetze sein Gutachten über vorgenannte Bittschrift der Gemeinde vorzuöffnen.

In Betrachtung: daß die vorliegende Bittschrift in jeder Beziehung nach Vorschrift des Gesetzes über die Ausübung des durch die Verfassung gewährleisteten Petitionsrechtes abgefasst; daß in ihr alle Achtung und Gehorsam vor bestehenden verfassungsmäßigen Behörden und Gesetzen anerkannt werden, und daß durch dieselbe die ungestörte Wirksamkeit der verfassungsmäßigen Behörden bis zum Ablauf ihrer endlichen Amtsdauer vorausgesetzt wird;

In Betrachtung, daß nach den in der Bittschrift aufgestellten Grundsätzen, als nämlich:

1) Gleichstellung aller politischen Rechte;

2) Alles direkte Wahlen durch das Volk ohne Ausnahme;

3) Kürzere Amtsdauer des Großen Rathes;

4) Veto oder das Recht, dem Volke missbeliebige Gesetze, Concordate und Verträge u.s.w. verwerfen zu können; dass dieses die wahren Grundpfeiler volksthümlicher Verfassungen sind und unbezweifelt anerkannt werden müssen;

In Betrachtung, dass die Feststellung der im zweiten Hauptabschnitte ausgesprochenen Begriffe über die römisch-katholische Religion, die allein wünschbare Beruhigung für die Gesammtheit des Luzernischen Volkes enthalte; nach welchem Begriff keiner Behörde und keinem Einzelnen in der Folge Angriffe auf sie, ohne Verfassungsverletzung, erlaubt sind;

In Betrachtung, dass auch in der Erziehung der Jugend das religiöse Prinzip als Erstes und Wichtigstes bedacht ist; ohne welches religiöse Prinzip kein Staat glücklich bestehen kann, in welchem insbesondere die Volkssouveränität eine Wahrheit ist, und jeder einzelne Bürger bei seinen ihm durch die Verfassung und Gesetze garantirten Freiheiten gesichert und geschützt werden soll;

In Betrachtung dass die in der Bittschrift ausgesprochenen Verbesserungen für Privaten, Corporationen und für die Gemeinden ein allerwärts gefühltes Bedürfnis sind, durch welche jene drückenden Hemmungen in ihren einzelnen innern Verwaltungszweigen entfernt und aufgehoben werden können, die im Grunde nur geeignet sind, das freie bürgerliche Leben seiner Selbstständigkeit zu entziehen;

In Betrachtung, dass gegen die Wahrheit und Richtigkeit der in genannter Bittschrift ausgesprochenen Grundsätze keine haltbaren Gründe entgegengesetzt werden können;

gutächtlich gefunden und beantragt:

Die Gemeindeversammlung möchte beschliessen, dass der Gemeinderath beauftragt werde, die so eben eröffnete in dem Wahlkreis Hochdorf zirkulirende Bittschrift Namens der Gemeinde Hohenrain zu unterzeichnen.

Hohenrain, den 12. Hornung 1840

Namens des Gemeinderathes:

Der Präsident: (Sig.) Joseph Leu

Der Schreiber: (Sig.) J. B. Eggerschwiler

Quellennachweis:

Constantin Siegwart Müller: Ratsherr Joseph Leu von Ebersoll. Der Kampf zwischen Recht und Gewalt in der Schweizerischen Eidgenossenschaft, Altdorf 1863, S. 63.

Kommentar:

Neben der „Hornerpetition" werden weitere Bittschriften eingereicht, wie etwa diejenige der Gemeinde Hohenrain. Hinter dieser Eingabe an die Regierung steht der Gemeinderatspräsident von Hohenrain, Joseph Leu von Ebersoll (1800–1845), ein reicher Bauer aus dieser Gegend und Anführer der konservativen Bewegung. Er führt einen heftigen Kampf gegen die Liberalen und deren staatskirchliche Haltung. Neben der Forderung nach direkten Wahlen und einem Volksveto tauchen deshalb wieder religiöse Forderungen auf, die „römisch-katholische Kirche" soll vor staatlichen Eingriffen geschützt werden. Durch den Beschluss des Gemeinderates von Hohenrain sollen andere Gemeinden ermuntert werden, diesem Beispiel zu folgen.

Titel: Erklärung von den in Ruswyl versammelten Bürgern, die bevorstehende Verfassungsrevision des Kantons Luzern betreffend, Dezember 1840

Text 78:

Bei der bevorstehenden Verfassungsrevision muß in jedem Bürger des Kantons Luzern, welcher für das Vaterland nicht gleichgültig ist, der Wunsch aufleben, so viel an ihm liegt, dazu beizutragen, daß das Revisionswerk dem Kanton zum Heile gedeihe.

Uebereinstimmung in den Grundsätzen, welche in einer neuen Verfassung gewährleistet werden sollen, Gewissenhaftigkeit in der Wahl der Mittel, durch welche die Grundsätze geltend gemacht werden sollen, Eintracht im Handeln, gegenseitiges Vertrauen, vor Allem aber Zuversicht auf den Beistand des allmächtigen Gottes, sind die Grundbedingungen für Erreichung des Zieles.

Die Unterzeichneten haben sich heute aus allen Theilen des Kantons in Ruswyl versammelt, sich frei und offen über die Grundsätze, welche sie in der neuen Verfassung wünschen, zu verständigen und über die Mittel zu berathen, welche ihnen zweckmäßig dünken.

Bei ihrer freundschaftlichen Besprechung haben sie vorzüglich die von 11,793 Bürgern im März dieses Jahres dem Großen Rathe eingereichten, durch die Erfahrung bewährten Volkswünsche zu Rathe gezogen.

Sie erklären sich nunmehr, nach wechselseitiger Mittheilung und Ausgleichung ihrer Ansichten, Wünsche und Ueberzeugungen, mit Treue und Beharrlichkeit dahin zu wirken, daß in die künftige Verfassung des Kantons Luzern folgende Grundsätze als Fundamentalartikel aufgenommen werden.

I. Garantie (Gewährleistung) der römisch-katholischen Religion.

Die römisch-katholische Religion, welche wir von unsern frommen Vätern ererbet, soll in der künftigen Staatsverfassung als die Religion des gesammten Luzernervolkes anerkannt und gewährleistet werden. Die katholische Kirche, welche diese Religion in ihrer Reinheit bewahrt und die Segnungen derselben dem Bürger, der Familie, der Gemeinde, dem Staate, der ganzen Christenheit spendet, soll fortan des öffentlichen Schutzes im Kanton genießen. Die Verbindung zwischen dem sichtbaren Oberhaupte der katholischen Kirche, zwischen dem Bischofe und den Priestern untereinander, so wie der Bürger und Gemeinden zu denselben soll in religiösen und kirchlichen Dingen ungehemmt und ungestört bleiben und auf keine Weise vom Staate bevormundet werden. Wo die Kirche in die Verhältnisse des bürgerlichen und politischen Lebens eingreift, wo sie mit dem Wirken des Staates zusammentrifft, soll gegenseitiges Einverständnis, gegründet auf wechselseitiges Vertrauen und auf wechselseitige Achtung, die Bahn zeichnen, auf welcher Staat und Kirche sich bewegen sollen, damit Gott gegeben werde, was Gottes ist, und dem Staate, was des Staates ist; die Wahrung der Verhältnisse zwischen Staat und Kirche soll zunächst einer aus Weltlichen und Geistlichen zusammengesetzten Behörde anvertraut werden. Alle mit diesen Grundsätzen im Widerspruche stehenden, den Frieden und die Beruhigung der Katholiken trübenden Gesetze, Verbindungen und Bestrebungen sollen mit Eintritt der neuen Verfassung erlöschen und aufhören.

II. Garantie für eine katholische und vaterländische Erziehung der Jugend.

Die Erhaltung der katholischen Religion, so wie der Freiheit, hängt zunächst von der Erziehung der Jugend ab. Die Verfassung soll daher der Kirche eine Stellvertretung in den Erziehungsbehörden, eine vorsorgende Aufsicht über die Wahl der Lehrbücher einräumen. Sie soll den Erziehungsbehörden unter schwerer Verantwortlichkeit, zur Pflicht machen, die Leitung aller Bildungsanstalten in Bezug auf das Religiöse im Sinn und Geiste der römisch = katholischen Kirche und in Bezug auf das Politische im Sinn und Geiste der demokratischen Verfassungsgrundsätze zu besorgen.

III. Garantie für die Souveränität des Volkes.

Das Luzernervolk soll sein und bleiben ein freies, souveränes Volk. Sein Wille soll einzig der Religion und Gerechtigkeit unterthan sein, sonst sei es sich selber allein Herr und Gesetz. Darum soll ihm das Recht der Verfassungsänderung in der Verfassung zugesichert werden. Die Vorberathung der Verfassung soll eigenen, vom Volke unmittelbar dazu besonders, in den Wahlkreisen nach dem Verhältnisse der Zahl der stimmfähigen Bürger, gewählten Stellvertretern (einem Verfassungsrathe) jeweilen übertragen werden. Ueber allfällige Veränderungen des eidgenössischen Bundesvertrages und der Verhältnisse zwischen Staat und Kirche soll es fürderhin selbst entscheiden. Gegen Gesetze, Concordate, Bündnisse soll es, nach gesetzlichen Formen das Recht der Einsprache (Veto) ausüben, damit nichts den Staat regiere, als Religion, Gerechtigkeit und der Wille des Souveräns. Alle Mitglieder des Großen Rathes sollen von dem Volke unmittelbar in den Wahlkreisen, nach dem Verhältnisse der Zahl der stimmfähigen Bürger (Aktivbürgerzahl) gewählt werden. Alle Wahlen in die Bezirksgerichte und alle Beamteten der Gemeinden sollen ebenfalls unmittelbar vom Volke ausgehen.

IV. Garantie für die Freiheit, das Recht und das Eigenthum der Bürger oder Privaten.

Die persönliche Freiheit, das Hausrecht, die freie Beurtheilung öffentlicher Handlungen und Zustände inner den Gränzen der Wahrheit, Sittlichkeit und Religion, so wie das Recht, den Behörden Vorstellungen und Beschwerden einzureichen und das Recht zu Verbindungen, welche weder der katholischen Kirche noch der Freiheit des Volkes zuwider sind, sollen gesichert werden. Niemand genieße politische Vorrechte, Jeder sei gleich vor dem Gesetze. Jedem sei freigestellt, seine Rechtssachen entweder persönlich zu verfechten, oder deren Verfechtung einem ehrenfähigen Mann zu übertragen. Der Rechtsgang soll einfach sein. Urtheile von Schiedsleuten sollen gleiche Rechtskraft haben, wie richterliche Urtheile. Für Abtretung von Eigenthum und Rechtsamen an das öffentliche Wohl, welche nur im Nothfalle begehrt werden darf, soll volle Entschädigung geleistet werden. Die Ausübung der Eigenthumsrechte soll nicht durch lästige Formalitäten oder Entrichtung von Taxen erschwert werden, wie dieses durch die Gesetze über Bauten, das Forstgesetz u.s.w. geschieht.

V. Garantie für die Selbstständigkeit von Corporationen und Gemeinden.

Geistliche und weltliche Corporationen sollen gleich den Privaten besteuert, jedoch bei ihrem Eigenthum und bei der Verwaltung desselben beschützt werden. Die Aufnahme von Mitgliedern soll ihnen gestattet sein. Das Recht zu Errichtung frommer und wohlthätiger Stiftungen, so wie zu Vergabungen an schon bestehende soll keinen andern Beschränkungen unterworfen werden, als Stiftungen und Vermächtnisse für andere erlaubte Zwecke. Schon bestehende fromme oder wohlthätige Stiftungen seien unverletzlich. Die Gemeinden sollen ihre Angelegenheiten, inner den Schranken der Verfassung und Gesetze, ohne Einmischung der Staatsbehörden, nach ihrer Organisation und ihrem Herkommen selbst besorgen, ihre Güter verwalten, und ihre Beamten bestellen.

VI. Garantie für einen einfachen Staatshaushalt.

Behörden und Beamtungen, die sich als überflüssig gezeigt, sollen aufgehoben, die Zahl der Mitglieder des Kleinen Rathes und des Obergerichts soll vermindert, der Gang in Verwaltungssachen möglichst vereinfacht werden. Die Verfassung soll durch eine Grundbestimmung die Gesetzgebung anweisen, bei der Umarbeitung der alten und bei Aufstellung neuer Gesetze die Eigenthümlichkeiten und Bedürfnisse des Volkes, republikanische Einfachheit und religiös-sittliche Veredelung als Grundlage, Maaß und Ziel im Auge zu behalten. Die Staatsverwaltung soll sich inner den Schranken der ihr zu Gebote stehenden Hilfsmittel halten, einer strengen Verantwortlichkeit unterworfen, und öffentlich sein. Gegen die Willkür von Behörden und Beamten soll den Bürgern schützende Gewähr geleistet werden.

Im Einverständniß mit den Eingangs gemeldeten 11,793 Bürgern des souveränen Volkes halten die Unterzeichneten dafür, daß die sicherste Gewähr für die Verwirklichung dieser Grundsätze in der Aufstellung eines Verfassungsrathes von hundert Mitgliedern nach dem Verhältnisse der Bevölkerung in den Wahlkreisen unmittelbar durch das Volk gewählt, liege. Sie glauben sich daher verpflichtet, für die Aufstellung eines solchen Verfassungrathes, nach dem Sinn und Buchstaben des § 61 der Staatsverfassung, zu wirken und jeder Abweichung hievon in der Wahlart oder Vertheilung der hundert Mitglieder, als einer Verfassungsverletzung entgegenzutreten. Ueberhaupt erklären sie sich feierlich, daß sie bei Anwendung ihrer Mittel zur Erreichung des vorgesteckten Zieles die Verfassung, die Gesetze, die Achtung vor den Behörden, christliche Duldung, unabwandelbar im Auge behalten werden, so wie sie hinwieder fest entschlossen sind, keine Angriffe auf die Verfassung, so viel an ihnen liegt, zuzugeben, keinen Ungesetzlichkeiten oder Gewaltthätigkeiten, sie mögen kommen, woher sie wollen, das Recht aufzuopfern, und sich durch keine Vorspiegelungen bethören, durch keine Verdächtigungen und Verfolgungen in ihrem offenen und redlichen Wirken einschüchtern zu lassen.

Die Unterzeichneten flehen in demüthigem Gebete in Verbindung mit allen Denjenigen, welche schon lange vertrauensvoll ihre Hände für die Wohlfahrt des Vaterlandes zum Himmel erheben, den Gott alles Rathes und alles Heiles um Erleuchtung, Kraft und Beistand an, und empfehlen seinem allmächtigen Schutze so wie der Fürbitte der göttlichen Mutter die Sache ihres theuren Vaterlandes im innigem Vertrauen. Gott und Vaterland! Ruswyl, den 5. Wintermonat 1840. (Folgen die Unterschriften)

Quellennachweis:

Constantin Siegwart Müller: Ratsherr Joseph Leu von Ebersoll. Der Kampf zwischen Recht und Gewalt in der Schweizerischen Eidgenossenschaft, Altdorf 1863, S. 103–107.

Kommentar:

Die „Ruswiler Erklärung" wird an einer Versammlung der konservativ-demokratischen Bewegung im Wirtshaus Rössli in Ruswil verabschiedet. Die stark bäuerlich geprägte Gemeinde wird gewählt, weil dort Volksfrömmigkeit und Sakramentenreligion stark verwurzelt sind. Ruswil gilt als Hochburg der Konservativen. Im Unterschied zur Hornerpetition dominieren die religiösen Begehren, wie die Gewährleistung der Unabhängigkeit der Kirche und der katholischen Erziehung der Jugend. Auch das Veto wird religiös legitimiert, es soll dazu dienen, staatliche Angriffe auf die Religion abzuwehren. Bemerkenswert ist auch die Forderung nach einer Garantie der Selbstständigkeit der Gemeinden und Korporationen, also eine Verteidigung der Gemeindeautonomie und der lokalen Selbstverwaltungsrechte.

Titel: Staats-Verfassung des Kantons Luzern vom 1. Mai 1841

Text 79:

Staats-Verfassung des Kantons Luzern
vom 1. Mai 1841

I. Titel: Allgemeine Grundsätze

§ 1. Der Kanton Luzern ist ein demokratischer Freistaat.
       Er ist als solcher ein souveränes Bundesglied der schweizerischen Eidgenossenschaft.
§ 2. Die Souveränität beruht in der Gesammtheit des Volkes.
§ 3. Die apostolische römisch-christkatholische Religion ist die Religion des gesammten Luzernervolkes, und als solche die Religion des Staates.
       Die Staatsbehörde darf daher weder die mittelbare noch unmittelbare Verbindung der Priester, Bürger oder Gemeinden mit den Behörden und Vorstehern der römisch-christkatholischen Kirche, mit dem Papste und mit dem Bischofe, in religiösen und kirchlichen Dingen auf irgend eine Weise hemmen, beschränken oder verhindern.

Jedoch sollen alle kirchlichen Erlasse und Verordnungen, die veröffentlicht werden wollen, der Regierung zur Einsicht mitgetheilt werden (Visum).

Die Verhältnisse zwischen Staat und Kirche werden durch gegenseitiges Einverständniß der weltlichen und geistlichen Oberbehörden geregelt.

Der Staat gewährleistet die Unverletzlichkeit der zu religiösen und kirchlichen Zwecken bestehenden Güter und Stiftungen.

Der Fortbestand der Stifte und Klöster, so weit er vom Staate abhängt, ist gewährleistet.

Die Verwaltung ihrer Güter steht denselben, so wie den Klöstern insbesondere die Aufnahme von neuen Mitgliedern (Novizen), unter der Aufsicht und dem Schutze des Staates, zu.

Zur Erwerbung und Veräußerung von Liegenschaften bedürfen sie der Bewilligung der Staatsbehörde.

§ 4. Die Jugend soll der nöthigen Erziehung und Bildung genießen.

Die Erfüllung dieser Pflicht liegt, wie zunächst den Ältern oder Pflegeältern, so überhaupt den Gemeinden und dem Staate ob.

Der Staat erleichtert den Ältern und Gemeinden die Erfüllung ihrer daherigen Pflichten durch Errichtung von Erziehungs- und Bildungsanstalten.

Die Erziehungsbehörde sorgt dafür, daß die Erziehung und Bildung in diesen Anstalten im Geiste der römisch-christkatholischen Religion und eines demokratischen Freistaates ertheilt werde.

Niemanden kann verweigert werden, außer dem Kanton auf ihm beliebigen Anstalten sich ausbilden zu lassen.

§ 5. Es gibt im Kanton Luzern keine Vorrechte, weder der Orte, noch der Geburt, der Personen oder Familien, sondern alle Bürger sind an politischen Rechten und vor dem Gesetze gleich.

Jeder Bürger des Kantons hat, wenn er die erforderlichen Eigenschaften besitzt, Zutritt zu allen Stellen und Ämtern.

§ 6. Die persönliche Freiheit ist unverletzlich.

Niemand darf gerichtlich verfolgt, verhaftet oder in Verhaft gehalten werden, außer in den vom Gesetze vorgesehenen Fällen und auf die vom Gesetze vorgeschriebene Weise. Niemand darf seinem ordentlichen Richter entzogen werden.

§ 7. Die Freiheit der Meinungsäußerung in Wort und Schrift, sowie der Presse, inner den Schranken der Wahrheit, Sittlichkeit und Religion, ist gesichert.

Der Richter bestraft nach gesetzlichen Vorschriften den Mißbrauch dieser Freiheit.

§ 8. Das freie Petitionsrecht ist gewährleistet.

Jeder Bürger, einzeln oder mit andern vereint, jede Gemeinde oder Korporation haben das Recht, jeder Behörde Wünsche, Anliegen oder Beschwerden schriftlich in anständiger Fassung einzureichen.

§ 9. Die Verfassung sichert die Unverletzlichkeit des Eigenthums jeglicher Art für Privaten, Gemeinden und vom Staate anerkannte Korporationen, oder die gerechte Entschädigung für die Güter, deren Aufopferung das öffentliche Interesse fordern sollte.

Die Forderung der Entschädigung, wenn sie streitig wird, ist Rechtssache.

§ 10. Die Handels- und Gewerbsfreiheit ist in der Regel anerkannt. Einem zu erlassenden Gesetze sind aber diejenigen beschränkenden Bestimmungen vorbehalten, welche das allgemeine Wohl erfordert.

Für eine billige Entschädigung derjenigen Ehehaften, welche durch das Gesetz vom 21. Wintermonat 1839 aufgehoben wurden, oder künftig noch aufgehoben werden wollten, wird ein Gesetz ebenfalls die nöthigen Bestimmungen aufstellen.

§ 11. Alles Vermögen, Einkommen, und der Erwerb ist steuerbar.

Stifte und Klöster leisten von ihrem Korporationsvermögen die Vermögenssteuer mittelst jährlicher Beiträge an das öffentliche Erziehungswesen und für geistliche Zwecke. Der Große Rath wird alljährlich diese Beiträge nach Maßgabe des Vermögens bestimmen.

Zu Polizei- und Armensteuern der Gemeinden werden die Liegenschaften der Stifte und Klöster, sowie des Staates gleich andern Liegenschaften nach dem Katasterwerthe besteuert.

§ 12. Die fortdauernde Loskäuflichkeit der Zehnten und Grundzinse ist gesichert.

Der Boden soll mit keiner nichtloskäuflichen Last, gemäß welcher der Grundeigenthümer etwas leisten muß, belegt sein noch belegt werden.

Alle persönlichen und dinglichen Leistungen, welche seit dem Jahr 1798 unterblieben sind, wie Fall, Ehrschatz und dergleichen, bleiben abgeschafft.

§ 13. Die Bürger sind in der Regel pflichtig, diejenigen Beamtungen, welche durch unmittelbare Volkswahlen bestellt werden, anzunehmen. Diese Pflicht beschränkt sich jedoch nur auf eine Amtsdauer.

Die Ausnahmen von dieser allgemeinen Verpflichtung bestimmt das Gesetz.

§ 14. Keine politische Beamtung oder Anstellung darf auf Lebenszeit ertheilt werden. Dagegen darf auch kein politischer Beamteter oder Angestellter vor Ablauf seiner Amtsdauer, ohne richterliches Urtheil, von seiner Beamtung oder Anstellung entfernt werden.

§ 15. Kein Beamteter darf von nun an bürgerliche oder militärische Stellen, Titel, Orden oder Pensionen von fremden Staaten, ohne Bewilligung der obersten Landesbehörde, annehmen.

§ 16. Jeder Beamtete ist persönlich für seine Amtsführung Rechenschaft schuldig, und kann wegen Überschreitung oder Mißbrauch der ihm anvertrauten Amtsgewalt zur Verantwortung gezogen und zu allfälligem Schadenersatz angehalten werden.

§ 17. In keiner richterlichen oder verwaltenden Behörde dürfen gleichzeitig Mitglieder sein: Vater und Sohn, Brüder, Oheim und Neffe, Stiefvater und Stiefsohn, Schwiegervater und Schwiegersohn, und leibliche Schwäger, so lange die Personen, durch welche die Schwägerschaft begründet wurde, am Leben sind.

Das Gleiche ist zu beobachten zwischen Präsident und Schreiber einer solchen Behörde, sowie bei Gesandtschaften.

§ 18. Die vollziehende und richterliche Gewalt dürfen nie vereinigt werden. Das Gesetz hat die Gränzen dieser Gewalten sorgfältig auszuscheiden.

Bei Competenzstreitigkeiten zwischen der vollziehenden und richterlichen Gewalt (Conflikten) entscheidet die gesetzgebende Gewalt.

§ 19. Jeder Bürger ist zur Vertheidigung des Vaterlandes verpflichtet. Jeder im Kanton wohnende Schweizer kann ebenfalls zu Militärdiensten angehalten werden.

§ 20. Jedem Bürger ist freigestellt, seine Rechtssachen entweder persönlich zu verfechten, oder deren Verfechtung Andern zu übertragen.

Allfällige Beschränkungen hinsichtlich der Übertragung von Rechtsgeschäften an Andere, welche Beschränkungen das öffentliche Wohl fordern sollte, wird das Gesetz aufstellen.

Kein Mitglied des Regierungsrathes oder des Obergerichts darf die Rechtssachen Anderer zum Verfechten übernehmen.

Schiedsrichterliche Urtheile nach gesetzlichen Formen haben gleiche Rechtskraft, wie die Urtheile der richterlichen Behörden, und werden wie diese vollzogen.

§ 21. Jeder Bürger des Kantons kann das Bürgerrecht in jeder andern Gemeinde nach gesetzlichen Bestimmungen an sich bringen.

Jeder Bürger des Kantons genießt, unter Beobachtung der gesetzlichen Vorschriften, das Recht freier Niederlassung in allen Gemeinden.

§ 22. Das Kantonsbürgerrecht kann nur an Nichtkantonsbürger römisch-christkatholischer Religion nach gesetzlichen Bestimmungen ertheilt werden.

Das Ortsbürgerrecht bildet die Grundlage des Kantonsbürgerrechts.

II. Titel: Eintheilung des Kantons und politischer Stand der Bürger

§ 23. Der Kanton Luzern ist in fünf Ämter, in Gerichtsbezirke, Friedensrichterkreise und in Gemeinden, sowie in fünf und zwanzig Wahlkreise nach der am Ende beigefügten Übersicht eingetheilt.

§ 24. Die Stadt Luzern ist der Hauptort des Kantons und der Sitz der Kantonalbehörden.

§ 25. Jedem Kantonsbürger ist freigestellt, sein politisches Stimmrecht in der Heimath- oder in der Wohngemeinde und in dem Wahlkreise, welchem diese oder jene zugetheilt ist, nach gesetzlichen Vorschriften auszuüben.

§ 26. Um politisch stimmfähig zu sein, muß man:
   a) Römisch-christkatholischer Religion;
   b) Kantonsbürger, weltlichen Standes sein;
   c) Das zwanzigste Jahr erfüllt haben.

Von der Stimmfähigkeit sind ausgeschlossen:
   a) die zu einer Kriminalstrafe Verurtheilten;
   b) die im Aktivbürgerrecht Eingestellten bis zu ihrer Rehabilitation;
   c) die Falliten oder solche, die zum Nachtheil ihrer Gläubiger akkordirt haben, bis zum Beweise der Befriedigung derselben;
   d) diejenigen, welche mittelbar oder unmittelbar von den Armenämtern seit dem 16. Altersjahr Unterstützungen genossen und solche Unterstützungen nicht restituirt haben.

III. Titel: Öffentliche Gewalten

I. Abschnitt: Souveräne Gewalt

§ 27. Das souveräne Volk übt seine Souveränetätsrechte theils unmittelbar durch seine stimmfähigen Bürger selbst, theils überträgt es deren Ausübung seinen Stellvertretern.

§ 28. Das souveräne Volk allein kann Veränderungen in der Verfassung beschließen.

§ 29. Über die Frage einer Verfassungs-Abänderung oder Revision derselben hat sich das Volk in ordentlichen Gemeindeversammlungen auszusprechen.

Solche Revisions-Gemeinden können jeweilen am letzten Tage des Weinmonats und folgender Weise Statt finden.

Wenn der sechste Theil der stimmfähigen Bürger einer Gemeinde das Begehren zu Abänderung oder Revision der Verfassung stellt, so ist der Gemeinderath gehalten, auf den oben bezeichneten Tag eine Versammlung aller in der Gemeinde wohnenden und nach § 26 der Verfassung stimmfähigen Bürger einberufen, denselben das gestellte Begehren vorzulegen, und sie darüber abstimmen zu lassen.

Ist die Abstimmung erfolgt, so wird darüber ein Verbalprozeß aufgenommen, und derselbe unverweilt an das betreffende Statthalteramt zu Handen des Regierungsrathes eingesandt.

Der Regierungsrath macht, nach vorgenommenem Untersuch der Verbale, sofort das Ergebniß der Abstimmung bekannt.

§ 30. Hat sich in solchen Gemeinden nicht die absolute Mehrheit der stimmfähigen Bürger des Kantons für Revision ausgesprochen, so bleibt die Verfassung unverändert in Kraft.

§ 31. Spricht sich hingegen die absolute Mehrheit der stimmfähigen Bürger des Kantons für Revision der Verfassung aus, so ist der Regierungsrath gehalten, sofort den Großen Rath zu versammeln.

Der Große Rath hat sodann einen Verfassungsrath von hundert Mitgliedern einzuberufen, welche von den stimmfähigen Bürgern in den durch die Verfassung aufgestellten Wahlkreisen nach Verhältniß der Bevölkerung unmittelbar erwählt werden. Dem Verfassungsrathe steht die Berathung der Revision der Verfassung zu.

Das Ergebniß seiner Berathungen muß derselbe dem souveränen Volke in den Wahlkreisen zur Annahme oder Verwerfung vorlegen.

Stimmt die absolute Mehrheit der stimmfähigen Bürger, welche an der Abstimmung Antheil genommen haben, zur Annahme, so wird der Entwurf der revidirten Verfassung vom Großen Rathe als Grundgesetz erklärt.

Erhalten hingegen die Berathungen des Verfassungsrathes nicht die Stimmen der absoluten Mehrheit der in den Wahlkreis-Versammlungen anwesenden stimmfähigen Bürger, so bleibt die Verfassung unverändert in Kraft.

§ 32. Findet der Groß Rath für zweckmäßig oder nothwendig, daß Veränderungen in der Verfassung vorgenommen werden, so bringt er diese Frage jeweilen an einem und demselben Tage, gleichzeitig im ganzen Kanton, an sämmtliche Gemeinden zur Entscheidung.

Über die Abstimmungen in den Revisions-Gemeinden, über allfällige Einberufung, Wahl und Berathung des Verfassungsrathes, sowie über Annahme oder Verwerfung der von demselben vorgenommenen Abänderungen durch das Volk in Wahlkreisen, gilt alsdann lediglich, was in den vorhergehenden §§ 29, 30 und 31 gesagt ist.

§ 33. Jeweilen inner den nächsten zehn Tagen nach ausgesprochener Revision oder nach erfolgter Verfassungsannahme hat der bestehende Große Rath das Ergebniß der Abstimmung bekannt zu machen.

Spätestens vierzehn Tag nach Bekanntmachung der Abstimmungen sollen gleichzeitig in allen Wahlkreisen des Kantons die Wahlen in den Großen Rath oder in den Verfassungsrath Statt finden. Die Gewählten haben inner den nächsten acht Tagen zusammenzutreten.

§ 34. Jede Veränderung des schweizerischen Bundesvertrags muß dem souveränen Volke in den Gemeinden zur Annahme oder Verwerfung vorgelegt werden.

§ 35. Gegen Gesetze, Bündnisse, Verträge oder Konkordate, so wie gegen Einführung neuer Corporationen, kann das souveräne Volk in den ordentlichen Gemeindeversammlungen Einspruch oder das Veto einlegen.

Solche Veto-Gemeinden können jeweilen inner fünfzig Tagen, von dem Tage der Bekanntmachung eines Gesetzes oder Vertrages an, auf folgende Weise Statt finden.

Wenn der sechste Theil der stimmfähigen Bürger einer Gemeinde das Begehren für Abhaltung einer Veto-Gemeinde stellt, so ist der Gemeinderath gehalten, vor Ablauf der oben bezeichneten fünfzig Tage eine Versammlung aller in der Gemeinde wohnenden und nach § 26 der Verfassung stimmfähigen Bürger einzuberufen, denselben das in Frage gestellte Gesetz, Bündniß, Vertrag oder Konkordat, so wie die in Frage liegende Einführung einer neuen Corporation vorzulegen, und sie darüber abstimmen zu lassen.

Ist die Abstimmung erfolgt, so wird darüber ein Verbalprozeß aufgenommen, und derselbe unverweilt an das betreffende Statthalteramt zu Handen des Regierungsrathes eingesandt.

Der Regierungsrath macht, nach vorgenommenem Untersuch der Verbale, sofort das Ergebniß der Abstimmung bekannt.

§ 36. Hat sich die absolute Mehrheit der stimmfähigen Bürger des Kantons für Verwerfung ausgesprochen, so ist der Regierungsrath gehalten, sofort den Großen Rath zu versammeln.

Der Große Rath, nachdem er die Richtigkeit des ihm von dem Regierungsrathe vorgelegten Ergebnisses der Abstimmungen erwahrt, hat sodann den Willen des souveränen Volkes anzuerkennen, das von ihm erlassene Gesetz, Bündniß, Vertrag oder Konkordat, sowie die Bewilligung zur Einführung einer neuen Corporation als aufgehoben zu erklären, und dieses durch einen Beschluß öffentlich bekannt zu machen.

§ 37. Vor Ablauf der für Einlegung des Einspruchs oder des Veto's verfassungsgemäß eingeräumten Frist tritt kein Gesetz, Bündniß, Vertrag oder Konkordat, sowie keine Bewilligung zur Einführung einer neuen Corporation, in Kraft.

§ 38. Das Nähere über die Art und Weise, wie sowohl die Revisions-Gemeinden als die Veto-Gemeinden abzuhalten sind, bestimmt das Gesetz.

§ 39. Das souveräne Volk wählt, nach Vorschrift der Verfassung und des Gesetzes, in den Wahlkreisen seine Stellvertreter in den Großen Rath.

II. Abschnitt: Gesetzgebende Gewalt

§ 40. Ein Großer Rath von hundert Mitgliedern, durch die Wahlkreise im Verhältnisse deren Bevölkerung unmittelbar gewählt, übt im Namen des Souveräns, inner den verfassungsmäßigen Schranken, die gesetzgebende Gewalt aus.

§ 41. Die Mitglieder des Großen Rathes müssen, nebst den zur Stimmfähigkeit erforderlichen Eigenschaften, das fünf und zwanzigste Altersjahr erfüllt haben, und über den Besitz eines Vermögens von zweitausend Franken sich ausweisen.

Sie bleiben vier Jahre im Amte, nach deren Ablauf sie sämmtlich im Austritt sich befinden, aber sogleich wieder wählbar sind. Der erste Austritt und die Wiedererwählung hat im Jahre 1845 auf den ersten Tag des Maimonats zu erfolgen.

Wird das gleiche Mitglied von zwei oder mehrern Wahlkreisen gewählt, so hat es sich zu erklären, in welchem es die Wahl annehmen wolle, worauf der oder die andern Wahlkreise zu einer neuen Wahl schreiten.

Wird eine Stelle vor Ablauf der vierjährigen Amtsdauer ledig, so soll dieselbe von dem betreffenden Wahlkreise inner dreißig Tagen wieder besetzt werden.

Der abtretende Große Rath bleibt in seiner Stellung, bis der neuerwählte sich konstituirt hat.

§ 42. Wenn ein Mitglied des Großen Rathes während der Amtsdauer aufhört, die verfassungsmäßigen Eigenschaften zu besitzen, so tritt es aus. Entlassungen aus dem Großen Rathe werden von diesem ertheilt.

§ 43. Jedes Mitglied des Großen Rathes hat in Allem das Interesse und den Willen der Gesammtheit des Volkes im Auge zu behalten.

Es ist verpflichtet, den Sitzungen der Großen Rathes, bei Verlust des Amtes, fleißig beizuwohnen.

§ 44. Die Sitzungen des Großen Rathes sind der Regel nach öffentlich. Doch kann die geheime Sitzung beschlossen werden, was durch das Reglement des Großen Rathes bestimmt werden soll.

§ 45. Der Große Rath wählt alljährlich aus seiner Mitte den Präsidenten, Vicepräsidenten, zwei Secretäre und zwei Stimmenzähler. Das gleiche Mitglied darf nicht zwei auf einander folgende Jahre die Stelle eines Präsidenten bekleiden. Die Stellen eines Präsidenten des Großen Rathes und des Regierungsrathes sind in einer und derselben Person nicht vereinbar.

§ 46. Als gesetzgebende Behörde erläßt und erläutert der Große Rath inner den verfassungsmäßigen Schranken die Gesetze.

Er führt die Oberaufsicht über die Landesverwaltung, über den Regierungsrath und das Obergericht.

§ 47. Er rathschlagt über die Vorschläge von Gesetzen und Beschlüssen, welche der Regierungsrath vorlegt, und beschließt darüber durch Annahme, beliebige Abänderungen oder gänzliche Verwerfung, sowie gleichfalls über diejenigen Vorschläge von Gesetzen und Beschlüssen, welche aus seiner eigenen Mitte hervorgehen.

Jedem einzelnen Mitgliede steht das Recht zu, Vorschläge zu machen, oder Gesetze und Beschlüsse in Antrag zu bringen.

Der Große Rath bestimmt alljährlich den Voranschlag der Einnahmen und Ausgaben des Staates, und beschließt die zur Deckung der letztern erforderlichen Abgaben.

Er untersucht die alljährlich abzulegenden Staatsrechnungen, ertheilt denselben, sofern er sie richtig findet, seine Genehmigung, und läßt eine Übersicht davon durch den Druck öffentlich bekannt machen.

Der Große Rath läßt sich alljährlich oder so oft es ihm beliebt über die gesammte Staats-verwaltung, über die Rechtspflege und über die Vollziehung der Gesetze oder über eid-genössische Angelegenheiten allgemeine oder besondere Berichte erstatten und Rechen-schaft ablegen. Sowohl der Regierungsrath als das Obergericht sind dem Großen Rathe verantwortlich. Wegen Verletzung der Verfassung und der Gesetze, wegen Veruntreuung, pflichtwidriger Verwaltung des Staatsvermögens, wegen Rechtsverweigerung, Rechtsver-zögerung kann der Große Rath den Regierungsrath oder das Obergericht oder einzelne Mitglieder dieser Behörden zur Verantwortung ziehen und in Anklagestand versetzen.

§ 48. Wenn im Großen Rathe über die Rechnungen und die Verwaltung des Regierungsra-thes oder den Rechenschaftsbericht des Obergerichts abgestimmt wird, so verlassen die Mitglieder des Regierungsrathes oder des Obergerichts die Versammlung.

Das Gleiche ist der Fall, wenn Privaten, Corporationen oder Gemeinden mit Be-schwerden gegen diese Behörden beim Großen Rath einkommen, sowie bei Conflicten. In Commissionen, welche zur Prüfung der Staatsverwaltung und der Staatsrechnun-gen bestellt werden, können diejenigen Mitglieder des Großen Rathes nicht gewählt werden, die zu Mitgliedern des Regierungsrathes in einem im § 17 aufgezählten Ver-wandtschaftsgrad sich befinden.

Ebenso haben die Mitglieder des Obergerichts bei Ertheilung von Prozessvollmachten zu Führung von Rechtsstreitigkeiten im Kanton, welche vor die oberste Instanz gezo-gen werden können, die Versammlung zu verlassen.

§ 49. Ohne Bewilligung des Großen Rathes darf kein Staatsvertrag geschlossen, kein Staats-anleihen aufgenommen, keine Bürgschaft eingegangen, kein Darleihen außer den Kan-ton gemacht, kein Kauf oder Verkauf von Staatsgütern getroffen werden.

Alle solche Verträge unterliegen seiner Bestätigung.

Für die Veräußerung von Liegenschaften, welche der Kirche oder kirchlichen Cor-porationen oder Stiftungen angehören, ist überhin die Einwilligung der betreffenden Kirchenbehörden einzuholen.

§ 50. Dem Grossen Rathe steht das unbedingte Begnadigungs- und Rehabilitationsrecht in allen Straffällen, sowie das Recht der Amnestie zu.

Er übt überhaupt alle der höchsten stellvertretenden Behörde des Kantons zustehen-den Befugnisse aus.

§ 51. So oft behufs der innern Ruhe im Kanton oder zur Erfüllung von Bundespflichten Truppen aufgeboten werden müssen, soll der Große Rath sofort einberufen werden, welcher dann von sich aus die Fortdauer oder Auflösung des Truppenaufgebots, sowie alle erforderlichen Maßregeln beschließt.

§ 52. Der Große Rath bestimmt die Gehalte aller Beamteten und Angestellten, welche vom Staate besoldet werden, und deren Besoldung die Summe von 300 Franken übersteigt. Er ernennt: die Mitglieder des Regierungsrathes, des Obergerichtes und des Kriminal-gerichtes, fünf Mitglieder in den Erziehungrath, den Staatsschreiber, den Verhörrich-ter, den Staatsanwalt, den Großweibel, die Amtsstatthalter, die Bezirksgerichtspräsi-denten, die Gesandten auf die eidgenössische Tagsatzung, welchen er die Instruktionen ertheilt, das Mitglied in den eidgenössischen Verwaltungsrath und in den eidgenössi-schen Repräsentantenrath.

Er bestätigt die vom Regierungrathe ausgehende Ernennung der Commandanten der Bataillone.

§ 53. Die Mitglieder des Großen Rathes beziehen für ihre Teilnahme an den Großrathsversammlungen eine jährliche Entschädigung von hundert und zwanzig Franken aus der Staatskasse.

§ 54. Der Große Rath versammelt sich ordentlicherweise dreimal des Jahres.
Außerordentlich tritt derselbe zusammen:
a) wenn es der Regierungsrath verlangt;
b) wenn es zwölf Mitglieder des Großen Rathes unter Angabe ihrer Gründe verlangen;
c) wenn es der Präsident des Großen Rathes von sich aus für nothwendig findet.
Die Einberufung des Großen Rathes geschieht durch den Präsidenten desselben.

§ 55. Ein Reglement wird die Art und Weise, wie der Große Rath seine Befugnisse ausübt, näher bestimmen.

III. Abschnitt: Verwaltende und vollziehende Gewalt

§ 56. Ein Regierungsrath von eilf Mitgliedern ist mit der Vollziehung der Gesetze, Verordnungen und Beschlüsse, und mit der Staatsverwaltung in allen ihren Theilen beauftragt. In denselben muß aus jedem der fünf Ämter des Kantons je ein Mitglied gewählt werden; die übrigen sechs Mitglieder sind frei aus allen wahlfähigen Bürgern des Kantons zu wählen.

§ 57. Um in den Regierungrath wahlfähig zu sein, muß man politisch stimmfähig, wenigstens dreißig Jahre alt sein, und über den Besitz eines Vermögens von viertausend Franken sich ausweisen.
Die Amtsdauer ist auf vier Jahre festgesetzt, nach deren Abfluß alle Mitglieder gleichzeitig austreten, aber sogleich wieder wählbar sind. Der erste Austritt findet auf den ersten Tag des Brachmonats 1845 statt.
Wird eine Stelle im Regierungsrathe durch Tod, Entlassung oder Entsetzung vor Ablauf der verfassungsmäßigen Amtsdauer erledigt, so soll der Große Rath in seiner nächsten Versammlung die erledigte Stelle wieder besetzen.

§ 58. Die Mitglieder des Regierungsrathes können nicht Mitglieder einer untergeordneten Behörde mit Ausnahme des Erziehungsrathes sein, oder eine Beamtung bekleiden, über welche der Regierungsrath die unmittelbare Aufsicht zu führen hat.

§ 59. Der Regierungsrath erläßt die zur Vollziehung und Verwaltung nöthigen Verordnungen und Beschlüsse, welche jedoch der Verfassung und den bestehenden Gesetzen nicht zuwiderlaufen dürfen. Er übt über die untern vollziehenden und administrativen Behörden und Beamteten die Aufsicht aus; er entscheidet über Anstände und Rekurse im Verwaltungsfache; er legt dem Großen Rathe alljährlich oder so oft es verlangt wird über alle Theile der ihm obliegenden Staatsverwaltung Rechenschaft ab, und ist für die getreue Verwaltung verantwortlich; er schlägt aus eigenem Antriebe oder aus Auftrag dem Großen Rathe Gesetze und andere Beschlüsse vor, die dieser mit oder ohne Abänderung annimmt, oder verwirft.

§ 60. Behufs der Vorberathung von Geschäften und Einholung von Berichten kann der Regierungrath Ausschüssen oder einzelnen Mitgliedern besondere Fächer der Staatsverwaltung oder einzelne Geschäfte übertragen. Jede Entscheidung aber muß in der Regel vom Regierungsrathe selbst ausgehen.

Die Geschäftsordnung, welche der Große Rath auf den Vorschlag des Regierungsrathes erläßt, bestimmt hierüber, sowie über die Beratungsform das Nähere.

§ 61. Aus der Mitte des Regierungsrathes wählt der Große Rath den Schultheißen und Statthalter jeweilen auf ein Jahr, nach dessen Abfluß sie für die Dauer eines Jahres zu dem gleichen Amte nicht wieder wählbar sind.

Der Schultheiß, und in dessen Abwesenheit der Statthalter, in Abwesenheit beider aber jeweilen das der Amtsdauer nach älteste Mitglied, führen den Vorsitz im Regierungsrathe.

§ 62. Die nähere Ausmittlung der in Zukunft vom Regierungsrathe nicht ausschließlich auszuübenden Wahlen wird das Gesetz enthalten.

§ 63. Es wird ein Erziehungsrath von neun Mitgliedern aufgestellt. Ihm ist unter Oberaufsicht des Regierungsrathes die Aufsicht und Leitung des Erziehungswesens übertragen. Demselben kömmt auch die Vorberathung über alles, was die Verhältnisse zwischen Staat und Kirche betrifft, zu. Die vorberathenen Gegenstände gelangen an den Regierungsrath.

§ 64. Der Große Rath wählt in den Erziehungsrath fünf Mitglieder aus dem weltlichen Stande. Die drei Landkapitel und das Sextariat Luzern wählen jedes ein Mitglied aus der gesammten Kantonsgeistlichkeit.

Der Große Rath bezeichnet aus den von ihm Gewählten den Präsidenten des Erziehungsrathes.

Die Mitglieder bleiben vier Jahre im Amte, worauf sie alle gemeinschaftlich austreten, aber sogleich wieder wählbar sind. Der erste Austritt findet auf den ersten Tag des Brachmonats 1845 statt.

§ 65. Der Erziehungsrath ist für sein Wirken dem Regierungsrathe und dem Großen Rathe verantwortlich.

§ 66. Zur Handhabung der Gesetze und Verordnungen und zur Erhaltung der öffentlichen Ordnung und Sicherheit wählt der Große Rath, auf eine Amtsdauer von vier Jahren, für jedes Amt einen Amtsstatthalter aus den stimmfähigen Bürgern des betreffenden Amtes.

Der Gewählte hat alle zur Wählbarkeit in den Großen Rath erforderlichen Requisiten auf sich zu vereinigen.

Das Gesetz bestimmt seine Amtsbefugnisse und Pflichten, die Organisation seiner Kanzlei und seinen Gehalt.

IV. Abschnitt: Richterliche Gewalt

§ 67. Ein Obergericht von eilf Mitgliedern ist die höchste Behörde in bürgerlichen Rechtsstreitigkeiten und in Straffällen, und übt die Oberaufsicht über die Rechtspflege.

§ 68. Die Mitglieder des Obergerichts werden frei aus allen wahlfähigen Bürgern des Kantons vom Großen Rathe auf vier Jahre gewählt, nach deren Abfluß alle gemeinschaftlich austreten, aber sogleich wieder wählbar sind. Der erste Austritt findet auf den ersten Tag des Brachmonats 1845 statt.

Der Große Rath wählt für gleiche Amtsdauer fünf Ersatzmänner zu Ergänzung des Obergerichts in Fällen des Ausstandes oder sonstiger Abwesenheit.

Wird eine Stelle im Obergericht durch Tod, Entlassung oder Entsetzung vor Ablauf der verfassungsmäßigen Amtdauer erlediget, so soll der Große Rath in seiner nächsten Versammlung die erledigte Stelle wieder besetzen.

Um als Mitglied oder Ersatzmann in das Obergericht wahlfähig zu sein, muß man politisch stimmfähig, wenigstens dreißig Jahre alt sein, und über den Besitz eines Vermögens von zweitausend Franken sich auszuweisen.

§ 69. Die Mitglieder des Obergerichts können nicht Mitglieder eines untergeordneten Gerichts, oder einer andern Behörde sein, oder eine Beamtung bekleiden, über welche das Obergericht die Aufsicht zu führen hat.

§ 70. Aus der Mitte des Obergerichts wählt der Große Rath den Präsidenten und Vicepräsidenten jeweilen auf ein Jahr, nach dessen Abfluß sie für die Dauer eines Jahres zu dem gleichen Amte nicht wieder wählbar sind.

§ 71. Der Große Rath setzt auf den Vorschlag des Obergerichts dessen Geschäftsordnung fest ist, wobei darauf Bedacht genommen werden soll, daß neben den Urtheilen auch die übrigen Entscheidungen und Verfügungen vielmöglichst von dem Obergerichte selbst ausgehen.

Dasselbe erstattet dem Großen Rathe alljährlich oder so oft es dieser verlangt über seine Verrichtungen und die Verwaltung des gesammten Justizwesens Bericht.

§ 72. Die Parteiverhandlungen vor dem Obergericht, sowie vor allen richterlichen Behörden sind in der Regel öffentlich.

Die Ausnahmen hat das Gesetz zu bestimmen.

§ 73. Ein Kriminalgericht von fünf Mitgliedern beurtheilt erstinstanzlich alle Kriminalverbrechen.

§ 74. Zur Wählbarkeit der Mitglieder in das Kriminalgericht werden die gleichen Eigenschaften erfordert, wie für die Mitglieder des Großen Rathes.

Die Amtsdauer derselben ist auf vier Jahre festgesetzt, nach deren Ablauf sie alle sammthaft austreten, aber sogleich wieder wählbar sind. Der erste Austritt findet auf den ersten Tag des Brachmonats 1845 statt.

Der Große Rath wählt aus ihrer Mitte den Präsidenten. Er bezeichnet auf gleiche Amtsdauer von vier Jahren für Ergänzungsfälle drei Ersatzmänner.

§ 75. Zur Untersuchung und Bestrafung von Verbrechen und Vergehen, welche von Militärpersonen während des Kantonaldienstes begangen werden, sollen ein Kriegsgericht und ein Kassationsgericht aufgestellt werden.

Die Organisation und Competenz dieser Gerichte, sowie die Wahlart der Mitglieder und deren Amtsdauer bestimmt das Gesetz.

§ 76. Jeder Bezirk hat ein Bezirksgericht von sieben bis neun Mitgliedern, welche von den nach § 26 der Verfassung stimmfähigen Bürgern des Gerichtskreises auf vier Jahre gewählt werden, nach deren Ablauf sie alle gleichzeitig austreten, aber sogleich wieder wählbar sind. Aus jedem Friedensrichterkreise muß wenigstens ein Mitglied in das Bezirksgericht gewählt werden.

Überdieß wählt der Gerichtskreis aus den wahlfähigen Bürgern desselben zwei Ersatz-männer.

Der Große Rath wählt den Präsidenten des Bezirksgerichts aus den Mitgliedern des-selben.

Um als Mitglied oder Ersatzmann in das Bezirksgericht wahlfähig zu sein, muß man politisch stimmfähig, wenigstens fünf und zwanzig Jahre alt sein, und über den Besitz eines Vermögens von eintausend Franken sich ausweisen.

§ 77. Die Bezirksgerichte urtheilen über alle bürgerlichen und politischen Rechtsfälle ihres Gerichtskreises, welche das Gesetz ihnen zur Entscheidung überweiset. Sie besorgen die Verführung der Konkurse.

§ 78. Jeder Friedensrichterkreis wählt einen Friedensrichter zu Vermittlung von Streitigkei-ten auf eine Amtsdauer von vier Jahren.

Derselbe und zwei Beisitzer, welche auf eine gleiche Amtsdauer vom Friedensrichter-kreise gewählt werden, bilden das Friedensgericht, mit Gesammtaustritt und Wieder-wählbarkeit. Dem Friedensgerichte ist die Entscheidung geringer Rechtsfälle übertragen. Zur Wählbarkeit in das Friedensgericht sind die gleichen Eigenschaften wie zur Wähl-barkeit in das Bezirksgericht erforderlich.

Die Stelle eines Friedensrichters ist mit derjenigen eines Bezirksrichters vereinbar.

§ 79. Über die Ausführung dieser Bestimmungen, sowie über Festsetzung der ferneren Be-fugnisse der Bezirks- und Friedens-Gerichte wird das Gesetz das Nähere anordnen.

V. Abschnitt: Die Gemeinden

§ 80. Jede Gemeinde, in welcher bisher eine Gemeindebehörde bestellt war, erhält auch fer-nerhin einen Gemeinderath. Der Regel nach soll ein solcher Gemeinderath aus 3 bis 5 Mitgliedern bestehen.

Eine durch das Gesetz festzusetzende Gemeindeverfassung wird im Allgemeinen die Organisation und die Befugnisse der Gemeinde und ihrer Behörden, und im Beson-dern die der Gemeinden Luzern, Willisau, Sursee, Sempach und Münster mit Berück-sichtigung ihrer eigenthümlichen Verhältnisse bestimmen.

§ 81. Jeder Gemeinde und Gemeindebehörde steht das Recht zu, ihre Angelegenheiten inner den verfassungsmäßigen und gesetzlichen Schranken selbstständig zu besorgen. Über Beschlüsse der Gemeinde und des Gemeinderaths kann der Regel nach an den Regie-rungsrath rekurrirt werden.

§ 82. Alle Mitglieder der Gemeinderäthe und alle Gemeindebeamteten werden von den Ge-meinden selbst gewählt. Aus den Mitgliedern des Gemeinderaths wählt die Gemein-de den Gemeindeammann, welcher der erste Vollziehungsbeamtete der Gemeinde zu Handhabung der Gesetze und der Polizei und zugleich Botenweibel ist. Alle Gemein-debeamteten werden auf vier Jahre gewählt, sind nach dieser vollendeten Amtsdauer sämmtlich im Austritt, aber wieder wählbar.

§ 83. In Gemeindeangelegenheiten sind alle Gemeindesteuerpflichtigen stimmfähig, welche
a) die allgemeine politische Stimmfähigkeit in Anspruch nehmen können, und beine-bens
b) zum wenigsten 400 Franken wirklich versteuern.

Versteuert ein Vater 800 Franken, so hat auch dessen ältester Sohn, und sofort für jede 400 Franken mehr ein folgender Sohn Stimmfähigkeit, in sofern diesen Söhnen die übrigen Requisiten nicht abgehen, und sie mit dem Vater in ungetheilter Haushaltung leben.

§ 84. Um in einen Gemeinderath wahlfähig zu sein, muß der Gewählte politisch stimmfähig sein, und über ein Vermögen von wenigstens eintausend Franken sich ausweisen können.

§ 85. Corporationen und Genossenschaften können die Administration ihres Gutes selbstgewählten Verwaltungen übertragen. Die Genossen sind bei Behandlung ihrer Angelegenheiten stimm- und wahlfähig, insofern sie nicht in einem gesetzlichen Ausnahmsfall sich befinden.

Zur Wahlfähigkeit in der Verwaltung von Gemeinde-Corporationsgütern werden die gleichen Eigenschaften erfordert, wie zur Wahlfähigkeit in den Gemeinderath.

IV. Titel: Schlussbestimmungen

§ 86. Alle Gesetze, Verordnungen und Beschlüsse, welche mit den Grundsätzen oder Bestimmungen der gegenwärtigen Verfassung im Widerspruch stehen, und zwar vorab die Badener-Konferenzartikel, das Plazetgesetz und das Siebnerkonkordat, sollen mit möglichster Beförderung durch den Großen Rath außer Kraft gesetzt werden.

Der Große Rath wird daher ungesäumt die erforderliche Ausscheidung der noch gültigen und der erloschenen Gesetze, Verordnungen und Beschlüsse vornehmen, und auch die ersten beförderlich einer Durchsicht unterwerfen.

§ 87. Alle durch die Verfassung vorgeschriebenen unmittelbaren Volkswahlen geschehen der Regel nach durch das geheime absolute Stimmenmehr.

Die Versammlung kann jedoch durch zwei Drittheile der Anwesenden das offene Mehr beschließen.

§ 88. Alle Behörden und Beamteten sind bei ihrer ersten Amtsdauer auf die Verfassung und die Gesetze feierlich in Eid zu nehmen.

§ 89. Alle zehn Jahre hat eine Volkszählung vor sich zu gehen. Die Volksaufzählung von 1837 dient als Grundlage für Vertheilung der Mitglieder des zu erwählenden Großen Rathes auf die Wahlkreise.

Die nächste Volksaufzählung hat im Jahre 1847 statt zu finden, worauf der Große Rath auf die nächste Integralerneuerung eine neue Vertheilung der Volkspräsentation auf die Wahlkreise nach dem Maßstabe der Bevölkerung vornehmen wird.

§ 90. Alle politischen Beamteten und Bediensteten können nur auf eine Amtsdauer von vier Jahren gewählt werden, sind aber nach deren Ablauf wieder wählbar.

Wer aufhört, die zur Wählbarkeit erforderlichen Eigenschaften zu haben, hört auch auf, Mitglied der betreffenden Behörde zu sein.

§ 91. Bei Einführung der neuen Verfassung sollen alle politischen Beamteten und Bediensteten einer neuen Wahl unterworfen werden.

Hinsichtlich des Lehrerstandes wird ein dießfälliges Gesetz das Zweckmäßige im Geiste der Verfassung bestimmen.

§ 92. Gegenwärtige Kantonsverfassung, wenn sie von der Mehrheit der stimmfähigen Bürger wird angenommen sein, soll vom Großen Rathe beschworen werden.

Die Mitglieder des Großen Rathes schwören folgenden Eid.

Ich schwöre:

Wie ich mich zu apostolischen römisch-christkatholischen Religion aufrichtig bekenne, so dieselbe und die Rechte der katholischen Kirche getreulich zu ehren und zu schützen;

Der Schweizerischen Eidgenossenschaft und dem Stande Luzern Treue und Wahrheit zu leisten;

Die vom Volke angenommene Staatsverfassung, sowie die Gesetze und Verordnungen gewissenhaft zu beobachten und zu handhaben;

Des allgemeinen und besonderen Vaterlandes Unabhängigkeit, Freiheit und Rechte und Leib und Leben, mit Gut und Blut zu schützen;

Die mir durch die Verfassung übertragenen Obliegenheiten treu und gewissenhaft zu erfüllen, den Rathsversammlungen beflissen beizuwohnen, und ohne Noth von denselben nicht auszubleiben;

Bei Übertragung öffentlicher Stellen meine Wahl auf tüchtige und rechtschaffene Männer zu richten, weder Miethe noch Gaben anzunehmen, noch durch die Meiningen nehmen zu lassen;

Und überhaupt durch Wort und Beispiel nach bestem Wissen und Gewissen und aus allen Kräften des Vaterlandes Wohlfahrt und Ehre zu fördern und dessen Schaden und Nachtheil zu wenden.

Dieses alles schwöre ich als Mitglied des Großen Rathes getreulich, fest und ohne Gefährde zu halten, so wahr mir Gott helfe und seine lieben Heiligen!

Quellennachweis:

Alfred Kölz (Hg.), Quellenbuch zur neueren Schweizerischen Verfassungsgeschichte. Vom Ende der Alten Eidgenossenschaft bis 1848, Bern 1992. S. 381–395.

Kommentar:

In Artikel 27 der Verfassung wird festgelegt, dass das Volk seine Souveränitätsrechte teils unmittelbar, teils durch Stellvertreter ausübt. Damit ist der Weg zur halbdirekten Demokratie vorgezeichnet. Die direkten Einwirkungsmöglichkeiten des Volkes zeigen sich in dreifacher Hinsicht. Erstens ist eine Total- oder Partialrevision vorgesehen, die jederzeit über sogenannte Revisionsgemeinden durchgesetzt werden kann. Zweitens muss der Grosse Rat Verfassungsänderungen allen Gemeinden obligatorisch vorlegen. Drittens wird ein Gesetzesveto eingeführt, dessen Handhabung allerdings kompliziert ist. Dazu muss eine Gemeindeversammlung einberufen werden, wozu ein Quorum notwendig ist. Bei der Abstimmung werden nur die verwerfenden Stimmen gezählt, alle anderen – auch die nicht teilnehmenden Enthaltungen – gelten als Ja-Stimmen. Für die Ablehnung eines Gesetzes ist eine Mehrheit der stimmberechtigten Bürger erforderlich. Bemerkenswert ist auch die Betonung der Gemeindeautonomie.

Titel: Petition „aus dem Gäu" gedruckt in der Schildwache am Jura, Nr. 83, 21. Oktober 1840 (Zusammenfassung nach Tino Kaiser)

Text 80:

1. Direkte und freie Wahlen der Grossräte
2. Daher Einteilung des Kantons in 20 gleich bevölkerte Wahlkreise (wie in der Mediation). Jeder Kreis wählt 4 Grossräte.
3. Alle Staatsbeamten sind als Grossräte nicht wählbar. Die Kl. Räte nehmen am Gr. Rat ohne Stimmrecht teil. Auch die Appellationsrichter können ohne Stimmrecht beigezogen werden.
4. Verminderung von Beamtungen: Höchstens 9 Kl. Räte (bisher 17), 9 Appellationsrichter (bisher 13). Verminderung der Besoldungen.
5. Jeder Wahlkreis hat dem Gr. Rat vorzuschlagen: 1 Oberamtmann, 1 Gerichtspräsidenten, 1 Amtsschreiber, 2 Amtsrichter,
6. Ausgaben sollen nach den Einnahmen gerichtet werden, Steuern sind möglichst zu vermindern. Das Kapital des Zehtloskaufs soll unangetastet bleiben.
7. Jede Gemeinde wählt ihre Beamten selber (auch die Schullehrer, die Friedensrichter usw.). Gemeindeautonomie mit „Aufsichtsrecht" des Staates, das sich auf Fälle beschränkt, wo „die Gemeinde etwas gethan hätte, das gegen die allgemeinen Gesetze wäre oder wodurch das Gemeindevermögen geschmälert würde. Ist der Übelstand gehoben, so tritt die Staatsgewalt wieder zurük."
„Keine Gemeinde kann gezwungen werden, Bürger wider ihren Willen aufzunehmen".
8. „Das Eigenthum der Korporationen und Privaten soll gesichert sein." Die Korporationen zahlen gleich viel Vermögenssteuer wie die Privaten. „Das Aufsichtsrecht des Staates über sie erstreckt sich nicht weiter als wie über die Gemeinden."
9. „Im katholischen Landestheil ist die freie Ausübung der römisch-katholischen Religion garantirt." Die Verbindung zwischen geistlichen Behörden und katholischem Volk soll vom Staat nicht behindert werden. „Gebührender Einfluss" der Kirche auf das Schulwesen. Ablehnung der Badener Artikel „auch in der Wirklichkeit". Die reformierte Konfession ist „gewährleistet" und ihr „gehöriger Einfluss" auf die Schulen „zugesichert".
10. Vetorecht: Die Vetozeit gegen ein vom Grossen Rat beschlossenes Gesetz beträgt 4 Wochen vom Tag der Bekanntmachung an.
11. „Die Gesetze sollen einfach und deutlich abgefasst werden", damit der Landmann nicht „sich den Händen der Advokaten und Prokuratoren überlassen" müsse.
12. „Die Verfassung wird auf 6 Jahre festgestellt und ebenso die Wahlen auf 6 Jahre fixirt."

Quellennachweis:

Petition „aus dem Gäu" gedruckt in der Schildwache am Jura, Nr. 83, 21 Okt. 1840; zit. nach Tino Kaiser, Die Solothurner Verfassungsrevision von 1840 / 41, in: Zeitschrift für Schweizerische Geschichte, 20. Jg. (1940), S. 417 f. (Zusammenfassung nach Tino Kaiser).

Kommentar:

Im Jahr 1836 gründet der aus dem Solothurner Patriziat stammende Theodor Scherer (1816–1885), der schon früh die Bedeutung der Presse für die politische Meinungsbildung erkennt, die „Schildwache am Jura". Diese wird zu einem wichtigen Sprachrohr der Konservativen. Als der Grosse Rat am 15. Oktober eine Verfassungsrevision beschliesst und das Volk auffordert, seine Wünsche in Form von Petitionen geltend zu machen, erscheint eine Petition mit 12 Forderungen in der „Schildwache am Jura". Bemerkenswert sind Punkt 7 und 10: die Forderung nach Gemeindeautonomie und nach einem Vetorecht. Weiter wird eine für die ländliche Bevölkerung leicht verständliche Gesetzgebung verlangt. Der Beamtenapparat soll möglichst klein gehalten werden, um die Staatsausgaben zu senken. Dahinter steht die Forderung nach einem schlanken Staat, der den Bürgern geringe Belastungen auferlegt.

Titel: Kommentar zum Schweizerischen Bilderkalender von Martin Disteli für das Jahr 1842

Text 81:

Die Bewegungsmänner (Sie selber nennen sich die Konservativen oder Erhalter) hatten Ihre Getreuen durch Einladungskarten an eine ihrer geschlossenen Volksversammlungen ins Wirtshaus von Selzach bestellt. Die Sache war so heimlich abgekartet, wie das Stelldichein zweier Liebenden. Die Liberalen aber hatten davon Wind bekommen und sich ebenfalls in noch grösserer Anzahl auf den Platz begeben. Das Komite über diese Erscheinung ganz verblüfft, zögerte fort und fort mit der Eröffnung der Versammlung. Man wurde endlich ungeduldig und rief: „Heraus mit dem Vogel." Unter diesem Vogel war der Präsident des Komite verstanden, der den Solothurnern unter dem Namen „Meise" bekannt ist. Obgleich derselbe als ein tapferer Degen renommirt ist, der schon vor 20 Jahren einmal den Kaiser Näpi von dem Kopfbrett eines Savoyarden herunterhieb und jämmerlich auf dem Strassenpflaster zerstampfte; obgleich der Nämliche sich auch für den Jännerputsch bereits mit einem neuen Degenkuppel versehen hatte; so erblickte sein Feldherrenauge dennoch, dass hier mehr Heil im Retiriren, als im Avanciren zu finden sei und da der Ruf: „Heraus mit dem Vogel" immer dringender wurde, so verschwand er. Wohin, lieber Leser, das will ich nicht verrathen, wenn du es auf Figura nicht selbst zu finden im Stande bist; kurz, auf einmal gieng es wie ein Lauffeuer durch die Versammlung: „S' Meisi isch furt" – die Meisten wollten wissen, es habe sich in einem Stalle verschlossen. Bald gingen die kleinen Buben mit einer offenen Kräze herum, lockten mit Pfeifen und klagten dem Publikum, dass ihnen das Meisi entronnen sei. Da nun der Hauptvogel fort war, so traten zwei andere Mitglieder des Komite aufs Läubli vor das Publikum, das aber schon gereizt ihren ängstlichen Vortrag beständig mit dem Rufe unterbrach: „Göt doch abe!" Während die Beiden mit ihren Zuhörern parlamentirten, immer wollten und nicht konnten, trat Reinert, dess' Name wohlbekannt im Schweizerland, keinen Titel braucht, hinter ihnen hervor und hob seinen Hut, zum Zeichen, dass er reden wolle. Da rief es, wie aus einem Munde, von unten herauf: „Ja, der soll reden, das ist der Rechte;" umsonst wollten die beiden Mitredner mit Reinert kapituliren; er antwortete ihnen: „Si losen ech jo doch nit" und legte dann, wie du ihn da vor dir siehst, lieber Leser, in klarem, derbem Schweizerdeutsch, während die tieffste Stille herrschte, die Absichten der Afterverfassung auseinander, dass es wie Staub davon flog. Zuerst musste das Veto herhalten. „Mir kömmt vor bei diesem von den Aristokraten ins Volk geworfenen Verfassungsbegehren, sagte er, das Histörchen von der Frau in den Sinn, die vor der Kirchthür zwei Kerzli anzündete, und als man sie fragte, warum, antwortete: Eines sei für den lieben Gott, das andere für den Teufel; was der Eine nicht beschere, könne man vom Andern erhalten. Wie diese Frau macht es die Aristokratie; weil sie dem Götzen von 1814, dem sie seit 10 Jahren das Kerzlein gesteckt, nicht mehr vertraut, so will sie's jetzt mit dem Volk probiren, um durch dasselbe zu ihren Zweck zu gelangen."

„So, sagte er, wird das Kind Veto geboren. Ihr seht, wer da Vaterschaft vertreten will. Wie das Kind nun grösser wird, so wird es seine Kraft dadurch zeigen, dass es jedem der verschiedenen Bezirke des Kantons gerade hinlängliche Mittel an die Hand giebt, dass Einer den Andern vernichtigen kann, indem das, was dem Einen besonders frommt, vom Andern eben deshalb nicht angenommen wird, weil es ihm nicht frommt und so nach dem Spruch: Heute mir, Morgen dir, zu Aller Schaden eben in keinem Einzigen etwas Gescheidtes gemacht wird, so dass am Ende Alle gemeinschaftlich darin übereinkommen, der Wagen gehe hinter sich, vor zwanzig Jahren, da sei noch regiert worden – dann stirbt das Veto – aber nicht allein, sondern mit dem Kind stirbt auch die missbrauchte Mutter Volkssouverainität."

In Bezug auf die Garantien, welche der Attisholzerklubb für die Religion verlangte, fragte er das Volk, ob wohl schon Einem aus ihnen der Besuch der Kirche verboten worden sei. Sie sollten nur recht fleissig in die Predigt gehen, aber dann auch thun, was der Pfarrer sagt.

Es wurden die im Attisholz erfundenen Volkswünsche, einer nach dem andern, durch die Rönnle gejagt.

Der Eindruck, welchen Reinert machte, war so mächtig, dass sich die beiden Mitglieder des Komite entschuldigen wollten. Der Eine sagte: Es komme ja eben darauf an, mit einander zu reden und sich zu verständigen. Aber sie fanden keine Gnade mehr. Abe, abe, hiess es, bis sie sich zurückgezogen hatten.

Schau dieses erste Bild noch einmal an, mein freundlicher Leser, betrachte dir unsern Reinert, er steht da auf dem Läubli so gut wie er schon an mehr als einer Tagsatzung gesessen, nimm es den Solothurnern nicht in übel, wenn sie sich etwas zu Gute auf den Mann thun, der schon Anno 14 für die Freiheit des Volkes gekämpft und gelitten hat; und seit jener Zeit ist wenig Ehrenvolles in der solothurner Geschichte geschehen, wo nicht der Name Reinert mitgenannt wird. Sie sind nicht dick gesäet im Schweizerland, die Männer wie der da oben.

Anders freilich als in Selzach ging es in der sogenannten Volksversammlung in Egerkingen, welche auf dem zweiten Bilde dargestellt ist. Auch bei diesem so heimlich wie möglich betriebenen Stelldichein hatte sich eine Anzahl Liberaler eingefunden, in der Absicht dem missleiteten Volke klares Wasser einzuschenken. Die Führer der Versammlung aber, die nicht wie in Selzach, die Tafel für andere Leute zu decken Lust hatten, umstanden in dichtem Haufen den Tisch, der als Rednertribüne dient und liessen keinen heran, der nicht ihrer Meinung war. Ein wildes Heulen empfing den Fürsprech Trog, den allem Volke wohlbekannten Antagsteller der Zehntabschaffung, als er sich durch die Menge herandrängte. Als Trog dessenungeachtet auf seinem Recht zu reden bestand, ertheilte ihm der prächtige Präsident, den wir, gleich dem goldnen Kalb, von der Menge umtanzt sehen, den Bescheid: „Er könne reden, wenn die Verhandlungen fertig seien." Die Verhandlungen selber aber bestanden darin, dass der Präsident die Versammlung anlog, die Verfassungskommission habe nur acht Tage an dem Verfassungsentwurf gearbeitet, das sei eine viel zu kurze Zeit, um ein so wichtiges Werk zu schaffen. Er selber aber las dann einen Artikel um den andern aus der Attisholzerverfassung ab, setzte fast immer hinzu: Dä wird ech denk wohl recht si – und so wurde mit Händeaufheben das wichtige Geschäft in drei Stunden abgethan. Selbst Vetter Hauptmann Hammer, den wir da auf der Seite erblicken, hob die Hand auf und sprach: „So etwas ist zu Gesslers und Landenbergs Zeiten nie erhört worden." Er lachte dabei übrigens auf den Stockzähnen, denn eine kleine Rumplete war ihm nicht ganz unerwünscht, weil sie ihm die beste Gelegenheit anbot, die dankbare Rolle des Vermittlers zu übernehmen. Er trug bereits eine Verfassung Nr. III. in der linken Seitentasche fix und fertig bei sich, worin beim Paragraphen über die Pressfreiheit des Distelikalenders namentlich gedacht war.

Mehr als gewöhnlichen Antheil an dieser Abstimmung nahmen die Egerkinger Weibsleute. Fast drollig war es zu sehen, wie eine handfeste Jungfer einem Richter unter die Nase stand und in des Vetter Hammers beliebten Worten sprach: Es muess do dure. Da der Angefahrene sie begütigen wollte, wurde sie immer hitziger und bald bildete sich ein Kreis um sie, eine Versammlung in der Versammlung, die eine muntere Unterhaltung und theilweise Entschädigung für den Abschlag der freien Besprechung gewährte.

Bezeichnend für diese Volksversammlung war auch der Missmuth, mit welchem die warmen Mäntel angesehen wurden. Da es übrigens verdammt kalt machte und eine Menge armer Teufel beim Abstimmen kaum die Hände aus den Hosensäcken herausbrachten, so liess sich dieser Widerwille gegen Mäntel erklären.

Nie, nie, wir sagen es mit Schmerzen, selbst in Monarchien nie, haben wir mit einem armen Volke solch verächtliches Spiel treiben sehen, wie an dieser Egerkinger-Versammlung.

Wenn man bedenkt, dass diese hier alle scharf abkonterfeyten Führer derselben die Volksbewegung von 1830 mitgemacht haben und nun, da sie beim Umschwung nichts profitirten, die Judasrolle übernahmen, ein harmloses Volk bethörten, ihm das Veto und neue Bodenzinse einschwatzen, seine Schulen verderben, statt Erleichterung das Korporationsgut steuerfrei machen, kurz das unverwahrte Volk dem früher selbst bekämpften Feinde gebunden und gefangen in die Hände liefern wollten, so weiss man wahrlich nicht, ob man mehr die unglückliche Leichtgläubigkeit der Menge bejammern als die Treulosigkeit der Führer verwünschen soll.

Noch mehr – dieser gleiche Präsident, Wirth Mösch von Wolfwil, hat nicht nur die Bewegung von 1830 mitgemacht, sondern sass schon Anno 14 mit Reinert für die gleiche Sache im Kerker, die er nun, ein wohlhabender Mann, eines lumpigen Prozesses wegen verlassen hat.

Quellennachweis:

Schweizerischer Bilderkalender von Martin Disteli für das Jahr 1842, S. 25 f.

Kommentar:

Martin Disteli (1802–1844) ist der Sohn eines reichen Seidenwarenfabrikanten, der jedoch 1829 in Konkurs geht. Schon als Student macht er sich einen Namen als Karikaturist. Weil ihm die konservative Regierung in Solothurn eine Anstellung als Zeichenlehrer verweigert, engagiert er sich mit seinen Karikaturen für den Liberalismus. Die Machtübernahme der Liberalen befördert seinen politischen Aufstieg und seinen Ruf als Karikaturisten. 1839 bis 1844 gibt er den „Schweizerischen Bilderkalender" heraus, der eine Auflage von 30 000 erreicht und auch als „Distelikalender" bekannt ist. Er steht im Zeichen des Kampfes gegen die Konservativen. Im Ausschnitt aus dem Kalender von 1842 geht es um den Kampf zwischen Liberalen und Konservativen um die Dominanz in den zwei Volksversammlungen. Während sich in Selzach die Liberalen durchsetzen und die Führer der Konservativen sogar vertrieben werden, können in Egerkingen die Konservativen die Oberhand gewinnen. Interessant ist die Sicht Distelis auf die Versammlungen und die Einschätzung des Volkes. Das Volk wird als manipulierte Masse dargestellt, das Veto lediglich als Instrument der Konservativen wahrgenommen. Bemerkenswert sind auch die Auskünfte über die Teilnehmer der Versammlung von Egerkingen und ihre Anführer. Bei den Anwesenden handelt sich um Angehörige der unteren Gesellschaftsschicht. Ihr Anführer ist ein Wirt, der durch seinen Beruf über gute Kontakte zur breiten Bevölkerung verfügt. Dies ist ein typisches Merkmal der sogenannten „Volksmänner", welche in den „Vetostürmen" dieser Zeit auftreten.

Titel: *Wünsche der Volksversammlung von Mellingen vom 2. 2. 1840 (Ausschnitt)*

Text 82:

Im Verfassungsrathe war ein langer Kampf darüber, ob man die Mitglieder des Großen Rathes auf 200 vermehren, oder ob man sie auf eine kleinere Zahl setzen wolle. Der allgemeine Volkswunsch sprach sich damals für letztere Ansicht aus und er hat sich, seitdem die Mitglieder des Großen Rathes Entschädigungen genießen, noch verstärkt; man wünscht die gegenwärtige Zahl auf die Hälfte herabgesetzt. Ja nicht Wenige halten dafür, dass diese 100 Glieder von allen übrigen Stellen auszuschließen seien, damit sie die Gegenstände, die in das Fach der Gesetzgebung gehören, desto besonnener und reiflicher berathen und die Controlle über die übrigen Behörden um so unbefangener und partheiloser ausüben können, wofür sie aber eine angemessene Besoldung zu beziehen hätten. Immerhin bezweifeln wir, ob die Erwartungen derjenigen erfüllt worden, welche damals einer vermehrten Stellvertretung das Wort sprachen. Es läßt sich vielmehr erwarten, daß, wenn der Große Rath auf weniger Mitglieder reduzirt wird, auf der einen Seite das Volk in seinen Wahlen vorsichtiger sein und mehr auf diejenigen Eigenschaften sehen werde, die vorzüglich einen Abgeordneten zieren; und auf der anderen die Versammlung in ihren Verhandlungen leichter Vereinigungspunkte finde und hiedurch ihre Geschäfte gefördert werden. – Ueber die Wahlart kann man nur einer Meinung sein; denn die Bürger wollen als freie Männer ihre Vertreter selbst bezeichnen und unmittelbar ernennen helfen.

In dieser Beziehung ist auch der Wunsch bestimmt, entschieden und ungetheilt, dass die Ergänzungswahlen, welche dem Großen Rathe nach § 36. der Verfassung vorbehalten sind, künftighin dem Volke selbst überlassen werden, damit nicht mehr die Mitglieder jener Behörde sich selbst und andere, ohne Rücksicht auf das Zutrauen des Volks und ohne Beschränkung hineinwählen können. Wir bergen es nicht, dass diese Wahlen nicht immer mit den Gesinnungen des Volks übereinstimmten und sie zuweilen auf Männer fielen, die es nie und nimmer zu seinen Stellvertretern ernannt hätte. Es ist unbegreiflich, wie ein solches Institut jemals in einer Verfassung Platz finden konnte, die auf der Volkssouveränität ruht. Man war im Verfassungsrathe entschieden dem frühern Wahlcollegium und überhaupt allen indirekten Wahlen abgeneigt und verfiel dennoch auf diese unvolksthümliche Wahlform, die den alleraristokratischsten Verfassungen von 1814 entlehnt ist. Wir dürfen deßhalb erwarten, dass von Ihnen der Vorschlag des Kleinen Raths der jenes Selbstergänzungsprinzip erweiternd, die Zahl solcher indirekten Wahlen auf 20 vermehrt und dadurch die wahre Volksrepräsentation um so viel vermindert, verworfen werde. Unwillkührlich drängte sich die Frage entgegen, ob man die Parität so verstehe, dass 95 reformirte Großrathsglieder neben 85 katholischen 15 Mitglieder katholischer Confession wählen können? Man würde ferner fragen, ob das die gepriesenen Fortschritte der Volksfreiheit seien? Es sind bald zehn Jahre, dass man das Volk bei jedem Anlasse für mündig erklärte; seitdem wurden für dessen Bildung und Aufklärung unsägliche Opfer gebracht und es selbst hat Erfahrungen allerlei Art gemacht und nichtsdestoweniger soll es immer unfähiger sein, sich mit seinen Angelegenheiten zu befassen! – Männer, die es nicht selbst erwählt hat, sieht es nicht als seine Vertreter an; es verlangt nur von den Männern Gesetze, welche es zu Gesetzgebern ernannt und denen es die Besorgung seiner Angelegenheiten übertragen hat. Mit einem Wort, wir wünschen, mag für die Ergänzungswahlen die Zahl 8, 20, oder welche immer beliebt werden, bei den Großrathswahlen das gegenwärtige Zwittersystem abgeschaft. Ist das Volk fähig, $^{24}/_{25}$ oder nach dem neuen Vorschlage $^9/_{10}$ der Mitglieder des Großen Rathes zu wählen, so kann man ihm unbedenklich auch die Wahl des noch übrigen $^1/_{25}$ oder $^1/_{10}$ überlassen und das Auskunftsmittel, wie es diese Wahlen vorzunehmen hat, wird sich leicht finden.

Der Kanton Aargau ist zufolge der Verfassung ein auf der Souveränität des Volks beruhender Freistaat und in dieser Beziehung darf das Volk verlangen, dass nach dem vernünftigen Gesammtwillen desselben regiert werde. Es kann als alleiniger Landesherr fordern, dass alle Gesetze den Stempel seiner Gesinnungen tragen. Niemand wird aber in Abrede stellen, dass sich die Bürger gegenwärtig von der Theilnahme an den öffentlichen Geschäften und den allgemeinen Interessen des Landes so viel wie ausgeschlossen finden. Ist einmal die Frage über Annahme oder Verwerfung der Verfassung entschieden, und sind die Wahlen in den Großen Rath getroffen, so ist der Bürger außer alle und jede Thätigkeit gesetzt. Freilich kann er seinen Stellvertretern auf dem Wege des Petitionsrechts von seinen Wünschen und Ansichten Kenntniß geben. Allein wie es bisher im Aargau mit dem Petitionsrechte gehalten wurde und ob es eine Wahrheit sei, überlassen wir namentlich dem Freienamte zu beantworten. Ungeachtet der § 17. der Verfassung dem Volke die freie Ausübung des Petitionsrechts zusichert und der Verfassungrath in seinem Dekrete erklärte: „Durch die unbedingte Garantie des Petitionsrechts haben wir Jedem die Möglichkeit gegeben, Beschwerden und Wünsche vor allen öffentlichen Behörden geltend zu machen", verfolgte man nichtsdestoweniger hie und da jenes heilige Recht und suchte es zu unterdrücken. Trägern und Verfassern von Bittschriften wurde polizeilich nachgespürt, um erstere zur Verantwortung zu ziehen und letztere wegzunehmen. Gemeindevorsteher, die Petitionen an Gemeindeversammlungen zur Behandlung brachten und solche im Namen und aus Auftrag der Gemeinden unterzeichneten, wurden bestraft und der sonderbare Grundsatz geltend zu machen und durchzuführen gesucht: „Gemeinden als solchen komme das Petitionsrecht nicht zu und gegen Beschlüsse des Großen und Kleinen Rathes dürfe nicht petitionirt werden." Es darf deshalb nicht befremden, wenn nunmehr das Volk das Recht, seine Stellvertreter jederzeit und nach Gutfinden mit seinen Gesinnungen bekannt zu machen, mehr gesichert wissen will. Eine vorzügliche Garantie findet es hiebei, neben dem ungeschmälerten Gebrauche des Petitionsrechts und dem hiemit verbundenen Vereinsrechte, darin, dass ihm die von dem Großen Rathe ausgehenden Gesetze, ehe sie in Kraft treten, zur Annahme oder Verwerfung vorgelegt werden. Das Volk wird in der Regel, wie die Erfahrung zeigt, bei seinen Aussprüchen von einem sehr richtigen Gefühle geleitet, und man darf ihm Fragen, wo es sich um materielle Interessen z. B. Steuern handelt, mit aller Beruhigung zum Entscheide überlassen. Hätte man ihm, um nur einige Beispiele an-zuführen, die Gesetze über den zwangsmäßigen Loskauf der Bodenzinse, die Einbürgerung der Heimathlosen, die Schuldbetreibungen, die Medicinaltaxen, das Gesetz über Reguli-rung des Markt- und Hausir-Verkaufes u.s.w. zur Abstimmung vorgelegt, so würde es ihnen aus Gründen der Gerechtigkeit und Billigkeit die hoheitliche Genehmigung versagt haben. Räumt man dem souveränen Volke dieses unter dem Namen – Veto – bekannte Recht ein, so wird ihm nicht nur ein größerer Spielraum für seine wichtigsten politischen Rechte eröffnet, sondern dasselbe auch durch den fortdauernden Gebrauch seiner Kräfte immer verständiger und tüchtiger gemacht; es werden die Gesetze mit dem Schilde der Mehrheit der stimm-fähigen Bürger des Landes gedeckt, was ihnen sowohl, als den Behörden Kraft giebt, und es werden Petitionen, Widersetzlichkeiten, Partheiungen und Reaktionen gegen Gesetzte verhütet, die vom Volke wirklich angenommen worden sind. Besser und zuträglicher ist es, dasselbe spreche seinen Willen offen, bestimmt, am rechten Orte und in der gehörigen Form über das vom Großen Rathe berathene Gesetz aus, als dass es hinterher seinem Unwillen durch Murren, Errichtung von Freiheitsbäumen u.s.w. Luft mache, um durch einen dem Ge-setzgeber eingeflössten Schrecken die Zurückziehung des missfälligen Gesetzes zu bewirken; ein Verfahren, welches jedenfalls wenig geneigt ist, einer Behörde Ansehen zu verschaffen.

Quellennachweis:

Wünsche der Volksversammlung von Mellingen vom 2. Hornung 1840 an den Grossen Rath des Kantons Aargau, S. 20–23.

Standort:

Aargauische Kantonsbibliothek, Aarau.

Kommentar:

Diese umfangreiche Eingabe der katholischen Volksversammlung in Mellingen vom 2. Februar 1840 ist eine der wichtigsten programmatischen Äusserungen der katholischen Opposition im Kanton Aargau im 19. Jahrhundert. Die „Mellinger Wünsche" beeindrucken nicht nur aufgrund ihrer Breite, die einen tiefen Einblick in die Staatsauffassung der katholischen Opposition ermöglicht, sie sind auch für die Verfassungsrevision 1839–1841 von zentraler Bedeutung, da sie die früheste Eingabe an die Revisionskommission darstellt und somit für weitere Eingaben – katholische wie reformierte – zum Referenzpunkt avanciert. Die „Mellinger Wünsche" sind von Mitgliedern des „Bünzer Komitees" redigiert worden. Dieses besteht aus einflussreichen Männern aus dem katholischen Freiamt. Um dem Volk eine wirkliche Mitsprache zu garantieren, wird die Einführung des Vetos gefordert. Interessant ist die Argumentation: Das Veto wird als Mittel der Konfliktvermeidung angepriesen, indem das Volk durch legale Mittel missliebige Gesetze verhindern kann.

Titel: Katholische Opposition im Kanton Aargau, 1840

Text 83:

„Freiämter" Nr. 10 vom 22.5.1840

(Eingesandtes) „Wie es im vorliegenden Verfassungsentwurfe unzweideutig darauf abgesehen ist, das Wahlrecht des Volkes zu beschränken, so möchten wir hinwieder dem Volke den grösstmöglichsten Einfluss bei den Wahlen gestatten. Gebärde man sich so vornehm als man will, das Volk ist der Herr des Landes, und die Beamteten sind bloss seine Diener. Auf Kosten des Volks wird die ganze Wirthschaft betrieben; das Volk bezahlt die Mahlzeit, und die Beamteten sind bloss seine Gäste. Wer die Zeche entrichtet, und die Diener bezahlt, darf wohl auch ein Wort dazu sagen, wie die Wirthschaft geführt, die Mahlzeit zubereitet, und was für Diener im Hause angestellt werden sollen. Darum schon möchten wir der Einwilligung des Volks alle Gesetze unterstellen, d.h. ihm das Veto gestattet wissen, so wie dasselbe bei allen Wahlen mitwirken lassen. Wie oft hört man es nicht seinen Unwillen über Beamtete aussprechen, und dem Grossen Rathe über getroffene Wahlen Vorwürfe machen. Diesem kann leicht vorgebogen werden, wenn man dem Volke bei den Wahlen Vorschläge einräumt, wenn man gerade das Institut jener Wahlmänner benutzt, um den betreffenden Wahlbehörden Vorschläge für die Glieder des Obergerichts, des Kleinen Rathes, der Bezirksamtmänner u.s.w. einzureichen. Man thue dies, und es werden viele Klagen bei dem Volke verstummen." (S. 38 f.)

„Freiämter" Nr. 11 vom 29.5.1840

Als eine wesentliche Verbesserung unserer öffentlichen Einrichtungen darf man es ansehen, wenn das Veto das Bürgerrecht erhält. Was versteht man unter Veto? Veto (wörtlich, ich wills nicht haben, ich verbiete es) bezeichnet, nach den Bestimmungen der Verfassungen mehrerer Kantone, das Recht des souveränen Volks, Kreis- oder Gemeindeweise über ein vom Grossen Rathe beschlossenes Gesetz, – ehe dieses in Kraft tritt –, abzustimmen, ob es diesem seine Genehmigung ertheilen oder versagen wolle? Durch das Veto allein können, wie man sieht, keine Gesetze geschaffen, wohl aber schlechte Gesetze verhindert werden, und dieses scheint uns, sei Gewinnst genug, um diesem Rechte auch in unserer Verfassung einen Platz einzuräumen.

Das Volk als Souverän kann verlangen, dass alle Gesetze den Ausdruck seiner Gesinnungen tragen, und dass seinem Willen gemäss regiert werde. Ob dieses bei uns geschehe, ob die Ideen von Volkssouveränität so weit verwirklicht seien, mag jeder sich selbst beantworten. Gestehen wir es offen, das Volk befindet sich hinsichtlich des Genusses und der Ausübung der politischen Rechte auf einem Punkte, der gerade auf Null zeigt uns seiner unwürdig ist. Hat dasselbe über Annahme oder Verwerfung der Verfassung entschieden und die Grossrathsglieder und die Richterkandidaten gewählt, so kann es zu der öffentlichen Verwaltung kein Wort mehr sagen; es verstummt, wird politisch mundtodt; an dessen Platz tritt der Grosse Rath, welcher dem Volke Gesetze vorschreibt, so viele er will und wie er kann und mag; er befiehlt dem Souverän, was er thun und lassen, was und wie lange er täglich essen und trinken, wie er fahren und reiten soll u.s.w. Allerdings darf dieser seine Anliegen in Petitionen vorbringen. Wie selten wird aber solchen Wünschen Rechnung getragen? Ja, der Souverän muss fürchten in Ungnade zu fallen, wenn er seine Stimme nur etwas stärker oder in einem missfälligen Tone erhebt. Was nützen aber dem Volke die so hoch gepriesenen Souveränitätsrechte, wenn es keinen oder nur einen höchst geringfügigen Gebrauch davon machen darf? Ist ihm auch gestattet, seine Stimme über die Staatsverfassung abzugeben, die vom Grossen Rathe erlassenen Gesetze haben für dasselbe eben so viel Werth, als jene. Unerheblich ist für das Volk, ob der Grosse Rath aus 150 oder 180, das Obergericht aus 9 oder 11 Gliedern bestehe, ob der Geschäftskreis des Grossen Rathes und der Regierung etwas weiter oder enger gezogen werde; es hat dieses auf sein Wohl und Weh, auf sein Glück und Unglück weniger Einfluss, als die unmittelbar in seine Lebensverhältnisse eingreifenden Gesetze. Die Militär-, Strassen-, Betreibungs-, Prozess-, Schul- und viele andere Gesetze sind ihm wichtiger, als die Mehrzahl der Verfassungsparagraphen, und dennoch kann es bei Erlass derselben sich nicht aussprechen, ob sie ihm gefallen oder nicht gefallen. Soll aber die Souveränität eine Wahrheit sein, so darf das Volk mit Recht fordern, dass nicht bloss die Verfassung, sondern auch die Gesetze seiner hoheitlichen Genehmigung unterstellt werden, d.h., dass es das Veto ebenfalls über letztere ausüben dürfe.

Manche Verfassungsartikel enthalten die Schlussworte: „Das Gesetz wird das Nähere bestimmen,“ d.h. spätere Gesetze sollen die in der Verfassung aufgestellten Grundsätze erläutern und angeben, wie sie zu verwirklichen oder gar in der Anwendung zu beschränken seien. Diesem gemäss ist der Grosse Rath, nachdem das Volk der Verfassung seine Zustimmung ertheilt, berechtigt, in dieser eine Nachlese zu halten, die wichtiger als die Haupternte selbst ausfallen und das Grundgesetz zum leeren Blendwerk machen kann. Die Gesetze, denen gerufen wird, können den Verfassungsbestimmungen eine Auslegung geben, welche das Volk bei Annahme derselben nicht ahndete, und die es verworfen hätte, wenn es vorausgesehen, welcher Deutung die fraglichen Verfassungsparagraphen fähig sind, und wie sie nun zur Ausführung gebracht werden. Was hilft z. B., um nur Ein Beispiel anzuführen, der in dem Verfassungsentwurfe enthaltene, die kirchlichen Verhältnisse betreffende § 12, welcher unter Anderm sagt: „Das Gesetz wird die nähere Organisation, Kompetenzen und Entschädigungen der beiden Kirchenräthe bestimmen," wenn später der Grosse Rath diese Kompetenzen gesetzlich auf nichts beschränkt und die kirchenräthliche Befugnis zur Null macht? Soll das Volk nicht einer möglichen Täuschung Preis gegeben werden, so muss es da eben so gut über die Gesetze wie über die Verfassung seine Stimme erheben können, beide sind mit einander aufs Engste verbunden. Alle diese Vorbehälte, Zusätze und Anhängsel, so viele ihrer vorkommen, sind ungefährlich, so bald das Volk das Recht des Veto besitzt.

Die Erfahrung lehrt, dass Unzufriedenheit und Gährungen gewöhnlich ihren Ursprung und erste Veranlassung in misslungenen und drückenden Gesetzen haben. Die Mitglieder des Grossen Rathes handeln bekanntlich bei dem Gesetzmachen nicht nach Instruktionen – Aufträgen –, die sie von den Wählern in den Kreisversammlungen empfangen haben, sondern nach ihrer eigenen persönlichen Ansicht, die sich aber manchmal mit der öffentlichen Meinung in grellem Widerspruche befindet. Dieser Widerspruch darf nicht bestehen, wenn die Gesetze ihren Zweck erreichen sollen, er muss zum Heil des Ganzen gehoben werden, oder die Staatsmaschine geräth ins Stocken. Hat das Volk über ein Gesetz abgestimmt, so wird es zu dem seinigen, es kann sich nicht ferner über die gesetzgebende Behörde beklagen, dass sie harte und kränkende Gesetze erlassen habe. Wie häufige Beispiele zeigen, sind es immer die Behörden, die, zum Nachtheil ihres Ansehens, bei Widersetzlichkeiten dem Andringen des Volkes nachgeben müssen. Um solchen Zwiespalt zwischen den Behörden und dem Volk zu verhüten, lasse man dieses seinen Willen zur Zeit auf eine mit der öffentlichen Ordnung verträglichen Weise vernehmbar und geltend machen, welche einzig das Veto ist. Die Furcht Mancher, dass die Bürger das Recht des Veto verderblich anwenden werden, ist ungegründet. Wir sehen allenthalben, dass das Volk bei seinen Aussprüchen sich von einem sehr richtigen Gefühle leiten lässt; es erkennt auf der Stelle, ob ein Gesetz seinen Verhältnissen zusagt oder nicht, und es würde manche der bisher beschlossenen, dann abgeänderten und endlich widerrufenen Gesetze im ersten Augenblick verworfen haben. Man darf behaupten, dass es überall, wo das Veto gilt, einen sehr verständigen Gebrauch davon macht.

Wir würden darum die Einführung des Veto in unserem Haushalte als einen wahren Gewinn betrachten, und wir zweifeln auch nicht, dass das aargauische Volk über kurz oder lang sich dieses Recht aneignen werde. Die Befugnis dazu kann ihm Niemand absprechen; dasselbe ist ja der Souverain des Landes, und so wenig Jemand etwas einwenden könnte, wenn es erklärte, dass es künftig die Gesetze selbst auf einer Landsgemeinde machen wolle, so gewiss kann es sich das winzige Recht vorbehalten, zu entscheiden, ob es die vom Grossen Rathe ausgehenden Gesetze annehmen oder verwerfen wolle? (S. 42)

„Freiämter" Nr. 14 vom 19.6.1840
… Einen trefflichen Aufsatz (zum Veto) entheben wir dem „Wächter am Pilatus": „Auch wir sind Freunde des Veto; und warum?
1) Das Veto des Volkes ist bei einer demokratisch-repräsentativen Verfassung so enge mit dem Grundsatze der Volkssouveränität verbunden, – dass sich ohne Veto die Volkssouveränität gar nicht denken lässt. Oder ist da das Volk in seinem Lande Meister; Souverän, wo es unter Gesetzen, in Konkordaten und Bündnissen mit Auswärtigen leben muss, welche Gesetze, Konkordate oder Bündnisse ihm missfällig sind, und

welche es verwerfen würde, wenn nicht die Staatsverfassung ihm solches verbieten thäte? So wenig ist da das Volk souverän, als derjenige Meister ist, der einen Dritten anfragen muss, ob er im Frack oder langen Rocke, im Hute mit Bändern oder ohne Bänder ausgehen und erscheinen dürfe.

2) Auch unter der besten Staatsverfassung kann ein Volk sich unglücklich finden, wenn schlechte, drückende Gesetze erlassen werden. Auch die beste Staatsverfassung kann dadurch zur Nulle werden, dass dem Geiste solcher Verfassung entgegenstrebende und widersprechende Gesetze gegeben werden. Wie soll nun das Volk gegen schlechte, drückende oder der Staatsverfassung widersprechende Gesetze sich wirklich sicher stellen können? Etwa durch Petitionen? Ueber die Petitionen kann zur Tagesordnung geschritten werden; auch mag oft über der Sammlung der Unterschriften, und über der Berathung der Petitionen, so viel Zeit verfliessen, dass die Hülfe zu spät kommt, – dass mit andern Worten die Gesetze ihre schlechte Wirkung bereits gethan haben. Nur das Veto ist das sichere Mittel, sich gegen Gesetze besprochener Art schützen zu können.

3) Wenn das Volk mittelst des Veto's Einwirkung auf die Gesetzgebung erhält, so wird sich das Volk auch desto mehr um den Inhalt der Gesetze bekümmern; m.a.W. vermittelst des Vetos wird sich unter dem Volke die Rechtskenntnis erweitern. – Jetzt frägt der gewöhnliche Bürger nur dann und nur in soweit nach den Gesetzen, als und in wie weit er selbe gerade braucht (S. 56).

4) Da, wo das Veto gilt, wird sich auch die Gesetzgebung dem Geiste und dem Charakter des Volkes anpassen, d.h. sie wird volksthümlich werden. Welche üblen Folgen ziehen unvolksthümliche Gesetze nicht nach sich? Abgesehen davon, dass ihre Vollziehung oft unmöglich wird, schwächen sie des Volkes frische Lebenskraft, sie schaffen ein munteres, freiheitslustiges Volk in einen Haufen von Kopfhängern um, gewöhnen allmählich auch zur Ertragung des Unvolksthümlichsten, – mit einem Wort, sie entnationalisiren. Da, wo das Veto gilt, lernen aber die Volksrepräsentanten ihrer Kommittenten, das Volk, auch wirklich kennen. Oefter thatsächlich überwiesen, dass ihre Ansichten nicht jene des Volkes seien, werden sie sich sicher weniger verleiten lassen, den Schnitt zu ihren Gesetzen bei den Pariserschneidern verschreiben zu lassen; sie werden genöthigt, vom Schreibtische weg hinaus in die Mitte des Volkes zu treten, und dessen Bedürfnisse, ehe man sie befriedigen will, kennen zu lernen. Eben deshalb ist das Veto.

5) Auch eines der wirksamsten Mittel, das Volk seinen Repräsentanten, und diese dem Volk näher zu bringen. Wenn die Regierung die Ansichten, Wünsche und Bedürfnisse des Volkes kennt, so wird sie diesen auch die möglichste Rechnung tragen, – zumal sie weiss, dass sie ohne dieses gar kein Gesetz erlassen könne. Sie wird sich also vom Volke weniger entfernen, vielmehr sich demselben nähern, – volksthümlich werden. Und was vermag nicht eine volksthümliche Regierung über das Volk? – in der Stunde der Gefahr, – und in den Zeiten des Friedens?

6) In unsern Zeiten und in unsern eidgenössischen Landen Regierungen zu stürzen, ist, so hat es die Erfahrung bewiesen, eben gar keine schwere Sache mehr. Gewaltsame Staatsumwälzungen finden namentlich da leichter Eingang, wo die Regierung starrsinnig auf Vollziehung von Gesetzen besteht, die dem Volke missfällig sind. Wäre es nun nicht staasklüger, dem Volke das Veto einzuräumen, als dasselbe in Versuchung

zu führen, mit den Waffen in der Hand seinen Willen durchzusetzen, und Regierung und Grundgesetz über den Haufen zu werfen?

7) Den Verfechtern des Vetos wird der Einwurf gemacht, das Veto errege da, wo es bestehe, Unruhe, Bewegungen der Faktionen u. dergl. Hin und wieder wird dieses allerdings der Fall sein; namentlich mag dieses dann eintreten, wenn Gesetze erlassen werden, die tief in das Leben des Volkes eingreifen und geeignet sind, heftigere Meinungskämpfe hervorzurufen; – allein gerade der Umstand, dass das Veto hin und wieder Volk und Repräsentanten aus dem Schlafe rüttelt, ist uns ein Grund zur Empfehlung des Vetos. Der gelehrte und erfahrene Zschokke sagt in einer Abhandlung über „Grösse und Untergang des Freistaats Venedig" trefflich:

Es verräth nur Selbstverblendung oder Unkunde derer, welche den freien Staaten des Alterthums oder neuerer Zeit die vielen Meinungskämpfe und innern Zerwürfnisse zum Gebrechen oder Vorwurf machten, und dagegen die schweigende Ruhe, die einförmig geregelte Bewegung anderer Völker unter dem Gewaltsstab ihrer Oberherren, als Zeichen der Glückseligkeit priesen. Schlaf und Tod sind keine Glückseligkeit, und die Regsamkeit aller Glieder, aller Empfindungen und geistigen Kräfte des Wachenden ist kein Gebrechen, sondern Leben und Selbstentwicklung. Athen und Rom konnten nur unter den Reibungen ihrer bürgerlichen Partheien jene bewunderungswürdige Hoheit und den ewigen Ruhm erreichen, der ihr Gedächtnis begleitet. Stille erfolgte, als sich die Nacht der byzantinischen und prätorianischen Cohorten-Willkühr über sie ausgebreitet hatte. Wie anders glänzen die vielbewegten, freien Brüder heutiger Welt, England, Frankreich, Amerika neben den Nachbarn! Aber der Stumpfsinn jener Weltbeurtheiler unterscheidet nicht die Gährung gesunder Kräfte, welche das Leben emporhält, indem sie die schädlichen Stoffe ausscheidet, und eine andere Gährung, welche nach Entweichung des Lebens und Geistes erfolgt, den Leichnam der Staaten, wie der Sterblichen aufzulösen. (S. 55 f.) (*Anm.: Der Erstabdruck im „Wächter am Pilatus" wurde nicht nachgeprüft.*)

„Freiämter" Nr. 25 vom 4.9.1840

Unter die vielerlei Begehren, welche gegenwärtig im Kanton Luzern, bezüglich der bevorstehenden Verfassungsrevision, in Umlauf sind, gehört auch der Wunsch, dass nach Abfluss eines gewissen Zeitraums, z.B. alle sechs Jahre, eine Integralerneuerung des Grossen Rathes Statt finde, – ein Wusch, welcher nicht weniger im Aargau Anklang verdient.

Dieser Einrichtung gemäss soll also der Grosse Rath nach Abfluss einer bestimmten Zeit nicht bloss theilweise, sondern ganz neu gewählt werden. Bekanntlich wurde bisher diese Behörde alle drei Jahre zur Hälfte erneuert, und die Folge war, dass sich der neu eintretende Theil an den ältern gebliebenen anschloss, und mit ihm bald gemeinsame Sache machte; dass die neu gewählten Glieder, eine gewisse Schüchternheit mitbringend, in dem ungewohnten Geschäftskreise (S. 104) sich willig von der ältern, bereits mit den Verhandlungen vertrauten Hälfte leiten liessen. So kam es denn, dass, trotz aller Anstrengungen, es dem Volke niemals möglich war, einen volksthümlichen Geist in die Gesetzgebung zu bringen. Bei einer gänzlichen Erneuerung des Grossen Rathes hingegen vermag das Volk dieses. Ist es mit den Leistungen desselben nicht zufrieden, erlässt dieser dem Volke missbeliebige Gesetze, so wählt es im Zeitpunkte der Integralerneuerung einen ganz andern Grossen Rath.

Irrig ist es aber, wenn man glaubt, eine solche Integralerneuerung des Grossen Rathes mache das Veto überflüssig, weil der neue Grosse Rath sich schon beeifern werde, die Fehler seines Vorgängers gut zu machen. Wie aber, wenn der neugewählte Grosse Rath dieses nicht thut, wenn sich das Volk in der Wahl seiner Vertreter abermals geirrt hat und dieser auf die alten schlechten Gesetze noch neue eben so verwerfliche häuft? Soll denn das Volk fort und fort das Opfer einer unvaterländisch gesinnten Behörde sein? Oder gesetzt, die neuen Wahlen sind als gelungen zu betrachten; der neue Grosse Rath kann als der Ausdruck der Gesinnung des Volks betrachtet werden; ist denn Letzerer bloss da, die Fehler Anderer zu verbessern, soll er die Zeit nur damit verlieren, den Augiasstall zu säubern und die Gesetzesgebäude von ungerathenen Gesetzen zu reinigen, ohne dass ihm vergönnt wäre, seine Thätigkeit neuen nützlichen Einrichtungen zuzuwenden? Diesem Uebel kann einzig das Veto steuern; nur dieses vermag zu bewirken, dass unter keinen Umständen, mag die gesetzgebende Behörde sein, wie sie will, mag es ihr an Einsicht oder an Rechtschaffenheit, oder an beiden zugleich fehlen-, schlechte Gesetze ins Leben treten können, dass dem Volke wegen Ungeschicklichkeit des Grossen Rathes kein positiver Schaden erwachse; allein das Veto ist nicht im Stande die Gesetzgeber weiser, thätiger und gerechter zu machen, was wohl kaum etwas anderes als die Integralerneuerung thun kann. Wenn der entferntere Zweck des Veto und der Integralerneuerung derselbe ist, wenn beide auf eine bessere und heilsamere Gesetzgebung gerichtet sind, so ist doch der nähere Zweck ein verschiedener; die Integralerneuerung vermag das Land nicht von einzelnen verderblichen Gesetzen zu schützen, – denn auch die beste Behörde hat ihre schwachen Stunden –, während das Veto seinerseits die Gesetzgebung weder tüchtiger noch besser macht, ihr weder Tugenden noch Kenntnisse verleihen kann; beide Institute können und müssen neben einander bestehen.

Mag sein, dass das Veto sich in einem Staate mit stellvertretender Verfassung nicht als schulgerecht vertheidigen lässt, weil da die Gesetzgebung dem grossen Rathe übertragen ist. Vergesse man nicht, dass alle Einrichtungen, von Menschen geschaffen, unvollkommen und fehlerhaft sind. Würden die Männer, welche in den Grossen Rath gewählt werden, stetsfort mit Rechtschaffenheit die nöthige Einsicht verbinden, so würden wir Veto, Integralerneuerung und viele Dinge der Art für leeres Spielzeug betrachten; allein wir sehen, dass auch in den Repräsentativstaaten die Gesetzgebung in die Hände von Menschen gelegt wird, welche unvollkommen und deren Produkte ebenfalls nicht immer schulgerecht sind, wogegen man Massregeln uns schützende Einrichtungen treffen muss, damit die Bürger unter den Fehlern und Gebrechen ihrer Regenten nicht leiden oder gar zu Grunde gehen (S. 103 f.).

Quellennachweis:

Artikel aus dem „Freiämter", einer katholischen Zeitung.

Standort:

Schweizerische Landesbibliothek Bern.

Kommentar:

Mit der Einrichtung einer Druckerei im Frühling 1840 zeigen die Kreise ums „Bünzer Komitee", dass sie gewillt sind, mit allen publizistischen Mitteln für ihre Anliegen einzustehen. Von den liberal-radikalen Blättern als ultramontanes Kampfblatt gebrandmarkt, erobert sich der „Freiämter" als katholisches Oppositionsorgan in der Verfassungsrevisionszeit rasch einen Platz in der Zeitungslandschaft. Der Regierung ist diese neue Zeitung allerdings suspekt und so wird im Zusammenhang mit den Ereignissen rund um die Annahme des zweiten Verfassungsentwurfs das weitere Erscheinen des Blattes verhindert. Die Artikel aus Freiämter Nr. 10 und 11 beziehen sich auf den ersten Verfassungsentwurf, der von der Kommission ausgearbeitet und bekannt gemacht worden ist. Die Forderungen nach Ausweitung der Volksrechte werden nach Ansicht des „Freiämters" viel zu wenig erfüllt.

Öfters zitiert der „Freiämter" auch andere (katholische) Zeitungen oder kommentiert Entwicklungen in anderen Kantonen, um damit der Verfassungsdiskussion im Aargau neuen Impulse zu verleihen oder um bereits bekannte Forderungen mit zusätzlichen Argumenten zu versehen. So wird in Nr. 14 und 25 auf den Kanton Luzern verwiesen.

Titel: *Verfassung des Eidgenössischen Standes Schwyz von 1833* *Schwyz, 1835, gedruckt bei Joseph Thomas Kälin. (Ausschnitt)*

Text 84:

Verfassung

Titel. I. Allgemeine Bestimmungen

1. Der Kanton Schwyz ist ein Freistaat und als solcher ein Bundesglied der Schweizerischen Eidgenossenschaft.
2. Die Souveränität beruht im Volke, d. h. in der Gesammtheit der Kantonsbürger. Das Volk giebt sich die Verfassung selbst, und jeder Gesetzesvorschlag muß ihm zur Annahme oder Verwerfung vorgelegt werden.
3. Kantonsbürger oder Landleute sind diejenigen, welche in der Verfassung von 1803 als solche anerkannt worden sind, oder welche sich ausweisen können, daß sie das Kantonsbürgerrecht seither rechtlich erworben und ausgeübt haben.
4. Alle Kantonsbürger haben gleiche staatsbürgerliche Rechte.
5. Alle Einwohner des Kantons sind vor dem Gesetze gleich.
6. Der freie Verkehr im Kanton ist gesichert.
7. Jeder rechtliche Kantonsbürger kann sich nach den Bestimmungen des Gesetzes im Kanton überall niederlassen, und da, wie der Eingeborne, Handel und Gewerbe treiben.
8. Jeder Kantonsbürger übt da sein politisches Bürgerrecht aus, und ist den Steuern unterworfen, wo er seßhaft ist.
9. Die persönliche Freiheit jedes Kantonsbewohners ist gewährleistet.

10. Die christkatholische Religion ist die einzige Religion des Staates, und als solche garantirt.

11. Die freie Meinungsäußerung in Wort und Schrift ist gewährleistet. Die Strafe des Missbrauchs derselben wird das Gesetz bestimmen; daherige Klage beurtheilen die Gerichte.

12. Die Verfassung sichert jeder Korporation, jeder Gemeinde, und jedem rechtlichen Landmann das Recht, dem Großen Rathe Wünsche und Anträge für Gesetze und Verordnungen, und Beschwerden über Verletzung von Verfassung und Gesetz schriftlich vorzutragen.

13. Jeder soll ungebunden, d.h. ohne Einmischung und Hinderung irgend einer Behörde, vor die Gerichte gelassen werden.

14. Niemand kann seinem verfassungsmäßigen Richter entzogen werden. Die Aufstellung verfassungswidriger Gerichte ist unter keinen Umständen zulässig.

15. Niemand kann verhaftet oder in Verhaft gehalten werden, außer in den vom Gesetz bestimmten Fällen und auf die vom Gesetz bestimmte Art.

16. Der Staat sorgt für die Bildung des Volkes.

17. Jeder Kantonsbürger und jeder im Kanton wohnende Schweizer ist zur Vertheidigung des Vaterlandes verpflichtet; das Nähere bestimmt das Gesetz.

18. Die Verfassung sichert die Unverletzlichkeit des Eigenthums. Jedem Bezirk, jeder Gemeinde, sowie jeder geistlichen und weltlichen Korporation bleibt auch die Verwaltung desselben und die Befugnis, die Art und Weise dieser Verwaltung zu bestimmen, gesichert. Für Abtretungen, die das öffentliche Wohl unumgänglich erfordert, hat der Staat gerechte Entschädigung zu leisten; wenn sie streitig wird, entscheiden die Gerichte.

19. Keine Liegenschaft kann mit einer nicht loskäuflichen Last belegt werden. Die Loskäuflichkeit der Zehnten und Grundzinse nach dem wahren Werthe derselben ist den Gemeinden, Korporationen und Privaten garantirt, so daß jeder Einzelne sein Besitzthum hievon ledigen kann. Das Nähere bestimmt das Gesetz.

20. Jeder Bezirk trägt nach Verhältniß seiner Bevölkerung zur Bestreitung der Staatslasten bei.

21. Die Klöster stehen in jeder Beziehung unter der Aufsicht des Staates. Das Nähere Verhältniß derselben zum Kanton, und zum Bezirk, in dem sie sich befinden, sowie die Art, wie der Staat seine Aufsicht über sie ausübt, wird vom Gesetz bestimmt.

22. Den Klöstern ist der Ankauf, die Erpachtung die Erwerb von Liegenschaften unter was immer für einem Titel untersagt. Liegenschaften, die denselben durch freiwilligen Geldruf oder durch Falliment zufallen, müssen sie inner Jahresfrist entäußern.

23. Novizen, welche nicht Schweizer sind, wenn sie in wissenschaftlicher und moralischer Beziehung tüchtig erfunden werden, dürfen mit Bewilligung des Kantonsraths, gegen einen von ihm zu bestimmenden Beitrag an den Staat, in die Klöster aufgenommen werden; gegen Eidgenossen findet das Gegenrecht statt.

24. In Handel und Gewerbe sind die Klöster auf die Erzeugnisse ihrer Güter und auf den damit verbundenen Viehstand beschränkt.

25. Die Klöster sind in dem Bezirke ihrer Niederlassung und in denjenigen, wo sie Vermögen besitzen, wie jeder andere Bürger des Bezirks, zu Bezirkssteuern verpflichtet,

und daher zu verhältnißmäßigen Beiträgen für die Bestreitung von Bezirkslasten und den Unterhalt öffentlicher Anstalten verbunden. Auch sind sie den Verfügungen der Ortspolizei in allen Beziehungen gleich dem Landmann unterworfen.

26.   Es soll eine beförderliche Revision der gesammten Gesetzgebung vorgenommen werden. Mit der Aufstellung von Kantonsgesetzbüchern erlöschen die bisherigen Bezirksgesetze.

Titel. II. Gebietseintheilung.

27.   Der Kanton ist in sieben Bezirke eingetheilt, nämlich: 1) Schwyz; 2) Gersau; 3) March; 4) Einsiedeln; 5) Küssnacht; 6) Wollerau; 7) Pfeffikon.

28.   Der Bezirk Schwyz begreift die Gemeinden: Schwyz, Arth, Ingenbohl, Muotathal, Steinen, Sattel, Rothenthurm, Iberg, Lauerz, Steinerberg, Morschach, Alpthal, Illgau, Riemenstalden. Hauptort: der Flecken Schwyz.

Der Bezirk Gersau: Gersau inner seinen Gränzen. Hauptort Gersau.

Der Bezirk March: Lachen, Altendorf, Galgenen, Vorder-Wäggithal, Hinter-Wäggithal, Schübelbach, Tuggen mit Inbegriff von Grinau, Wangen und Ruolen, Reichenburg, Hauptort: Lachen.

Der Bezirk Einsiedeln begreift seine ehevorigen sieben Viertel: Das Dorf Einsiedeln, Binzen, Groß, Willerzell, Euthal, Etzel und Egg, Bennau, Trachslau. Hauptort: Einsiedeln.

Der Bezirk Küssnacht: die vier ehevorigen Zehnten: Küssnacht, Immensee, Haltiken, Merlischachen. Hauptort: Küssnacht.

Der Bezirk Wollerau: die vier ehevorigen Viertel: Wilen, Berg, Erlen, Wollerau. Hauptort: Wollerau.

Der Bezirk Pfeffikon: Pfeffikon inner seinen Gränzen. Hauptort Pfeffikon.

29.   Der Flecken Schwyz ist der Hauptort des Kantons, und der Sitz aller Kantonsbehörden, mit Ausnahme der Kantonsgemeinde.

Titel. III. Staatsgewalten.

1. Kantonsbehörden.

A. Kantonsgemeinde;
B. Großer Rath;
C. Kantonsrath;
D. Regierungskommission;
E. Kantonsgericht;
F. Schiedsgericht.

2. Bezirksbehörden.

A. Bezirksgemeinde;
B. Dreifacher Bezirksrath;
C. Bezirksrath;
D. Bezirksgericht;
E. Friedensgericht.

3. Gemeindsbehörden.
  A. Kirchgemeinde;
  B. Gemeinderath.

30. Die Trennung der richterlichen und vollziehenden Gewalt ist anerkannt. Kein Mitglied einer vollziehenden Behörde kann zugleich Mitglied einer richterlichen Behörde sein, und umgekehrt, mit Ausnahme der vom Großen Rath dem Kantonsgericht in Kriminal-fällen allfällig beigegebenen Mitglieder des Kantonsraths. Weder die gesetzgebende noch die vollziehende Gewalt dürfen richterliche Verrichtungen ausüben oder sich aneignen.

31. Die Verhandlungen des Großen Rathes, der dreifachen Bezirksräthe und der Gerichte, mit Ausnahme ihrer Berathung über das Urtheil, sind in der Regel öffentlich. Ausnahmen können nur in öffentlicher Sitzung beschlossen werden.

32. Die Verwaltung des Staatshaushalts ist öffentlich.

33. Keine Beamtung im Kanton ist lebenslänglich.

34. Ohne gerichtliches Urtheil kann kein Beamter vor Ablauf seiner Amtsdauer seiner Stelle entsetzt werden.

35. Der Landammann, der Statthalter und der Säckelmeister des Kantons dürfen nicht zugleich Landammann, Statthalter und Säckelmeister eines Bezirkes sein.

36. Die Mitglieder der Regierungskommission werden vom Kanton, diejenigen des Großen- und des Kantonsraths, sowie des Kantonsgerichts von den betreffenden Bezirken bezahlt. Die Gerichtssporteln des Kantonsgerichts werden zu Reiseentschädigungen, nach dem in der Verfassung von 1803 bestimmten Verhältniß, verwendet.

37. Der Große Rath und dessen Präsident beeidigen sich gegenseitig. Die Beeidigung der übrigen Behörden wird vom Großen Rath angeordnet.

1. Kantonsbehörden.
A. Kantonsgemeinde.

38. Die Kantonsgemeinde besteht in der Versammlung derjenigen Kantonsbürger, welche das achtzehnte Altersjahr zurückgelegt haben und in bürgerlichen Ehren und Rechten stehen. Ausgenommen sind:
  a) Falliten;
  b) durch Urtheil Entehrte;
  c) im Aktivbürgerrecht Eingestellte.

39. Sie besammelt sich am Rothenthurm, ordentlicherweise alle zwei Jahre am ersten Sonntag im Mai, oder, wenn das Wetter ungünstig ist, am nächstfolgenden Sonntag, an dem das Wetter günstig ist; außerordentlicherweise, so oft der Kantonsrath sie einberuft. Ihr Präsident ist der Landammann.

40. Sie übt ihr Souveränitätsrecht folgendermaßen aus:
  a) Alle Gesetzesvorschläge und Gesetzeserläuterungen müssen ihr vom Großen Rathe vorgelegt werden, und sie genehmigt oder verwirft dieselben;
  b) Ihrer Genehmigung unterliegen alle wichtigern Verträge mit dem Ausland und den Kantonen der Eidgenossenschaft;
  c) Instruktionen auf die Tagsatzung über Krieg und Frieden, oder für Bündnisse werden ihr zur Genehmigung oder Verwerfung vorgelegt;

d) Sie allein ertheilt das Kantonsbürgerrecht. Keinem kann dasselbe ertheilt werden, der nicht zuvor Bürger eines Bezirkes ist. Die Zusicherung des Bezirksbürgerrechts bleibt ohne wirkliche Ertheilung des Kantonsbürgerrechts ohne alle rechtlichen Folgen;

e) Sie wählt den Landammann, den Statthalter und den Säckelmeister aus allen wahlfähigen Kantonsbürgern auf zwei Jahre; die beiden erstern sind für die nächste Amtsdauer als solche nicht wieder wählbar. Wenn der Landammann aus dem Bezirk Schwyz gewählt wird, so muß der Statthalter aus einem der übrigen Bezirke gewählt werden, und umgekehrt. Der Landammann und der Säckelmeister müssen innerhalb der Gränzen der Kirchgemeinde Schwyz wohnen.

41. Ueber alle Gegenstände, welche an die Kantonsgemeinde gebracht werden wollen, muß das Volk vorher in Kenntniß gesetzt werden. Deshalb sollen

a) Alle Vorschläge für Gesetze und Gesetzeserläuterungen, sowie alle übrigen Anträge des Großen Rathes vier Wochen vor Besammlung der Gemeinde gedruckt unter die Landleute vertheilt werden;

b) Ebenso hat jeder Landmann seine Vorschläge, die er an die Kantonsgemeinde bringen will, sechs Wochen vor ihrer Besammlung dem Großen Rathe einzureichen, welcher verpflichtet ist, dieselben mit seinen eigenen Vorschlägen durch den Druck dem Volke bekannt zu machen und sie der Kantonsgemeinde vorzulegen.

42. Ihr wird der ökonomische Zustand des Kantons zur Kenntniß gebracht.

43. Außerordentlich zusammenberufen kann sie nur diejenigen Gegenstände behandeln, für deren Berathung sie besammelt wird. Bei der Auskündung müssen diese Gegenstände jedes Mal bezeichnet werden.

44. Sie kann über das Eigenthum der Bezirke, Gemeinden, Korporationen und Privaten nicht entscheiden, und überhaupt keine Befugnisse der richterlichen und vollziehenden Gewalt ausüben.

45. Alle Abstimmungen geschehen durch das Handmehr; die Mehrheit der Stimmen entscheidet.

46. Volk und Regierung beeidigen sich gegenseitig bei jeder ordentlichen Versammlung derselben.

B. Großer Rath.

47. Der Große Rath besteht mit Einschluß des Kantonsraths aus hundert und acht Mitgliedern, und wählt aus seiner Mitte den Präsidenten, welcher nicht zugleich Landammann sein kann, und den Vizepräsidenten auf ein Jahr, die beide für die nächste Amtsdauer nicht wieder wählbar sind.

48. Die Mitglieder des Großen Rathes werden von den Bezirksgemeinden nach dem Verhältniß der Bevölkerung aus allen wahlfähigen Kantonsbürgern gewählt.

49. Die Amtsdauer der Großräthe ist auf sechs Jahre festgesetzt; je zu zwei Jahren tritt ein Drittheil derselben aus. Der erste und zweite periodische Austritt findet durch das Loos statt; die Ausgetretenen sind wieder wählbar.

50. Der Große Rath wird vom Präsidenten einberufen. Ordentlicher Weise besammelt er sich zwei Mal im Jahr: am ersten Montage im Brachmonat und am zweiten Montag im Wintermonat; außerordentlicher Weise:

a) so oft der Präsident es nöthig findet;

b) wenn der Kantonsrath es verlangt;

c) wenn 15 Mitglieder beim Präsidenten dafür das Begehren stellen.

51. Er erläßt die organischen Gesetze.

52. Er entwirft selbst Gesetze und berathet die ihm vom Kantonsrath zur Prüfung vorgelegten Gesetzesvorschläge.

53. Er erläutert die Gesetze, jedoch nie in Anwendung auf einen einzelnen vor den Gerichten schwebenden Rechtsfall. Die Erläuterungen müssen, wie die Gesetzesvorschläge, der Kantonsgemeinde zur Annahme oder Verwerfung vorgelegt werden.

54. Er wählt aus allen rechtlichen Landleuten zwei Gesandte an die eidgenössische Tagsatzung, von denen der eine aus dem Bezirke Schwyz, der andere aus einem der übrigen Bezirke genommen werden muß. Der Vorsitz derselben an der Tagsatzung wechselt mit dem Jahr. Er giebt ihnen die geeignete Instruktion, und nimmt ihre Berichterstattung ab.

55. Er wählt aus dem Kantonsrath mit Einschluß des Landammanns fünf Mitglieder in die Regierungskommission, von denen zwei aus den Bezirken Schwyz oder Wollerau, drei den übrigen Bezirken genommen werden, und aus seiner Mitte auf sechs Jahre den Pannerherrn, welcher wieder wählbar ist.

56. Er bestellt das Verhörrichteramt, und wählt den öffentlichen Ankläger, den Zeugherrn, den Archivar, den Salzdirektor, den Kantonswaibel, zwei Kantonsschreiber, von denen der eine aus dem Bezirke Schwyz, der andere aus einem der übrigen Bezirke ernennt werden muß, und zwei Kantonsläufer; die fünf letztern Angestellten nach vorhergegangener öffentlicher Ausschreibung ihrer Stellen.

57. Er übt das Recht der Begnadigung nach den Bestimmungen des Gesetzes aus.

58. Er entscheidet über Kompetenz-Streitigkeiten der vollziehenden und richterlichen Gewalt der Kantons- und Bezirksbehörden, mit jedesmaligem Austritt der Mitglieder der streitenden Behörden.

59. Er beaufsichtigt die Kantonsverwaltung:

a) er bestimmt jährlich den Voranschlag der Einnahmen und Ausgaben des Kantons;

b) er bewilligt die Erhebung der zur Bestreitung der Staatsbedürfnisse nöthigen Steuern;

c) er setzt die Gehalte der öffentlichen Beamten und Angestellten fest;

d) er ordnet und beaufsichtigt das Münz- und Postwesen, und die Salzverwaltung;

e) er beaufsichtigt die im Kanton bestehenden Zölle und Weggelder; ohne seine Bewilligung können keine neuen Gesuche der Tagsatzung vorgelegt werden;

f) er bestimmt die ordentlichen und außerordentlichen Leistungen der Klöster an den Staat, und veranstaltet daher die nöthigen Untersuchungen des Vermögens derselben;

g) er läßt sich jährlich vom Kantonsrath über alle Theile der Kantonsverwaltung, und über Einnahmen und Ausgaben Bericht und Rechnung ablegen, genehmigt diese oder verfügt das Nöthige darüber. Die Mitglieder des Kantonsraths sind bei daheriger Berathung im Ausstande. Eine rubrizirte Uebersicht der Jahresrechnung wird dem Volke durch den Druck bekannt gemacht.

60. Er handhabt Ruhe und Sicherheit im Kanton; er erläßt:
    a) Polizeiverordnungen;
    b) die nöthigen Militärverordnungen für das eidgenössische Bundeskontingent, und verfügt darüber;
    c) bei jedem Truppenaufgebot hat er sich unverzüglich zu besammeln.
61. Er wahret die Rechte des Staates in kirchlichen Angelegenheiten.
62. Er erläßt die Verordnungen über das Sanitäts- und Erziehungswesen, und übt über die daherigen Behörden die Oberaufsicht aus.
63. Alle minderwichtigen Verkommnisse und Verträge mit anderen Kantonen und Staaten unterliegen seiner Genehmigung.
64. Er giebt sich selbst die Geschäftsordnung.

C. Kantonsrath.

65. Der Kantonsrath ist die oberste Vollziehungs- und Verwaltungsbehörde des Kantons und besteht mit Einschluß des Landammanns, des Statthalters und des Säckelmeisters aus sechs und dreißig Mitgliedern, welche von den Bezirksgemeinden aus allen wahlfähigen Kantonsbürgern nach dem Verhältniß der Bevölkerung gewählt werden. Diejenigen Bezirke, aus denen die Kantonsgemeinde den Landammann, den Statthalter und den Säckelmeister wählt, haben um so weniger Mitglieder in den Kantonsrath zu geben.
66. Die Ersatzmänner in den Kantonsrath werden aus dem Großen Rath genommen.
67. Die Amtsdauer, der Austritt und die Wiederwählbarkeit der Kantonsräthe finden wie beim Großen Rathe statt.
68. Im Kantonsrath dürfen nicht zugleich sitzen: Vater und Sohn, oder zwei Brüder.
69. Der Kantonsrath versammelt sich jährlich ordentlicherweise viermal, außerordentlicherweise, so oft die Regierungskommission oder der Landammann ihn einberuft. Den Vorsitz führt der Landammann, und in dessen Abwesenheit der Statthalter.
70. Er entwirft Vorschläge zu Gesetzen und Verordnungen des Großen Rathes, und begutachtet diejenigen, welche ihm von diesem überwiesen werden.
71. Er besorgt die Kantonsverwaltung, und bestellt dafür die nöthigen Kommissionen. Diese entwerfen Gutachten und Anträge an den Kantonsrath, vollziehen seine Verordnungen und Beschlüsse, und sind ihm in Allem verantwortlich.
72. Er bestellt die Schul- und Sanitätsbehörden frei aus den hiezu fähigen Kantonsbürgern, und sorgt für die Vollziehung der daherigen Verordnungen.
73. Er erstattet dem Großen Rath jährlich über seine Geschäftsführung einen vollständigen Bericht, und über die besondern Theile derselben, so oft der Große Rath es erfordert. Er entwirft den Voranschlag der Einnahmen und Ausgaben des künftigen Rechnungsjahres, legt dem Großen Rath jährlich über die ganze Kantonsverwaltung und den Bestand des Staatsvermögens Rechnung ab, und fügt über Staatsgüter ein Inventar bei.
74. Bei Gefährdung der Ruhe im Innern oder von Außen kann er vorläufig die bewaffnete Mannschaft aufbieten, beruft aber sofort den Großen Rath zu Anordnung weiterer Maßregeln ein.
75. Er hat die Aufsicht über die Rechte des Staates in kirchlichen Angelegenheiten, und stellt hierin die nöthigen Anträge an den Großen Rath.

76. Er übt die Oberaufsicht über die Bezirksräthe in vollziehender, vormundschaftlicher und polizeilicher Beziehung aus. Die Fälle, in welchen Privaten oder Korporationen Rekurs an den Kantonsrath gestattet ist, wird das Gesetz bestimmen.

77. Ihm steht die Oberaufsicht über das Straßenwesen des Kantons zu.

78. Er entwirft seine Geschäfsordnung und unterlegt sie der Genehmigung des Großen Rathes.

D. Regierungskommission

79. Die Regierungskommission besteht mit Inbegriff des Landammanns aus fünf Mitgliedern, die zugleich Mitglieder des Kantonsraths sein müssen, und nach Art. 55 gewählt werden. Die Amtsdauer ist auf vier Jahre festgesetzt. Je zu zwei Jahren treten zwei Mitglieder aus, und sind für die nächste Amtsdauer nicht wieder wählbar.

80. Ihr liegt die Vollziehung und Bekanntmachung aller Beschlüsse des Kantonsraths ob.

81. Sie vollstreckt die Urtheile der gerichtlichen Kantonsbehörden.

82. Sie besorgt, wenn der Kantonsrath nicht besammelt, den Briefwechsel; sie kann aber durch denselben keine Verpflichtungen für den Kanton zuziehen, die nicht schon durch bestehende Verträge auf ihm lasten.

83. Sie wacht über die Fremdenpolizei des Kantons.

84. Sie ertheilt über allfällige Einfragen von Bezirksbehörden Weisung; sie kann sich aber mit Einfragen und Beschwerden von Privaten oder Korporationen gegen Bezirksbehörden nie befassen, indem diese Befugniß einzig dem Kantonsrath oder dem Kantonsgericht zusteht.

85. Sie führt über alle ihre Verhandlungen eigenes Protokoll, welches, so wie der von ihr besorgte Briefwechsel, dem Kantonsrath und jedem einzelnen Mitglied desselben jederzeit zur Einsicht offen steht.

86. Bei ihren Berathungen müssen wenigstens vier Mitglieder anwesend sein.

87. Sie ist für alle ihre Geschäfte dem Kantonsrath verantwortlich.

88. Die Geschäfsordnung schreibt ihr der Kantonsrath vor.

E. Kantonsgericht.

89. Das Kantonsgericht besteht aus vierzehn Mitgliedern, welche, so wie ihre Ersatzmänner, nach dem Verhältniß der Bevölkerung die Bezirksgemeinden aus allen wahlfähigen Kantonsbürgern wählen.

90. Die Amtsdauer der Mitglieder ist auf sechs Jahre festgesetzt; je das zweite Jahr tritt ein Drittheil derselben aus; die Ausgetretenen sind wieder wählbar. Beim ersten periodischen Austritt, welcher, so wie der zweite, durch das Loos statt findet, treten vier, beim zweiten und dritten jedes Mal fünf Mitglieder aus.

91. Sein Präsident wird aus seiner Mitte vom Großen Rathe gewählt; den Vicepräsidenten wählt es sich selbst.

92. Im Kantonsgericht, und eben so in allen übrigen Gerichtsstellen im Kanton, dürfen nicht zugleich sitzen: Vater und Sohn, Schwiegervater und Tochtermann, zwei Brüder, zwei wirkliche Schwäger oder zwei Mitväter.

93. Es versammelt sich, so oft der Präsident dasselbe einberuft.

94. Das Kantonsgericht ist die oberste Civil-Kriminal- und Polizeirichterliche Behörde. Bei Fragen über Leben und Tod zieht es seine Ersatzmänner bei, denen der Große Rath aus seiner Mitte noch vierzehn Mitglieder beigiebt. Zu einem Todesurtheil werden zwei Dritttheile der Stimmen erfordert. Bei Beurtheilung von Civil- und Strafpolizei-Sachen müssen eilf, bei Kriminalfällen vierzehn, und bei Fragen über Leben und Tod wenigstens sechs und dreißig Mitglieder anwesend sein.

95. Es allein ertheilt über Rechtssprüche, die von ihm ausgegangen sind, Revision.

96. Ihm kömmt die Wiedereinsetzung in die bürgerlichen Ehren zu.

97. Es bestellt für Angeklagte, welche sich nicht selbst einen Vertheidiger wählen, einen solchen.

98. Es steht in Würde und Rang neben dem Kantonsrath.

99. Bei Streitfällen um Eigenthumsrechte zwischen Privaten und Bezirken, zwischen Korporationen und Privaten, zwischen Korporationen und Bezirken, oder zwischen Korporationen treten die betheiligten Richter aus, und werden durch Ersatzmänner des Kantonsgerichts aus unbetheiligten Bezirken ersetzt.

100. Es gibt sich die Geschäftsordnung selbst.

F. Schiedsgericht.

101. In Streitfällen um Eigenthumsrechte zwischen zwei Bezirken spricht in erster und letzter Instanz ein Schiedsgericht ab, welches folgendermaßen zusammengesetzt wird:

    a) jeder der streitenden Bezirke wählt sich aus den übrigen Bezirken zwei Schiedsrichter;

    b) aus jedem der unbetheiligten Bezirken wird das erstgewählte Mitglied des Kantonsgerichts beigezogen.

    Das so zusammengesetzte Gericht wählt aus seiner Mitte den Präsidenten. Stehen die Stimmen ein, so entscheidet derselbe.

Quellennachweis:

Verfassung des Eidgenössischen Standes Schwyz, Schwyz 1835, gedruckt bei Joseph Thomas Kälin.

Kommentar:

Im Kanton Schwyz hat sich die alte Freiheitskonzeption besonders lange gehalten. Von den Landleuten des „alten Landes" wird Freiheit als ein auf Leistung beruhendes Privileg verstanden, das durch die Befreiungskämpfe im Spätmittelalter erworben worden ist und nicht teilbar ist. Daraus leiten sie ihr Recht zur Teilnahme an der Landsgemeinde ab, die eine privilegierte Versammlungsdemokratie bildet. Im Gegensatz zu den alten Landleuten haben die Bewohner von Ausserschwyz diese Vorleistungen nicht erbracht, deshalb haben sie keinen Anspruch auf rechtliche Gleichstellung. Dieser Konflikt zwischen der alten Landschaft und Ausserschwyz kommt während der Helvetik zum Ausdruck und zieht sich bis ins 19. Jahrhundert hinein. Der moderne Freiheitsbegriff, der Freiheit als allgemeines Grundrecht versteht, setzt sich erst ab 1830 langsam durch, indem die altrechtliche Argumentation verdrängt wird. Resultat dieses Prozesses ist die Verfassung von 1833, die den Gedanken der Versammlungsdemokratie mit der Idee der Rechtsgleichheit verbindet. Damit kommt es zu einer Art Verschmelzung von Versammlungsdemokratie und liberaler Grundrechtslehre. Ausdruck dieses Umbaus der Verfassung aufgrund des modernen Freiheitsbegriffs sind die Artikel 38 bis 46 über die Kantonslandsgemeinde, zu der alle Bürger über 18 Zutritt haben. Die Landsgemeinde wird als souverän betrachtet, indem sie über Annahme oder Verwerfung der Gesetze und über Staatsverträge entscheiden kann.

Titel: *Verfassung des Kantons Wallis vom 30. Januar 1839 (Ausschnitt)*

Text 85:

Sechster Titel: Zusätzliche Verfügungen, Revisionsmodus.

Art. 73. Militär-Capitulationen, die Gesetze, und die Dekrete über Finanzwesen und über die Ertheilung des Kantonsbürgerrechts, welche von dem Grossen Rathe erlassen werden, sind erst dreissig Tage nach ihrer Bekanntmachung vollziehbar.

In dieser Zwischenzeit kann die Mehrheit der Walliser-Bürger dieselben, wenn sie es für schicklich erachtet, verwerfen.

Zu diesem Behufe soll der Präsident der Gemeinde die Ur-Versammlung auf den dritten der Bekanntmachung folgenden Sonntag zusammenberufen; er hat das Verbale über die Abstimmung aufzunehmen, und dasselbe dem Zehnenpräsidenten zuzusenden.

Art. 74. Die Angelegenheiten, die das Wallis als Schweizer Kanton betreffen, und aus den von dem Bundesvertrag bestimmten Verhältnissen und Verpflichtungen herrühren, sind dem Referendum nicht unterworfen. (...)

Art. 76. Die bis jetzt bestandenen, und der gegenwärtigen Verfassung nicht widersprechenden Gesetze, Dekrete, Verordnungen und Beschlüsse bleiben so lange in Kraft, bis dieselben gesetzlich widerrufen werden.

Art. 77. Die gegenwärtige Verfassung kann innerhalb von fünf Jahren nur in dem Falle einer Abänderung unterworfen werden, wenn eine solche von der Zweidrittelmehrheit der Mitglieder des Grossen Rathes beschlossen wird.

Nach Ablauf dieser Frist ist die absolute Mehrheit ausreichend.

Im zweiten Falle muss die Abänderung der Genehmigung der Walliser Bürger vorgelegt werden.

Quellennachweis:

Sammlung der Gesetze, Dekrete und Abschlüsse des Kantons Wallis (französische Ausgabe), Bd. 5, S. 1; Die Ausschnitte zu den Verfassungen von 1839 und 1844 sind einem Papier von Andreas Kley entnommen. Andreas Kley, Geschichte der direkten Demokratie, Referat im fünften Arbeitstreffen des „Forums zur Erforschung der direkten Demokratie" vom 23. Februar 2008.

Kommentar:

Die vom liberalen Verfassungsrat ausgearbeitete Verfassung vom Januar 1839 postuliert als Staatsform die „repräsentative Demokratie", enthält aber gleichzeitig ein Vetorecht gegen Militärkapitulationen, Gesetze, Finanz- und Einbürgerungsdekrete. Ausgenommen sind Erlasse, die sich aus Bundespflichten ergeben. Ein Gesetz tritt nicht in Kraft, wenn die absolute Mehrheit der Bürger Einspruch erhebt. Die Einspruchsfrist beträgt 30 Tage. Der aus Vertretern des französischsprachigen Unterwallis bestehende Verfassungsrat macht damit ein Zugeständnis an das deutschsprachige konservative Oberwallis, das immer noch am alten „Zehnen-Referendum" festhält, das allerdings zum föderativen Behördenreferendum verkommen ist und damit nicht mehr den ursprünglichen Charakter hat. Im Unterschied zum korporativen Einspruchsrecht der Zehnen gilt eine individualistische Zählweise, indem die Mehrheit der Aktivbürger ein Gesetz verhindern kann. Das in der Januarverfassung enthaltene Vetorecht wird allerdings nie Wirklichkeit, weil die Konstitution nur im Unterwallis Geltung erlangt.

Titel: *Verfassung des Kantons Wallis vom 3. August 1839 (Ausschnitt)*

Text 86:

Sechster Titel: Zusätzliche Verfügungen, Revisionsmodus.
Art. 67. Die Gesetze, die Militär-Capitulationen, und die Dekrete über Finanzwesen und über die Ertheilung des Kantonsbürgerrechts, welche von dem Grossen Rathe erlassen werden, sind erst dreissig Tage nach ihrer Bekanntmachung vollziehbar.
In dieser Zwischenzeit kann die Mehrheit der Walliser-Bürger dieselben, wenn sie es für schicklich erachtet, verwerfen.
Zu diesem Behufe soll der Präsident der Gemeinde die Ur-Versammlung auf den dritten der Bekanntmachung folgenden Sonntag zusammenberufen; er hat das Verbale über die Abstimmung aufzunehmen, und dasselbe dem Zehnenpräsidenten zuzusenden.
Art. 68. Wenn ein Finanz-Gesetz verworfen wird, so bleibt das bestehende so lange in Kraft, bis dieses durch ein anderes ersetzt wird.
Art. 69. Die Angelegenheiten, die das Wallis als Schweizer Kanton betreffen, und aus den von dem Bundesvertrag bestimmten Verhältnissen oder Verpflichtungen herrühren, sind dem Referendum nicht unterworfen. (…)
Art. 73. Die gegenwärtige Verfassung kann erst nach Verlauf von fünf Jahren, und nur in dem Falle einer Abänderung unterworfen werden, wenn eine solche von der absoluten Mehrheit sämmtlicher Mitglieder des Grossen Rathes beschlossen wird.
Jede Abänderung muss der Genehmigung der Walliser Bürger vorgelegt werden.

Quellennachweis:

Sammlung der Gesetze, Dekrete und Abschlüsse des Kantons Wallis seit 1839 bis 1844, Bd. 6, S. 9.

Kommentar:

Weil die Verfassung vom 30. Januar 1839 nicht im ganzen Kanton durchsetzbar ist, wird im August 1839 eine neue Verfassung ausgearbeitet, die kleinere Konzessionen an das konservative Oberwallis macht, aber weiterhin an der individualistischen Zählweise der Vetostimmen festhält. Die Abgabe der Vetostimmen muss an Urversammlungen in den Gemeinden erfolgen, die am dritten Sonntag nach der Bekanntmachung des Gesetzes stattfinden. Durch die obligatorisch angeordnete Volksabstimmung in den Gemeinden macht die Vetofrist von 30 Tagen eigentlich keinen Sinn mehr. Durch das Obligatorium rückt dieses Veto bereits in die Nähe eines Referendums, durch das negative Votum der Stimmberechtigten wird allerdings immer noch am Veto-Prinzip festgehalten. Überraschend ist, dass die Liberalen eine obligatorische Volksanfrage in der Verfassung festschreiben, die der Repräsentation widerspricht und die Gesetzgebung erschwert.

Titel: *Verfassung der Republik und des Kantons Wallis vom 14. Herbstmonat 1844 (Ausschnitt)*

Text 87:

Sechster Titel: Zusätzliche Verfügungen, Revisionsmodus.

Art. 71. Die Gesetze, die Militärkapitulationen, und die Dekrete über das Finanzwesen und über die Ertheilung des Kantonsbürgerrechtes, werden vor die Urversammlungen gebracht und sind dann erst vollziehbar, wann selbige von der Mehrheit der Walliserbürger, die an der Abstimmung Theil genommen haben, genehmigt worden sind.

Ein Gesetz regelt die Verfahrungsart bei der daherigen Abstimmung und bestimmt den Zeitpunkt der Inkraftsetzung der Gesetze und Dekrete.

Art. 72. Im Falle der Nichtannahme eines Finanzdekretes bleibt das wirkliche so lange in Kraft, bis es durch ein anderes ersetzt ist.

Art. 73. Die Angelegenheiten, die das Wallis als schweizerischen Kanton betreffen, und aus den von dem Bundesvertrag aufgestellten Verhältnissen und Verpflichtungen herrühren, sind dem Referendum nicht unterworfen.

Art. 74. Jede Veränderung des schweizerischen Bundesvertrages muss der Mehrheit der stimmfähigen Walliserbürger zur Annahme oder Verwerfung vorgelegt werden. (…)

Art. 78. Gegenwärtige Verfassung kann erst nach Verlauf von zehn Jahren, und nur in dem Falle verändert werden, wenn eine solche von der absoluten Mehrheit der Gesammtheit der Mitglieder des Grossen Rathes beschlossen wird.

Jede Abänderung muss von der Mehrheit der stimmfähigen Walliserbürger genehmiget werden.

Quellennachweis:

Sammlung der Gesetze, Dekrete und Abschlüsse des Kantons Wallis seit 1844 bis 1848, Bd. 7, S. 27.

Kommentar:

Nach dem Umsturz von 1844 gewinnen die Konservativen die Oberhand. Sie wagen jedoch nicht, das föderative Zehnen-Prinzip zu restaurieren. Stattdessen wird das obligatorische Referendum für Gesetze, für Militärkapitulationen sowie für Finanz- und Einbürgerungs-dekrete eingeführt. Der Volkswille äussert sich jetzt nicht mehr negativ, sondern durch die Zählung der Ja- und Nein-Stimmen in den kantonal dekretierten Urversammlungen erfolgt eine echte Volksabstimmung. Damit wird das von den Liberalen eingeführte obligatorische Veto der Augustverfassung von 1839 durch die Konservativen zu einem Gesetzesreferendum im modernen Sinne ausgebaut.

10 Entstehung der Bundesverfassung von 1848 und ihre Defizite hinsichtlich der Entwicklung der direkten Demokratie

Titel: Entwurf eines Grundgesetzes für die schweizerische Eidgenossenschaft (von Prof. Dr. I. P. V. Troxler, 1838)

Text 88:

Erster Abschnitt: Der Bundesstaat

§ 1. Die schweizerische Eidgenossenschaft ist ein Bundesstaat, ruhend auf der Grundlage der Volkshoheit mit stellvertretender Verfassung.

§ 2. Die Einheit des Ganzen soll mit der Selbständigkeit der Theile vereinigt werden und demnach muß die Souverainität der Nation durch eine allgemeine und eine besondere Repräsentation im Bunde dargestellt werden.

§ 3. Die allgemeine Repräsentation im Bunde ist die der Schweizerbürger oder Eidgenossen, die besondere ist die ihrer Stände oder Orte.

§ 4. Stände oder Orte der Eidgenossen sind zwei und zwanzig, nämlich: Appenzell (Außer- und Inner-Rhoden), Aargau, Basel (Stadt und Landschaft), Bern, Bünden (Gotthaus-, Grau- und Zehentengericht-Bund), Freiburg, Glarus, Genf, Luzern, Neuenburg, Schaffhausen, Schwyz (Alt- und Neu-Schwyz), Solothurn, St. Gallen, Tessin, Thurgau, Unterwalden (Ob und Nid-Wald), Uri, Waadt, Wallis (Ober- und Unter-Wallis), Zug Zürich.

§ 5. Die Ein- und Untheilbarkeit dieser Stände ist die Eidgenossenschaft. Grund und Zweck der Eidgenossenschaft sind die uralten ewigen Bünde, Schutz und Trutz für gemeinsame Sicherheit und Wohlfahrt der Eidgenossen; für Volksfreiheit und Rechtsgleichheit im Bund und in seinen Staaten, für Selbständigkeit und Unabhängigkeit des Vaterlandes.

§ 6. Die eidgenössischen Stände und ihre Bürger verheissen sich zu diesem Ende Rath und That, Hülf und Beistand in Krieg und Frieden, nach innen und außen; Einer für Alle und Alle für Einen!

§ 7. Es giebt in dem Bund und seinen Staaten keine Untertanenverhältnisse mehr. Es giebt in ihnen weder Vorrechte der Orte, noch der Familien und Personen.

§ 8. Zulässig sind und gewährleistet werden im Bunde nur Verfassungen, welche allen Eidgenossen und Staatsbürgern gleich die Ausübung politischer Rechte nach rein demokratischen oder repräsentativen Formen zusichern.

§ 9. Die Gesammtheit der Eidgenossen ist der Souverain oder Oberherr im Bunde mittels der doppelten Stellvertretung. Die gegenseitig auszumittelnde Gewalt der Behörden des Bundes und der Behörden der Stände ist ein Ausfluß der ein und untheilbaren Nationalhoheit.

§ 10. Die Gewalt des Bundes und seiner Staaten beschränkt sich gegenseitig, um durch zweckmäßige und wohlgeordnete Verwaltung der allgemeinen und besondern Interessen des Bundesstaats Kraft und Wirksamkeit zu erhöhen.

§ 11. Die Machtbefugniß, und die Rechte und Pflichten, welche durch das Grundgesetz den von ihm aufgestellten Behörden übertragen worden, hören auf, es für die Behörden der Stände zu seyn, und die Verfassungen der Stände sind durch die Bundesverfassung zu ergänzen und zu berichtigen.

§ 12. Die Bundesbehörden sind eben sowohl nur stellvertretend als es die Ständeregierungen sind, und beide in ihrer grundgesetzlichen Harmonie machen zusammen die ganze und volle Staatsgewalt des eidgenössischen Bundesstaats aus. Die eine Machtsphäre ist so ursprünglich und selbständig wie die andere und nicht bloß Zugeständniß oder Übertragung von der andern.

Zweiter Abschnitt: Hauptgrundsätze

§ 13. Die Wahrheiten der christlichen Religion nach dem Glaubensbekenntniß und der Sittenlehre der katholischen und evangelischen Eidgenossen, das Licht, die Tugend, das Recht sind unser höchstes Erbtheil und Eigenthum, Nationalgut, sollen uns Alles weihen und heiligen zum höchsten Gottesdienst in Gesinnung und Wandel. Das Christenthum soll in unserer Republik Wahrheit auch für das Staatsleben werden.

§ 14. Den Schutz des Gesetzes genießt jede religiöse Überzeugung, die Religiosität aller Gemüther. Es herrscht unbedingte Glaubens- und Gewissensfreiheit, allgemeine Duldung zufolge § 1.

§ 15. Die Freiheit der Presse ist als Prinzip des öffentlichen geistigen Lebens und als die beste Schutzwehr aller staatsbürgerlichen Rechte und Freiheiten unantastbar erklärt für Gesetz und Gewalt. Zu keiner Zeit darf im Bundesstaat Censur oder Inquisition eingeführt werden; er ist verbunden dagegen zu schützen.

§ 16. Die höchste Sorge der obersten Behörden soll Nationbildung seyn, und die heiligste Aufgabe die Gründung eines Mittelpunkts der Volkserziehung durch Centralität des höhern öffentlichen Unterrichts.

§ 17. Ungestörte Entwicklung und freier Gebrauch der Kräfte wird als ein dem Menschen, kraft seiner Natur zustehendes Urrecht, unter dem Schutz republikanischer Rechtsgleichheit gesichert.

§ 18. Jeder Bürger ist unantastbar in seiner Wohnung, und ohne seinen Willen darf sie Niemand betreten, außer den durch das Gesetz bestimmten Fällen. Niemand darf vor Gericht gerufen, verhaftet, gefangen gehalten, gerichtet oder seiner Stelle entsetzt werden, als kraft des Gesetzes.

§ 19. Jeder Schweizer ist Bürger des eidgenössischen Bundesstaats, kann sich im Gesammtvaterland niederlassen und ansiedeln wo er will, und Gewerk und Gewerb treiben, ungehindert und unter denselben Gedingen wie jeder eingeborne Bürger desselben Standes.

§ 20. Das Gebiet des Bundesstaats ist als ein unverletzbares Asyl, als eine heilige Zufluchtstätte für alle politischer Meinungen oder Vergehen willen Verfolgte erklärt.

§ 21. Freiheit des Handels und Verkehrs ist gewährleistet und soll durch Einführung eines gleichen Münzfußes, gleiches Maas und Gewicht erleichtert werden.

§ 22. Kein liegendes Gut kann unveräußerlich erklärt werden. Grund und Boden darf mit keiner Last, mit keiner Zins- oder Dienstbarkeit beschwert werden, die nicht loskäuflich ist.

§ 23. Niemand kann gezwungen werden, sich irgend eines Theils von seinem Eigenthum zu entäußern, außer dem Fall eines gesetzlich anerkannten Bedürfnisses, und dann nur gegen gerechte Entschädigung.

§ 24. Die Steuern zu den Staatsbedürfnissen können bloß unter der Einwilligung der Bürger oder ihrer Stellvertreter ausgeschrieben werden; alle Bürger tragen dazu gleichmäßig nach ihrem Vermögen bei.

§ 25. Die Bürger haben das Recht sich zu bewaffnen, sich zu versammeln, Vereine zu bilden, und sich mit Vorstellung an alle Regierungsbehörden zu wenden.

§ 26. Ohne Ausnahme und Vorzug sind alle Bürger und Einwohner dem Gesetz unterthan. Was das Gesetz nicht verbietet ist erlaubt, und was es nicht gebietet, dazu darf Niemand angehalten werden.

§ 27. Zur Sicherstellung der Rechte des Menschen und Bürgers wird eine öffentliche Gewalt erfordert, und erwächst aus Aller Beitrag. Diese Gewalt ist also von Allen für alle, zu allgemeiner Wohlfahrt eingesetzt, und nicht zu besonderm Vortheil Derer, denen sie anvertraut ist und die dafür verantwortlich sind.

§ 28. Die geistlichen Körperschaften stehen wie andere unter den Kantonsregierungen. Der Bund gewährleistet ihnen die Unverletzbarkeit ihres Besitzes nach§ § 22, 23 und 24; und in dem Sinne, daß ihre Güter nur zu religiösen, geistigen und sittlichen Zwecken verwandt werden dürfen gemäß ihrer eigenen ursprünglichen Stiftung im Geiste des Christenthums für Kirchendienst, Schulwesen oder Armenunterstützung.

§ 29. Der Bund, so wie er aus den Einzelkräften der eidgenössischen Stände entspringt, sichert und schützt mit seiner Gesammtkraft alle zusammen; und jeden insbesondere gegen Anmaßung und Einmischung fremder, sowohl geistlichen als weltlichen Mächte.

§ 30. Der Bund anerkennt die Herrschaft geistiger und sittlicher Ideen und Grundsätze über materielle Interessen und Kräfte. Er huldigt dem Grundsatz, daß ungestörte Entwicklung der Menschheit in ihrem eigenen freien Bildungsgang oberster Staatszweck sey, und verzichtet auf alle Bestandsordnung und auf jede Gesetzlichkeit, welche diesem unveräußerlichen Urrecht der Menschen und Bürger in der christlich-schweizerischen Eidgenossenschaft widersprechen.

Dritter Abschnitt: Hoheitspflichten und Hoheitsrechte des Bundes

§ 31. Die Staatsgewalt des Bundes und seiner Behörde kann und muß als der eine und gleiche Mittelpunkt in allen besondern Bestandtheilen des Bundesstaats angesehen werden. Diese Gewalt, ein Ausfluß der einen und gleichen Nationalsouverainität, erstreckt sich daher auch über alle Zweige der Verwaltung und nimmt alle Kräfte und Hülfsmittel zur Erreichung ihres Zwecks in Anspruch, wie die Staatsverwaltung der einzelnen eidgenössischen Stände.

§ 32. Wie den Ständen der besondere und eigenthümliche, kommt dem Bunde der allgemein und gemeinsame Antheil an der ein und untheilbaren Haushaltung des Bundesstaates zu. Von diesem Gesichtspunkte aus soll das Organisationsgesetz eine wohlberechnete Scheidungslinie durch alle Verwaltungsgegenstände hindurch ziehen.

§ 33. Mit den Verwaltungsgegenständen sind unzertrennlich verbunden die dazu gehörigen Ermächtigungen und Hülfsquellen oder die Befugnisse und Einkünfte. Da der

Bundesstaat die Einheit und Mitte zwischen dem Einheitsstaat und Staatenbund ist, so kann hier wenig von einer Übertragung aus der Machtfülle einer Republik, als von Zugeständnissen und Abtretungen souverainer Kantone die Rede seyn. Die Natur der Dinge ist das scheidende Prinzip, und diesem gemäß kommen der Vertretung und Ausübung der Nationalsouverainität in der Staatseinheit der Bundesglieder folgende Dominien und Regalien zu:

1. Die Selbstkonstituierung und Grundgesetzgebung des Bundesstaats im Ganzen und in seinen Theilen aus dem Urquell der Nationaleinheit, durch eine gleichmäßige und allumfassende Stellvertretung der Volkshoheit, nach den ewigen Grundsätzen der Menschenwürde.
2. Die politischen und diplomatischen Verhältnisse der Nation und all ihrer Völkerschaften, oder des Gesammt und Einzelvaterlandes mit dem Auslande, und zwar der Kirchen wie der Staaten, im Frieden wie im Kriege.
3. Die Staatsgewalt der Föderativ-Republik in ihren Verzweigungen, als gesetzgebende, aufsehende und vollziehende, verwaltende und richtende oberste Bundesbehörde.
4. Die vereinte Waffenmacht des Bundesstaats zum Behuf innerer und äußerer Sicherheit.
5. Die Verwaltung des Nationalvermögens, oder der Einkünfte und Ausgaben des Bundesstaats.
6. Die finanzielle und polizeiliche Administration aller bundesstaatlichen Gegenstände und Angelegenheiten, als da sind: Verkehr und Handel im Innern und mit dem Ausland, Industrie-, Manufaktur- und Fabrikwesen. Zölle und Posten. Münzwesen, Maaß und Gewicht. Schießpulverbereitung und Absatz. Salz- und Getreidehandel mit dem Ausland. Stempel- und Verbrauchsteuern. Landstraßen, Wasserstraßen und Brückenbau.
7. Das allgemeine höhere Polizeiwesen, und die sogenannte Sitten- und Kulturpolizei.
8. Das Berg-, Forst- Landbau und Viehzuchtwesen, Cameralistik und Nationalökonomie überhaupt.
9. Das Armen- und Heimathlosenwesen.
10. Das Sanitätswesen.
11. Die Verwaltung der peinlichen und bürgerlichen Rechtspflege.
12. Nationalbildung, Volkserziehung, öffentlicher Unterricht und Schulwesen im Allgemeinen.
Über alles dieses hat das Gesetz die Ausscheidung aufzustellen, was und wie viel von jedem dieser Staatsverwaltungszweige der gemeinsamen und besondern, organisch ineinander greifenden Aufsicht und Leitung anheim zu stellen sey.

Vierter Abschnitt: Die Repräsentation

§ 34. Der Souverain im Bundesstaat ist nur *Einer*, nämlich die Nation; aber der Natur des Bundesstaats gemäß ist ihre Stellvertretung eine *doppelte*, nämlich die ursprüngliche und allgemeine in den Freistaaten, oder die der *Bevölkerung* und die abgeleitete und besondere, oder die der *Kantone* im Bunde.

§ 35. Wird nur die allgemeine Stellvertretung, die der Bürger im Staate zum Prinzip angenommen, so wird aus dem Bundesstaat ein Einheitsstaat, wird aber bloß die besondere

Repräsentation festgehalten, so zerfällt die Förderativrepublik in einen Staatenbund. Da nun aber die schweizerische Eidgenossenschaft ein Bundesstaat seyn soll, so muß die Stellvertretung des Staatenbundes wieder mit der Stellvertretung des Einheitsstaats verbunden werden.

§ 36. Die Stellvertretung der Kantone ist ein herkömmlich Gegebenes. Als Staat im Bunde kann ein Kanton nicht mehr und nicht weniger als einen Stellvertreter haben. Durch jede Veränderung in der Zahl wird der Grundsatz verletzt und das Verhältniß der Bundesglieder zu einander gestört. Da nun kraft § 4 der Stände und Orte der Eidgenossen zwei und zwanzig sind, können auch der Kantonsrepräsentanten nicht mehr als zwei und zwanzig seyn.

§ 37. Die Stellvertreter der Kantone werden als Stellvertreter der zur Einheit organisirten Staatsgewalt von den verschiedenen Völkerschaften oder von ihren Stellvertretern gewählt, und sind der Instruktion und Ratifikation entbunden, indem sie als Ortsboten den Kantonsgeist sattsam repräsentirend eigentlich dieß Prinzip vertreten.

§ 38. Die Repräsentation der Nationalität ruht auf der Bevölkerung, und so muß die Kopfzahl nach einem allgemeinen und gleichen Maßstab ihr Prinzip werden. Die Natur dieser Stellvertretung fordert, daß sie nicht von der Stellvertretung des Kantons abhängig sey, unmittelbar oder mittelbar von Volkswahlen ausgehe, und daß ihre Stimmen nur an eigne Einsicht und freien Willen gebunden sey, da nur so Geist und Wille der Nation repräsentirbar ist.

§ 39. Die Nationalrepräsentation besteht nach dem Maßstab von einem Stellvertreter auf 25,000 Seelen in folgendem Verhältniß:

	Seelen	Stellvertreter
Appenzell	52 000	2
Aargau	150 000	6
Basel	54 000	2
Bern	350 000	14
Bünden	88 000	3
Freiburg	84 000	3
Glarus	28 000	1
Genf	52 000	2
Luzern	116 000	4
Neuenburg	52 000	2
Schaffhausen	30 000	1
Schwyz	32 000	1
Solothurn	53 000	2
St. Gallen	145 000	5
Tessin	102 000	4
Thurgau	80 000	3

Unterwalden mit Uri und Zug	52 000	2
Waat	170 000	6
Wallis	70 000	2
Zürich	227 000	9
		74

§ 40. Für die Repräsentation nach der Bevölkerung sind die Kantone in obstehender Ordnung als große nationale Wahlkreise zu betrachten, und ein allgemeines Gesetz wird Form, Zeit und Orte der Urversammlung und der Wahlversammlungen nach einem gleichmäßigen Fuße anordnen.

Fünfter Abschnitt: Die obersten Bundesbehörden

§ 41. Die obersten Bundesbehörden werden organisirt nach den Grundsätzen der im vorgehenden Abschnitt entwickelten Stellvertretung der Volkshoheit, und nach dem allgemeinen staatsrechtlichen Prinzip der Trennung und Gliederung der Gewalten.

§ 42. Die Bundesbehörden bestehen demnach aus einem gesetzgebenden Körper, aus einem Vollziehungsrath und einem Obergerichte.

§ 43. Der gesetzgebende Körper oder Nationalcongreß zerfällt in zwei Abtheilungen, in eine Versammlung der Stellvertreter des Volks, und in eine Versammlung der Stellvertreter der Stände. Die erste Versammlung bestehend aus den 74 Repräsentanten ist die einleitende oder vorberathende, hat die Initiative der Gesetzgebung und heißt der große oder erste Bundesrath. Die zweite Versammlung bestehend aus den 22 Standesgesandten ist die prüfende und entscheidende, sie hat die Sanktion der Beschlüsse im Namen ihrer Kantone und heißt der kleine oder zweite Bundesrath oder der Senat.

§ 44. Ein Bundesammann mit zwei Statthaltern bildet den Vollziehungsrath. Alle drei werden von den in einer Sitzung als Tagsatzung vereinten beiden Räthen frei aus der Gesammtheit aller Eidgenossen gewählt, nur können sie während ihrer Amtsdauer nicht Mitglieder des Raths der Senatoren noch des Raths der Repräsentanten seyn.

§ 45. Die beiden Bundesräthe versammeln sich ordentlicher Weise alle Jahre einmal an dem von der Tagsatzung als bleibender Sitz der Bundesbehörden zu bestimmenden Orte. Außerordentlich werden die beiden Räthe einberufen auf Einladung des Bundesraths oder auf Verlangen von sieben Kantonen.

§ 46. Die Verhandlungen beider Räthe sind öffentlich. Sie werden sich in vereinter Sitzung als Tagsatzung ihr Reglement geben.

§ 47. Der Repräsentantenrath wird von dem Bundesammann, der Senat von einem seiner Statthalter präsidirt. Bundesammann und Statthalter haben kein Stimmrecht, entscheiden nur bei gleich getheilten Stimmen.

§ 48. Um die Berathungen zu beginnen und gültige Beschlüsse fassen zu können, wird im Repräsentantenrath die Anwesenheit von fünfzig Mitgliedern, im Senate die von fünfzehn Standesabgeordneten erfordert. In beiden Räthen gilt die absolute Mehrheit als Grundsatz der Abstimmung welche einer auf Gründe und Gegengründe sich stützenden Verhandlung folgt.

§ 49. Der Vollziehungsrath ist eine bleibende und mit der Bundeskanzlei an dem Hauptorte des Bundes verweilende Behörde. Die Vollziehung der Beschlüsse des gesetzgebenden Körpers, die Aufsicht und Leitung aller Verwaltungszweige des Bundes sind sein Geschäftskreis, wofür er verantwortlich ist. Bundesgesetze werden hierüber die nöthigen Bestimmungen aufstellen, so wie die Besoldungen festsetzen.

§ 50. Es wird ein Obergericht in dem Bundesstaat aufgestellt. Es besteht aus einem Präsidenten, sechs Mitgliedern, vier Ersatzmännern und einem öffentlichen Ankläger oder Staatanwalt.

§ 51. Das Obergericht ist:

1. Als bürgerliches Gericht ein Kassationsgericht, um durch Aufhebung gesetz- und rechtswidriger Urtheile einen geregeltern Rechtsgang in den Kantonen zu sichern; ein Appellationsgericht, vor welches bürgerliche Streithändel gezogen werden können, deren Gegenstand den Werth von einer zu bestimmenden Summe übersteigt, oder solche, bei denen die Regierung, oder ein Kanton, oder ein Fremder, oder Einwohner verschiedener Kantone eine oder beide Partheien ausmachen.

2. Als Strafgericht in Fällen, da der Senat eidgenössische Beamte in Anklagezustand setzt oder wegen politischer Verbrechen Klage führen lässt. Ferner als Appellationsgericht, wann gewisse schwere noch zu bestimmende Strafen verhängt worden, so wie als Appellationsgericht in allen Kriminalfällen.

§ 52. Das Gesetz soll die Einrichtung und Geschäftsführung des Obergerichts, das gesammte Rechtsverfahren, und besonders die für den beklagten Theil erforderten Garantien bestimmen, auch für allgemeine Verbesserung der Gesetzbücher und der Prozessordnung, so wie der Straf-, Zucht- und Besserungsanstalten sorgen.

§ 53. So wie die Amnestieertheilung in Fällen von Aufruhr, von Störung der öffentlichen Ruhe und bestehenden Ordnung in dem Bundesstaate dem Repräsentantenrath, so steht das Begnadigungsrecht für Amtsvergehen und politische Verbrechen dem Senate zu.

§ 54. Der Vollziehungsrath oder der Landammann und die zwei Statthalter; auch das Obergericht und dessen Präsident sammt dem Staatsanwalt werden von den zwei in eine Tagsatzung vereinten Bundesstaatsräthen gewählt. Bei diesen, wie bei andern Wahlen ist stets der Grundsatz der Theilung der Gewalten streng zu beobachten. Wahlart und Amtsdauer, so wie Besoldung zu bestimmen bleibt der Gesetzgebung überlassen.

Sechster Abschnitt: Einführung und Abänderung der Verfassung des Bundesstaats

§ 55. Die Urkunde der Bundesverfassung soll den Großräthen und Landräthen der Kantone zur Prüfung und Begutachtung, dann dem Schweizervolke in seinen Urversammlungen und Landsgemeinden zur Annahme oder Verwerfung vorgelegt werden.

§ 56. Indem sich die Völkerschaften in den Kantonen und ihre stellvertretenden Räthe diese Urkunde vorlegen lassen, sprechen sie den Wunsch nach einer neuen Begründung des Bundesstaats aus, und unterwerfen sich dem Entscheide der Mehrheit der Nation.

§ 57. Von zehn zu zehn Jahren soll eine Revision der Bundesverfassung stattfinden können. Die Frage, ob dieß für nöthig oder nützlich erachtet werde, soll in diesem Zeitabschnitt immer von dem Vollziehungsrath in einer Botschaft an die zwei Bundesräthe gestellt werden.

Diese Botschaft soll von einem umfassenden Rechenschaftsbericht über die ganze Staatsverwaltung begleitet seyn, und die gemachten Erfahrungen der Behörden, so wie die Beschwerden und Wünsche des Volks darstellen.

§ 58. Die beiden Bundesräthe werden darauf ein motivirtes Gutachten über die Revision mit Vorschlägen zur Reform entwerfen und durch den Vollziehungsrath Anstalt treffen lassen, daß ein neuer gesetzgebender Körper auf der Grundlage der Doppelrepräsentation des Bundesstaats durch die Volksgemeinden und Kantonsräthe abgeordnet, und ihm dann das Gutachten der abtretenden Bundesräthe zur Prüfung und zum Entscheid vorgelegt werde.

§ 59. Ergiebt sich aus der Revision die Nothwendigkeit einer wirklichen Reform, so soll nach § 55 verfahren werden. Ewig unveränderlich wie die Grundfesten der Alpen seyen aber die Ursätze der eidgenössischen Föderativrepublik!
Esto perpetua!

Quellennachweis:

Alfred Kölz (Hg.), Quellenbuch zur neueren schweizerischen Verfassungsgeschichte. Vom Ende der Alten Eidgenossenschaft bis 1848, Bern 1992, S. 373–380.

Kommentar:

Der aus Beromünster im Kanton Luzern stammende Ignaz Paul Vital Troxler (1780–1866) studiert in Jena Philosophie und Medizin. Er ist stark von der Naturphilosophie Schellings beeinflusst. In der Zeit der Helvetik bekleidet er mit 18 Jahren das Amt eines Sekretärs des Regierungsstatthalters Vinzenz Rüttimann. Das mag ein Grund sein, dass die Erfahrung der Helvetik nicht einfach verdrängt wird, sondern in seinem Verfassungsentwurf präsent ist. Mit Beginn der Restaurationszeit setzt seine publizistische Tätigkeit ein. Mit Zeitungsartikeln und zahlreichen Schriften mischt er sich in die Politik ein. 1834 wird er Philosophieprofessor an der Universität Bern. Sein Verfassungsentwurf ist aus drei Gründen bemerkenswert. Erstens nimmt er das Zweikammersystem vorweg und plädiert für ein Gleichgewicht der Volksvertretung und der Kantonsvertretung. Zweitens wird die Geschichte der Eidgenossenschaft dialektisch mit der Forderung nach einem schweizerischen Bundesstaat verknüpft. Die Schweiz bildet von Natur aus eine Eidgenossenschaft, sobald die Staatsbürger sich der Eigenart des Staatswesens bewusst sind. Die Eidgenossenschaft wird idealistisch hergeleitet, denn das Bündnis der verschiedenen Völkerschaften beruht auf einer ureidgenössischen Idee. Drittens nimmt der Entwurf den Dualismus von Repräsentationsprinzip auf Bundesebene und Zulassung repräsentativer und demokratischer Formen auf Kantonsebene vorweg.

Titel: Bundesverfassung der Schweizerischen Eidgenossenschaft vom
12. September 1848 (Ausschnitt)

Text 89:

Im Namen Gottes des Allmächtigen!

Die schweizerische Eidgenossenschaft, in der Absicht, den Bund der Eidgenossen zu befestigen, die Einheit, Kraft und Ehre der schweizerischen Nation zu erhalten und zu fördern, hat nachstehende Bundesverfassung angenommen:

Erster Abschnitt: Allgemeine Bestimmungen

Art. 1. Die durch gegenwärtigen Bund vereinigten Völkerschaften der zwei und zwanzig souveränen Kantone als: *Zürich, Bern, Luzern, Ury, Schwyz, Unterwalden* (ob und nid dem Wald), *Glarus, Zug, Freyburg, Solothurn, Basel* (Stadt und Land), *Schaffhausen, Appenzell* (beider Rhoden), *St. Gallen, Graubünden, Aargau, Thurgau, Tessin, Waadt, Wallis, Neuenburg* und *Genf*, bilden in ihrer Gesammtheit *die schweizerische Eidgenossenschaft*.

Art. 2. Der Bund hat zum Zweck: Behauptung der Unabhängigkeit des Vaterlandes gegen Aussen, Handhabung von Ruhe und Ordnung im Innern, Schutz der Freiheit und der Rechte der Eidgenossen und Beförderung der gemeinsamen Wohlfahrt.

Art. 3. Die Kantone sind souverän, soweit ihre Souveränität nicht durch die Bundesverfassung beschränkt ist, und üben als solche alle Rechte aus, welche nicht der Bundesgewalt übertragen sind.

Art. 4. Alle Schweizer sind vor dem Gesetze gleich. Es gibt in der Schweiz keine Unterthanenverhältnisse, keine Vorrechte des Orts, der Geburt, der Familien oder Personen.

Art. 5. Der Bund gewährleistet den Kantonen ihr Gebiet, ihre Souveränität inner der Schranken des Artikels 3, ihre Verfassungen, die Freiheit, die Rechte des Volkes und die verfassungsmässigen Rechte der Bürger, gleich den Rechten und Befugnissen, welche das Volk den Behörden übertragen hat.

Art. 6. Die Kantone sind verpflichtet, für ihre Verfassungen die Gewährleistung des Bundes nachzusuchen.

Der Bund übernimmt diese Gewährleitung insofern:

a) sie nichts den Vorschriften der Bundesverfassung Zuwiderlaufendes enthalten;

b) sie die Ausübung der politischen Rechte nach republikanischen – repräsentativen oder demokratischen Formen sichern;

c) sie vom Volke angenommen worden sind und revidirt werden können, wenn die absolute Mehrheit der Bürger es verlangt.

Art. 7. Besondere Bündnisse und Verträge politischen Inhalts zwischen den Kantonen sind untersagt.

Dagegen steht ihnen das Recht zu, Verkommnisse über Gegenstände der Gesetzgebung, des Gerichtswesens und der Verwaltung unter sich abzuschliessen; jedoch haben sie dieselben der Bundesbehörde zur Einsicht vorzulegen, welche, wenn diese Verkommnisse etwas dem Bunde oder den Rechten anderer Kantone Zuwiderlaufendes enthalten, deren Vollziehung zu hindern befugt ist. Im entgegengesetzten Falle sind die betreffenden Kantone berechtigt, zur Vollziehung die Mitwirkung der Bundesbehörden anzurufen.

Dritter Abschnitt: Revision der Bundesverfassung

Art. 111. Die Bundesverfassung kann jederzeit revidirt werden.

Art. 112. Die Revision geschieht auf dem Wege der Bundesgesetzgebung.

Art. 113. Wenn eine Abtheilung der Bundesversammlung die Revision beschliesst und die andere nicht zustimmt, oder wenn fünfzigtausend stimmberechtigte Schweizerbürger die Revision der Bundesverfassung verlangen, so muss im einen wie im andern Falle die Frage, ob eine Revision stattfinden solle oder nicht, dem schweizerischen Volke zur Abstimmung vorgelegt werden.

Sofern in einem dieser Fälle die Mehrheit der stimmenden Schweizerbürger über die Frage sich bejahend ausspricht, so sind beide Räthe neu zu wählen, um die Revision zur Hand zu nehmen.

Art. 114. Die revidirte Bundesverfassung tritt in Kraft, wenn sie von der Mehrheit der stimmenden Schweizerbürger und von der Mehrheit der Kantone angenommen ist.

Quellennachweis:

Alfred Kölz (Hg.), Quellenbuch zur neueren schweizerischen Verfassungsgeschichte. Vom Ende der Alten Eidgenossenschaft bis 1848, Bern 1992, S. 447–448 f. u. S. 479.

Kommentar:

Der Begriff Souveränität kommt in der Bundesverfassung nur in Zusammenhang mit den Kantonen vor. (Art. 3) Diese sind befugt, die politischen Rechte der Bürger zu definieren. Dies kann in republikanischen, repräsentativen oder demokratischen Formen geschehen, das heisst, es sind verschiedene Partizipationsmodelle zugelassen. (Art. 6b) Auf der Bundesebene gilt allerdings nur das repräsentative Modell. Eine beschränkte direkte Mitwirkung des Volkes ermöglichen die Verfassungsrevisionsbestimmungen, indem eine Revisionsinitiative zugelassen ist. Dazu sind 50 000 Unterschriften notwendig. Allerdings ist dann das Revisionsverfahren recht kompliziert, indem eine Mehrheit der Stimmenden die Revision gutheissen muss und eine Neuwahl der beiden Räte erforderlich ist. (Art. 113)

Text 90:

Um Willkür, Unordnung und daraus entstehende Gefährdung oder Vernichtung des gesellschaftlichen Vereins zu verhüten, müssen Gesetze und Regierungen da seyn. Die Gesetze müssen für alle da seyn, und die Regierung der Ausfluss des Willens aller seyn.

Diess kann nur durch Volksvertretung (Repräsentativ-System) erreicht werden, indem ein jeder das Recht hat zu wählen und gewählt zu werden.

Durch das Vertrauen Aller werden Einzelne gewählt um Alle zu regieren. So ist jeder frei. – (…)

Wenn nun die Freiheit des Menschen auf diesen Rechten beruht, warum ist denn die eine ganze Hälfte der Menschheit das weibliche Geschlecht von der Theilnahme an diesem Rechte ausgeschlossen.

Wir stellen den Gegnern der Mündigkeitserklärung des weiblichen Geschlechts folgende einfache Fragen:

Hat der Mensch das Recht frei zu seyn?

Sind die Weiber auch Menschen?

Haben Sie daher ein gleiches Recht frei zu seyn?

Wer nur die ersten Anfangsgründe des Denkens aufgefasst hat, wird sicher den richtigen Schluss folgern den keine Spitzfindigkeit umzustossen vermag.

Wenn daher nur der Wahnsinn dagegen kämpfen kann, dass die Weiber auch Menschen sind und also Menschenrechte haben, so bleibt den Gegnern der Emamzipation der Frauen nur noch der Einwurf möglich, dass die Frauen vermöge ihrer geistigen und körperlichen natürlichen Anlagen nicht fähig sind, aktive Bürger im Staatenvereine zu seyn. Diesen Einwurf in seiner ganzen Nichtigkeit darzustellen, ist der Hauptzweck dieser Zeitschrift und indem wir der Geschichte folgen und die Frauen darstellen, die sich als Regentinnen, als Theilnehmerinnen an grossen Staatsumwälzungen, als Dichterinnen und Schriftstellerinnen, als Vorsteherinnen kommerzieller und industrieller Anstalten und als Leiterinnen öffentlicher und häuslicher Verhältnisse ausgezeichnet haben, werden wir uns die Beweise sichern, die zum Belege unserer Behauptungen dienen müssen.

Quellennachweis:

Johann Jakob Leuthy, Das Recht der Weiber. Zeitschrift für Frauen und Jungfrauen, Nr. 1, Riesbach am Zürichsee, 1833, S. 2–4, zit. nach Elisabeth Joris, Heidi Witzig (Hg.), Frauengeschicht(en). Dokumente aus zwei Jahrhunderten zur Situation der Frauen in der Schweiz des 19. Jahrhunderts, Zürich 1986, S. 409–411.

Kommentar:

Johann Jakob Leuthy (1788–1855) übt zuerst den Beruf eines Küfers aus, bildet sich dann als Autodidakt weiter, betätigt sich als Dichter, ab 1830 als Journalist und später als Historiker. Durch die Herausgabe des „Schweizerischen Freiheitsfreundes" wird er zum Pressepionier auf der Zürcher Landschaft. Weil ihm als Landbürger eine höhere Schulbildung versagt ist, entwickelt er ein feines Sensorium für Benachteiligungen. So setzt er sich für die Rechte der Juden ein und profiliert sich als von der gelehrten Zunft gemiedener Historiker der unterdrückten Landbevölkerung. 1833 lanciert er eine Probenummer einer Frauenzeitschrift mit dem Titel „Das Recht der Weiber", in der er sich für Frauenemanzipation einsetzt. Dadurch nimmt er unter den männerbündisch orientierten Liberalen und Radikalen eine Sonderstellung ein. Es ist denkbar, dass Leuthy die Ideen von Mary Wollstonecraft gekannt hat.

11 Demokratische Bewegung in den 60er-Jahren und Herausbildung der direkten Demokratie in den Kantonen

Titel: Vorwort aus Friedrich Locher, Die Freiherren von Regensberg, 1866

Text 91:

Scito ergo hodie, et cogitato in
   corde tuo, quod dominus ispse sit
   Deus in coelo sursum et in terra
   Dersum *et non sit alius* !

„Sehen Sie diese zwei Pfirsiche," sagte ein französischer Schriftsteller, „beide gleich wundervoll! Der eine kostet fünf Franken, der andere nur fünfzig Centimes." – „Woher dieser Unterschied?" – „Bemerken Sie hier unter dem Flaume des einen den kleinen Punkt. Es ist ein Fliegenstich. Heute können Sie die Frucht noch genießen, morgen werden Sie schon einen Theil herausschneiden müssen, denn an diesem Fliegenstich wird sie zu Grunde gehen." –

Bezeichnung eines solchen Fliegenstichs im Staatsleben ist Aufgabe dieser Schrift.

Die Republik ist unzweifelhaft die rationellste Staatsform, allein, weil sie direkte Betheiligung der Bürger an der Regierung voraussetzt, gehört ein hoher Grad politischer Bildung, Uneigennützigkeit, mit einem Wort, es gehören Republikaner dazu; sonst hat man wohl die Form, aber nicht das Wesen. Letzteres wird sich aber stets denjenigen Staatseinrichtungen anbequemen, welche den bewegenden Interessen am Besten entsprechen. Nicht immer sind diese Interessen politischer Natur, sie können auch religiöser, oder sogar materieller Natur und die Politik nur Mittel zum Zwecke sein. Wer diesen jeweiligen Interessen zu huldigen weiß, wird sich des Staatsruders bemächtigen.

In den deutschen Monarchien, wo der Fortschritt langsamer verdaut wird und auf welche wir, von der Höhe unserer Republik, hinunterzusehen pflegen, gilt die Rechtspflege als Hauptaufgabe des Staats. Es läßt sich nicht läugnen, dass die Ausscheidung der Befugnisse jedes Einzelnen dort oft in's Kleinliche getrieben wird und die Abwägung des Rechts mit einer Subtilität vor sich geht, welche durch Verzögerung die Wohlthat wieder theilweise aufhebt. Nichtsdestoweniger ist Rechtssicherheit vorhanden und wo die Staatsregierung es versucht, dem Rechte zwang anzuthun, zieht sie entweder den Kürzeren, oder hat doch jedenfalls die öffentliche Meinung gegen sich. Das deutsche Rechtsgefühl läßt sich einmal nicht ausrotten.

In einigen Schweizerkantonen verhält es sich gerade umgekehrt. Die Errungenschaften Deutschlands besitzen wir längst. Die Schöpfungen der Neuzeit, Eisenbahnen und Banken, haben wir uns in überschwenglichem Maßstabe angeeignet, dazu treffliche Schulen, Universitäten und Bildungsanstalten aller Art, – statt des Rechtes aber herrscht bei uns lediglich die Opportunität. Einen Prozeß bestehen, heißt sprüchwörtlich „in die Lotterie setzen," ihn gewinnen, „einen günstigen Richter, gute Briefe haben." Der Unterlegene wird bedauert, dass er „nicht besser angeschrieben gewesen sei." Das Besuchen der Richter, sogar der höchsten Instanzen, ist, wie in den päbstlichen Staaten, allgemeine Sitte, was die beständig wiederkehrenden Verbote am Besten beweisen. Man nennt dies „den Umzug machen." Mit einem Richter „reden" hat oft seine eigene Bedeutung, ebenso das „in den Aermel schießen" ec. Die Söhne Tells sind Fatalisten geworden. Wie bei den Orientalen, setzt auch bei uns Willkür gerade in Respekt. Eine Regierung, welche sich über alles Recht hinwegsetzt, heißt eine „starke" Regierung, weil sie eben dieß wagen darf. Es liegt solches in den Verhältnissen. Einen gelehrten Juristenstand, mit besonderer Standesehre, gibt es bei uns nicht. Die jeweilige Regierungsparthei setzt sich vor Allem in Besitz der Gerichte. Da die Richterstellen außerordentlich zahlreich sind, so ist dieß zunächst eine passende Gelegenheit, Freunde und Partheigenossen abzulohnen, sodann aber auch ein nicht unwichtiges politisches Mittel, Gegner im Zaume zu halten. Dem Richter fehlt bei uns vor Allem Unpartheilichkeit, denn er ist ja Partheimann; Unabhängigkeit, denn sobald er seinen eigenen Weg gehen will, wird er nicht mehr gewählt; Erfahrung, denn er ist von heut auf morgen in's Amt gekommen und wird übermorgen wieder abgesetzt; Kenntnisse, denn wenn er sie besitzen sollte, kann er in jeder andern Stellung es weiter bringen. Dieser Posten wird daher häufig als Zugabe zu einer andern, oft sehr heterogenen Lebensstellung betrachtet und nicht selten sind es Menschen = und Viehärzte, Wirthe, Bierbrauer, Bauern, Schreiber und Geschäftlimacher, in gewissen Kantonen sogar Rasierer und Musikanten, welche diese Funktionen begleiten. Daß es unter Diesen auch rechtschaffene Leute, tüchtige Richter und Geschäftsmänner – wir kennen solche – giebt, versteht sich von selbst und es kann uns nicht einfallen, über eine zahlreiche Klasse unserer Mitbürger den Stab brechen zu wollen, wohl aber auf vorhandene Uebelstände aufmerksam zu machen. – Ganz dasselbe gilt von den Beamten der Verwaltung. – Dem Advokatenstande fehlt es weder an Talent noch genügenden Kenntnissen, doch ist er nicht populär, was zum Theil daher rühren mag, daß der weniger gebildete Richterstand keine Gelegenheit versäumt, denselben seine Superiorität fühlen zu lassen und dass aus ihm hervorgegangene Staatsmänner in den Räthen der Nation sich benehmen, als ob sie auch hier die Interessen eines Clienten zu verfechten hätten. Einzelne Kantone haben die Advokatur gänzlich abgeschafft, andere sie freigegeben. In Zürich werden die Advokaten von nichtexaminirten Richtern geprüft.

Ein Herr O. stellt in einem der geachtetsten liberalen Journale, der schweizerischen Sonntagspost (Nr. 21, p. 4 d. J.), den Grundsatz auf:

„Endzweck der Politik sei nicht die Wahrheit, sondern die Nützlichkeit!"

welchen wir in historischer Beziehung, wenn damit gesagt werden soll, nach welchen Grundsätzen unsere Staatsmänner zu regieren pflegen, für richtig halten. Das Grundprinzip republikanischer Staatverfassung besteht aber gerade in der „Wahrheit" und in der Negation jeder nicht in derselben begründeten Autorität. Geben wir unser Grundprinzip auf, so marschiren wir unter Sang und Klang direkt in's französische Kaiserreich hinüber. Der Schritt zu dem jesuitischen: „Der Zweck heiligt die Mittel," wäre damit schon gethan und das Sprichwort: „Kleine Diebe hängt man, große läßt man laufen," ist auch bei uns gültig.

Daß wir mit unserer Einsicht nicht ganz isolirt stehen, beweist der Wochenbericht der Sonntagspost Nr. 41, Jahrgang 1865, Rubrik Thurgau, welcher auch zur Charakteristik anderer Kantone dienen kann:

R. „Im gewöhnlichen Leben hat man nicht selten Gelegenheit zu bemerken, dass Leute, denen jahrelang Etwas anvertraut ist – sei es nun ein materielles oder ideales Gut – sich zuletzt als Eigenthümer der Sache geriren. Gerade so halten es viele unserer Kantonsräthe mit der Volkssouveränität. Theoretisch wird Niemand bestreiten, dass in der demokratischen Republik die Souveränität im Volke ruht; aber praktisch macht sich die Sache etwas anders. Das Volk, das nicht immer zusammen kommen kann, um seine Souveränität zu üben, überträgt dieselbe zeitweise einer Anzahl von Vertrauensmännern, einer gesetzgebenden Behörde. Nun kommt es häufig vor, dass dieselben Personen mehrmals hintereinander zur Vertretung des Volkes berufen werden, ja dass sie oft Jahrzehnte lang in der gleichen Stellung verbleiben. Da bildet sich denn ein gewisses Machtgefühl in ihnen aus, ein Bewusstsein von Unverletzlichkeit und Untrüglichkeit; sie vergessen, dass sie nur Delegirte des Souveräns sind, meinen vielmehr, der Souverän selbst zu sein. Dem Volke gestehen sie einzig das Recht zu, sie zu wählen; weiter aber soll es sich um nichts kümmern. Wenn der Mohr an der Wahlurne seine Schuldigkeit gethan hat, kann der Mohr gehen. Unterfängt er sich dennoch, seine Meinung über Dieses oder Jenes zu äußern, oder gar um Etwas zu bitten, was den ‚Herren‘ nicht genehm ist, so fahren sie ihn an wie einen unverschämten Bettler, der vor die Thür gehört …"

„Tief unter den Füßen ein nebliges Meer
Erkennt er die Stätte der Menschen nicht mehr."

„Man kann in der Schweiz oft, wenn von dem Jammer in Deutschland, von dem Drucke der Verhältnisse in Frankreich die Rede ist, die Ansicht aussprechen hören, dass eine neue große Bewegung noth thue, um die faulen Dünste diesseits und jenseits des Rheins wegzuwerfen und die Hindernisse aus dem Wege zu räumen, welche die Entwicklung zweier großer Culturvölker hemmen. Wir sind weit entfernt, dieß zu bestreiten; wir fügen aber hinzu, dass eine solche Bewegung, wenn sie einträte, auch für die Schweiz sehr heilsam wäre. Auch hier ist Vieles faul! An die Stelle der patriotischen Energie, der selbstlosen Hingebung, welche die dreißiger und vierziger Jahre kennzeichneten, sind vielerorts Gleichgültigkeit gegen des Vaterlands Wohl und Wehe, Eigensucht, Dünkel, Sackpatriotismus, Aemterjägerei, niedrige Servilität und Ränkesucht getreten. Vor Allem aber macht sich ein Uebermuth der herrschenden Cliquen breit, der geradezu unerträglich wird, indem er sich nicht scheut, vorkommenden Falls selbst den republikanischen Fundamentalwahrheiten in's Gesicht zu schlagen. Da thäte wahrlich ein frischer Luftzug sehr noth! Nicht als ob er wie mit einem Zauberschlage alles Schlimme besser machen würde; aber er würde zunächst in unsere öffentlichen Verhältnisse wieder mehr Lauterkeit, mehr sittlichen Ernst bringen, würde dem Allgemeinen vor dem Individuellen wieder den gebührenden Vorrang verschaffen und das Gefühl der Verantwortlichkeit tiefer in die Seelen drücken. Aus dem öffentlichen Leben würde der bessere Geist dann auch in's Volksleben dringen, während jetzt das schlechte Beispiel, das dort gegeben wird, auch hier demoralisirend einwirkt."

„Es reden und träumen die Menschen viel
Von besseren künftigen Tagen."

Tendenz unserer Schrift ist keineswegs Umsturz des Bestehenden. Wir sind kein Feind der materiellen Zeitrichtung. Vor Allem muß der Mensch leben. Wohlstand aber ist die Grund-

II. Quellenkorpus

lage der Freiheit, und um Großes zu schaffen, bedarf es auch zureichender Mittel. Die ideale Richtung schützt uns nicht vor Corruption und Intriguen, noch weniger vor Mangel und Unterdrückung. Auch wir wünschen Millionen zu verdienen, wie die Herren Verwaltungsräthe und Spekulanten. Doch, est modus in rebus! es soll uns in dem tollen Jasten und Jagen nach Reichthum der Sinn für „Wahrheit und Recht" nicht abhanden kommen. Aus Furcht, unsere Aktien möchten ein paar Prozente sinken, wollen wir nicht jede Rüge, jedes laute Wort, jede Veränderung auf der Bahn des Fortschritts, welche nicht von Oben kömmt, mit Misstrauen aufnehmen; das la paix à tout prix soll uns nicht paralysiren; wir wollen uns nicht als freie Männer niederlegen und als Reaktionäre und servile Stockjobber aufwachen!

Obschon wir nicht mit demselben sympathisiren, widersetzen wir uns auch nicht dem „Prinzipat", welcher unsere Interessen fördert: Es ist dieß eine, nicht rechtlich, aber faktisch in den bedeutenden Schweizerkantonen bestehende Diktatur, welche mit der Stellung des amerikanischen Präsidenten Aehnlichkeit hat. Nicht jeder hat Zeit und Lust, sich mit dem Regiment zu befassen und es ist daher bequem, dasselbe einem zuverlässigen Vertrauensmann zu überlassen. Nachdem eine Parthei bei den Wahlen den unbestrittenen Sieg davongetragen hat, überträgt sie alle Gewalt einem Manne aus ihrer Mitte, welchem sie Energie und Befähigung zutraut, den Staat nach ihrem Sinne zu organisiren. Dieser Prinzeps ist dann stets ein großer Mann. Nachdem derselbe alle feindlichen oder selbstständigen Elemente verdrängt und alle Stellen mit „Getreuen" besetzt hat, gilt der Staat als organisirt. Der Prinzeps kann sich damit begnügen, von Zeit zu Zeit die entsprechenden Direktionen zu geben und sich aus jeder verantwortlichen Stellung zurückzuziehen, um sich einträglicheren Beschäftigungen zu widmen. Nicht selten wird die erlangte Popularität noch extra escomptirt und eine Eisenbahn, Bank, oder sonstiges industrielles Etablissement bietet ihm den Gehalt eines Fürsten. Es wäre unbillig, zu verkennen, was durch den Prinzipat in verschiedenen Kantonen, so z. B in Genf, Bern, Zürich, für das öffentliche Wohl geschehen ist, wenn man von den betreffenden Prinzipes auch kaum wird sagen können, dass sie den öffentlichen Schatz geäufnet, die Steuern vermindert und ihr Erbgut um keinen Obolus vermehrt haben. Man mag einwenden, diese Einrichtung sei nicht demokratisch, allein sie ist einmal Wille der Mehrheit, welcher in der Republik an die Stelle von Gesetz und Propheten tritt. Wenn von tausend Wählern nur ein halbes Dutzend Beamte auf den Platz kommen, so steht den Ausgebliebenen die Beschwerde übel an, habeant sibi. Die Mehrheit kann ja dem Prinzeps das stillschweigende Mandat jeden Augenblick wieder entziehen, denn zur Ausführung seiner Unternehmungen bedarf er immer ihrer Unterstützung. Die Gefahr liegt anderswo:

Der Prinzeps verwendet seine Kraft und Aufmerksamkeit lediglich auf diejenigen Gebiete, um derentweilen ihm die Macht übertragen ist und in allen übrigen will er lediglich Ruhe, wenn auch nicht Ordnung. Seine Zeit ist kostbar und die Creaturen hat er zu sehr nöthig, um in Allem, was nicht die angestrebten Ziele betrifft, ihnen allzu scharf auf die Finger sehen zu dürfen. Die Isolirtheit der Partheistellung, das Gefühl der Macht und mehr noch die Geschmeidigkeit der Untergebenen trübt seinen Blick und so kommt es, dass eben an die Stelle des Rechts die Opportunität tritt.

Consequenterweise müssen wir auch die Lotterie als unvermeidliches, wenn auch nicht unumgänglich nothwendiges Uebel in den Kauf nehmen. Wo ist der Staat, der „keine Barone neben dem Throne" hätte? Die Partheiführer und deren Gehülfen wollen placirt sein und es ist dieß auch nichts als billig. Dann kommen die Verwandten, dann die Freunde und wer Glück hat, besitzt viel Freunde. Bekanntlich lebt man aber von seinen Freunden, nicht von seinen Feinden. Von Tag zu Tag erweitert sich der Kreis. Staatsmänner, Gelehrte und Professoren, Patrizier und Edelleute, früher Gegner, drängen sich um das aufgehende Gestirn. Es ist Platz für Alle und der neue Hof hilft selbst Platz machen. Der Nepotismus, welcher Anfangs schüchtern aus dem Fenster schielt, geht bald auf offener Straße spazieren. Da geht es an ein Hofiren, Caressiren, Amüsiren, Gratuliren, Condoliren, Communiziren, Rapportiren, Publiziren, Recommandiren, Dediciren, wie man es in Paris und Petersburg wohl ebenso schön, aber schwerlich schöner zu sehen bekommen kann. Was will man? Der Prinzeps „ist auch ein Mensch, so zu sagen." Schöne Reden, sanfte Händedrücke, freundliche Gesichter sieht man lieber als saure Mienen. Bald hat das neue System seine Morny's, Canroberts, Pereire's, Granier de Cassagnac's und sogar seine Mirès. Manchmal befinden sich freilich Leute darunter, welche ihrem Herrn in bescheidenem Maße zur Empfehlung gereichen, allein das sind gerade die gefügigsten Werkzeuge, welche man zudem immer in der Hand behält. Die Anforderungen sind nicht groß: „benedicere de Priore, facere officium taliter qualiter, sinere mundum ire quomodo vadit." Ein tüchtiger Künstler hat oft mit schlechtem Geschirr Meisterstücke geschaffen. Wenn man das Zeitungsgeorgel hört und die Bergknappen betrachtet, wie sie in die Schachte hinuntersteigen und metallbeladen wieder herauskommen, während oben auf dem Seile der Bajazzo seine halsbrechende Sprünge macht; dann aber die Fäden und Drähte und die Hand des Herrn Direktors unter dem Tuche entdeckt, so ist man verwundert, mit wie einfachen Mitteln große Täuschung hervorgebracht wird. Alles dieß ist schon öfter dagewesen und wird, ceteris paribus, immer so bleiben.

Wird aber einmal ein solcher Trabant auf falscher Fährte ertappt, so erfordert es die Würde des Staats, respektive des Prinzeps, ihn fallen zu lassen und sei er noch so hoch gestellt. Der Staat soll zeigen, dass er sich von offenkundiger Niedrigkeit lossage! So verordnet das baierische Gesetzbuch, dass im Falle von Gerüchten über Ausschreitung von Beamten von Amtswegen Untersuchung einzuleiten sei. Thut der Staat das Gegentheil, sucht er die Sache zu vertuschen, dem Fehlbaren durchzuhelfen, so stellt er sich auf dessen Niveau. C'est plus qu'un crime, c'est une faute! Geht er aber noch weiter und bestraft Diejenigen, welche für Recht und Wahrheit gestritten, während er den Schuldigen belohnt, so zertrümmert er das Palladium der Freiheit und gräbt sich selbst sein Grab.

Diesen faulen Fleck, welcher schon seit Jahren unser Staatsleben angefressen hat, an der Hand unumstößlicher Aktenstücke genau zu bezeichnen, ist unserer Aufgabe.

Wir wählen hiezu Verhältnisse, welche sich auf den Kanton Zürich, den fortgeschrittensten Kanton der schweizerischen Eidgenossenschaft, beziehen. Andere Kantone mögen sich davon das Benöthigte abstrahiren.

Nach unserer Ansicht ist das allein richtige Kriterium über öffentliche Zustände: der Zustand der Presse und die Handhabung der Rechtspflege. Aber, Ihr habt doch Pressfreiheit in der Schweiz? Gewiß, aber daneben auch den Galgen! – Tagtäglich werden die ersten Magistrate von Genf, Bern, Baselland, Solothurn und andere Kantone, ja sogar Mitglieder der höchsten Centralbehörden, als Volksbetrüger, Landesverräther und Spitzbuben dem Volke denunzirt und zwar nicht etwa von der Winkelpresse, sondern von den offiziellen und offiziösen Regierungsjournalen der Kantone – ohne dass ein Hahn danach kräht. Wer solches liest, ist nicht wenig erstaunt über die in der Schweiz herrschende Pressfreiheit. Das direkteste Gegentheil gilt aber für die eigenen Kantonalverhältnisse! Hier trieft Alles von Loyalität, Submission und Weihrauch. Die Granier de Cassagnac sind Flegel gegen unsere Hofjournalisten. Wagt ein Journal die kühne Behauptung, dass weiß weiß und schwarz schwarz sei, flugs hat man ihm ein halbes Dutzend Prozesse an den Hals gehängt. Aber die Geschwornen werden doch den, der nur Wahrheit sagt, freisprechen? – Gewiß würden sie dieß thun, allein der Fall ist eben vorgesehen und während man sonst überall, sogar in Spanien, Presssachen vor die Schwurgerichte verweist, ist dieß im Kanton Zürich nicht der Fall! Hier wollte man das Messer in der Hand behalten und die Trabanten des Prinzeps strafen Jeden, der ihnen oder ihm missbeliebig ist, ohne sich um Beweis, gesetzliche Vorschrift und Praxis zu kümmern. Ist es ein Wunder, wenn die Presse zuletzt, eingeschüchtert, schweigt und ist es zu viel gesagt, wenn man behauptet, „das zürcherische System halte sich durch den Schrecken?" – Auf diese Weise allerdings: l'ordre règne de nouveau à Varsovie!

In der letzten Zeit hat man sich viel mit Verfassungsrevision zu schaffen gemacht. Man fühlt zuweilen, dass etwas faul sein müsse im Staate Dänemark, allein am Ort, wo es beißt, wagt Niemand zu kratzen, „denn besser als alle Trabanten beschützet ihn der mangelnde Muth von unsern lieben Bekannten." Deutschlands größter Dichter, welcher singt:

Wer die Wahrheit kennet und saget sie nicht,
Der ist ein ehrlos erbärmlicher Wicht!

wäre in Zürich schlimm weggekommen, denn der § 196 litt. c des dortigen Strafgesetzbuchs sagt ausdrücklich:

„Der Beschimpfung macht sich schuldig, wer einem Andern seiner Ehre nachtheilige Thatsachen vorwirft, gesetzt auch sie seien wahr, insofern es sich zeigt, dass dieß geschah, um den Andern zu beschimpfen und zu kränken."

In den Augen unserer Lakaiengerichte „zeigt sich" aber diese Absicht immer, wenn die „Wahrheit" ihren Dienstherrn oder Kollegen angeht. Was überhaupt Wahrheit sei, darüber entscheidet nicht etwa das Volk, zu dem doch die Presse spricht, sondern zwei vornehme Herren, an welchen, mit Ausnahme der Knöpfe, nicht viel Wahres zu entdecken ist.

Den Revisionisten empfehlen wir daher, als Fundamentalpfeiler jedes freien Gemeinwesens, folgende zwei Grundsätze:

1. Auf dem Gebiete der schweizerischen Eidgenossenschaft ist es Jedermann gestattet, die Wahrheit zu reden und zu schreiben, selbst wenn dieselbe Andern noch so unangenehm sein sollte.
2. Pressvergehen sollen stets durch die Schwurgerichte, wie in allen übrigen Kantonen der schweizerischen Eidgenossenschaft, wo solche eingerichtet sind, abgeurtheilt werden.

Sollten diese beiden Sätze Anklang finden, so würden wir unsere Bemühungen für reichlich belohnt halten.

Es ist stets eine missliche Sache, mit Hochgestellten anzubinden, namentlich unter einem System, das so vortrefflich organisirt ist, daß, bei Berührung des Einzelnen, ein elektrischer Schlag durch die Theile dringt. Gerade, weil man uns nicht widerlegen kann, denn: „Wahrheit ist es, Herr Antistes!" wird man uns verdächtigen: „wir wollen Revolution machen, selbst an's Ruder kommen, uns an gewissen Feinden rächen, Skandal machen, Geld verdienen ec." An all' dem ist nichts. Durch Schreiben kann man aufklären, aber man macht keine

Revolution, dazu bedarf es kräftigeres Holz. Wir sind auch weit entfernt, eine solche zu wünschen. Wissen wir doch nicht, ob Besseres nachkäme? Viel schlechter allerdings könnte es nicht wohl werden. – Eine Anstellung bedürfen wir nicht und würden eine solche, unter gegenwärtig herrschendem System, schon deshalb nicht annehmen, weil wir für Wahrheit, Freiheit, Fortschritt, Recht, Licht, Kost und Logis zwar wohl kämpfen werden, so lange es Tag ist, im Uebrigen aber, als ächter Philister, unser Stündlein mit leichtem Gewissen erwarten wollen. – Auf schriftstellerischen Ruhm haben wir durch unsere Anonymität von vornherein verzichtet, was uns die Leser des zweiten Theiles dieser Arbeit nicht verargen werden. Wir betrachten unsere Anonymität als ein Außenwerk, das den ersten Anprall abhält, welches aber von dem Eifer der Trabanten, die alle ihre Ehre wieder haben wollen und noch etwas in den Sack dazu, bald genommen sein wird. Beweise bedarf es bei uns nicht. Den Mißbeliebigsten wird man herausgreifen und ein Exempel an ihm statuiren auch für die spätern Geschlechter. Vielleicht trifft man den Rechten, vielleicht auch nicht. Zu dem Rattenkönig von Justizmorden kömmt möglicherweise noch einer, der sich ausnahmsweise einmal vertreten läßt. – An „Rache" denken wir nicht, weil uns niemand beleidigt hat. Die Persönlichkeiten dienen lediglich als Staffage des Gesammtbildes. Eigennamen haben wir überall, wo dieselben nicht in den Akten vorkommen, verändert oder weggelassen. Was es mit dem „Geldverdienen" für eine Bewandtniß hat, das wissen Diejenigen am besten zu beurtheilen, welche selbst schon in die Litteratur gepfuscht haben. Wir machen in dieser Richtung den Vorschlag, das Honorar dieses Werkes Demjenigen abzutreten, der für uns sämmtliche aus demselben entstehenden Prozesse übernehmen will. „Skandal" wollen wir keinen machen, wohl aber vorhandenen aufdecken.

Uebrigens können wir unsere Leser versichern, dass es schwierig ist, eine so ausgedehnte Kette von Gewaltthätigkeiten, Rechtsverletzungen und Niedrigkeiten, welche sich all in den Mantel der Heuchelei hüllen und von welchen man theilweise Zeuge gewesen ist, einlässlich zu behandeln, ohne dass das beleidigte Rechtsgefühl sich zuweilen durch gereizte Ausdrucksweise kund gebe. Den auf entfernterem und daher unpartheiischerem Standpunkte stehenden Leser müssen wir daher in dieser Richtung um Nachsicht ersuchen. In Beziehung auf Richtigkeit und Verlässlichkeit der Thatsachen haben wir keine Untersuchung zu scheuen; alle Thatsachen sind aktentreu wiedergegeben.

Unsere Anschauungen und Schlüsse sind individuelle und wir wollen sie Niemandem aufdrängen, im Gegentheil würden uns einheimische und ausländische Juristen und Staatsmänner zu Danke verpflichten, wenn sie uns entweder eines Bessern belehren, oder uns in dem Kampfe für „Recht und Wahrheit," welcher nicht allein in der Monarchie, sondern, wie Figura zeigt, auch in der Republik gekämpft werden kann, durch ihre Zustimmung unterstützen und erfreuen wollten.

Denn so verworren nun sind Recht und Pflichten,
So wild geworden ist das Blut der Zeit,
So dreist verletzt die Obmacht Wort und Eid,
So strafbar ist betrogner Hoffnung Dichten.
So durcheinander in verfallnen Schranken
Treibt Meinung sich und Will' und halbe That,
So wuchernd durch die kaum entsproß'ne Saat

Zieht, Schlangen gleich, das Unkraut seine Ranken.
So kühn ward Furcht vor freier Geister Streben,
So furchtsam und mißtrauisch das Vertraun,
So grundzerstörend das geschäft'ge Baun,
So todt in allen Adern ist das Leben:
Daß dießmal Sinn und Unsinn zu versöhnen,
Lebendig Wort umsonst die Luft bewegt.

Quellennachweis:

Friedrich Locher, Die Freiherren von Regensberg. Pamphlet eines schweizerischen Juristen, Bern 1866 (2), Bd. 1, S. 1–12.

Standort:

Staatsarchiv Zürich, Signatur StAZ, III BBb 1

Kommentar:

Nach dem Scheitern seiner Beamtenkarriere entwickelt sich der Jurist Friedrich Locher (1820–1911) zum schärfsten Kritiker des liberalen Systems, das von Industriemagnaten wie Alfred Escher (1819–1882) dominiert wird. In insgesamt sieben Broschüren, die unter dem Reihentitel „Die Freiherren von Regensberg" veröffentlicht werden und nach unbestätigten Angaben eine Auflagenzahl von 30 000 Stück erreichen, kritisiert er Missstände in Verwaltung und Justiz. Er liefert der demokratischen Bewegung die politischen Schlagwörter. Angeklagt werden die „Freiherren der Gegenwart" und ihre Selbstsucht und Geldgier. Wie die Einleitung zum ersten Pamphlet zeigt, sind seine Ausführungen durch den republikanischen Tugenddiskurs inspiriert, indem der republikanische Staat durch Herrschsucht und Habgier einer degenerierten Führungsclique gefährdet ist. Wegen seines persönlichen und polemischen Kampfstils distanzieren sich die führenden Demokraten von ihm, wegen späterer Kampfschriften verliert er sogar das Anwaltspatent.

Titel: Salomon Bleuler, Warum? Rechtfertigung der demokratischen Bewegung und des Begehrens nach Verfassungsrevision. Ein offenes Wort an das Zürchervolk von einem Mitglied des Aktionskomite's, Winterthur 1867 (Ausschnitt)

Text 92:

Der Zweck unserer Publizistik war von jeher die Herstellung eines gesunden, politischen Lebens und Schaffens, die Hebung der freien Presse, die Bekämpfung eines Systems, das unser Volk mit Lobliedern auf die Unübertrefflichkeit unserer Zustände sättigen wollte und dabei einen Rattenkönig von Interessen, von Nordostbahn – Kreditbank – und anderen Kapitalmächten, von sogenannter Zürcherpolitik und Matadorenherrschaft fett werden liess, die freie Sprache der freien Presse knebelte und der „Gedanken von grosser Tragweite" spottete. Das Programm, das die Demokratie im Kanton Zürich verfolgt, muss von keinem Zeitungsschreiber erfunden werden. Der Tag von Uster und die Regeneration von 1830 haben es in grossen Zügen dem Kanton Zürich eingegraben. Was die Geister damals bewegte und belebte, waren die Ideen der politischen Freiheit, der Volkssouverainität und Rechtsgleichheit, der Bildungsfortschritt und die Reform der Schule, die Beseitigung der Schranken für Verkehr, Handel und Gewerbe.

Dreissig bis vierzig Jahre des Lebens, die Entwicklung einer starken öffentlichen Meinung, die Erfindungen, die schweizerische Regeneration von 1848 lassen die Ideen von 1830 nicht erbleichen, aber sie geben ihnen neue und weitere Bahnen, neues Fleisch und Blut. Wenn wir heute vom politischen Organismus und demokratischen Fortschritt sprechen, so meinen wir die Beseitigung aller indirekten Wahloperationen und die Bethätigung des Volkes an der Gesetzgebung. Wenn die 30er Jahre unsere Volksschule feststellten, so wird heute von Ausbau derselben gesprochen. Wenn der Ustertag die Fesseln des Zunftzwangs, die Schranken der freien Arbeit und des Verkehrs grösstentheils brach, um dem materiellen Wohl aller Klassen Vorschub zu leisten, Privilegien beseitigte, ein gerechtes Steuersystem anbahnte, ein Strassennetz brachte, so sprechen wir auch jetzt wieder, aber mit erweitertem Gesichtskreis, von materiellen Aufgaben, die uns gestellt sind, von der Schonung und Hebung der sogenannten arbeitenden Klasse, von der Rechtsgleichheit des Arbeitgebers und Arbeiters, von der Entlastung des Milizsoldaten, von den Bedürfnissen der Landwirthschaft und von den vom grossen Eisenbahnverkehr abgeschnittenen Gegenden.

Gewiss, die Frage einer rationellen, gerechten und billigen Vertheilung der Pflichten und Lasten zwischen Staat und Gemeinden ist eine im „Landboten" oft berührte und Winterthur glücklicherweise in der Lage, politisch, wirthschaftlich und pädagogisch seine beachtenswerthe Stellung im Kanton zu behaupten oder auch durch das Mittel seiner Vertreter in den Behörden für Prinzipien einzustehen, zu deren nachdrücklicher Geltendmachung Sternenberg zu schwach wäre. Bei der gegenwärtigen Entwicklung unserer sozialen und volkswirthschaftlichen Zustände ist es für die Demokratie ein Gebot der einfachsten Staatsraison, das Gemeindeleben und seine kräftige Entfaltung sorgfältigst zu pflegen. Hier liegt die Winterthurerpolitik des „Landboten".

Quellennachweis:

Warum? Rechtfertigung der demokratischen Bewegung und des Begehrens nach Verfassungsrevision. Ein offenes Wort an das Zürchervolk von einem Mitglied des Aktionskomite's, Winterthur 1887, Druck und Verlag von Bleuler-Hausheer & Cie.

Standort:

Staatsarchiv Zürich, Signatur StAZ Ba 3.

Kommentar:

Die vom Redaktor des „Landboten", Salomon Bleuler (1829–1886), herausgegebene Rechtfertigungsschrift zeichnet die Geschichte der demokratischen Bewegung anhand von Berichten der Oppositionspresse nach, wobei vor allem die Bedeutung des „Landboten" unterstrichen wird. Als wichtig für die Auslösung der Diskussion wird ein in der „Bülacher-Regensberger Wochenzeitung" erschienener Artikel eines Oberländers erachtet, der 15 Punkte enthält, die später eine wichtige Rolle spielen. Neben diesem „Bülacher Programm" wird noch ein aus sechs Artikeln bestehender Forderungskatalog erwähnt, der im „Anzeiger von Horgen" erschienen ist und als „Programm von Horgen" bezeichnet wird. Kernpunkt der Schrift ist allerdings der Versuch einer historischen Herleitung der Bewegung. Der Verfasser sieht eine Kontinuitätslinie zu den Ideen von 1830, hält aber eine Anpassung an die veränderten Verhältnisse für notwendig. Die politische, wirtschaftliche und soziale Entwicklung verlangt nach einer Veränderung der Verfassung. Volkssouveränität soll keine leere Formel bleiben, sondern durch Beseitigung der indirekten Wahlen und Beteiligung des Volkes an der Gesetzgebung in die Praxis umgesetzt werden. Interessant ist auch der Hinweis auf die Bedeutung der Gemeindeautonomie, dahinter steckt auch das Eigeninteresse Winterthurs, das an einer Verbesserung seiner Position gegenüber der Kantonshauptstadt Zürich interessiert ist.

Titel: Karl Bürkli, Politisches Programm von 1851

Text 93:

In einem Artikel der letzten Nummer der Freien Stimmen ist der Gedanke ausgesprochen, die Zunft Wiedikon möchte mich an die Stelle des wackern Herrn Bäumlers in den Gr. Rath wählen. Wenn mir auch noch unbekannt ist, ob und welchen Anklang diese Anregung bei den Wählern findet, so erachte ich es nichts desto weniger für meine Bürgerpflicht, dem Volke zu sagen, nach welchen leitenden Grundsätzen ich ihm meine Zeit und geringen Kräfte zu opfern bereit bin.

   Meine politischen Grundsätze sind diejenigen der reinen (nichtrepräsentativen) Demokratie, in welcher sich das Volk, frei von aller Bevogtigung, in Gemeindesektionen getheilt, die Gesetze selbst gibt, und wohin die repräsentative Demokratie nothwendiger und logischer Weise früher oder später (durch Volksbildung) führen muß. Die materiellen Früchte der wissenschaftlichen Forschungen – Dampfkraft, Elektrizität, ja vielleicht bald die Luftschifffahrt – reißen um die Wette noch die letzte materielle Schranke nieder, die sich immer vor der Volksrepublik aufgethürmt hatte – nämlich die Distanzen. Die Gemeindesektionen, wo das Volk dann und wann des Abends tagt, stehen sich durch Anwendung des elektrischen Telegraphen eben so nahe, als wenn die Bewohner des ganzen Landes auf einem Punkte zur Berathung versammelt wären, und wichtige Angelegenheiten könnten augenblicklich allen überall bekannt gemacht werden; daß das Volk alsdann seinen Staatshaushalt vereinfachen und den größten Theil jener Riesenstöße von Gesetzen und überflüssigen Formen in Ruhestand versetzen würde, versteht sich wohl von selbst. Die reine Demokratie scheint mir die letzte und mildeste Form des Zwangstaates, des Prinzipes der Autorität zu sein, ehe sich der Staat in die zukünftige, auf Association fußende Gesellschaft ganz und gar auflöst und zur bloßen Administration wird. Die wahre Politik des Staatsmannes muß, meines Erachtens, darin bestehen, den Staat der durch Volksbildung und durch Vervollkommnung der Arbeit vorwärts schreitenden Gesellschaft anzupassen, d.h. der Staat darf die Gesellschaft nirgends drücken, wenn er gewaltsame Revolutionen verhüten will. Ich unterscheide genau zwischen Gesellschaft und Staat. Der Staat hat meiner Ansicht nach in einer noch unvollkommenen Gesellschaft ungefähr die gleiche Funktion zu verrichten, wie die Arznei im kranken Körper, und beide, Staat und Arznei, sind nach meinem Dafürhalten, absolut gesprochen, nichts Anderes als nothwendiges Übel, welche den sozialen oder menschlichen Körper vor noch größeren Übeln, Anarchie und Desorganisation, zu schützen bestimmt sind. Der kranke Körper hat viel und starke Arznei nöthig, so die auf niedriger Stufe stehende Gesellschaft einen starken Staat (Absolutismus); der weniger kranke Körper wenig und schwache Arznei, wie eine stärkere, höhere, entwickeltere Gesellschaft einen schwächern Staat (repräs. u. reine Demokratie); der gesunde Körper braucht keine Arznei mehr, die gesunde, natürliche, d.h. glückliche Gesellschaft hat mit dem Zwangsstaat, der Autorität oder Befehlshaberei nichts mehr zu schaffen. Freilich liegt Letzteres noch in ferner Zukunft; wenn aber auch die jetzige Generation dieses Ideal nicht mehr erreichen kann, so bleibt dies nichts desto weniger der Höhepunkt, auf welchen man zusteuern soll, weil die Menschheit um so glücklicher wird, je näher sie demselben rückt. Diese Theorie nun auf unsere zürcherischen Zustände angewendet, halte ich dafür, daß unser Volk für die reine Demokratie mit allen ihren sozialen Folgen reif genug sei, was aus der Gleichgültigkeit gegen Wahl- und Vertretungssystem, und aus der geringen Achtung für rein politischen, gegen soziale Ideen sich sträubenden Liberalismus offen und klar in die Augen springt; da man aber, außer in Revolutionszeiten, nicht sprung-, sondern nur schrittweise vorwärts kann, so bin ich allerförderst dafür, daß man dem Volke das Abberufungsrecht der Großräthe einräume, sowie das Veto, daß nämlich die Beschlüsse des großen Rathes, dringliche Fälle ausgenommen, erst 1 Monat nach Veröffentlichung derselben Gesetzeskraft erhalten, sofern diese Beschlüsse von der Mehrheit des Volkes nicht verworfen würden; auf diese Weise würde der Gr. Rath mehr zur berathenden und vorschlagenden als zur unmittelbar gesetzgebenden Behörde und somit allen gewaltsamen Revolutionen der Lebensfaden abgeschnitten.

Nun die sozialen Konsequenzen. Hier bin ich:

Allererst für Gründung einer Kantonal-, Staats- oder besser Volksbank, welche auf bewegliches und unbewegliches Unterpfand hin Geld zu 2, höchstens 3 Prozent ausleiht, was zu beweisen und wofür, je nach Stellung, zu wirken ich jeden Augenblick bereit bin; für Einführung einer Progressivsteuer; Pflicht und Zweck des Staates ist, Personen und Eigenthum zu schützen, deßwegen sollen diesen Schutz solche bezahlen, die besitzen, und da derjenige, welcher mit 100'000 Gulden Kapital – unter gleichen Umständen – arbeitet, mehr als zehnmal mehr gewinnen kann, als der, welcher nur mit 10'000 Gulden arbeitet, so ist es auch billig, daß der Erste für den Schutz, den ihm der Staat gewährt, mehr als nur zehnmal mehr als der Letztere, an die Staatskasse entrichte, kurz daß seine Pflichten zu seinen Genüssen im richtigen Verhältnis stehen; für die Einführung einer Erbschaftssteuer, welche abgesehen von dem Grundsatze der Billigkeit im Allgemeinen, noch trefflich dazu dienen würde, die Vermögen einigermaßen zu kontrollieren; auch diese sollte progressiv sein, je nach der Größe des Vermögens und der Entfernung der Verwandtschaft;

für Abschaffung aller indirekten Steuern, dieser Progressivsteuern nach Unten weil dadurch das Volk ungerecht und mehr bezahlt, als durch direkte Abgaben;

für Erleichterung der Auswanderung, zum allerwenigsten durch offizielle Agenten und Berichte, um die armen Auswanderer vor Ausbeutung zu schützen;

für Verabreichung der Montur und Armatur an alle milizpflichtigen Bürger vom Staate aus; es ist mehr als genug, wenn der unbemittelte Wehrmann Zeit und Gesundheit der Aufrechterhaltung des Staates opfert; die Kosten soll das Eigenthum nach Verhältnis tragen. Examen der Offiziere und Unteroffiziere, bevor Antretung höherer Grade. Abschaffung alles Kamaschendienstes und aller Nachäffung stehender Monarchenheere. Marschall Bugeaud sagte: < Alles, was man im Felde vor dem Feinde nicht braucht, taugt auch im Frieden nichts und soll aus den Reglementen und dem Kasernendienst gestrichen werden, weil solch überflüssiges Zeug die Soldaten (Bugeaud meinte seine stehenden Soldaten, um wie viel mehr also unsere schweizerischen Milizen?) des Militärdienstes überdrüssig macht und sie ob den vielen Nebensachen die Hauptsachen aus den Augen verlieren. > Einführung von Kadetten in jeder Gemeinde, Verschmelzung des Schul- und Kadettenunterrichts, um nach und nach zu einer wohlfeilern und bessern Organisation unseres Wehrwesens zu gelangen.

Da ich prinzipiell für Trennung der Kirche vom Staate bin (wie dies in Amerika der Fall ist), so muß ich natürlicher Weise auch wollen, daß man jetzt schon den Gemeinden Wahl- und Abberufungsrecht ihrer Seelsorger einräume.

Im Grundsatze bin ich ebenfalls für die Trennung der Schule vom Staate, sobald dies ohne Nachtheil geschehen kann. So lange aber die Gesellschaft nicht auf einer solchen Stufe der Bildung stehet, daß Eltern, die ihre Kinder nicht unterrichten ließen, als Meineidige, ja Verbrecher angesehen und in der öffentlichen Meinung geächtet würden, so lange soll der Staat die Schulen unter seine Obhut nehmen und von seinem Zwangsrecht zur Förderung des Schulunterrichts Gebrauch machen, ja selbst Kinder armer Eltern auf eigene Kosten erziehen (am besten, weil fast ohne Kosten, in Ackerbauschulen); denn eine Demokratie ohne treffliche Volksbildung, wie in den Urkantonen z. B., ist ein Unding, d. h. eine Aristokratie oder vielmehr Theokratie mit umgehängter demokratisch sein sollender Strohmatte. Dem vorgeschlagenen Wahl- und Abberufungsrecht der Lehrer durch die Gemeinden bin ich nicht abgeneigt, sofern man die ökonomische Lage der Lehrer verbessert und sie vor Unbill der Gemeinden schützt.

In gerichtlichen Dingen habe ich wenig Urtheil; es will mir jedoch scheinen, daß die Gerechtigkeitspflege, wie die Staatsgewalt im Laufe der Zeiten unmittelbar in die Hände des Volkes, welches in Sektionen Aburtheilen würde, übergehen müsse, und halte daher die Jury oder Geschworenengerichte, wie die repräsentative Demokratie für den nothwenigen und für lange noch zeitgemäßen Uebergang von der jetzigen Richter- oder Kasten- zur zukünftigen Volksjustiz. (Man mißdeute mir dies nicht, ich meine nicht etwa Kalifornier Lynchjustiz).

Auf sozialem Gebiet stehe ich auf Seite des Sozialismus und bin im Allgemeinen, was man so zu sagen pflegt, ein Sozialist, im Speziellen ein Phalansterianer.

Quellennachweis:

Der Grütlianer, Nr. 6 und 8, 10. und 31. Dezember 1851, zit. nach Hans Ulrich Schiedt, Die Welt neu erfinden. Karl Bürkli (1823–1901) und seine Schriften, Zürich 2002, S. 45–47.

Kommentar:

Der von der Lehre Charles Fouriers geprägte Karl Bürkli (1823–1901) ist ein führender Vertreter der demokratischen Bewegung. Sein Wirtshaus wird zu einem wichtigen Treffpunkt der Opposition. Schon 1851 veröffentlicht er in Zusammenhang mit seiner Kandidatur für den Grossen Rat ein politisches Programm, das die Ablösung der repräsentativen durch die „reine Demokratie" propagiert. Die Forderung nach Mitwirkung des Volkes an der Gesetzgebung ist an die Vorstellung einer Versammlungsdemokratie geknüpft. In grossen Kantonen ist die Durchführung einer Landsgemeinde allerdings schon auf Grund der Bevölkerungszahl kaum möglich. Auch eine gemeindeweise Abstimmung oder ein Entscheid in Kreis- oder Bezirksgemeinden erweist sich als sehr kompliziert. Durch die technologische Entwicklung ist nach Bürkli ein wesentliches Hindernis, nämlich dasjenige der Überwindung von Distanzen, beseitigt. Die modernen Verkehrs- und Kommunikationsmittel wie Eisenbahn und Telegraph werden für ihn zur wichtigen Voraussetzung der Realisierung der reinen (nichtrepräsentativen) Demokratie, indem kantonale Entscheide über Gesetzesfragen schneller und einfacher realisiert werden können und eine bessere Kommunikation zwischen den Gemeinden ermöglicht wird. Durch die Einführung der integralen Volksherrschaft und die politische Partizipation der Arbeiter hofft Bürkli die Klassenherrschaft überwinden zu können und den bestehenden Staat durch eine Art Arbeiterassoziation abzulösen. Voraussetzung für die Beteiligung der Arbeiter ist eine Intensivierung der Volksbildung.

Titel: *Proklamation der Kantonalkommission*

Text 94:

An die Mitbürger des Kantons Zürich.
Mitbürger!
    Es ist ein unveräußerliches Recht freier Männer, in offenen Versammlungen unter freiem Himmel zu tagen, die Landesangelegenheiten zu besprechen, sie grundsätzlich zu bestimmen, Schäden in Gesetzgebung, Verwaltung und Rechtspflege aufzudecken und abzustellen, die Verbesserung vorübergehender oder länger andauernder Nothstände anzubahnen, und für diese Zwecke die ihnen geeignet scheinenden rechtlichen Mittel ins Werk zu setzen.
    Von diesem Rechte und von der ernsten Pflicht, die es in sich fasst, machen wir und machen Tausende mit uns Gebrauch, indem wir heute eine Revision unserer kantonalen Verfassung durch einen Verfassungsrath verlangen.
    Die Verfassung, welche der denkwürdige Ustertag von 1830 brachte, war ein Werk des Segens für das ganze Volk – ohne Unterschied der Stände. Die Verkehrsthätigkeit, des bishe-

rigen aristokratischen Druckes ledig, mehrte sich rasch, steigerte sich in erstaunlicher Weise und führte allgemeineren Wohlstand herbei. Eine glücklich begonnene Volksbildung begründete das allein solide Fundament edlen republikanischen Gemeinlebens. Der Kanton Zürich galt als Musterstaat auf der ehrenvollen Bahn des Fortschritts.

Die unheilvollen Stürme des Jahres 1839 schlugen ein Meer von Blüthe in den zwar bereits gekräftigten Staaten nieder und leiteten eine Periode des Stillstandes ein. Bald indeß, von 1842–1846, erhob sich das patriotisch-freiheitliche Bewusstsein des Zürchervolkes wieder und setzte die Männer von 1830 neuerdings an's Steuerruder der Staatsverwaltung. Leider hatten viele derselben im Kampfe gealtert und hatte der schöpferische Gedanke des Uster-tages in ihnen seine Triebkraft verloren: sie ruhten hinsichtlich der organischen Fortbildung der innern Zustände des Kantons auf wohlverdienten Lorbeeren aus oder richteten ihr Thun lediglich auf das materielle Gebiet der Eisenbahnen, Industrie- und Geldgesellschaften, die ihre volle Berechtigung unbestritten haben, in denen aber die geistig-ideale Seite der Staats-aufgabe ohne höchste Gefahr um so weniger aufgehen darf, als ungezügelter Geldmateri-alismus und einseitiger Prozenteschwindel dem Volke nimmer aufzuhelfen vermocht hat.

Im Denkkreise des Zürchervolkes bildete sich mittlerweile durch siebenunddreißig Jahre hindurch die politische Erkenntniß weiter, und wo früher bloße dunkle Ahnungen bezüglich der politischen und sozialen Rechte und Pflichten des Bürgers aufdämmerten, da fasste all-mälig die Einsicht Boden, daß es das Volk und das Volk allein sei, welche als die Quelle des staatlichen Willens, als sein Ausgangs- und Zielpunkt betrachtet werden müsse. Mit dieser nach und nach erfolgten Wandelung und Klärung des politisch-bürgerlichen Selbstbewusst-seins war das reine Repräsentativsystem der Dreißigerverfassung überwunden, so daß es nun galt, neue Lebensformen aufzufinden für die direkte Selbstregierung des Volkes, und den anerkannten Satz: „Alles für das Volk" zu ergänzen durch den eben so berechtigten: „Alles durch das Volk".

Für diesen Umbildungsprozeß in den geistig-politischen und sozialen Anschauungen des Zürchervolkes, hinstrebend zur direkten Gesetzgebung durch den Souverän, hatten unsere verantwortlichen und unverantwortlichen Staatslenker bis zur Stunde entweder kein Ver-ständniß, oder sie fürchteten die unmittelbar sich äußernde Volksstimme. Vom Präsidial-stuhle des Großen Rathes herunter wurde die reine Demokratie zwei Mal nicht ohne scharfe Zurechtweisung aus dem Glarnerlande verkleinert und als weniger leistungsfähig erklärt, die Repräsentativform dagegen als das A. und O. aller politischen Weisheit gepriesen. Und gera-de jetzt wieder ruft man uns aus dem gegnerischen Lager zu: „Nur kein Referendum (keine Volksabstimmung über die Gesetze!). Ihr bereitet damit allem ferneren Fortschritte das Grab."

In guten Treuen, fern von demagogischer Volksschmeichelei, gestützt auf tiefe Ueberzeu-gungen, protestieren wir gegen die Herabwürdigung des Zürchervolks, welche darin liegt, daß man es für unfähig erklärt, den wahren Fortschritt zu erkennen und dafür Opfer zu bringen. Wir erblicken in dieser falschen Beurtheilung des Volkes den hauptsächlichsten Keim der gegenwärtigen Bewegung! Das Volk ist seinen Vollmachtträgern vorausgeeilt: Ge-setzgebung, Verwaltung und Rechtspflege, vom Volke oft indifferent genug sich selbst über-lassen, sahen sich je länger desto mehr außerhalb dasselbe gestellt, und so viele der Fasern, welche die Pfleger mit den im Volke aussprossenden Bedürfnissen innig verbinden sollten, sind zerrissen!

Mitbürger! Es lag uns daran, durch vorstehende geschichtliche Hinweisung Euch und unsern Miteidgenossen des weitern Vaterlandes den Schlüssel in die Hand zu geben zur Lösung des Räthsels der politischen Bewegung und des Ustertages von 1867. Arbeiteten bisher in den Behörden und Aemtern eine Reihe achtungswerther Männer, die durch Talent und Rechtlichkeit unsere Anerkennung verdienen, unter den gegebenen Verhältnissen jahrelang unverdrossen fort, so konnte ein noch so rücksichtslos kritisierendes Pamphlet jene Wirkung allein nicht haben, wenn nicht zugleich tiefressende Schäden den Staatskörper durchdrangen. Und in der That sind nun der Klagen über Mißachtung des Volkswillens, übermächtigen Einfluß des Großkapitals, ungebührliche Centralisation, Beamtenherrschaft, ungerechte Vertheilung der Militär =, Staats = und Gemeindelasten, Rechtsunsicherheit, Sportelnreiterei, polizeiliche Bevormundung u.s.w. u.s.w. viele, so viele, daß nur eine gründliche Kur Heilung bringen kann. Diese suchen wir, nach reiflicher und ernstlicher Erwägung der Lage, ohne Ueberstürzung, auf dem legalen Wege der Verfassungsrevision durch einen Verfassungrath.

Wir legen ihr als Ausdruck der allgemein ausgesprochenen Volkswünsche ein durch Vereinbarung der Delegirten erzieltes Programm zu Grunde, dessen Verwirklichung geeignet ist, den Kanton Zürich und seine Wohlfahrt nach allzu langem Stillstande wiederum energischer vorwärts zu führen, damit er zugleich die geachtete Stellung im Vaterlande einnehme, die ihm gebührt.

Programm.
Wir wollen:
I.   Schwächung des Einflusses der Regierungsgewalt, der Beamten und Geldherrschaft auf die Gesetzgebung durch Erweiterung der Volksrechte.
        Zu diesem Ende: Das Recht, den Großen Rath abzuberufen oder die zweijährige Amtsdauer. Das Referendum, d. h. das Recht der Gemeinden, über die Gesetze abzustimmen. Das Initiativ-Recht, wornach 5000 Bürger eine Gesetzesvorlage machen können und der Große Rath alsdann gehalten ist, sie in Erwägung zu ziehen. Beamtenausschuß nach Art der Bundesgesetzgebung. Beseitigung der indirekten Großrathswahlen und jeder Lebenslänglichkeit der Aemter.
Wir wollen:
II.   Hebung der Intelligenz und Produktionskraft des Landes.
        Ausbau der Volksschule. Gerechtere Vertheilung der Staats- und Gemeindelasten nach Maßgabe der wirklichen Steuerkraft aller Privaten und Gesellschaften. Erbschaftssteuer. Beseitigung der indirekten Abgaben. Militärausrüstung durch den Staat. Kantonalbank. Revision des Straßengesetzes und staatliche Beförderung der Verkehrsmittel überhaupt.
Wir wollen:
III.   Vereinfachung des Verwaltungsorganismus.
        Verminderung der Zahl der Beamten. Hebung der Gemeindefreiheit.
Wir wollen:
IV.   Verbesserung des Gerichtswesens und Vereinfachung des Justizganges.
        Einführung der Civiljury. Abschaffung der Todesstrafe. Beschränkung der Befugnis-

se des Staatsanwaltes. Abschaffung des Sportelunwesens und fixe Besoldungen nach Maßgabe der Geschäftslast. Freigebung der Advokatur und Beseitigung des Gesetzes betreffend die Geschäftsagenten.

Wir wollen:

V. Gründliche Revision des Schuldbetreibungs- und Notariatswesens; Aufhebung der entehrenden Folgen unverschuldeter Zahlungsunfähigkeit.

Wir wollen:

VI. Freie Presse und uneingeschränktes Vereinsrecht.
Aufhebung der Amtsehre. Aufhebung des Polizeigesetzes betr. Handwerksgesellen, Arbeiter ec. vom Jahre 1844 (sog. Maulkratten- oder Koalitionsgesetz) und desjenigen vom 26. März 1846 (Kommunistengesetz).

Mitbürger! Dieses Programm legen wir Euch zur Prüfung und Berathung vor. Zu diesem Ende laden wir euch ein

Sonntags den 15. Dezember, Mittags Punkt 1 Uhr,

in Zürich   Uster   Winterthur   Bülach

an der Landsgemeinde zahlreich zu erscheinen (Eis und Schnee sollen Euch nicht abhalten!), um Eure Stimme mündlich und schriftlich für die Verfassungsrevision abzugeben, wenn ihr sie wollt und wenn ihr der politischen Bewegung den Charakter einer schöpferischen aufzuprägen gedenkt.

Mitbürger! Man sucht Euch von der Theilnahme an unseren Versammlungen dadurch abzuhalten, daß man die Leiter derselben der Sesseljägerei beschuldigt und daß man sie in gewissenloser Art moralisch verdächtigt. Gestattet, daß wir unter Verwahrung unserer Ehre und der Reinheit unserer Bestrebungen mit Wilhelm Tell antworten: „Der rechte Mann denkt an sich selbst zuletzt." Prüfet die Sachlage mit dem eigenen Verstande. Laßt Euch nicht einschüchtern! Das Heil und Wohl unseres Landes sei unser Aller Leitstern! Glaubt Ihr die Morgenstunde einer hoffentlich bessern Zeit schlagen zu hören, so folgt vertrauend ihrem Rufe!

Zürich, den 8. Dezember 1867

Das kantonale Comite:

R. Zangger, Nationalrath, in Zürich.   J. U. Wuhrmann, Lehrer, in Pfäffikon.
Bleuler-Hausheer, Kantonsrath, in Winterthur.   G. Süßtrunk, Kantonsrath, in Reutlingen.
J. J. Keller, Kantonsrath, in Fischenthal.   J. Schäppi, Erziehungsrath, in Horgen.
J. C. Sieber, Sekundarlehrer, in Uster.   J. Schellenberg, Major, in Aathal-Wetzikon.
Dr. Scheuchzer, Nationalrath, in Bülach.   J. Fehr, Nationalrath, in Andelfingen.
K. Walder, Kantonsrath, in Unterstraß.   Dr. Huguenin, jun., in Zürich.
Karl Bürkli, Landwehrhauptmann, in Zürich.   Dr. J. J. Honegger, in Zürich.
Dr. J. Sulzer, Nationalrath, in Winterthur.

Quellennachweis:

Aktenstücke aus der Zürcherischen Revisionsbewegung. Vollständige Sammlung Landsgemeinde-Reden, Proklamationen des Kantonalkomite's und der Abstimmungsresultate, Winterthur 1868.

Standort:

ETH-Bibliothek, 9 Conv. 4226.

Kommentar:

Mit der Partialrevision der Kantonsverfassung erhält das Volk des Kantons Zürich das Recht der Verfassungsinitiative. Dies gibt der demokratischen Opposition die Möglichkeit, ihre Ziele auf legalem Weg durchzusetzen. Im November 1867 ruft ein Exekutivkomitee der Demokraten unter der Führung Salomon Bleulers (1829–1886) zu Volksversammlungen in Bülach, Zürich, Winterthur und Uster auf. Der Einladung ist ein Reformkatalog beigefügt. Er zielt auf Schwächung der zentralisierten Staatsmacht und auf plebiszitäre Kontrolle von Parlament, Regierung und Verwaltung. Instrumente sind Gesetzesreferendum, Gesetzesinitiative, Abberufungsrecht, Beseitigung der indirekten Wahlen des Grossrats und Verbot der Ämterkompatibilität für Beamte. Im Zentrum steht das Begehren nach Volksgesetzgebung. Die liberale Maxime „Alles für das Volk" soll durch das Prinzip „Alles durch das Volk" ersetzt werden. Im historischen Überblick, der dem Forderungskatalog vorangestellt ist, wird allerdings nicht an die Vetoforderung von 1839 angeknüpft, weil der „Züriputsch" nur als konservativer Umsturz interpretiert wird. Die Ambivalenz der Bewegung von 1839 wird nicht wahrgenommen.

Titel: Landsgemeinde-Reden vom 15. Dezember 1867 (gehalten an den Volksversammlungen von Zürich und Winterthur)

Text 95:

I. Zürich.
Eröffnungsrede des Herrn Kommdt. Walder.
   Werthe Mitbürger!
   Im Namen des kantonalen Aktionskomite's heiße ich Euch willkommen und zwar um so herzlicher, als Ihr so zahlreich trotz Wetter, Sturm und Graus erschienen seid. Das Volk des Kantons Zürich tagt heute wie 1830 und 1845, um seine Rechte sich selbst vom Himmel herunter zu holen. Der jetzige Revisionsartikel der Staatsverfassung bietet zwar ein weiteres Mittel zur Aeußerung des Volkswillens, und es ist derselbe, von der Bundesverfassung vorgeschrieben, lange genug aus der kantonalen Verfassung ferngehalten worden, aber die Volksversammlungen sind veranstaltet worden, damit die Herren den ernsten Willen des Volkes sehen, und wenn je, so ist der Himmel uns heute günstig, diesen ernsten Willen zu zeigen.

(Bravo!) Die Zahl der zunächst erforderlichen 10,000 Unterschriften ist zwar schon um Einiges überschritten, aber die Zeichnung soll keine knappe sein, die Herren des Zürcherhofes sollen diesmal wissen, dass es dem Zürchervolke ernst ist. Laßt Euch nicht bethören durch die Sirenenstimmen, die jetzt vom Zürcherhof her tönen: „Wir geben Euch ja auch, aber wir wollen besonnen vorwärts schreiten." Man kennt den „besonnenen Fortschritt" der Zürcherhofpartei; das währhafteste Beispiel desselben ist die Glattkorrektion. Die alte aristokratische Regierung hat die Glattkorrektion begonnen und damit dem Glattthale schon Ersprießliches geleistet; seither wurden beständig Studien gemacht, und immer behauptet, es sei Alles bereit zur Ausführung, und als man dann endlich darauf drang, zu erfahren, wie weit die Bereitschaft gerathen sei, ergab sich als Resultat der langen, langen Vorbereitungen die in die Glatt hinein gestellten Pegel. Der Pegel in der schleichenden Glatt ist das sprechendste Sinnbild für den besonnenen Fortschritt der Zürcherhofpartei. (Bravo! Bravo!)

Das von der 1839er Regierung herrührende Koalitionsgesetz und das lächerliche Maulkrattengesetz, das seinen Ursprung den Herren des gegenwärtigen Systems verdankt, sind nicht minder stolze Denkmäler der fortschreitenden, freiheitlichen Entwicklung des Kantons. Schon vor 20 Jahren erkannte und anerkannte man, daß sie unserer Gesetzgebung schlecht anstehen; es ist dies in einem gedruckten amtlichen Gutachten über das Gewerbewesen vom Jahr 1847 zu finden; aber der besonnene Fortschritt hat es noch nicht dazu gebracht, diese Denkmäler aus der Gesetzgebung hinwegzubringen. Der Mann, für den zunächst der Maulkratten geflochten worden, hat ihn, als er 10 Jahre später in die Regierung kam, zwar freiwillig vorgelegt; er leidet vielleicht darunter und am meisten unter dieser Freiwilligkeit. Wir wollen ja gerne auch ihm diese Zierde, vor Allem aber dem Kanton die Schande solcher Gesetze abnehmen, die auf der einen Seite den Stempel der ungleichen Elle, auf der andern den Stempel der Lächerlichkeit tragen. (Bravo! Bravo!)

Das Fabrikgesetz vom Jahr 1859, das aus lauter Zugeständniß an die Fabrikherren, die damals Allerlei versprochen, aber seither wenig davon gehalten haben, so geworden, wie es ist, ist ein gleiches gesetzgeberisches Machwerk. (Bravo!)

Der Kanton Glarus hat uns, wenn wir ihn nicht schon vorher gekannt hätten, durch sein Fabrikgesetz den Willen der in den Fabriken arbeitenden Bevölkerung kundgegeben und die Herren Lügen gestraft, die 1859 behauptet haben, die Arbeiter verlangen selbst nichts Anderes, als was man ihnen gnädigst gewährt habe. Alle diese Gesetze hätten in Folge der Verfassungsrevision vom Jahre 1864, durch die damals eingeführte Gewerbefreiheit revidirt und in ein Gewerbegesetz zusammengeschmolzen werden sollen; es hat auch schon lange geheißen, es sei der Entwurf desselben fertig, aber es scheint, die Herren vom „System" können sich von diesen Meisterstücken der Gesetzgebung, von ihren Lieblingen nur schwer trennen, desto mehr hat es ihnen pressirt, wie sie sagen als nothwendige Folge, in That und Wahrheit aber im Widerspruche mit der Verfassungsbestimmung über die Gewerbefreiheit im neuen Wirthschaftsgesetz eine dreifache Finanztrotte aufzustellen. (Bravo! Bravo!)

Gegen eine solche Gesetzesfabrikation kann nur eine Totalrevision der Verfassung helfen, die hinlängliche Garantien dafür bietet, daß der Volkswille respektirt, daß er gehört und nicht gehöhnt werde. (Stürmischer Applaus.)

Ein altes Traktandum ist auch die gerechte und billige Vertheilung der Militärlasten. Aus dem gegnerischen Lager bekommt man darüber Nichts als hohle Phrasen zu hören: „Der republikanische Milizsoldat kämpft für Haus und Heerd, er soll und darf daher auch das Seinige dazu beitragen." Aber wie viele von unsern Dienstthuenden können für Haus und Heerd fechten? Ist nicht vielleicht die Mehrzahl, die nicht einmal Haus und Heerd besitzt und doch ihre Militärpflicht erfüllen muß? Im fernern sagen sie: „Der Schweizersoldat soll stolz darauf sein, für's Vaterland dienen und auch zahlen zu dürfen;" ein schöner Stolz dies, wenn ein geplagtes Bäuerlein 3, 4 Söhne nach einander ausrüsten oder ein armer Arbeiter den letzten Rappen vom nothwendigsten Lebensunterhalt absparen muß, um nicht entweder an die Gemeinde gelangen oder das Geld entlehnen zu müssen. Vielleicht wollen sie nun aber auch in diesem Punkte nachgeben, weil sie sehen, daß es Ernst gilt. (Bravo!)

Ja, unsere Gegner wollen sogar die Verfassung revidiren, aber nur keine Totalrevision, diese fürchten und verabscheuen sie. Eine Partialrevision wollen sie, wie diejenige vom Jahre 1864, in welcher möglichst viel in Volksstimmung gemacht, möglichst viel vom Volkswillen geschwatzt, aber ihm möglichst wenig entsprochen, ja sogar die damals schon allgemein verhaßten indirekten Großrathswahlen mit aller Anstrengung, ja sogar mit einer nichts weniger als hochsinnigen Reglements-Gaukelei gerettet wurden. (abe mit ene)

Wer an die Partialrevision der Zürcherhofpartei glauben will, der lasse sich auf's Neujahr ein Geduldspiel schenken und setze sich dahinter und über sich in der Geduld, er wird es nöthig haben. (Applaus und Gelächter.)

Man hat schon lange von der Aehnlichkeit der zürcherischen politischen Zustände mit denen des französischen Kaiserreichs gesprochen, ja sie haben sehr viel Verwandtes; die Franzosen warten schon lange auf ihr couronnement de l'édifice (Krönung des Gebäudes), sie haben viel Geduld bewiesen, mit einer Partialrevision ginge es uns gerade gleich; die Zürcher, die an dieselbe glauben wollten, müssten sich gleich wie die Franzosen in ihrer Erwartung auf die Krönung des Gebäudes in der Geduld üben. Dafür sind wir aber heute nicht in Wetter und Sturm und Graus so zahlreich zusammen gekommen; nein, wir wollen Totalrevision durch den Verfassungrath. (Applaus, Hutschwenken. Ja, Ja, Ja!

Rede des Herrn Dr. Locher,
(vom Volk auf die Tribüne gerufen).
Werthe Mitbürger!
Mein Freund in der Schipfe hat mir gerathen, mich, nachdem ich großes Unheil angerichtet, in die Dunkelheit zu verkriechen, und ich wollte seinem Rathe folgen, allein wenn Sie mich rufen, werde ich mich auch zeigen dürfen. Ich danke Ihnen für diesen Beweis des Vertrauens! Seit 20 Jahren hat sich eine Kameraderie des Staatsruders bemächtigt. Nicht das Volk, wohl aber der Besitz, das Kapital, die Industrie, insbesondere die Spekulation war der Felsen, auf welchen das Regierungssystem gründete. Matadoren, Millionäre, Konservative, große Industrielle und deren Kreaturen waren es, welche uns ausbeuteten. Nun aber ist das Maß voll und es soll anders werden. Man sagt, es sei ein „Sesselkrieg." Ja, es ist wahr, mancher „Sessel" wird leer werden, aber nicht Ihre Führer wollen sich darauf setzten. Derjenige brandmarke mich mit dem Namen eines Apostaten, der mich je auf einem kantonalen Sessel erblickt. Man behauptet, unsere Bewegung enthalte „unreine Elemente," allein, wo ist denn eigentlich die Reinheit der Gegner? Sind etwa die Herren vom Zürcherhof rein, welche jetzt auf einmal die Nothwendigkeit von Reformen einsehen. Oder die Herrn Obersten, welche vor

Gericht nicht der Wahrheit Zeugnis zu geben wagen? Oder die Herren Oberrichter, welche das Recht auf den Kopf stellen? Oder die Herren Obergerichtspräsidenten, welche (Stimme aus dem Volke: „der Schwester die Sach' nicht geben". Jubel!) Glauben Sie denn, wenn wir für Prinzeps und System arbeiten würden, wir wären nicht ebenso rein, wie die Herren Redaktoren der „Neuen Zürcher = Ztg." wie die Herren Spinner, Stände- und Nationalräthe? Haben wir dann gehetzt, die Sachen überstürzt? – Seit acht Wochen berathschlagt das Volk über seine Interessen und dessen Bevollmächtigte legen Ihnen heute ein Programm vor. Es sind nur Wünsche, welche ein Verfassungsrath prüfen wird. Die bedeutsamsten darunter sind folgende: Verlegung des Schwerpunktes der Gesetzgebung in das Volk. Die Herren vom System wussten von der „Repräsentativdemokratie" nicht genug zu rühmen. Faktisch war dieselbe das Lehenswesen, ein Prinzeps und zweihundert Barone, vortreffliche Einrichtung für sie, aber nicht für uns. Jetzt soll das Volk selbst durch die „Initiative" die Gesetze anregen, der Große Rath sie berathen und sie sodann dem Volk durch das Referendum zur Annahme vorlegen. Glauben sie, das Volk hätte das Besoldungserhöhungsgesetz, welches eben bei denjenigen, welche es am wenigsten nöthig hatten, anfieng, gutgeheißen? – Sodann verlangen wir Bereinigung des Gerichtspersonals von den Kreaturen des Systems und Vereinfachung des Justizgangs. Gelingt es nicht, eine unpartheiische und prompte Justiz herzustellen, so wollen wir uns selbst helfen, durch Einführung des Schwurgerichts in Civilsachen, aber nicht durch diejenigen des Herrn Ullmer und Konsorten. – Ich würde endlich bedauern, wenn die gegenwärtige Bewegung nicht einen großen sozialen Fortschritt zur Folge hätte. Man sagt: „der Arbeiter solle sich selbst helfen." Einverstanden, aber um dies thun zu können, muß er es auch dürfen! Ist es nicht eine Schmach für unsern Kanton, wenn unser „Maulkrattengesetz" verordnet: „Es ist untersagt, den Diebstahl zu rechtfertigen!" Ich sehe viele Arbeiter, aber wem fällt es bei uns ein? Nur ein „Staatsanwalt" kann auf solche Gedanken kommen. Wie konnte man es wagen, dem Arbeiterstand, der Hälfte des Kantons, jede Vereinigung behufs Wahrung seiner Interessen zu untersagen, den entlassenen Arbeiter mit Ausweisung aus der Gemeinde, dem Bezirk, dem Kanton zu bestrafen? Wie konnte man es über das Gewissen bringen, die Kindheit durch dreizehnstündige Fabrikarbeit um Jugendglück und Lebenskraft zu verkürzen? – Für solche Reinheit der Gesinnung müssen wir danken. Fort mit diesen Gesetzen! – Wir wollen nichts Ungerechtes, nichts Unredliches, wir wollen Selbsthülfe auf gesetzlichem Wege. Lassen Sie uns die goldenen Kälber zertrümmern und den alten Herrgott wieder auf den Thron setzen!" – (Die Rede fortwährend vom Beifallsruf unterbrochen.)

Rede des Herrn Dr. Honegger:
Mitbürger!
Es muß besser werden im kantonalen Leben. Die Einsicht ist reif. Der Augenblick ist da.
Der heutige Tag kann, trotz des abscheulichen Wetters, das offenbar vom System ist, groß und entscheidend, er kann ein zweiter Tag von Uster werden, selbst für die Eidgenossenschaft. Er soll uns frei machen von einer neuen Aristokratie, frei von der überwuchernden Büreaukratie und Geldmacht, frei von der korrumpirenden Günstlings- und Interessenherrschaft. Nicht länger soll das Wohl und Wehe des Kantons der Spielball weniger Großen und ihrer gehorsamen Knechte sein; nicht länger sollen die Wünsche des Volkes übermüthig zur Seite geschoben werden. Die Republik kann keine Fürstlein und keine Hoflakaien brauchen.

Wie helfen? Das Mittel ist leicht; das Volk braucht nur danach zu langen. Unsere Proklamation ist unser politisches Glaubensbekenntniß, unser Programm ist unser Losungswort.

Was wollen wir, d. h. was will das Volk?

Das Recht, selbst über die Gesetze mitzusprechen, nach denen es regiert sein will, und solche zu verlangen, die an der Zeit sind. Die Fähigkeit seine untreu gewordenen Beamten von ihrem Posten zu rufen und keine ägyptische Kaste, keine festgeschlossene Phalanx mehr heranwachsen zu lassen, die nur ihren Willen kennt und ihre Willkür an die Stelle des Verdienstes und des allgemeinen Wohles setzt.

Erweiterter Unterricht für Alle; nur die Bildung macht frei! Gleiches Maß und gleiche Elle für die Rechte und die Pflichten Aller. Billigkeit im Steuerwesen, Entlastung des Armen, Gerechtigkeit in der staatlichen Hülfe. Erleichterung der Militärlast. Beseitigung der Personen = und Ortsbegünstigungen, der angemaßten Privilegien jener Herreninstitute, die nur das Verderben des soliden Bürger- und Mittelstandes sind.

Ebenso eingreifende Reformen verlangen wir für die Verwaltung der Justiz, kurz: Herrschaft des Rechtes, statt des unter einem Wust von Formeln lustig aufblühenden Unrechts.

Wir wollen frei reden und uns frei versammeln können. Wir wollen den Beamten, die keine persönliche Ehre haben, auch den Fetzen der Amtsehre herunterreissen, wollen die für unsere Zeit und unseren Kanton als Schandsäule dastehenden Gesetze gegen das freie Wort und das freie Vereinsrecht niederwerfen, wollen zum Schutze des Rechtes und der Wahrheit und als Geißel gegen die an die Sklavenhalter von Fern und Nah verschacherten Lügenblätter eine kräftige Presse und zur Hebung und Würdigung der Arbeit, des besten und nobelsten Faktors im Privat- wie im Staatsleben, namentlich dem der Republik, das Recht der unbeschränkten Berathung.

Mitbürger! Wir halten die Grundsätze unseres Programms für unantastbar. Mit ihrer Durchführung wird die Morgenröthe besserer Tage anbrechen. Selbst unsere bittersten Gegner haben sich nicht an diese Grundwahrheiten gewagt, deren Mißkennung und Verachtung der Sturz des jetzigen Regimentes ist. Wir verwahren uns gegen die perfiden Vorwürfe des Umsturzes, des Kommunismus oder unreifer sozialistischer Tendenzen und endlich selbstsüchtiger Absichten. Stürzen wollen wir nur Eines, das „System" und seine Träger, die den Kanton nach Innen und Außen von der Höhe der 30er Jahre heruntergebracht haben; dann aber soll auf sicherer Grundlage besser aufgebaut werden. Nicht Eine unserer Forderungen ist neu oder unerhört; kaum Eine findet sich, die nicht schon im Bund oder den vorgeschrittenen Kantonen verwirklicht wäre. Gelähmt und geketet ist unser Kanton, der erste einst der Schweiz, zurückgeblieben; darum heißt es heut einen Schritt, einen mächtigen Schritt thun.

Ein guter Geist weihe das Werk dieses Tages und walte ob der Zukunft unseres selbst in Sturm und Regen schönen theuren Landes!

Rede des Herrn Karl Bürkli:

Mitbürger! Als vor 400 Jahren unsere Zürcher zur Murtenschlacht auszogen, war es gerade so Wetter wie heute, in Strömen ergoß sich der Regen. Kothig und bachnaß marschirten sie Nachts durch Bern und langten am frühen Morgen im Murtenwald an. Kein trockner Faden war mehr an ihnen und doch schlugen sie den allmächtigen Herzog von Burgund.

Heute stehen wir auch durchnässt bis auf die Haut im Kampfe und hoffentlich werden wir auch unsern Herzog, den Princeps, schlagen.

Wir können den neuen Exerzierplatz nicht besser einweihen, als wenn wir einmal mit dem System gründlich und im Feuer exerzieren. Das System hat schon lange unsere Regierung nur den Schul- oder Paradeschritt, bei dem man nicht vorwärts kommt, machen lassen. Wir wollen ihr jetzt ,mal den Manövrirschritt zeigen. Laufschritt und Sturmschritt will ja Niemand von uns lehren.

Unter System verstehe ich den verderblichen Einfluß der Interessenwirthschaft, voran die Nordostbahn als Hauptquartier, die Kreditanstalt, viele große Industrielle, die Beamtenassekuranz und Freimaurerei. Das System, wie die Cholera, ist nicht mit Händen zu greifen, aber man spürt es in allen Gliedern. Wenn Anno 1830, der Tag von Uster eine alte, morsche, aber gesetzliche Stadtaristokratie zu stürzen hatte, so haben wir jetzt eine neue, alles überwuchernde, aber ungesetzliche Geldaristokratie zu stürzen, sonst würde sie vielleicht in 10–20 Jahren auch zu einer gesetzlichen; denn so sind früher alle die alten Aristokratien und Patriziate in der Schweiz entstanden. Drum wem es von Euch Ernst ist mit seinem Bürgereid, die Republik rein und intakt unsern Kindern und Kindeskindern zu erhalten, der stehe fest und mannlich zu den Volksrechten. Nur dadurch konnte anno 1830 die Stadtaristokratie unschädlich gemacht werden, dass man die Gesetzgebung in die Hände der Vertreter des ganzen Kantons legte, und jetzt kann die aufstrebende Geldaristokratie nur dann in Schranken darniedergehalten werden, wenn man den Schwerpunkt der Gesetzgebung weiter hinaus, ins ganze Volk, verlegt; denn die paar hundert Kantonsräthe, d. h. die Repräsentativdemokratie, ist nicht mächtig genug, der Korruption zu widerstehen. Schon lange sagt der Volkswitz, Kantonsräthe ab dem Lande müssen zuerst im Bahnhof unten, wo die Regierung Nro. 1 thront, ja sagen, und dann im Rathhaus oben, wo die Regierung Nro. 2 vom System noch geduldet wird, noch einmal, aber nur „zum Exküsi" ja sagen. Drum sind neue Volksrechte vonnöthen. Initiative, Referendum, Abberufung des Großen Rathes ec. ec., die Ihr alle schon aus den Zeitungen und Besprechungen kennt und welche das Unwetter nicht erlaubt näher zu explizieren, und da diese die Grundlage der Gesetzgebung vollständig ändern, kann nicht mit einem Flickwerk, Partial-Revision, abgeholfen werden, sondern wir müssen entschieden Total-Revision durch einen Verfassungsrath verlangen.

III. Winterthur.

Rede des Herrn Kantonsrath Bleuler-Hausheer:

Liebe Mitbürger!

Das kantonale Komite hat mich beauftragt, Euere heutige Landsgemeinde zu eröffnen und mich für alle diese Angelegenheit beschlagenden Punkte mit unsern Freunden von Winterthur und der Landschaft in's Einverständniß zu setzen.

Die allgemeine Lage fordert republikanischen Gehorsam und ich unterziehe mich dem ehrenvollen Ruf um so gehorsamer, als ein hochgeschätzter Bürger und Eidgenosse, der meinen Platz würdiger ausgefüllt hätte, zur Stunde leider an das Krankenlager gefesselt ist. Ich füge bei, dass unser Komite ein zweites Mitglied aus seiner Mitte, den Herrn Stadtschreiber Ziegler von Winterthur, ersucht und beauftragt hat, das Amt eines Protokollführers für unsere Landsgemeinde zu verwalten.

Mitbürger und Republikaner! Erlaubt mir, Euch zwei Wünsche zum Voraus vorzulegen. Der eine ist dieser: Laßt uns am heutigen Tage unabänderlich die Ruhe, die Würde, die Entschlossenheit und den Ernst behaupten, welcher die Republik ziert und unserer Sache den Sieg geben wird. Der zweite geht dahin: Möge die Kraft des Volksgeistes, die Euch hieher getrieben, die Euch gedrängt hat, unter freiem Himmel zu tagen, möge sie sich bei unserm Rathschlag in ihrer ganzen Majestät und Hoheit entfalten und ausströmen über unsere geliebte theuere Heimat, damit unser Gewissen und jeder redliche Beobachter bezeuge, dass wir nicht um kleiner Dinge willen Landsgemeinde halten, sondern um des Landes Wohlfahrt, Zukunft und Fortschritt, dass wie unser Ziel gross und hoch fassen; aber in unsern Forderungen an die nächste Zukunft uns zu mäßigen wissen; dass wir der Noth und Sorge um die materiellen Dinge eingedenk sind, aber die hochherzigen und edlen Ziele des geistigen Fortschritts und der Humanität nie vergessen, dass wir mit einem Wort unsern kleinen kantonalen Haushalt und unsere wohlverdiente Stellung im Bund der Eidgenossen mit gutem Verstand und warmem Herzen zu Rathe ziehen.

Mitbürger! Wir haben uns erlaubt, Euch ein Programm mit der Einladung zur Landsgemeinde vorzulegen, das Ihr prüfen sollet. Es kann nicht die Meinung haben, daß wir Alles und Jedes im Einzelnen durchberathen. Das Programm ist ein Werk der Einigung und Verständigung zwischen den Führern und den Ansichten des Volkes, zwischen den Wünschen der einen und andern Volksklasse, zwischen dem, was in der letzten Zeit Euere Unzufriedenheit erregt hat und dem, was nach der Ueberzeugung der aufrichtigen Volksfreunde zur Heilung des Uebels dienen mag. Es ist ein Prüfstein für die Wahrheit und das Recht unserer Sehnsucht nach besseren Zuständen und gereinigtem republikanischen Leben. Wenn Ihr findet, dass das Programm in seinen Hauptpunkten die Bedürfnisse der Zeit, des Kantons Zürich und seiner republikanischen Gesundheit getroffen hat, so entschließt Euch zu dem gesetzlichen und richtigen Mittel zum Zweck: zu der Revision der Kantonalverfassung durch einen Verfassungsrath.

Republikaner des Kantons Zürich! Ich will einen jener Hauptpunkte kurz auseinandersetzen, und zwar den ersten.

Die Erweiterung der Volksrechte; denn er trifft eines unserer Hauptübel in seinem Kern und Lebensnerv; er durchschneidet und zerschmettert die einseitige Interessenwirthschaft, die Uebermacht des Einzelnen und seiner willfährigen Trabanten, das ungebührliche und unvolksthümliche Erstarken der Regierungsgewohnheit und ihres Eigensinns.

Wir wollen die Volksherrschaft zu einer Wahrheit machen, die Grundsätze von 1830 in diesem Punkt aufrichtig und guten Muthes fortentwickeln; wir wollen damit das dumpfe, unheimlich lähmende Gefühl eines unrepublikanischen Druckes, der auf uns lastet, abschütteln und die Ketten brechen, welche eine lange Gewöhnung, glänzende Bilder materiellen Gewinnes und allmäliges Ueberwuchern des berechnenden Spekulationsgeistes uns angelegt haben. Wir glauben unerschütterlich an die Gesundheit des Volksgeistes, wenn er zum vollen, überlegten und freien Ausdruck kommt, und möchten ihm deßhalb die Anregung, die Prüfung und Bestätigung in allen die Republik tiefberührenden Fragen und Vorlagen anheim geben: Das heißt man das Referendum und die Initiative.

Die Frucht, liebe Mitbürger, ist an der Hand so mancher Erfahrung der letzten Jahre rasch gezeigt worden, aber zeitig ist sie, und wenn der Kanton Zürich, das ist meine Meinung, wieder die richtige Physiognomie einer Republik erhalten soll, die den Volkswillen und den Zeitgeist, das Verständniß des schlichten Mannes und die großen Gedanken des Staatsmannes friedlich vermittelt und versöhnt: so müssen wir jene Volkrechte herstellen und in feste Form und Gestalt gießen.

Ich lebe der guten Zuversicht, dass solche Errungenschaften und Rechte uns die Gewähr eines neu belebten republikanischen Geistes, die Verjüngung unseres öffentlichen Wesens, die Bürgschaft einer offenen geraden Politik, einer soliden Staatswirthschaft und einer volksthümlichen Regierung, Gesetzgebung und Rechtspflege bieten werden. Ich habe die Ueberzeugung, dass die Herstellung der Volksherrschaft in glücklicher Verbindung mit der Repräsentation das Volk nicht engherzig und kurzsichtig, sondern opferwillig und patriotisch weitsichtig machen wird.

Meine Freunde werden, so hoffe, dieses und Anderes Euch klarer machen. Mitbürger! Ihr habt die Initiative schon ergriffen und begriffen, indem Ihr der Landsgemeinde riefet, die nicht einen Umsturz, wohl aber einen Umschwung unseres öffentlichen Lebens und Strebens herbeiführen soll. Ihr praktizirt heute das Referendum, indem Ihr zwar nicht über ein Gesetz des Großen Rathes, wohl aber über die Gedanken, die Rathschläge und Vorschläge einer Anzahl von Männern, die nicht von Ehrgeiz und Hoffahrt erfüllt sind, Rath haltet und Schluß fasset. Wenn Ihr Wahrheit, Recht und Fortschritt darin findet, so gebt dieser Ueberzeugung den verfassungsmäßigen und thatkräftigen Ausdruck, so fügt zu den gesammelten 10,000 Unterschriften – ich vermuthe, es werden nächstens 20,000 sein – die unwiderstehliche Gewalt Eures zustimmenden Wortes: Wir wollen vorwärts auf dieser Bahn!

Hier stehen wir vor dem Allmächtigen und vor dem Urtheil der Eidgenossen, die unser Thun und Reden prüfen. Möge es rein und lauter erfunden werden.

Ich bitte für meine Freunde, wie für mich, um das billige Maß redlichen Vertrauens, dass wir nicht Volksschmeichler, nicht Volksbetrüger, nicht ehr- und ämtersüchtig, sondern wohlgesinnte Bürger sind.

Ich bitte Euch Alle, dass Ihr in allen ehrenwerthen politischen Gegnern die Ueberzeugung achtet und duldet, damit wir unsere politische Arbeit der Regeneration mit Ehren und gutem Muth vollenden. Ich bitte den Allmächtigen um sein gerechtes und gütiges Walten über dieser und den andern, mit uns tagenden, sonntäglichen Landsgemeinden, damit aus dieser Wintersaat eine Erndte der Befriedigung und der Wohlfahrt für Zürich aufgehe. Die Landsgemeinde vom 15. Dez. zum Zweck der Anbahnung einer Verfassungsrevision ist eröffnet. (Jubelnder Beifall.)

Quellennachweis:

Aktenstücke aus der Zürcherischen Revisionsbewegung. Vollständige Sammlung. Landsgemeinde-Reden, Proklamationen des Kantonalkomite's und der Abstimmungsresultate, Winterthur 1868.

Standort:

ETH-Bibliothek, 9 Conv. 4226 und Staatsarchiv Zürich.

Kommentar:

In Zürich, Uster, Bülach und Winterthur finden Volksversammlungen statt, die auch als Landsgemeinden bezeichnet werden. Während die Versammlung von Bülach in der Kirche durchgeführt wird, finden die anderen bei strömendem Regen im Freien statt. Sie folgen alle dem gleichen Ablaufritual. Dazu gehören folgende Programmpunkte: feierlicher Zug zum Versammlungsort, gemeinsames Singen patriotischer Lieder, Reden zwecks Erläuterung des Programms, Schlussabstimmung. Eine zentrale Bedeutung haben die Reden. Sie dienen der Erklärung einzelner Punkte des Forderungskatalogs, enthalten aber auch massive Angriffe auf die Regierung. Diese Abgrenzung vom „System", von den „Herren", dient dazu, die sozial heterogene Bewegung auf ein einheitliches Programm einzustimmen. Anreden wie „Eidgenossen" oder „Republikaner" oder der Appell an die „Kraft des Volksgeistes" sollen dazu beitragen, die verschiedenen Interessengruppen zu einer homogenen Massenbewegung zusammenzuschweissen.

Titel: *An die stimmberechtigten Einwohner des Kantons Zürich*

Text 96:

Mitbürger!

Die vier Landsgemeinden vom 15. Dezember 1867 und siebenundzwanzigtausend Unterschriften sagen uns, daß Ihr unserer ersten Kundgebung mit Vertrauen entgegengekommen seid.

Die gesetzgebende Behörde hat den verfassungsmäßigen Ausdruck Eures Begehrens nach einer Revision der Staatsverfassung durch einen Verfassungsrath entgegengenommen, geprüft und die Landesregierung mit der Anordnung einer Volksabstimmung über die Revisionsfrage beauftragt. Nur wenige Tage, und Ihr seid berufen, das entscheidende Wort in die Wagschale unser kantonalen Geschichte zu werfen. Eingedenk der ernsten Verantwortlichkeit, welche wir mit unserm ersten Schritt auf uns genommen haben, glauben wir, fern von eitler Anmaßung, nur unser Bürgerpflicht zu folgen und Eurer Erwartung zu entsprechen, wenn wir uns in diesem Augenblick auf's Neue an Euch wenden.

Die Volksabstimmung vom 26. dieses Monats verlangt Eure deutliche und souveräne Stimmgabe darüber, ob Ihr eine eingreifende, die Fundamente der Republik wie ihren Ausbau umfassende Prüfung und Erneuerung unser staatlichen Einrichtungen für zweckmäßig haltet; ob Ihr wollt, daß Zürich auf der Bahn der Freiheit, des Fortschritts und der Volkssouveränetät wieder einmal entschieden vorangehe; und wenn Ja, ob Ihr die Begründung dieses Werkes einem Verfassungsrath oder Euern bisherigen gesetzgebenden Repräsentanten anvertrauen wollt.

Wir zweifeln keinen Augenblick daran, daß Ihr die erste dieser Frage mit Ja beantworten werdet. Mehr und mehr wird die Ueberzeugung allgemein, daß der Gedanke eines großen politischen und sozialen Fortschritts, der sich seit Jahren aus unsern Bedürfnissen und Erfahrungen ergeben hat, die Verkörperung durch eine neue Verfassung verlangt. An der Spitze unsrer Forderungen aber steht der Ausbau der Volksherrschaft, die Beziehung des Volkes zur gesetzgeberischen Bethätigung: das Referendum und die Initiative.

Das Referendum ist die wahre Verwirklichung dessen, was schon den Volksmännern von 1830 vorschwebte: eine Berichterstattung an das Volk. Es ist die verfassungsmäßige Verpflichtung der Gesetzgeber, die Gesetze und alle tief in das Volksleben eingreifenden Beschlüsse zu Handen des Volkes zu beleuchten und sie einer Volksabstimmung mit Ja und Nein, sei es in den Gemeinden, sei es in größeren Kreisen, zu unterbreiten. Es ist das verfassungsmäßige Recht des Volkes, diese Vorlagen in freiester Weise zu prüfen, zu besprechen und darüber zu entscheiden.

Die Initiative ist die selbstthätige Einleitung neuer gesetzgeberischer Akte und öffentlicher Schöpfungen durch Antragstellung von Volkes wegen. Sie ist das Recht einer verfassungsmäßig zu bestimmenden Zahl von Aktivbürgern, die Prüfung und Anhandnahme solcher Vorschläge zu fordern und die Pflicht der Räthe, darauf einzutreten.

Um nichts Geringeres also handelt es sich, als Eure bisherige Scheinsouveränetät zu einer wirklichen und wahrhaften Volkssouveränetät zu entwickeln, die maßgebende Macht und Gewalt aus den Händen Einzelner auf die starken Schultern der Gesammtheit zu verlegen. Hier liegt die Entscheidung – da haltet fest!

Mitbürger! Es hat sich ein groß Geschrei von Umsturz und Verschleuderung der Staatsgelder gegen uns erhoben, die wir doch nur fünfzehn Männer sind und nach der Schilderung unsrer Gegner von gar geringem Gewichte. Hier seht Ihr, daß wir weder uns noch Andern eine gefährliche Gewalt in die Hände geben, daß wir vielmehr allen Missbrauch persönlichen Einflusses und hervorragender Stellungen und Würden mit der Wurzel ausrotten und dem Volk die Leitung seiner Geschicke im Einzelnen und Ganzen anheim stellen möchten. Wir vertrauen dabei auf die Einsicht, Bildung und den Gemeinsinn eines Volkes, das Jahrhunderte lang seine Zusammengehörigkeit gefühlt und an seinem gemeinsamen Schicksal gearbeitet hat.

Die Erfahrungen des Kantons Zürich zeigen uns, daß trotz der periodischen Repräsentantenwahl die Gefahr des gewohnheitsmäßigen und einseitigen Regierens und gesetzgeberischen Schaffens nicht gering ist, daß sich, scharfe Gegensätze zwischen den politischen oder sozialen Ansichten der Volksvertreter und denen der Massen binnen kurzer Frist erzeugen können. Das republikanische Leben bedarf der steten und ruhigen Ausgleichung solcher entgegengesetzten Strömungen. Die von uns befürworteten Einrichtungen werden das Volk mit politischen Kenntnissen und Anschauungen bereichern und seine Vertreter abhalten, sich auf unvolksthümliche Bahnen zu verirren. Die Behörden, die Staatsmänner, die Repräsentanten werden sich mehr als bisher bemühen, die Volkskreise mit ihren Gedanken und Ueberzeugungen vertraut zum machen, und das Volk wird ihnen mit klarem und unverfälschtem Ausdruck seiner Bedürfnisse und Neigungen entgegenkommen.

Neben solcher Verjüngung des politischen Lebens ist es sodann hauptsächlich die staatswirthschaftliche Gerechtigkeit, die im Gebiete der Staats- und Gemeindesteuern und im Militärwesen ihren Durchbruch sucht. Ernste Fragen von sozialer Natur harren hier ihrer Lösung, und es ist nur konsequent, daß der Kanton Zürich, welcher zuerst die direkte Vermögensbesteuerung einführte, nun auch das Mittel aussuche, sie zur vollen Geltung zu bringen; ein Fortschritt, unzweifelhaft von den heilsamsten und segensreichsten Folgen für den Wohlstand des Landes und jedes Einzelnen.

Man hat uns vorgeworfen, daß wir mit unseren Bestrebungen den Staat mit finanziellen Opfern beschweren wollen, die unerschwinglich seien. Wir weisen dies so ruhig als fest zurück, da wir uns nie den Schein gegeben haben, als wollten wir die zum Gedeihen der Republik nöthigen Opfer den einzelnen Bürgern sparen, um sie in's Maßlose der Gesammtheit der Steuerzahler wieder zuzuwenden. Wohl aber verlangen wir Reform unserer staatswirthschaftlichen Regeln, richtigere und gerechtere Belastung nach der Leistungsfähigkeit und die Durchführung zweckmäßiger, den Wohlstand des Volkes erhöhender Maßregeln, ermöglicht durch die Vermeidung übertriebener unproduktiver Ausgaben und durch die mit der Vereinfachung unserer Verwaltung und Rechtspflege verbundenen Ersparnisse.

Mitbürger! Bei der zweiten der Euch vorgelegten Fragen werdet Ihr Euer Ja für einen Verfassungsrath abgeben, nicht für den Großen Rath. Unter dem Einfluß der demokratischen Bewegung im Kanton würde freilich auch der jetzige Große Rath manche Anregung nunmehr beifällig hinnehmen, die er früher würde zurückgewiesen haben und es fehlt weder in der Presse noch im Rathssaal an Versprechungen, welche allerhand „besonnenen Fortschritt" für die Zukunft sollen erkennen lassen. Das Volk aber kennt diese Verheißungen so sattsam, daß es Grund zu der Befürchtung hat, es möchte der derzeitige warme Eifer erkalten, bevor er die erwarteten Früchte zur Reife bringen konnte. Noch in seiner letzten Sitzung hat ja der Große Rath sein politisches Glaubensbekenntniß unzweideutig genug an den Tag gelegt, indem er nicht nur Herrn Dr. Alfred Escher als Präsidenten erwählte, sondern ihm den Herrn Dr. Eugen Escher als Vizepräsidenten zugesellte. Von diesem Großen Rathe ein innigeres Anschließen an die Volkssache erwarten, hieße ein Vertrauen beweisen, das in der Geschichte schweizerischer Verfassungsrevisionen ohne Beispiel ist. Nein, nicht der Große Rath, nur allein ein Verfassungrath, aus der politischen Bewegung hervorgegangen und dem Volksgeist von 1868 entsprechend, nur der kann eine Verfassung schaffen, welche dem Wünschen und Wollen des Volkes entspricht.

Mitbürger! Eure Unterschriften für das Revisionsbegehren waren nur ein erster Schritt, der nicht zum Ziele führt, wenn Ihr nicht jetzt den zweiten und entscheidenden Schritt folgen lasst, indem Ihr bei der Abstimmung vom 26. d. Eure Stimme abgebt für Verfassungsrevision und zwar durch einen Verfassungrath. Zeiget, daß Ihr mit ernstem und festem Willen diesen Weg betreten habt, so werdet Ihr den 26. Januar zu einem Gedächtnißtage der republikanischen Würde, der Bildung und Freiheitsliebe Zürichs erheben.

Zürich, 16. Januar 1868.

Das kantonale Comite:

R. Zangger, Nationalrath, in Zürich.   J. U. Wuhrmann, Lehrer, in Pfäffikon.

Bleuler-Hausheer, Kantonsrath, in Winterthur   G. Süßtrunk, Kantonsrath, in Reutlingen.

J. J. Keller, Kantonsrath, in Fischenthal.   J. Schäppi, Erziehungsrath, in Horgen.

J. C. Sieber, Sekundarlehrer, in Uster.   J. Schellenberg, Major, in Aathal-Wetzikon.

Dr. Scheuchzer, Nationalrath, in Bülach.   J. Fehr, Nationalrath, in Andelfingen.

K. Walder, Kantonsrath, in Unterstraß.   Dr. Frei, Kantonsrat in Neumünster.

Karl Bürkli, Landwehrhauptmann, in Zürich.   Dr. J. J. Honegger, in Zürich.

Dr. J. Sulzer, Nationalrath, in Winterthur.

Quellennachweis:

Aktenstücke aus der Zürcherischen Revisionsbewegung. Vollständige Sammlung. Landsgemeinde-Reden, Proklamationen des Kantonalkomite's und der Abstimmungsresultate, Winterthur 1868.

Standort:

ETH-Bibliothek 9 Conv. 4226.

Kommentar:

Die Versammlungen im Dezember 1867 sind ein voller Erfolg. Ende des Jahres wird eine Volksinitiative zur Totalrevision der Verfassung mit rund 27 000 Unterschriften eingereicht. Damit ist der Weg zur Volksabstimmung frei. Das kantonale Komitee ruft die Bürger zur Teilnahme an der Abstimmung vom 26. Januar 1868 auf und unterstreicht nochmals die historische Bedeutung des Volksentscheids. Am 26. Januar 1868 entscheidet sich das Zürcher Volk mit einer grossen Mehrheit im Stimmenverhältnis sieben zu eins für die Revision durch einen zu wählenden Verfassungsrat. Damit ist der Weg zur neuen Verfassung frei.

Titel: *Übersicht der bei der Kanzlei des Verfassungsrathes eingegangenen Vorschläge betreffend die Verfassungsrevision, 1868 (Ausgewählte Beispiele)*

Text 97:

Nr. 42. Eingeg. den 17. d. M., unterz. Dr. Böhner, Pfarrer in Dietlikon, Mitgl. des V.-R. Ausgearbeiteter Verfassungsentwurf. Einleitung der Verfassung „im Namen Gottes".
  1. Bestand und Zweck des freien Volksstaates. Die Souveränität beruht auf der Landsgemeinde, „d. h." der Gesammtheit aller Stimmberechtigten.
  2. Die Rechte und die höchsten Güter des Volkes. Referendum, Initiative, Abberufungsrecht. Recht der Gemeinden zur Abberufung der Gemeindebehörden, Geistlichen und Lehrer. Durch die Landsgemeinde gewählte „Kultussynode" als oberste Erziehungs- und Kirchenbehörde. Abschaffung der Todes- und „peinlichen Leibesstrafen". Recht des Bürgereinkaufs für alle Schweizer. Aufhebung der ehelichen Vormundschaft. Vollständige Glaubens- und Cultus-, Preß- und Rede-, sowie Coalitionsfreiheit.
  3. Allgemeine Bürgerpflichten. Bürgereid nach einer im Entwurfe ausgeführten Formel. Amtszwang für sämmtliche Beamtungen auf Eine Amtsdauer.
  4. Gliederung der Staatsbehörden. Ohne Ausführung.
  5. Volkserziehung. Specifikation der „geistigen Volksgüter, welche der Staat zu pflegen und zu fördern hat". Veredlung der Landeskirche zur „Volkskirche". Die evangelisch-reformirte Volkskirche des Kantons Zürich ist identisch mit der Landsge-

meinde. Als Mitglied der Volkskirche gilt jeder Kantonseinwohner, der sich nicht durch eine amtliche Erklärung von derselben lossagt. Spezification des Bildungsganges der „Diener der Volkskirche", sowie der denselben obliegenden Pflichten. Enthebung der Geistlichen von allen „mechanischen Schreibereien" (Civilstandsregister?). Bestand der Cultussynode aus 100 Mitgliedern. Competenz derselben.

Nr. 48. Eingeg. den 18. d. M., unterz. Dr. Meister in Bubikon, Mitgl. des V.-R. Jeder Bezirk bildet zugleich einen Wahlkreis für die Großrathswahlen. Freie Kirche. Freies Vereinsrecht. Aufhebung des Gesetzes gegen communistische Umtriebe. Initiative (5000 Stimmfähige). Vollständige Freigebung jedes Berufes. Wegfall der Niederlassungsgebühren für Kantonsbürger. Abberufungsrecht gegen alle Beamteten. Ziviljury. Abschaffung der Todesstrafe. Fixe Besoldung für alle Beamteten, Einzug sämmtlicher Sporteln zu Handen der Staatskasse. Besteuerung sämmtlicher im Canton befindlicher Vermögen. Abschaffung aller indirekten Steuern oder aber Vermehrung derselben durch Einführung der Erbschaftssteuer (indirecte Steuer?), Luxussteuer ec. Uebernahme der Militärausrüstung durch den Staat; gleicher Sold für Offiziere und Gemeine. Revision von Art. 24 lemma 3 und 4 der Staatsverfassung. Zweijährige Amtsdauer für den Großen Rath. Recht der Abberufung einzelner Mitglieder desselben durch ihre Wähler. Abschaffung der indirecten Großrathswahlen. Referendum für alle Gesetze und Großrathsbeschlüsse, eventuell Veto gegen letztere. Bestellung eines öffentlichen Vertheidigers durch den großen Rath. Wahl des Regierungsrathes (5 Mitglieder) und Obergerichts durch das Volk. Reorganisation des Gerichtswesens: Verminderung der Mitgliederzahl beim Bezirksgerichte, Uebertragung richterlicher Befugnisse an den Friedensrichter. Besorgung der Schuldbetreibung und des Notariatswesens durch Gemeindsbeamtete. Kantonalbank. Obligatorische Mobiliarversicherung. Abschaffung der Lebenslänglichkeit für Beamtungen. In der Verfassung aufzunehmende Anordnung einer Revision verschiedener Gesetze.

Nr. 50. Eingeg. den 18. d. M., unter. Namens der Lesegesellschaft Rafz, Salomon Sigrist Lehrer. Referendum für Gesetze, und Großrathsbeschlüsse von großer finanzieller Tragweite. Hypothekar-Staatsbank. Schutz der Bürgergemeinde in ihren Vermögensrechten. Abschaffung der Lebenslänglichkeit bei Beamtungen. Freigebung der Advokatur. Civiljury. Verminderung der Mitgliederzahl des Großen Rathes auf 130 und Abschaffung der indirecten Wahlen. Verminderung der Beamtenzahl: 7 Regierungsräthe, 9 Oberrichter, Beseitigung der Bezirksschul- und Kirchenpflege und Uebertragung ihrer Funktionen an den Bezirksrath; Aufhebung der Schuldenschreiberämter und des Instituts der Kreisschätzer und Uebertragung der Funktionen beider an die Gemeindsbehörden. Amtliche Inventarisation bei jedem Todesfall. Erbschaftssteuer. Verkleinerung der Notariatskreise und fixe Besoldung der Notare. Uebernahme der militärischen Ausrüstung Unbemittelter durch den Staat. Korrektionshäuser. Revision des Art. 24 lemma 3 und 4 der Staatsverfassung.

Nr. 102. Eingeg. den 25. v. M. unterz. „einige Arbeiter" in Winterthur. Referendum und Initiative, letztere in folgender Form: Alljährlich werden die Stimmberechtigten einmal eingeladen, allfällige Wünsche dem großen Rathe einzureichen. Dieser muß auf jede einzelne derartige Eingabe eintreten und die betreffende Anregung der Volksabstim mung unterbreiten, insofern $\frac{1}{10}$ seiner Mitglieder dies verlangt. Civilschule. Gerechteres Steuersystem. Besteuerung sämmtlicher im Kanton befindlicher Vermögen; amtliche Inventarisation des Nachlasses Steuerpflichtiger; Erbschafts- und Luxussteuer; Abschaffung der Manns- und Haushaltungssteuer; mäßige Progressivsätze. Ausrüstung des Wehrmanns durch den Staat.

Vollständige Coalitionsfreiheit. Reduktion der gesetzlichen Arbeitszeit auf 10 Stunden täglich. Besserer gesetzlicher Schutz der Frauen und Kinder, welche in Fabriken arbeiten. Organisation der Auswanderung durch den Staat. Staatsbank speciell zur Unterstützung von Arbeitergenossenschaften. Schiedsgerichte für Streitigkeiten zwischen Arbeiter und Arbeitgeber (prud'hommes). Motivirt.

Nr. 108. Eingeg. den 26. v. M., unterz. Namens des Monatsvereins Furtthal der Präsident U. Peter, Lehrer in Dänikon. Referendum für Gesetze und Großrathsbeschlüsse mit einer finanziellen Tragweite von über Frcs. 100,000. Initiative (5000 Stimmfähige). Einführung einer Progressivsteuer für Vermögen über Frcs. 100,000; Aufhebung aller Steuerprivilegien von Privaten und Gesellschaften; Steuerfreiheit für geringere Vermögen und Einkommen; Befreiung des vom Erblasser nicht versteuerten, Waisen zugekommenen Vermögens bis auf Frcs. 5000 von der Strafsteuer; Erbschafts = und Luxussteuer, z. B. Kartenstempel. Vollständige Preß = und Coalitionsfreiheit. Freigebung der Advokatur und des Geschäftsagentenberufes. Staatsbank für Landwirthschaft und Gewerbe. „Humanere, dem Republikanismus würdigere Behandlung des Soldaten". Keine lebenslänglichen Beamtungen mehr. Reorganisation des Schulwesens. Beibehaltung der Landeskirche; gemischte Synode; Führung der Civilstandsregister sowohl durch Gemeindsbeamtete als auch durch die Geistlichen. Fixe Besoldungen aller Kantonal = und Bezirksbeamteten; Bezug der Sporteln zu Handen der Staatskasse. Wahl der Schuldenschreiber und Notare durch das Volk; gleichmäßigere Notariatskreise. Verbot der Insolvenzerklärungen; Aufhebung der entehrenden Folgen des Concursausbruches ec. Beschränkung der Gültigkeit des Wechselrechts auf den Handelsverkehr. Bestreitung der Unterhaltungkosten für die Straßen 1., 2. und 3. Klasse durch Staat und Gemeinden zu gleichen Theilen. Herabsetzung des Salzpreises. Reduction der Beamtenzahl: Aufhebung der Kreisgerichte; für jeden Kreis wird ein Mitglied des Bezirksgerichtes als 2. „Vermittler" (1. Vermittler der Friedensrichter) bestellt; Uebertragung der Geschäfte der Bezirksschul = und Kirchenpflege an den Bezirksrath (5 Mitglieder). Eine Civiljury, dagegen möglichste Vereinfachung der Rechtspflege. Errichtung einer kantonalen Zwangsarbeitsanstalt. Abschaffung der Todesstrafe. Ausschluß der Mitglieder des Reg. = Raths und Obergerichts vom Großen Rathe. Erweiterung der Gemeindefreiheit und Verminderung der Gemeindbeamtungen.

Nr. 128. Eingeg. den 3. d. M. von einem Mitgliede des V. = R.

Referendum:

1) Dem Volke sollen zur Annahme oder Verwerfung vorgelegt werden:
    a. alle Gesetze und Konkordate ohne Ausnahme;
    b. jede neue Steuer oder Staatsausgabe, welche den Betrag von 100,000 Frcs übersteigt;

c. jeder Beschluß oder Verordnung des Großen Rathes, wenn es von einem Fünftheil der Großrathsmitglieder oder von 5000 Stimmberechtigten verlangt wird. (In diesem Falle dürfte die Summe unter b auf 200,000–250,000 Frcs. steigen.)

2) Alljährlich einmal am ersten Maisonntag werden dem Volke sämmtliche in 1 bezeichneten Gesetze u.s.w. zur Annahme oder Verwerfung vorgelegt. Ausnahmsweise (bei dringender Vorlage oder bei Ueberfüllung des zu erledigenden Stoffes) kann auch eine zweite Abstimmung auf den ersten Oktobersonntag angeordnet werden.

3) die Abstimmung findet in der Gemeinde statt und ist durch geheimes Mehr vorzunehmen. Ueber alle Vorlagen kann freie Diskussion verlangt werden.

4) Bei der Abstimmung entscheidet die Mehrheit der an der Abstimmung Theilnehmenden.

5) Sollte eine Vorlage verworfen werden durch weniger als 10,000 Verwerfende, so kann der Große Rath dieselbe nochmals zur Abstimmung bringen und es ist dieselbe dann durch Wahlbüreaux vorzunehmen oder kommt bei der nächsten ordentlichen Jahresversammlung zur definitiven Entscheidung.

Den Gemeinden bleibt es freigestellt, die Gründe für Verwerfung dem Großen Rathe mitzutheilen.

Initiative:

1) Wenn 50–100 Stimmberechtigte die Vorlage eines neunen Gesetzes oder Beschlusses, oder die Abänderung oder Aufhebung eines schon bestehenden verlangen, so haben sie dieses Begehren schriftlich und bestimmt formulirt wenigstens 4 Wochen vor Abhaltung einer ordentlichen Jahresversammlung dem Regierungsrathe mitzutheilen, welcher gehalten ist, diese Frage bei der nächsten Versammlung den Gemeinden vorzulegen und zu Abstimmung zu bringen.

2) Bei dieser Abstimmung gelten die gleichen Bestimmungen wie bei § 3 der Abstimmung bei dem Referendum (geheimes Mehr und offenes Diskussionsbegehren).

3) Sprechen sich mehr als 5000 Stimmen für Erheblichkeit des Begehrens aus, so ist der Große Rath gehalten, die Sache an Hand zu nehmen und an der folgenden ordentlichen Jahresversammlung eine Vorlage zu bringen.

4) Wenn die Vorlage des Großen Rathes wesentlich abweicht von dem Begehren der ursprünglichen Vorlage und es wird dieselbe in der Abstimmung verworfen, so soll spätestens 4 Wochen nach Ablauf der Abstimmung die ursprüngliche Vorlage zur Abstimmung durch Wahlbüreaux kommen. Motivirt.

Nr. 131. D. d. 17. Mai 1868, unterzeichnet Dr. Friedrich Locher in Zürich und 243 Gen. Vereinfachung der Gesetzgebung im Allgemeinen. Aufhebung des Polizeigesetzes für Handwerksgesellen, Lehrlinge ec. und desjenigen gegen kommunistische Umtriebe. Gründliche Revision des Schuldbetreibungs- und Notariatswesens; Beseitigung der entehrenden Folgen unverschuldeten Fallitenzustandes und des Schuldverhafts. Zentralisation des Armenwesens; Korrektionsanstalten. Kantonalbank für Landwirthschaft, Handel und Gewerbe (Arbeiterassociation); staatlich kontrollirte Leihbank. Ueberwachung, Leitung und Erleichterung der Auswanderung durch den Staat. Gründliche Revision des Strafrechtes; Beseitigung der Amtsehre; Abschaffung der Todesstrafe; Deportation für schwere und rückfällige Verbrecher. Vereinfachter Rechtsgang für Zivilstreitigkeiten; Prud'hommes für Konflikte zwischen Arbeitern und Arbeitgebern; Einzelrichter für Bagatellsachen; Ziviljury für bedeutendere Streitigkeiten. Oeffentlichkeit sämmtlicher Berathungen von Gerichtshöfen und Geschwornen. Revision des Steuerwesens; amtliche Inventarisation jedes Nachlasses; Erbschaftssteuer. Erleichterung der Militärlasten. Freies Niederlassungsrecht für sämmtliche Schweizerbürger; Abschaffung der Niederlassungsgebühren. Besseres Fabrikgesetz; Schutz junger Fabrikarbeiter in sanitarischer Beziehung. Wahl des Regierungsrathes durch das Volk Verminderung der Zahl der Beamten. (In der systematischen Uebersicht berücksichtigt.).

Quellennachweis:

Uebersicht der bei der Kanzlei des Verfassungrathes eingegangenen Vorschläge betreffend die Verfassungsrevision.

Standort:

ETH-Bibliothek 9 Conv. 4226 und Staatsarchiv Zürich, Signatur MM 21a.

Kommentar:

In einer ersten Phase werden 158 Eingaben zur Verfassungsrevision gemacht. Darunter sind anonyme Eingaben, Eingaben von Einzelpersonen, informellen Gruppen, Vereinen und öffentlichen Körperschaften. Zudem melden sich verschiedene Interessengruppen zu Wort, wie Arbeiter, Landwirte, Frauen, Konkursiten, Grundeigentümer oder Mitglieder von Freikirchen. Die ausgewählten Quellenbeispiele entstammen verschiedenen Kategorien. Sie verdeutlichen, dass spezifische Interessen artikuliert werden, zeigen aber auch, dass bestimmte Forderungen in mehreren Eingaben vorkommen. Dies gilt vor allem für die staatsrechtlichen Postulate. Grund dafür sind die monatelangen Auseinandersetzungen in der Presse. Die öffentlich ausgetragene Kontroverse, sei es in Zeitungen, Pamphleten oder in Versammlungen, führt zu einem gewissen Konsens und zur Konkretisierung der Veränderungswünsche. Bemerkenswert ist auch, dass die staatsrechtlichen Postulate immer mit materiellen Forderungen verknüpft sind. Steuerliche Entlastung, zinsgünstige Kredite, Neuordnung des Betreibungs- und Konkursverfahrens und Befreiung von Militärlasten gehören zu den Hauptanliegen der involvierten mittleren und unteren Gesellschaftsschichten.

Titel: An den hohen Verfassungsrath des Kantons Zürich. Mehrere Frauen aus
dem Volke, 1868

Text 98:

eingegangen den 25. V. 1868, Petition Nr. 100
An den hohen Verfassungsrath des Kantons Zürich
Hochgeehrter Herr Präsident!

Man hat seit Beginn der Verfassungsrevision eine allseitige Erweiterung der Volksrechte verkündet u. dabei allenthalben alles Mögliche und Unmögliche versprochen; nur die armen Frauen scheinen, gleich den Poeten bei der Theilung der Erde (Anspielung auf Friedrich Schillers Gedicht „Die Teilung der Erde", 1795, R. G.) mit leeren Händen davon gehen müssen.

Niemand spricht von ihnen u. Niemand gedenkt ihrer verkümmerten u. unterdrückten Menschenrechte.

Soll die Losung des Züricher Volkes „Freiheit, Bildung, Wohlstand" zur That und Wahrheit werden, so müsste Jungfrauen und Frauen vom 20ten Lebensjahre an ein voller Antheil an allen bürgerlichen Rechten gewähret sein. Was wir nur aus diesem Grunde erbitten, was wir verlangen, das heisst: Wahlberechtigung u. Wahlfähigkeit für das weibliche Geschlecht in allen sozialen u. politischen Angelegenheiten und Beziehungen.

Kann sich, wie leider zu fürchten steht, der hohe Verfassungsrath nicht auf diesen eines wahrhaft freien Mannes allein würdigen Standpunkt erheben, so ersuchen wir die grossen Männer der Schöpfung um etwas mehr Bescheidenheit in ihren privaten und öffentlichen Freiheitsmanifestationen. Es wäre traurig und beschämend, wenn Jeder von den Männern des Volkes nur die vollste Freiheit für sich, nicht aber für Andre u. am wenigsten für uns Frauen in Anspruch nähmen.

Wir könnten unsre Petition ausführlich u. gewichtig begründen, wir begnügen uns jedoch diesen Herzenswunsch kurz und bündig Ihrer weisen Prüfung zu unterbreiten, eingedenk der oft erprobten Erfahrung, dass eine zarte Andeutung aus dem Frauenmunde nicht selten eine weitaus mächtigere Bedeutung erlange, als eine wissenschaftliche Abhandlung oder lange Rede.

Hochachtungsvoll empfehlen sich Ihnen, geehrter Herr Präsident u. Ihren Miträthen
Mehrere Frauen aus dem Volke

Entschuldigen Sie unsere Anonymität, wir können u. dürfen unsern guten Namen nicht der Spottlust böser Zungen preisgeben. Verlangen Sie Unterschriften so sollen Sie übrigens viele Tausend erhalten.

Quellennachweis:

Bei der Kanzlei des Verfassungrathes eingegangene Vorschläge betreffend die Verfassungsrevision, Nr. 99.

Standort:

Staatsarchiv Zürich, Signatur: BX 188.3 Fasc. c.

Kommentar:

Ähnlich wie in den liberalen Verfassungen der Dreissigerjahre ist auch in den von den Demokraten entworfenen Revisionsvorschlägen eine Partizipation der Frauen nicht vorgesehen. Obwohl von Volksrechten und Volkssouveränität die Rede ist, bleibt die eine Hälfte des Volkes davon ausgeschlossen. Auf diesen Widerspruch weisen die Verfasserinnen dieser Petition hin. Damit stehen sie in einer Traditionslinie des französischen Frühfeminismus (Olympe de Gouges). Dieser klagt die in der Menschenrechtserklärung von 1789 postulierten Rechte auch für die Frauen ein. Obwohl der Text auf ein grosses Selbstbewusstsein der Frauen hinweist, können sie es im patriarchalisch geprägten Umfeld noch nicht wagen, ihre Identität preiszugeben.

Titel: An den H. Verfassungsrath des Kantons Zürich. Im Nahmen vieler Frauen die Sklavendienste umsonst thun müssen, 1868

Text 99:

eingegangen den 25. V. 1868
An den H. Verfassungsrath des Kantons Zürich
    In diesen Tagen darf das ganze zürcherische Volk seine Wünsche kundgeben u. vertrauensvoll sich in seinen Begehren an Sie wenden.
    So möge diese Stimme im Nahmen vieler vieler 1000 offne Ohren und Herzen finden, um eine schreyende Ungerechtigkeit gut zu machen. Die Gerechtigkeit verlangt ein Gesetz das heisst der Frau soll vom errungenen Gute die Hälfte gehören. Besprechen und bedenken Sie wohlweise Herren dieses wohl u. sehen und hören Sie nur in Ihren nächsten Kreisen, ob irgendwo es vorwärts gegangen ist, ohne dass die Frau mitgeholfen hat. Es heisst ja doch, jeder Arbeiter ist seines Lohnes werth: Warum soll allein die Frau Ihr ganzes Leben verdammt sein, für Andre zu arbeiten um dass sich dieselben recht wohl sein lassen können. (…) Sie werden sagen, die Frau bekommt bekommt den 6ten Theil, aber ist das ein Verhältnis? Sie hat vielleicht 10–20–30 Jahre gearbeitet, gespart, sich Alles wo es nicht durchaus zum Nothwendigsten gehörte entzogen, die Männer mussten unter diesen Entsagungen nichts entbehren, dann soll Sie doch wissen, was ich erspart u. erarbeitet habe, sollen doch die Hälfte davon meine Verwandten haben oder ich kann, wenn mein Herz gerne helfen möchte – es hat so viele Orte wo man Erspartes gut brauchen kann – das was ich mir selbst abgedarbt habe, hingeben, so ich einen besseren Erfolg sehe, als in Lustbarkeiten aller Arten aufgehen zu lassen.
    Glauben Sie mir hochgeehrte Herren, es hat auch seinen bleibenden Nutzen für den ganzen Kanton: wie viele Frauen, wenn sie wüssten, wenn etwas erspart wird, so gehört uns auch die Hälfte davon. Manche würden viel überflüssigen Luxus wegthun, wenn nicht so unbewusst der Gedanke in ihnen lebte, ich will geniessen, was ich kann.

Sie würde mehr arbeiten, weniger dem Vergnügen nachgehen.

Eine arbeitsame, fleissige, sparsame Frau erzieht auch arbeitsame, fleissige und sparsame Kinder. Wenn ich Zeit hätte, ich wollte Ihnen hochmeynende Herren Bilder vorführen. (...) Im Kanton Aargau erbt die Frau immer die Hälfte, so auch gegenseitig. Dass aber das vererbte Vermögen wieder dahin kommt, wo es hergekommen, finde ich billig. Auch im Badischen bekommt die Frau die Hälfte vom Erworbenen.

Gerne würde ich dieses recht beschreiben u. noch so Vieles beyfügen, aber meine Hände haben keine Zeit.

Wenn ich auch keinen Nutzen mehr von diesem Gesetz, wenn es zu Stande kommt haben werde, so will ich gern unter diesem Unrecht gelitten haben, wann meine nachfolgenden Schwestern, das was ich durch dieses Unrecht gelitten u. leide, nicht mehr durchkämpfen müssen.

Es liesse sich so viel über dieses sagen u. Bücher wollte ich darüber schreiben können, doch ich hoffe, der hohe Verfassungsrath werde das Wahre finden, auch ohne noch weiter ausgeführte Auseinandersetzung u. Beyspiele anführen zu müssen, wie denn eine Menge bey der Hand wäre.

Möge jeder von den H. Herren sein Inneres fragen, was recht und billig ist.

Dieses wünscht im Nahmen vieler Vieler Frauen, die Sklavendienste umsonst thun müssen, dass Ihnen Gerechtigkeit werde.

Eine Für Alle

P.

Wenn Sie es zu viel finden Für Alle, so doch gewiss für diejenigen, die mit im Geschäft gearbeitet haben.

Quellenangabe:

Bei der Kanzlei des Verfassungrathes eingegangene Vorschläge betreffend die Verfassungsrevision, Nr. 100.
Standort: Staatsarchiv Zürich, Signatur: B X 188.3 Fasc. c.

Kommentar:

Die Zuordnung des Hauses und der Familie zum Bereich des Privaten führt zur Aufteilung in Staats- und Privatrecht. Im Bereich der privatrechtlichen Vorstellungen zeigen sich kaum Unterschiede zwischen konservativen und liberalen Politikern. Die vom führenden Kopf der Liberal-Radikalen, Friedrich Ludwig Keller (1799–1860), in einem Entwurf von 1835 festgeschriebene Unmündigkeit der Frau im ehelichen Güterrecht prägt auch das vom liberal-konservativen Johann Caspar Bluntschli (1808–1881) entworfene, ab 1856 gültige Privatgesetzbuch. Da der Mann von Rechts wegen der eheliche Vormund der Frau ist, kann er auch über ihr Vermögen verfügen und ist bevorzugt erbberechtigt. Im privaten Bereich haben die liberalen Freiheits- und Gleichheitsprinzipien keine Gültigkeit. Gegen diese Ungerechtigkeit wehren sich die Frauen und verweisen auf ihre Arbeitsleistung beim Erwerb des gemeinsamen Vermögens.

Titel: Frauenfelder Programm vom 28. Februar 1868

Text 100:

I. Politische Rechte

1. *Vorschlagsrecht des Volkes.* Sobald der vierte Teil der Stimmberechtigten die Erlassung oder Abänderung eines Gesetzes oder einen die Landesverwaltung betreffenden Beschluss verlangt, so hat der Grosse Rat den Vorschlag in Beratung zu ziehen und entweder einen entsprechenden Entscheid zu fassen oder aber in ablehnendem Falle, die angeregte Frage der endgültigen Volksabstimmung zu unterbreiten.

2. *Einführung des Referendums,* d. h. Abstimmung über alle vom Grossen Rate vorberatenen Gesetze in den Munizipalgemeinden – eventuell Beibehaltung des Vetos in zweckmässigerer Form.

3. *Abberufung des Grossen Rates.* Sobald die Mehrheit der Stimmberechtigten die Abberufung des Grossen Rates verlangt, so ist sofort eine neue Wahl desselben anzuordnen. Gleichzeitig tritt eine Gesamterneuerung aller übrigen Kantonalbehörden ein.

4. *Unbedingtes Wahlrecht.* Alle Aktivbürger, ohne Rücksicht auf Konfession, Alter und Beruf sind wählbar.

5. *Zusatz zu § 8 der Verfassung.* Die Anwendung von Zwangsmitteln zur Abnötigung von Geständnissen soll als Amtsmissbrauch bestraft werden.

6. *Ueberweisung* an den Strafrichter oder Niederschlagung von Strafuntersuchungen soll nicht in der Kompetenz eines Einzelnen liegen, sondern durch ein Kollegium beschlossen werden.

7. *Glaubensfreiheit.* Die Glaubensfreiheit ist unverletzlich. Um des Glaubensbekenntnisses willen darf niemand an den bürgerlichen oder politischen Rechten beschränkt werden. Die freie Ausübung des Gottesdienstes ist der reformierten und katholischen Konfession, sowie innerhalb der Schranken der Sittlichkeit und öffentlichen Ordnung auch jeder andern Religionsgenossenschaft gewährleistet.
Die Konfessionen organisieren sich für die Besorgung der kirchlichen Angelegenheiten und Verwaltung ihrer Fonds selbständig unter der Sanktion des Grossen Rates. Streichung des § 9. (Plazetum) und des § 9. (Garantie des katholischen Ehedogmas).

8. *Wehrpflicht.* Jeder Kantonsbürger und jeder im Kantone niedergelassene Schweizerbürger ist wehrpflichtig. Dienstbefreiung kann nur nach gesetzlicher Bestimmung stattfinden.
Die vom Dienst befreiten haben für die Dauer der Befreiung nach Verhältnis ihres Vermögens und Einkommens die Militärsteuer zu entrichten.
In Beziehung auf die Kosten der militärischen Bewaffnung, Ausrüstung und Bekleidung, soweit letztere nicht gleichzeitig zum Zivilgebrauch verwendbar ist, soll eine wesentliche Erleichterung für die Wehrpflichtigen eintreten, in der Weise, dass für die Unbemittelten der Staat sämtliche Kosten zu übernehmen hat, dagegen bezüglich der übrigen Milizpflichtigen der Gesetzgebung anheimgestellt bleibe, einen billigen Beitrag festzusetzen, der jedenfalls den Dritteil der Gesamtausrüstungskosten nicht übersteigen darf.

II. Organisatorisches

9. Mit den Stellen eines Regierungsrates, der drei ersten Mitglieder des Obergerichtes und des Staatsanwaltes ist die Besorgung einer andern kantonalen Beamtung oder eines Berufs unvereinbar.

10. Alle Beamten, Lehrer und Geistliche inbegriffen, unterliegen einer periodischen Erneuerungswahl.

11. Für die Wahlen der eidgenössischen, kantonalen, Bezirks- und Kreisbeamten werden Wahlbüros in den Munizipalstädten eingerichtet. Das nähere bestimmt das Gesetz.

12. Die *Wahl* in den Grossen Rat findet nach Bezirken in der Weise statt, dass für jeden Kreis zum voraus ein Vertreter und die übrigen nach freier Wahl in den Munizipalgemeinden gewählt werden.

13. Der Regierungsrat besteht aus fünf Mitgliedern; dessen Kanzlei wird durch einen Staatsschreiber besorgt. Mehr als zwei Mitglieder des Regierungsrates können nicht gleichzeitig Mitglieder der Bundesversammlung sein.

14. Abschaffung des *Erziehungsrates* und des *Sanitätsrates* und Uebertragung ihrer Amtsfunktionen an den Regierungsrat, beziehungsweise an die Bezirksräte (Prüfung der Schulrechnungen). Auch soll auf Einführung einer *Schulsynode* behufs Vorberatung oder Beschlussfassung in pädagogischen Fragen Bedacht genommen werden.

15. *Unmittelbare Volkswahl* für die Bezirksstatthalter, Gerichtspräsidenten und Mitglieder des Bezirksgerichts in den Munizipalgemeinden.

III. Soziales

16. *Klöster* dürfen weder fortbestehen, noch neu errichtet werden. Der *Ertrag* des Vermögens von St. Katharinenthal soll vorherrschend Armenzwecken zugewendet werden.

17. Die Verhältnisse zwischen Arbeitern und Arbeitgebern werden, soweit sie durch staatliche Kompetenzen erreichbar sind, in eine den Grundsätzen der Humanität und der Gerechtigkeit entsprechenden Weise durch die Gesetzgebung geregelt (Fabrikgesetz und Gemeindeordnung).

18. Das Vermögen des noch bestehenden Klosters und die Kapitalien des Staates, welche auf Aktien angelegt sind, sollen sobald als möglich flüssig gemacht und

    a) entweder der bestehenden Hypothekarbank überliefert werden, unter der Bedingung, dass sie die von der Landwirtschaft und den Gewerben benötigten Kapitalien zu möglichst billigem Zinsfuss und mit Beseitigung der Provisionen zu beschaffen habe und in diesem Sinne eine Umgestaltung der Statuten eintreten lasse, oder, wenn eine solche Verständigung mit der Bank nicht erzielbar wäre, alsdann

    b) jene Kapitalien zur Gründung einer Kantonalbank behufs Lösung obiger Aufgabe verwendet werden, welcher Anstalt das ausschliessliche Recht der Notenemission unter Garantie des Staates zukäme und in den Bezirken nach Bedürfnis Filialen zu errichten hätte.

19. Gerechte Verteilung der Steuerlast in dem Sinn, dass bessere Ausmittlung des steuerpflichtigen Vermögens geschaffen, die Erbschaftssteuer erhöht, und dagegen die Besteuerung des Grundbesitzes und des Einkommens verhältnismässig erleichtert wird.

Quellennachweis:

Thurgauer Zeitung vom 1. März 1868, zit. nach Margarete Burkhart, Die Entstehung der thurgauischen Verfassung 1869, Diss. jur. Zürich 1958, S. 20–22.

Kommentar:

Die Verfassungsrevisionsbestrebungen im Kanton Zürich haben auch einen Widerhall im Thurgau und führen zu Diskussionen in der Presse. Während der Abstimmungskampagne über die Totalrevision der Zürcher Verfassung formiert sich in Frauenfeld ein Komitee zur Anbahnung einer Verfassungsrevision. Am Freitag, den 28. Februar 1868, findet in Frauenfeld eine von achtzig Teilnehmern besuchte Revisionsversammlung statt. Das von der Kommission vorgelegte Programm, das 19 Punkte umfasst, wird beraten und gebilligt. Bemerkenswert sind die Forderungen nach einem Gesetzesreferendum und einem Initiativrecht des Volkes. Zudem wird das Recht zur Abberufung des Regierungsrats verlangt.

Titel: *Ergänzungen zum Frauenfelder Programm des lokalen Komitees von Kreuzlingen, 1868*

Text 101:

ad 2: Auch Grossratsbeschlüsse von grösserer finanzieller Tragweite werden dem Referendum unterstellt.

ad 3: Das Abberufungsrecht soll auch gegenüber dem Regierungsrate gelten, doch soll nur bei Abberufung des Grossen Rates eine Gesamterneuerung der Kantonsbehörden stattfinden.

ad 7: Einführung von Zivilstandsregistern. Solange das Armenwesen konfessionell getrennt ist, soll das Verhältnis der Konfessionen zum Armenwesen gesetzlich geregelt werden.

ad 8: Ausser dem Pferde, dem Reitzeug und den Zivilgegenständen soll der Staat allen Wehrmännern die Ausrüstung liefern.

    unter II: Der Staatshaushalt soll dadurch vereinfacht werden, dass alle überflüssigen Beamtungen, vor allem die Mittelbehörden, abgeschafft und das Kommissions-, Sporteln- und Taggeldunwesen, soweit es der Staat bezahlt, beseitigt werden.

    statt 10: Erleichterte Abberufung der Lehrer durch die Gemeinden.

ad 13: Regierungsräte können nicht gleichzeitig Mitglieder des Grossen Rates sein; der Staatsschreiber wirkt als Supplant für einen abwesenden Regierungsrat.

    Ziff. 14 gestrichen

    Neu: Grössere Selbständigkeit der Gemeinden.

Quellennachweis:

Zit. nach Margarete Burkhart, Die Entstehung der thurgauischen Verfassung 1869, Diss. jur. Zürich 1958, S. 25.

Kommentar:

Das in eine übersichtliche und knappe Form gebrachte Frauenfelder Programm bietet die Diskussionsgrundlage für öffentliche Versammlungen, die im März 1868 stattfinden. In der Versammlung in Kreuzlingen sind über 300 Männer anwesend. Die Teilnehmer haben Gelegenheit, sich zum Programm zu äussern und Ergänzungen anzubringen. Interessant sind die Ergänzungen, die eine ebenfalls in Kreuzlingen stattfindende Versammlung der Delegierten der verschiedenen lokalen Komitees anbringt. Das Abberufungsrecht wird auch auf den Regierungsrat ausgedehnt und im Anliegen nach Vereinfachung des Staatshaushalts kommt die Forderung nach einem wohlfeilen Staat zum Ausdruck.

12 Einführung des fakultativen Gesetzesreferendums in der revidierten Bundesverfassung von 1874

Titel: Revidierte Bundesverfassung von 1874 (Ausschnitt)

Text 102:

Art. 89 Für Bundesgesetze und Bundesbeschlüsse ist die Zustimmung beider Räthe erforderlich.

Bundesgesetze sowie allgemein verbindliche Bundesbeschlüsse, die nicht dringlicher Natur sind, sollen überdies dem Volke zur Annahme oder Verwerfung vorgelegt werden, wenn es von 30 000 stimmberechtigten Schweizer Bürgern in 8 Kantonen verlangt wird.

Dritter Abschnitt: Revision der Bundesverfassung

Art. 118 Die Bundesverfassung kann jederzeit ganz oder teilweise revidiert werden.

Art. 119 Die Revision geschieht auf dem Wege der Bundesgesetzgebung.

Art. 120 Wenn eine Abteilung der Bundesversammlung die Revision beschliesst und die andere nicht zustimmt, oder wenn fünfzigtausend stimmberechtige Schweizer Bürger die Revision der Bundesverfassung verlangen, so muss im einen wie im andern Falle die Frage ob eine solche stattfinden soll oder nicht, dem schweizerischen Volke zur Abstimmung vorgelegt werden.

Sofern in einem dieser Fälle die Mehrheit der stimmenden Schweizer Bürger über die Frage sich bejahend ausspricht, so sind beide Räthe neu zu wählen, um die Revision an die Hand zu nehmen.

Am 29. Juli 1891 wurde der Artikel 121 eingefügt.

Art. 121 Die Partialrevision kann sowohl auf dem Wege der Volksanregung (Initiatiative) als der Bundesgesetzgebung vorgenommen werden.

Die Volksanregung umfasst das von fünfzigtausend stimmberechtigten Schweizer Bürgern gestellte Begehren auf Erlass, Aufhebung oder Abänderung bestimmter Artikel der Bundesverfassung.

Wenn auf dem Wege der Volksanregung mehrere verschiedene Materialien zur Revision oder zur Aufnahme in die Bundesverfassung vorgeschlagen werden, so hat jede derselben den Gegenstand eines besonderen Initiativbegehrens zu bilden.

Die Initiativbegehren können in der Form der allgemeinen Anregung oder des ausgearbeiteten Entwurfs gestellt werden.

Wenn ein solches Begehren in Form der allgemeinen Anregung gestellt wird und die eidgenössischen Räte mit demselben einverstanden sind, so haben sie die Partialrevision im Sinne der Initianten auszuarbeiten und dieselbe dem Volke und den Ständen zur Annahme oder Verwerfung vorzulegen. Stimmen die eidgenössischen Räthe dem

Begehren nicht zu, so ist die Frage der Partialrevision dem Volke zur Abstimmung zu unterbreiten und, sofern die Mehrheit der stimmenden Schweizer Bürger sich bejahend ausspricht, die Revision von der Bundesversammlung im Sinne des Volksbeschlusses an die Hand zu nehmen.

Wird das Begehren in Form eines ausgearbeiteten Entwurfs gestellt und stimmt die Bundesversammlung demselben zu, so ist der Entwurf dem Volke und den Ständen zur Annahme oder Verwerfung vorzulegen. Im Falle der Nichtzustimmung kann die Bundesversammlung einen eigenen Entwurf ausarbeiten oder die Verwerfung des Vorschlages beantragen und ihren Entwurf oder Verwerfungsantrag gleichzeitig mit dem Initiativbegehren der Abstimmung des Volkes und der Stände unterbreiten.

Quellennachweis:

Quellenbuch zur Verfassungsgeschichte der Schweizerischen Eidgenossenschaft und der Kantone. Von den Anfängen bis zur Gegenwart, hrsg. von Hans Nabholz und Paul Kläui, Aarau 1947 (3), S. 326–355, bes. S. 345, 351 und 358 f. (Verfassungsänderung von 1891).

Kommentar:

Die Regelung des Gesetzesreferendums basiert auf dem gescheiterten Verfassungsentwurf von 1872. Weil die demokratische Bewegung in den Kantonen ab diesem Zeitpunkt weitere Fortschritte gemacht hat, kann dieses auch auf Bundesebene durchgesetzt werden. Allerdings ergeben sich noch drei Streitfragen: die Zahl der zur Auslösung berechtigten Kantone, die Unterschriftenzahl und die Frage der Zählung der Kantone bei der Volksabstimmung (Doppelreferendum). Die Zahl der zur Auslösung berechtigten Kantone wird auf acht festgesetzt. Dies wohl mit der Absicht, dass in Anbetracht der verschärften Kulturkampfstimmung den Sonderbundskantonen die Möglichkeit entzogen werden sollte, allein ein Referendum auszulösen. Die Unterschriftenzahl wird von anfänglich 50 000 auf 30 000 herabgesetzt. Das Doppelreferendum wird verworfen, um ein direktes, unverfälschtes Votum des Volkes zu gewährleisten. Mit der Einführung des fakultativen Referendums ist der Schritt von der repräsentativen zur halbdirekten Demokratie vollzogen. Ein weiterer Schritt ist dann die Einführung der Initiative (Volksanregung) bei der Partialrevision der Bundesverfassung vom 29. Juli 1891.

Der Knabe überreicht Wilhelm Tell den Apfel am Pfeil. Diese Tell-Darstellung
ist auf den amtlichen Schreiben der helvetischen Behörden zu finden.

Bild 2: Wilhelm Tell (Tuschzeichnung und Aquarell). Johann-Georg
Volmar (1769–1831) zugeschrieben (Lausanne, Musée historique)

*Tell hält ein Liktorenbündel (Faszes) im Arm. Das aus dem Bündel herausragende Beil
ist gekrönt vom Hut Gesslers, dem Symbol der Befreiung von den Unterdrückern. Zu Füssen
des Helden liegen ein zerbrochenes Joch, eine Krone und eine Peitsche, Elemente zur Symboli-
sierung der wiedererlangten Freiheit. Die vom Künstler verwendeten Farben (Grün,
Rot, Gelb) sind die Farben der Flagge der Helvetischen Republik.*

III. Auswahlbibliografie

Geschichte der Volksrechte und spezifische Ausprägungen (Allgemein)

Adler Benjamin, Die Entstehung der direkten Demokratie. Das Beispiel der Landsgemeinde Schwyz 1789–1866. Zürich 2006.

Arlettaz Gérald (Hg.), Die Erfindung der Demokratie in der Schweiz. L'invention de la démocratie en Suisse, Zürich 2004 (Studien und Quellen 30: Zeitschrift des Schweizerischen Bundesarchivs).

Auer Andreas, Les origines de la démocratie directe en Suisse / Die Ursprünge der schweizerischen direkten Demokratie, Basel, Frankfurt a.M. 1996.

Curti Theodor, Die Schweizerischen Volksrechte 1848–1900. Bern 1900.

Curti Theodor, Referendum und Initiative, in: Handbuch der Schweizerischen Volkswirtschaft, Sozialpolitik und Verwaltung, hgg. v. N.C. Reichesberg, Bern 1901–1911, S. 438 ff.

Gasser Adolf, Geschichte der Volksfreiheit und Demokratie, Aarau 1939.

Dietschi Urs, Das Volksveto in der Schweiz. Ein Beitrag zur Geschichte der Volksgesetzgebung, Olten 1926.

Fleiner Fritz, Entstehung und Wandlung moderner Staatstheorien in der Schweiz, in: Ders., Ausgewählte Schriften und Reden, Zürich 1941, S. 163–180.

Graber Rolf, Forschungsprojekt: „Die demokratische Bewegung in der Schweiz von der Spätaufklärung bis zur Revolution 1847 / 48. Eine kommentierte Quellenauswahl", in: Aufklärung, Vormärz, Revolution. Jahrbuch der „Internationalen Forschungsstelle Demokratische Bewegungen in Mitteleuropa von 1770–1850", Bd. 22 / 23 / 24 / 25 (2002–2005), S. 89–95.

Graber Rolf (Hg.), Demokratisierungsprozesse in der Schweiz im späten 18. und 19. Jahrhundert, Frankfurt a.M., Berlin, Bern, Bruxelles, New York, Oxford, Wien 2008 (Schriftenreihe der Internationalen Forschungsstelle „Demokratische Bewegungen in Mitteleuropa 1770–1850", Bd. 40).

Graber Rolf, „Kämpfe um Anerkennung": Bemerkungen zur neueren Demokratieforschung in der Schweiz, in: Ders. (Hg.) Demokratisierungsprozesse in der Schweiz im späten 18. und 19. Jahrhundert, Frankfurt a.M., Berlin, Bern, Bruxelles, New York, Oxford, Wien 2008 (Schriftenreihe der Internationalen Forschungsstelle „Demokratische Bewegungen in Mitteleuropa 1770–1850", Bd. 40), S. 9–20.

Graber Rolf, Zur Bedeutung der Revolutionen von 1798 (Helvetische Revolution) und 1847 / 48 (Bundesstaatsgründung) für die Ausgestaltung des politischen Systems der modernen Schweiz, in: Heiner Timmermann (Hg.), 1848: Revolution in Europa. Verlauf, politische Programme, Folgen und Wirkungen, Berlin 1999 (Dokumente und Schriften der Europäischen Akademie Otzenhausen, Bd. 87), S. 391–414.

Kölz Alfred, Die Wurzeln der schweizerischen direkten Demokratie in der französischen und amerikanischen Revolution, in: Ders., Der Weg der Schweiz zum modernen Bundesstaat 1789–1798 – 1848, Zürich 1998, S. 37–46.

Kölz Alfred, Neuere Schweizerische Verfassungsgeschichte. Ihre Grundlinien vom Ende der Alten Eidgenossenschaft bis 1848, Bern 1992.

Kutter Markus, Doch dann regiert das Volk. Ein Schweizer Beitrag zur direkten Demokratie, Zürich 1996.

Lang Josef, Die beiden Katholizismen und die Krux der Schweizer Demokratie, in: Gérald Arlettaz (Hg.), Die Erfindung der Demokratie in der Schweiz, Zürich 2004 (Studien und Quellen 30: Zeitschrift des Schweizerischen Bundesarchivs), S. 45–73.

Lerner Marc H., A Laboratory of Liberty. The Transformation of Political Culture in Republican Switzerland, 1750–1848, Leiden 2012 (Studies in Central European Histories, 54).

Lerner Marc H., Priviliged Communities or Equal Individuals. The political Culture of Freiheit and Liberté in the Swiss Public Arena, 1798–1847, Ann Arbor 2003.

Neidhart Leonhard, Plebiszit und pluralitäre Demokratie. Eine Analyse der Funktion des schweizerischen Gesetzesreferendums, Bern 1970 (Hevetia Politica, Series B, Vol V).

Schaffner Martin, „Direkte" oder „indirekte" Demokratie? Konflikte und Auseinandersetzungen 1830–1848, in: Andreas Ernst, Albert Tanner, Mathias Weishaupt (Hg.), Revolution und Innovation. Die konfliktreiche Entstehung des schweizerischen Bundesstaates von 1848, Zürich 1998 (Die Schweiz 1798–1998: Staat – Gesellschaft – Politik, Bd. 1), S. 271–277.

Schaffner Martin, Direkte Demokratie. „Alles für das Volk – alles durch das Volk", in: Manfred Hettling u. a. (Hg.), Eine kleine Geschichte der Schweiz. Der Bundesstaat und seine Traditionen, Frankfurt a. M. 1998, S. 189–226.

Schefold Dian, Volkssouveränität und repräsentative Demokratie in der schweizerischen Regeneration 1830–1848, Diss. Basel, Basel u. Stuttgart 1966 (Basler Studien zur Rechtswissenschaft, Heft 76).

Roca René, „Alte" und „neue" Gemeindefreiheit als Fundament. Die historischen Wurzeln der schweizerischen direkten Demokratie, in: Schweizerische Zeitschrift für Geschichte, Nr. 56 (2006), S. 187–198.

Roca René, Auer Andreas (Hg.), Wege zur direkten Demokratie in den schweizerischen Kantonen, Zürich, Basel, Genf 2011 (Schriften zur Demokratieforschung, 3).

Suter Andreas, Direkte Demokratie – historische Reflexionen zu einer aktuellen Debatte, in: Benjamin Adler, Die Entstehung der direkten Demokratie. Das Beispiel der Landsgemeinde Schwyz 1789–1866, Diss. Zürich 2006, S. 217–278.

Suter Andreas, Genese der direkten Demokratie – Aktuelle Debatte und wissenschaftliche Ergebnisse, Referat an der Tagung „Wege zur direkten Demokratie in den Schweizerischen Kantonen" vom 9. / 10. September 2010 im Kultur- und Kongresshaus Aarau, erscheint in: Schweizerische Zeitschrift für Geschichte, Herbst 2012, Frühjahr 2013.

Suter Andreas, Vormoderne und moderne Demokratie in der Schweiz, in: Zeitschrift für Historische Forschung, Bd. 31, Berlin 2004, S. 231–254.

III. Auswahlbibliografie

Vatter Adrian, Kantonale Demokratien im Vergleich. Entstehungsgründe, Interaktionen und
Wirkungen politischer Institutionen in den Schweizer Kantonen. Mit einem Vorwort
von Arend Lijphart, Opladen 2002 (Forschungen zur Politikwissenschaft, Bd. 159).
Vogt Gustav, Referendum, Veto und Initiative in den neueren schweizerischen Kantonsver-
fassungen. Zeitschrift für gesamte Staatswissenschaft 29 (1873).
Wickli Bruno, Politische Kultur und die „reine Demokratie". Verfassungskämpfe und ländliche
Volksbewegungen im Kanton St. Gallen 2006 (St. Galler Kultur und Geschichte, 35).

Vormoderne Demokratie: Gemeindefreiheit, Landsgemeinde

Blickle Peter, „Kommunalismus, Parlamentarismus, Republikanismus", in: Historische Zeit-
schrift, 242, 1986, S. 529–556.
Blickle Peter, Kommunalismus und Republikanismus in Oberdeutschland, in: Helmut Koe-
nigsberger (Hg.), Republiken und Republikanismus im Europa der Frühen Neuzeit,
München 1988 (Schriften des Historischen Kollegs, Kolloquien, Bd. 11), S. 57–75.
Blickle Peter, Friede und Verfassung. Voraussetzungen und Folgen der Eidgenossenschaft
von 1291, in: Innerschweiz und frühe Eidgenossenschaft, Bd. 1, Olten 1990. S. 93–111.
Blickle Peter, Kommunalismus: Skizzen einer gesellschaftlichen Organisationsform, 2 Bde.,
München 2000.
Blumer Johann Jakob, Staats- und Rechtsgeschichte der schweizerischen Demokratien oder
der Kantone Uri, Schwyz, Unterwalden, Glarus, Zug und Appenzell, 2 Bände, St. Gal-
len 1850 und 1859.
Brändle Fabian, Demokratie und Charisma. Fünf Landsgemeindekonflikte im 18. Jahrhun-
dert, Diss. Zürich 2005.
Brändle Fabian, Der demokratische Bodin. Joseph Anton Stadler: Wirt, Demokrat, Hexen-
jäger, in: Schweizerische Zeitschrift für Geschichte 58 (2008), S. 127–146.
Brändle Fabian, Der Sutter-Handel in Appenzell Innerrhoden. Kontinuitäten vom Ancien
Régime in die 1830er Jahre, in: Rolf Graber (Hg.), Demokratisierungsprozesse in der
Schweiz im späten 18. und 19. Jahrhundert, Frankfurt a. M., Berlin, Bern, Bruxelles,
New York, Oxford, Wien 2008 (Schriftenreihe der Internationalen Forschungsstel-
le „Demokratische Bewegungen in Mitteleuropa 1770–1850", Bd. 40), S. 21–33.
Brändle Fabian, Die gottgewollte Demokratie: Sakrale Politik in den katholischen Landsge-
meindeorten 1500–1798, in: Schweizerische Zeitschrift für Religions- und Kulturge-
schichte, 105. Jhrg. (2011), S. 435–472.
Bundi Martin, Rathgeb Christian, Die Staatsverfassung Graubündens. Zur Entwicklung der
Verfassung im Freistaat der Drei Bünde und im Kanton Graubünden, Chur, Zürich
2003.
Gasser Adolf, Gemeindefreiheit als Rettung Europas. Grundstein einer ethischen Ge-
schichtsauffassung, zweite, stark erweiterte Auflage, Basel 1947.
Head Randolph C., Demokratie im frühneuzeitlichen Graubünden. Gesellschaftsordnung,
politische Sprache in einem alpinen Staatswesen, 1470–1620, Zürich 2001.

Liver Peter, Die staatliche Entwicklung im alten Graubünden, in: Zeitschrift für Schweizerische Geschichte, 13. Jg., Heft 2, 1933, S. 206–245.

Kälin Urs, Die Urner Magistratsfamilien. Herrschaft, ökonomische Lage und Lebensstil einer ländlichen Oberschicht, 1700–1850, Diss. Zürich 1991.

Mathieu Jon, Stauffacher Hansruedi, Alpine Gemeindedemokratie oder aristokratische Herrschaft? Eine Gegenüberstellung zweier schweizerischer Regionen im Ancien Régime, in: Itinera 5 / 6 (1986), S. 320–360.

Meyer Bruno, Freiheit und Unfreiheit in der alten Eidgenossenschaft, in: Theodor Mayer (Hg.), Das Problem der Freiheit in der deutschen und schweizerischen Geschichte. Mainauvorträge 1953, Konstanz u. Lindau 1963 (Vorträge und Forschungen hgg. vom Institut für Landesforschung des Bodenseegebietes Konstanz, Bd. 2), S. 123–158.

Möckli Silvano, Die schweizerischen Landsgemeinde-Demokratien, in: Staat und Politik, 34, S. 65–79.

Muralt von Leonhard, Alte und neue Freiheit in der helvetischen Revolution, in: Der Historiker und die Geschichte. Ausgewählte Aufsätze und Vorträge. Festgabe für Leonhard von Muralt, Zürich 1960, S. 147–160.

Peyer Hans Conrad, Verfassungsgeschichte der alten Schweiz, Zürich 1978.

Ryffel Heinrich, Die schweizerischen Landsgemeinden, Zürich 1903.

Schnüringer Xaver, Die Schwyzer Landsgemeinde, Diss. Bern 1905 / 06.

Schnyder Caroline, Reformation und Demokratie im Kanton Wallis (1524–1613), Mainz 2002.

Stauffacher Hans Rudolf, Herrschaft und Landsgemeinde. Die Machtelite in Evangelisch-Glarus vor und nach der Helvetischen Revolution, Diss. Zürich, Glarus 1989.

Suter Andreas, Demokratie: Demokratien in Spätmittelalter und früher Neuzeit, in: Historisches Lexikon der Schweiz, Bd. 3, S. 632–634.

Wiget Josef, Zwei Beiträge zur Landsgemeinde in der Schweiz, in: Forschungen zur Rechtsarchäologie und Rechtlichen Volkskunde, hg. v. Louis Carlen, Bd. 21 (2004), S. 9–39.

Vormoderne Demokratie: Republik, Republikanismus

Blickle Peter, Kommunalismus und Republikanismus in Oberdeutschland, in: Helmut G. Koenigsberger (Hg.), Republiken und Republikanismus im Europa der Frühen Neuzeit, München 1988 (Schriften des Historischen Kollegs. Kolloquien, Bd. 11), S. 57–75.

Graber Rolf, Bürgerliche Öffentlichkeit und spätabsolutistischer Staat. Sozietätenbewegung und Konfliktkonjunktur in Zürich 1746–1780, Zürich 1993.

Graber Rolf, Gab es Ansätze zu einem aufgeklärt-absolutistischen Regierungsstil in Schweizer Städteorten? in: Helmut Reinalter, Harm Klueting (Hg.), Der aufgeklärte Absolutismus im europäischen Vergleich, Wien, Köln, Weimar 2002, S. 55–68.

Holenstein André, Republikanismus in der alten Eidgenossenschaft, in: Peter Blickle, Rupert Moser (Hg.), Traditionen der Republik, Wege zur Demokratie, Bern, Berlin,

Frankfurt a. M., New York, Paris, Wien 1999 (Collegium Generale Universität Bern: Kulturhistorische Vorlesungen 1997 / 1998) S. 103–144.

Holenstein André, Maissen Thomas, Prak Maarten (eds.), The Republican Alternative. The Netherlands and Switzerland compared, Amsterdam 2008.

Im Hof Ulrich, Das kaufmännische Zürich und das patrizische Bern. Die zwei führenden Stadtrepubliken der Schweiz, in: Gotthardt Frühsorge, Harm Klueting, Franklin Kopitzsch (Hg.), Stadt und Bürger im 18. Jahrhundert, Marburg 1993 (Das achtzehnte Jahrhundert, Supplementa, Bd. 2), S. 110–125.

Im Hof Ulrich, Mythos Schweiz. Identität, Nation, Geschichte 1291–1991, Zürich 1991.

Im Hof Ulrich, Stadt und gesellschaftliche Kultur im 18. Jahrhundert: Das Beispiel der schweizerischen Republiken, in: Stadt in der Geschichte, 11 (1983), S. 85–97.

Koenigsberger Helmut G. (Hg.), Republiken und Republikanismus im Europa der Frühen Neuzeit, München 1988 (Schriften des Historischen Kollegs, Kolloquien, Bd. 11).

Mager Wolfgang, Republik, in: Geschichtliche Grundbegriffe. Historisches Lexikon zur politisch sozialen Sprache in Deutschland, Bd. 5, hgg. v. Otto Brunner, Werner Conze und Reinhart Koselleck, Stuttgart 1984, S. 549–651.

Lerner Marc H., Radical Elements and Atempted Revolutions in Late 18th-century Republics, in: André Holenstein, Thomas Maissen, Maarten Prak (eds.), The Republican Alternative. The Netherlands and Switzerland compared, Amsterdam 2008, S. 301–320.

Maissen Thomas, Die Geburt der Republic. Staatsverständnis und Repräsentation in der frühneuzeitlichen Eidgenossenschaft, Göttingen 2006 (Historische Semantik 4).

Maissen Thomas, Eine „Absolute, Independente, Souveraine und zugleich auch Neutrale Republic". Die Genese eines republikanischen Selbstverständnisses in der Schweiz des 17. Jahrhunderts, in: Michael Böhler, Etienne Hofmann, Peter H. Reill, Simone Zurbuchen (Hg.), Republikanische Tugend. Ausbildung eines Schweizer Nationalbewusstseins und Erziehung eines neuen Bürgers. 16. Kolloquium der Schweizerischen Akademie der Geistes- und Sozialwissenschaften, Genève 2000 (Travaux sur la Suisse des Lumières 2), S. 129–150.

Maissen Thomas, Petrus Valkeniers republikanische Sendung. Die niederländische Prägung des neuzeitlichen schweizerischen Staatsverständnisses, in: Schweizerische Zeitschrift für Geschichte (1998), Nr. 48, S. 149–176.

Münkler Herfried, Die Idee der Tugend. Ein politischer Leitbegriff im vorrevolutionären Europa, in: Archiv für Kulturgeschichte, 73 Jg. (1991), S. 379–403.

Patry Eric, Das bedingungslose Grundeinkommen in der Schweiz. Eine republikanische Alternative, Bern, Stuttgart, Wien 2010 (St. Galler Beiträge zur Wirtschaftsethik, 45).

Pocock John G. A., Die andere Bürgergesellschaft. Zur Dialektik von Tugend und Korruption. Aus dem Englischen von K. Blocher, New York, Frankfurt a. M. 1993.

Pocock John G. A., The Machiavellian Moment. Florentine Political Thought and the Atlantic Republican Tradition, Princeton 1975.

Reinalter Helmut (Hg.), Republikbegriff und Republiken seit dem 18. Jahrhundert im europäischen Vergleich. Internationales Symposium zum Österreichischen Millennium, Frankfurt a. M., Berlin, Bern, New York, Paris, Wien 1999 (Schriftenreihe der Internationalen Forschungsstelle „Demokratische Bewegungen in Mitteleuropa 1770–1850", Bd. 28).

Reinalter Helmut, Republik, in: Ders. (Hg.), Lexikon zu Demokratie und Liberalismus 1750–1848 / 49, Frankfurt a. M. 1993, S. 269–274.

Rogers Daniel F., Republicanism: the Career of a Concept, in: Journal of American History, Bd. 79, 1992, S. 11–38.

Tröhler Daniel, Die Vereinigten Niederlande und die Alte Eidgenossenschaft im 18. Jahrhundert. Der republikanische Tugenddiskurs in der Schweiz vor dem Hintergrund einer „commercial republic", in: Max Mangold, Jürgen Oelkers (Hg.), Demokratie, Bildung und Markt, Bern 2003, S. 175–205.

Tröhler Daniel, Kommerz und Patriotismus. Pestalozzis Weg vom politischen zum christlichen Republikanismus (1764–1780), in: Schweizerische Zeitschrift für Geschichte 50 (2000), S. 325–352.

Tröhler Daniel, Republikanismus und Pädagogik. Pestalozzi im historischen Kontext, Bad Heilbrunn 2006.

Weinmann Barbara, Eine andere Bürgergesellschaft. Klassischer Republikanismus und Kommunalismus im Kanton Zürich im späten 18. und 19. Jahrhundert, Göttingen 2002 (Kritische Studien zur Geschichtswissenschaft, Bd. 153).

Zückert H(elmut), Republikanismus in der Reichsstadt des 18. Jahrhunderts, in: Aufklärung 4 / 2 (1991), S. 53–74.

Zurbuchen Simone, Patriotismus und Nation. Der schweizerische Republikanismus des 18. Jahrhunderts, in: Dies., Patriotismus und Kosmopolitismus. Die Schweizer Aufklärung zwischen Tradition und Moderne, Zürich 2003, S. 71–97.

Einfluss der Französischen Revolution, Helvetik

Boeglin Markus Christoph, Entstehung und Grundzüge der ersten Helvetischen Verfassung, Basel 1971.

Böning Holger, Der Traum von Freiheit und Gleichheit. Helvetische Revolution und Republik (1798–1803). Die Schweiz auf dem Weg zur bürgerlichen Demokratie, Zürich 1998.

Böning Holger, Die Einbeziehung des „Volkes" in die öffentliche Kommunikation am Ende des 18. Jahrhunderts, in: Kurt Imhof u. Peter Schulz (Hg.), Kommunikation und Revolution, Zürich 1998 (Reihe „Mediensymposium Luzern", Bd. 3), S. 35–45.

Böning Holger, Patriotismus und nationale Identität in der Schweiz, in: Otto Dann, Miroslav Hroch, Johannes Koll (Hg.), Patriotismus und Nationsbildung am Ende des Heiligen Römischen Reiches, Köln 2003 (Kölner Beiträge zur Nationsforschung, Bd. 9), S. 317–343.

Böning Holger, Revolution in der Schweiz. Das Ende der alten Eidgenossenschaft. Die Helvetische Republik 1798–1803, Frankfurt a. M., Bern, New York 1985.

Boudebbouz-Saxer Karin, Demokratisierungs- und Reformbewegungen in Graubünden Ende des 18. Jahrhunderts, Lizenziatsarbeit Universität Zürich (masch.) 2009.

Brändli Sebastian, Baumschulen des kommenden Blätterwaldes. Zur Popularisierung der Presse und Politisierung in der Helvetik, in: Holger Böning (Hg.), Französische Revolution und deutsche Öffentlichkeit. Wandlungen in Presse und Alltagskultur am Ende des 18. Jahrhunderts, München, New York, Paris 1992 (Deutsche Presseforschung, Bd. 28), S. 297–308.

Braun Rudolf, Das ausgehende Ancien Régime in der Schweiz. Aufriss einer Sozial- und Wirtschaftsgeschichte des 18. Jahrhunderts, Göttingen, Zürich 1984.

Frei Daniel, Die Förderung des schweizerischen Nationalbewusstseins nach dem Zusammenbruch der Alten Eidgenossenschaft 1798, Zürich 1964.

Graber Rolf, „Ächte Sinnbilder von Berg-Wilden oder eigentlichste Schweizer Sansculottes". Protestbewegungen in napoleonischer Zeit als Wegbereiter einer anderen Moderne? in: Geschichte und Region / Storia e regione, 16. Jhrg., Heft 2: 1809 europäisch (2007), S. 15–31.

Graber Rolf, „Der verruchte, alles ekelhaftmachende Sansculottismus." Plebejische Protestbewegungen als Wegbereiter einer Fundamentaldemokratisierung, in: René Roca, Andreas Auer (Hrsg.), Wege zur direkten Demokratie in den schweizerischen Kantonen, Zürich, Basel, Genf 2011 (Schriften zur Demokratieforschung, 3), S. 247–263.

Graber Rolf, Die Einführung der Verfassung der Helvetischen Republik: Republikanismus der Eliten – Republikanismus des Volkes, in: Helmut Reinalter (Hg.), Republikbegriff und Republiken seit dem 18. Jahrhundert im europäischen Vergleich. Internationales Symposium zum Österreichischen Millennium, Frankfurt a.M., Berlin, Bern, New York, Paris, Wien 1999 (Schriftenreihe der Internationalen Forschungsstelle „Demokratische Bewegungen in Mitteleuropa 1770–1850", Bd. 28), S. 101–119.

Graber Rolf, Die Protestbewegungen zur Zeit der Helvetik und das Projekt der Moderne: zur ambivalenten Bedeutung der Helvetik für die Entstehung der modernen Schweiz, in: Helmut Reinalter, Anton Pelinka (Hg.), Die Französische Revolution und das Projekt der Moderne, Wien 2002 (Vergleichende Gesellschaftsgeschichte und politische Ideengeschichte der Neuzeit, Bd. 14), S. 73–88.

Graber Rolf, „Jakobinismus" und Rezeption der Französischen Revolution in der Schweiz, in: Helmut Reinalter (Hg.), Die Französische Revolution in Mitteleuropa und Italien, Frankfurt a.M., Bern, New York, Paris 1992 (Schriftenreihe der Internationalen Forschungsstelle „Demokratische Bewegungen in Mitteleuropa und Italien 1770–1850", Bd. 6), S. 151–162.

Graber Rolf, Zeit des Teilens. Volksbewegungen und Volksunruhen auf der Zürcher Landschaft 1794–1804, Zürich 2003.

Guggenbühl Christoph, Die Schweiz um 1800, in: Peter Brandt, Martin Kirsch, Arthur Schlegelmilch (Hg.), Handbuch der Europäischen Verfassungsgeschichte im 19. Jahrhundert. Institutionen und Rechtspraxis, Bd. 1: Um 1800, Bonn 2006, S. 473–545.

Guggenbühl Christoph, Zensur und Pressefreiheit. Kommunikationskontrolle in Zürich an der Wende zum 19. Jahrhundert, Zürich 1996.

Guzzi Sandro, Widerstand und Revolten gegen die Republik. Grundformen und Motive, in: Itinera 15: Helvetik – neue Ansätze (1993), S. 84–104.

Guzzi-Heeb Sandro, Logik des traditionalistischen Aufstandes. Revolten gegen die Helvetische Republik (1789–1803), in: Historische Anthropologie. Kultur – Gesellschaft – Alltag, 9. Jg., Heft 2 (2001), S. 233–253.

Hilty Carl, Öffentliche Vorlesungen über die Helvetik 1875–1877, Bern 1878.

His Eduard, Geschichte des neueren Schweizerischen Staatsrechts, Bd.1: Die Zeit der Helvetik und der Vermittlungsakte 1798 bis 1813, Basel 1920, Reprint Frankfurt a.M. 1968.

Hottinger Johann Jacob, Vorlesungen über die Geschichte des Untergangs der schweizerischen Eidgenossenschaft der dreizehn Orte und der Umbildung derselben in eine helvetische Republik, Zürich 1844.

Im Hof Ulrich, Wirkungen der Französischen Revolution auf die schweizerische Öffentlichkeit, in: Holger Böning (Hg.), Französische Revolution und deutsche Öffentlichkeit. Wandlungen in Presse und Alltagskultur am Ende des achtzehnten Jahrhunderts, München, London, New York, Paris 1992 (Deutsche Presseforschung, Bd. 28), S. 27–45.

Im Hof Ulrich, Wirkungen der Französischen Revolution. Die Entwicklung der Schweiz 1789 / 1798 als Paradigma, in: Helmut Reinalter (Hg.), Die Französische Revolution. Forschung – Geschichte – Wirkung. Frankfurt a.M., Bern, New York, Paris 1991, (Schriftenreihe der Internationalen Forschungsstelle „Demokratische Bewegungen in Mitteleuropa 1770–1850", Bd. 2), S. 143–155.

Kölz Alfred, Die Bedeutung der Französischen Revolution für das schweizerische öffentliche Recht und politische System, in: Ders., Der Weg der Schweiz zum modernen Bundesstaat 1789–1798 – 1848, Zürich 1798, S. 15–36.

Kölz Alfred, Die Bedeutung der Französischen Revolution, in: Andreas Auer (Hg.), Les origines de la démocratie directe en Suisse / Die Ursprünge der schweizerischen direkten Demokratie, Basel, Frankfurt a.M. 1996, S. 105–116.

Monnard Charles, Geschichte der Helvetischen Revolution: Bd. 1: Die Jahre 1798 bis 1800, Zürich 1849.

Oechsli Wilhelm, Geschichte der Schweiz im 19. Jahrhundert: Bd. 1: Die Schweiz unter französischem Protektorat 1798–1813, Leipzig 1913.

Rufer Alfred, Helvetische Republik (1798–1803), in: Historisch-biographisches Lexikon der Schweiz, Bd. 4, Neuenburg 1927, S. 142–178.

Rufer Alfred, La Suisse et la Revolution francaise, Recueil préparé par Jean-Réne Suratteau, Paris 1974 (Soc. des études robespierristes).

Schläppi Daniel (Hg.), Umbruch und Beständigkeit. Kontinuitäten in der Helvetischen Revolution von 1798, Basel 2009.

Simon Christian (Hg.), Widerstand und Proteste zur Zeit der Helvetik, Basel 1998 (Dossier Helvetik, IV).

Simon Christian (Hg.), Blicke auf die Helvetik, Basel 2000 (Dossier Helvetik V / VI).

Staehelin Andreas, Helvetik, in: Handbuch der Schweizer Geschichte, Bd. 2, Zürich 1977, S. 785–839.

Strickler Johannes, Die Helvetische Revolution mit Hervorhebung der Verfassungsfragen, Frauenfeld 1898.

Vogel Lukas, Gegen Herren, Ketzer und Franzosen. Der Menzinger „Hirtenhemmli"-Aufstand vom April 1799. Eine Fallstudie, Zürich 2004 (Clio Lucernensis 9).

Regeneration, Verfassungsrevisionsbewegungen 1839–1841, Bundesstaatsgründung

Andrey Georges, Auf der Suche nach dem neuen Staat (1798–1848), in: Geschichte der Schweiz und der Schweizer, Bd. 2, Basel, Frankfurt a. M. 1983, S. 177–287.

Argast Regula, Staatsbürgerschaft und Nation. Ausschließung und Integration in der Schweiz 1848–1933, Göttingen 2007 (Kritische Studien zur Geschichtswissenschaft, Bd. 174).

Arni Marco, Die katholische Opposition im aargauischen Verfassungsstreit 1839 bis 1841, Lizentiatsarbeit Universität Zürich (masch.), Baden, Zürich 2002.

Arni Marco, Die katholische Opposition im aargauischen Verfassungsstreit 1839 bis 1841: Eine Minderheit auf der Suche nach politischen Schutzmechanismen, in: René Roca, Andreas Auer (Hrsg.), Wege zur direkten Demokratie in den schweizerischen Kantonen, Zürich, Basel, Genf 2011 (Schriften zur Demokratieforschung, 3), S. 221–231.

Baumgartner Gallus Jakob, Die Schweiz in ihren Kämpfen und Umgestaltungen von 1830–1850, Bd. 1. Zürich, Stuttgart 1868.

Biaudet Jean Charles, Der modernen Schweiz entgegen, in: Handbuch der Schweizer Geschichte, Bd. 2, Zürich 1977, S. 918–970.

Bonjour Edgar, Die Gründung des Schweizerischen Bundesstaates, Basel 1948.

Borner Heidi, Kontinuität und Wandel. Zur Luzerner Politik des 19. Jahrhunderts, in: Aufbruch in die Gegenwart. Wirtschaftliche und gesellschaftliche Entwicklung im Kanton Luzern, 1798–1914, Luzern 1986.

Bucher Erwin, Die Bundesverfassung von 1848, in: Handbuch der Schweizer Geschichte, Bd. 2, Zürich 1977, S. 989–1014.

Bucher Erwin, Die Geschichte des Sonderbundskrieges, Zürich 1966.

Duft Johann, Die politischen Volksrechte in der st. gallischen Demokratie. Ihre Entwicklung seit der Entstehung des Kantons. Ein Stück Geschichte des kantonalen Verfassungsrechtes und der st. gallischen Politik, Diss. iur. Zürich, Winterthur 1910.

Dünki Robert, Verfassungsgeschichte und politische Entwicklung Zürichs 1814–1893, Zürich 1990 (Ein Beitrag des Stadtarchivs Zürich zum Gottfried-Keller-Jahr 1990).

Diethelm Ernst, Der Einfluss der Theorie der Volkssouveränität auf die eidgenössischen und kantonalen Verfassungen nach 1798, Diss. Zürich 1939.

Dietschi Urs, Das Volksveto in der Schweiz. Ein Beitrag zur Geschichte der Volksgesetzgebung, Olten 1926.

Feddersen Peter, Geschichte der Schweizerischen Regeneration von 1830–1848. Nach den besten Quellen bearbeitet, Zürich 1867.

His Eduard, Die Bedeutung der schweizerischen Regeneration von 1830/31, in: Zeitschrift für Schweizerische Geschichte, 11. Jg. (1931), S. 73–96.

Joris Elisabeth, Mündigkeit und Geschlecht. Die Liberalen und das „Recht der Weiber", in: Im Zeichen der Revolution. Der Weg zum schweizerischen Bundesstaat 1798–1848, Zürich 1997 (Eine Publikation der Volkshochschule des Kantons Zürich), S. 75–90.

Kästli Tobias, Die Schweiz – eine Republik in Europa. Geschichte des Nationalstaates seit 1798, Zürich 1998.

Kley Andreas, Artikel Bundesverfassung (BV), in: Historisches Lexikon der Schweiz, Bd. 3, hgg. v. der Stiftung Historisches Lexikon der Schweiz, HLS, Basel 2003, S. 27–35.

Kley Andreas, Das Uster-Memorial und der Ustertag, in: Commentationes Historiae Ivris Helveticae I, curantibus Felix Hafner, Andreas Kley, Victor Monnier, Bern 2006, S. 67–75.

Kölz Alfred, Der Verfassungsentwurf von Ludwig Snell als Quelle der Regenerationsverfassungen, in: Ders., Der Weg der Schweiz zum modernen Bundesstaat. Historische Abhandlungen, Zürich 1998, S. 171–179.

Kaiser Tino, Die Solothurner Verfassungsrevision von 1840 / 41, in: Zeitschrift für Schweizerische Geschichte, 20. Jg., Heft (1940), S. 392–473.

Lang Josef, Das Paradox der (Deutsch-) Schweizer Demokratie, in: René Roca, Andreas Auer (Hrsg.), Wege zur direkten Demokratie in den schweizerischen Kantonen, Zürich, Basel, Genf 2011 (Schriften zur Demokratieforschung, 3), S. 193–201.

Lang Josef, Die beiden Katholizismen und die Krux der Schweizer Demokratie, in: Gérald Arlettaz (Hg.), Die Erfindung der Demokratie in der Schweiz, Zürich 2004 (Studien und Quellen der Schweizerischen Bundesarchivs, 30), S. 45–73.

Leuthy Johann Jakob, Die neuesten Kriegsereignisse in der Schweiz veranlasst durch die Berufung der Jesuiten nach Luzern und den im Bade Rothen gestifteten Sonderbund der Kantone Luzern, Uri, Schwyz, Unterwalden, Zug, Freiburg und Wallis. Geschichtlich-militärisch dargestellt, Zürich 1848.

Mattioli Aram, „Vaterland der Christen" oder „bürgerlicher Staat"? Die Schweiz und die jüdische Emanzipation 1848–1874, in: Urs Altermatt, Cathérine Bosshart-Pfluger, Albert Tanner (Hg.), Die Konstruktion einer Nation. Nation und Nationalisierung in der Schweiz, 18. – 20. Jahrhundert (Die Schweiz 1798–1998: Staat – Gesellschaft – Politik, Bd. 4), Zürich 1998, S. 217–235.

Mesmer Beatrix, Ausgeklammert – Eingeklammert. Frauen und Frauenorganisationen in der Schweiz des 19. Jahrhunderts, Basel, Frankfurt a. M. 1988.

Moos Carlo, Dimensionen des Bürgerkriegs. Für eine Neubewertung des Geschehens um den Sonderbund, in: Brigitte Studer (Hg.), Etappen des Bundesstaates. Staats- und Nationsbildung der Schweiz, 1848–1998, Zürich 1998, S. 21–44.

Moos Carlo, Religion und Politik im sonderbündischen Luzern, in: Schweizerische Zeitschrift für Geschichte, Nr. 20 (1970), S. 23–48.

Müller Matthias, Gesellschaftlicher Wandel und Rechtsordnung. Die Zürcher Restauration (1814–1831) und die Entstehung des bürgerlichen Staates, Diss. Zürich 2004.

Mooser Josef, Eine neue Ordnung für die Schweiz: die Bundesverfassung von 1848, in: Brigitte Studer (Hg.), Etappen des Bundesstaates. Staats- und Nationsbildung der Schweiz, 1848–1998, Zürich 1998, S. 45–61.

Muralt von Anton, Die Julirevolution und die Regeneration in der Schweiz, Zürich 1948.

Rappard William E., Die Bundesverfassung der Schweizerischen Eidgenossenschaft 1848–1948, Vorgeschichte, Ausarbeitung, Weiterentwicklung, Zürich 1848.

Roca René, Die Entwicklung direktdemokratischer Strukturen am Beispiel des Kantons Luzern (1830–1848), in: Rolf Graber (Hg.), Demokratisierungsprozesse in der Schweiz im späten 18. und 19. Jahrhundert, Frankfurt a. M. 2008 (Schriftenreihe der Interna-

tionalen Forschungsstelle „Demokratische Bewegungen in Mitteleuropa 1770–1850",
Bd. 40), S. 77–84.

Roca René, „Wahre Volkssouveränität" oder „Ochlokratie"? Die Debatte um die direkte
Demokratie im Kanton Luzern während der Regeneration, in: Der Geschichtsfreund,
Bd. 156, Altdorf 2003, S. 115–146.

Ruffieux Roland, Die Schweiz des Freisinns, in: Geschichte der Schweiz und der Schweizer,
Bd. 3, Basel, Frankfurt a. M 1983, S. 9–100.

Schaffner Martin, „Direkte" oder „indirekte" Demokratie? Konflikte und Auseinandersetzungen 1830–1848, in: Andreas Ernst, Albert Tanner, Matthias Weishaupt (Hg.), Revolution und Innovation. Die konfliktreiche Entstehung des schweizerischen Bundesstaates von 1848, Zürich 1998 (Die Schweiz: Staat – Gesellschaft – Politik), S. 271–277.

Schefold Dian, Volkssouveränität und repräsentative Demokratie in der schweizerischen
Regeneration 1830–1848. Diss. Basel, Basel, Stuttgart 1966 (Basler Studien zur Rechtswissenschaft, Heft 76).

Schmid Stefan G., Die Zürcher Kantonsregierung seit 1803, Zürich, Basel, Genf 2003 (Zürcher Studien zum öffentlichen Recht, Bd. 154: Sonderausgabe zum Jubiläum „200 Jahre
moderner Kanton Zürich").

Schmid Stefan G., Die Zürcher Vetopetitionen von 1837 bis 1842. Eine Quellenstudie zur
Entwicklung der direktdemokratischen Staatsidee, in: Zürcher Taschenbuch, Neue
Folge, Nr. 130 (2010), S. 143–225.

Schmid Stefan G., Ein zweites Vaterland. Wie Ludwig Snell Schweizer wurde, in: Isabelle
Höner (Hg.), Nachdenken über den Staat und seine Geschichte. Beiträge für Alfred
Kölz, Zürich, Basel, Genf 2003, S. 263–281.

Schneider Hans, Geschichte des schweizerischen Bundesstaates, Zürich 1931.

Schollenberger J., Die Schweiz seit 1848. Ein staatsmännisches und diplomatisches Handbuch, Berlin 1908.

Soland Rolf, Joachim Leonz Eder und die Regeneration im Thurgau, 1830–1831. Ein Kapitel
aus der thurgauischen Verfassungsgeschichte, Weinfelden 1980.

Tanner Albert, „Alles für das Volk". Die liberalen Bewegungen 1830 / 31, in: Im Zeichen der
Revolution. Der Weg zum schweizerischen Bundesstaat 1798–1848, Zürich 1997 (Eine
Publikation der Volkshochschule des Kantons Zürich), S. 51–74.

Tanner Albert, Ein Staat für die Hablichen? Demokratie und politische Elite im frühen
Bundesstaat, in: Brigitte Studer (Hg.), Etappen des Bundesstaats. Staats- und Nationsbildung der Schweiz, 1848–1998, Zürich 1998, S. 63–88.

Weber Karl, Die Revolution im Kanton Basel, 1830–1833, Liestal 1907.

Wickli Bruno, Politische Kultur und die „reine Demokratie". Verfassungskämpfe und ländliche
Volksbewegungen im Kanton St. Gallen 2006 (St. Galler Kultur und Geschichte, 35).

Wickli Bruno, Politische Kultur, politische Erfahrungen und der Durchbruch der modernen
direkten Demokratie im Kanton St. Gallen (1831), in: Rolf Graber (Hg.), Demokra-
tisierungsprozesse in der Schweiz im späten 18. und 19. Jahrhundert, Frankfurt a. M.,
Berlin, Bruxelles, New York, Oxford, Wien 2008 (Schriftenreihe der Internationalen
Forschungsstelle „Demokratische Bewegungen in Mitteleuropa 1770–1850", Bd. 40),
S. 35–65.

Winzeler Johannes, Die Staatsumwälzung im Kanton Schaffhausen von 1831 (Beiträge zur Heimatforschung, Heft 5), Schaffhausen 1931.

Ziswiler Hans Ulrich, Die Demokratisierung des Kantons Aargau zwischen 1830 und 1885, Diss. Zürich, Entlebuch 1992.

Demokratische Bewegung

Blum Roger, Die politische Beteiligung des Volkes im jungen Kanton Baselland (1832–1875), Liestal 1977 (Quellen und Forschungen zur Geschichte und Landeskunde des Kantons Basel).

Burkhart Margarete, Die Entstehung der thurgauischen Verfassung von 1869, Teildruck Diss. jur. Zürich 1963.

Decurtins Daniela, Auf der „Bahn der Freiheit, des Fortschritts und der Volkssouveränität". Zur Einführung der direkten Demokratie in Zürich um 1869, in: Andreas Ernst, Albert Tanner, Matthias Weishaupt (Hg.), Revolution und Innovation. Die konfliktreiche Entstehung des schweizerischen Bundesstaates von 1848, Zürich 1998 (Die Schweiz: Staat – Gesellschaft – Politik), S. 293–305.

Ehrenzeller Ernst, Der konservativ-liberale Gegensatz im Kanton St. Gallen bis zur Verfassungsrevision von 1861, Diss. Zürich, St. Gallen 1947.

Gilg Peter, Die demokratische Bewegung im Kanton Bern. Archiv des Historischen Vereins des Kantons Bern 42 (1953), Heft 1, S. 353–401.

Gilg Peter, Die Entstehung der demokratischen Bewegung und die soziale Frage. Die sozialen Ideen und Postulate der deutschschweizerischen Demokraten in den frühen 60er Jahren des 19. Jahrhunderts, Diss. Bern., Affoltern a. Albis 1951.

Kleiber Gerhard, Friedrich Albert Lange in der Schweiz, Duisburg 2004 (Duisburger Forschungen, Bd. 51), S. 59–160.

Köhler Michael, Johann Caspar Sieber. Ein Leben für die Volksrechte, Zürich 2003.

Kölz Alfred, Der demokratische Aufbruch des Zürchervolkes. Eine Quellenstudie zur Entstehung der Zürcher Verfassung von 1869, Zürich 2000.

Möckli Silvano, Das Gesetzesveto und -referendum. Ein Stolperstein wird zum Grundstein, in: Andreas Auer (Hg.), Les origines de la démocratie directe en Suisse / Die Ursprünge der schweizerischen direkten Demokratie, Basel, Frankfurt a.M. 1996, S. 209–220.

Peyer Hans Conrad, Die Verfassungsrevision von 1869 und ihre Geschichte, in: Zürcher Taschenbuch, Neue Folge, Nr. 90 (1970), S. 48–64.

Schaffner Martin, Die demokratische Bewegung der 1860er Jahre. Beschreibung und Erklärung der Zürcher Volksbewegung 1867, Basel, Frankfurt a.M. 1982 (Basler Beiträge zur Geschichtswissenschaft, Bd. 146).

Schaffner Martin, Vereinskultur und Volksbewegung. Die Rolle der Vereine in der Zürcher Demokratischen Bewegung, in: Nicolai Bernard, Quirinus Reichen (Hg.), Gesellschaft und Gesellschaften. Festschrift zum 65. Geburtstag von Ulrich Im Hof, Bern 1982, S. 420–436.

Schaffner Martin, „Volk" gegen „Herren". Konfliktverhalten und kollektives Bewusstsein in der Demokratischen Bewegung, in: François de Capitani, Georg Germann (Hg.), Auf dem Weg zu einer schweizerischen Identität 1848–1914. Probleme – Errungenschaften – Misserfolge, Freiburg 1987 (8. Kolloquium der Schweizerischen Akademie der Geisteswissenschaften), S. 39–52.

Schiedt Hans-Ulrich, Die Welt neu erfinden. Karl Bürkli (1823–1901) und seine Schriften, Zürich 2002.

Sommer Hermann, Die demokratische Bewegung im Kanton Solothurn 1856–1872, Diss. Zürich 1945.

Tanner Albert, Direkte Demokratie und soziopolitische Integration des Mittelstandes, der Arbeiterschaft und der Bauern in der Schweiz 1830–1914, in: Eckhart Schremmer (Hg.), Wirtschaftliche und soziale Integration in historischer Sicht, Stuttgart 1996, S. 184–212.

Vuillemier Marc, Le courant socialiste au XIXe siècle et ses idées sur la démocratie directe, in: Andreas Auer (Hg.), Die Ursprünge der schweizerischen direkten Demokratie, Basel, Frankfurt a. M. 1996, S. 163–189.

Widmeier Kurt, Die Entwicklung der bernischen Volksrechte 1846–1869, Diss. Bern 1942.

Wirth Franz, Die protodemokratische Bewegung im Kanton Zürich, in: Andreas Auer (Hg.), Die Ursprünge der schweizerischen direkten Demokratie, Basel, Frankfurt a. M. 1996, S. 131–154.

Wirth Franz, Johann Jakob Treichler und die soziale Bewegung im Kanton Zürich (1845 / 46), Basel 1981.

Ziswiler Hans Ulrich, Die Demokratisierung des Kantons Aargau zwischen 1830 und 1885, Diss. Entlebuch 1993.

Verwendete weiterführende Quellensammlungen

Amtliche Sammlung der Akten aus der Zeit der Helvetischen Republik, 16 Bde., Bd. 1–11 bearb. von Johannes Strickler, Bd. 1–11, Bern 1886–1911; Bd. 12–16, bearb. von Alfred Rufer, Freiburg i. Ue., 1740–1960.

Bundi Martin, Rathgeb Christian (Hg.), Die Staatsverfassung Graubündens. Zur Entwicklung der Verfassung im Freistaat der Drei Bünde und im Kanton Graubünden, Chur, Zürich 2003.

Nabholz Hans, Kläui Paul (Hg.), Quellenbuch zur Verfassungsgeschichte der Schweizerischen Eidgenossenschaft und der Kantone. Von den Anfängen bis zur Gegenwart, Aarau 1947 (3).

Hilty C(arl) (Hg.), Die Bundesverfassungen der Schweizerischen Eidgenossenschaft. Zur sechsten Säcularfeier des ersten ewigen Bundes vom 1. August 1291 geschichtlich dargestellt im Auftrag des Bundesrathes, Bern 1891.

Joris Elisabeth, Witzig Heidi (Hg.), Frauengeschicht(en). Dokumente aus zwei Jahrhunderten zur Situation der Frauen in der Schweiz, Zürich 1986.

Kölz Alfred (Hg.), Quellenbuch zur neueren schweizerischen Verfassungsgeschichte. Vom Ende der Alten Eidgenossenschaft bis 1848, Bern 1992.

Oechsli Wilhelm (Hg.), Quellenbuch zur Schweizergeschichte. Für Haus und Schule. Zweite verbesserte und vermehrte Auflage, Zürich 1901.

Rufer Alfred (Hg.), Der Freistaat der III. Bünde und die Frage des Veltlins. Korrespondenzen und Aktenstücke aus den Jahren 1796 und 1797, Bd. II, Basel 1917 (= Quellen zur Schweizer Geschichte, Neue Folge III. 3).

Sammlung der Gesetze, Dekrete und Abschlüsse des Kantons Wallis, Bd. 6: 1839–1844, Bd. 7: 1844–1848.

Quellenhefte zur Schweizergeschichte, herausgegeben durch eine Kommission des Vereins Schweizerischer Geschichtslehrer, Heft 6: Ancien Régime, Aufklärung, Revolution und Fremdherrschaft (1648–1815), bearb. von Ulrich Im Hof, Aarau 1954.

IV. Quellenverzeichnis

1 Partizipationsmodelle der vormodernen Demokratie: Gemeinde, Landsgemeinde und städtische Republik

(Q 1)   Jean Bodin: Sechs Bücher über den Staat (Ausschnitt) 1586

(Q 2)   Landespunkte von Schwyz, 1701–1733

(Q 3)   Antragsrecht der Landsgemeinde von Appenzell-Ausserrhoden. Landsgemeindebeschluss vom 26. April 1747

(Q 4)   Thusner Artikel von 1618

(Q 5)   Grawpündtnerische Handlungen, 1618

(Q 6)   Johann Leonhardi 1704 / 1711: Die Drei Bünde – eine freie Demokratie

(Q 7)   William Coxe 1779 / 1786: Switzerland and the Country of the Grisons

(Q 8)   Der Geschworene Brief von Zürich. Fassung vom 16. Dezember 1713

1.1 Republikanismus als innerstädtische Oppositionsbewegung: Konfrontation des altständischen mit dem individualrechtlichen Republikanismus

(Q 9)   Josias Simler, Von dem Regiment der Lobl. Eydgenossschaft (Ausschnitt I), 1576

(Q 10) Josias Simler, Von dem Regiment der Lobl. Eydgenossschaft, (Ausschnitt II) 1576

(Q 11) Petrus Valkenir 1677 / 1693: Die verfassungsmässigen Gemeinsamkeiten der beiden Republiken rufen nach einem gemeinsamen Bündnis

(Q 12) Betr. Aufhebung unserer historisch-politischen Gesellschaft auf dem Bach, 1765

(Q 13) Johann Heinrich Füssli: Vortrag vor der Historisch-politischen Gesellschaft auf der Schuhmachern: Abschied von seinen Freunden, Wintermonat 1762

(Q 14) Hans Rudolf Kramer: Geschichte der Revolutionen in der Regierungsform der Länder vom 17. Jahr Hundert bis auf jez, 1768

(Q 15) Gespräch zwischen einem Baur, einem Undervogt und einem Herren, als es schien, es müsse Volk gen Genff ziehen, um die Mediation vom 15. Dezember 1766 zu belieben

(Q 16) Aufsatz Johann Heinrich Füsslis im Erinnerer vom 29. Jänner 1767

(Q 17) Brief Johann Jakob Bodmers an Johann Georg Sulzer, Zürich, 6. März 1767

(Q 18) Hrn. Alt Rahtschreiber Füesslins Zunft Rede, 1777

(Q 19) HHerrn Stehtrichter Bürklins zwote Rede über die Erläuterung des Libells, 1777

(Q 20) Manifest der Hohen Pforte gegen die Freyheit der Presse, 1777

1.2 Dynamisierung des städtischen Republikanismus: Ländlicher politischer Patriotismus, Diskurs um alte oder neue Freiheit, Jakobinismus

(Q 21) Forderungen der Hallauer, 1790

(Q 22) Heinrich Nehracher: Das Stäfner Memorial. Ein Wort zur Beherzigung an unsre teuersten Landesväter, 1794

(Q 23) Heinrich Wädenschweiler im Mies, Protokoll über die Verhandlungen der Hofgemeinde Stäfa vom 12. und 16. Mai 1795

(Q 24) Schmähschrift über die Gefangennehmung des Sekelmstr. Hess von Wald, 1795

(Q 25) Freiamtslied von Quartiermeister und Kanzleisubstitut Hans Kaspar Syz zu Knonau, 1795

(Q 26) Ein Wort über das berüchtigte politische Handbuch, von J.D. Weiss, einem Züricher, 1797

(Q 27) Gütlicher Vertrag des Fürstlichen Stifts St. Gallen mit desselbigen Angehörigen und Gottshaus-Leuten der alten Landschaft, aufgericht und angenommen den 23. Wintermonat 1795

(Q 28) Johannes Küenzle von Gossau, 1795

(Q 29) Lied: Über den gütlichen Vertrag zwischen dem Abt und der alten Landschaft St. Gallen, 1795

(Q 30) Bauern in der Stadt St. Gallen, Juli 1797

(Q 31) Glückwunsch der Bündner Patrioten an die Französische Nationalversammlung, 1790

(Q 32) Freiheitserklärung des Veltlins vom 21. Juni 1797 / Konfiskation der bündnerischen Güter am 28. Oktober 1797

(Q 33) Petitionen von Lausanne, Morges und Cossonay an die Berner Regierung, Anfang Januar 1798

(Q 34) Projet de décret, Pays de Vaud, Januar 1798

2 Befreiungsbewegungen, Helvetische Revolution, Konfrontation der Helvetischen Verfassung mit vormodernen Demokratiemodellen und materiellen Erwartungen

2.1 Befreiungsbewegungen: Legitimationsdiskurs und politische Erwartungen

2.2 Konstituierung der Helvetischen Republik und pädagogische Anstrengungen der helvetischen Regierung zur Schaffung eines Nationalbewusstseins

2.3 Konfrontation der Helvetischen Republik mit dem Landsgemeindemodell

(Q 47) Entwurf der Note, welche Appenzell, Stadt und alte Landschaft St. Gallen, Toggenburg, Rheintal und Sargans an die französische Regierung „und übrige hohe Civil- und Militär-Behörden" erlassen, 5. April 1798

(Q 48) Karl Heinrich Gschwend, Landespräsident im obern Rheinthal, an Peter Ochs, 1798

(Q 49) Verhandlungen der Nidwaldner Landsgemeinde (zu Wyl an der Aa) betreffend Abwehr der helvetischen Verfassung, 7. April 1798

(Q 50) Auflauf zu Bruggen, 10. April 1798

(Q 51) Circulare des RStatthalters des Cantons Thurgau an seine Unterstatthalter, 31. August 1802

2.4 Soziales Forderungspotenzial als Schrittmacher demokratischer Bewegungen

(Q 52) Petition von Ausschüssen der Gemeinden des Distrikts Gelterkinden an den Vollziehungs-Rath in Bern in Betreff der Boden-Zinsse im 7.bris 1800

(Q 53) Bericht des Regierungsstatthalters von Aargau über ordnungswidrige Umtriebe im Siggenthal August / September 1802

(Q 54) Verhör mit Schuhmacher Johann Jacob Willi von Horgen. Actum Samstags den 21. April 1804. Aufgenohmen durch die Civil-Verhör-Commission. Herren Amtmann Escher und Bezirks-Richter Weiss

(Q 55) Aus der Unterhaltung Hans Jakob Willis mit Leutpriester Cramer vom 21. April 1804

3 Regenerationsbewegung von 1830 und Gegenbewegungen

3.1 Verfassungsentwürfe, Verfassungsdiskussion und Herausbildung der repräsentativen Demokratie, Ansätze zur direkten Demokratie

(Q 56) Ueber die Verbesserung der Thurgauischen Staatsverfassung von Thomas Bornhau- ser, Pfarrer, Trogen 1830

(Q 57) Bemerkungen zu dem Nachtrag zu Nro. 43 der Frauenfelder Hofzeitung, nebst einigen Vorschlägen zu einem Entwurf der Thurgauischen Staatsverfassung von einem Bürger dieses Kantons (Joachim Leonz Eder), Trogen 1830

(Q 58) Gespräch zwischen zwei Landbürgern des Kantons Zürich, vom Zürichsee, im Oktober 1830.

(Q 59) Jonathan und David, Landleute im Canton Zürich, reden über das, was jetzt noth ist und Alle wissen müssen. Allen Cantonsbürgern geweiht, welche ihre Zeit und ihre Pflichten kennen, 1830

(Q 60) Gespräch (Herr Dr. Freimann von Bürgerhain), 1830

(Q 61) Ansichten und Vorschläge in Betreff der Verfassung und ihrer Veränderung. Von mehrern Kantonsbürgern, Zürich 1830

(Q 62) Das „Uster-Memorial". Ehrbietige Vorstellung der Landesversammlung des Kan- tons Zürich, abgehalten zu Uster, Montags, den 22. November 1830

(Q 63) Ludwig Snell, Entwurf einer Verfassung nach dem reinen und ächten Repräsenta- tivsystem, das keine Vorrechte nach Exemtionen kennt, sondern auf der Demokratie beruht, Zürich 1831

(Q 64) Voten Dr. Kellers in der Zürcher Verfassungsdebatte, 1837 / 1838

(Q 65) Gallus Jakob Baumgartner, Wünsche und Anträge eines St. Gallischen Bürgers für die Verbesserung der Staatseinrichtungen dieses Kantons, 1830

(Q 66) Bemerkungen zu den Wünschen und Anträgen eines St. Gallischen Bürgers von einem andern Bürger des Kantons St. Gallen, 1830

(Q 67) Joseph Anton Henne, Volkswünsche bei Anlass der St. Gallischen Verfassungsver- besserung, 1831

(Q 68) Verhandlungen des Verfassungsrathes vom Schweizerkanton St. Gallen, 1831 (Aus- schnitt)

(Q 69) Verfassung des Kantons St. Gallen vom 1. März 1831 (Ausschnitt)

(Q 70) Petitionen Baselland: Münchenstein, 23. April 1832, Pratteln, 26. April 1832, Wal- denburg, 18. März 1832

(Q 71) Verfassung von Basel-Landschaft vom 27. April 1932 (Ausschnitt)

3.2 Bewegungen gegen die Regenerationsregierungen und Forderungen nach Ausbau der Volksrechte

4 Entstehung der Bundesverfassung von 1848 und ihre Defizite hinsichtlich der Entwicklung der direkten Demokratie

(Q 88) Entwurf eines Grundgesetzes für die schweizerische Eidgenossenschaft (von Prof. Dr. I. P. V. Troxler, 1838)

(Q 89) Bundesverfassung der Schweizerischen Eidgenossenschaft vom 12. September 1848 (Ausschnitt)

(Q 90) Johann Jakob Leuthy, Das Recht der Weiber, 1833 (Ausschnitt)

5 Demokratische Bewegung in den 60er-Jahren und Herausbildung der direkten Demokratie in den Kantonen

(Q 91) Vorwort aus Friedrich Locher, Die Freiherren von Regensberg, 1866

(Q 92) Salomon Bleuler: Warum? Rechtfertigung der demokratischen Bewegung und des Begehrens nach Verfassungsrevision, Winterthur 1867 (Ausschnitt)

(Q 93) Karl Bürkli, Politisches Programm von 1851

(Q 94) Proklamation der Kantonalkommission

(Q 95) Landsgemeinde-Reden vom 15. Dezember 1867 (gehalten an den Volksversammlungen in Zürich und Winterthur)

(Q 96) An die stimmberechtigten Einwohner des Kantons Zürich

(Q 97) Übersicht der bei der Kanzlei des Verfassungsrathes eingegangenen Vorschläge betreffend die Verfassungsrevision, 1868 (Ausgewählte Beispiele)

(Q 98) An den hohen Verfassungsrath des Kantons Zürich. Mehrere Frauen aus dem Volke, 1868

(Q 99) An den H. Verfassungsrath des Kantons Zürich. Im Nahmen vieler Frauen die Sklavendienste umsonst thun müssen, 1868

(Q 100) Frauenfelder Programm vom 28. Februar 1868

(Q 101) Ergänzungen zum Frauenfelder Programm des lokalen Komitees von Kreuzlingen, 1868

6 Einführung des fakultativen Gesetzesreferendums in der revidierten Bundesverfassung von 1874

(Q 102) Revidierte Bundesverfassung von 1874 (Ausschnitt)